C000062009

Kosmos. Entwurf einer physischen Weltbeschreibung

This book is DUE on the last date stamped below

John Fiske.

June, 1860.

Kosmos.

Entwurf

einer physischen Weltbeschreibung

von

Alexander von Humboldt.

Vierter Band.

———

Stuttgart und Tübingen.

J. G. Cotta'scher Verlag.

1858.

86035

UNIV. OF CALIFORNIA
SOUTHERN BRANCH

Buchdruckerei der J. G. Cotta'schen Buchhandlung in Stuttgart und Augsburg.

Q.
158
H88
r. 4.

Kosmos.

Specielle Ergebnisse der Beobachtung

in dem Gebiete

tellurischer Erscheinungen.

Einleitung

In einem vielumfassenden Werke, in dem Leichtigkeit des Verständnisses und Klarheit des Totaleindrucks erstrebt werden, sind Composition und Gliederung in der Anordnung des Ganzen fast noch wichtiger als die Reichhaltigkeit des Inhalts. Dieses Bedürfniß wird um so fühlbarer, als in dem Buche von der Natur (im Kosmos) die Verallgemeinerung der Ansichten, sowohl in der Objectivität der äußeren Erscheinung als in dem Reflex der Natur auf das Innere des Menschen (auf seine Einbildungskraft und seine Gefühle), von der Herzählung der einzelnen Resultate sorgsam getrennt werden muß. Jene Verallgemeinerung, in welcher die Weltanschauung als ein Naturganzes auftritt; zugleich aber auch nachgewiesen wird, wie unter den verschiedensten Zonen, in dem Lauf der Jahrhunderte, allmälig die Menschheit das Zusammenwirken der Kräfte zu erkennen gesucht hat ist in den ersten zwei Bänden des Kosmos enthalten. Wenn eine bedeutsame Anreihung von Erscheinungen

auch an sich dazu geeignet ist den ursachlichen Zusammenhang erkennen zu lassen; so kann doch das allgemeine
Naturgemälde nur dann einen lebensfrischen Eindruck
hervorbringen, wenn es, in enge Grenzen eingeschlossen,
nicht durch allzu große Anhäufung zusammengedrängter
Thatsachen an Uebersichtlichkeit verliert.

Wie man in Sammlungen graphischer Darstellungen
der Erdoberfläche, oder der inneren Construction der Erdrinde,
generelle Uebersichtskarten den speciellen vorhergehen läßt;
so hat es mir in der physischen Weltbeschreibung am geeignetsten und dem Verständniß des Vortrags am entsprechendsten
geschienen, auf die Betrachtung des Weltganzen aus allgemeinen und höheren Gesichtspunkten, in den zwei letzten
Bänden meiner Schrift solche specielle Ergebnisse der Beobachtung abgesondert folgen zu lassen, welche den gegenwärtigen Zustand unseres Wissens vorzugsweise begründen. Es
sind daher diese beiden Bände, nach meiner schon früher gemachten Erinnerung (Bd. III. S. 4—9), nur als eine Erweiterung und sorgfältigere Ausführung des allgemeinen
Naturgemäldes (Bd. I. S. 79—493) zu betrachten; und
wie von beiden Sphären des Kosmos die uranologische
oder siderische ausschließlich in dem dritten Bande behandelt worden ist, so bleibt die tellurische Sphäre dem jetzt
erscheinenden letzten Bande bestimmt. Auf diese Weise ist die
uralte, einfache und natürliche Scheidung des Geschaffenen
in Himmel und Erde, wie sie bei allen Völkern, in den
frühesten Denkmälern des Bewußtseins der Menschheit auftritt, beibehalten worden.

Wenn schon im Weltall der Uebergang von dem Fixstern-
himmel, an welchem zahllose Sonnen, sei es isolirt oder um

einander kreisend, sei es als ferne Nebel, leuchten, zu unserem
Planetensysteme ein Herabsteigen von dem Großen und Uni-
versellen zu dem relativ Kleinen und Besonderen ist; so wird
der Schauplatz der Betrachtung noch um vieles verengt, wenn
man von der Gesammtheit des gestaltenreichen Sonnengebietes
zu einem einigen um die Sonne kreisenden Planeten, zu dem
Erdsphäroid, übergeht. Die Entfernung des nächsten Fir-
sternes, α Centauri, ist noch 263mal größer als der Durchmesser unseres Sonnengebietes, bis zum Aphel des Cometen
von 1680 gerechnet; und doch liegt dieses Aphel schon 853mal
weiter als unsere Erde von der Sonne (Kosmos Bd. III.
S. 582). Diese Zahlen (die Parallaxe von α Cent. zu
0",9187 gerechnet) bestimmen annäherungsweise zugleich die
Distanz einer uns nahen Region des Firsternhimmels
von der vermutheten äußersten Region des Sonnengebietes,
wie die Entfernung dieser Grenze von dem Ort der Erde.

Die Uranologie, welche sich mit dem beschäftigt, was
den fernen Weltraum erfüllt, bewahrt ihren alten Ruhm,
den anregendsten Eindruck des Erhabenen auf die Einbildungskraft hervorzubringen, durch die Unerfaßbarkeit der
Raum- und Zahlenverhältnisse, die sie darbietet; durch die
erkannte Ordnung und Gesetzmäßigkeit in der Bewegung der
Weltkörper; durch die Bewunderung, welche den errungenen
Resultaten der Beobachtung und einer geistigen Forschung ge-
zollt wird. Dieses Gefühl der Regelmäßigkeit und Periodicität
hat sich so früh dem Menschen aufgedrängt, daß es sich oft in
den Sprachformen reflectirt, welche auf den geordneten Lauf
der Gestirne hindeuten. Dazu sind die erkannten Gesetze, die
in der himmlischen Sphäre walten, vielleicht am bewunderns-
würdigsten durch ihre Einfachheit, da sie sich allein auf das

Maaß und die Vertheilung der angehäuften ponderablen
Materie und deren Anziehungskräfte gründen. Der Eindruck
des Erhabenen, wenn er aus dem Unermeßlichen und sinnlich
Großen entspringt, geht, uns selbst fast unbewußt, durch das
geheimnißvolle Band, welches das Uebersinnliche mit dem
Sinnlichen verknüpft, in eine andre, höhere Sphäre der Ideen
uber. Es wohnt dem Bilde des Unermeßlichen, des Grenzenlosen, des Unendlichen eine Kraft bei, die zu ernster, feierlicher Stimmung anregt und, wie in dem Eindruck alles geistig
Großen und moralisch Erhabenen, nicht ohne Rührung ist.

Die Wirkung, welche der Anblick außerordentlicher Him-
melserscheinungen so allgemein und gleichzeitig auf ganze Volks-
massen ausübt, bezeugt den Einfluß einer solchen Association
der Gefühle. Was in erregbaren Gemüthern schon der
bloße Anblick der gestirnten Himmelsdecke hervorbringen kann,
wird durch tieferes Wissen und durch Anwendung von Werk-
zeugen vermehrt, die der Mensch erfunden, um seine Sehkraft
und mit ihr den Horizont seiner Beobachtung zu vergrößern.
Dabei gesellt sich zu dem uranologischen Eindruck des Un-
erfaßlichen im Weltall, durch die Gedankenverbindung mit
dem Gesetzlichen und der geregelten Ordnung, auch der Eindruck des Friedlichen. Er benimmt der unergründlichen Tiefe
des Raumes wie der Zeit, was bei aufgeregter Einbildungskraft ihnen Schauerliches zugeschrieben wird. Unter allen
Himmelsstrichen preist der Mensch, bei der einfach natürlichen
Empfänglichkeit seines Gemüthes, „die stille Ruhe einer stern-
klaren Sommernacht".

Wenn nun Raum- und Massengröße dem sidērischen
Theile der Weltbeschreibung vorzugsweise angehören, und
das Auge in ihm das einzige Organ der Weltanschauung

ist; so hat dagegen der tellurische Theil den überwiegenden Vorzug, eine größere, wissenschaftlich unterscheidbare Mannigfaltigkeit in den vielfachen elementarischen Stoffen darzubieten. Mittelst aller unserer Sinne stehen wir mit der irdischen Natur in Contact; und so wie die Astronomie, als Kenntniß der bewegten leuchtenden Weltkörper einer mathematischen Bearbeitung am zugänglichsten, Veranlassung geworden ist den Glanz der höheren Analysis und den Umfang des weiten Gebiets der Optik erstaunenswürdig zu vermehren: so ist die irdische Sphäre allein durch ihre Stoff-Verschiedenheit und das complicirte Spiel der Kraftäußerung dieser Stoffe die Gründerinn der Chemie, und solcher physikalischen Disciplinen geworden, welche Erscheinungen behandeln, die bisher noch von den wärme- und lichterzeugenden Schwingungen getrennt werden. Jede Sphäre hat demnach durch die Natur der Probleme, welche sie der Forschung darbietet, einen verschiedenen Einfluß auf die Geistesarbeit und die Bereicherung des Wissens der Menschheit ausgeübt.

Alle Weltkörper, außer unserem Planeten und den Aerolithen, welche von diesem angezogen werden, sind für unsere Erkenntniß nur homogene gravitirende Materie, ohne specifische, sogenannte elementare Verschiedenheit der Stoffe. Eine solche Einfachheit der Vorstellung ist aber keinesweges in der inneren Natur und Constitution jener fernen Weltkörper selbst, sie ist allein in der Einfachheit der Bedingungen gegründet, deren Annahme hinreicht die Bewegungen im Weltraume zu erklären und vorherzubestimmen. Sie entsteht, wie wir schon mehrfach zu erinnern Gelegenheit gehabt haben (Kosmos Bd. I. S. 56—60 und 141; Bd. III.

S. 4, 18, 21—25, 594 und 626), durch die Ausschließung von allem Wahrnehmbaren einer Stoff-Verschiedenheit; sie bietet dar die Lösung des großen Problems einer Himmels-Mechanik, welche alles Veränderliche in der uranologischen Sphäre der alleinigen Herrschaft der Bewegungslehre unterwirft.

Periodische Wechsel von Lichterscheinungen auf der Oberfläche des Mars deuten freilich nach Verschiedenheit der dortigen Jahreszeiten auf meteorologische Processe und, durch Kälte erregte Polar-Niederschläge in der Atmosphäre jenes Planeten (Kosmos Bd. III. S. 513). Durch Analogien und Ideenverbindungen geleitet, mögen wir hier auf Eis oder Schnee (Sauer- und Wasserstoff), wie in den Eruptiv-Massen des Mondes oder seinen flachen Ringebenen auf Verschiedenheit der Gebirgsarten im Monde, schließen; aber unmittelbare Beobachtung kann uns nicht darüber belehren. Auch erlaubte sich Newton nur Vermuthungen über die elementare Constitution der Planeten, die zu demselben Sonnengebiete gehören: wie wir in einem wichtigen, zu Kensington mit Conduit gepflogenen Gespräche vernehmen (Kosmos Bd. I. S. 137 und 407). Das einförmige Bild stoffgleicher, gravitirender Materie, zu Himmelskörpern geballt, beschäftigt auf mannigfaltige Weise die ahnende Phantasie des Menschen; ja die Mythe leiht der lautlosen Einöde des Weltraums selbst den Zauber der Töne (Kosmos Bd. III. S. 437—439 und 477).

In dem unendlichen Reichthum chemisch verschiedener Stoffe und dem Spiel ihrer Kraftäußerungen; in der gestaltenden, formbildenden Thätigkeit der ganzen organischen Natur und vieler anorganischen Substanzen; in dem Stoffwechsel, der den ewig wandelnden Schein des Werdens und der Vernichtung darbietet: strebt der ordnende Geist, bei Durchforschung des irdischen Reichs, oft mißmüthig nach einfachen Bewegungs-Gesetzen. Schon in der Physik des Aristoteles heißt es: „die Grundprincipien aller Natur sind das Veränderliche und die Bewegung; wer diese nicht anerkannt hat, erkennt auch die Natur nicht" (**Phys. Auscult. III, 1** p. 200 Bekker); und, auf Stoff-Verschiedenheit, „Unterschied in der Wesenheit", hindeutend, nennt er Bewegung in Bezug auf die Kategorie des Qualitativen: Umwandlung, ἀλλοίωσις: sehr verschieden von der bloßen Mischung, μίξις, und einer Durchdringung, welche das Wiedertrennen nicht ausschließt (de gener. et corrupt. I, 1 p. 327).

Das ungleiche Steigen der Flüssigkeiten in Haarröhren; die in allen organischen Zellen so thätige Endosmose, welche wahrscheinlich eine Folge der Capillarität ist; die Verdichtung von Gas-Arten in den porösen Körpern (des Sauerstoff-Gases im Platinmohr, mit einem Drucke, der einer Kraft von mehr als 700 Atmosphären gleich ist; der Kohlensäure in Buchsbaum-Kohle, von der mehr als $\frac{1}{3}$ an den Wänden der Zellen in tropfbar-flüssigem Zustand verdichtet wird); die chemische Wirkung der Contact-Substanzen, welche durch ihre Gegenwart (catalytisch) Verbindungen veranlassen oder zerstören, ohne selbst einen Antheil daran zu nehmen: — alle diese Erscheinungen lehren, daß die Stoffe in unendlich kleinen Entfernungen eine Anziehung gegen einander ausüben, die von ihrer specifischen Wesenheit abhängt. Solche Anziehungen können nicht ohne, durch sie erregte, aber unserem Auge entschwindende, Bewegungen gedacht werden.

In welchem Verhältnisse die gegenseitige Molecular-

Attraction, als eine Ursach perpetuirlicher Bewegung auf der Oberfläche des Erdkörpers, und höchst wahrscheinlich in seinem Inneren, zu der Gravitations-Attraction steht, welche die Planeten sowohl als ihre Centralkörper eben so perpetuirlich bewegt: ist uns noch völlig unbekannt. Schon durch die theilweise Lösung eines solchen rein physischen Problems würde das Höchste und Ruhmvollste erreicht werden, was auf diesen Wegen Experiment und Gedankenverbindung erreichen können. Ich nenne in dem eben berührten Gegensatze die Anziehung, welche in den Himmelsräumen in grenzenlosen Entfernungen waltet, und sich umgekehrt wie das Quadrat der Entfernung verhält, nicht gern, wie man gewöhnlich thut, ausschließlich die Newton'sche. Eine solche Bezeichnung enthält fast eine Ungerechtigkeit gegen das Andenken des großen Mannes, der schon beide Kraftäußerungen anerkannte, doch aber keinesweges so scharf von einander trennte, daß er nicht, wie in glücklichem Vorgefühl künftiger Entdeckungen, es hätte versuchen sollen, in seinen Zusätzen zur Optik, Capillarität, und das Wenige, was damals von chemischer Affinität bekannt war, der allgemeinen Gravitation zuzuschreiben. (Laplace, Expos. du Syst. du Monde p. 384; Kosmos Bd. III. S. 22 und 32 Anm. 39.)

Wie in der Sinnenwelt vorzugsweise an dem Meerhorizont Trugbilder aufdämmern, die dem erwartungsvollen Entdecker eine Zeit lang den Besitz eines neuen Landes verheißen; so sind am idealen Horizont in den fernsten Regionen der Gedankenwelt dem ernsten Forscher auch manche Hoffnungen vielverheißend aufgegangen und wieder verschwunden. Allerdings sind großartige Entdeckungen neuerer Zeit geeignet gewesen die Spannung zu erhöhen: so die Contact-Electricität:

der Rotations=Magnetismus, welcher selbst durch tropf=
bare oder zu Eis erstarrte Flüssigkeiten erregt wird; der
glückliche Versuch, alle chemische Verwandtschaft als Folge der
electrischen Relationen von Atomen mit einer prädominirenden
Polarkraft zu betrachten; die Theorie isomorpher Substanzen
in Anwendung auf Krystallbildung; manche Erscheinungen
des electrischen Zustandes der belebten Muskelfaser; die er=
rungene Kenntniß von dem Einfluß des Sonnenstandes (der
temperatur=erhöhenden Sonnenstrahlen) auf die größere oder
geringere magnetische Empfänglichkeit und Fortpflanzungskraft
von einem Bestandtheil unserer Atmosphäre, dem Sauerstoffe.
Wenn unerwartet in der Körperwelt etwas aus einer noch
unbekannten Gruppe von Erscheinungen aufglimmt, so kann
man um so mehr sich neuen Entdeckungen nahe glauben, als
die Beziehungen zu dem schon Ergründeten unklar oder gar
widersprechend scheinen.

Ich habe vorzugsweise solche Beispiele angeführt, in
denen dynamische Wirkungen motorischer Anziehungs=
kräfte die Wege zu eröffnen scheinen, auf welchen man hoffen
möchte der Lösung der Probleme von der ursprünglichen,
unwandelbaren und darum elementar genannten Hetero=
geneität der Stoffe (Oxygen, Hydrogen, Schwefel, Kali,
Phosphor, Zinn), und von dem Maaße ihres Verbindungs=
Bestrebens (ihrer chemischen Affinität) näher zu treten.
Unterschiede der Form und Mischung sind aber, ich wie=
derhole es hier, die Elemente unseres ganzen Wissens von
der Materie; sie sind die Abstractionen, unter denen wir
glauben das allbewegte Weltganze zu erfassen, messend
und zersetzend zugleich. Das Detoniren knallsaurer Salze bei
einem leisen mechanischen Drucke, und die noch furchtbarere,

von Feuer begleitete, Explosion des Chlor-Stickstoffs contrastiren mit der detonirenden Verbindung von Chlorgas und
Wasserstoffgas bei dem Einfall eines directen (besonders
violetten) Sonnenstrahls. Stoffwechsel, Fesselung und
Entfesselung bezeichnen den ewigen Kreislauf der Elemente,
in der anorganischen Natur wie in der belebten Zelle der
Pflanzen und Thiere. „Die Menge des vorhandenen Stoffes
bleibt aber dieselbe, die Elemente wechseln nur ihre relative
Lage zu einander."

Es bewährt sich demnach der alte Ausspruch des Anara-
goras: daß das Seiende sich weder mehre noch vermindere im Weltall; daß das, was die Hellenen das Vergehen
der Dinge nennen, ein bloßes Entmischen sei. Allerdings
ist die irdische Sphäre, als Sitz der, unserer Beobachtung zugänglichen, organischen Körperwelt, scheinbar eine
Werkstatt des Todes und der Verwesung; aber der große
Naturproceß langsamer Verbrennung, den wir Verwesung nennen, führt keine Vernichtung herbei. Die ent-
fesselten Stoffe vereinigen sich zu anderen Gebilden; und
durch die treibenden Kräfte, welche diesen innwohnen, entkeimt
neues Leben dem Schooße der Erde.

B.

Ergebniſſe der Beobachtung

aus dem

telluriſchen Theile

der phyſiſchen Weltbeſchreibung.

Bei dem Streben ein unermeßliches Material der mannigfaltigſten Objecte zu beherrſchen, d. h. die Erſcheinungen ſo an einander zu reihen, daß die Einſicht in ihren Cauſal-Zuſammenhang erleichtert werde, kann der Vortrag nur dann Ueberſicht und lichtvolle Klarheit gewähren, wenn das Specielle, beſonders in dem errungenen, lange durchforſchten Felde der Beobachtung, den höheren Geſichtspunkten kosmiſcher Einheit nicht entrückt wird. Die telluriſche Sphäre, der uranologiſchen entgegengeſetzt, zerfällt in zwei Abtheilungen, in das anorganiſche und organiſche Gebiet. Das erſtere umfaßt: Größe, Geſtalt und Dichtigkeit des Erdkörpers; innere Wärme; electro-magnetiſche Thätigkeit; mineraliſche Conſtitution der Erdrinde; Reaction des Inneren des Planeten gegen ſeine Oberfläche, dynamiſch wirkend durch Erſchütterung, chemiſch wirkend durch ſtein-bildende und ſtein-umändernde Proceſſe; theilweiſe Bedeckung der feſten Oberfläche durch Tropfbar-Flüſſiges, das Meer; Umriß und

Gliederung der gehobenen Feste (Continente und Inseln); die
allgemeine, äußerste, gasförmige Umhüllung (den Luftkreis).
Das zweite oder organische Gebiet umfaßt nicht die einzelnen Lebensformen selbst, wie in der Naturbeschreibung, sondern die räumlichen Beziehungen derselben zu den festen und
flüssigen Theilen der Erdoberfläche, die Geographie der Pflanzen und Thiere, die Abstufungen der specifisch einigen Menschheit nach Racen und Stämmen.

Auch diese Abtheilung in zwei Gebiete gehört gewisser-
maßen dem Alterthum an. Es wurden schon damals geschieden die elementarischen Processe, der Formenwechsel und
Uebergang der Stoffe in einander von dem Leben der Pflanzen
und Thiere. Der Unterschied beider Organismen war, bei
fast[1] gänzlichem Mangel an Mitteln die Sehkraft zu erhöhen,
nur auf ahndungsvolle Intuition, und auf das Dogma
von der Selbsternährung (Aristot. de Anima II, 1 T. 1.
p 412, a 14 Bekker) und dem inneren Anlaß zur Bewegung gegründet. Jene Art der geistigen Auffassung, welche ich
Intuition nannte, und mehr noch die dem Stagiriten eigene
Schärfe fruchtbringender Gedankenverbindung leiteten ihn sogar
auf die scheinbaren Uebergänge von dem Unbelebten zu dem
Belebten, von dem Elementarischen zu der Pflanze; ja zu der
Ansicht, daß es bei den sich immer höher gestaltenden Bil-
dungsprocessen allmälige Mittelstufen gebe von den Pflanzen zu den niederen Thieren (Aristot. de part. Animal.
IV, 5 p. 681, a 12 und hist. Animal. VIII, 1 p. 588, a 4
Bekker). Die Geschichte der Organismen (das Wort Ge-
schichte in seinem ursprünglichen Sinne genommen, also in
Beziehung auf frühere Zeitepochen, auf die der alten Floren
und Faunen) ist so innig mit der Geologie, mit der

Reihenfolge über einander gelagerter Erdschichten, mit der Chronometrik der Länder= und Gebirgs=Erhebung verwandt, daß es mir wegen Verkettung großer und weit verbreiteter Phänomene geeigneter schien die, an sich sehr natürliche Sonderung des organischen und anorganischen Erden=lebens in einem Werke über den Kosmos nicht als ein Hauptelement der Classification aufzustellen. Es handelt sich hier nicht um einen morphologischen Gesichtspunkt, sondern vorzugsweise um eine nach Totalität strebende Ansicht der Natur und ihrer wirkenden Kräfte.

I.

Größe, Gestaltung und Dichtigkeit der Erde. — Innere Wärme und Vertheilung derselben — Magnetische Thätigkeit, sich offenbarend in Veränderungen der Inclination, Declination und Intensität der Kraft unter dem Einfluß des lufterwärmenden und luftverdünnenden Sonnenstandes. Magnetische Gewitter; Polarlicht.

Was alle Sprachen, wenn gleich etymologisch unter verschiedenartig symbolisirenden Formen, mit dem Ausdruck Natur und, da zuerst der Mensch alles auf seinen hei- mathlichen Wohnsitz bezieht, mit dem Ausdruck irdische Na- tur bezeichnen, ist das Resultat von dem stillen Zusammen- wirken eines Systems treibender Kräfte, deren Dasein wir nur durch das erkennen, was sie bewegen, mischen und entmischen: ja theilweise zu organischen, sich gleich- artig wiedererzeugenden, Geweben (lebendigen Organismen) ausbilden. Naturgefühl ist für ein empfängliches Ge- müth der dunkle, anregende, erhebende Eindruck dieses Wal- tens der Kräfte. Zuerst fesseln unsere Neugier die räum- lichen Größen-Verhältnisse unseres Planeten, eines Häufchens geballter Materie im unermeßlichen Weltall. Ein System zusammenwirkender, einigender oder (polarisch) trennender Thätigkeiten setzt die Abhängigkeit jedes Theils des Natur- ganzen von dem anderen, in den elementaren Processen (der anorganischen Formbildung) wie in dem Hervorrufen und der Unterhaltung des Lebens, voraus. Die Größe und Gestalt des Erdkörpers, seine Masse (Quantität materieller Theile), welche, mit dem Volum verglichen, die Dichtigkeit und durch diese, unter gewissen Bedingungen, die Constitution des Inneren wie das Maaß der Anziehung bestimmt; stehen unter sich in mehr erkennbarer und mehr mathematisch zu behandelnder Abhängigkeit, als es diejenige ist, welche wir bisher in den eben genannten Lebensprocessen, in den Wärme-Strömungen, den tellurischen Zuständen des Electro-Magnetismus oder den chemischen Stoffwechseln wahrnehmen. Beziehungen, die man in complicirten Erscheinungen noch nicht quantitativ zu messen vermag, können deshalb doch vorhanden sein und durch Inductionsgründe wahrscheinlich gemacht werden.

Wenn auch die beiden Arten der Anziehung: die, welche in bemerkbaren Entfernungen wirkt (wie Schwerkraft, Gravitation der Weltkörper gegen einander); und die, welche in unmeßbaren kleinsten Entfernungen statt findet (Molecular- oder Contact-Attraction); in dem gegenwärtigen Zustande unseres Wissens nicht auf ein und dasselbe Gesetz zu reduciren sind: so ist es darum doch nicht minder glaublich, daß Capillar-Anziehung und die, für das Aufsteigen der Säfte und für Thier- und Pflanzen-Physiologie so wichtige Endosmose von dem Maaße der Schwere und ihrer localen Vertheilung eben so afficirt werden als die electromagnetischen Processe und der chemische Stoffwechsel. Man darf annehmen, um an extreme Zustände zu erinnern, daß auf unserem Planeten, wenn derselbe nur die Masse des Mondes und also eine fast 6mal geringere Intensität der Schwere hätte, die meteorologischen Processe, das Klima, die hypsometrischen

Verhältnisse der gehobenen Gebirgsketten, die Physiognomie (facies) der Vegetation ganz verschieden sein würden. Die absolute Größe unseres Erdkörpers, mit der wir uns hier beschäftigen werden, erhält ihre Wichtigkeit für den gesammten Haushalt der Natur bloß durch das Verhältniß, in dem sie zur Masse und zur Rotation steht; denn auch im Weltall würden, wenn die Dimensionen der Planeten, ihre Stoffmengen, Geschwindigkeiten und Distanzen von einander in einer und derselben Proportion zu- oder abnähmen, in diesem idealen Makro- oder Mikrokosmos alle von den Gravitations-Verhältnissen abhängige Erscheinungen unverändert[2] bleiben.

a. Große, Figur (Abplattung) und Dichtigkeit der Erde.

(Erweiterung des Naturgemäldes. Kosmos Bd I. S 171—178 und 420—425 Anm 97—105)

Der Erdkörper ist gemessen und gewogen worden: zur Ermittelung seiner Gestalt, seiner Dichtigkeit und Masse. Die Genauigkeit, nach welcher man unausgesetzt in diesen terrestrischen Bestimmungen gestrebt, hat nicht weniger als die Auflösung der Probleme der Astronomie gleichzeitig zu der Vervollkommnung der Meßinstrumente und der analytischen Methoden beigetragen. Ein entscheidender Theil der Gradmessung ist übrigens selbst astronomisch; Sternhöhen bedingen die Krümmung des Bogens, dessen Länge durch Auflösung eines trigonometrischen Netzes gefunden ist. Der höheren Mathematik ist es geglückt Wege zu eröffnen, um aus gegebnen numerischen Elementen die schwierigen Aufgaben der Gestalt der Erde, der Figur des Gleichgewichts einer flüssigen homogenen oder dichten, schalenähnlich ungleichartigen Masse zu lösen, welche sich um eine feste Achse gleichförmig dreht. Seit Newton und Huygens sind die berühmtesten Geometer des achtzehnten Jahrhunderts mit dieser Lösung beschäftigt gewesen. Es ist ersprießlich, stets daran zu erinnern, daß alles, was Großes durch Intensität geistiger Kraft und durch mathematische Ideencombination erlangt wird, seinen Werth nicht bloß von dem hat, was aufgefunden und der Wissenschaft angeeignet worden ist; sondern vorzugsweise von dem, was dieses Auffinden zur Ausbildung und Verstärkung des analytischen Werkzeugs beigetragen hat.

„Die geometrische Figur der Erde, der physischen entgegengesetzt [3], bestimmt diejenige Oberfläche, welche die Oberfläche des Wassers in einem mit dem Ocean zusammenhangenden, die Erde überall bedeckenden und durchkreuzenden Netze von Canälen annehmen würde. Die geometrische Oberfläche durchschneidet die Richtungen der Kräfte senkrecht, welche aus allen von den einzelnen Theilchen der Erde ausgehenden Anziehungen, verbunden mit der, ihrer Umdrehungs-Geschwindigkeit entsprechenden Centrifugalkraft, zusammengesetzt sind. [4] Sie kann im ganzen nur als eine dem elliptischen Rotations-Sphäroid sehr nahe zugehörige betrachtet werden; denn Unregelmäßigkeiten der Massenvertheilung im Inneren der Erde erzeugen bei local veränderter Dichtigkeit ebenfalls Unregelmäßigkeit in der geometrischen Oberfläche, welche das Product der Gesammtwirkung ungleich vertheilter Elemente ist. Die physische Oberfläche ist unmittelbar durch die wirklich vorhandene des Festen und Flüssigen auf der äußeren Erdrinde gegeben." Wenn es schon aus geologischen Gründen nicht unwahrscheinlich ist, daß zufällige Veränderungen, welche in den geschmolzenen, trotz des Druckes, den sie erleiden, leicht bewegten Theilen des Inneren durch Ortswechsel in den Massen vorgehen, selbst die geometrische Oberfläche in Krummung der Meridiane und Parallele in kleinen Räumen nach sehr langen Zeitabschnitten modificiren; so ist die physische Oberfläche in ihrer oceanischen Region durch Ebbe und Fluth (locale Depression und Anschwellung des Flüssigen) sogar periodisch einem Ortswechsel der Massen ausgesetzt. Die Kleinheit des Gravitations-Effectes in den continentalen Regionen kann einen sehr allmäligen Wechsel der wirklichen Beobachtung entziehen; und nach Bessel's Berechnung muß, um die Polhöhe eines Orts nur um 1″ zu vergrößern, in dem Inneren der Erde eine Ortsveränderung von einer Masse vorausgesetzt werden, deren Gewicht, ihre Dichtigkeit der mittleren Dichtigkeit der Erde gleich gesetzt, das von 114 geographischen Cubikmeilen [5] ist. So auffallend groß auch dieses Volum der ortsverändernden, bewegten Masse uns erscheint, wenn wir es mit dem Volum des Montblanc oder Chimborazo, oder Kintschindjinga vergleichen; so sinkt doch bald das Erstaunen über die Größe des Phänomens, wenn man sich erinnert, daß das Erdsphäroid über 2650 Millionen solcher Cubikmeilen umfaßt.

Das Problem der Figur der Erde, dessen Zusammenhang mit der geologischen Frage über früheren liquiden Zustand der planetarischen Rotations-Körper schon in der großen Zeit [6] von Newton, Huygens und Hoofe erkannt wurde, ist mit ungleichem Erfolge auf drei Wegen zu lösen versucht worden. durch geodätisch-astronomische Gradmessung, durch Pendel-Versuche, und durch Ungleichheiten in der Länge und Breite des Mondes. Die erste

Methode zerfällt wieder in zwei Unterarten bei Anwendung: Breitengrad-Messungen auf einem Meridian-Bogen, und Längengrad-Messungen auf verschiedenen Parallelkreisen.

Ohnerachtet bereits sieben Jahre verflossen sind, seitdem ich die Resultate von Bessel's großer Arbeit über die Dimensionen des Erdkörpers in das allgemeine Naturgemälde aufgenommen habe; so kann doch diese Arbeit bis jetzt noch nicht durch eine mehr umfassende, auf neuere Gradmessungen gegründete, ersetzt werden. Einen wichtigen Zuwachs und eine Vervollkommnung aber hat sie zu erwarten, wenn die bald vollendete russische Gradmessung, welche sich fast vom Nordcap bis zum schwarzen Meere erstreckt, wird veröffentlicht werden; und die indische, durch sorgfältige Vergleichung des dabei gebrauchten Maaßes, in ihren Ergebnissen mehr gesichert ist. Laut Bessel's, im Jahr 1841 bekannt gemachten Bestimmungen ist der mittlere Werth der Dimensionen unseres Planeten nach der genauen Untersuchung[7] von zehn Gradmessungen folgender: die halbe große Are des elliptischen Rotations-Sphäroids, welchem sich die unregelmäßige Figur der Erde am meisten nähert, 3272077^t,14; die halbe kleine Are 3261139^t,33; die Länge des Erd-Quadranten 5131179^t,81; die Länge eines mittleren Meridiangrades 57013^t,109; die Länge eines Parallelgrades bei 0° Breite, also eines Aequatorgrades, 57108^t,520; die Länge eines Parallelgrades bei 45° Breite 40449^t,371; Abplattung $\frac{1}{299,152}$; die Länge einer geographischen Meile, deren 15 auf einen Grad des Aequators, 3807^t,23. Die folgende Tafel zeigt die Zunahme der Länge der Meridiangrade vom Aequator gegen die Pole hin, wie sie aus den Beobachtungen gefunden ist, also modificirt durch locale Störungen der Anziehung:

Länder	Geogr. Breite der Mitte des gemessenen Bogens	Länge des gemessenen Bogens	Die aus den Beobachtungen folgende Länge eines Grades für die Breite der Mitte des gemessenen Bogens, in Toisen	Beobachter
Schweden	66° 20′ 10″	1° 37′ 19″,6	57195,8	Svanberg,
	66 19 37	0 57 30,4	57201,8	Maupertuis
Rußland	56 3 55,5	8 2 28,9	57137,0	Struve, Tenner
Preußen	54 58 26,0	1 30 29,0	57145,2	Bessel, Bacyer
Dänemark	54 8 13,7	1 31 53,3	57093,1	Schumacher
Hannover	52 32 16,6	2 0 57,4	57126,4	Gauß
England	52 2 19,4	2 50 23,5	57071,8	Roy, Mudge, Kater
	52 35 45,0	3 57 13,1	57075,0	
Frankreich	44 51 2,5	12 22 12,7	57012,5	Delambre, Méchain, Biot, Arago
Nordamerika . . .	39 12 0	1 28 45,0	56889,6	Mason, Dixon
Ostindien	16 8 21,5	15 57 40,7	56773,6	Lambton, Everest
	12 32 20,8	1 34 56,4	56759,0	Lambton
Quito (südl. Br.) .	1 31 0,4	3 7 3,5	56864,6	La Condamine, Bouguer
Vorgeb. der guten Hoffnung (südl. Br.)	33 18 30	1 13 17,5	57035,6	Lacaille
	35 43 20	3 34 34,7	56932,5	Maclear

Die Bestimmung der Figur der Erde durch Messung von Längengraden auf verschiedenen Parallelkreisen erfordert eine große Genauigkeit in den Unterschieden der Ortslängen. Schon Cassini de Thury und Lacaille bedienten sich 1740 der Pulver-Signale, um einen Perpendikel auf dem Meridian von Paris zu messen. In neuerer Zeit sind bei der großen trigonometrischen Aufnahme von England mit weit besseren Hülfsmitteln und größerer Sicherheit Längen der Bogen auf Parallelkreisen und Unterschiede der Meridiane bestimmt worden zwischen Beachy Head und Dunnose, wie zwischen Dover und Falmouth[8]: freilich nur in Längen-Unterschieden von 1° 26' und 6° 22'. Die glänzendste dieser Operationen ist aber wohl die zwischen den Meridianen von Marennes, an der Westküste von Frankreich, und Fiume gewesen. Sie erstreckt sich über die westlichste Alpenkette und die lombardischen Ebenen von Mailand und Padua, in einer directen Entfernung von 15° 32' 27"; und wurde ausgeführt von Brousseaud und Largeteau, Plana und Carlini, fast ganz unter dem sogenannten mittleren Parallel von 45°. Die vielen Pendel-Versuche, welche in der Nähe der Gebirgsketten gemacht worden sind, haben hier den schon früher erkannten Einfluß von localen Anziehungen, die sich aus der Vergleichung der astronomischen Breiten mit den Resultaten der geobätischen Messungen ergeben[9], auf eine merkwürdige Weise bestätigt.

Nach den zwei Unterarten der unmittelbaren Gradmessung: a) auf Meridian- und b) auf Parallelbogen, ist noch eine rein astronomische Bestimmung der Figur der Erde zu nennen. Es gründet sich dieselbe auf die Einwirkung, welche die Erde auf die Mondbewegung (auf die Ungleichheiten in der Länge und Breite des Mondes) ausübt. Laplace, der zuerst die Ursach dieser Ungleichheiten aufgefunden, hat auch deren Anwendung gelehrt; und scharfsinnig gezeigt, wie dieselbe den großen Vorzug gewährt, welchen vereinzelte Grad-messungen und Pendel-Versuche nicht darzubieten vermögen: den Vorzug, die mittlere Figur (die Gestalt, welche dem ganzen Planeten zugehört) in einem einzigen, einfachen Resul-tate zu offenbaren. Man erinnert hier gern wieder [10] an den glücklichen Ausdruck des Erfinders der Methode: „daß ein Astro-nom, ohne seine Sternwarte zu verlassen, in der Bewegung eines Himmelskörpers die individuelle Gestalt der Erde, seines Wohnsitzes, lesen könne." Nach einer letzten Revision der beiden Ungleichheiten in der Länge und Breite unseres Satelliten, und durch die Benutzung von mehreren tausend Beobachtungen von Bürg, Bouvard und Burckhardt [11] fand Laplace vermittelst dieser seiner Lunar-Methode eine Abplattung, welche der der Breitengrad-Messungen ($\frac{1}{299}$) nahe genug kommt: nämlich $\frac{1}{306}$.

Ein drittes Mittel, die Gestalt der Erde (d. i. das Verhältniß der großen zur kleinen Are, unter der Voraus-setzung einer elliptisch sphäroidischen Gestalt) durch Ergründung des Gesetzes zu finden, nach welchem vom Aequator gegen die Rotations-Pole hin die Schwere zunimmt; bieten die Schwingungen der Pendel dar. Zur Zeitbestimmung hatten sich dieser Schwingungen zuerst die arabischen Astro-nomen und namentlich Ebn-Junis, am Ende des 10ten Jahr-hunderts, in der Glanzperiode der Abbassidischen Chalifen [12], bedient; auch, nach sechshundertjähriger Vernachlässigung, Galilei und der Pater Riccioli zu Bologna. [13] Durch Ver-bindung mit Räderwerk zur Regulirung des Ganges der Uhren (angewandt zuerst in den unvollkommenen Versuchen von

Sanctorius zu Padua 1612, dann in der vollendeten Arbeit
von Huygens 1656) hat das Pendel in Richer's Vergleichung
des Ganges derselben astronomischen Uhr zu Paris und Cayenne
(1672) den ersten materiellen Beweis von der verschiedenen
Intensität der Schwere unter verschiedenen Breiten gegeben.
Picard war zwar mit der Ausrüstung zu dieser wichtigen
Reise beschäftigt, aber er schreibt sich deshalb nicht das
Verdienst des ersten Vorschlages zu. Richer verließ Paris
im October 1671; und Picard, in der Beschreibung seiner
Breitengrad-Messung, die ebenfalls im Jahr 1671 erschien,
erwähnt bloß [14] „einer Vermuthung, welche in einer der
Sitzungen der Akademie von einem Mitgliede geäußert
worden sei, und nach welcher wegen der Rotation der Erde
die Gewichte eine geringere Schwere unter dem Aequator
als unter dem Pole haben möchten." Er fügt zweifelnd
hinzu: „daß allerdings nach einigen Beobachtungen, die in
London, Lyon und Bologna angestellt seien, es scheine, als
müsse das Secunden-Pendel verkürzt werden, je näher man
dem Aequator komme; aber andererseits sei er auch nicht
genug von der Genauigkeit der angegebenen Messungen überzeugt, weil im Haag die Pendellänge trotz der nördlicheren
Lage ganz wie in Paris gefunden werde." Wann Newton
zuerst die ihm so wichtige Kenntniß von den durch Richer
1672 erlangten, aber erst 1679 durch den Druck veröffentlichten Pendel-Resultaten, oder von Cassini's, schon vor
1666 gemachter Entdeckung der Abplattung des Jupiter erhalten hat; wissen wir leider nicht mit derselben Genauigkeit,
als uns seine sehr verspätete Kenntniß von Picard's Gradmessung erwiesen ist. In einem Zeitpunkte, wo in einem so
glücklichen Wettkampfe theoretische Ansichten zu Anstellung

von Beobachtungen anregten und wiederum Ergebniſſe der Beobachtung auf die Theorie reagirten, iſt für die Geſchichte der mathematiſchen Begründung einer phyſiſchen Aſtronomie die genaue Aufzählung der einzelnen Epochen von großem Intereſſe.

Wenn die unmittelbaren Meſſungen von Meridian= und Parallelgraden (die erſteren vorzugsweiſe in der franzöſiſchen Gradmeſſung [15] zwiſchen Br. 44° 42′ und 47° 30′; die zweiten bei Vergleichung von Punkten, die öſtlich und weſtlich liegen von den grajiſchen, cottiſchen und Meer=Alpen [16]) ſchon große Abweichungen von der mittleren ellipſoidiſchen Geſtalt der Erde verrathen; ſo ſind die Schwankungen in dem Maaße der Abplattung, welche geographiſch verſchieden vertheilte Pendellängen und ihre Gruppirungen geben, noch um vieles auffallender. Die Beſtimmung der Figur der Erde durch die zu= oder abnehmende Schwere (Intenſität der örtlichen Attraction) ſetzt voraus, daß die Schwere an der Oberfläche des rotirenden.Sphäroids dieſelbe blieb, die ſie zu der Zeit der Erſtarrung aus dem flüſſigen Zuſtande war; und daß nicht ſpätere Veränderungen der Dichtigkeit daſelbſt vorgingen. [17] Trotz der großen Vervollkommnung der Inſtrumente und Methoden durch Borda, Kater und Beſſel ſind gegenwärtig in beiden Erdhälften von den Malouinen, wo Freycinet, Duperrey und Sir James Roß nach einander beobachtet haben, bis Spitzbergen, alſo von 51° 35′ S. bis 79° 50′ N. B.; doch nur 63 bis 70 unregelmäßig zerſtreute Punkte [18] anzugeben, in denen die Länge des einfachen Pendels mit derſelben Genauigkeit beſtimmt worden iſt als die Orts=Poſition in Breite, Länge und Höhe über dem Meere.

Sowohl durch die Pendel=Versuche auf dem von den französischen Astronomen gemessenen Theile eines Meridian= bogens wie durch die Beobachtungen, welche Cap. Kater bei der trigonometrischen Aufnahme in Großbritannien ge= macht, wurde anerkannt, daß die Resultate sich keinesweges einzeln durch eine Variation der Schwere im Verhältniß des Quadrats des Sinus der Breite darstellen ließen. Es ent= schloß sich daher die englische Regierung (auf Anregung des Vice=Präsidenten der Royal Society, Davies Gilbert) zur Ausrüstung einer wissenschaftlichen Expedition, welche meinem Freunde Eduard Sabine, der als Astronom den Capitän Parry auf seiner ersten Nordpol=Unternehmung begleitet hatte, an= vertraut wurde. Es führte ihn dieselbe in den Jahren 1822 und 1823 längs der westlichen afrikanischen Küste, von Sierra Leone bis zu der Insel S. Thomas, nahe am Aequator; dann über Ascension nach der Küste von Südamerika (von Bahia bis zum Ausfluß des Orinoco), nach Westindien und Neu=England; wie im hohen arctischen Norden bis Spitzbergen, und zu einem von gefahrdrohenden Eiswällen verdeckten, noch unbesuchten Theile des östlichen Grönlands (74° 32'). Dieses glänzende und so glücklich ausgeführte Unternehmen hatte den Vorzug, daß es seinem Hauptzwecke nach nur auf Einen Gegenstand gerichtet war, und Punkte umfaßte, die 93 Breitengrade von einander entfernt sind.

Der Aequinoctial= und arctischen Zone weniger genähert lag das Feld der französischen Gradmessungen; aber es ge= währte dasselbe den großen Vortheil einer linearen Gruppirung der Beobachtungsorte, und der unmittelbaren Vergleichung mit der partiellen Bogenkrümmung, wie sie sich aus den geodätisch=astronomischen Operationen ergeben hatte. Biot

hat die Reihe der Pendel=Messungen von Formentera aus
(38⁰ 39′ 56″), wo er früher mit Arago und Chair beobachtete,
im Jahr 1824 bis nach Unst, der nördlichsten der Shetlands=
Inseln (60⁰ 45′ 25″), fortgesetzt, und sie mit Mathieu auf
den Parallelen von Bordeaux, Figeac und Padua bis Fiume
erweitert. [19] Diese Pendel=Resultate, mit denen von Sabine
verglichen, geben für den ganzen nördlichen Quadranten
allerdings die Abplattung von $\frac{1}{290}$; aber, in zwei Hälften
getrennt, um so abweichendere Resultate [20]: vom Aequator
bis 45⁰ gar $\frac{1}{276}$, und von 45⁰ bis zum Pol $\frac{1}{306}$. Der Ein=
fluß der umgebenden dichteren Gebirgsmassen (Basalt, Grün=
stein, Diorit, Melaphyr; im Gegensatz von specifisch leichteren
Flöz= und Tertiär=Formationen) hat sich für beide Hemi=
sphären (wie der, die Intensität der Schwere vermehrende
Einfluß der vulkanischen Eilande [21]) in den meisten Fällen
erkennbar gemacht; aber viele Anomalien, die sich darbieten,
lassen sich nicht aus der uns sichtbaren geologischen Boden=
beschaffenheit erklären.

Für die südliche Erdhälfte besitzen wir eine kleine Reihe
vortrefflicher, aber freilich auf großen Flächen weit zerstreu=
ter Beobachtungen von Freycinet, Duperrey, Fallows, Lütke,
Brisbane und Rümker. Es bestätigen dieselben, was schon
in der nördlichen Erdhälfte so auffallend ist: daß die Inten=
sität der Schwere nicht an Oertern, welche gleiche Breite
haben, dieselbe ist; ja daß die Zunahme der Schwere vom
Aequator gegen die Pole unter verschiednen Meridianen
ungleichen Gesetzen unterworfen zu sein scheint. Wenn
Lacaille's Pendel=Messungen am Vorgebirge der guten
Hoffnung und die auf der spanischen Weltumseglung von

Malaspina den Glauben hatten verbreiten können, daß die
südliche Hemisphäre im allgemeinen beträchtlich mehr abgeplattet sei als die nördliche; so haben, wie ich schon an
einem anderen Orte [22] angeführt, die Malouinen-Inseln und
Neu-Holland, verglichen mit Neu-York, Dünkirchen und
Barcelona, in genaueren Resultaten das Gegentheil erwiesen.

Aus dem bisher Entwickelten ergiebt sich: daß das Pendel
(ein nicht unwichtiges geognostisches Untersuchungsmittel;
eine Art Senkblei, in tiefe, ungesehene Erdschichten geworfen)
uns doch mit geringerer Sicherheit über die Gestalt unseres
Planeten aufklärt als Gradmessungen und Mondbewegung.
Die concentrischen, elliptischen, einzeln homogenen, aber von
der Oberfläche gegen das Erd-Centrum an Dichtigkeit (nach
gewissen Functionen des Abstandes) zunehmenden Schichten
können, in einzelnen Theilen des Erdkörpers nach ihrer Beschaffenheit, Lage und Dichtigkeits-Folge verschieden, an der
Oberfläche locale Abweichungen in der Intensität der Schwere
erzeugen. Sind die Zustände, welche jene Abweichungen
hervorbringen, um vieles neuer als die Erhärtung der äußeren
Rinde, so kann man sich die Figur der Oberfläche als örtlich
nicht modificirt durch die innere Bewegung der geschmolzenen Massen denken. Die Verschiedenheit der Resultate der
Pendel-Messung ist übrigens viel zu groß, als daß man sie
gegenwärtig noch Fehlern der Beobachtung zuschreiben könnte.
Wo auch durch mannigfach versuchte Gruppirung und Combination der Stationen Uebereinstimmung in den Resultaten
oder erkennbare Gesetzmäßigkeit gefunden wird, ergeben immer
die Pendel eine größere Abplattung (ohngefähr schwan-
kend zwischen den Grenzen $\frac{1}{275}$ und $\frac{1}{290}$) als die, welche aus
den Gradmessungen hat geschlossen werden können.

Beharren wir bei dieser, wie sie nach Bessel's letzter Bestimmung gegenwärtig am allgemeinsten angenommen wird, also bei einer Abplattung von $\frac{1}{299,152}$; so beträgt die Anschwellung [23] unter dem Aequator eine Höhe von 3272077^t — 3261139^t = 10938 Toisen oder 65628 Pariser Fuß: ohngefähr 2⅘ (genauer 2,873) geographische Meilen. Da man seit frühester Zeit gewohnt ist eine solche Anschwellung oder convexe Erhebung der Erdoberfläche mit wohlgemessenen Gebirgsmassen zu vergleichen: so wähle ich als Gegenstände der Vergleichung den höchsten unter den jetzt bekannten Gipfeln des Himalaya, den vom Oberst Waugh gemessenen Kintschindjinga von 4406 Toisen (26436 Fuß); und den Theil der Hochebene Tibets, welcher den Heiligen Seen Rakas-Tal und Manassarovar am nächsten ist, und nach Lieut. Henry Strachey die mittlere Höhe von 2400 Toisen erreicht. Unser Planet ist demnach nicht ganz dreimal so viel in der Aequatorial-Zone angeschwollen, als die Erhebung des höchsten Erdberges über der Meeresfläche beträgt; fast fünfmal so viel als das östliche Plateau von Tibet.

Es ist hier der Ort zu bemerken, daß die durch bloße Gradmessungen oder durch Combinationen von Grad- und Pendel-Messungen sich ergebenden Resultate der Abplattung weit geringere Verschiedenheiten [24] in der Höhe der Aequinoctial-Anschwellung darbieten, als man auf den ersten Anblick der Bruchzahlen zu vermuthen geneigt sein konnte. Der Unterschied der Polar-Abplattungen $\frac{1}{310}$ und $\frac{1}{290}$ beträgt für die Unterschiede der größten und kleinsten Erdachse nach den beiden äußersten Grenzzahlen nur etwas über 6600 Fuß. nicht das Doppelte der kleinen Berghöhen des

Brockens und des Vesuvs; ohngefähr nur um $\frac{1}{10}$ abweichend von der Anschwellung, welche die Abplattung $\frac{1}{299}$ giebt.

Sobald genauere, unter sehr verschiedenen Breiten ge=
machte Gradmessungen gelehrt hatten, daß die Erde in ihrem Inneren nicht gleichförmig dicht sein könne, weil die auf=
gefundnen Resultate der Abplattung die letztere um vieles geringer darstellen, als Newton $\left(\frac{1}{230}\right)$; um vieles größer, als Huygens $\left(\frac{1}{578}\right)$, der sich alle Anziehung im Centrum der Erde vereinigt dachte, annahmen: mußte der Zusammenhang des Werthes der Abplattung mit dem Gesetze der Dichtigkeit im Inneren der Erdkugel ein wichtiger Gegenstand des ana=
lytischen Calcüls werden. Die theoretischen Speculationen über die Schwere leiteten früh auf die Betrachtung der An=
ziehung großer Gebirgsmassen, welche frei, klippenartig sich auf dem trocknen Boden des Luftmeeres erheben. Schon Newton untersuchte in seinem Treatise of the System of the World in a popular way 1728, um wie viel ein Berg, der an 2500 Pariser Fuß Höhe und 5000 Fuß Durchmesser hätte, das Pendel von seiner lothrechten Richtung abziehen würde. In dieser Betrachtung liegt wahrscheinlich die Ver=
anlassung zu den wenig befriedigenden Versuchen von Bouguer am Chimborazo [25]; von Maskelyne und Hutton am Berg Shehallien in Perthshire nahe bei Blair Athol; zu der Ver=
gleichung von Pendellängen auf dem Gipfel einer 6000 Fuß erhabenen Hochebene mit der Pendellänge am Meeresufer (Carlini bei dem Hospitium des Mont Cenis, und Biot und Mathieu bei Bordeaux); zu den feinen und allein entscheiden=
den Experimenten von Reich (1837) und Baily mit dem von John Mitchell [26] erfundenen und durch Wollaston zu Cavendish

übergegangenen sinnreichen Apparate der **Drehwage**. Es ist
von den drei Arten der Bestimmung der Dichtigkeit unseres
Planeten (durch Bergnähe, Höhe einer Bergebene und Drehwage) in dem Naturgemälde (Kosmos Bd. I. S. 176—178
und 424 Anm. 6) so umständlich gehandelt worden, daß
nur noch die in Reich's neuer Abhandlung [27] enthaltenen,
in den Jahren 1847 und 1850 von diesem unermüdlichen
Forscher angestellten Versuche hier erwähnt werden müssen.
Das Ganze kann nach dem gegenwärtigen Stande unseres
Wissens folgendermaßen zusammengestellt werden:

Shehallien (nach dem Mittel des von Playfair
  gefundenen Mar. 4,867 und Min. 4,559) . . 4,713

Mont Cenis, Beob. von Carlini mit der Correction
  von Giulio 4,950

Drehwage:

  Cavendish nach Baily's Berechnung . . . 5,448

  Reich 1838 5,440

  Baily 1842 5,660

  Reich 1847—1850 5,577

Das Mittel der beiden letzten Resultate giebt für die Dichtigkeit der Erde 5,62 (die des Wassers = 1 gesetzt): also
viel mehr als die dichtesten feinkörnigen Basalte (nach
Leonhard's zahlreichen Versuchen 2,95 — 3,67), mehr als
Magneteisenerz (4,9—5,2), um weniges geringer als
gediegen Arsen von Marienberg oder Joachimsthal. Wir
haben bereits oben (Kosmos Bd. I. S. 177) bemerkt, daß
bei der großen Verbreitung von Flöz-, Tertiär-Formationen
und aufgeschwemmten Schichten, welche den uns sichtbaren,
continentalen Theil der Erdoberfläche bilden (die plutonischen
und vulkanischen Erhebungen erfüllen inselförmig überaus

kleine Räume), die Feste in der oberen Erdrinde kaum eine
Dichtigkeit von 2,4 bis 2,6 erreicht. Wenn man nun mit
Rigaud das Verhältniß der Feste zur flüssigen oceanischen
Fläche wie 10 : 27 annimmt, und erwägt, daß letztere nach
Versuchen mit dem Senkblei über 26000 Pariser Fuß
Wasserdicke erreicht; so ist die ganze Dichtigkeit der oberen
Schichten des Planeten unter der trocknen und oceanischen
Oberfläche kaum 1,5. Es ist gewiß mit Unrecht, wie ein
berühmter Geometer, Plana, bemerkt, daß der Verfasser der
Mécanique céleste der oberen Erdschicht die Dichtigkeit
des Granits zuschreibt und diese auch, etwas hoch, = 3
ansetzt [28]: was ihm für das Centrum der Erde die Dichtigkeit von 10,047 giebt. Letztere wird nach Plana 16,27,
wenn man die oberen Erdschichten = 1,83 setzt: was wenig
von 1,5 oder 1,6 als totale Erdrinden-Dichtigkeit abweicht.
Das Pendel, das senkrechte wie das horizontale (die Drehwage), hat allerdings ein geognostisches Instrument genannt
werden können; aber die Geologie der unzugänglichen
inneren Erdräume ist, wie die Astrognosie der dunklen
Weltkörper, nur mit vieler Vorsicht zu behandeln. Ich
muß ohnedies noch in dem vulkanischen Abschnitt dieses
Werkes die, schon von Anderen angeregten Probleme der
Strömungen in der allgemeinen Flüssigkeit des Inneren
des Planeten, der wahrscheinlichen oder unwahrscheinlichen
periodischen Ebbe- und Fluth-Bewegung in einzelnen, nicht
ganz gefüllten Becken, oder der Existenz undichter Räume
unter den gehobenen Gebirgsketten [29], berühren. Es ist
im Kosmos keine Betrachtung zu übergehen, auf welche
wirkliche Beobachtungen oder nicht entfernte Analogien zu
leiten scheinen.

b. **Innere Wärme des Erdkörpers und Vertheilung derselben.**

(Erweiterung des Naturgemäldes. Kosmos Bd. I. S. 179—184 und S. 425—427 Anm. 7—10.)

Die Betrachtungen über die innere Wärme des Erdkörpers, deren Wichtigkeit durch ihren jetzt so allgemein aner-
kannten Zusammenhang mit vulkanischen und Hebungs-
Erscheinungen erhöht worden ist, sind gegründet theils auf
directe und daher unbestreitbare Messungen der Temperatur in
Quellen, Bohrlöchern und unterirdischen Grubenbauen; theils
auf analytische Combinationen über die allmälige Erkältung
unseres Planeten und den Einfluß, welchen die Wärme-Abnahme auf die Rotations-Geschwindigkeit [30] und auf die Richtung der inneren Wärme-Strömungen in der Urzeit mag ausgeübt haben. Die Gestalt des abgeplatteten Erdsphäroids
ist selbst wieder von dem Gesetze der zunehmenden Dichtigkeit
abhängig in concentrischen, über einander liegenden, nicht homogenen Schalen. Der erste, experimentale und darum sichrere
Theil der Untersuchung, auf den wir uns hier beschränken,
verbreitet aber nur Licht über die uns allein zugängliche, ihrer
Dicke nach unbedeutende Erdrinde: während der zweite, mathematische Theil, der Natur seiner Anwendungen nach, mehr
negative als positive Resultate liefert. Den Reiz scharfsinniger
Gedankenverbindungen [31] darbietend, leitet dieser zu Problemen,
welche bei den Muthmaßungen über den Ursprung der vulkanischen Kräfte und die Reaction des geschmolzenen Inneren gegen
die starre äußere Schale nicht ganz unberührt bleiben können.
Platons geognostische Mythe vom Pyriphlegethon [32], als Ursprung aller heißen Quellen wie der vulkanischen Feuerströme,
war hervorgegangen aus dem so früh und so allgemein gefühlten

Bedürfniß, für eine große und verwickelte Reihe von Erschei=
nungen eine gemeinsame Ursach aufzufinden.

Bei der Mannigfaltigkeit der Verhältnisse, welche die
Erdoberfläche darbietet in Hinsicht auf Insolation (Sonnen=
Einwirkung) und auf Fähigkeit die Wärme auszustrahlen,
bei der großen Verschiedenheit der Wärme=Leitung nach
Maaßgabe der in ihrer Zusammensetzung und Dichte heterogenen
Gebirgsarten: ist es nicht wenig zu bewundern, daß da, wo
die Beobachtungen mit Sorgfalt und unter günstigen Umständen
angestellt sind, die Zunahme der Temperatur mit der Tiefe
in sehr ungleichen Localitäten meist so übereinstimmende Resul=
tate gegeben hat. Bohrlöcher: besonders wenn sie noch mit
trüben, etwas durch Thon verdickten, den inneren Strömungen
minder günstigen Flüssigkeiten gefüllt sind, und wenig Zuflüsse
seitwärts in verschiedenen Höhen durch Queerklüfte erhalten:
bieten bei sehr großer Tiefe die meiste Sicherheit dar. Wir
beginnen daher, eben dieser Tiefe wegen, mit zweien der merk=
würdigsten artesischen Brunnen: dem von Grenelle zu
Paris, und dem von Neu=Salzwerk im Soolbade Oeyn=
hausen bei Minden. Die genauesten Bestimmungen für beide
sind die, welche hier folgen:

Nach den Messungen von Walferdin [33], dessen Scharfsinn
man eine ganze Reihe feiner Apparate zur Bestimmung der
Temperatur in den Tiefen des Meeres oder der Brunnen
verdankt, liegt die Bodenfläche des Abattoir du Puits de
Grenelle 36^m,24 über dem Meere. Der obere Ausfluß der
aufsteigenden Quelle ist noch 33^m,33 höher. Diese Total=Höhe
der steigenden Wasser (69^m,57) ist im Vergleich mit dem Niveau
des Meeres ohngefähr 60 Meter niedriger als das Ausgehen
der Grünsand=Schicht in den Hügeln bei Lusigny, südöstlich

von Paris, deren Infiltrationen man das Aufsteigen der Wasser im artesischen Brunnen von Grenelle zuschreibt. Die Wasser sind erbohrt in 547^m (1683 Pariser Fuß) Tiefe unter dem Boden des Abattoirs, oder 510^m,76 (1572 Fuß) unter dem Meeresspiegel; also steigen sie im ganzen 580^m,33 (1786 Fuß). Die Temperatur der Quelle ist 27^0,75 cent. (22^0,2 R.). Die Zunahme der Wärme ist also 32^m,3 (99½ Fuß) für 1^0 des hunderttheiligen Thermometers.

Das Bohrloch zu Neu-Salzwerk bei Rehme liegt in seiner Mündung 217 Fuß über der Meeresfläche (über dem Pegel bei Amsterdam). Es hat erreicht unter der Erdoberfläche: unter dem Punkte, wo die Arbeit begonnen ist, die absolute Tiefe von 2144 Fuß. Die Soolquelle, welche mit vieler Kohlensäure geschwängert ausbricht, ist also 1926 Fuß unter der Meeresfläche gelegen: eine relative Tiefe, die vielleicht die größte ist, welche die Menschen je im Inneren der Erde erreicht haben. Die Soolquelle von Neu-Salzwerk (Bad Oeynhausen) hat eine Temperatur von 32^0,8 (26^0,3 R.); und da die mittlere Jahres-Temperatur der Luft in Neu-Salzwerk etwas über 9^0,6 (7^0,7 R.) beträgt, so darf man auf eine Zunahme der Temperatur von 1^0 cent. für 92,4 Fuß oder 30 Meter schließen. Das Bohrloch von Neu-Salzwerk [34] ist also, mit dem von Grenelle verglichen, 461 Fuß absolut tiefer; es senkt sich 354 Fuß mehr unter die Oberfläche des Meeres, und die Temperatur seiner Wasser ist 5^0,1 höher. Die Zunahme der Wärme ist in Paris für jeden hunderttheiligen Grad um 7,1 Fuß, also kaum um $\frac{1}{14}$ schneller. Ich habe schon oben [35] darauf aufmerksam gemacht, wie ein von Auguste de la Rive und Marcet zu Brégny bei Genf

unterſuchtes Bohrloch von nur 680 Fuß Tiefe ein ganz gleiches⸱
Reſultat gegeben hat, obgleich daſſelbe in einer Höhe von mehr
als 1500 Fuß über dem mittelländiſchen Meere liegt.

Wenn man den drei eben genannten Quellen, welche
zwiſchen 680 und 2144 Fuß abſolute Tiefe erreichen, noch eine:
die von Mont Wearmont bei Newcaſtle (die Gruben=
waſſer des Kohlenbergwerks, in welchem nach Phillips 1404
Fuß unter dem Meeresſpiegel gearbeitet wird), hinzufügt; ſo
findet man das merkwürdige Reſultat, daß an vier von einander
ſo entfernten Orten die Wärme=Zunahme für 1⁰ cent. nur
zwiſchen 91 und 99 Pariſer Fuß ſchwankt. [36] Dieſe Ueberein=
ſtimmung kann aber nach der Natur der Mittel, das man
anwendet, um die innere Erdwärme in beſtimmten Tiefen zu
ergründen, nicht überall erwartet werden. Wenn auch ange=
nommen wird, daß die auf Höhen ſich infiltrirenden Meteor=
Waſſer durch hydroſtatiſchen Druck, wie in communicirenden
Röhren, das Aufſteigen der Quellen an tieferen Punkten be=
wirken, und daß die unterirdiſchen Waſſer die Temperatur der
Erdſchichten annehmen, mit welchen ſie in Contact gelangen;
ſo können die erbohrten Waſſer in gewiſſen Fällen, mit ſenk=
recht niedergehenden Waſſerklüften communicirend, doch noch
einen anderen Zuwachs von Wärme aus uns unbekannter
Tiefe erhalten. Ein ſolcher Einfluß, welchen man ſehr von
dem der verſchiedenen Leitungsfähigkeit des Geſteins unterſcheiden
muß, kann an Punkten ſtattfinden, die dem Bohrloch ſehr fern
liegen. Wahrſcheinlich bewegen ſich die Waſſer im Inneren
der Erde bald in beſchränkten Räumen, auf Spalten gleichſam
flußartig (daher oft von nahen Bohrverſuchen nur einige
gelingen); bald ſcheinen dieſelben in horizontaler Richtung weit
ausgedehnte Becken zu bilden: ſo daß dieſes Verhältniß überall

die Arbeit begünstigt, und in sehr seltenen Fällen durch Anwesenheit von Aalen, Muscheln und Pflanzenresten einen Zusammenhang mit der Erdoberfläche verräth. Wie nun aus den oben bezeichneten Ursachen die aufsteigenden Quellen bisweilen wärmer sind, als nach der geringen Tiefe des Bohrlochs zu erwarten wäre; so wirken in entgegengesetztem Sinne kältere Wasser, welche aus seitwärts zuführenden Queerklüften hervorbrechen.

Es ist bereits bemerkt worden, daß Punkte, welche im Inneren der Erde bei geringer Tiefe in derselben Verticallinie liegen, zu sehr verschiedenen Zeiten das Maximum und Minimum der durch Sonnenstand und Jahreszeiten veränderten Temperatur der Atmosphäre empfangen. Nach den, immer sehr genauen Beobachtungen von Quetelet [37] sind die täglichen Variationen schon in der Tiefe von $3\frac{1}{5}$ Fuß nicht mehr bemerkbar; und zu Brüssel trat die höchste Temperatur in 24 Fuß tief eingesenkten Thermometern erst am 10 December, die niedrigste am 15 Juni ein. Auch in den schönen Versuchen, die Forbes in der Nähe von Edinburg über das Leitungsvermögen verschiedener Gebirgsarten anstellte, traf das Maximum der Wärme im basaltartigen Trapp von Calton-Hill erst am 8 Januar in 23 Fuß Tiefe ein. [38] Nach der vieljährigen Reihe von Beobachtungen Arago's im Garten der Pariser Sternwarte sind im Laufe eines ganzen Jahres noch sehr kleine Temperatur-Unterschiede bis 28 Fuß unter der Oberfläche bemerkbar gewesen. Eben so fand sie Bravais noch 1^0 in $26\frac{1}{2}$ Fuß Tiefe im hohen Norden zu Bossekop in Finmark (Br. 69^0 $58'$). Der Unterschied zwischen den höchsten und niedrigsten Temperaturen des Jahres ist um so kleiner, je tiefer man hinabsteigt. Nach Fourier nimmt dieser Unterschied in geometrischer Reihe ab, wenn die Tiefe in arithmetischer wächst.

Die invariable Erdschicht ist in Hinsicht ihrer Tiefe
(ihres Abstandes von der Oberfläche) zugleich abhängig von
der Polhöhe, von der Leitungsfähigkeit des umgebenden Ge=
steins, und der Größe des Temperatur=Unterschiedes zwischen
der heißesten und kältesten Jahreszeit. In der Breite von Paris
(48⁰ 50′) werden herkömmlich die Tiefe und Temperatur der
Caves de l'Observatoire (86 Fuß und 11⁰,834) für Tiefe und
Temperatur der invariablen Erdschicht gehalten. Seitdem
(1783) Cassini und Legentil ein sehr genaues Quecksilber=
Thermometer in jenen unterirdischen Räumen, welche Theile
alter Steinbrüche sind, aufgestellt haben, ist der Stand des
Quecksilbers in der Röhre um 0⁰,22 gestiegen. [39] Ob die Ursach
dieses Steigens einer zufälligen Veränderung der Thermometer=
Scale, die jedoch von Arago 1817 mit der ihm eigenen Sorgfalt
berichtigt worden ist, oder wirklich einer Wärme=Erhöhung
zugeschrieben werden müsse; ist noch unentschieden. Die
mittlere Temperatur der Luft in Paris ist 10⁰,822. Bravais
glaubt, daß das Thermometer in den Caves de l'Observatoire
schon unter der der Grenze der invariablen Erdschicht stehe,
wenn gleich Cassini noch Unterschiede von zwei Hunderttheilen
eines Grades zwischen der Winter= und Sommer=Temperatur
finden wollte [40], aber freilich die wärmere Temperatur im
Winter. Wenn man das Mittel vieler Beobachtungen der
Bodenwärme zwischen den Parallelen von Zürich (47⁰ 22′) und
Upsala (59⁰ 51′) nimmt, so erhält man für 1⁰ Temperatur=
Zunahme die Tiefe von 67½ Fuß. Die Unterschiede der
Breite steigen nur auf 12 bis 15 Fuß Tiefe, und zwar ohne
regelmäßige Veränderung von Süden nach Norden, weil der
gewiß vorhandene Einfluß der Breite sich in diesen, noch
zu engen Grenzen der Verschiedenheit der Tiefen mit dem

Einfluß der Leitungsfähigkeit des Bodens und der Fehler der Beobachtung vermischt.

Da die Erdschicht, in der man anfängt keine Temperatur-Veränderung mehr den ganzen Jahres-Cyclus hindurch zu bemerken, nach der Theorie der Wärme-Vertheilung um so weniger von der Oberfläche entfernt liegt, als die Maxima und Minima der Jahres-Temperatur weniger von einander verschieden sind; so hat diese Betrachtung meinen Freund, Herrn Boussingault, auf die scharfsinnige und bequeme Methode geleitet, in der Tropengegend, besonders 10 Grad nördlich und südlich vom Aequator, die mittlere Temperatur eines Orts durch die Beobachtung eines Thermometers zu bestimmen, das 8 bis 12 Zoll in einem bedeckten Raume eingegraben ist. Zu den verschiedensten Stunden, ja in verschiedenen Monaten (wie die Versuche vom Oberst Hall nahe am Littoral des Choco, in Tumaco; die von Salaza in Quito; die von Boussingault in la Vega de Zupia, Marmato und Anserma Nuevo im Cauca-Thale beweisen), hat die Temperatur nicht um zwei Zehntel eines Grades variirt; und fast in denselben Grenzen ist sie identisch mit der mittleren Temperatur der Luft an solchen Orten gewesen, wo letztere aus stündlichen Beobachtungen hergeleitet worden ist. Dazu blieb diese Identität, was überaus merkwürdig scheint, sich vollkommen gleich: die thermometrischen Sonden (von weniger als 1 Fuß Tiefe) mochten am heißen Ufer der Südsee in Guayaquil und Payta, oder in einem Indianer-Dörfchen am Abhange des Vulkans von Purace, das ich nach meinen Barometer-Messungen 1356 Toisen (2643,2 Meter) hoch über dem Meere gefunden habe, angestellt werden. Die mittleren Temperaturen waren in diesen Höhen-Abständen um volle 14° verschieden. [31]

Eine besondere Aufmerksamkeit verdienen, glaube ich, zwei Beobachtungen, die ich in den Gebirgen von Peru und Merico gemacht habe: in Bergwerken, welche höher liegen als der Gipfel des Pic von Teneriffa; höher als alle, in die man wohl bis dahin je ein Thermometer getragen hatte. Mehr als zwölftausend Fuß über dem Meeresspiegel habe ich die unterirdische Luft 14⁰ wärmer als die äußere gefunden. Das peruanische Städtchen Micuipampa [42] liegt nämlich nach meinen astronomischen und hypsometrischen Beobachtungen in der südlichen Breite von 6⁰ 43' und in der Höhe von 1857 Toisen, am Fuß des, wegen seines Silberreichthums berühmten Cerro de Gualgayoc. Der Gipfel dieses fast isolirten, sich castellartig und malerisch erhebenden Berges ist 240 Toisen höher als das Straßenpflaster des Städtchens Micuipampa. Die äußere Luft war fern vom Stollen=Mundloch der Mina del Purgatorio 5⁰,7; aber in dem Inneren der Grubenbaue, ohngefähr in 2057 Toisen (12342 Fuß) Höhe über dem Meere, sah ich das Thermometer überall die Temperatur von 19⁰,8 anzeigen: Differenz 14⁰,1. Das Kalkgestein war vollkommen trocken, und sehr wenige Bergleute arbeiteten dort. In der Mina de Guadalupe, die in derselben Höhe liegt, fand ich die innere Luft=Temperatur 14⁰,4: also Differenz gegen die äußere Luft 8⁰,7. Die Wasser, welche hier aus der sehr nassen Grube hervorströmten, hatten 11⁰,3. Die mittlere jährliche Luft=Temperatur von Micuipampa ist wahrscheinlich nicht über 7⁰ ½. In Merico, in den reichen Silberbergwerken von Guanaruato, fand ich in der Mina de Valenciana [43] die äußere Luft=Temperatur in der Nähe des Tiro Nuevo (7122 Fuß über dem Meere) 21⁰,2; und die Grubenluft im Tiefsten, in den Planes de San Bernardo (1530 Fuß unter der Oeffnung des Schachtes Tiro Nuevo), volle 27⁰: ohngefähr die

Mittel=Temperatur des Littorals am mexicanischen Meerbusen.
In einer Strecke, welche 138 Fuß höher als die Sohle der
Planes de San Bernardo liegt, zeigt sich, aus dem Queer=
Gestein ausbrechend, eine Quelle mit der Wärme von 29⁰,3.
Die von mir bestimmte nördliche Breite der Bergstadt Guana=
ruato ist 21⁰ 0′, bei einer Mittel=Temperatur, welche ohngefähr
zwischen 15⁰,8 und 16⁰,2 fällt. Es würde ungeeignet sein
hier über die Ursachen vielleicht ganz localer Erhöhung der unter=
irdischen Temperatur in Gebirgshöhen von sechs= bis zwölftausend
Fuß, schwer zu begründende Vermuthungen aufzustellen.

Einen merkwürdigen Contrast bieten die Verhältnisse des
Bodeneises in den Steppen des nördlichsten Asiens dar. Trotz
der frühesten Zeugnisse von Gmelin und Pallas war selbst
die Existenz desselben in Zweifel gezogen worden. Ueber die
Verbreitung und Dicke der Schicht des unterirdischen Eises
hat man erst in der neuesten Zeit durch die trefflichen Unter=
suchungen von Erman, Baer und Middendorff richtige An=
sichten gewonnen. Nach den Schilderungen von Grönland
durch Cranz, von Spitzbergen durch Martens und Phipps,
der Küsten des karischen Meeres von Sujew, wurde durch
unvorsichtige Verallgemeinerung der ganze nördlichste Theil
von Sibirien als vegetationsleer, an der Oberfläche stets ge=
froren, und mit ewigem Schnee selbst in der Ebene bedeckt
beschrieben. Die äußerste Grenze hohen Baumwuchses ist im
nördlichen Asien nicht, wie man lange annahm und wie See=
winde und die Nähe des Obischen Meerbusens es bei Obdorsk
veranlassen, der Parallel von 67⁰; das Flußthal des großen
Lena=Stromes hat hohe Bäume bis zur Breite von 71⁰. In
der Einöde der Inseln von Neu=Sibirien finden große Heerden
von Rennthieren und zahllose Lemminge noch hinlängliche

Nahrung. [44] Die zwei sibirischen Reisen von Middendorff, welchen Beobachtungsgeist, Kühnheit im Unternehmen und Ausdauer in mühseliger Arbeit auszeichnen, waren 1843 bis 1846 nördlich im Taymir-Lande bis zu 75⁰ ¾ Breite und süd-östlich bis an den Oberen Amur und das Ochotskische Meer gerichtet. Die erste so gefahrvoller Reisen hatte den ge-lehrten Naturforscher in eine bisher ganz unbesuchte Region geführt. Sie bot um so mehr Wichtigkeit dar, als diese Region gleich weit von der Ost- und Westküste des Alten Continents entfernt ist. Neben der Verbreitung der Organismen im höchsten Norden, als hauptsächlich von klimatischen Verhält-nissen abhängig, war im Auftrage der Petersburger Akademie der Wissenschaften die genaue Bestimmung der Boden-Tempe-ratur und der Dicke des unterirdischen Bodeneises ein Haupt-zweck der Expedition. Es wurden Untersuchungen angestellt in Bohrlöchern und Gruben von 20 bis 57 Fuß Tiefe, an mehr denn 12 Punkten (bei Turuchansk, am Jenisei und an der Lena), in relativen Entfernungen von vier- bis fünfhundert geographischen Meilen.

Der wichtigste Gegenstand solcher geothermischen Beobach-tungen blieb aber der Schergin-Schacht [45] zu Jakutsk (Br. 62⁰ 2'). Hier war eine unterirdische Eisschicht durchbrochen worden in der Dicke von mehr als 358 Par. Fuß (382 engl. Fuß). Längs den Seitenwänden des Schachtes wurden Thermometer an 11 über einander liegenden Punkten zwischen der Oberfläche und dem Tiefsten des Schachtes, den man 1837 erreichte, eingesenkt. In einem Eimer (Kübel) stehend, Einen Arm beim Herablassen an einem Seil befestigt, mußte der Beob-achter die Thermometer-Scalen ablesen. Die Reihe der Beob-achtungen, deren mittleren Fehler man nur zu 0⁰,25 anschlägt,

umfaßte den Zeitraum vom April 1844 bis Juni 1846. Die
Abnahme der Kälte war im einzelnen zwar nicht den Tiefen
proportional; doch fand man folgende, im ganzen zunehmende
Mittel=Temperaturen der über einander liegenden Eisschichten:

50 engl. F.	. . . . . .	—6⁰,61 R.
100 „ „	. . . . . .	—5,22
150 „ „	. . . . . .	—4,64
200 „ „	. . . . . .	—3,88
250 „ „	. . . . . .	—3,34
382 „ „	. . . . . .	—2,40

Nach einer sehr gründlichen Discussion aller Beobachtungen
bestimmt Middendorff die allgemeine Temperatur=Zunahme [46]
für 1 Grad Réaumur zu 100 bis 117 engl. Fußen, also zu
75 und 88 Pariser Fuß auf 1⁰ des hunderttheiligen Thermo=
meters. Dieses Resultat bezeugt eine schnellere Wärme=Zunahme
im Schergin=Schachte, als mehrere sehr übereinstimmende
Bohrlöcher im mittleren Europa gegeben haben (s. oben S. 37).
Der Unterschied fällt zwischen $\frac{1}{4}$ und $\frac{1}{8}$. Die mittlere jährliche
Temperatur von Jakutsk wurde zu —8⁰,13 R. (—10⁰,15 cent.)
angenommen. Die Oscillation der Sommer= und Winter=Tem=
peratur ist nach Newerow's funfzehnjährigen Beobachtungen
(1829 bis 1844) von der Art, daß bisweilen im Juli und
August 14 Tage hinter einander die Luftwärme bis 20⁰ und
23⁰,4 R. (25⁰ und 29⁰,3 cent.) steigt, wenn in 120 auf ein=
ander folgenden Wintertagen (November bis Februar) die
Kälte zwischen 33⁰ und 44⁰,8 (41⁰,2 und 55⁰,9 cent.) unter dem
Gefrierpunkt schwankt. Nach Maaßgabe der bei Durchsenkung
des Bodeneises gefundenen Temperatur=Zunahme ist die Tiefe
unter der Erdoberfläche zu berechnen, in welcher die Eisschicht
der Temperatur 0⁰, also der unteren Grenze des gefrorenen

Erdreichs, am nächsten ist. Sie würde in dem Schergin-Schacht nach Middendorff's Angabe, welche mit der viel früheren Erman's ganz übereinstimmt, erst in 612 oder 642 Fuß Tiefe gefunden werden. Dagegen schiene nach der Temperatur-Zunahme, welche in den, freilich noch nicht 60 Fuß tiefen und kaum eine Meile von Irkutsk entfernten Mangan-, Schilow- und Dawydow-Gruben, in der hügeligen Kette des linken Lena-Ufers, beobachtet wurde, die Normal-Schicht von 0° schon in 300 Fuß, ja in noch geringerer Tiefe zu liegen. [47] Ist diese Ungleichheit der Lage nur scheinbar, weil eine numerische Bestimmung, auf so unbedeutende Schachttiefen gegründet, überaus unsicher ist und die Temperatur-Zunahme nicht immer demselben Gesetze gehorcht? Ist es gewiß, daß, wenn man aus dem Tiefsten des Schergin-Schachtes eine horizontale (söhlige) Strecke viele hundert Lachter weit ins Feld triebe, man in jeder Richtung und Entfernung gefrornes Erdreich und dieses gar mit einer Temperatur von 2½ Grad unter dem Nullpunkt finden würde?

Schrenk hat das Bodeneis in 67° ½ Breite im Lande der Samojeden untersucht. Um Pustojenskoy Gorodok wird das Brunnengraben durch Anwendung des Feuers beschleunigt. Mitten im Sommer fand man die Eisschicht schon in 5 Fuß Tiefe. Man konnte sie in der Dicke von 63 Fuß verfolgen, als plötzlich die Arbeit gestört ward. Ueber den nahen Landsee von Ustje konnte man 1813 den ganzen Sommer hindurch in Schlitten fahren. [48] Auf meiner sibirischen Expedition mit Ehrenberg und Gustav Rose ließen wir bei Bogoslowsk (Br. 59° 44′), an dem Wege nach den Turjin'schen Gruben [49], im Ural einen Schurf in einem torfigen Boden graben. In 5 Fuß Tiefe traf man schon auf Eisstücke, die breccienartig mit gefrorener Erde gemengt waren; dann begann dichtes Eis, das in 10 Fuß Tiefe noch nicht durchsenkt wurde.

Die geographische Erstreckung des Eisbodens: d. i. der Verlauf der Grenze, an der man im hohen Norden von der standinavischen Halbinsel an bis gegen die östlichen Küsten Asiens im August und also das ganze Jahr hindurch in gewisser Tiefe Eis und gefrorenes Erdreich findet; ist nach Middendorff's scharffinniger Verallgemeinerung des Beobachteten, wie alle geothermischen Verhältnisse, noch mehr von örtlichen Einflüssen abhängig als die Temperatur des Luftkreises. Der Einfluß der letzteren ist im ganzen gewiß der entscheidendste; aber die Isogeothermen sind, wie schon Kupffer bemerkt hat, in ihren converen und concaven Krümmungen nicht den klimatischen Isothermen, welche von den Temperatur-Mitteln der Atmosphäre bestimmt werden, parallel. Das Eindringen der aus der Atmosphäre tropfbar niedergeschlagenen Dämpfe, das Aufsteigen warmer Quellwasser aus der Tiefe, und die so verschiedene wärmeleitende Kraft des Bodens [50] scheinen besonders wirksam zu sein. „An der nördlichsten Spitze des europäischen Continents, in Finmarken, unter 70⁰ und 71⁰ Breite, ist noch kein zusammenhangender Eisboden vorhanden. Ostwärts in das Flußthal des Obi eintretend, 5 Grade südlicher als das Nordcap, findet man Eisboden in Obdorsk und Beresow. Gegen Ost und Südost nimmt die Kälte des Bodens zu: mit Ausnahme von Tobolsk am Irtisch, wo die Temperatur des Bodens fälter ist als bei dem 1⁰ nördlicheren Witimsk im Lena-Thale. Turuchansk (65⁰ 54') am Jenisei liegt noch auf ungefrorenem Boden, aber ganz nahe der Grenze des Eisbodens. Amginsk, südöstlich von Jakutsk, hat einen eben so falten Boden als das 5⁰ nördlichere Obdorsk; eben so ist

Oleminſk am Jeniſei. Vom Obi bis zum Jeniſei ſcheint ſich
die Curve des anfangenden Bodeneiſes wieder um ein paar
Breitengrade nordwärts zu erheben: um dann, in ihrem ſüdlich
gewandten Verlaufe, das Lena=Thal faſt 8° ſüdlicher als
den Jeniſei zu durchſchneiden. Weiter hin in Oſten ſteigt
die Linie wiederum in nörblicher Richtung an."[51] Kupffer,
der die Gruben von Nertſchinſk beſucht hat, deutet darauf hin,
daß, abgeſehen von der zuſammenhangenden nörblichen
Geſammtmaſſe des Eisbodens, es in ſüdlicheren Gegenden
auch ein inſelförmiges Auftreten des Phänomens giebt.
Im allgemeinen iſt daſſelbe von den Vegetations=Grenzen und
dem Vorkommen hohen Baumwuchſes vollkommen unabhängig.

Es iſt ein bedeutender Fortſchritt unſeres Wiſſens, nach und
nach eine generelle, ächt kosmiſche Ueberſicht der Temperatur=
Verhältniſſe der Erdrinde im nörblichen Theile des alten Con=
tinents zu erlangen; und zu erkennen, daß unter verſchiedenen
Meridianen die Grenze des Bodeneiſes, wie die Grenzen der
mittleren Jahres=Temperatur und des Baumwuchſes, in ſehr
verſchiedenen Breiten liegt, woburch perpetuirliche Wärme=
Strömungen im Inneren der Erde erzeugt werden müſſen. Im
norbweſtlichſten Theile von Amerika fand Franklin den Boden,
Mitte Auguſt, ſchon in einer Tiefe von 16 Zoll gefroren.
Richardſon ſah an einem öſtlicheren Punkte der Küſte, in
71° 12' Breite, die Eisſchicht im Julius aufgethaut bis 3 Fuß
unter der krautbedeckten Oberfläche. Mögen wiſſenſchaftliche
Reiſende uns bald allgemeiner über die geothermiſchen Ver=
hältniſſe in dieſem Erbtheile und in der ſüdlichen Hemiſphäre
unterrichten! Einſicht in die Verkettung der Phänomene leitet
am ſicherſten auf die Urſachen verwickelt ſcheinender Ano=
malien; auf das, was man voreilig Ungeſetzlichkeit nennt.

c. Magnetische Thätigkeit des Erdkörpers in ihren drei Kraftäußerungen: der Intensität, der Neigung und der Abweichung. — Punkte (magnetische Pole genannt), in denen die Neigung 90° ist. — Curve, auf der keine Neigung beobachtet wird. (Magnetischer Aequator.) — Vier Punkte der größten, aber unter sich verschiedenen Intensität. — Curve der schwächsten Intensität. — Außerordentliche Störungen der Declination (magnetische Gewitter). — Polarlicht.

(Erweiterung des Naturgemäldes Kosmos Bd. I. S 184—208 und 427—442 Anm 11—49, Bd II. S. 372—376 und 515 Anm 69—74; Bd III S 399—401 und 419 Anm. 30.)

Die magnetische Constitution unseres Planeten kann nur aus den vielfachen Manifestationen der Erdkraft, in so fern sie meßbare Verhältnisse im Raume und in der Zeit darbieten, geschlossen werden. Diese Manifestationen haben das Eigenthümliche, daß sie ein ewig Veränderliches der Phänomene darbieten, und zwar in einem weit höheren Grade noch als Temperatur, Dampfmenge und electrische Tension der unteren Schichten des Luftkreises. Ein solcher ewiger Wechsel in den mit einander verwandten magnetischen und electrischen Zuständen der Materie unterscheidet auch wesentlich die Phänomene des Electro-Magnetismus von denen, welche durch die primitive Grundkraft der Materie, ihrer Molecular- und Massen-Anziehung bei unveränderten Abständen bedingt werden. Ergründung des Gesetzlichen in dem Veränderlichen ist aber das nächste Ziel aller Untersuchung einer Kraft in der Natur. Wenn auch durch die Arbeiten von Coulomb und Arago erwiesen ist, daß in den verschiedenartigsten Stoffen der electro-magnetische Proceß erweckt werden kann, so zeigt sich in Faraday's glänzender Entdeckung des Diamagnetismus,

in den Unterschieden nord=südlicher und ost=westlicher Achsen=
stellung doch wieder der, aller Massen=Anziehung fremde Ein=
fluß der Heterogeneität der Stoffe. Sauerstoffgas, in
eine dünne Glasröhre eingeschlossen, richtet sich unter Einwirkung
eines Magneten, paramagnetisch, wie Eisen, nord=südlich;
Stickstoff=, Wasserstoff= und kohlensaures Gas bleiben unerregt;
Phosphor, Leder und Holz richten sich, diamagnetisch,
äquatorial von Osten nach Westen.

In dem griechischen und römischen Alterthume kannte man:
Festhalten des Eisens am Magnetstein; Anziehung und Ab=
stoßung; Fortpflanzung der anziehenden Wirkung durch eherne
Gefäße wie auch durch Ringe[52], die einander kettenförmig tra=
gen, so lange die Berührung eines Ringes am Magnetstein
dauert; Nicht=Anziehen des Holzes oder anderer Metalle als
Eisens. Von der polarischen Richtkraft, welche der Magne=
tismus einem beweglichen, für seinen Einfluß empfänglichen
Körper mittheilen könne, wußten die westlichen Völker (Phöni=
cier, Tusser, Griechen und Römer) nichts. Die Kenntniß
dieser Richtkraft, welche einen so mächtigen Einfluß auf die
Vervollkommnung und Ausdehnung der Schifffahrt ausgeübt,
ja dieser materiellen Wichtigkeit wegen so anhaltend zu der
Erforschung einer allverbreiteten und doch vorher wenig beach=
teten Naturkraft angereizt hat, finden wir bei jenen westlichen
europäischen Völkern erst seit dem 11ten und 12ten Jahrhun=
derte. In der Geschichte und Aufzählung der Hauptmomente
physischer Weltanschauung[53] hat das, was wir hier summarisch
unter Einen Gesichtspunkt stellen, mit Angabe der einzelnen
Quellen, in mehrere Abschnitte vertheilt werden müssen.

Bei den Chinesen sehen wir Anwendung der magneti=
schen Richtkraft, Benutzung der Süd= und Nord-Weisung

durch auf dem Wasser schwimmende Magnetnadeln bis zu einer
Epoche hinaufsteigen, welche vielleicht noch älter ist als die
dorische Wanderung und die Rückkehr der Herakliden in den
Peloponnes. Auffallend genug scheint es dazu, daß der Gebrauch
der Süd-Weisung der Nadel im östlichsten Asien nicht in der
Schifffahrt, sondern bei Landreisen angefangen hat. In
dem Vordertheil der magnetischen Wagen bewegte eine frei
schwimmende Nadel Arm und Hand einer kleinen Figur, welche
nach dem Süden hinwies. Ein solcher Apparat, Ise-nan
(Andeuter des Südens) genannt, wurde unter der Dynastie
der Tscheu 1100 Jahre vor unserer Zeitrechnung Gesandten von
Tunkin und Cochinchina geschenkt, um ihre Rückkehr durch große
Ebenen zu sichern. Des Magnetwagens⁵⁴ bediente man sich noch
bis in das 15te Jahrhundert nach Christus. Mehrere derselben
wurden im kaiserlichen Pallaste aufbewahrt und bei Erbauung
buddhistischer Klöster zur Orientirung der Hauptseiten der Gebäude
benutzt. Die häufige Anwendung eines magnetischen Apparats
leitete allmälig die Scharfsinnigeren unter dem Volke auf physikalische Betrachtungen über die Natur der magnetischen Erscheinungen. Der chinesische Lobredner der Magnetnadel, Kuopho
(ein Schriftsteller aus dem Zeitalter Constantins des Großen),
vergleicht, wie ich schon an einem anderen Orte angeführt,
die Anziehungskraft des Magnets mit der des geriebenen
Bernsteins. Es ist nach ihm „wie ein Windeshauch, der
beide geheimnißvoll durchweht und pfeilschnell sich mitzutheilen
vermag." Der symbolische Ausdruck Windeshauch erinnert
an den gleich symbolischen der Beseelung, welche im griechischen Alterthume der Gründer der ionischen Schule, Thales,
beiden attractorischen Substanzen zuschrieb.⁵⁵ Seele heißt hier
das innere Princip bewegender Thätigkeit.

Da die zu große Beweglichkeit der chinesischen schwimmenden Nadeln die Beobachtung und das Ablesen erschwerte; so wurden sie schon im Anfang des 12ten Jahrhunderts (nach Chr.) durch eine andere Vorrichtung ersetzt, in welcher die nun in der Luft frei schwingende Nadel an einem feinen baumwollenen oder seidenen Faden hing: ganz nach Art der suspension à la Coulomb, welcher sich im westlichen Europa zuerst Gilbert bediente. Mit einem solchen vervollkommneten Apparate[56] bestimmten die Chinesen ebenfalls schon im Beginn des 12ten Jahrhunderts die Quantität der westlichen Abweichung, die in dem Theile Asiens nur sehr kleine und langsame Veränderungen zu erleiden scheint. Von dem Landgebrauche ging endlich der Compaß zur Benutzung auf dem Meere über. Unter der Dynastie der Tsin im 4ten Jahrhundert unserer Zeitrechnung besuchen chinesische Schiffe, vom Compaß geleitet, indische Häfen und die Ostküste von Afrika.

Schon zwei Jahrhunderte früher, unter der Regierung des Marcus Aurelius Antoninus (An-tun bei den Schriftstellern der Dynastie der Han genannt), waren römische Legaten zu Wasser über Tunkin nach China gekommen. Aber nicht durch eine so vorübergehende Verbindung, sondern erst als sich der Gebrauch der Magnetnadel in dem ganzen indischen Meere an den persischen und arabischen Küsten allgemein verbreitet hatte, wurde derselbe im zwölften Jahrhundert (sei es unmittelbar durch den Einfluß der Araber, sei es durch die Kreuzfahrer, die seit 1096 mit Aegypten und dem eigentlichen Orient in Berührung kamen) in das europäische Seewesen übertragen. Bei historischen Untersuchungen der Art ist mit Gewißheit nur die Epoche festzusetzen, welche man als die späteste Grenzzahl betrachten kann. In dem politisch-satirischen Gedichte

des Guyot von Provins wird (1199) von dem Seecompaß
als von einem in der Christenwelt längst bekannten Werk-
zeuge gesprochen; eben dies ist der Fall in der Beschreibung von Palästina, die wir dem Bischof von Ptolemais,
Jacob von Vitry, verdanken und deren Vollendung zwischen
1204 und 1215 fällt. Von der Magnetnadel geleitet, schifften
die Catalanen nach den nord-schottischen Inseln wie an die
Westküste des tropischen Afrika, die Basken auf den Wallfisch-
fang, die Normannen nach den Azoren, den Braci-Inseln
des Pitigano. Die spanischen Leyes de las Partidas (del sabio
Rey Don Alonso el nono), aus der ersten Hälfte des drei-
zehnten Jahrhunderts, rühmen die Nadel als „treue Ver-
mittlerinn (medianera) zwischen dem Magnetsteine (la piedra) und
dem Nordstern". Auch Gilbert, in seinem berühmten Werke:
de Magnete Physiologia nova, spricht vom Seecompaß
als einer chinesischen Erfindung, setzt aber unvorsichtig hinzu:
daß sie Marco Polo, qui apud Chinas artem pyxidis didicit,
zuerst nach Italien brachte. Da Marco Polo seine Reisen erst
1271 begann und 1295 zurückkehrte, so beweisen die Zeugnisse
von Guyot de Provins und Jaques de Vitry, daß wenigstens
schon 60 bis 70 Jahre vor der Abreise des Marco Polo nach
dem Compaß in europäischen Meeren geschifft wurde. Die
Benennungen zohron und aphron, die Vincenz von Beauvais
in seinem Naturspiegel dem südlichen und nördlichen Ende
der Magnetnadel (1254) gab, deuten auch auf eine Vermittelung arabischer Piloten, durch welche die Europäer die
chinesische Boussole erhielten. Sie deuten auf dasselbe gelehrte
und betriebsame Volk der asiatischen Halbinsel, dessen Sprache
auf unsren Sternkarten nur zu oft verstümmelt erscheint.

Nach dem, was ich hier in Erinnerung gebracht, kann

es wohl keinem Zweifel unterworfen sein, daß die allgemeine Anwendung der Magnetnadel auf der oceanischen Schifffahrt der Europäer seit dem zwölften Jahrhundert (und wohl noch früher in eingeschränkterem Maaße) von dem Becken des Mittelmeeres ausgegangen ist. Den wesentlichsten Antheil daran haben die maurischen Piloten, die Genueser, Venetianer, Mayorcaner und Catalanen gehabt. Die letzten waren unter Anführung ihres berühmten Seemannes Don Jaime Ferrer 1346 bis an den Ausfluß des Rio de Ouro (N. Br. 23° 40′) an der Westküste von Afrika gelangt; und, nach dem Zeugniß von Raymundus Lullus (in seinem nautischen Werke Fenix de las maravillas del orbe 1286), bedienten sich schon lange vor Jaime Ferrer die Barceloneser der Seekarten, Astrolabien und Seecompasse.

Von der Quantität der, gleichzeitig durch Uebertragung aus China, den indischen, malayischen und arabischen Seefahrern bekannten magnetischen Abweichung (Variation nannte man das Phänomen früh, ohne allen Beisatz) hatte sich die Kunde natürlich ebenfalls über das Becken des Mittelmeers verbreitet. Dieses, zur Correction der Schiffsrechnung so unentbehrliche Element wurde damals weniger durch Sonnen=Auf= und Untergang als durch den Polarstern, und in beiden Fällen sehr unsicher, bestimmt; doch auch bereits auf Seekarten getragen: z. B. auf die seltene Karte von Andrea Bianco, die im Jahr 1436 entworfen ist. Columbus, der eben so wenig als Sebastian Cabot zuerst die magnetische Abweichung erkannte, hatte das große Verdienst, am 13 Sept. 1492 die Lage einer Linie ohne Abweichung 2½ Grad östlich von der azorischen Insel Corvo astronomisch zu bestimmen. Er sah, indem er in dem westlichen Theile des atlantischen Oceans vordrang, die Variation allmälig von Nordost in Nordwest übergehen.

Diese Bemerkung leitete ihn schon auf den Gedanken, der in späteren Jahrhunderten so viel die Seefahrer beschäftigt hat: durch die Lage der Variations=Curven, welche er noch dem Meridian parallel wähnte, die Länge zu finden. Man erfährt aus seinen Schiffsjournalen, daß er auf der zweiten Reise (1496), seiner Lage ungewiß, sich wirklich durch Declinations=Beobachtungen zu orientiren suchte. Die Einsicht in die Möglichkeit einer solchen Methode war gewiß auch „das untrügliche Geheimniß der See=Länge, welches durch besondere göttliche Offenbarung zu besitzen" Sebastian Cabot auf seinem Sterbebette sich rühmte.

An die atlantische Curve ohne Declination knüpften sich in der leicht erregbaren Phantasie des Columbus noch andere, etwas träumerische Ansichten über Veränderung der Klimate, anomale Gestaltung der Erdkugel und außerordentliche Bewegungen himmlischer Körper: so daß er darin Motive fand eine physikalische Grenzlinie zu einer politischen vorzuschlagen. Die raya, auf der die agujas de marear direct nach dem Polarstern hinweisen, wurde so die Demarcations=linie für die Kronen von Portugal und Castilien; und bei der Wichtigkeit, die geographische Länge einer solchen Grenze in beiden Hemisphären über die ganze Erdoberfläche astronomisch genau zu bestimmen, ward ein Decret päpstlichen Uebermuths, ohne es bezweckt zu haben, wohlthätig und folgereich für die Erweiterung der astronomischen Nautik und die Vervollkommnung magnetischer Instrumente. (Humboldt, Examen crit. de la Géogr. T. III. p. 54.) Felipe Guillen aus Sevilla (1525) und wahrscheinlich früher der Cosmograph Alonso de Santa Cruz, Lehrer der Mathematik des jugendlichen Kaisers Carls V, construirten neue Variations=Compasse, mit denen Sonnenhöhen genommen werden konnten. Der Cosmograph zeichnete 1530, also anderthalb Jahrhunderte vor Halley, freilich auf sehr unvollständige Materialien gegründet, die erste allgemeine Variations-Karte. Wie lebhaft im 16ten Jahrhundert seit dem Tode des Columbus und dem Streit über die Demarcationslinie die Thätigkeit in Ergründung des tellurischen Magnetismus erwachte, beweist die Seereise des Juan Jayme, welcher 1585 mit Francisco Gali von den Philippinen nach Acapulco schiffte, bloß um ein von ihm erfundenes Declinations-Instrument auf dem langen Wege durch die Südsee zu prüfen.

Bei dem sich verbreitenden Hange zum Beobachten mußte auch der diesen immer begleitende, ja ihm öfter noch voreilende Hang zu theoretischen Speculationen sich offenbaren. Viele alte Schiffersagen der Inder und Araber reden von Felsinseln, welche den Seefahrern Unheil bringen, weil sie durch ihre magnetische Naturkraft alles Eisen, das in den Schiffen das Holzgerippe verbindet, an sich ziehen oder gar das ganze Schiff unbeweglich fesseln. Unter Einwirkung solcher Phantasien knüpfte sich früh an den Begriff eines polaren Zusammen-treffens magnetischer Abweichungslinien das materielle Bild eines dem Erdpole nahen hohen Magnetberges. Auf der merkwürdigen Karte des Neuen Continents, welche der römi-schen Ausgabe der Geographie des Ptolemäus vom Jahre 1508 beigefügt ist, findet sich nördlich von Grönland (Gruentlant), welches als dem östlichen Theil von Asien zugehörig dargestellt wird, der nördliche Magnetpol als ein Inselberg ab-gebildet. Seine Lage wird allmälig südlicher in dem Breve Compendio de la Sphera von Martin Cortez 1545 wie in der Geographia di Tolomeo des Livio Sanuto 1588.

An Erreichung dieses Punktes, den man el calamitico nannte, waren große Erwartungen geknüpft, da man aus einem, erst spät verschwundenen Vorurtheil dort am Magnet= pole alcun miraculoso stupendo effetto zu erleben gedachte.

Bis gegen das Ende des sechzehnten Jahrhunderts war man bloß mit dem Phänomen der Abweichung, welche auf die Schiffsrechnung und die nautische Ortsbestimmung den unmittelbarsten Einfluß ausübt, beschäftigt. Statt der einen von Columbus 1492 aufgefundenen Linie ohne Abweichung glaubte der gelehrte Jesuit Acosta, durch portugiesische Piloten (1589) belehrt, in seiner trefflichen Historia natural de las Indias vier Linien ohne Abweichung aufführen zu können. Da die Schiffsrechnung neben der Genauigkeit der Rich= tung (des durch den corrigirten Compaß gemessenen Winkels) auch die Länge des durchlaufenen Weges erheischt; so bezeichnet die Einführung des Logs, so unvollkommen auch diese Art der Messung selbst noch heute ist, doch eine wichtige Epoche in der Geschichte der Nautik. Ich glaube gegen die bisher herrschende Meinung erwiesen zu haben, daß das erste sichere Zeugniß[57] der Anwendung des Logs (la cadena de la popa, la corredera) in den Schiffsjournalen der Magellanischen Reise von Antonio Pigafetta zu finden ist. Es bezieht sich auf den Monat Januar 1521. Columbus, Juan de la Cosa, Seba= stian Cabot und Vasco de Gama haben das Log und dessen Anwendung nicht gekannt. Sie schätzten nach dem Augenmaaße die Geschwindigkeit des Schiffes, und fanden die Länge des Weges durch das Ablaufen des Sandes in den ampolletas. Neben dem alleinigen und so früh benutzten Elemente der Magnetkraft, der horizontalen Abweichung vom Nordpole, wurde endlich (1576) auch das zweite Element, die Neigung,

gemeſſen. Robert Normann hat zuerſt an einem ſelbſterfundenen
Inclinatorium die Neigung der Magnetnadel in London mit
nicht geringer Genauigkeit beſtimmt. Es vergingen noch zwei=
hundert Jahre, ehe man das dritte Element, die Intenſität
der magnetiſchen Erdkraft, zu meſſen verſuchte.

Ein von Galilei bewunderter Mann, deſſen Verdienſt
Baco gänzlich verkannte, William Gilbert, hatte an dem Ende
des ſechzehnten Jahrhunderts eine erſte großartige Anſicht [58]
von der magnetiſchen Erdkraft aufgeſtellt. Er unterſchied zuerſt
deutlich in ihren Wirkungen Magnetismus von Electricität,
hielt aber beide für Emanationen der einigen, aller Materie als
ſolcher inwohnenden Grundkraft. Er hat, wie es der Genius
vermag, nach ſchwachen Analogien vieles glücklich geahndet; ja
nach den klaren Begriffen, die er ſich von dem telluriſchen
Magnetismus (de magno magnete tellure) machte, ſchrieb er
ſchon die Entſtehung der Pole in den ſenkrechten Eiſenſtangen
am Kreuz alter Kirchthürme der Mittheilung der Erdkraft zu.
Er lehrte in Europa zuerſt durch Streichen mit dem Magnet=
ſteine Eiſen magnetiſch machen, was freilich die Chineſen faſt
500 Jahre früher wußten [59]. Dem Stahle gab ſchon damals
Gilbert den Vorzug vor dem weichen Eiſen, weil jener die
mitgetheilte Kraft dauerhafter ſich aneigne und für längere Zeit
ein Träger des Magnetismus werden könne.

In dem Laufe des 17ten Jahrhunderts vermehrte die,
durch vervollkommnete Beſtimmung der Wegrichtung und
Weglänge ſo weit ausgedehnte Schifffahrt der Niederländer,
Briten, Spanier und Franzoſen die Kenntniß der Ab=
weichungslinien, welche, wie eben bemerkt, der Pater
Acoſta in ein Syſtem zu bringen verſucht hatte [60]. Cornelius
Schouten bezeichnete 1616 mitten in der Südſee, ſüdöſtlich

von den Marquesas=Inseln, Punkte, in denen die Variation
null ist. Noch jetzt liegt in dieser Region das sonderbare
geschlossene isogonische System, in welchem jede Gruppe
der inneren concentrischen Curven eine geringere Abweichung
zeigt.[61] Der Eifer, Längen=Methoden nicht bloß durch
die Variation, sondern auch durch die Inclination zu
finden (solchen Gebrauch der Inclination[62] bei bedecktem,
sternenleerem Himmel, aere caliginoso, nannte Wright „vieles
Goldes werth"), leitete auf Vervielfältigung der Construction
magnetischer Apparate und belebte zugleich die Thätigkeit der
Beobachter. Der Jesuit Cabeus aus Ferrara, Ridley, Lieu=
taub (1668) und Henry Bond (1676) zeichneten sich auf
diesem Wege aus. Der Streit zwischen dem Letztgenannten
und Beckborrow hat vielleicht, sammt Acosta's Ansicht von
vier Linien ohne Abweichung, welche die ganze Erdoberfläche
theilen sollen, auf Halley's, schon 1683 entworfene Theorie
von vier magnetischen Polen oder Convergenzpunkten Einfluß
gehabt.

Halley bezeichnet eine wichtige Epoche in der Geschichte
des tellurischen Magnetismus. In jeder Hemisphäre nahm
er einen stärkeren und einen schwächeren magnetischen
Pol an, also vier Punkte mit 90° Inclination der Nadel:
gerade wie man jetzt unter den vier Punkten der größten
Intensität in jeder Hemisphäre eine analoge Ungleichheit
in dem erreichten Maximum der Intensität, d. h. der Ge=
schwindigkeit der Schwingungen der Nadel in der Richtung
des magnetischen Meridians, findet. Der stärkste aller vier
Halley'scher Pole sollte in 70° südlicher Breite, 120° östlich
von Greenwich, also fast im Meridian von König Georgs
Sund in Neu=Holland (Nuyt's Land), gelegen sein.[63] Halley's

drei Seereisen in den Jahren 1698, 1699 und 1702 folgten auf
den Entwurf einer Theorie, die sich nur auf seine sieben Jahr
frühere Reise nach St. Helena, wie auf unvollkommene Varia-
tions-Beobachtungen von Baffin, Hudson und Cornelius van
Schouten gründen konnte. Es waren die ersten Expeditionen,
welche eine Regierung zu einem großen wissenschaftlichen Zwecke,
zur Ergründung eines Elements der Erdkraft, unternehmen
ließ, von dem die Sicherheit der Schiffsführung vorzugsweise
abhängig ist. Da Halley bis zum 52sten Grade jenseits des
Aequators vordrang, so konnte er die erste umfangreiche Variations-Karte construiren. Sie gewährt für die theoretischen Arbeiten des 19ten Jahrhunderts die Möglichkeit einen,
der Zeit nach freilich nicht sehr fernen Vergleichungspunkt für
die fortschreitende Bewegung der Abweichungs-
Curven darzubieten.

Es ist ein glückliches Unternehmen Halley's gewesen, die
Punkte gleicher Abweichung durch Linien [64] mit einander
graphisch verbunden zu haben. Dadurch ist zuerst Uebersicht und
Klarheit in die Einsicht von dem Zusammenhange der aufgehäuften Resultate gebracht worden. Meine, von den Physikern früh
begünstigten Isothermen, d. h. Linien gleicher Wärme (mittlerer Jahres-, Sommer- und Winter-Temperatur), sind ganz
nach Analogie von Halley's isogonischen Curven geformt. Sie
haben den Zweck, besonders nach der Ausdehnung und großen
Vervollkommnung, welche Dove denselben gegeben, Klarheit
über die Vertheilung der Wärme auf dem Erdkörper, und die
hauptsächliche Abhängigkeit dieser Vertheilung von der Gestaltung des Festen und Flüssigen, von der gegenseitigen Lage der
Continental-Massen und der Meere zu verbreiten. Halley's
rein wissenschaftliche Expeditionen stehen um so isolirter da,

als sie nicht, wie so viele folgende Expeditionen, auf Kosten des Staats unternommene, geographische Entdeckungsreisen waren. Sie haben dazu, neben den Ergebnissen über den tellurischen Magnetismus, auch als Frucht des früheren Aufenthalts auf St. Helena in den Jahren 1677 und 1678, einen wichtigen Catalog südlicher Sterne geliefert: ja den ersten, welcher überhaupt unternommen worden ist, seitdem nach Morin's und Gascoigne's Vorgange Fernröhre mit messenden Instrumenten verbunden wurden. [65]

So wie das 17te Jahrhundert sich durch Fortschritte auszeichnete in der gründlicheren Kenntniß der Lage der Abweichungslinien, und den ersten theoretischen Versuch ihre Convergenzpunkte als Magnetpole zu bestimmen; so lieferte das 18te Jahrhundert die Entdeckung der stündlichen periodischen Veränderung der Abweichung. Graham in London hat das unbestrittene Verdienst (1722) diese stündlichen Variationen zuerst genau und ausdauernd beobachtet zu haben. In schriftlichem Verkehr mit ihm erweiterten [66] Celsius und Hjörter in Upsala die Kenntniß dieser Erscheinung. Erst Brugmans und, mit mehr mathematischem Sinne begabt, Coulomb (1784—1788) drangen tief in das Wesen des tellurischen Magnetismus ein. Ihre scharfsinnigen physikalischen Versuche umfaßten die magnetische Anziehung aller Materie, die räumliche Vertheilung der Kraft in einem Magnetstabe von gegebener Form, und das Gesetz der Wirkung in der Ferne. Um genaue Resultate zu erlangen, wurden bald Schwingungen einer an einem Faden aufgehängten horizontalen Nadel, bald Ablenkung durch die Drehwage, balance de torsion, angewandt.

Die Einsicht in die Intensitäts-Verschiedenheit der magnetischen Erdkraft an verschiedenen Punkten der

Erde, durch die Schwingungen einer senkrechten Nadel im
magnetischen Meridian gemessen, verdankt die Wissenschaft
allein dem Scharfsinn des Chevalier Borda. nicht durch eigene
geglückte Versuche, sondern durch Gedankenverbindung und
beharrlichen Einfluß auf Reisende, die sich zu fernen Expeditionen rüsteten. Seine lang gehegten Vermuthungen wurden
zuerst durch Lamanon, den Begleiter von La Pérouse, mittelst
Beobachtungen aus den Jahren 1785 bis 1787 bestätigt. Es
blieben dieselben, obgleich schon seit dem Sommer des letztgenannten Jahres in ihrem Resultate dem Secretär der Académie des Sciences, Condorcet, bekannt, unbeachtet und unver-
öffentlicht. Die erste und darum freilich unvollständige Erkennung des wichtigen Gesetzes der mit der magnetischen Breite
veränderlichen Intensität gehört [67] unbestritten der unglücklichen, wissenschaftlich so wohl ausgerüsteten Expedition von La
Pérouse; aber das Gesetz selbst hat, wie ich glaube mir schmeicheln
zu dürfen, erst in der Wissenschaft Leben gewonnen durch
die Veröffentlichung meiner Beobachtungen von 1798 bis 1804
im südlichen Frankreich, in Spanien, auf den canarischen
Inseln, in dem Inneren des tropischen Amerika's (nördlich und
südlich vom Aequator), in dem atlantischen Ocean und der
Südsee. Die gelehrten Reisen von Le Gentil, Feuillée und
Lacaille; der erste Versuch einer Neigungs-Karte von Wilke
(1768); die denkwürdigen Weltumseglungen von Bougainville,
Cook und Vancouver haben, wenn gleich mit Instrumenten
von sehr ungleicher Genauigkeit, das vorher sehr vernachlässigte
und zur Begründung der Theorie des Erd-Magnetismus so
wichtige Element der Inclination an vielen Punkten, freilich
sehr ungleichzeitig, und mehr an den Küsten oder auf dem
Meere als im Inneren der Continente, ergründet. Gegen das

Ende des 18ten Jahrhunderts wurde durch die, mit vollkomm=
neren Instrumenten angestellten stationären Declinations=
Beobachtungen von Cassini, Gilpin und Beaufoy (1784 bis
1790), ein periodischer Einfluß der Stunden wie der Jahres=
zeiten bestimmter erwiesen, und so die Thätigkeit in magne=
tischen Untersuchungen allgemeiner belebt.

Diese Belebung nahm in dem neunzehnten Jahrhundert, von
welchem nur erst eine Hälfte verflossen ist, einen, von allem unter=
schiedenen, eigenthümlichen Charakter an. Es besteht derselbe in
einem fast gleichzeitigen Fortschreiten in sämmtlichen Theilen der
Lehre vom tellurischen Magnetismus: umfassend die numerische
Bestimmung der Intensität der Kraft, der Inclination und der
Abweichung; in physikalischen Entdeckungen über die Erregung
und das Maaß der Vertheilung des Magnetismus; in der ersten
und glänzenden Entwerfung einer Theorie des tellurischen
Magnetismus von Friedrich Gauß, auf strenge mathematische
Gedankenverbindung gegründet. Die Mittel, welche zu diesen
Ergebnissen führten, waren. Vervollkommnung der Instrumente
und der Methoden; wissenschaftliche Expeditionen zur See, in
Zahl und Größe, wie sie kein anderes Jahrhundert gesehen:
sorgfältig ausgerüstet auf Kosten der Regierungen, begünstigt
durch glückliche Auswahl der Führer und der sie begleitenden
Beobachter; einige Landreisen, welche, tief in das Innere der Con=
tinente eingedrungen, die Phänomene des tellurischen Magnetismus
aufklären konnten; eine große Zahl firer Stationen, theilweise
in beiden Hemisphären, nach correspondirenden Orts-Breiten und
oft in fast antipodischen Längen gegründet. Diese magnetischen
und zugleich meteorologischen Observatorien bilden gleichsam
ein Netz über die Erdfläche. Durch scharfsinnige Combination
der auf Staatskosten in Rußland und England veröffentlichten

Beobachtungen sind wichtige und unerwartete Resultate geliefert worden. Die Gesetzlichkeit der Kraftäußerung, — der nächste, nicht der letzte Zweck aller Forschungen —, ist bereits in vielen einzelnen Phasen der Erscheinung befriedigend ergründet worden. Was auf dem Wege des physikalischen Experimentirens von den Beziehungen des Erd=Magnetismus zur bewegten Electricität, zur strahlenden Wärme und zum Lichte; was von den, spät erst verallgemeinerten Erscheinungen des Diamagnetismus und von der specifischen Eigenschaft des atmosphärischen Sauerstoffs, Polarität anzunehmen, entdeckt wurde: eröffnet wenigstens die frohe Aussicht, der Natur der Magnetkraft selbst näher zu treten.

Um das Lob zu rechtfertigen, das wir im allgemeinen über die magnetischen Arbeiten der ersten Hälfte unseres Jahrhunderts ausgesprochen, nenne ich hier aphoristisch, wie es das Wesen und die Form dieser Schrift mit sich bringen, die Hauptmomente der einzelnen Bestrebungen. Es haben dieselben einander wechselseitig hervorgerufen: daher ich sie bald chronologisch an einander reihe, bald gruppenweise vereinige. [68]

1803—1806 Krusenstern's Reise um die Welt (1812); der magnetische und astronomische Theil ist von Horner (Bd. III. S. 317).

1804 Erforschung des Gesetzes der von dem magnetischen Aequator gegen Norden und Süden hin zunehmenden Intensität der tellurischen Magnetkraft, gegründet auf Beobachtungen von 1799 bis 1804. (Humboldt Voyage aux Régions équinoxiales du Nouveau Continent T. III. p. 615—623. Lametherie Journal de Physique T. LXIX. 1804 p 433, mit dem ersten Entwurf einer Intensitäts=Karte; Kosmos Bd. I. S. 432 Anm. 29.) Spätere Beobachtungen haben gezeigt, daß das Minimum der Intensität nicht dem magnetischen Aequator entspricht, und daß die Vermehrung der Intensität sich in beiden Hemisphären nicht bis zum Magnetpol erstreckt.

1805--1806 Gay=Luffac und Humboldt Intenſitäts=Be=
obachtungen im ſüdlichen Frankreich, in Italien, der Schweiz und
Deutſchland. Mémoires de la Société d'Arcueil T. I. p. 1—22
Vergl. die Beobachtungen von Quetelet 1830 und 1839 mit einer
Carte de l'intensité magnétique horizontale entre Paris et Naples
in den Mém. de l'Acad. de Bruxelles T. XIV.; die Beobachtungen
von Forbes in Deutſchland, Flandern und Italien 1832 und 1837
(Transact. of the Royal Soc. of Edinburgh Vol. XV. p. 27); die
überaus genauen Beobachtungen von Rudberg in Frankreich,
Deutſchland und Schweden 1832; die Beobachtungen von Dr. Bache
(Director of the Coast-Survey of the United States) 1837 und
1840 in 21 Stationen, zugleich für Inclination und Intenſität.

1806—1807 Eine lange Reihe von Beobachtungen, zu Berlin
über die ſtündlichen Variationen der Abweichung und über die
Wiederkehr magnetiſcher Ungewitter (Perturbationen) von
Humboldt und Oltmanns angeſtellt: hauptſächlich in den Sol=
ſtitien und Aequinoctien; 5 bis 6, ja bisweilen 9 Tage und eben ſo
viele Nächte hinter einander; mittelſt eines Prony'ſchen magnetiſchen
Fernrohrs, das Bogen von 7 bis 8 Secunden unterſcheiden ließ.

1812 Morichini zu Rom behauptet, daß unmagnetiſche Stahl=
nadeln durch Contact des (violetten) Lichts magnetiſch werden.
Ueber den langen Streit, den dieſe Behauptung und die ſcharf=
ſinnigen Verſuche von Mary Somerville bis zu den ganz negativen
Reſultaten von Rieß und Moſer erregt haben, f. Sir David
Brewſter Treatise of Magnetism 1837 p. 48.

1815—1818
1823—1826 Die zwei Weltumſeglungen von Otto von Koße=
bue: die erſte auf dem Rurik; die zweite, um fünf Jahre ſpätere,
auf dem Predprijatie.

1817—1848 Die Reihe großer wiſſenſchaftlicher, für die Kennt=
niß des telluriſchen Magnetismus ſo erfolgreicher Expeditionen
zur See auf Veranſtaltung der franzöſiſchen Regierung, an=
hebend mit Freycinet auf der Corvette Uranie 1817—1820, dem
folgten: Duperrey auf der Fregatte La Coquille 1822—1825;
Bougainville auf der Fregatte Thetis 1824—1826; Dumont
d'Urville auf dem Aſtrolabe 1826—1829, und nach dem Südpol
auf der Zélée 1837—1840; Jules de Bloſſeville in Indien 1828
(Herbert Asiat. Researches Vol. XVIII. p. 4, Humboldt Asie

centr. T. III. p. 468) und in Island 1833 (Lottin Voy. de la Recherche 1836 p. 376—409); du Petit Thouars (mit Tessan) auf der Venus 1837—1839; Le Vaillant auf der Bonite 1836—1837; die Reise der Commission scientifique du Nord (Lottin, Bravais, Martins, Siljeström) nach Scandinavien, Lapland, den Faröern und Spitzbergen auf der Corvette la Recherche 1835—1840; Bérard nach dem mexicanischen Meerbusen und Nordamerika 1838, nach dem Cap der guten Hoffnung und St. Helena 1842 und 1846 (Sabine in den Phil. Transact for 1849 P. II. p. 175); Francis de Castelnau Voy. dans les parties centrales de l'Amérique du sud 1847—1850.

1818—1851 Die Reihe wichtiger und kühner Expeditionen in den arctischen Polarmeeren auf Veranstaltung der britischen Regierung, zuerst angeregt durch den lobenswerthen Eifer von John Barrow; Eduard Sabine's magnetische und astronomische Beobachtungen auf der Reise von John Roß, nach der Davis-Straße, Baffinsbai und dem Lancaster-Sund 1818, wie auf der Reise mit Parry (auf Hecla und Griper) durch die Barrow-Straße nach Melville's Insel 1819—1820; John Franklin, Dr. Richardson und Back 1819—1822; dieselben 1825—1827, Back allein 1833—1835 (Nahrung, fast die einzige, Wochen lang, eine Flechte, Gyrophora pustulata, Tripe de Roche der Canadian hunters; chemisch untersucht von John Stenhouse in den Phil. Transact. for 1849 P. II. p. 393); Parry's zweite Expedition, mit Lyon auf Fury und Hecla 1821—1823; Parry's dritte Reise, mit James Clark Roß 1824—1825; Parry's vierte Reise, ein Versuch mit Lieut. Foster und Crozier nördlich von Spitzbergen auf dem Eise vorzudringen, 1827: man gelangte bis Br. 82° 45'; John Roß sammt seinem gelehrten Neffen James Clark Roß, in der durch ihre Länge um so gefahrvolleren zweiten Reise, auf Kosten von Felix Booth 1829—1833; Dease und Simpson (von der Hudsonsbai-Compagnie) 1838—1839; neuerlichst, zur Aufsuchung von Sir John Franklin, die Reisen von Cap. Ommanney, Austin, Penny, Sir John Roß und Phillips 1850 und 1851. Die Expedition von Cap. Penny ist im Victoria-Channel, in welchen Wellington's Channel mündet, am weitesten nördlich (Br. 77° 6') gelangt.

1819—1821 Bellinghausen Reise in das südliche Eismeer
1819 Das Erscheinen des großen Werkes von Hansteen über

den Magnetismus der Erde, das aber schon 1813 vollendet war. Es hat einen nicht zu verkennenden Einfluß auf die Belebung und bessere Richtung der geo magnetischen Studien ausgeübt. Dieser trefflichen Arbeit folgten Hansteen's allgemeine Karten der Curven gleicher Inclination und gleicher Intensität für einen beträchtlichen Theil der Erdoberfläche.

1819 Beobachtungen des Admirals Roussin und Givry's an der brasilianischen Küste zwischen den Mündungen des Marañon und Plata-Stromes.

1819—1820 Oersted macht die große Entdeckung der Thatsache, daß ein Leiter, der von einem electrischen, in sich selbst wiederkehrenden Strome durchdrungen wird, während der ganzen Dauer des Stromes eine bestimmte Einwirkung auf die Richtung der Magnetnadel nach Maaßgabe ihrer relativen Lage ausübt. Die früheste Erweiterung dieser Entdeckung (mit denen der Darstellung von Metallen aus den Alkalien und der zwiefachen Art von Polarisation [69] des Lichtes wohl der glänzendsten des Jahrhunderts) war Arago's Beobachtung, daß ein electrisch durchströmter Schließungsdrath, auch wenn er von Kupfer oder Platin ist, Eisenfeile anzieht und dieselben wie ein Magnet festhält; auch daß Nadeln, in das Innere eines schraubenförmig gewundenen galvanischen Leitungsdrathes gelegt, abwechselnd heterogene Magnetpole erhalten, je nachdem den Windungen eine entgegengesetzte Richtung gegeben wird (Annales de Chimie et de Physique T. XV. p. 93). Dem Auffinden dieser, unter mannigfaltigen Abänderungen hervorgerufenen Erscheinungen folgten Ampère's geistreiche theoretische Combinationen über die electro-magnetischen Wechselwirkungen der Moleculen ponderabler Körper. Diese Combinationen wurden durch eine Reihe neuer und scharfsinniger Apparate unterstützt, und führten zur Kenntniß von Gesetzen in vielen bis dahin oft widersprechend scheinenden Phänomenen des Magnetismus.

1820—1824 Ferdinand von Wrangel und Anjou Reise nach den Nordküsten von Sibirien und auf dem Eismeere. (Wichtige Erscheinungen des Polarlichts s Th. II. S. 259.)

1820 Scoresby Account of the arctic regions (Intensitäts-Versuche Vol II. p. 537—554)

1821 Seebeck's Entdeckung des Thermo-Magnetismus und der Thermo-Electricität. Berührung zweier ungleich

erwarmter Metalle (zuerst Wismuth und Kupfer) oder Temperatur=
Differenzen in den einzelnen Theilen eines gleichartigen metallischen
Ringes werden als Quellen der Erregung magneto=electrischer
Stromungen erkannt.

1821—1823 Webdell Reise in das sudliche Polarmeer, bis
Br. 74° 15′ S.

1822—1823 Sabine's zwei wichtige Expeditionen zur genauen
Bestimmung der magnetischen Intensitat und der Lange des Pendels
unter verschiedenen Breiten (Ostkuste von Afrika bis zum Aequator,
Brasilien, Havana, Grönland bis Br. 74° 23′, Norwegen und
Spitzbergen unter Br. 79° 50′). Es erschien uber diese vielum=
fassende Arbeit erst 1824: Account of Experiments to determine
the Figure of the Earth p. 460—509

1824 Erikson magnetische Beobachtungen langs den Ufern
der Ostsee.

1825 Arago entdeckt den Rotations=Magnetismus. Die
erste Veranlassung zu dieser unerwarteten Entdeckung gab ihm, am
Abhange des Greenwicher Hügels, seine Wahrnehmung der ab=
nehmenden Oscillations=Dauer einer Inclinations=Nadel durch Ein=
wirkung naher unmagnetischer Stoffe. In Arago's Rotations=Ver=
suchen wirken auf die Schwingungen der Nadel Wasser, Eis, Glas,
Kohle und Quecksilber. [70]

1825—1827 Magnetische Beobachtungen von Boussingault
in verschiedenen Theilen von Südamerika (Marmato, Quito).

1826—1827 Intensitats=Beobachtungen von Keilhau in
20 Stationen (in Finmarken, auf Spitzbergen und der Baren=
Insel); von Keilhau und Boeck in Süd=Deutschland und Italien
(Schum. Astr. Nachr. No. 146).

1826—1829 Admiral Lutke Reise um die Welt. Der mag=
netische Theil ist mit großer Sorgfalt bearbeitet 1834 von Lenz.
(S. Partie nautique du Voyage 1836.)

1826—1830 Cap. Philip Parker King Beobachtungen in den
südlichen Theilen der Ost= und Westküste von Südamerika (Bra=
silien, Montevideo, der Magellans=Straße, Chiloe und Valparaiso).

1827—1839 Quetelet État du Magnétisme terrestre
(Bruxelles) pendant douze années. Sehr genaue Beobachtungen.

1827 Sabine über Ergrundung der relativen Intensitat
der magnetischen Erdkraft in Paris und London. Eine analoge

Vergleichung von Paris und Christiania (1825 und 1828) geschah von
Hansteen. Meeting of the British Association at Liverpool 1837
p. 19—23. Die vielen von französischen, englischen und nordischen
Reisenden gelieferten Resultate der Intensität haben zuerst mit
unter sich verglichenen, an den genannten 3 Orten oscillirenden
Nadeln in numerischen Zusammenhang gebracht und als Verhältniß-
werthe aufgestellt werden können. Die Zahlen sind: für Paris
1,348: von mir; für London 1,372: von Sabine; für Christiania
1,423: von Hansteen gefunden. Alle beziehen sich auf die Intensität
der Magnetkraft in einem Punkte des magnetischen Aequators
(der Curve ohne Inclination), der die peruanischen Cordilleren
zwischen Micuipampa und Caramarca durchschneidet: unter südlicher Br. 7° 2′ und westlicher Länge 81° 8′, wo die Intensität
von mir = 1,000 gesetzt wurde. Die Beziehung auf diesen Punkt
(Humboldt Recueil d'Observ astr. Vol. II. p. 382—385 und
Voyage aux Régions équin. T. III. p. 622) hat vierzig Jahre
lang den Reductionen in allen Intensitäts-Tabellen zum Grunde
gelegen (Gay-Lussac in den Mém. de la Société d'Arcueil T. I.
1807 p 21; Hansteen über den Magnetismus der Erde 1819
S. 71; Sabine im Rep. of the British Association at Liverpool
p. 43—58). Sie ist aber in neuerer Zeit mit Recht als nicht
allgemein maaßgebend getadelt worden, weil die Linie ohne Inclination [71] gar nicht die Punkte der schwächsten Intensität mit
einander verbindet (Sabine in den Phil. Transact. for 1846
P. III. p. 254 und im Manual of Scient. Enquiry for the use
of the British Navy 1849 p. 17).

1828—1829 Reise von Hansteen, und Due: magnetische Beobachtungen im europäischen Rußland und dem östlichen Sibirien
bis Irkutsk.

1828—1830 Adolf Erman Reise um die Erde durch Nord-
Asien und die beiden Oceane, auf der russischen Fregatte Krotkoi.
Identität der angewandten Instrumente, Gleichheit der Methode
und Genauigkeit der astronomischen Ortsbestimmungen sichern
diesem, auf Privatkosten von einem gründlich unterrichteten und
geübten Beobachter ausgeführten Unternehmen einen dauernden
Ruhm Vergl. die auf Erman's Beobachtungen gegründete allgemeine Declinations-Karte im Report of the Committee relat. to
the arctic Expedition 1840 Pl. III

1828—1829 Humboldt's Fortſetzung der 1800 und 1807 in
Solſtitien und Aequinoctien begonnenen Beobachtungen über ſtünd=
liche Declination und die Epochen außerordentlicher Perturbationen,
in einem eigens dazu erbauten magnetiſchen Hauſe zu Berlin mit=
telſt einer Bouſſole von Gambey. Correſpondirende Meſſungen zu
Petersburg, Nikolajew, und in den Gruben zu Freiberg (vom
Prof. Reich) 216 Fuß unter der Erdoberfläche. Dove und Rieß
haben die Arbeit bis Nov. 1830 über Abweichung und Intenſität
der horizontalen Magnetkraft fortgeſetzt (Poggend. Annalen Bd. XV.
S. 318—336, Bd. XIX. S. 375—391 mit 16 Tabellen, Bd. XX.
S. 545—555).

1829—1834 Der Botaniker David Douglas, welcher ſeinen Tod
in Owhyhee in einer Fallgrube fand, in welche vor ihm ein wilder
Stier herabgeſtürzt war, machte eine ſchöne Reihe von Declinations-
und Intenſitäts=Beobachtungen an der Nordweſt=Küſte von Amerika
und auf den Sandwich=Inſeln bis am Rande des Kraters von
Kiraueah. (Sabine Meeting at Liverpool p. 27—32.)

1829 Kupffer Voyage au Mont Elbrouz dans le Caucase
(p. 68 und 115).

1829 Humboldt magnetiſche Beobachtungen über den tellu=
riſchen Magnetismus, mit gleichzeitigen aſtronomiſchen Ortsbe=
ſtimmungen, geſammelt auf einer Reiſe im nördlichen Aſien auf
Befehl des Kaiſers Nicolaus zwiſchen den Längen von 11° 3′ bis
80° 12′ öſtlich von Paris, nahe am Dzaiſan=See; wie zwiſchen den
Breiten von 45° 43′ (Inſel Birutſchicaſſa im caſpiſchen Meere)
bis 58° 52′ im nördlichen Ural bei Werchoturie. (Asie centrale
T. III. p. 440—478.)

1829 Die Kaiſerliche Akademie der Wiſſenſchaften zu St. Peters=
burg genehmigt Humboldt's Antrag auf Errichtung magnetiſcher
und meteorologiſcher Stationen in den verſchiedenſten klima=
tiſchen Zonen des europäiſchen und aſiatiſchen Rußlands, wie auf
die Erbauung eines phyſikaliſchen Central=Obſervatoriums in
der Hauptſtadt des Reichs unter der, immer gleich thätigen, wiſ=
ſenſchaftlichen Leitung des Profeſſor Kupffer. (Vergl. Kosmos
Bd. I. S. 436—439 Anm. 36; Kupffer Rapport adressé à l'Acad.
de St. Pétersbourg relatif à l'Observatoire physique central, fondé
auprès du Corps des Mines, in Schum. Aſtr. Nachr. No. 726;
derſelbe Annales magnetiques p. XI.) Durch das ausdauernde

Wohlwollen, welches der Finanz-Minister Graf von Cancrin jedem großartigen scientifischen Unternehmen schenkte, konnte ein Theil der gleichzeitigen correspondirenden [72] Beobachtungen zwischen dem weißen Meere und der Krim, zwischen dem finnischen Meerbusen und den Küsten der Südsee im russischen Amerika schon im Jahr 1832 beginnen. Eine permanente magnetische Station wurde zu Peking in dem alten Klosterhause, das seit Peter dem Großen periodisch von griechischen Mönchen bewohnt wird, gestiftet. Der gelehrte Astronom Fuß, welcher den Hauptantheil an den Messungen zur Bestimmung des Höhenunterschiedes zwischen dem caspischen und schwarzen Meere genommen, wurde auserwählt, um in China die ersten magnetischen Einrichtungen zu treffen. Später hat Kupffer auf einer Rundreise alle in den magnetischen und meteorologischen Stationen aufgestellten Instrumente östlich bis Nertschinsk (in 117° 16′ Länge) unter einander und mit den Fundamental-Maaßen verglichen. Die, gewiß recht vorzüglichen, magnetischen Beobachtungen von Fedorow in Sibirien bleiben noch unpublicirt.

1830—1845 Oberst Graham (von den topographischen Engineers der Vereinigten Staaten) Intensitäts-Beobachtungen an der südlichen Grenze von Canada, Phil. Transact. for 1846 P. III. p. 242.

1830 Fuß magnetische, astronomische und hypsometrische Beobachtungen (Report of the seventh meeting of the Brit Assoc. 1837 p 497—499) auf der Reise vom Baikal-See durch Ergi Dube, Durma und den, nur 2400 Fuß hohen Gobi nach Peking, um dort das magnetische und meteorologische Observatorium zu gründen, auf welchem Kovanko 10 Jahre lang beobachtet hat (Humboldt Asie centr. T. I p. 8, T. II. p 141, T III. p. 468 und 477).

1831—1836 Cap. Fitzroy in seiner Reise um die Welt auf dem Beagle, wie in der Aufnahme der Küsten des südlichsten Theils von Amerika, ausgerüstet mit einem Gambey'schen Inclinatorium und mit von Hansteen gelieferten Oscillations-Nadeln.

1831 Dunlop, Director der Sternwarte von Paramatta, Beobachtungen auf einer Reise nach Australien (Phil. Transact. for 1840 P. I. p 133—140).

1831 Faraday's Inductionsströme, deren Theorie Nobili und Antinori erweitert haben; große Entdeckung der Lichtentwickelung durch Magnete.

1833 und 1839 sind die zwei wichtigen Epochen der ersten Bekanntmachung theoretischer Ansichten von Gauß: 1) Intensitas vis magneticae terrestris ad mensuram absolutam revocata 1833 (p. 3. »elementum tertium, intensitas, usque ad tempora recentiora penitus neglectum mansit«); 2) das unsterbliche Werk: Allgemeine Theorie des Erdmagnetismus (f. Resultate aus den Beobachtungen des magnetischen Vereins im Jahr 1838, herausgegeben von Gauß und Weber 1839, S. 1 — 57).

1833 Arbeiten von Barlow über die Anziehung des Schiffseisens und die Mittel dessen ablenkende Wirkung auf die Boussole zu bestimmen; Untersuchung von electro=magnetischen Strömen in Terrellen. Isogonische Weltkarten. (Vergl. Barlow Essay on magnetic attraction 1833 p. 89 mit Poisson sur les déviations de la boussole produite par le fer des vaisseaux in den Mém. de l'Institut T. XVI. p. 481—555, Airy in den Phil. Transact. for 1839 P. I. p 167 und for 1843 P. II. p. 146; Sir James Roß in den Phil. Transact. for 1849 P. II p 177—195.)

1833 Moser Methode die Lage und Kraft der veränderlichen magnetischen Pole kennen zu lernen (Poggendorff Annalen Bd. 28. S. 49—296).

1833 Christie on the arctic observations of Cap. Back, Phil. Transact. for 1836 P. II p. 377. (Vergl. auch dessen frühere wichtige Abhandlung in den Phil. Transact. for 1825 P. I. p 23.)

1834 Parrot's Reise nach dem Ararat. (Magnetismus Bd. II. S. 53—64.)

1836 Major Estcourt in der Expedition von Oberst Chesney auf dem Euphrat. Ein Theil der Intensitäts=Beobachtungen ist bei dem Untergange des Dampfboots Tigris verloren gegangen: was um so mehr zu bedauern ist, als es in diesem Theile des Inneren von Vorder=Asien und südlich vom caspischen Meere so ganz an genauen Beobachtungen fehlt.

1836 Lettre de Mr. A. de Humboldt a S. A. R. le Duc de Sussex, Président de la Soc. Roy. de Londres, sur les moyens propres à perfectionner la connaissance du magnétisme terrestre par l'établissement de stations magnétiques et d'observations correspondantes (Avril 1836). Ueber die glücklichen Folgen dieser Aufforderung und ihren Einfluß auf die große antarctische Expedition von Sir James Roß f. Kosmos Bd. I. S. 438; Sir James

Roß Voy. to the Southern and Antarctic Regions 1847 Vol. I.
p. XII

1837 Sabine on the variations of the magnetic Intensity
of the Earth in dem seventh meeting of the British Association
at Liverpool p. 1—85; die vollständigste Arbeit dieser Art.

1837—1838 Errichtung eines magnetischen Observatoriums zu
Dublin von Prof. Humphrey Lloyd. Ueber die von 1840 bis 1846
daselbst angestellten Beobachtungen s. Transact. of the Royal Irish
Acad. Vol. XXII. P. 1. p. 74—96.

1837 Sir David Brewster a Treatise on Magnetism p 185—263.

1837—1842 Sir Edward Belcher Reisen nach Singapore, dem
chinesischen Meere und der Westküste von Amerika; Phil. Transact.
for 1843 P. II. p. 113, 140—142. Diese Beobachtungen der
Inclination, wenn man sie mit den meinigen, älteren, zusammen-
hält, deuten auf sehr ungleiches Fortschreiten der Curven. Ich fand
z B. 1803 die Neigungen in Acapulco, Guayaquil und Callao de
Lima + 38° 48′, + 10° 42′, — 9° 54′; Sir Edward Belcher:
+ 37° 57′, + 9° 1′, — 9° 54′. Wirken die häufigen Erdbeben
an der peruanischen Küste local auf die Erscheinungen, welche von
der magnetischen Erdkraft abhangen?

1838—1842 Charles Wilkes Narrative of the United States
Exploring Expedition (Vol. I. p. XXI).

1838 Lieut. James Sulivan Reise von Falmouth nach den
Falklands-Inseln, Phil. Transact. for 1840 P. I. p. 129, 140
und 143.

1838 und 1839 Errichtung der magnetischen Stationen,
unter der vortrefflichen Direction des Oberst Sabine, in beiden Erd-
halften, auf Kosten der großbritannischen Regierung Die
Instrumente wurden 1839 abgesandt, die Beobachtungen begannen
in Toronto (Canada) und auf Van Diemen's Land 1840, am Vorgebirge der guten Hoffnung 1841 (Vergl Sir John Herschel im
Quarterly Review Vol. 66. 1840 p. 297; Becquerel Traité d'Élec-
tricité et de Magnétisme T. VI p. 173.) — Durch die mühevolle
und gründliche Bearbeitung dieses reichen Schatzes von Beobachtungen, welche alle Elemente oder Variationen der magnetischen
Thätigkeit des Erdkörpers umfassen, hat Oberst Sabine, als Superintendent of the Colonial Observatories, früher unerkannte Gesetze
entdeckt und der Wissenschaft neue Ansichten eröffnet. Die Resultate

folcher Erforſchungen ſind von ihm in einer langen Reihe einzelner
Abhandlungen (Contributions to terrestrial Magnetism) in den Philosophical Transactions der Kön. Londoner Societät und in eigenen
Schriften veröffentlicht worden, welche dieſem Theile des Kosmos
zum Grunde liegen. Wir nennen hier von dieſen nur einige der
vorzüglichſten: 1) Ueber ungewöhnliche magnetiſche Störungen (Ungewitter), beobachtet in den Jahren 1840 und 1841; ſ. Observations
on days of unusual magnetic disturbances p. 1—107, und, als
Fortſetzung dieſer Arbeit, die magnetic storms von 1843—1845, in
den Phil Transact. for 1851 P. I. p. 123—139; 2) Observations
made at the magnetical Observatory at Toronto 1840, 1841 und
1842 (lat. 43° 39′ bor., long. 81° 41′) Vol. I p. XIV—XXVIII;
3) Der ſehr abweichende Richtungsgang der magnetiſchen Declina=
tion in der einen Hälfte des Jahres zu St. Helena, in Longwood=
Houſe (lat. 15° 55′ austr., lg. occ. 8° 3′), Phil. Transact. for 1847
P. I. p. 54; 4) Observ. made at the magn. and meteor. Observatory at the Cape of Good Hope 1841—1846; 5) Observ. made
at the magn. and meteor. Observatory at Hobarton (lat. 42° 52′
austr., lg. 145° 7′ or.) in Van Diemen Island, and the antarctic
Expedition Vol. I. und II. (1841—1848); über Scheidung der
öſtlichen und weſtlichen Störungen (disturbances) ſ. Vol. II. p. IX—
XXXVI; 6) Magnetiſche Erſcheinungen innerhalb des antarctiſchen
Polarkreiſes, in Kerguelen und Van Diemen, Phil Transact. for
1843 P. II. p. 145—231; 7) Ueber die Isoclinal und Isodynamic
Lines im atlantiſchen Ocean, Zuſtand von 1837 (Phil. Transact.
for 1840 P. I. p 129—155); 8) Fundamente einer Karte des
atlantiſchen Oceans, welche die magnetiſchen Abweichungslinien
zwiſchen 60° nördl. und 60° ſüdl. Breite darſtellt für das Jahr 1840
(Phil. Transact. for 1849 P. II p. 173—233), 9) Mittel die mag=
netiſche Totalkraft der Erde, ihre ſeculäre Veränderung und jähr=
liche Variation (absolute values, secular change and annual variation of the magnetic force) zu meſſen (Phil. Transact. for 1850
P. I. p. 201—219; Uebereinſtimmung der Epoche der größten Nähe
der Sonne mit der der größten Intenſität der Kraft in beiden
Hemiſphären und der Zunahme der Inclination p 216); 10) Ueber
das Maaß magnetiſcher Intenſität im hohen Norden des Neuen
Continents und über den von Cap. Lefroy aufgefundenen Punkt
(Br. 52° 19′) der größten Erdkraft, Phil Transact. for 1846 P. III

p. 237—336; 11) Die periodischen Veränderungen der drei Ele=
mente des Erd=Magnetismus (Abweichung, Inclination und totale
Kraft) zu Toronto in Canada und zu Hobarton auf Van Diemen,
und über den Zusammenhang der zehnjährigen Periode magnetischer
Veränderungen mit der von Schwabe zu Dessau entdeckten, eben=
falls zehnjährigen Periode der Frequenz von Sonnenflecken, Phil.
Transact. for 1852 P. I p 121—124. (Die Variations=Beobach=
tungen von 1846 und 1851 sind als Fortsetzung der in No. 1 be=
zeichneten von 1840—1845 zu betrachten.)

1839 Darstellung der Linien gleicher Neigung und gleicher
Intensität der Erdkraft in den britischen Inseln (magnetic isoclinal
and isodynamic Lines, from Observations of Humphrey Lloyd,
John Phillips, Robert Were Fox, James Ross and Edward Sa=
bine). Schon 1833 hatte die British Association in Cambridge
beschlossen, daß in mehreren Theilen des Reichs Neigung und In=
tensität bestimmt werden sollten; schon im Sommer 1834 wurde
dieser Wunsch von Prof. Lloyd und Oberst Sabine in Erfüllung
gebracht, und die Arbeit 1835 und 1836 auf Wales und Schott=
land ausgedehnt (Eighth Report of the British Assoc. in the meet=
ing at Newcastle 1838 p. 49—196; mit einer isoclinischen und
isodynamischen Karte der britischen Inseln, die Intensität in Lon=
don = 1 gesetzt)

1838—1843 Die große Entdeckungsreise von Sir James Clark
Roß nach dem Südpol, gleich bewundernswürdig durch den Gewinn
für die Kenntniß der Existenz viel bezweifelter Polarländer als
durch das neue Licht, welches die Reise über den magnetischen
Zustand großer Erdräume verbreitet hat. Sie umfaßt, alle drei
Elemente des tellurischen Magnetismus numerisch bestimmend, fast
$2/3$ der Area der ganzen hohen Breiten der südlichen Halbkugel.

1839—1851 Kreil's über zwölf Jahre lang fortgesetzte Be=
obachtungen der Variation sämmtlicher Elemente der Erdkraft und
der vermutheten soli=lunaren Einflüsse auf der kais. Sternwarte
zu Prag.

1840 Stündliche magnetische Beobachtungen mit einer Gam=
bey'schen Declinations=Boussole während eines 10jährigen Aufent=
halts in Chili von Claudio Gay; s. dessen Historia fisica y politica
de Chile 1847

1840—1851 Lamont, Director der Sternwarte zu München,

Refultate feiner magnetifchen Beobachtungen, verglichen mit denen von Gottingen, die felbft bis 1835 auffteigen. Erforschung des wichtigen Gefetes einer zehnjährigen Periode der Declinations= Veränderungen (Vergl. Lamont in Poggend. Ann der Phyf. 1851 Bd. 84. S. 572—582 und Nelshuber 1852 Bd. 85. S. 179—184.) Der, fchon oben berührte, muthmaßliche Zufammenhang zwifchen der periodifchen Zu= und Abnahme der Jahresmittel der täglichen Declinations=Variation der Magnetnadel und der periodifchen Frequenz der Sonnenflecken ift zuerft von Oberft Sabine in den Phil. Transact. for 1852, und, ohne daß er Kenntniß von diefer Arbeit hatte, 4 bis 5 Monate fpäter von dem gelehrten Di= rector der Sternwarte zu Bern, Rudolph Wolf, in den Schriften der fchweizerifchen Naturforfcher verkündigt worden. [73] Lamont's Handbuch des Erdmagnetismus (1848) enthält die Angabe der neueften Mittel der Beobachtung wie die Entwickelung der Methoden.

1840—1845 Bache, Director of the Coast Survey of the United States, Observ. made at the magn. and meteorol. Observatory at Girard's College (Philadelphia), publ. 1847.

1840—1842 Lieut. Gilliß (Un. St) Magnetical and Meteoro- logical Observations made at Washington, publ. 1847 (p. 2—319; magnetic storms p. 336).

1841—1843 Sir Robert Schomburgk Declinations=Beobach= tungen in der Waldgegend der Guyana zwifchen dem Berg Roraima und dem Dörfchen Pirara, zwifchen den Parallelen von 4° 57' und 3° 39' (Phil. Transact for 1849 P. II. p. 217).

1841—1845 Magn. and Meteorol Observations made at Madras.

1843—1844 Magnetifche Beobachtungen auf der Sternwarte von Sir Thomas Brisbane zu Makerstoun (Rorburghfhire, Schott= land), Br. 55° 34'; f. Transact. of the Royal Soc. of Edinb. Vol. XVII. P. 2. p. 188 und Vol. XVIII. p. 46.

1843—1849 Kreil über den Einfluß der Alpen auf Aeußerung der magnetifchen Erdkraft. (Vergl. Schum. Aftr. Nachr. No. 602.)

1844—1845 Erpedition der Pagoda in hohen antarctifchen Breiten bis — 64° und — 67°, und Länge 4° bis 117° öftl., alle 3 Elemente des tellurifchen Magnetismus umfaffend: unter dem Commando des Schiffs=Lieut. Moore, der fchon in der Nordpol= Erpedition auf dem Terror gewefen war, und des Artillerie=Lieut.

Clerk, früher Directors des magnetischen Observatoriums am Vorgebirge der guten Hoffnung; — eine würdige Vervollständigung der Arbeiten von Sir James Clark Roß am Südpol.

1845 Proceedings of the magn. and meteorol. Conference held at Cambridge.

1845 Observations made at the magn. and meteorol. Observatory at Bombay under the superintendency of Arthur Bedford Orlebar. Das Observatorium ist 1841 auf der kleinen Insel Colaba erbaut worden.

1845—1850 Sechs Bände Results of the magn. and meteorol. Observations made at the Royal Observatory at Greenwich Das magnetische Haus wurde 1838 gebaut.

1845 Simonoff, Prof. de Kazan, Recherches sur l'action magnétique de la Terre.

1846—1849 Cap. Elliot (Madras Engineers) magnetic Survey of the Eastern Archipelago, 16 Stationen, jede von mehreren Monaten: auf Borneo, Celebes, Sumatra, den Nicobaren und Keeling-Inseln; mit Madras verglichen, zwischen nördl. Br. 16° und südl. Br. 12°, Länge 78° und 123° östl. (Phil. Transact. for 1851 P. I. p. 287—331 und p I—CLVII). Beigefügt sind Karten gleicher Inclination und Declination, wie horizontaler und totaler Kraft. Diese Arbeit, welche zugleich die Lage des magnetischen Aequators und der Linie ohne Abweichung darstellt, gehört zu den ausgezeichnetsten und vielumfassendsten neuerer Zeit.

1845—1850 Faraday's glänzende physikalische Entdeckungen 1) über die axiale (paramagnetische) oder aquatoriale (diamagnetische [71]) Stellung (Richtung), welche frei schwingende Körper unter äußerem magnetischen Einflusse annehmen (Phil. Transact. for 1846 § 2420 und Phil. Tr. for 1851 P. I § 2718—2796); 2) über Beziehung des Electro-Magnetismus zu einem polarisirten Lichtstrahle und Drehung des letzteren unter Vermittelung (Dazwischenkunft) des veränderten Molecular-Zustandes derjenigen Materie, durch welche zugleich der polarisirte Lichtstrahl und der magnetische Strom geleitet werden (Phil. Tr. for 1846 P. I. § 2195 und 2215—2221); 3) über die merkwürdige Eigenschaft des Sauerstoff-Gases, als des einzigen paramagnetischen unter allen Gasarten, einen solchen Einfluß auf die Elemente des Erd-Magnetismus auszuüben: daß es, welchem Eisen gleich, nur außerordentlich viel schwächer, durch die vertheilende

Wirkung des Erdkörpers, eines permanent gegenwärtigen Magnets, Polarität [75] annimmt (Phil. Tr. for 1851 P. I. § 2297—2967).

1849 Emory Magn. Observations made at the Isthmus of Panama.

1849 Prof. William Thomson in Glasgow, a mathematical Theory of Magnetism, in den Phil. Transact. for 1851 P. I. p. 243—285. (Ueber das Problem der Vertheilung der magnetischen Kraft vergl. § 42 und 56 mit Poisson in den Mém. de l'Institut 1811 P. I. p. 1, P. II. p. 163.)

1850 Airy on the present state and prospects of the Science of terrestrial Magnetism, Fragment einer vielversprechenden Abhandlung.

1852 Kreil Einfluß des Mondes auf die magnetische Declination zu Prag in den Jahren 1839—1849. Ueber die früheren Arbeiten dieses genauen Beobachters von 1836—1838 s. Osservazioni sull' intensità e sulla direzione della forza magnetica istituite negli anni 1836—1838 all' I R Osservatorio di Milano p. 171, wie auch Magn. und meteorol. Beobachtungen zu Prag Bd. I. S. 59.

1852 Faraday on Lines of magnetic Force and their definite character.

1852 Sabine's neue Beweise aus Beobachtungen von Toronto, Hobarton, St. Helena und dem Vorgebirge der guten Hoffnung (1841—1851): daß überall in der Morgenstunde von 7—8 Uhr die Magnet=Declination eine Jahresperiode darbietet, in welcher das nördliche Solstitium die größte östliche Elongation, das südliche Solstitium die größte westliche Elongation offenbaren, ohne daß in diesen Solstitial=Epochen (turning periods) die Temperatur der Atmosphäre oder der Erdrinde ein Marimum oder Minimum erleiden. Vergl. den, noch nicht erschienenen 2ten Band der Observations made at Toronto p. XVII mit den schon oben angeführten zwei Abhandlungen von Sabine über Einfluß der Sonnennähe (Phil. Transact. for 1850 P. I. p. 216) und der Sonnenflecken (Phil. Tr. for 1852 P. I. p. 121).

———

Die chronologische Aufzählung der Fortschritte unserer Kenntniß von dem Erd=Magnetismus in der Hälfte eines Jahrhunderts, in dem ich diesem Gegenstande ununterbrochen das wärmste Interesse gewidmet habe, zeigt ein glückliches

Streben nach einem zwiefachen Zwecke. Der größere Theil
der Arbeiten ist der Beobachtung der magnetischen Thätig=
keit des Erdkörpers, der Messung nach Raumverhältnissen
und Zeitepochen gewidmet gewesen; der kleinere Theil gehört
dem Experimente, dem Hervorrufen von Erscheinungen,
welche auf Ergründung des Wesens jener Thätigkeit selbst,
der inneren Natur der Magnetkraft, zu leiten verheißen. Beide
Wege: messende Beobachtung der Aeußerungen des telluri=
schen Magnetismus (in Richtung und Stärke) und physi=
kalisches Experiment über Magnetkraft im allgemeinen,
haben gegenseitig den Fortschritt unseres Naturwissens belebt.
Die Beobachtung allein, unabhängig von jeglicher Hypothese
über den Causalzusammenhang der Erscheinungen oder über
die, bis jetzt unmeßbare, uns unerreichbare Wechselwirkung der
Molecule im Inneren der Substanzen, hat zu wichtigen numeri=
schen Gesetzen geführt. Dem bewundernswürdigen Scharfsinn
experimentirender Physiker ist es gelungen Polarisations = Eigen=
schaften starrer und gasförmiger Körper zu entdecken, von denen
man vorher keine Ahndung hatte, und die in eigenem Verkehr
mit Temperatur und Luftdruck stehen. So wichtig und unbe=
zweifelt auch jene Entdeckungen sind, so können sie in dem
gegenwärtigen Zustand unseres Wissens doch noch nicht als befrie=
digende Erklärungsgründe jener Gesetze betrachtet werden, welche
bereits in der Bewegung der Magnetnadel erkannt worden
sind. Das sicherste Mittel, zur Erschöpfung des veränderlich
Meßbaren im Raume, wie zu der Erweiterung und Vollendung
der, von Gauß so großartig entworfenen, mathematischen
Theorie des Erd=Magnetismus zu gelangen, ist das Mittel der
gleichzeitig an vielen gut ausgewählten Punkten der Erde
fortgesetzten Beobachtung aller drei Elemente der magnetischen

Thätigkeit. Was ich selbst aber ruhmvolles [76] von der Verbindung des Experiments und der mathematischen Gedankenverbindung erwarte, habe ich bereits an einem anderen Orte
ausgesprochen und durch Beispiele erläutert.

Alles, was auf unserem Planeten vorgeht, kann nicht
ohne kosmischen Zusammenhang gedacht werden. Das Wort
Planet führt uns an sich schon auf Abhängigkeit von einem
Centralkörper, auf die Verbindung mit einer Gruppe von
Himmelskörpern sehr verschiedener Größe, die wahrscheinlich
einen gleichen Ursprung haben. Sehr früh wurde der Einfluß
des Sonnenstandes auf die Aeußerung der Magnetkraft der
Erde anerkannt: deutlichst bei Entdeckung der stündlichen Abweichung; dunkler, wie Kepler ein Jahrhundert vorher ahndete,
daß alle Achsen der Planeten nach Einer Weltgegend magnetisch gerichtet seien. Kepler sagt ausdrücklich: „daß die Sonne
ein magnetischer Körper sei; und daß deshalb in der Sonne
die Kraft liege, welche die Planeten bewege." [77] Massen-Anziehung und Gravitation erschienen damals unter dem Symbol
magnetischer Attraction. Horrebow [78], der Gravitation nicht
mit Magnetismus verwechselte, hat wohl zuerst den Lichtproceß
„ein perpetuirlich im Sonnen-Dunstkreise durch magnetische Kräfte vorgehendes Nordlicht" genannt. Unseren
Zeiten näher (und dieser Unterschied der Meinungen ist sehr
bemerkenswerth) sind die Ansichten über die Art der Einwirkung der Sonne entschieden getheilt aufgetreten.

Man hat sich entweder vorgestellt, daß die Sonne, ohne
selbst magnetisch zu sein, auf den Erd-Magnetismus nur
temperatur-verändernd wirke (Canton, Ampère, Christie,
Lloyd, Airy); oder man glaubt, wie Coulomb, die Sonne
von einer magnetischen Atmosphäre umhüllt [79], welche ihre

Wirkung auf den Magnetismus der Erde durch Vertheilung
ausübe. Wenn gleich durch Farabay's schöne Entdeckung von
der paramagnetischen Eigenschaft des Sauerstoff-Gases die
große Schwierigkeit gehoben wird, sich, nach Canton, die
Temperatur der festen Erdrinde und der Meere als unmittelbare Folge des Durchgangs der Sonne durch den Orts-Me-
ridian schnell und beträchtlich erhöht vorstellen zu müssen; so hat
doch die vollständige Zusammenstellung und scharfsinnige Discussion alles meßbar Beobachteten durch den Oberst Sabine
als Resultat ergeben, daß die bisher beobachteten periodischen
Variationen der magnetischen Thätigkeit des Erdkörpers nicht ihre
Ursache in den periodischen Temperatur-Veränderungen des uns
zugänglichen Luftkreises haben. Weder die Hauptepochen der täglichen und jährlichen Veränderungen der Declination zu verschiedenen Stunden des Tages und der Nacht (und die jährlichen hat
Sabine zum ersten Male, nach einer übergroßen Zahl von Beobachtungen, genau darstellen können), noch die Perioden der mittleren
Intensität der Erdkraft stimmen [80] mit den Perioden der Maxima
und Minima der Temperatur der Atmosphäre oder der oberen Erdrinde überein. Die Wendepunkte in den wichtigsten
magnetischen Erscheinungen sind die Solstitien und Aequinoctien. Die Epoche, in welcher die Intensität der Erdkraft am
größten ist und in beiden Hemisphären die Inclinations-Nadel
dem verticalen Stande sich am nächsten zeigt, ist die der größten
Sonnennähe [81], wenn zugleich die Erde die größte Transla-
tions-Geschwindigkeit in ihrer Bahn hat. Nun aber sind sich
in der Zeit der Sonnennähe (December, Januar und Februar)
wie in der Zeit der Sonnenferne (Mai, Juni und Juli)
die Temperatur-Verhältnisse der Zonen diesseits und jenseits
des Aequators geradezu entgegengesetzt; die Wendepunkte der

ab- und zunehmenden Intensität, Declination und Inclination
können also nicht der Sonne als wärmendem Princip zugeschrieben werden.

Jahresmittel aus den Beobachtungen von München und
Göttingen haben dem thätigen Director der kön. bairischen Sternwarte, Prof. Lamont, das merkwürdige Gesetz einer Periode
von 10⅓ Jahren in den Veränderungen der Declination
offenbart. [62] In der Periode von 1841 bis 1850 erreichten
die Mittel der monatlichen Declinations-Veränderungen sehr
regelmäßig ihr Minimum 1843½, ihr Maximum 1848½.
Ohne diese europäischen Resultate zu kennen, hatte die Vergleichung der monatlichen Mittel derselben Jahre 1843—1848,
aus Beobachtungen von Orten gezogen, welche fast um die
Größe der ganzen Erdachse von einander entfernt liegen (Toronto
in Canada und Hobarton auf Van Diemen's Insel), den Oberst
Sabine auf die Existenz einer periodisch wirkenden Störungs-
ursach geleitet. Diese ist von ihm als eine rein kosmische
in den ebenfalls zehnjährigen periodischen Veränderungen der
Sonnen-Atmosphäre gefunden worden. [63] Der fleißigste Beobachter der Sonnenflecken unter den jetzt lebenden Astronomen,
Schwabe, hat (wie ich schon an einem anderen Orte [64] entwickelt) in einer langen Reihe von Jahren (1826 bis 1850)
eine periodisch wechselnde Frequenz der Sonnenflecken aufgefunden: dergestalt, daß ihr Maximum in die Jahre 1828,
1837 und 1848; ihr Minimum in die Jahre 1833 und 1843
gefallen ist. „Ich habe", setzt er hinzu, „nicht Gelegenheit
gehabt eine fortlaufende Reihe älterer Beobachtungen zu untersuchen; stimme aber gern der Meinung bei, daß diese Periode
selbst wieder veränderlich sein könne." Etwas einer solchen
Veränderlichkeit analoges, Perioden in den Perioden,

bieten uns allerdings auch Lichtproceſſe in anderen ſelbſt-
leuchtenden Sonnen dar. Ich erinnere an die von Goodricke
und Argelander ergründeten, ſo complicirten Intenſitäts-Ver-
änderungen von β Lyrae und Mira Ceti. [85]

Wenn, nach Sabine, der Magnetismus des Sonnenkörpers ſich durch die in der Sonnennähe vermehrte Erdkraft
offenbart; ſo iſt es um ſo auffallender, daß nach Kreil's
gründlichen Unterſuchungen über den magnetiſchen Mond-Ein-
fluß dieſer ſich bisher weder in der Verſchiedenheit der
Mondphaſen, noch in der Verſchiedenheit der Entfernung
des Mondes von der Erde bemerkbar gemacht hat. Die
Nähe des Mondes ſcheint im Vergleich mit der Sonne nicht
die Kleinheit der Maſſe zu compenſiren. Das Hauptergebniß
der Unterſuchung [86] über den magnetiſchen Einfluß des Erd-
Satelliten, welcher nach Melloni nur eine Spur von Wärme-
Erregung zeigt, iſt: daß die magnetiſche Declination auf unſerer Erde im Verlauf eines Mondtages eine regelmäßige Aenderung erleidet, indem dieſelbe zu einem zwiefachen Maximum
und zu einem zwiefachen Minimum gelangt. „Wenn der
Mond“, ſagt Kreil ſehr richtig, „keine (für die gewöhnlichen
Wärmemeſſer) erkennbare Temperatur-Veränderung auf der
Erdoberfläche hervorbringt, ſo kann er auch in der Magnetkraft der Erde keine Aenderung auf dieſem Wege erzeugen;
wird nun demohngeachtet eine ſolche bemerkt, ſo muß man daraus
ſchließen, daß ſie auf einem anderen Wege als durch Erwärmung hervorgebracht werde.“ Alles, was nicht als das
Product einer einzigen Kraft auftritt, kann, wie beim Monde,
erſt durch Ausſcheidung vieler fremdartigen Störungs-Elemente
als für ſich beſtehend erkannt werden.

Werden nun auch bis jetzt die entſchiedenſten und größten

Variationen in den Aeußerungen des tellurischen Magnetismus nicht durch Marima und Minima des Temperatur-Wechsels befriedigend erklärt; so ist doch wohl nicht zu bezweifeln, daß die große Entdeckung der polarischen Eigenschaft des Sauerstoffs in der gasförmigen Erdumhüllung, bei tieferer und vollständigerer Einsicht in den Proceß magnetischer Thätigkeit, in naher Zukunft zum Verstehen der Genesis dieses Processes ein Element darbieten wird. Es ist bei dem harmonischen Zusammenwirken aller Kräfte undenkbar, daß die eben bezeichnete Eigenschaft des Sauerstoffs und ihre Modification durch Temperatur-Erhöhung keinen Antheil an dem Hervorrufen magnetischer Erscheinungen haben sollte.

Ist es, nach Newton's Ausspruch, sehr wahrscheinlich, daß die Stoffe, welche zu einer Gruppe von Weltkörpern (zu einem und demselben Planetensystem) gehören, großentheils dieselben sind [87]; so steht durch inductive Schlußart zu vermuthen, daß nicht auf unserem Erdball allein der gravitirenden Materie eine electro-magnetische Thätigkeit verliehen sei. Die entgegengesetzte Annahme würde kosmische Ansichten mit dogmatischer Willkühr einengen. Coulomb's Hypothese über den Einfluß der magnetischen Sonne auf die magnetische Erde widerspricht keiner Analogie des Erforschten.

Wenn wir nun zu der rein objectiven Darstellung der magnetischen Erscheinungen übergehen, wie sie unser Planet in den verschiedenen Theilen seiner Oberfläche und in seinen verschiedenen Stellungen zum Centralkörper darbietet; so müssen wir in den numerischen Resultaten der Messung genau die Veränderungen unterscheiden, welche in kurze oder sehr lange Perioden eingeschlossen sind. Alle sind von einander abhängig, und in dieser Abhängigkeit sich gegenseitig verstärkend oder theilweise aufhebend und störend: wie in bewegten Flüssigkeiten Wellenkreise, die sich durchschneiden.   Zwölf Objecte bieten sich der Betrachtung vorzugsweise dar:

zwei Magnetpole, ungleich von den Rotations-Polen der Erde entfernt, in jeder Hemisphäre einer; es sind Punkte des Erdsphäroids, in denen die magnetische Inclination = 90⁰ ist und in denen also die horizontale Kraft verschwindet;

der magnetische Aequator: die Curve, auf welcher die Inclination der Nadel = 0 ist;

die Linien gleicher Declination und die, auf welchen die Declination = 0 ist (isogonische Linien und Linien ohne Abweichung);

die Linien gleicher Inclination (isoklinische Linien);

die vier Punkte größter Intensität der magnetischen Erdkraft, zwei von ungleicher Stärke in jeder Hemisphäre;

die Linien gleicher Erdkraft (isodynamische Linien);

die Wellenlinie, welche auf jedem Meridian die Erdpunkte schwächster Intensität der Kraft mit einander verbindet und auch bisweilen ein dynamischer Aequator genannt bⁿ worden ist; es fällt diese Wellenlinie weder mit dem geographischen noch mit dem magnetischen Aequator zusammen;

die Begrenzung der Zone meist sehr schwacher Intensität, in der die stündlichen Veränderungen der Magnetnadel, nach Verschiedenheit der Jahreszeiten, abwechselnd vermittelnd ⁿ an den Erscheinungen beider Halbkugeln Theil nehmen.

Ich habe in dieser Aufzählung das Wort Pol allein für die zwei Erdpunkte, in denen die horizontale Kraft verschwindet,

beibehalten, weil oft, wie schon bemerkt worden ist, in neuerer
Zeit diese Punkte (die wahren Magnetpole), in denen die
Intensitäts-Maxima keinesweges liegen, mit den vier Erdpunkten größter Intensität verwechselt worden sind.[90] Auch
hat Gauß gezeigt, daß es schädlich sei die Chorde, welche die
beiden Punkte verbindet, in denen auf der Erdoberfläche die
Neigung der Nadel = 90⁰ ist, durch die Benennung: magnetische Achse der Erde auszeichnen zu wollen.[91] Der innige Zusammenhang, welcher zwischen den hier aufgezählten
Gegenständen herrscht, macht es glücklicherweise möglich die verwickelten Erscheinungen des Erd-Magnetismus nach drei
Aeußerungen der einigen, thätigen Kraft (Intensität, Inclination und Declination) unter drei Gesichtspunkte
zu concentriren.

Intensität.

Die Kenntniß des wichtigsten Elements des tellurischen
Magnetismus, die unmittelbare Messung der Stärke der totalen Erdkraft, ist spät erst bei Kenntniß von den Verhältnissen
der Richtung dieser Erdkraft in horizontaler und verticaler
Ebene (Declination und Inclination) gefolgt. Die Schwingungen, aus deren Dauer die Intensität geschlossen wird, sind
erst am Schluß des 18ten Jahrhunderts ein Gegenstand des
Experiments, in der ersten Hälfte des 19ten ein Gegenstand
ernster und fortgesetzter Untersuchung geworden. Graham (1723)
maß die Schwingungen seiner Inclinations-Nadel in der Ab-
sicht, zu versuchen, ob sie[92] constant wären, und um das Verhältniß der sie dirigirenden Kraft zur Schwere zu finden. Der
erste Versuch, die Intensität des Magnetismus an von einander weit entfernten Punkten der Erde durch die Zahl der
Oscillationen in gleichen Zeiten zu prüfen, geschah durch Mallet

(1769). Er fand mit sehr unvollkommenen Apparaten die Zahl der Oscillationen zu Petersburg (Br. 59⁰ 56′) und zu Ponoi (67⁰ 4′) völlig gleich [93], woraus die, bis auf Cavendish fortgepflanzte, irrthümliche Meinung entstand, daß die Intensität der Erdkraft unter allen Zonen dieselbe sei. Borda hatte zwar nie, wie er mir oft erzählt, aus theoretischen Gründen diesen Irrthum getheilt, eben so wenig als vor ihm Le Monnier; aber auch Borda hinderte die Unvollkommenheit seiner Neigungs=Nadel (die Friction, welche dieselbe auf den Zapfen erlitt) Unterschiede der Magnetkraft während seiner Expedition nach den canarischen Inseln (1776) zwischen Paris, Toulon, Santa Cruz de Teneriffa und Gorée in Senegambien, in einem Raume von 35 Breitengraden, zu entdecken (Voyage de La Pérouse T. I. p. 162). Mit verbesserten Instrumenten wurden zum ersten Male diese Unterschiede auf der unglücklichen Expedition von La Pérouse in den Jahren 1785 und 1787 von Lamanon aufgefunden und von Macao aus dem Secretär der Pariser Akademie mitgetheilt. Sie blieben, wie ich schon früher (Bd. IV. S. 61) erinnert, unbeachtet und, wie so vieles andere, in den akademischen Archiven vergraben.

Die ersten veröffentlichten Intensitäts=Beobachtungen, ebenfalls auf Borda's Aufforderung angestellt, sind die meiner Reise nach den Tropenländern des Neuen Continents von den Jahren 1798—1804. Frühere von meinem Freunde de Rossel (1791 und 1794) in den indischen Meeren eingesammelte Resultate über die magnetische Erdkraft sind erst vier Jahre nach meiner Rückkunft aus Mexico im Druck erschienen. Im Jahre 1829 wurde mir der Vorzug, die Arbeit über Intensität und Inclination von der Südsee aus noch volle 188 Längengrade gegen Osten bis in die chinesische Dzungarei fortſetzen zu können, und zwar ⅔ dieſer Erdhälfte durch das Innere der Continente. Die Unterſchiede der Breite ſind 72⁰ (von 60⁰ nördlicher bis 12⁰ ſüblicher Breite) geweſen.

Wenn man die Richtung der einander umſchließenden iſo-dynamiſchen Linien (Curven gleicher Intenſität) ſorgfältig verfolgt und von den äußeren, ſchwächeren, zu den inneren, allmälig ſtärkeren, übergeht; ſo werden bei der Betrachtung der telluriſchen Kraftvertheilung des Magnetismus für jede Hemiſphäre, in ſehr ungleichen Abſtänden von den Rota-tions- wie von den Magnetpolen der Erde, zwei Punkte (feci) der Maxima der Intenſität, ein ſtärkerer und ein ſchwächerer, erkannt. Von dieſen 4 Erdpunkten liegt in der nördlichen Hemiſphäre [94] der ſtärkere (amerikaniſche) in Br. + 52⁰ 19′ und Länge 94⁰ 20′ W., der ſchwächere (oft der ſibiriſche genannt) in Br. + 70⁰? Länge 117⁰ 40′ O., viel-leicht einige Grade minder öſtlich. Auf der Reiſe von Barſchinſk nach Jakutſk fand Erman (1829) die Curve der größten Inten-ſität (1,742) bei Bereſowſki Oſtrow in Länge 115⁰ 31′ O., Br. + 59⁰ 44′ (Erman, Magnet. Beob. S. 172 und 540; Sabine in den Phil. Transact. for 1850 P. I. p. 218). Von beiden Beſtimmungen iſt die des amerikaniſchen Focus, beſonders der Breite nach ſichrere, „der Länge nach wahrſcheinlich etwas zu weſtlich“. Das Oval, welches den ſtärkeren nördlichen Focus einſchließt, liegt demnach im Meri-dian des Weſtendes des Lake Superior, zwiſchen der ſüblichen Extremität der Hudſonsbai und der des canadiſchen Sees Winipeg. Man verdankt dieſe Beſtimmung der wichtigen Land-expedition des ehemaligen Directors der magnetiſchen Station von St. Helena, des Artillerie-Hauptmanns Lefroy, im Jahr 1843. „Das Mittel der Lemniscate, welche den ſtärkeren und

schwächeren Focus verbindet, scheint nordöstlich von der Berings-
Straße, näher dem asiatischen Focus als dem amerikanischen,
zu liegen."

Als ich in der peruanischen Andeskette der südlichen Hemisphäre, in Breite — 7⁰ 2' und Länge 81⁰ 8' W., den magnetischen Aequator, die Linie, auf der die Neigung = 0 ist,
zwischen Micuipampa und Caramarca (1802) durchschnitt, und
von diesem merkwürdigen Punkte an die Intensität gegen Norden und Süden hin wachsen sah; so entstand in mir, da es
damals und noch lange nachher an allen Vergleichungspunkten
fehlte, durch eine irrige Verallgemeinerung des Beobachteten, die
Meinung: daß vom magnetischen Aequator an die Magnetkraft
der Erde bis nach beiden Magnetpolen ununterbrochen wachse,
und daß wahrscheinlich in diesen (da, wo die Neigung = 90⁰
wäre) das Maximum der Erdkraft liege. Wenn man zum ersten
Male einem großen Naturgesetz auf die Spur kommt, so be-
dürfen die früh aufgefaßten Ansichten meist einer späteren Berichtigung. Sabine [95] hat durch eigene Beobachtungen (1818
bis 1822), die er in sehr verschiedenen Zonen anstellte, wie
durch scharfsinnige Zusammenstellung vieler fremder (da die
Schwingungs-Versuche von verticalen und horizontalen Nadeln
nach und nach allgemeiner wurden) erwiesen: daß Intensität und
Neigung sehr verschiedenartig modificirt werden; daß das Minimum der Erdkraft in vielen Punkten fern von dem magnetischen
Aequator liege; ja daß in den nördlichsten Theilen von Canada
und des arctischen Hudsonlandes, von Br. 52⁰ 1/3 bis zum
Magnetpole (Br. 70⁰), unter dem Meridian von ohngefähr 94⁰
bis 95⁰ westl. Länge, die Intensität, statt zu wachsen, abnimmt. In dem von Lefroy aufgefundenen canadischen Focus
der größten Intensität in der nördlichen Hemisphäre war 1845

die Neigung der Nadel erst 73⁰ 7', und in beiden Hemisphären findet man die Maxima der Erdkraft neben vergleichungsweise geringer Neigung. [96]

So vortrefflich und reichhaltig auch die Fülle der Intensitäts-Beobachtungen ist, die wir den Expeditionen von Sir James Roß, von Moore und Clerk in den antarctischen Polarmeeren verdanken, so bleibt doch noch über die Lage des stärkeren und schwächeren Focus in der südlichen Halbkugel viel Zweifel übrig. Der erste der eben genannten Seefahrer hat die isodynamischen Curven vom höchsten Werth der Intensität mehrfach durchschnitten, und nach einer genauen Discussion seiner Beobachtungen setzt Sabine den einen Focus in Br. — 64⁰ und Länge 135⁰ 10' Ost. Roß selbst, in dem Bericht [97] seiner großen Reise, vermuthete den Focus in der Nähe der von b'Urville entdeckten Terre d'Adelie, also ungefähr in Br. — 67⁰, Länge 137⁰ 40' Ost. Dem anderen Focus meinte er sich zu nahen in — 60⁰ Br. und 127⁰ 20' westlicher Länge; war aber doch geneigt denselben viel südlicher, unweit des Magnetpoles, also in einen östlicheren Meridian, zu setzen. [98]

Nach Festsetzung der Lage der 4 Maxima der Intensität muß das Verhältniß der Kräfte selbst angegeben werden. Diese Angaben geschehen entweder nach dem mehrfach berührten älteren Herkommen, d. i. in Vergleich mit der Intensität, welche ich in einem Punkte des magnetischen Aequators gefunden, den die peruanische Andeskette in Br. — 7⁰ 2' und Länge 81⁰ 8' W. durchschneidet; oder nach den frühesten Vorschlägen von Poisson und Gauß in absoluter Messung. [99] Nach der relativen Scale, wenn die Intensität auf dem eben bezeichneten Erdpunkte im magnetischen Aequator = 1,000 gesetzt wird, sind, da man das Intensitäts-Verhältniß von Paris im Jahr 1827

(Bd. IV. S. 67) zu dem von London ermittelt hat, die Inten=
sitäten in diesen zwei Städten 1,348 und 1,372. Ueberseßt man
diese Zahlen in die absolute Scale, so würden sie ohngefähr
10,20 und 10,38 heißen; und die Intensität, welche für Peru
= 1,000 gesetzt worden ist, würde nach Sabine in absoluter
Scale = 7,57 sein: also sogar noch größer als die Intensität
in St. Helena, die in derselben absoluten Scale = 6,4 ist.
Alle diese Zahlen werden noch wegen Verschiedenheit der Jahre,
in denen die Vergleichungen geschahen, neue Veränderungen
erleiden. Sie sind in beiden Scalen, der relativen (arbitrary
scale) und der, vorzuziehenden, absoluten, nur als provisorisch
zu betrachten; aber auch bei dem jeßigen unvollkommneren
Grade ihrer Genauigkeit werfen sie ein helles Licht auf die
Vertheilung der Erdkraft: ein Element, über das man noch
vor einem halben Jahrhunderte in der tiefsten Unwissenheit war.
Sie gewähren, was kosmisch am wichtigsten ist, historische
Ausgangspunkte für die Kraftveränderungen, welche künftige
Jahrhunderte offenbaren werden, vielleicht durch Abhängigkeit
der Erde von der auf sie einwirkenden Magnetkraft der Sonne.

In der nördlichen Hemisphäre ist am befriedigendsten durch
Lefroy die Intensität des stärkeren canadischen Focus (unter
Br. + 52⁰ 19', Länge 94⁰ 20' W.) bestimmt. Es wird die=
selbe in der relativen Scale durch 1,878 ausgedrückt, wenn
die Intensität von London 1,372 ist; in der absoluten Scale [100]
durch 14,21. Schon in Neu=York (Br. + 40⁰ 42') hatte
Sabine die Magnetkraft nicht viel schwächer (1,803) gefunden.
Für den schwächeren sibirischen, nördlichen Focus (Br. ? + 70⁰,
Lg. 117⁰ 40' O.) wird sie von Erman in relativer Scale 1,74;
von Hansteen 1,76: d. i. in absoluter Scale zu 13,3 angegeben.
Die antarctische Expedition von Sir James Roß hat gelehrt,

daß der Unterschied der beiden Foci in der südlichen Hemisphäre wahrscheinlich schwächer als in der nördlichen ist, aber daß jeder der beiden südlichen Foci die beiden nördlichen an Kraft überwiegt. Die Intensität ist in dem stärkeren südlichen Focus (Br. — 64⁰, Lg. 135⁰ 10′ O.) in der relativen Scale [1] wenigstens 2,06; in absoluter Scale 15,60: in dem schwächeren südlichen Focus [2] (Br. — 60⁰, Lg. 127⁰ 20′ W.?), ebenfalls nach Sir James Roß, in relativer Scale 1,96; in absoluter Scale 14,90. Der größere oder geringere Abstand der beiden Foci derselben Hemisphäre von einander ist als ein wichtiges Element ihrer individuellen Stärke und der ganzen Vertheilung des Magnetismus erkannt worden. „Wenn auch die Foci der südlichen Halbkugel eine auffallend stärkere Intensität (in absolutem Maaß 15,60 und 14,90) darbieten als die Foci der nördlichen Halbkugel (14,21 und 13,30), so wird doch im ganzen die Magnetkraft der einen Halbkugel für nicht größer als die der anderen erachtet.

Ganz anders ist es aber, wenn man das Erdsphäroid in einen östlichen und westlichen Theil nach den Meridianen von 100⁰ und 280⁰ (Greenwicher Länge, von West nach Ost gerechnet) dergestalt schneidet: daß die östliche Hemisphäre (die mehr continentale) Südamerika, den atlantischen Ocean, Europa, Afrika und Asien fast bis zum Baikal; die westliche (die mehr oceanische und insulare) fast ganz Nordamerika, die weite Südsee, Neu-Holland und einen Theil von Ost-Asien einschließt." Die bezeichneten Meridiane liegen, der eine ohngefähr 4⁰ westlich von Singapore, der andere 13⁰ westlich vom Cap Horn, im Meridian selbst von Guayaquil. Alle 4 Foci des Maximums der Magnetkraft, ja die zwei Magnetpole gehören der westlichen Hemisphäre an. [3]

Adolf Erman's wichtiger Beobachtung der kleinsten Intensität im atlantischen Ocean östlich von der brasilianischen Provinz Espiritu Santo (Br. — 20°, Lg. 37° 24′ W.) ward
bereits im Naturgemälde [4] gedacht. Er fand in relativer Scale
0,7062 (in absoluter 5,35). Diese Region der schwächsten
Intensität ist auch auf der antarctischen Expedition [5] von Sir
James Roß zweimal durchschnitten worden, zwischen Br. — 19°
und — 21°; eben so von Lieut. Sulivan und Dunlop auf
ihrer Fahrt nach den Falklands-Inseln. [6] Auf der isodynamischen Karte des ganzen atlantischen Oceans hat Sabine die
Curve der kleinsten Intensität, welche Roß den Equator of less
intensity nennt, von Küste zu Küste dargestellt. Sie schneidet
das west-afrikanische Littoral von Benguela bei der portugiesischen Colonie Mossamedes (Br. — 15°), hat in der Mitte des
Oceans ihren concaven Scheitel in Lg. 20° 20′ W., und erhebt sich zur brasilianischen Küste bis — 20° Breite. Ob
nicht nördlich vom Aequator (Br. + 10° bis 12°), etwa
20 Grade östlich von den Philippinen, eine andere Zone ziemlich schwacher Intensität (0,97 rel. Scale) liegt, werden künftige Untersuchungen in ein klareres Licht setzen.

An dem früher von mir gegebenen Verhältniß der schwächsten Erdkraft zur stärksten, die bisher aufgefunden ist, glaube
ich nach den jetzt vorhandenen Materialien wenig ändern zu
müssen. Das Verhältniß fällt zwischen 1 : 2½ und fast 1 : 3,
bei letzteren Zahl näher; die Verschiedenheit der Angaben [7]
entsteht daraus, daß man bald die Minima allein, bald Minima und Maxima zugleich etwas willführlich verändert.
Sabine [h] hat das große Verdienst, zuerst auf die Wichtigkeit
des dynamischen Aequators (Curve der schwächsten Intensität) aufmerksam gemacht zu haben. „Diese Curve verbindet

die Punkte jedes geographiſchen Meridians, in denen die Erd=
kraft am geringſten iſt. Sie läuft in vielfachen Undulationen
um den Erdkreis; zu beiden Seiten derſelben nimmt die Erd=
kraft gegen die höheren Breiten jeglicher Hemiſphäre zu. Sie
bezeichnet dergeſtalt die Grenze zwiſchen den beiden magnetiſchen
Halbkugeln auf eine noch entſchiednere Weiſe als der magne=
tiſche Aequator, auf welchem die Richtung der Magnetkraft
ſenkrecht auf der Richtung der Schwerkraft ſteht. Für die
Theorie des Magnetismus iſt alles, was ſich unmittelbar auf
die Kraft bezieht, von noch größerer Wichtigkeit als, was ſich
auf die Richtung der Nadel, auf ihre horizontale oder ſenk=
rechte Stellung, bezieht. Die Krümmungen des dynamiſchen
Aequators ſind mannigfach, da ſie von Kräften abhangen,
welche vier Punkte (Foci) der größten Erdkraft, unſymmetriſch
und unter ſich wiederum an Stärke verſchieden, hervorbringen.
Merkwürdig in dieſen Inflerionen iſt beſonders die große Con=
verität gegen den Südpol im atlantiſchen Ocean, zwiſchen den
Küſten von Braſilien und dem Vorgebirge der guten Hoffnung.“

Nimmt die Intenſität der Erdkraft in uns erreichbaren
Höhen bemerkbar ab? im Inneren der Erde bemerkbar zu?
Das Problem, welches dieſe Fragen zur Löſung vorlegen, iſt
für Beobachtungen, die in oder auf der Erde gemacht werden,
überaus complicirt: weil, um die Wirkung beträchtlicher Höhen
auf Gebirgsreiſen mit einander zu vergleichen, wegen der großen
Maſſe der Berge die oberen und unteren Stationen ſelten ein=
ander nahe genug liegen; weil die Natur des Geſteins und die
gangartig einbrechenden, nicht ſichtbaren Mineralien, ja die
nicht genugſam bekannten ſtündlichen und zufälligen Verände=
rungen der Intenſität bei nicht ganz gleichzeitigen Beobachtungen
die Reſultate modificiren. Es wird ſo oft der Höhe (oder

Tiefe) allein zugeschrieben, was beiden keinesweges angehört. Zahlreiche Bergwerke, welche ich in Europa, in Peru, Merico und Sibirien zu sehr beträchtlichen Tiefen besucht, haben mir nie Localitäten dargeboten, die irgend ein Vertrauen[9] einflößen konnten. Dazu sollte man bei Angabe der Tiefen die perpendicularen Unterschiede + und —, vom Meerhorizonte an gerechnet, (der eigentlichen mittleren Oberfläche des Erdsphäroids) nicht außer Acht lassen. Die Grubenbaue zu Joachimsthal in Böhmen haben fast 2000 Fuß absoluter Tiefe erreicht, und gelangen doch nur zu einer Gesteinschicht, die drittehalb-hundert Fuß über dem Meeresspiegel liegt.[10] Ganz andere und günstigere Verhältnisse bieten die Luftfahrten dar. Gay-Lussac hat sich bis zu 21600 Fuß Höhe über Paris erhoben; also ist die größte relative Tiefe, welche man in Europa mit Bohrlöchern erreicht hat, kaum $\frac{1}{11}$ jener Höhe. Meine eigenen Gebirgs-Beobachtungen zwischen den Jahren 1799 und 1806 haben mir die Abnahme der Erdkraft mit der Höhe im ganzen wahrscheinlich gemacht, wenn gleich (aus den oben angeführten Störungs-Ursachen) mehrere Resultate dieser vermutheten Abnahme widersprechen. Ich habe Einzelheiten aus meinen 125 Intensitäts-Messungen in der Andeskette, den schweizer Alpen, Italien und Deutschland ausgewählt und in einer Note[11] zusammengestellt. Die Beobachtungen gehen von der Meeresfläche bis zu einer Höhe von 14960 Fuß, bis zur Grenze des ewigen Schnees; aber die größten Höhen haben mir nicht die sichersten Resultate gegeben. Am befriedigendsten sind gewesen der steile Abfall der Silla de Caracas, 8105 Fuß, nach der ganz nahen Küste von La Guayra; das, gleichsam über der Stadt Bogota schwebende Santuario de N^{tra} S^{ra} de Guadalupe, auf einem Absatz gegründet an steiler Felswand

von Kalkstein, mit einem Höhen-Unterschied von fast 2000 Fuß;
der Vulkan von Purace, 8200 Fuß hoch über der Plaza mayor
der Stadt Popayan. Kupffer im Kaukasus [12], Forbes in vielen
Theilen von Europa, Laugier und Mauvais auf dem Canigou,
Bravais und Martins auf dem Faulhorn und bei ihrem kühnen
Aufenthalte ganz nahe dem Gipfel des Montblanc haben allerdings die mit der Höhe abnehmende Intensität des Magnetismus bemerkt; ja die Abnahme schien nach der allgemeinen
Discussion von Bravais sogar schneller in den Pyrenäen als
in der Alpenkette. [13]

Quetelet's ganz entgegengesetzte Resultate auf einer Reise
von Genf nach dem Col de Balme und dem Großen Bernhard
machen, zu einer endlichen und entscheidenden Beantwortung
einer so wichtigen Frage, es doppelt wünschenswerth, daß man
sich von der Erdoberfläche gänzlich entferne und von dem einzigen
sicheren, schon im Jahre 1804 von Gay-Lussac, erst gemeinschaftlich mit Biot (24 August) und dann allein (16 September), angewandten Mittel des Aerostats, in einer Reihe auf
einander folgender Versuche, Gebrauch mache. Oscillationen,
in Höhen von mehr als 18000 Fuß gemessen, können uns
jedoch über die in der freien Atmosphäre fortgepflanzte Erdkraft
nur dann mit Sicherheit belehren, wenn vor und nach der
Luftfahrt die Temperatur-Correction in den angewandten Nadeln
auf das genaueste ermittelt wird. Die Vernachlässigung einer
solchen Correction hatte aus den Versuchen Gay-Lussac's das
irrige Resultat ziehen lassen, daß die Erdkraft bis 21600 Fuß
Höhe dieselbe bliebe: [14] während umgekehrt der Versuch eine
Abnahme der Kraft erwies, wegen Verkürzung der oscillirenden
Nadel in der oberen kalten Region. [15] Auch ist Faraday's
glänzende Entdeckung der paramagnetischen Kraft des Oxygens

bei dem Gegenstande, welcher uns hier beschäftigt, keinesweges
außer Acht zu lassen. Der große Physiker macht selbst darauf
aufmerksam, daß in den hohen Schichten der Atmosphäre die
Abnahme der Intensität gar nicht bloß in der Entfernung
von der Urquelle der Kraft (dem festen Erdkörper) zu suchen
sei; sondern daß sie eben so gut von dem so überaus ver-
dünnten Zustande der Luft herrühren könne, da die Quantität
des Oxygens in einem Cubikfuß atmosphärischer Luft oben und
unten verschieden sei. Mir scheint es indeß, daß man zu
nicht mehr berechtigt sei als zu der Annahme: daß die mit
der Höhe und Luftverdünnung abnehmende paramagnetische
Eigenschaft des sauerstoffhaltigen Theils der Amosphäre für
eine mitwirkend modificirende Ursach angesehen werden
müsse. Veränderungen der Temperatur und der Dichtigkeit
durch aufsteigende Luftströme verändern dann wiederum selbst
das Maaß dieser Mitwirkung. [16] Solche Störungen nehmen
einen variablen und recht eigentlich localen Charakter an, wirken
im Luftkreise wie die Gebirgsarten auf der Oberfläche der Erde.
Mit jedem Fortschritt, dessen wir uns in der Analyse der gasartigen Umhüllung unseres Planeten und ihrer physischen Eigenschaften zu erfreuen haben, lernen wir gleichzeitig neue Gefahren in dem wechselnden Zusammenwirken der Kräfte kennen:
Gefahren, die zu größerer Vorsicht in den Schlußfolgen mahnen.

Die Intensität der Erdkraft, an bestimmten Punkten der
Oberfläche unsres Planeten gemessen, hat, wie alle Erscheinungen des tellurischen Magnetismus, ihre stündlichen und
auch ihre secularen Variationen. Die ersteren wurden auf
Parry's dritter Reise von diesem verdienstvollen Seefahrer und
vom Lieutenant Foster (1825) in Port Bowen deutlich erkannt.
Die Zunahme der Intensität vom Morgen zum Abend ist in

den mittleren Breiten ein Gegenstand der sorgfältigsten Unter=
suchungen gewesen von Christie [17], Arago, Hansteen, Gauß und
Kupffer. Da horizontale Schwingungen trotz der jetzigen großen
Vollkommenheit der Neigungs=Nadeln den Schwingungen dieser
vorzuziehen sind, so ist die stündliche Variation der totalen Inten=
sität nicht ohne die genauste Kenntniß von der stündlichen Varia=
tion der Neigung zu erhalten. Die Errichtung von magnetischen
Stationen in der nördlichen und südlichen Hemisphäre hat den
großen Vortheil gewährt die allerzahlreichsten und zugleich auch
die allersichersten Resultate zu liefern. Es genügt hier zwei Erd=
punkte [19] auszuwählen, „die, beide außerhalb der Tropen, diesseits
und jenseits des Aequators fast in gleicher Breite liegen: Toronto
in Canada $+ 43^0 39'$, Hobarton auf Van Diemen $- 42^0 53'$;
bei einem Längen=Unterschiede von ohngefähr 15 Stunden.
Die gleichzeitigen stündlichen Beobachtungen des Magnetismus
gehören in Einer Station den Wintermonaten an, wenn sie in
der anderen in die Sommermonate fallen. Was in der einen
am Tage gemessen wird, gehört in der anderen meist der Nacht
zu. Die Abweichung ist in Toronto westlich $1^0 33'$, in Ho=
barton östlich $9^0 57'$; Inclination und Intensität sind einander
ähnlich: erstere in Toronto gegen Norden ($75^0 15'$), in Ho=
barton gegen Süden ($70^0 34'$) geneigt; letztere (die ganze
Erdkraft) ist in Toronto in absoluter Scale 13,90; in Hobar=
ton 13,56. Unter diesen zwei so wohl ausgewählten Stationen
zeigt [19] nach Sabine's Untersuchung die in Canada für die
Intensität vier, die auf Van Diemen nur zwei Wendepunkte.
In Toronto hat nämlich die Variation der Intensität ein
Haupt=Maximum um 6 Uhr und ein Haupt=Minimum
um 14 Uhr; ein schwächeres, secundäres Maximum um
20 Uhr, ein schwächeres, secundäres Minimum um 22 Uhr.

Dagegen befolgt der Gang der Intensität in Hobarton die einfache Progression von einem Maximum zwischen 5 und 6 Uhr zu einem Minimum zwischen 20 und 21 Uhr, wenn gleich die Inclination dort wie in Toronto ebenfalls 4 Wende-punkte hat. [20] Durch die Vergleichung der Inclinations-Variationen mit denen der horizontalen Kraft ist ergründet worden, daß in Canada in den Wintermonaten, wenn die Sonne in den südlichen Zeichen steht, die ganze Erdkraft stärker ist als in den Sommermonaten derselben Hemisphäre; eben so ist auf Van Diemen's Land die Intensität (d. h. die ganze Erdkraft) stärker als der mittlere Jahreswerth vom Octo-ber bis Februar im Sommer der südlichen Hemisphäre, schwächer vom April zum August. Nicht Unterschiede der Temperatur, sondern der geringere Abstand des magnetischen Son-nenkörpers von der Erde bewirken nach Sabine [21] diese Verstärkung des tellurischen Magnetismus. In Hobarton ist die Intensität im dortigen Sommer in absoluter Scale 13,574; im dortigen Winter 13,543. Die seculare Veränderung der Intensität ist bis jetzt nur auf eine kleine Zahl von Beobach-tungen gegründet. In Toronto scheint sie von 1845 bis 1849 einige Abnahme erlitten zu haben. Die Vergleichung meiner Beobachtungen mit denen von Rudberg in den Jahren 1806 und 1832 giebt für Berlin dasselbe Resultat. [22]

Inclination.

Die Kenntniß der isoklinischen Curven (Linien glei-cher Inclination), wie die der sie bestimmenden, schnelleren oder langsameren, Zunahme der Inclination von dem magne-tischen Aequator an, wo die Inclination == 0 ist, bis zu dem nördlichen und südlichen Magnetpole, wo die horizontale Kraft

verschwindet, hat besonders in der neueren Zeit an Wichtigkeit
noch dadurch gewonnen, daß das Element der totalen magnetischen Erdkraft aus der mit überwiegender Schärfe zu messenden horizontalen Intensität nicht ohne eine genaue Kunde
der Inclination abgeleitet werden kann. Die Kunde von der
geographischen Lage des einen und des anderen Magnetpoles
verdankt man den Beobachtungen und der wissenschaftlichen Thätigkeit eines und desselben kühnen Seefahrers, Sir James Roß: im
Norden während der zweiten Expedition[23] seines Onkels Sir
John Roß (1829—1833), im Süden während der von ihm
selbst befehligten antarctischen Expedition (1839—1843). Der
nördliche Magnetpol (Br. + 70° 5', Lg. 99° 5' W.) ist
fünf Breitengrade entfernter von dem Rotations-Pol der Erde
als der südliche (Br. — 75° 5', Lg. 151° 48' O.); auch
hat der südliche Magnetpol 109° mehr westliche Länge vom Meridian von Paris als der nördliche Magnetpol. Letzterer gehört
der großen, dem amerikanischen Continent sehr genäherten Insel
Boothia Felix, einem Theile des von Cap. Parry früher North
Somerset genannten Landes, an. Er liegt wenig ab von der
westlichen Küste von Boothia Felix, unfern des Vorgebirges Adelaide, das in King William's Sea und Victoria Street vortritt.[24]
Den südlichen Magnetpol hat man nicht unmittelbar, wie den
nördlichen, erreichen können. Am 17 Febr. 1841 war der Erebus bis Br. — 76° 12' und Lg. 161° 40' Ost gelangt; die
Inclination war aber erst 88° 40': man glaubte sich also noch
an 160 englische Seemeilen von dem südlichen Magnetpole entfernt.[25] Viele und genaue Declinations-Beobachtungen (die
Intersection der magnetischen Meridiane bestimmend) machen es
sehr wahrscheinlich, daß der Süd-Magnetpol im Inneren des
großen antarctischen Polarlandes South Victoria Land gelegen

ist; westlich von den **Prince Albert Mountains**, die sich dem Südpol nähern und an den, über 11600 Fuß hohen, brennenden Vulkan Erebus anschließen.

Der Lage und Gestalt=Veränderung des magnetischen Aequators: der Linie, auf welcher die Neigung null ist, wurde schon im Naturgemälde (Kosmos Bd. I. S. 190 bis 192 und 431) ausführlich gedacht. Die früheste Bestimmung des afrikanischen Knotens (der Durchkreuzung des geographischen und magnetischen Aequators) geschah von Sabine [26] in dem Anfang seiner Pendel=Expedition 1822; später (1840) hat derselbe Gelehrte, die Beobachtungen von Duperrey, Allen, Dunlop und Sulivan zusammenstellend, eine Karte des magnetischen Aequators [27] von der afrikanischen Westküste von Biafra an (Br. $+ 4^0$, Lg. 7^0 10' östl.), durch das atlantische Meer und Brasilien (Br. $- 16^0$, zwischen Porto Seguro und Rio Grande) bis zu dem Punkte entworfen, wo ich, der Südsee nahe, auf den Cordilleren die nördliche Neigung habe in eine südliche übergehen sehen. Der afrikanische Knoten, als Durchschnittspunkt beider Aequatoren, lag 1837 in 0^0 40' östlicher Länge; 1825 war er gelegen in 4^0 35' O. Die seculare Bewegung des Knotens, sich entfernend von der 7000 Fuß hohen basaltischen Insel St. Thomas, war also etwas weniger als ein halber Grad im Jahre gegen Westen: wodurch dann an der afrikanischen Küste die Linie ohne Neigung sich gegen Norden wendete, während sie an der brasilianischen Küste gegen Süden herabsank. Der convexe Scheitel der magnetischen Aequatorial=Curve bleibt gegen den Südpol gerichtet, und entfernt sich im atlantischen Ocean im Maximum 16^0 vom geographischen Aequator. Im Innern von Südamerika, in der Terra incognita von Matto Grosso, zwischen

den großen Flüssen Xingu, Madera und Ucayale, fehlen alle
Inclinations=Beobachtungen, bis zu der Andeskette. Auf dieser,
17 geographische Meilen östlich von der Küste der Südsee, zwischen
Montan, Micuipampa und Caramarca, habe ich die Lage des
gegen NW ansteigenden magnetischen Aequators astronomisch
bestimmt [28] (Br. — 7° 2′, Lg. 81° 8′ W.).

Die vollständigste Arbeit, welche wir über die Lage des
magnetischen Aequators besitzen, ist die von meinem vieljähri=
gen Freunde Duperrey für die Jahre 1823—1825. Er hat
auf seinen Weltumseglungen sechsmal den Aequator durch=
schnitten, und fast in einer Länge von 220° denselben nach
eigenen [29] Beobachtungen darstellen können. Die zwei Kno=
ten liegen nach Duperrey's Karte des magnetischen Ae=
quators: der eine in Lg. 3° 1/2 O. (in dem atlantischen
Ocean), der andere in Lg. 175° O. (in der Südsee, zwischen
den Meridianen der Viti= und Gilbert=Inseln). Wenn der
magnetische Aequator, wahrscheinlich zwischen Punta de la
Aguja und Payta, die Westküste des südamerikanischen Con=
tinents verlassen hat, so nähert er sich in Westen immer mehr
dem geographischen Aequator, so daß er im Meridian der
Inselgruppe von Mendaña nur noch um 2° von diesem ent=
fernt [30] ist. Auch um 10° westlicher, in dem Meridian,
welcher durch den westlichsten Theil der Paumotu=Inseln (Low
Archipelago) geht, in Lg. 151° 1/2, fand Cap. Wilkes 1840
die Breiten=Entfernung vom geographischen Aequator ebenfalls
noch zwei volle Grade. [31] Die Intersection (der Knoten in der
Südsee) liegt nicht um 180° von dem atlantischen Knoten ent=
fernt, nicht in 176° 1/2 westlicher Länge; sondern erst in dem Meri=
dian der Viti=Gruppe, ohngefähr in Lg. 175° Ost, d. i. 185°
West. Wenn man also von der Westküste Afrika's durch

Südamerika gegen Westen fortschreitet, so findet man in dieser Richtung die Entfernung der Knoten von einander um 8° ½ zu groß; — ein Beweis, daß die Curve, mit der wir uns hier beschäftigen, kein größter Kreis ist.

Nach den vortrefflichen und vielumfassenden Bestimmungen des Cap. Elliot (1846 — 1849), welche zwischen den Meridianen von Batavia und Ceylon mit denen von Jules de Blosseville (Kosmos Bd. IV. S. 64) merkwürdig übereinstimmen, geht der magnetische Aequator durch die Nordspitze von Borneo, und fast genau von Osten nach Westen in die Nordspitze von Ceylon (Br. + 9° ¾). Die Curve vom Minimum der Totalkraft läuft diesem Theile des magnetischen Aequators fast parallel. [32] Letzterer tritt in den west=afrikanischen Continent südlich vom Vorgebirge Garbafui ein. Dieser wichtige Punkt des Eintretens ist durch Rochet d'Héricourt auf seiner zweiten abyssinischen Expedition (1842 — 1845) und durch die scharfsinnige Discussion [33] der magnetischen Beobachtungen dieses Reisenden mit besonderer Genauigkeit bestimmt worden. Er liegt südlich von Gaubabe, zwischen Angolola und Angobar, der Hauptstadt des Königreichs Schoa, in Br. + 10° 7' und Lg. 38° 51' O. Der Verlauf des magnetischen Aequators im Inneren von Afrika, von Angobar bis zum Busen von Biafra, ist eben so unerforscht als der im Inneren von Südamerika östlich von der Andeskette und südlich von dem geographischen Aequator. Beide Continental=Räume sind sich von O nach W ohngefähr an Größe gleich, zusammen von 80 Längengraden: so daß fast ¼ des Erdkreises aller magnetischen Beobachtung bis jetzt entzogen ist. Meine eigenen Inclinations= und Intensitäts=Beobachtungen im ganzen Inneren von Südamerika (von Cumana bis zum Rio Negro, wie von

Cartagena de Indias bis Quito) haben nur die tropische Zone nördlich vom geographischen Aequator, und von Quito an bis Lima in der südlichen Hemisphäre nur die dem westlichen Littoral nahe Gegend umfaßt.

Die Translation des afrikanischen Knotens gegen Westen von 1825 bis 1837, die wir schon oben bezeichnet haben, wird bekräftigt an der Ostküste von Afrika durch Vergleichung der Inclinations=Beobachtungen von Panton im Jahr 1776 mit denen von Rochet d'Héricourt. Dieser fand den magne= tischen Aequator viel näher der Meerenge von Bab=el=Mandeb, nämlich 1° südlich von der Insel Socotora, in 8° 40' nördl. Breite. Es war also in der Breite allein eine Veränderung von 1° 27' für 49 Jahre; dagegen war die Veränderung in der Länge von Arago und Duperrey in derselben Zeit als Bewegung der Knoten von Osten gegen Westen auf 10° ange= schlagen worden. Die Säcular=Variation der Knoten des mag= netischen Aequators ist an der östlichen Küste von Afrika gegen das indische Meer hin der Richtung nach ganz wie an der westlichen gewesen. Die Quantität der Bewegung aber er= heischt noch genauere Resultate.

Die Periodicität der Veränderungen in der magnetischen Inclination, deren Existenz schon früher bemerkt worden war, ist mit Bestimmtheit und in ihrem ganzen Umfange erst seit ohngefähr 12 Jahren, seit Errichtung der britischen mag= netischen Stationen in beiden Hemisphären, festgestellt worden. Arago, dem die Lehre vom Magnetismus so viel verdankt, hatte allerdings schon im Herbste 1827 erkannt: „daß die Nei= gung größer ist Morgens um 9 Uhr als den Abend um 6 Uhr; während die Intensität der Magnetkraft, gemessen durch die Schwingungen einer horizontalen Nadel, ihr

Minimum in der ersten und ihr Marimum in der zweiten
Epoche erreicht." [34] In den britischen magnetischen Stationen
sind dieser Gegensatz und der periodische Gang der stündlichen
Neigungs-Veränderung durch mehrere tausend regelmäßig fort-
geführte Beobachtungen und ihre mühevolle Discussion seit
1840 fest begründet worden. Es ist hier der Ort die erhaltenen
Thatsachen, Fundamente einer allgemeinen Theorie des Erd-
Magnetismus, neben einander zu stellen. Vorher muß aber
bemerkt werden, daß, wenn man die räumlich zu erken-
nenden periodischen Schwankungen der drei Elemente des tellurischen Magnetismus im ganzen betrachtet, man mit Sabine
in den Wendestunden, in denen die Marima oder Minima
eintreten, (turning hours) zu unterscheiden hat zwischen zwei
größeren und darum wichtigen Extremen und anderen, gleichsam dazwischen eingeschalteten, meistentheils nicht minder regelmäßigen, kleinen Schwankungen. Die wiederkehrenden
Bewegungen der Inclinations- und Declinations-Nadel, wie
die Veränderung in der Intensität der Totalkraft bieten daher-
dar: Haupt- und secundäre Marima oder Minima,
meist beide Arten zugleich: also eine doppelte Progression,
mit 4 Wendestunden (der gewöhnliche Fall); und eine einfache Progression, mit 2 Wendestunden, d. h. mit einem einzigen Marimum und einem einzigen Minimum. Letzteres z. B.
ist der Gang der Intensität (total force) in Van Diemen's
Land, neben einer doppelten Progression der Inclination: während an einem Orte der nördlichen Hemisphäre,
welcher der Lage von Hobarton genau entspricht, zu Toronto
in Canada, beide Elemente, Intensität und Inclination, eine
doppelte Progression befolgen. [35] Auch am Vorgebirge der guten
Hoffnung giebt es nur Ein Marimum und Ein Minimum

der Inclination. Die stündlichen periodischen Variationen der magnetischen Neigung sind:

I. Nördliche Hemisphäre:

Greenwich: Max. 21ᵘ, Min. 3ᵘ (Airy Observ. in 1845 p. 21, in 1846 p. 113, in 1847 p. 247); Incl. im zuletzt genannten Jahre um 21ᵘ im Mittel 68° 59',3, um 3ᵘ aber 63° 58',6. In der monatlichen Variation fällt das Max. in April—Juni, das Min. in Oct.—Dec.

Paris: Max. 21ᵘ, Min. 6ᵘ. Die Einfachheit der Progression von Paris und Greenwich wiederholt sich am Vorgebirge der guten Hoffnung.

Petersburg: Max. 20ᵘ, Min. 10ᵘ; Variation der Incl. wie in Paris, Greenwich und Peking: in kalten Monaten geringer; Max. fester an die Stunde gebunden als Min.

Toronto (Canada): Haupt-Max. 22ᵘ, Haupt-Min. 4ᵘ secund. Max. 10ᵘ, secund. Min. 18ᵘ (Sabine Tor. 1840—1842 Vol. 1. p. LXI).

II. Südliche Hemisphäre:

Hobarton (Insel Van Diemen): Haupt-Min. 18ᵘ, Haupt-Max. 23ᵘ½; secund. Min. 5ᵘ, secund. Max. 10ᵘ (Sabine Hob. Vol. I. p. LXVII). Die Inclination ist größer im Sommer, wenn die Sonne in den südlichen Zeichen steht: 70° 36',74; kleiner im Winter, wenn die Sonne in den nördlichen Zeichen verweilt: 70° 34',66; sechsjähriges Mittel des ganzen Jahres: 70° 36',01 (Sabine Hob. Vol. II. p XLIV). Eben so ist zu Hobarton die Intensität der Totalkraft größer von Oct. zu Febr. als von April zu August (p. XLVI).

Vorgebirge der guten Hoffnung: einfache Progression Min. 0ᵘ 34', Max. 8ᵘ 34'; mit überaus kleiner Zwischenschwankung zwischen 19ᵘ und 21ᵘ (Sabine Cape Obs. 1841 – 1850 p. LIII).

Die hier angegebenen Erscheinungen der Wechselstunden des Maximums der Inclinationen, in der Zeit des Orts ausgedrückt, stimmen unter sich in der nördlichen Hemisphäre zu Toronto, Paris, Greenwich und Petersburg merkwürdig zwischen

20 und 22 Uhr (Morgens) überein; auch die Minima der Wechselstunden fallen, wenn gleich minder genähert (4, 6 und 10 Uhr), doch alle auf den Nachmittag oder Abend. Um so auffallender ist es, daß in den 5 Jahren sehr genauer Beobachtungen von Greenwich ein Jahr (1845) die Epochen der Max. und Min. entgegengesetzt eintraten. Das Jahres= mittel der Neigung war um 21^u: 68^0 $56',8$ und um 3_u: 68^0 $58',1$.

Wenn man die der geographischen Lage nach dieſſeits und jenſeits des Aequators ſich entſprechenden Stationen Toronto und Hobarton vergleicht, ſo bemerkt man für Hobarton große Verſchiedenheit in der Wendeſtunde des Haupt=Min. der Incli= nation (4 Uhr Nachmittags und 6 Uhr Morgens), aber keines= weges in der Wendeſtunde des Haupt=Max. (22^u und 23^u ½). Auch die Stunde (18^u) des Haupt=Min. von Hobarton findet ſich wieder in der Stunde des ſecundären Min. von Toronto. Die Maxima bleiben an beiden Orten an dieſelben Stunden (22^u — 23^u ½ und 10^u) in Haupt= und ſecundären Max. gebunden. Die vier Wendeſtunden der Inclination finden ſich demnach faſt genau wieder (4 oder 5, 10, 18 und 22 oder 23½) in Toronto wie in Hobarton, nur in anderer Bedeutung. Dieſe complicirte Wirkung innerer telluriſcher Kräfte iſt ſehr beachtenswerth. Vergleicht man dagegen Hobarton und Toronto in Hinſicht auf die Folge der Wendeſtunden der Intenſitäts= und Inclinations=Veränderungen, ſo ergiebt ſich: daß am erſteren Orte, in der ſüdlichen Hemiſphäre, das Min. der Total=Intenſität dem Haupt=Min. der Inclination nur um 2 Stunden nachfolgt, während die Verſpätung im Max. 6 Stunden beträgt; daß aber in der nördlichen Hemiſphäre, zu Toronto, das Min. der Intenſität dem Haupt=Max. der

Inclination um 8 Stunden vorausgeht, während das Max.
der Intensität nur um 2 Stunden von dem Min. der Incli=
nation verschieden ist. [26]

Die Periodicität der Inclination am Vorgebirge der guten
Hoffnung stimmt weder mit Hobarton, das in derselben He=
misphäre liegt, noch mit einem Punkte der nördlichen Hemi=
sphäre überein. Das Minimum der Inclination tritt sogar
zu einer Stunde ein, in welcher die Nadel in Hobarton fast
das Maximum erreicht.

Zur Bestimmung der secularen Variation der In=
clination gehört eine sich gleich bleibende Genauigkeit der
Beobachtung in einer langen Zwischenzeit. Bis zu Cook's
Weltumseglung ist z. B. nicht mit Gewißheit hinaufzusteigen,
da, wenn gleich auf der dritten Reise die Pole immer um=
gekehrt wurden, zwischen dem großen Seefahrer und Bayley in
der Südsee oft Unterschiede von 40 bis 54 Minuten bemerkt
werden: was wahrscheinlich der damals so unvollkommenen
Construction der Nadel und dem Mangel ihrer freien Bewegung
zuzuschreiben ist. Für London geht man ungern über Sabine's
Beobachtung vom Aug. 1821 hinaus: die, verglichen mit der
vortrefflichen Bestimmung von James Roß, Sabine und For
im Mai 1838, eine jährliche Abnahme von 2',73 ergab: wäh=
rend Lloyd mit eben so genauen Instrumenten, aber in kürzerer
Zwischenzeit sehr übereinstimmend 2',38 in Dublin gefunden
hatte. [37] In Paris, wo ebenfalls die jährliche Verminderung
der Inclination sich im Abnehmen befindet, ist die Verminderung
größer als in London. Die von Coulomb angegebenen, sehr
scharfsinnigen Methoden die Neigung zu bestimmen hatten dort
freilich den Erfinder zu irrigen Resultaten geführt. Die erste
Beobachtung, welche mit einem vollkommenen Instrumente von

Le Noir auf dem Observatorium zu Paris angestellt wurde, ist von 1798. Ich fand damals nach mehrmaliger Wiederholung gemeinschaftlich mit dem Chevalier Borda 69° 51′,0; im Jahr 1810 mit Arago 68° 50′,2; im Jahr 1826 mit Mathieu 67° 56′,7. Im Jahre 1841 fand Arago 67° 9′,0; im Jahr 1851 fanden Laugier und Mauvais 66° 35′: immer nach gleicher Methode und mit gleichen Instrumenten. Die ganze Periode, größer als ein halbes Jahrhundert (1798—1851), giebt eine mittlere jährliche Verminderung der Inclination zu Paris von 3′,69. Die Zwischen=Epochen sind gewesen:

von 1798 — 1810 zu 5′,08
1810 — 1826   3,37
1826 — 1841   3,13
1841 — 1851   3,40.

Die Abnahme hat sich zwischen 1810 und 1826 auffallend verlangsamt, doch nur allmälig; denn eine Beobachtung von Gay=Lussac, die er 1806 bei seiner Rückreise von Berlin, wohin er mich nach unserer italiänischen Reise begleitet hatte, mit vieler Genauigkeit anstellte (69° 12′), gab noch seit 1798 eine jährliche Verminderung von 4′,87. Je näher der Knoten des magnetischen Aequators in seiner secularen Bewegung von O nach W dem Meridian von Paris kommt, desto mehr scheint sich die Abnahme zu verlangsamen: in einem halben Jahrhundert von 5′,08 bis 3′,40. Ich habe kurz vor meiner sibirischen Expedition (April 1829) in einer der Berliner Akademie vorgelegten Abhandlung [34] vergleichend die Punkte zusammengestellt, an denen ich selbst, wie ich glauben darf, immer mit gleicher Sorgfalt, beobachtet habe. Sabine hat volle 25 Jahre nach mir Inclination und Intensität in der Havana gemessen, was für diese Tropengegend schon eine beträchtliche

Zwiſchenzeit darbietet, und die Variation von zwei wichtigen Elementen beſtimmt. In einer ausgezeichneten, mehr umfaſſenden Arbeit als die meinige hat Hanſteen (1831) die jährliche Variation der Neigung in beiden Hemiſphären[39] unterſucht.

Während die Beobachtungen von Sir Eduard Belcher im J. 1838, mit den meinigen vom J. 1803 verglichen (ſ. oben S. 72), längs der Weſtküſte von Amerika zwiſchen Lima, Guayaquil und Acapulco beträchtliche Veränderungen der Inclination andeuten (je länger die Zwiſchenzeit iſt, deſto größeren Werth haben die Reſultate); iſt an anderen Punkten der Südſee die seculare Veränderung der Neigung von der auffallendſten Langſamkeit geweſen. In Otaheiti fand 1773 Bayley 29° 43′, Fitzroy 1835 noch 30° 14′, Cap. Belcher 1840 wieder 30° 17′; alſo war in 67 Jahren die mittlere jährliche Veränderung[40] kaum 0′,51. Auch im nördlichen Aſien hat ein ſehr ſorgfältiger Beobachter, Herr Sawelieff, (22 Jahre nach meinem Aufenthalte in jenen Gegenden) auf einer Reiſe, die er von Caſan nach den Ufern des caſpiſchen Meeres machte, die Inclination, nördlich und ſüdlich vom Parallel von 50°, ſehr ungleich verändert gefunden[41]:

	Humboldt 1829		Sawelieff 1851
Caſan . . .	68° 26′,7	. . .	68° 30′,8
Saratow . .	64 40,9	. . .	64 48,7
Sarepta . .	62 15,9	. . .	62 39,6
Aſtrachan . .	59 58,3	. . .	60 27,9.

Für das Vorgebirge der guten Hoffnung beſitzt man jetzt eine lange und, wenn man nicht weiter als von Sir James Roß und du Petit Thouars (1840) bis Vancouver (1791) aufsteigt, eine sehr befriedigende, fast 50jährige Reihe von Inclinations=Beobachtungen. [42]

Die Lösung der Frage, ob die Erhöhung des Bodens als solche einen mit Sicherheit bemerkbaren Einfluß auf mag= netische Neigung und Intensität [43] ausübt, ist während meiner Gebirgsreisen in der Andeskette, im Ural und Altai für mich ein Gegenstand sorgfältiger Prüfung gewesen. Ich habe schon in dem Abschnitt von der Intensität bemerkt, wie leider nur so wenige Localitäten über diese Frage einige Gewißheit verbreiten können: weil die Entfernung der zu vergleichenden Punkte von einander gering genug sein muß, um den Ver= dacht zu entfernen, der gefundene Unterschied der Inclination sei nicht Folge der Boden=Erhebung, sondern Folge der Krüm= mung in den isodynamischen und isoklinischen Curven, oder einer großen Heterogeneität der Gebirgsart. Ich werde mich auf die Angabe von 4 Hauptresultaten beschränken, von denen ich bereits an Ort und Stelle glaubte, daß sie mit mehr Ent= schiedenheit, als die Intensitäts=Beobachtungen darbieten, den vermindernden Einfluß der Höhe des Standorts auf die Neigung der Nadel kenntlich machen:

Die Silla de Caracas, welche sich über die Meeresküste von La Guayra 8100 Fuß fast senkrecht erhebt, in großer Nähe südlich von der Küste, nördlich von der Stadt Caracas: Incl. 41°,90; La Guayra: Höhe 10 F., Incl. 42°,20; Stadt Cara= cas: Höhe am Ufer des Rio Guayre 2484 F., Incl. 42°,95. (Humboldt, Voy. aux Rég. equinox. T. I. p. 612.)

Santa Fé de Bogota: Höhe 8196 F., Incl. 27°,15; Ca= pelle de Nuestra Señora de Guadalupe, über der Stadt an einer Felswand hangend: Höhe 10128 F., Incl. 26°,80.

Popayan: Höhe 5466 F., Incl. 23°,25; Gebirgsdorf Purace am Abhange des Vulkans: Höhe 8136 F., Incl. 21°,80; Gipfel des Vulkans von Purace: Höhe 13650 F., Incl. 20°,30.

Quito: Höhe 8952 F., Incl. 14°,85; San Antonio de Lulumbamba, wo der geographische Aequator das heiße Thal durchschneidet: Höhe des Thalbodens 7650 F., Incl. 16°,02. — Alle vorgenannte Inclinationen sind in Centesimal=Graden angegeben.

Ich möchte aus meinen Beobachtungen nicht auch das Gotthard=Hospiz (6650 F.): Incl. 66° 12'; verglichen mit Airolo (3502 F.): Incl. 66° 54', und Altorf: Incl. 66° 55', anführen; nicht die scheinbar widersprechenden: Lans le Bourg Incl. 66°,9, das Hospiz des Mont Cenis (6358 F.) Incl. 66° 22' und Turin (707 F.) Incl. 66° 3'; oder Neapel, Portici und den Kraterrand des Vesuvs; oder in Böhmen den Gipfel des Großen Milischauer (Phonolith!) Incl. 67° 53' 5'', Teplitz Incl. 67° 19',5 und Prag Incl. 66° 47',6: wegen der Größe der relativen Entfernungen und des Einflusses der nahen Gebirgsarten. [44] Gleichzeitig mit der Reihe vortrefflicher und im größten Detail publicirter Beobachtungen der horizontalen Intensität, welche 1844 Bravais in Begleitung von Martins und Lepileur vergleichend auf 35 Stationen, unter denen die Gipfel des Montblanc (14809 F.), des Großen Bernhards (7848 F.) und des Faulhorns (8175 F.) waren, angestellt hat; machten dieselben Physiker auch auf dem Grand Plateau des Montblanc (12097 F.) und in Chamonix (3201 F.) Inclinations-Versuche. Wenn die Vergleichung dieser Resultate einen vermindernden Einfluß der Erhebung des Bodens auf die magnetische Neigung anzeigte, so gaben Beobachtungen vom Faulhorn und von Brienz (1754 F.) dagegen eine mit der Höhe zunehmende Inclination. Beide Classen der Untersuchung, für horizontale Intensität und Inclination, führten zu keiner befriedigenden Lösung der Probleme. (Bravais, sur l'intensité du Magnétisme terrestre en France, en

Suisse et en Savoie in den Annales de Chimie et
de Physique 3me Série T. 18. 1846 p 225.) In einem
Manuscript von Borda über seine Expedition nach den canarischen Inseln im Jahr 1776, welches in Paris im Dépôt
de la Marine aufbewahrt wird und dessen Mittheilung ich dem
Admiral Rosily verdanke, habe ich den Beweis aufgefunden,
daß Borda den ersten Versuch gemacht den Einfluß einer
großen Höhe auf die Inclination zu untersuchen. Er hat auf
dem Gipfel des Pics von Teneriffa die Inclination um 1° 15'
größer als im Hafen von Santa Cruz gefunden: gewiß eine
Folge localer Attractionen der Laven, wie ich sie so oft am
Vesuv und an amerikanischen Vulkanen beobachtet habe. (Humboldt, Voy. aux Régions équinox. T. I. p. 116, 277
und 288.)

Um zu prüfen, ob wohl, wie die Höhen, so auch die
tiefen, inneren Räume des Erdkörpers auf die Inclination
wirken, habe ich bei einem Aufenthalte in Freiberg im Juli
1828 mit aller Sorgfalt, deren ich fähig bin, und mit jedes-
maliger Umkehrung der Pole einen Versuch in einem Bergwerke
angestellt, in welchem nach genauer Prüfung das Gestein, der
Gneis, keine Wirkung auf die Magnetnadel äußerte. Die
Saigerteufe unter der Oberfläche war 802 Fuß, und der Unterschied zwischen der unterirdischen Inclination und der an einem
Punkte, welcher genau „am Tage" darüber lag, freilich nur
2',06; aber bei der Umsicht, mit der ich verfuhr, lassen
mich die in der Note ¹⁵ angeführten Resultate jeder einzelnen
Nadel doch glauben, daß in der Grube (dem Churprinz) die
Inclination größer ist als auf der Oberfläche des Gebirges.
Möchte sich doch Gelegenheit finden, da, wo man die Ueber-
zeugung erhalten kann, daß das Queergestein örtlich unwirksam

yt, meinen Verfuch mit Sorgfalt in Bergwerken zu wieder=
holen, welche wie die Valenciana bei Guanaruato (Merico)
1582 F., wie englifche Kohlengruben über 1800 F., und der
jetzt verfchüttete Efelöfchacht bei Kuttenberg in Böhmen
3545 F. fenkrechte Tiefe haben!

Nach einem ftarken Erdbeben in Cumana am 4 November
1799 fand ich die Inclination um 90 Centefimal=Minuten
(faft einen vollen Grad) verringert. Die Umftände, unter
denen ich diefes Refultat erhielt und die ich an einem anderen
Orte [17] genau entwickelt habe, bieten keinen befriedigenden Grund
zu der Annahme eines Irrthums dar. Kurz nach meiner Lan=
dung in Cumana hatte ich die Inclination $43^0,53$ (Centef.)
gefunden. Der Zufall, wenige Tage vor dem Erdbeben in
einem fonft fchätzbaren fpanifchen Werke, Mendoza's Tratado
de Navegacion T. II. p. 72, die irrige Meinung ausge=
fprochen zu finden, daß die ftündlichen und monatlichen Ver=
änderungen der Inclination ftärker als die der Abweichung
wären, hatte mich veranlaßt eine lange Reihe forgfältiger Be=
obachtungen im Hafen von Cumana anzuftellen. Die Incli=
nation fand fich am 1—2 Nov. in großer Stetigkeit im Mittel
$43^0,65$. Das Inftrument blieb unberührt und gehörig nivellirt
an demfelben Orte ftehen. Am 7 Nov., alfo 3 Tage nach
den ftarken Erdftößen, nachdem das Inftrument von neuem
nivellirt war, gab es $42^0,75$. Die Intenfität der Kraft, durch
fenkrechte Schwingungen gemeffen, war nicht verändert. Ich
hoffte, daß die Inclination vielleicht allmälig wieder zu ihrem
vorigen Stande zurückkehren würde; fie blieb aber diefelbe.
Im Sept. 1800, nach einer Fluß= und Landreife am Orinoco
und Rio Negro von mehr als 500 geographifchen Meilen, gab
daffelbe Inftrument von Borda, welches mich überall begleitet

hatte, 42°,80: alſo dieſelbe Neigung als vor der Reiſe. Da
mechaniſche Erſchütterungen und electriſche Schläge in weichem
Eiſen durch Veränderung des Molecular-Zuſtandes Pole erregen,
ſo konnte man einen Zuſammenhang ahnden zwiſchen den Ein-
flüſſen der Richtung magnetiſcher Strömungen und der Richtung
der Erdſtöße; aber, ſehr aufmerkſam auf eine Erſcheinung, an
deren objectiver Wirklichkeit ich 1799 keinen Grund hatte zu
zweifeln, habe ich dennoch bei der übergroßen Zahl von Erdſtößen, die ich ſpäter in Südamerika drei Jahre lang empfunden,
nie wieder eine plötzliche Veränderung der Inclination wahrgenommen, welche ich dieſen Erdſtößen hätte zuſchreiben können:
ſo verſchieden auch die Richtungen waren, nach denen die
Wellenbewegung der Erdſchichten ſich fortpflanzte. Ein ſehr
genauer und erfahrener Beobachter, Erman, fand nach einem
Erdbeben am Baikal-See (8 März 1828) ebenfalls keine
Störung in der Abweichung und dem Gange ihrer periodiſchen
Variation. [48]

Declination.

Die geſchichtlichen Thatſachen des allerfrüheſten Erken-
nens von Erſcheinungen, welche ſich auf das dritte Element
des telluriſchen Magnetismus, auf die Declination, beziehen, ſind bereits oben berührt worden. Die Chineſen
kannten im 12ten Jahrhundert unſerer Zeitrechnung nicht bloß
die Abweichung einer, an einem Baumwollenfaden hangenden,
horizontalen Magnetnadel vom geographiſchen Meridian, ſie
wußten auch die Quantität dieſer Abweichung zu beſtimmen.
Seitdem durch den Verkehr der Chineſen mit den Malayen
und Indern, und dieſer mit den Arabern und mauriſchen
Piloten der Gebrauch des Seecompaſſes unter den Genueſern,

Majorcanern und Catalanen in dem Becken des Mittelmeeres, an der Westküste von Afrika und im hohen Norden gemein geworden war; erschienen schon 1436 auf Seekarten Angaben der Variation für verschiedene Theile der Meere [49]. Die geographische Lage einer Linie ohne Abweichung, auf der die Nadel nach dem wahren Norden, nach dem Rotations=Pole, gerichtet war, bestimmte Columbus am 13 September 1492; ja es entging ihm nicht, daß die Kenntniß der Declination zur Bestimmung der geographischen Länge dienen könne. Ich habe an einem anderen Orte aus dem Schiffsjournal des Admirals erwiesen, wie derselbe auf der zweiten Reise (April 1496), als er seiner Schiffsrechnung ungewiß war, sich durch Declinations=Beobachtungen zu orientiren suchte. [50] Die stünd=lichen Veränderungen der Abweichungen wurden bloß als sichere Thatsache von Hellibrand und Pater Tachard zu Louvo in Siam, umständlich und fast befriedigend von Graham 1722 beobachtet. Celsius benutzte sie zuerst zu verabredeten, gemeinschaftlichen Messungen an zwei weit von einander ent=fernten Punkten. [51]

Zu den Erscheinungen selbst übergehend, welche die Ab=weichung der Magnetnadel darbietet, wollen wir dieselbe betrachten: zuerst in ihren Veränderungen nach Tages= und Nachtstunden, Jahreszeiten und mittleren Jahresständen; dann nach dem Einfluß, welchen die außerordentlichen und doch periodischen Störungen, und die Ortslagen nördlich oder süd=lich vom magnetischen Aequator auf jene Veränderungen aus=üben; endlich nach den linearen Beziehungen, in denen zu einander die Erdpunkte stehen, welche eine gleiche oder gar keine Abweichung zeigen. Diese linearen Beziehungen sind aller=dings in unmittelbarer praktischer Anwendung der gewonnenen

Refultate für die Schiffsrechnung und das gesammte Seewesen
am wichtigsten; aber alle kosmischen Erscheinungen des Magnetismus, unter denen die außerordentlichen, in so weiter Ferne
oft gleichzeitig wirkenden Störungen (die magnetischen Ungewitter) zu den geheimnißvollsten gehoren, hangen so innig
mit einander zusammen, daß, um allmälig die mathematische
Theorie des Erd-Magnetismus zu vervollständigen,
keine derselben vernachlässigt werden darf.

Auf der ganzen nördlichen magnetischen Halbkugel in den mittleren Breiten, die Theilung des Erdsphäroids durch den magnetischen Aequator gedacht, steht das
Nord-Ende der Magnetnadel, d. h. das Ende, welches gegen
den Nordpol hinweist, um $8^u \frac{1}{4}$ Morgens ($20^u \frac{1}{4}$) diesem
Pole in der Richtung am nächsten. Die Nadel bewegt sich
von $8^u \frac{1}{4}$ Morgens bis $1^u \frac{3}{4}$ Nachmittags von Osten nach
Westen, um dort ihren westlichsten Stand zu erreichen.
Diese Bewegung nach Westen ist allgemein, sie tritt in derselben Richtung ein an allen Orten der nördlichen Halbkugel, sie mögen westliche Abweichung haben: wie das ganze
Europa, Peking, Nertschinsk und Toronto in Canada; oder
östliche Abweichung: wie Kasan, Sitka (im russischen Amerika), Washington, Marmato (Neu-Granada) und Payta an
der peruanischen Küste.[52] Von dem eben bezeichneten westlichsten Stande um $1^u \frac{3}{4}$ bewegt sich die Magnetnadel den
Nachmittag und einen Theil der Nacht bis 12 oder 13 Uhr
wieder zurück nach Osten, indem sie oft einen kleinen Stillstand gegen 6^u macht. In der Nacht ist wieder eine kleine
Bewegung gegen Westen, bis das Minimum, d. h. der
östliche Stand von $20^u \frac{1}{4}$, erreicht wird. Diese nächtliche
Periode, welche ehemals ganz übersehen wurde (da ein

allmäliger und ununterbrochener Rückgang gegen Osten von
$1^u 3/4$ bis zur Morgenstunde von $20^u 1/4$ behauptet wurde),
hat mich schon zu Rom bei einer Arbeit mit Gay=Lussac über
die stündlichen Veränderungen der Abweichung mittelst des
Prony'schen magnetischen Fernrohrs lebhaft beschäftigt.
Da die Nadel überhaupt unruhiger ist, so lange die Sonne
unter dem Horizont steht, so ist die kleine nächtliche Bewegung
gegen Westen seltener und minder deutlich hervortretend.
Wenn sie deutlich erscheint, so habe ich sie von keiner un=
ruhigen Schwankung der Nadel begleitet gesehen. Gänzlich
verschieden von dem, was ich Ungewitter genannt, geht
in der kleinen westlichen Periode die Nadel ruhig von Theil=
strich zu Theilstrich: ganz wie in der so sicheren Tags=Periode
von $20^u 1/4$ bis $1^u 3/4$. Recht bemerkenswerth ist, daß, wenn
die Nadel ihre continuirliche westliche Bewegung in eine östliche
oder umgekehrt verwandelt, sie nicht eine Zeit lang unverändert
stehen bleibt, sondern (vorzüglich bei Tage um $20^u 1/4$ und $1^u 3/4$)
sich gleichsam plötzlich umwendet. Gewöhnlich findet die kleine
Bewegung gegen Westen erst zwischen Mitternacht und dem
frühen Morgen statt. Dagegen ist sie auch in Berlin und
in den Freiberger unterirdischen Beobachtungen, wie in Green=
wich, Makerstoun in Schottland, Washington und Toronto
schon nach 10 oder 11 Uhr Abends bemerkt worden.

Die vier Bewegungen der Nadel, die ich 1805 erkannt
habe[53], sind in der schönen Sammlung der Beobachtungen
von Greenwich aus den Jahren 1845, 1846 und 1847 als
Resultate vieler tausend stündlicher Beobachtungen in folgenden
4 Wendepunkten[54] dargestellt. erstes Minimum 20^u, erstes
Maximum 2^u; zweites Minimum 12^u oder 14^u, zweites
Maximum 14^u oder 16^u. Ich muß mich begnügen hier nur

die Mittelzuſtände anzugeben, und auf den Umſtand auf=
merkſam zu machen, daß das morgenbliche Haupt=Minimum
(20ᵘ) in unſerer nördlichen Zone gar nicht durch den früheren
oder ſpäteren Aufgang der Sonne verändert wird. Ich habe
in 2 Solſtitien und 3 Aequinoctien, in denen ich gemeinſchaft=
lich mit Oltmanns, jedesmal 5 bis 6 Tage und eben ſo viele
Nächte die ſtündliche Variation verfolgte, den öſtlichſten Wende=
punkt im Sommer und in Wintermonaten unverruckt zwiſchen
19ᵘ ¾ und 20ᵘ ¼ gefunden, und nur ſehr unbeträchtlich[55]
durch den früheren Sonnen=Aufgang verfrüht.

In den hohen nördlichen Breiten nahe dem Polarkreiſe,
und zwiſchen dieſem und dem Rotations=Pole iſt die Regel=
mäßigkeit der ſtündlichen Declination noch wenig erkannt wor=
den, ob es gleich nicht an einer Zahl ſehr genauer Beobach=
tungen mangelt. Die locale Einwirkung der Gebirgsarten,
und die Frequenz in der Nähe oder in der Ferne ſtörender
Polarlichter machen Herrn Lottin in der franzöſiſchen wiſſen=
ſchaftlichen Expedition der Lilloiſe (1836) faſt ſchüchtern,
aus ſeiner eigenen großen und mühevollen Arbeit, wie aus
der älteren (1786) des verdienſtvollen Löwenörn beſtimmte
Reſultate über die Wendeſtunden zu ziehen. Im ganzen war
zu Reikjavik (Island, Br. 64⁰ 8′), wie zu Godthaab an der
grönländiſchen Küſte, nach Beobachtungen des Miſſionars Genge,
das Minimum der weſtlichen Abweichung faſt wie in mittleren
Breiten um 21ᵘ oder 22ᵘ; aber das Marimum ſchien erſt
auf 9 bis 10 Uhr Abends zu fallen. [m] Nördlicher, in
Hammerfeſt (Finmarken, Br. 70⁰ 40′) fand Sabine den
Gang der Nadel ziemlich regelmäßig[57] wie im ſüdlichen Nor=
wegen und Deutſchland: weſtliches Minimum 21ᵘ, weſtliches
Marimum 1ᵘ ½; deſto verſchiedener fand er ihn auf Spitzbergen

(Br. 79º 50'), wo die eben genannten Wendestunden 18ᵘ und 7ᵘ½ waren. Für die arctische Polar=Inselwelt, in Port Bowen an der östlichen Küste von Prince Regent's Inlet (Br. 73º 14'), haben wir aus der dritten Reise von Cap. Parry (1825) eine schöne Reihe fünfmonatlicher zusammenhangender Beobachtungen von Lieut. Foster und James Roß: aber wenn auch die Nadel innerhalb 24 Stunden zweimal durch den Meridian ging, den man für den mittleren magnetischen des Orts hielt, und in vollen zwei Monaten, April und Mai, gar kein Nordlicht sichtbar war; so schwankten doch die Zeiten der Haupt=Clongationen um 4 bis 6 Stunden: ja vom Januar bis Mai waren im Mittel die Marima und Minima der west= lichen Abweichung nur um eine Stunde verschieden! Die Quantität der Declination stieg an einzelnen Tagen von 1º ½ bis 6 und 7 Grad, während sie unter den Wendekreisen kaum so viele Minuten erreicht.[58] Wie jenseits des Polarkreises, so ist auch dem Aequator genähert schon in Hindostan, z. B. in Bombay (Br. 18º 56'), eine große Complication in den stündlichen Perioden der magnetischen Abweichung. Es zer= fallen dieselben dort in zwei Hauptclassen, welche, vom April bis October und vom October bis December, sehr verschieden sind; ja wieder jede in zwei Subperioden zerfallen, die noch sehr der Bestimmtheit ermangeln.[59]

Von der Richtung der Magnetnadel in der südlichen Halbkugel konnte den Europäern durch eigene Erfahrung erst seit der zweiten Hälfte des 15ten Jahrhunderts, durch die kühnen Seefahrten von Diego Cam mit Martin Behaim, von Bartholomäus Diaz und Vasco de Gama, eine schwache Kunde zukommen: aber die Wichtigkeit, welche die Chinesen, die schon seit dem dritten Jahrhundert unserer Zeitrechnung, wie

die Einwohner von Korea und der japanischen Inseln, auch
zur See durch den Compaß geleitet wurden, nach den Be=
richten ihrer frühesten Schriftsteller auf den Südpol legen;
war wohl hauptsächlich auf den Umstand gegründet, daß ihre
Schifffahrt sich gegen Süden und Südwesten richtete. Auf
diesen südlichen Fahrten war ihnen die Bemerkung nicht ent=
gangen, daß die Spitze der Magnetnadel, nach deren Weisung
sie steuerten, nicht genau nach dem Südpol gerichtet war.
Wir kennen sogar der Quantität [60] nach eine ihrer Bestim=
mungen der Variation gegen Südost aus dem 12ten
Jahrhundert. Die Anwendung und weitere Verbreitung solcher
nautischen Hülfsmittel hat die sehr alte Verbindung von China [61]
und Indien mit Java, und in noch größerem Maaßstabe die
Schifffahrt und Ansiedlung malayischer Stämme auf Madagas=
car begünstigt.

Wenn es auch, nach der jetzigen sehr nördlichen Lage des
magnetischen Aequators zu urtheilen, wahrscheinlich ist, daß
die Stadt Louvo in Siam, als der Missionar Guy Tachard
daselbst 1682 die stündlichen Veränderungen der Abweichung
zuerst bemerkte, dem Ausgang der nördlichen magnetischen
Halbkugel sehr genähert war; so muß man doch erkennen, daß
genaue stündliche Declinations=Beobachtungen in der süd=
lichen magnetischen Halbkugel erst ein volles Jahrhun=
dert später angestellt wurden. John Macdonald verfolgte den
Gang der Nadel in den Jahren 1794 und 1795 im Fort
Marlborough auf der südwestlichen Küste von Sumatra wie
auf St. Helena. [62] Die Physiker wurden durch die damals
erhaltenen Resultate auf die große Abnahme der Quantität
täglicher Variations=Veränderung in den niederen Breiten
aufmerksam gemacht. Die Elongation betrug kaum 3 bis 4

Minuten. Eine mehr umfassende und tiefere Kenntniß des
Phänomens wurde durch die wissenschaftlichen Expeditionen von
Freycinet und Duperrey erlangt; aber erst die Errichtung
magnetischer Stationen an 3 wichtigen Punkten der südlichen
magnetischen Hemisphäre: zu Hobarton auf Van Diemen's
Land, zu St. Helena und am Vorgebirge der guten Hoffnung
(wo nun schon 10 Jahre lang von Stunde zu Stunde Beobachtungen über die Veränderung der 3 Elemente des tellurischen Magnetismus nach gleichmäßiger Methode angestellt
werden), hat allgemeine erschöpfende Data geliefert. In den
mittleren Breiten der südlichen magnetischen Halbkugel hat die
Nadel einen ganz entgegengesetzten Gang als in der nördlichen:
denn da in jener die Spitze der Nadel, welche gegen Süden
gerichtet ist, vom Morgen bis Mittag aus Ost nach West
geht; so macht dadurch die nach Norden weisende Spitze eine
Bewegung von West nach Ost.

Sabine, dem wir die scharfsinnige Discussion aller dieser
Variationen verdanken, hat fünfjährige stündliche Beobachtungen
von Hobarton (Br. 42° 53′ Süd, Abw. 9° 57′ Ost) und
Toronto (Br. 43° 39′ Nord, Abw. 1° 33′ West) so zusammengestellt, daß man die Perioden von October bis Februar
und von April bis August unterscheiden kann, da die fehlenden Zwischen-Monate März und September gleichsam Ueber-
gangs-Phänomene darbieten. In Hobarton zeigt das gegen
Norden gekehrte Ende der Nadel zwei östliche und zwei westliche Maxima der Elongationen[63], so daß sie in dem Jahres-
Abschnitt von October bis Februar von 20^u oder 21^u bis
2^u gegen Ost geht, dann von 2^u bis 11^u ein wenig nach
West; von 11^u bis 15^u wieder nach Ost, von 15^u bis 20^u
zurück nach West. In der Jahres-Abtheilung vom April bis

August sind die östlichen Wendestunden bis zu 3^u und 16^u verspätet, die westlichen Wendestunden zu 22^u und 11^u verfrüht. In der nördlichen magnetischen Halbkugel ist die Bewegung der Nadel von 20^u bis 1^u gegen Westen größer im dortigen Sommer als im Winter; in der südlichen magnetischen Halbkugel, wo zwischen den genannten Wendestunden die Richtung der Bewegung eine entgegengesetzte ist, wird die Quantität der Elongation größer gefunden, wenn die Sonne in den südlichen, als wenn sie in den nördlichen Zeichen steht.

Die Frage, die ich vor sieben Jahren in dem Naturgemälde[64] berührt habe: ob es eine Region der Erde, vielleicht zwischen dem geographischen und magnetischen Aequator, gebe, in welcher (ehe der Uebergang des Nord-Endes der Nadel in denselben Stunden zu einer entgegengesetzten Richtung der Abweichung eintritt) gar keine stündliche Abweichung statt findet? scheint nach neueren Erfahrungen, besonders nach Sabine's scharfsinnigen Discussionen der Beobachtungen in Singapore (Br. 1^0 17' N.), auf St. Helena (Br. 15^0 56' S.) und am Vorgebirge der guten Hoffnung (Br. 33^0 56' S.), verneint werden zu müssen. Es ist bisher noch kein Punkt aufgefunden worden, in welchem die Nadel ohne stündliche Bewegung wäre; und durch die Gründung der magnetischen Stationen ist die wichtige und sehr unerwartete Thatsache erkannt worden, daß es in der südlichen magnetischen Halbkugel Orte giebt, in denen die stündlichen Schwankungen der Declinations-Nadel an den Erscheinungen (dem Typus) beider Halbkugeln abwechselnd Theil nehmen. Die Insel St. Helena liegt der Linie der schwächsten Intensität der Erdkraft sehr nahe in einer Weltgegend, wo diese Linie sich weit von dem geographischen Aequator und von der Linie ohne Inclination entfernt. Auf St. Helena ist der Gang des Endes der Nadel, das gegen den Nordpol weist, ganz entgegengesetzt in den Monaten vom Mai bis September von dem Gange, den dasselbe Ende in den analogen Stunden von October bis Februar befolgt. Nach fünfjährigen stündlichen Beobachtungen ist in dem erstgenannten Theile des Jahres, im Winter der südlichen Halbkugel, während die Sonne in den nördlichen Zeichen steht, das Nordende der Nadel um 19^u am weitesten östlich; sie bewegt sich von dieser Stunde an, wie in den mittleren Breiten von Europa und Nordamerika, gegen Westen (bis 22^u), und erhält sich fast in dieser Richtung bis 2^u. Dagegen findet in anderen Theilen des Jahres, vom October bis Februar, in dem dortigen Sommer, wenn die Sonne in den südlichen Zeichen weilt und der Erde am nächsten ist, um 20^u (8^u Morgens) eine größte westliche Elongation der Nadel statt, und bis zur Mittagsstunde eine Bewegung von Westen gegen Osten: ganz nach dem Typus von Hobarton (Br. 42^0 53' S.) und anderer Gegenden der mittleren südlichen Halbkugel. Zur Zeit der Aequinoctien oder bald nachher, im März und April wie im September und October, bezeichnet der Gang der Nadel schwankend, an einzelnen Tagen, Uebergangs=Perioden von Einem Typus zum anderen, von dem der nördlichen zu dem der südlichen Halbkugel. [65]

Singapore liegt ein wenig nördlich von dem geographischen Aequator, zwischen diesem und dem magnetischen Aequator, der nach Elliot fast mit der Curve der schwächsten Intensität zusammenfällt. Nach den Beobachtungen, welche von 2 zu 2 Stunden in den Jahren 1841 und 1842 zu Singapore angestellt worden sind, findet Sabine die für St. Helena bezeichneten entgegengesetzten Typen im Gange der

Nadel von Mai bis August und von November bis Februar
wieder eben so am Vorgebirge der guten Hoffnung: das doch
34⁰ vom geographischen, und gewiß noch weit mehr von dem
magnetischen Aequator entfernt ist, eine Inclination von — 53⁰
hat und die Sonne nie im Zenith sieht.⁶⁶ Wir besitzen schon
veröffentlicht sechsjährige stündliche Beobachtungen vom Cap,
nach denen, fast ganz wie auf St. Helena, vom Mai bis
September die Nadel von ihrem äußersten östlichen Stande
(19u ½) westlich geht bis 23u ½, vom October bis März aber
gegen Osten von 20u ½ bis 1u ½ und 2u. Bei der Entdeckung dieser so wohl constatirten, aber noch genetisch in so
tiefes Dunkel gehüllten Erscheinung hat sich die Wichtigkeit
der Jahre lang ununterbrochen von Stunde zu Stunde fortgesetzten Beobachtungen vorzüglich bewährt. Störungen, die (wie
wir gleich entwickeln werden) anhaltend bald nach Ost, bald
nach West die Nadel ablenken, würden isolirte Beobachtungen
der Reisenden unsicher machen.

Durch erweiterte Schifffahrt und Anwendung des Com-
passes bei geodätischen Aufnahmen ist sehr früh zu gewissen
Zeiten eine außerordentliche Störung der Richtung, oft
verbunden mit einem Schwanken, Beben und Zittern der angewandten Magnetnadel, bemerkt worden. Man gewöhnte sich
diese Erscheinung einem gewissen Zustande der Nadel selbst zuzuschreiben; man nannte sie in der französischen Seesprache
sehr charakteristisch ein Verrückt-Sein der Nadel, l'affole-
ment de l'aiguille, und schrieb vor, eine aiguille affolée von
neuem und stärker zu magnetisiren. Halley ist allerdings der
Erste gewesen, der das Polarlicht für eine magnetische Erscheinung erklärte⁶⁷, da er von der kön. Societät zu London
aufgefordert wurde das, in ganz England gesehene, große

Meteor vom 6 März 1716 zu erklären. Er sagt, „das Meteor sei dem analog, welches Gassendi zuerst 1621 mit dem Namen Aurora borealis belegt hätte". Ob er gleich auf seinen Seefahrten zur Bestimmung der Abweichungs=Linie bis zum 52ten Grade südlicher Breite vorgedrungen war, so lernt man doch aus seinem eigenen Geständniß, daß er bis 1716 nie ein Nord= oder Süd=Polarlicht gesehen: da doch die letzteren, wie ich bestimmt weiß, bis in die Mitte der peruanischen Tropenzone sichtbar werden. Halley scheint also aus eigener Erfahrung nichts von der Beunruhigung der Nadel, den außerordentlichen Störungen und Schwankungen derselben bei gesehenen oder ungesehenen Nord= und Südlichtern beobachtet zu haben. Olav Hiorter und Celsius zu Upsala sind die Ersten, die, im Jahr 1741, noch vor Halley's Tode, den, von ihm nur vermutheten Zusammenhang zwischen einem gesehenen Nordlichte und dem gestörten normalen Gange der Nadel durch eine lange Reihe messender Bestimmungen bekräftigten. Dieses verdienstliche Unternehmen veranlaßte sie die ersten verabredeten gleichzeitigen Beobachtungen mit Graham in London anzustellen; und die außerordentlichen Störungen der Abweichung bei Erscheinung des Nordlichts wurden durch Wargentin, Canton und Wilke specieller erforscht.

Beobachtungen, die ich Gelegenheit hatte in Gemeinschaft mit Gay=Lussac (1805) in Rom auf dem Monte Pincio zu machen, besonders aber eine lange, durch jene Beobachtungen veranlaßte Arbeit in den Aequinoctien und Solstitien der Jahre 1806 und 1807 in einem großen einsamen Garten zu Berlin (mittelst des magnetischen Fernrohrs von Prony und eines fernen, durch Lampenlicht wohl zu erleuchtenden

Tafel-Signals) in Gemeinschaft mit Oltmanns; lehrten mich
bald, daß dieser, zu gewissen Epochen mächtig und nicht bloß
local wirkende Theil tellurischer Thätigkeit, den man unter
dem allgemeinen Namen außerordentlicher Störungen
begreift, seiner Complication wegen, eine anhaltende Beachtung
verdiene. Die Vorrichtung des Signals und des Fadenkreuzes
in dem an einem, bald seidenen, bald metallenen Faden
hangenden Fernrohr, welches ein weiter Glaskasten umschloß,
erlaubte das Ablesen von 8 Secunden im Bogen. Da bei
Nacht zu dieser Beobachtungs-Methode das Zimmer, in welchem
sich das, von einem Magnetstabe geleitete Fernrohr befand,
finster bleiben konnte; so fiel der Verdacht der Luftströmung
weg, welchen bei den, übrigens vortrefflichen, mit Microscopen
versehenen Declinatorien die Erleuchtung der Scale veranlassen
kann. In der schon damals von mir ausgesprochenen Meinung:
„daß eine fortlaufende, ununterbrochene, stündliche und halb-
stündliche Beobachtung (observatio perpetua) von mehreren
Tagen und Nächten den vereinzelten Beobachtungen vieler
Monate vorzuziehen sei"; beobachteten wir in den Aequinoc-
tial- und Solstitial-Epochen, deren große Wichtigkeit alle
neueren Arbeiten bewährt haben, 5, 7 bis 11 Tage und eben
so viele Nächte [68] hindurch. Wir erkannten bald, daß, um
den eigentlichen physischen Charakter dieser anomalen Störungen
zu studiren, es nicht genüge das Maaß (die Quantität) der
veränderten Abweichung zu bestimmen, sondern daß jeder Beobachtung auch numerisch der Grad der Unruhe der Nadel,
durch die gemessene Elongation der Schwingungen, beigefügt werden müsse. Bei dem gewöhnlichen stündlichen Gang
der Nadel fanden wir diese so ruhig, daß unter 1500 Resultaten,
aus 6000 Beobachtungen (Mitte Mai 1806 bis Ende Juni

1807) gezogen, die Oscillation meist nur von einem halben
Theilstrich zum anderen ging, also nur 1′ 12″ betrug;* in
einzelnen Fällen, und oft bei sehr stürmischem Regenwetter,
schien die Nadel entweder ganz fest stehend oder sie schwankte
nur um 0,2 oder 0,3 Theile, d. i. 24″ oder 28″. Wenn
aber das magnetische Ungewitter, dessen stärkster und
späterer Ausbruch das Polarlicht ist, eintrat, so waren
die Schwankungen bald nur 14, bald 38 Minuten im Bogen,
jede in 1½ bis 3 Zeitsecunden vollbracht. Oftmals war
wegen der Größe und Ungleichheit der Oscillationen, welche
die Theilstriche des Signals nach Einer Seite oder nach beiden
weit überschritten, gar keine Beobachtung möglich.[60] Dies war
z. B. der Fall in der Nacht vom 24 Sept. 1806 in langer,
ununterbrochener Dauer, erst von 14ᵘ 40′ bis 15ᵘ 32′ und
dann von 15ᵘ 57′ bis 17ᵘ 4′.

Gewöhnlich war bei heftigen magnetischen Ungewittern
(unusual or larger Magnetic disturbances, Magnetic Storms)
das Mittel der Schwingungs-Bogen nach Einer Seite hin
(gegen O oder W) im Fortschreiten, wenn auch mit un-
gleichmäßiger Geschwindigkeit; aber in seltenen Fällen wurden
auch außerordentliche Schwankungen bemerkt, ohne daß die
Abweichung unregelmäßig zu- oder abnahm, ohne daß das
Mittel der Schwankungen sich von dem Theilstriche entfernte,
welcher zu dem normalen Gange der Nadel in gegebener Stunde
gehörte. Wir sahen nach langer relativer Ruhe plötzlich Bewegungen von sehr ungleicher Stärke eintreten (Bogen be-
schreibend von 6—15 Minuten, alternirend oder regellos
unter einander gemischt), und dann plötzlich wieder die Nadel
sich beruhigen. Bei Nacht war ein solches Gemisch von totaler
Ruhe und heftiger Schwankung, ohne Fortschreiten nach einer

Seite, befonders auffallend.⁷⁰ Eine eigene Modification der
Bewegung, die ich noch glaube erwähnen zu müffen, ist eine
fehr felten eintretende verticale: eine Art Kippen, eine Ver=
änderung der Inclination des Nord=Endes der Nadel 15 bis
20 Zeitminuten lang, bei fehr mäßigen horizontalen Schwan=
kungen oder völliger Abwesenheit derfelben. Bei der fo fleißigen
Aufzeichnung aller Nebenverhältniffe in den englischen Stations=
Regiftern finde ich diefes bloß verticalen Zitterns (constant
vertical motion, the needle oscillating vertically) nur 3mal
auf Van Diemen's Infel angegeben.⁷¹

Die Epoche des Eintretens der größeren magnetischen
Ungewitter hat mir im Mittel in Berlin die dritte Stunde
nach Mitternacht geschienen, aufhörend auch im Mittel um
fünf Uhr des Morgens. Kleine Gewitter beobachteten wir bei
Tage in den Nachmittagsftunden zwischen 5 und 7 Uhr oft
an denfelben September=Tagen, wo nach Mitternacht fo ftarke
storms folgten, daß wegen der Größe und Schnelligkeit der
Oscillationen jedes Ablefen und jede Schätzung des Mittels
der Elongation unmöglich waren. Ich wurde gleich anfangs
fo überzeugt von den gruppenweife mehrere Nächte hinter ein=
ander eintretenden magnetischen Ungewittern, daß ich die
Eigenthümlichkeiten diefer außerordentlichen Störungen der Ber=
liner Akademie ankündigte, und Freunde, meist nicht vergebens,
einlud, zu vorbeftimmten Stunden mich zu befuchen und fich
der Erscheinung zu erfreuen.⁷² Auch Kupffer während feiner
Reife im Caucafus 1829, und fpäter Kreil bei feinen fo
fchätbaren Prager Beobachtungen haben das Wieder=Eintreten
der magnetischen Ungewitter zu denfelben Stunden befchäftigt.⁷³

Was ich im Jahr 1806 in meinen Aequinoctial= und
Solftitial=Beobachtungen nun im allgemeinen über die außer=

ordentlichen Störungen der Abweichung erkannte, ist seit der
Errichtung der magnetischen Stationen in den großbritannischen
Besitzungen (1838 — 1840) durch Anhäufung eines reichen
Materials und durch die talentvolle Bearbeitung des Oberst
Sabine eine der wichtigsten Errungenschaften in der Lehre vom
tellurischen Magnetismus geworden. In den Resultaten beider
Hemisphären hat dieser scharfsinnige Gelehrte die Störungen
nach Tages= und Nachtstunden, nach Jahreszeiten, nach Devia-
tionen, gegen Osten oder Westen gerichtet, gesondert. In
Toronto und Hobarton waren die Störungen zwiefach häufiger
und stärker bei Nacht als bei Tage[74]; eben so in den ältesten
Beobachtungen zu Berlin: ganz im Gegensatz von 2600 bis
3000 Störungen am Cap der guten Hoffnung, und besonders
auf der Insel St. Helena, nach der gründlichen Untersuchung
des Capitäns Younghusband. In Toronto traten im Mittel
die Hauptstörungen in der Epoche von Mitternacht bis 5 Uhr
Morgens ein; bisweilen nur wurden sie früher, zwischen 10 Uhr
Abends und Mitternacht, beobachtet: also in Toronto wie
in Hobarton prädominirend bei Nacht. Nach einer sehr
mühevollen und scharfsinnigen Prüfung, welche Sabine mit
3940 Torontoer und 3470 Hobarttowner Störungen aus
dem sechsjährigen Cyclus von 1843 bis 1848 angestellt (die
gestörten Abweichungen machten den neunten und zehnten
Theil der ganzen Masse aus), hat er die Folgerung[75] ziehen
können: „daß die Störungen zu einer eigenen Art periodisch
wiederkehrender Variationen gehören, welche erkennbaren
Gesetzen folgen, von der Stellung der Sonne in der Ekliptik
und der täglichen Rotation der Erde um ihre Achse abhangen,
ja ferner nicht mehr unregelmäßige Bewegungen genannt
werden sollten; man unterscheide darin, neben einem eigen=

thümlichen localen Typus, allgemeine, den ganzen Erdkörper afficirende Processe." In denselben Jahren, in denen die Störungen häufiger in Toronto waren, wurden sie es auch und fast im gleichen Maaße auf der südlichen Halbkugel in Hobarton. Im ganzen traten sie am ersteren Orte im Sommer (von April bis September) in doppelter Menge als in den Wintermonaten (von October bis März) ein. Die größte Zahl der Störungen gehörte dem Monat September an, ganz wie um die Zeit des Herbst=Aequinoctiums in meinen Berliner Beobachtungen [76] von 1806. Sie sind seltener in den Wintermonaten jeden Orts, seltener vom November bis Februar in Toronto und vom Mai bis August in Hobarton. Auch auf St. Helena und am Cap der guten Hoffnung sind nach Younghusband die Durchgänge der Sonne durch den Aequator durch Häufigkeit der Störungen in hohem Grade bemerkbar.

Das Wichtigste, auch erst von Sabine Aufgefundene, in dieser Erscheinung ist die Regelmäßigkeit, mit der in beiden Halbkugeln die Störungen eine vermehrte östliche oder westliche Abweichung verursachen. In Toronto, wo die Declination schwach gegen Westen ist (1^0 33'), war, der Zahl nach, das Fortschreiten gegen Osten im Sommer (Juni — September) dem Fortschreiten gegen Westen im Winter (December — April) überwiegend, und zwar im Verhältniß von 411 : 290. Eben so ist es auf Van Diemen's Insel nach localer Jahreszeit; auch in den dortigen Wintermonaten (Mai — August) sind die magnetischen Ungewitter auffallend seltener. [77] Die Zergliederung von 6 Jahren der Beobachtung in 2 entgegengesetzten Stationen, von Toronto und Hobarton, hatte Sabine zu dem merkwürdigen Ergebnisse geführt: daß von 1843 bis 1848 in beiden Hemisphären nicht bloß die

Zahl der Störungen, sondern auch (wenn man, um das jährliche Mittel der täglichen Abweichung in seinem normalen
Werth zu erlangen, 3469 storms nicht mit in Rechnung
bringt) das Maaß der totalen Abweichung von diesem Mittel
in den genannten 5 Jahren allmälig von 7′,65 bis 10′,58
im Zunehmen gewesen ist; ja daß diese Zunahme gleichzeitig,
wie in der amplitudo der Declination, so in der Inclination
und totalen Erdkraft bemerkbar war. Dieses Ergebniß gewann
eine erhöhte Wichtigkeit, als er eine Bekräftigung und Verallgemeinerung desselben in Lamont's ausführlicher Arbeit (vom
Sept. 1851) „über eine zehnjährige Periode, welche sich
in der täglichen Bewegung der Magnetnadel darstellt", erkannte.
Nach Beobachtungen von Göttingen, München und Krems-
münster [78] hatte die Mittelgröße der täglichen Declination ihr
Minimum erreicht von 1843 zu 1844, ihr Maximum von
1848 zu 1849. Nachdem die Declination so fünf Jahre zu-
genommen, nimmt sie eben so viele Jahre wiederum ab: wie
eine Reihe genauer stündlicher Beobachtungen erweist, die bis
zu einem Maximum von 1786½ hinaufführen. [79] Um eine
allgemeine Ursach einer solchen Periodicität in allen 3 Elementen
des tellurischen Magnetismus aufzufinden, wird man geneigt,
zu einem kosmischen Zusammenhange seine Zuflucht zu
nehmen. Ein solcher ist nach Sabine's [80] Vermuthung in den
Veränderungen zu finden, welche in der Photosphäre der Sonne,
d. h. in den leuchtenden gasförmigen Umhüllungen des dunklen
Sonnenkörpers, vorgehen. Nach Schwabe's langjährigen Untersuchungen kommt nämlich die Periode der größten und kleinsten
Frequenz der Sonnenflecken ganz mit der überein, welche
man in den magnetischen Variationen entdeckt hat. Auf diese
Uebereinstimmung hat Sabine zuerst in seiner der königl.

Societät zu London im März 1852 vorgelegten Abhandlung aufmerksam gemacht. „Es ist wohl keinem Zweifel unterworfen", sagt Schwabe in einem Aufsaße, mit dem er den astronomischen Theil meines Kosmos bereichert hat, „daß wenigstens vom Jahr 1826 bis 1850 in der Erscheinung der Sonnenflecken eine Periode von ohngefähr 10 Jahren dermaßen statt gefunden hat: daß ihr Maximum in die Jahre 1828, 1837 und 1848; ihr Minimum in die Jahre 1833 und 1843 gefallen ist."[81] Den mächtigen Einfluß des Sonnenkörpers als Masse auf den Erd=Magnetismus bekräftigt auch Sabine durch die scharfsinnige Bemerkung: daß der Zeitpunkt, in welchem in beiden Hemi= sphären die Intensität der Magnetkraft am stärksten ist und die Richtung der Nadel sich am meisten der verticalen nähert, in die Monate October bis Februar fällt: gerade wenn die Erde der Sonne am nächsten ist und sie sich in ihrer Bahn am schnellsten fortbewegt.[82]

Von der Gleichzeitigkeit vieler magnetischer Ungewitter, wie sich dieselben auf viele tausend Meilen fortgepflanzt, ja fast um den ganzen Erdball gehen (so am 25 Sept. 1841 von Canada und von Böhmen bis zum Vorgebirge der guten Hoffnung, Van Diemen's Land und Macao), habe ich schon in dem Naturgemälde[83] gehandelt; auch Beispiele von den Fällen angegeben, wo die Perturbationen mehr local waren: sich von Sicilien nach Upsala, aber nicht von Upsala weiter nördlich nach Alten und Lapland verbreiteten. Bei den gleich= zeitigen Declinations=Beobachtungen, die wir, Arago und ich, 1829 in Berlin, Paris, Freiberg, St. Petersburg, Kasan und Nikolajew mit denselben Gambey'schen Instrumenten an= gestellt, hatten sich einzelne starke Perturbationen von Berlin nicht bis Paris, ja nicht einmal bis in eine Freiberger

Grube, wo Reich seine unterirdischen Magnet-Beobachtungen
machte, fortgepflanzt. Große Abweichungen und Schwankungen
der Nadel bei Nordlichtern in Toronto riefen wohl in Kergue-
len-Insel, aber nicht in Hobarton magnetische Ungewitter
hervor. Bei dem Charakter der Alldurchdringlichkeit, welchen
die Magnetkraft wie die Gravitations-Kraft aller Materie zeigt,
ist es allerdings schwer sich einen klaren Begriff von den
Hindernissen der Fortpflanzung im Inneren des Erdkörpers
zu machen: von Hindernissen, denen analog, welche sich den
Schallwellen oder den Erschütterungswellen des Erdbebens,
in denen gewisse einander nahe gelegene Orte nie zusammen
beben[84], entgegensetzen. Sollten gewisse magnetische kreuzende
Linien durch ihre Dazwischenkunft der Fortpflanzung entgegen-
wirken?

Wir haben die regelmäßigen und die scheinbar unregel-
mäßigen Bewegungen, welche horizontal aufgehangene Nadeln
darbieten, geschildert. Hat man in Erforschung des normalen,
in sich wiederkehrenden Ganges der Nadel, durch Mittelzahlen
aus den Extremen der stündlichen Veränderungen, die Richtung
des magnetischen Meridians ergründen können, in der von
Einem Solstitium zu dem anderen die Nadel zu beiden Seiten
gleich geschwankt hat; so führt die Vergleichung der Winkel, welche
auf verschiedenen Parallelkreisen die magnetischen Meridiane
mit dem geographischen Meridian machen, zuerst zur
Kenntniß von Variations-Linien auffallend heterogenen
Werthes (Andrea Bianco 1436 und der Cosmograph Kaiser
Carls V, Alonso de Santa Cruz, versuchten es schon diese
auf Karten zu tragen); später zu der glücklichen Verallgemeinerung isogonischer Curven, Linien gleicher Abweichung, welche der dankbare Sinn englischer Seefahrer

lange durch den historischen Namen Halleyan lineas bezeichnet
hat. Unter den mannigfach gekrümmten, gruppenweise bisweilen fast parallelen, selten ganz in sich selbst recurrirenden
und dann eiförmig geschlossene Systeme bildenden, isogonischen
Curven verdienen in physikalischer Hinsicht die größte Aufmerksamkeit diejenigen, auf welchen die Abweichung null
wird, und zu deren beiden Seiten Abweichungen entgegengesetzter Benennung, mit der Entfernung ungleich zunehmend,
gefunden werden.[85] Ich habe an einem anderen Orte gezeigt,
wie des Columbus erste Entdeckung einer Linie ohne Abweichung im atlantischen Ocean am 13 September 1492
dem Studium des tellurischen Magnetismus die Anregung
gegeben hat, welches drittehalb Jahrhunderte hindurch freilich
nur auf Verbesserung der Schiffsrechnung gerichtet war.

So sehr auch in der neuesten Zeit durch die höhere wissenschaftliche Bildung der Seefahrer, durch die Vervollkommnung
der Instrumente und der Methoden die Kenntniß einzelner
Theile der Linien ohne Variation im nördlichen Asien, im
indischen Archipelagus und im atlantischen Ocean erweitert
worden ist; so darf doch wohl in dieser Sphäre unseres Wissens,
da, wo das Bedürfniß einer kosmischen Uebersicht gefühlt wird, über Langsamkeit des Fortschritts und über Mangel
von erlangter Allgemeinheit geklagt werden. Es ist mir nicht
unbewußt, daß eine Unzahl von Beobachtungen bei zufälliger
Durchschneidung der Linien ohne Abweichung in Schiffsjournalen aufgezeichnet worden sind; aber es fehlt an der Vergleichung und Zusammenstellung des Materials: das für diesen
Gegenstand, wie für die dermalige Lage des magnetischen
Aequators erst an Wichtigkeit gewinnen würde, wenn in
den verschiedenen Meeren einzelne Schiffe allein damit

beauftragt wären, in ihrem Curse jenen Linien ununter=
brochen zu folgen. Ohne Gleichzeitigkeit der gewonnenen
Beobachtung hat der tellurische Magnetismus für uns keine
Geschichte. Ich wiederhole[86] eine Klage, die ich frei schon
mehrfach geäußert.

Nach dem, was wir bis jetzt im allgemeinen von der
Lage der Linien ohne Abweichung wissen, giebt es statt
der vier meridianartigen, an die man von Pol zu Pol am
Ende des 16ten Jahrhunderts[87] glaubte, wahrscheinlich drei
sehr verschiedenartig gestaltete Systeme: wenn man mit
dem Namen System solche Gruppen von Abweichungs=
linien bezeichnet, deren Null=Linie mit keiner andern Null=
Linie in directer Verbindung steht, nicht für die Fortsetzung
einer anderen (nach unserer jetzigen Kenntniß) gelten kann.
Von diesen drei Systemen, die wir bald einzeln beschreiben
werden, ist das mittlere, atlantische, auf eine einfache,
von SSO nach NNW gerichtete, zwischen dem 65ten Grad
südlicher bis zu dem 67ten Grad nördlicher Breite erkannte,
Linie ohne Abweichung beschränkt. Das zweite, wenn man
aus beiden die Durchschnittspunkte der Null=Linie mit dem
geographischen Aequator allein ins Auge faßt, volle 150
Grade östlicher gelegene System, ganz Asien und Austra=
lien füllend, ist das breiteste und complicirteste von allen.
Es ist wundersam auf= und absteigend, mit einem gegen Süden
und einem gegen Norden gerichteten Scheitel; ja an seinem
nordöstlichen Ende dermaßen gekrümmt, daß die Null=Linie
elliptisch in sich recurrirende, von außen nach innen in der
Abweichung schnell zunehmende Linien umgiebt. Der west=
lichste und der östlichste Theil dieser asiatischen Curve ohne
Abweichung sind gleich der atlantischen Null=Linie von Süden

nach Norden, und in dem Raume vom caspischen Becken bis Lapland sogar von SSO nach NNW gerichtet. Das dritte System, das der Südsee, am wenigsten erforscht, ist das kleinste von allen; und bildet, fast gänzlich im Süden vom geographischen Aequator gelegen, ein geschlossenes Oval von concentrischen Linien, deren Abweichung, entgegengesetzt dem, was wir bei dem nordöstlichen Theile des asiatischen Systems bemerkt, von außen nach innen abnimmt. Wir kennen, wenn wir unser Urtheil auf die Magnet=Declination an den Küsten gründen, in dem afrikanischen Continent [88] nur Linien, die eine westliche Abweichung von 6° bis 29° offenbaren; denn die atlantische Linie ohne Abweichung hat (nach Purchas) schon im Jahre 1605 die Südspitze von Afrika (das Vorgebirge der guten Hoffnung) verlassen, um sich weiter von Osten nach Westen zu begeben. Die Möglichkeit, daß in Central=Afrika eine eiförmige Gruppe concentrischer Abweichungslinien, bis 0° abnehmend, sich irgendwo finden könne, der der Südsee ähnlich, ist aus Gründen eben so wenig zu bevorworten als zu läugnen.

Der atlantische Theil der amerikanischen Curve ohne Abweichung ist durch eine vortreffliche Arbeit des Oberst Sabine in beiden Hemisphären für das Jahr 1840, mit Benutzung von 1480 Beobachtungen und Beachtung der secularen Veränderung, genau bestimmt worden. Sie läuft (unter 70° südl. Breite ohngefähr in 21° westl. Länge aufgefunden [89]) gegen NNW, gelangt bis 3° östlich von Cook's Sandwich=Lande und bis 9° ½ östlich von Süd=Georgien, nähert sich der brasilischen Küste, in die sie eintritt bei Cap Frio, 2° östlich von Rio Janeiro; durchstreicht den südlichen Neuen Continent nur bis Br. — 0° 36', wo sie denselben etwas östlich vom Gran Para bei dem Cap Tigioca am Neben=Ausfluß des Amazonen-

ſtroms (Rio do Para) wieder verläßt: um erſt den geogra-
phiſchen Aequator in weſtl. Lg. 50⁰ 6′ zu ſchneiden, dann, bis
zu 5⁰ nördlicher Breite in 22 geogr. Meilen Entfernung der
Küſte von Guyana, ſpäter dem Bogen der Kleinen Antillen
bis zum Parallel von 18⁰ folgend, in Br. 34⁰ 50′, Lg. 76⁰
30′ nahe bei Cape Lookout (ſüdöſtlich von Cap Hattaras) das
Littoral von Nord-Carolina zu berühren. Im Inneren von
Nordamerika ſetzt die Curve ihre nordweſtliche Richtung bis
Br. 41⁰½, Lg. 80⁰ gegen Pittsburgh, Meadville und den
See Erie fort. Es iſt zu vermuthen, daß ſie ſeit 1840 ſchon
nahe um einen halben Grad weiter gegen Weſten vorge-
rückt iſt.

Die auſtralo-aſiatiſche Curve ohne Abweichung
kann, wenn man mit Erman den Theil derſelben, welcher ſich
plötzlich von Kaſan nach Archangel und dem ruſſiſchen Lap-
lande hinaufzieht, für identiſch mit dem Theile des moluk-
kiſchen und japaniſchen Meeres hält, kaum in der ſüdlichen Halbkugel bis zum 62ten Grade verfolgt werden. Dieſer Anfang
liegt weſtlicher von Van Diemen's Land, als man ihn bisher
vermuthet hatte; und die 3 Punkte, in denen Sir James
Roß [90] auf ſeiner antarctiſchen Entdeckungsreiſe 1840 und 1841
die Curve ohne Abweichung durchſchnitten hat, befinden ſich
alle in den Parallelen von 62⁰, 54⁰½ und 46⁰, zwiſchen
131⁰ und 133⁰ 20′ öſtlicher Länge: alſo meiſt ſüd-nördlich, meri-
dianartig, gerichtet. In ihrem weiteren Laufe durchſtreicht die
Curve das weſtliche Auſtralien von der ſüdlichen Küſte von
Nuyts-Land an (etwa 10 Längengrade in Weſten von Adelaide)
bis zu der nördlichen Küſte nahe bei Van Sittart River und
Mount Cockburn, um von da in das Meer des indiſchen
Archipelagus zu treten: in eine Weltgegend, in der genauer

als irgendwo anders von Capitän Elliot in den Jahren 1846 bis 1848 zugleich Inclination, Declination, Total-Intensität, wie Maximum und Minimum der horizontalen Intensität erforscht worden sind. Hier geht die Linie südlich von Flores und durch das Innere der kleinen Sandalwood-Insel [91] von 118° bis 91° westlicher Länge in eine genau ost-westliche Richtung über, wie dies Barlow sehr wahr schon 16 Jahre früher verzeichnet hatte. Von dem zuletzt angegebenen Meridiane an steigt sie, nach der Lage zu urtheilen, in welcher Elliot der Curve von 1° östlicher Abweichung bis Madras gefolgt ist, in 9°½ südlicher Breite gegen NW auf. Ob sie, den Aequator ohngefähr im Meridian von Ceylon schneidend, in den Continent von Asien zwischen Cambay Gulf und Guzurate, oder westlicher im Meerbusen von Mascate eintritt [92], und so identisch ist [93] mit der Curve ohne Abweichung, die aus dem Becken des caspischen Meeres gegen Süden fortzulaufen scheint; ob sie vielmehr (wie Erman will) schon vorher, östlich gekrümmt, zwischen Borneo und Malacca aufsteigend, in [94] das japanische Meer gelangt und durch den ochotskischen Meerbusen in Ost-Asien eindringt: darüber kann hier keine sichere Auskunft gegeben werden. Es ist lebhaft zu bedauern, daß, bei der großen Frequenz der Navigation nach Indien, Australien, den Philippinen und der Nordost-Küste von Asien, eine Unzahl von Materialien in Schiffsjournalen verborgen und unbenutzt geblieben sind, ohne, zu allgemeinen Ansichten führend, Süd-Asien mit dem mehr durchforschten Nord-Asien zu verbinden, und Fragen zu lösen, die schon 1840 angeregt worden. Um daher nicht das Gewisse mit dem Ungewissen zu vermengen, beschränke ich mich auf den sibirischen Theil des asiatischen Continents, so weit wir ihn gegen Süden bis zum Parallel von 45° durch Erman, Hansteen, Due, Kupffer, Fuß und meine eigenen Beobachtungen kennen. In keinem anderen Theil der Erde hat man auf der Feste Magnetlinien in solcher Ausdehnung verfolgen können; und die Wichtigkeit, welche in dieser Hinsicht das europäische und asiatische Rußland darbietet, war schon vor Leibnitz [95] scharfsinnig geahndet worden.

Um von Westen gegen Osten, von Europa aus, der gewöhnlichen Richtung sibirischer Expeditionen zu folgen, beginnen wir mit dem nördlichen Theile des caspischen Meeres: und finden in der kleinen Insel Birutschikassa, in Astrachan, am Elton=See, in der Kirghisen=Steppe, und in Uralsk am Jaik, zwischen Br. 45° 43' und 51° 12', Lg. 44° 15' und 49° 2' die Abweichung von 0° 10' Ost zu 0° 37' West schwanken. [96] Weiter nördlich neigt sich diese Curve ohne Abweichung etwas mehr gegen Nordwest, durchgehend in der Nähe von Nishnei=Nowgorod [97] (im Jahr 1828 zwischen Osablikowo und Doskino, im Parallel von 56° und Lg. 40° 40'). Sie verlängert sich gegen das russische Lapland zwischen Archangel und Kola, genauer nach Hansteen (1830) zwischen Umba und Ponoi. [98] Erst wenn man fast ⅔ der größten Breite des nördlichen Asiens gegen Osten durchwandert ist, unter dem Parallel von 50° bis 60° (einen Raum, in dem jetzt ganz östliche Abweichung herrscht), gelangt man an die Linie ohne Abweichung, welche bei dem nordöstlichen Theile des Baikal=Sees westlich von Wiluisk nach einem Punkt aufsteigt, der im Meridian von Jakutsk (127° ½) die Breite von 68° erreicht: um sich dort, die äußere Hülle der mehrerwähnten östlichen Gruppe eiförmiger concentrischer Variations=Linien bildend, gegen Ochotsk (Lg. 140° 50') herabzusenken, den Bogen der kurilischen Inseln zu durchschneiden und südlich in das japanische Meer zu dringen. Die Curven von 5⁰ bis 15⁰ östlicher Abweichung, welche den Raum zwischen der west= und ost=asiatischen Linie ohne Ab= weichung füllen, haben alle einen concaven Scheitel gegen Norden gekehrt. Das Maximum ihrer Krümmung fällt nach Erman in Lg. 77⁰ 40', fast in einen Meridian zwischen Omsk und Tomsk: also nicht sehr verschieden von dem Meridian der Südspitze der hindostanischen Halbinsel. Die geschlossene eiförmige Gruppe erstreckt sich in ihrer Längenare 28 Breitengrade bis gen Korea.

Eine ähnliche Gestaltung, aber in noch größeren Dimen= sionen, zeigt sich in der Südsee. Die geschlossenen Curven bilden dort ein Oval zwischen 20⁰ nördlicher und 42⁰ süd= licher Breite. Die Hauptare liegt in Lg. 132⁰ 20'. Was diese seltsame Gruppe, welche dem großen Theil nach der südlichen Hemisphäre und bloß dem Meere angehört, von der continentalen Ost=Asiens vorzüglich unterscheidet, ist, wie schon oben bemerkt, die relative Folge im Werth der Variations= Curven. In der ersteren nimmt die (östliche) Abweichung ab, in der zweiten nimmt die (westliche) Abweichung zu, je tiefer man in das Innere des Ovals eindringt. Man kennt aber dieses Innere der geschlossenen Gruppe in der südlichen Halb= kugel nur von 8⁰ bis 5⁰ Abweichung. Sollte darin ein Ring südlicher Abweichung, und noch mehr nach innen jenseits der geschlossenen Null=Linie wieder westliche Abweichung gefunden werden?

Die Curven ohne Abweichung, wie alle magnetische Linien, haben ihre Geschichte. Es steigt dieselbe leider noch nicht zwei Jahrhunderte aufwärts. Einzelne Angaben finden sich allerdings früher bis in das 14te und 15te Jahrhundert. Hansteen hat auch hier wieder das große Verdienst gehabt zu sammeln und scharfsinnig zu vergleichen. Es scheint, als bewege sich der nördliche Magnetpol von West nach Ost, der südliche von Ost nach West: aber genaue Beobachtungen lehren, daß die verschiedenen Theile der isogonischen Curven sehr ungleichmäßig fortschreiten und da, wo sie parallel waren, den Parallelismus verlieren; daß die Gebiete der Declination Einer Benennung in nahen Erdtheilen sich nach sehr verschiedenen Richtungen erweitern und verengen. Die Linien ohne Abweichung in West-Asien und im atlantischen Ocean schreiten von Osten nach Westen vor: die erstere derselben durchschnitt gegen 1716 Tobolsk; 1761, zu Chappe's Zeit, Jekatherinenburg, später Kasan; 1729 war sie zwischen Osablikowo und Doskino (unfern Nishnei-Nowgorod): also in 113 Jahren war sie $24^0 3/4$ in Westen fortgerückt. Ist die Azoren-Linie, die Christoph Columbus am 13 September 1492 bestimmte, dieselbe, welche nach den Beobachtungen von Davis und Keeling 1607 durch das Vorgebirge der guten Hoffnung gegangen ist[99]; dieselbe, die wir jetzt als west-atlantische von der Mündung des Amazonenflusses nach dem Littoral von Nord-Carolina gerichtet sehen: so fragt man, was aus der Linie ohne Abweichung geworden sei, welche 1600 durch Königsberg, 1620 (?) durch Kopenhagen, 1657 bis 1662 durch London, und doch erst 1666 nach Picard durch das östlicher gelegene Paris, so wie etwas vor 1668 durch Lissabon[100] ging? Auffallend sind diejenigen Punkte der Erde, in welchen lange Perioden hindurch kein seculares Fortschreiten bemerkt worden ist. Sir John Herschel hat schon auf einen solchen langen Stillstand in Jamaica[1] aufmerksam gemacht, wie Euler[2] und Barlow[3] auf einen ähnlichen im südlichen Australien.

Polarlicht.

Wir haben die drei Elemente des tellurischen Magnetismus, d. i. die drei Hauptarten seiner Manifestation: Intensität, Inclination und Declination, in ihren von den geographischen Ortsverhältnissen abhängigen, nach Tages- und Jahreszeiten veränderlichen Bewegungen ausführlich behandelt. Die außerordentlichen Störungen, welche zuerst an der Declination beobachtet wurden, sind, wie Halley geahndet, wie Dufay und Hiorter erkannt haben, theils Vorboten, theils Begleiter des magnetischen Polarlichts. Ueber die Eigenthümlichkeiten dieses, oft durch Farbenpracht so ausgezeichneten Lichtprocesses der Erde habe ich mit ziemlicher Vollständigkeit in dem Naturgemälde gehandelt, und neuere Beobachtungen sind im allgemeinen den dort geäußerten Ansichten günstig gewesen. „Das Nordlicht ist nicht sowohl als eine äußere Ursach der Störung in dem Gleichgewicht der Vertheilung des Erd-Magnetismus geschildert worden; sondern vielmehr als eine bis zum leuchtenden Phänomen gesteigerte tellurische Thätigkeit, deren eine Seite die unruhige Schwingung der Nadel und deren andere das polare Leuchten des Himmelsgewölbes ist." Das Polarlicht erscheint nach dieser Ansicht als eine Art stiller Entladung, als das Ende eines magnetischen Ungewitters; in dem electrischen erneuert sich ebenfalls durch eine Licht-Entwickelung, durch Blitze, von krachendem Donner begleitet, das gestörte Gleichgewicht der Electricität. Die wiederholte [4] Aufstellung einer bestimmten Hypothese gewährt in einer so verwickelten und geheimnißvollen Erscheinung wenigstens den Vortheil, daß die Bestrebungen dieselbe zu widerlegen zu einer anhaltenderen und sorgfältigeren Beobachtung der einzelnen Vorgänge anreizen.

Bei der rein objectiven Beschreibung dieser Vorgänge verweilend, und hauptsächlich die schöne und einzige Reihe ununterbrochener achtmonatlicher Forschungen benutzend, die
wir dem Aufenthalte ausgezeichneter Physiker[5] im äußersten
Norden von Scandinavien (1838 — 1839) verdanken: richten
wir zuerst unsere Aufmerksamkeit auf die allmälig am Horizont
aufsteigende dunkle Nebelwand, das sogenannte schwarze
Segment des Nordlichts.[6] Die Schwärze ist, wie Argelander bemerkt, nicht eine Folge des Contrastes; denn sie ist
bisweilen früher sichtbar, als der hellleuchtende Bogen sie zu
begrenzen anfängt. Es ist ein Proceß, der in einem Theil
des Luftkreises vorgeht; denn nichts beweist bisher eine
materielle Beimischung, welche die Verdunkelung erregte. Die
kleinsten Sterne erkennt das Fernrohr in dem schwarzen Segment, wie in den farbigen, lichten Theilen des schon völlig
entwickelten Nordlichts. In den höheren Breiten scheint das
schwarze Segment weit seltener zu sein als in den mittleren.
Bei sehr reinem Himmel im Februar und März, wo das Polarlicht häufig war, fehlte es dort ganz; und Keilhau hat einen
vollen Winter lang es in Lapland (zu Talvig) gar nicht gesehen.
Durch genaue Bestimmungen von Sternhöhen zeigte Argelander,
daß kein Theil des Polarlichts auf diese Höhen Einfluß ausübt.
Auch außerhalb der Segmente erscheinen, doch selten, schwarze
Strahlen, die Hansteen[7] und ich mehrfach haben aufsteigen
sehen; mit ihnen erscheinen rundliche schwarze Flecken,
welche von Lichträumen eingeschlossen sind und mit denen Siljeström sich besonders beschäftigt hat.[8] Auch in der so seltenen
Nordlichts-Krone, welche durch Wirkung von linear-
perspectivischen Projectionen in ihrem Höhenpunkte der Mag-
net-Inclination des Orts entspricht, ist die Mitte meist von

sehr dunkler Schwärze. Bravais hält diese und die schwarzen Strahlen für optische Contrast-Täuschungen. Von den Licht-bogen erscheinen oft mehrere zugleich, in seltenen Fällen 7 — 9, parallel gegen den Zenith fortschreitend; bisweilen fehlen sie ganz. Die Strahlenbündel und Lichtsäulen nehmen die vielfältigsten Gestalten an: gekrümmt, guirlandenartig aus-gezackt, hakenförmig, kurzgeflammt oder wallenden Segeltüchern ähnlich. [9]

In den hohen Breiten „ist die gewöhnlich herrschende Farbe des Polarlichts die weiße; ja die milchicht weiße, wenn die Intensität schwach ist. So wie der Farbenton lebhafter wird: geht er ins Gelbe über; die Mitte des breiten Strahls wird hochgelb, und an beiden Rändern entsteht abgesondert Roth und Grün. Geht die Strahlung in schmaler Länge vor, so liegt das Roth oben und das Grün unten. Geht die Be-wegung seitwärts von der Linken zur Rechten oder umgekehrt, so entsteht immer das Roth nach der Seite hin, wohin sich der Strahl bewegt, und das Grün bleibt zurück." Sehr selten hat man von den grünen oder rothen Strahlen eine der Complementar-Farben allein gesehen. Blau sieht man gar nicht; und ein dunkles Roth, wie der Reflex einer Feuers-brunst, ist im Norden so selten, daß Siljeström es nur ein einziges Mal wahrgenommen hat. [10] Die erleuchtende Stärke des Nordlichts erreicht selbst in Finmarken nie ganz die des Vollmonds.

Der, schon so lange von mir behauptete, wahrscheinliche Zusammenhang des Polarlichts mit der Bildung „der kleinsten und feinsten Cirrus-Wölkchen (von den Landleuten Schäfchen genannt), deren parallele Reihen in gleichen Abständen von einander meist bei Richtung des magnetischen

Meridians folgen", hat in den neuesten Zeiten allerdings viele
Vertheidiger gefunden; ob aber, wie der nordische Reisende
Thienemann und Admiral Wrangel wollen, die gereihten
Schäfchen das Substrat des Polarlichts oder nicht vielmehr, wie Capitän Franklin, Dr. Richardson und ich vermuthen, die Wirkung eines das magnetische Ungewitter begleitenden, von demselben erzeugten, meteorologischen Processes
seien: bleibt noch unentschieden. [11] Neben der mit der Magnet-
Declination zu vergleichenden Richtung regelmäßig geordneter,
feinster Cirrus-Häufchen (Bandes polaires), hat mich auf dem
mericanischen Hochlande (1803) und in dem nördlichen Asien
(1829) das Umdrehen der Convergenzpunkte lebhaft beschäftigt. Wenn das Phänomen recht vollständig ist: so bleiben die
beiden scheinbaren Convergenzpunkte nicht fest, der eine in Nordost, der andere in Südwest (in der Richtung der Linie, welche die
höchsten Punkte der bei Nacht leuchtenden Bogen des Polarlichts
mit einander verbindet); sondern sie bewegen [12] sich allmälig gegen
Ost und West. Eine ganz ähnliche Drehung oder Translation
der Linie, welche im wirklichen Nordlicht die Gipfel der Lichtbogen
verbindet, indem die Füße der Lichtbogen (Stützpunkte auf dem
Horizont) sich im Azimuth verändern und von O—W gegen
N—S wandern; ist mit vieler Genauigkeit einige Male in
Finmarken [13] beobachtet worden. Die Schäfchen, zu Polar-
streifen gereiht, entsprechen nach den hier entwickelten An-
sichten der Lage nach den Lichtsäulen oder Strahlenbün-
deln, welche im Nordlicht aus den, meist ost-westlich gerichteten
Bogen gegen den Zenith aufsteigen; sind also nicht mit diesen
Bogen selbst zu verwechseln, von denen Parry einen nach einer
Nordlicht-Nacht bei hellem Tage erkennbar stehen bleiben sah.
Dieselbe Erscheinung hat sich am 3 Sept. 1827 in England

wiederholt. Man erkannte bei Tage sogar aus dem Licht-
bogen aufschießende Lichtsäulen. [14]

Es ist mehrmals behauptet worden, daß um den nördlichen Magnetpol ein perpetuirlicher Lichtproceß am
Himmelsgewölbe herrsche. Bravais, welcher 200 Nächte ununterbrochen beobachtet hat, in denen 152 Nordlichter genau
beschrieben werden konnten, versichert allerdings, daß Nächte
ohne Nordschein sehr exceptionell seien; aber er hat bei sehr
heiterer Luft und ganz freier Aussicht auf den Horizont bisweilen nächtlich gar keine Spur des Polarlichts bemerkt, oder
das magnetische Ungewitter erst sehr spät beginnen sehen. Die
größte absolute Zahl der Nordlichter gehört dem Ausgang des
Monats September an; und da der März eine relative Mehrheit
im Vergleich mit Februar und April zu zeigen scheint, so
kann man auch hier, wie bei anderen magnetischen Erscheinungen, einen Zusammenhang mit den Aequinoctien vermuthen. Zu den Beispielen von den Nordlichtern, die in
Peru, von den Südlichtern, die in Schottland gesehen wurden, muß ein farbiges Nordlicht gezählt werden, welches der
Cap. Lafond auf der Candide am 14 Januar 1831 südlich von Neu-Holland in 45° Breite volle zwei Stunden
lang beobachtete. [15]

Das Geräusch wird von den französischen Physikern und
von Siljeström in Bossekop [16] mit eben der Bestimmtheit geläugnet als von Thienemann, Parry, Franklin, Richardson,
Wrangel und Anjou. Die Höhe des Phänomens hat Bravais
auf wenigstens 100000 Meter (51307 Toisen, über dreizehn
geogr. Meilen) geschätzt. wenn ein sonst sehr verdienstvoller
Beobachter, Herr Farquharson, sie kaum zu 4000 Fuß an-
schlug. Die Fundamente aller dieser Bestimmungen sind sehr

unsicher, und durch optische Täuschungen, wie durch Voraussetzungen über die reelle Identität des gleichzeitig an 2 entfernten Orten gesehenen Lichtbogens verunstaltet. Unbezweifelt
dagegen ist der Einfluß des Nordlichts auf Declination, Inclination, horizontale und totale Intensität: also auf alle Elemente des Erd-Magnetismus; doch in verschiedenen Stadien
der großen Erscheinung und bei einzelnen jener Elemente sehr
ungleichartig. Die ausführlichsten Untersuchungen darüber sind
die lappländischen von zwei verdienstvollen Beobachtern, Siljeström [17] und Bravais (1838 — 1839); wie die canadischen
von Toronto (1840 — 1841), welche Sabine so scharfsinnig
discutirt hat [18]. Bei unseren verabredeten gleichzeitigen Beobachtungen, die in Berlin (im Mendelssohn-Bartholdy'schen
Garten), in Freiberg unter der Erde, in Petersburg, Kasan
und Nikolajew angestellt wurden: wirkte das zu Alford in
Aberdeenshire (Br. 57° 15′) gesehene Nordlicht vom 19 und
20 December 1829 an allen diesen Orten auf die Abweichung;
an einigen, in denen auch andere Elemente des tellurischen
Magnetismus untersucht werden konnten, auf Abweichung,
Intensität und Inclination zugleich. [19] Während des schönen
Nordlichts, das Prof. Forbes in Edinburg am 21 März 1833
beobachtete, wurde in dem Bergwerk zu Freiberg die Inclination auffallend klein, und die Abweichung so gestört, daß
man kaum den Winkel ablesen konnte. Ein Phänomen, das
einer besonderen Aufmerksamkeit werth scheint, ist eine Abnahme
der totalen Intensität während der zunehmenden Thätigkeit des
Nordlicht-Processes. Die Messungen, welche ich mit Oltmanns
in Berlin während eines schönen Nordlichts am 20 December
1806 gemacht [20] und welche sich in Hansteen's „Untersuchungen
über den Magnetismus der Erde" abgedruckt finden, wurden

von Sabine und den französischen Physikern in Lapland 1838 bestätigt. [21]

Wenn in dieser sorgfältigen Entwickelung des dermaligen Zustandes unsrer positiven Kenntnisse von den Erscheinungen des Erd-Magnetismus ich mich auf eine bloß objective Darstellung da habe beschränken müssen, wo selbst eine, nur auf Induction und Analogien gegründete, theoretische Gedankenverbindung noch nicht befriedigend dargeboten werden kann; so habe ich in meiner Arbeit eben so absichtlich die geognostischen Wagnisse vermieden, in denen man die Richtung großer Gebirgszüge und geschichteter Gebirgsmassen in ihrer Abhängigkeit von der Richtung magnetischer Linien, besonders der isoklinischen und isodynamischen, betrachtet. Ich bin weit davon entfernt den Einfluß aller kosmischen Urkräfte, der dynamischen und chemischen, wie magnetischer und electrischer Strömungen auf die Bildung krystallinischer Gebirgsarten und Ausfüllung von Gangspalten [22] zu läugnen; aber bei der fortschreitenden Bewegung aller magnetischen Linien und ihrer Gestalt-Veränderung im Fortschreiten kann ihre dermalige Lage uns wohl nicht über die Richtungs-Verhältnisse der in der Urzeit zu sehr verschiedenen Epochen gehobenen Gebirgsketten, über die Faltung der sich erhärtenden, Wärme ausströmenden Erdrinde belehren.

Anderer Art, nicht den Erd-Magnetismus im allgemeinen, sondern nur sehr partielle, örtliche Verhältnisse berührend, sind diejenigen geognostischen Erscheinungen, welche man mit dem Namen des Gebirgs-Magnetismus [23] bezeichnen kann. Sie haben mich auf das lebhafteste vor meiner amerikanischen Reise bei Untersuchungen über den polarischen Serpentinstein des Haidberges in Franken (1796) beschäftigt, und sind damals in Deutschland Veranlassung zu vielem, freilich harmlosen, litterarischen Streite geworden. Sie bieten eine Reihe sehr zugänglicher, aber in neuerer Zeit vernach=lässigter, durch Beobachtung und Experiment überaus unvoll=kommen gelöster Probleme dar. Die Stärke des Gestein=Magnetismus kann in einzelnen abgeschlagenen Fragmenten von Hornblende= und Chlorit=Schiefer, Serpentin, Syenit, Dolerit, Basalt, Melaphyr und Trachyt durch Abweichung der Nadel und durch Schwingungs=Versuche zur Bestimmung der Intensitäts=Zunahme geprüft werden. Man kann auf diesem Wege, durch Vergleichung des specifischen Gewichtes, durch Schlemmung der fein gepulverten Masse und Anwendung des Microscops, entscheiden, ob die Stärke der Polarität nicht mehrfach, statt von der Quantität der eingemengten Körner Magneteisens und Eisen=Oxyduls, von der relativen Stel=lung dieser Körner herrühre. Wichtiger in kosmischer Hinsicht aber ist die, von mir längst wegen des Haidberges angeregte Frage: ob es ganze Gebirgsrücken giebt, in denen nach ent=gegengesetzten Abfällen eine entgegengesetzte Polarität[24] gefunden wird? Eine genaue astronomische Orientirung der Lage solcher Magnet=Achsen eines Berges wäre dann von großem Interesse, wenn nach beträchtlichen Zeitperioden entweder eine Veränderung der Achsenrichtung oder eine, wenigstens scheinbare Unabhängig=keit eines solchen kleinen Systems magnetischer Kräfte von den drei variablen Elementen des totalen Erd=Magnetismus erkannt würde.

Anmerkungen.

[1] (S. 14) Kosmos Bd III. S. 107 (vergl. auch Bd II. S. 164 und 508).

[2] (S. 18) »La loi de l'attraction réciproque au carré de la distance est celle des émanations qui partent d'un centre. Elle paraît être la loi de toutes les forces dont l'action se fait apercevoir *à des distances* sensibles, comme on l'a reconnu dans les forces electriques et magnétiques. Une des propriétes remarquables de cette loi est que, si les dimensions de tous les corps de l'univers, leurs distances mutuelles et leurs vitesses venaient a croître ou a diminuer proportionnellement, ils décriraient des courbes entièrement semblables à celles qu'ils décrivent en sorte que l'univers, réduit ainsi successivement jusqu'au plus petit espace imaginable, offrirait toujours les mêmes apparences aux observateurs. Ces apparences sont par conséquent indépendantes des dimensions de l'univers, comme, en vertu de la loi de la proportionalité de la force a la vitesse, elles sont indépendantes du mouvement absolu qu'il peut y avoir dans l'espace.« Laplace, Exposition du Syst. du Monde (5me ed) p 385.

[3] (S. 19) Gauß, Bestimmung des Breitenunterschiedes zwischen den Sternwarten von Göttingen und Altona 1828 S 73 (Beide Sternwarten liegen durch ein merkwürdiges Spiel des Zufalls auf weniger als eine Hausbreite in einerlei Meridian)

[4] (S 19.) Bessel über den Einfluß der Unregelmaßigkeiten der Figur der Erde auf geodätische Arbeiten und ihre Vergleichung mit astronomischen Bestimmungen, in Schumacher's Astron Nachr. Bd. XIV. No. 329 S 270; auch Bessel und Baeyer, Gradmessung in Ostpreußen 1838 S. 427--442.

⁵ (S. 20.) Beſſel über den Einfluß der Veränderungen des Erdkörpers auf die Polhöhen, in Lindenau
und Bohnenberger, Zeitſchrift für Aſtronomie Bd. V
1818 S. 29. „Das Gewicht der Erde in Pfunden ausgedrückt
= 9933 × 10²¹, und die ortsverändernde Maſſe 947 × 10¹⁴."

⁶ (S. 20.) Auf die theoretiſchen Arbeiten jener Zeit ſind
gefolgt die von Maclaurin, Clairaut und d'Alembert, von Legendre
und Laplace. Der letzteren Epoche iſt beizuzählen das (1834) von
Jacobi aufgeſtellte Theorem: daß Ellipſoide mit drei ungleichen Axen
eben ſo gut unter gewiſſen Bedingungen Figuren des Gleichgewichts ſein können als die beiden früher angegebnen Umdrehungs-
Ellipſoide. (S. den Aufſatz des Erfinders, der ſeinen Freunden
und Bewunderern ſo früh entriſſen wurde, in Poggendorff's
Annalen der Phyſik und Chemie Bd. XXXIII. 1834
S. 229 – 233.)

⁷ (S. 21.) Die erſte genaue Vergleichung einer großen Zahl
von Gradmeſſungen (der vom Hochlande von Quito; zweier oſt-
indiſcher; der franzöſiſchen, engliſchen und neuen laplandiſchen)
wurde im 19ten Jahrhundert mit vielem Glücke von Walbeck in
Åbo 1819 unternommen. Er fand den mittleren Werth für die
Abplattung $\frac{1}{302,781}$, für den Meridiangrad 57009',758. Leider! iſt
ſeine Arbeit (die Abhandlung De forma et magnitudine tel-
luris) nicht vollſtändig erſchienen. Durch eine ehrenvolle Aufforderung von Gauß angeregt, hat dieſelbe Eduard Schmidt in
ſeinem ausgezeichneten Lehrbuche der mathematiſchen Geographie
wiederholt und verbeſſert, indem er ſowohl die höheren Potenzen der
Abplattung als die in Zwiſchenpunkten beobachteten Polhöhen berück-
ſichtigte, auch die hannöverſche Gradmeſſung, wie die von Biot und
Arago bis Formentera verlängerte hinzufügte. Die Reſultate erſchienen, allmälig vervollkommnet, in drei Formen: in Gauß, Beſtimmung der Breitenunterſchiede von Göttingen und
Altona 1828 S. 82; in Eduard Schmidt's Lehrbuch der
mathem. und phyſ Geographie 1829 Th. I S. 183 und
194—199; und endlich in der Vorrede zu dieſem Buche S. V. Das
letzte Reſultat iſt: Meridiangrad 57008',655; Abplattung $\frac{1}{297,479}$.
Der erſten Beſſel'ſchen Arbeit ging (1830) unmittelbar voraus
die wichtige Schrift Airy's: Figure of the Earth, in der

Encyclopaedia metropolitana, Ed. von 1849, p 220
und 239. (Halbe Polar-Achse 20853810 feet = 3261163,7 Toisen, halbe
Aequatorial-Achse 20923713 feet = 3272095,2 Toisen, Meridian-
Quadrant 32811980 feet = 5131208,0 Toisen, Abplattung $\frac{1}{298,33}$.)
Unser großer Königsberger Astronom hat sich ununterbrochen in den
Jahren 1836 bis 1842 mit Berechnungen über die Figur der Erde
beschäftigt; und da seine frühere Arbeit von ihm durch spätere verbessert wurde, so ist die Vermengung der Resultate von Untersuchungen aus verschiednen Zeitepochen in vielen Schriften eine Quelle der
Verwirrung geworden. Bei Zahlen, die ihrer Natur nach abhängig
von einander sind, ist eine solche Vermengung, überdies noch ver-
schlimmert durch fehlerhafte Reductionen der Maaße (Toisen, Meter,
engl. Fuße, Meilen von 60 und 69 auf den Aequatorial-Grad), um
so bedauernswürdiger, als dadurch Arbeiten, welche einen großen
Aufwand von Anstrengung und Zeit gekostet haben, in dem unvor-
theilhaftesten Lichte erscheinen. Im Sommer 1837 gab Bessel zwei
Abhandlungen heraus: die eine über den Einfluß der Unregelmäßigkeit der Erdgestalt auf geodätische Arbeiten und ihre Vergleichung
mit den astronomischen Bestimmungen, die andre über die den vorhandenen Messungen von Meridian-Bogen am meisten entsprechenden Aren des elliptischen Rotations-Sphäroids (Schum. Astr.
Nachr. Bd. XIV. No. 329 S. 269 und No. 333 S. 345). Resultate
der Berechnung waren: halbe große Are 3271953',854; halbe kleine Are
3261072',900; Länge eines mittleren Meridiangrades, d. h des neun-
zigsten Theiles des Erd-Quadranten (in der auf dem Aequator senkrechten Richtung), 57011',453. Ein von Puissant aufgefundener Fehler
von 68 Toisen in der Berechnungsart, welche im Jahr 1808 von einer
Commission des National-Instituts angewandt worden war, um die
Entfernung der Parallelen von Montjouy bei Barcelona und Mola
auf Formentera zu bestimmen, veranlaßte Bessel im Jahr 1841 seine
frühere Arbeit über die Dimensionen des Erdkörpers einer neuen
Revision zu unterwerfen (Schum Astr. Nachr. Bd. XIX
No 438 S. 97—116) Es ergab dieselbe für die Länge des Erd-
Quadranten 5131179',81 (statt daß bei der ersten Bestimmung
des Meters 5130740 Toisen angenommen worden waren), und für
die mittlere Länge eines Meridiangrades 57013',109 (um 0',611
mehr als der Meridiangrad unter 45° Breite). Die im Text

angeführten Zahlen und die Resultate dieser letzten Bessel'schen Unter=
suchung. Die 5131180 Toisen Länge des Meridian=Quadranten
(mit einem mittleren Fehler von 255',63) sind = 10000856 Metern;
der ganze Erdumkreis ist also gleich 40003423 Metern (oder 5390,98
geographischen Meilen). Der Unterschied von der ursprünglichen
Annahme der Commission des poids et mesures, nach welcher
das Meter der vierzig=millionenste Theil des Erdumfanges sein
sollte, beträgt also für den Erdumkreis 3423ᵐ oder 1756',27: fast
eine halbe geogr. Meile (genau $\frac{46}{100}$). Nach der frühesten Bestim=
mung war die Länge des Meters festgesetzt zu 0',5130740; nach
Bessel's letzter Bestimmung sollte dasselbe gleich 0',5131180 sein.
Der Unterschied für die Länge des Meters ist also 0,033 Pariser
Linien. Das Meter hatte nach Bessel, statt zu 443,296 Pariser
Linien, was seine dermalige legale Geltung ist, zu 443,334 fest=
gesetzt werden sollen. (Vergleiche auch über dieses sogenannte Na=
turmaaß Faye, Leçons de Cosmographie 1852 p. 93.)

  ⁸ (S. 23.) Airy, Figure of the Earth in der Encycl.
metrop. 1849 p 214—216

  ⁹ (S. 23.) Biot, Astr. physique T. II p 482 und T. III.
p 482. Eine sehr genaue und um so wichtigere Parallelgrad=Mes=
sung, als sie zur Vergleichung des Niveau's des mittelländischen
und atlantischen Meeres geführt hat, ist auf den Parallelkrei=
sen der Pyrenäen=Kette von Coraboeuf, Delcros und Peytier
ausgeführt worden

  ¹⁰ (S. 24.) Kosmos Bd. I. S 175. »Il est très remarquable qu'un Astronome, sans sortir de son observatoire, en
comparant seulement ses observations a l'analyse, eût pu deter-
miner exactement la grandeur et l'aplatissement de la terre, et
sa distance au soleil et a la lune, élémens dont la connaissance
a été le fruit de longs et pénibles voyages dans les deux hemi-
sphères. Ainsi la lune, par l'observation de ses mouvemens,
rend sensible a l'Astronomie perfectionnée l'ellipticité de la
terre, dont elle fit connaître la rondeur aux premiers Astro-
nomes par ses éclipses « (Laplace, Expos du Syst du
Monde p 230.) Wir haben bereits oben (Kosmos Bd III.
S. 493 und 540) eines fast analogen optischen Vorschlags von
Arago erwähnt, gegründet auf die Bemerkung, daß die Intensität

des abfarbenen Lichtes, d h des Erdenlichtes, im Monde uns uber den mittleren Zustand der Diaphanitat unserer ganzen Atmosphäre belehren könne. Vergl. auch Airy in der Encycl metrop. p 189 und 236 uber Bestimmung der Erd=Abplattung durch die Bewegungen des Mondes, wie p 231—235 über Ruckschlüsse auf die Gestalt der Erde aus Pracession und Nutation Nach Biot's Untersuchungen wurde die letztere Bestimmung für die Abplattung nur Grenzzahlen geben können ($\frac{1}{304}$ und $\frac{1}{578}$), die sehr weit von einander entfernt liegen (Astron physique 3' ed. T. II. 1844 p. 463).

¹¹ (S. 24.) Laplace, Mécanique céleste éd. de 1846 T. V. p. 16 und 53.

¹² (S. 24.) Kosmos Bd. II. S. 421 Anm 1 Am frühesten ist wohl die Anwendung des Isochronismus der Pendel=Schwingungen in den astronomischen Schriften der Araber von Eduard Bernard in England erkaunt worden; s. dessen Brief aus Orford vom April 1683 an Dr. Robert Huntington in Dublin (Philos. Transact Vol XII. p. 567).

¹³ (S 24.) Fréret de l'étude de la Philosophie ancienne, in den Mém. de l'Acad. des Inscr. T. XVIII. (1753) p. 100.

¹⁴ (S. 25.) Picard, Mesure de la Terre 1671 art 4. Es ist kaum wahrscheinlich, daß die in der Pariser Akademie schon vor 1671 geäußerte Vermuthung über eine nach Breitengraden sich verandernde Intensität der Schwerkraft (Lalande, Astronomie T. III. p. 20 § 2668) dem großen Huygens zugehöre, der allerdings schon 1669 der Akademie seinen Discours sur la cause de la gravité vorgelegt hatte. Nicht in dieser Abhandlung, sondern in den additamentis von denen eines nach dem Erscheinen von Newton's Principien, deren Huygens erwähnt, (also nach 1687) muß vollendet worden sein, spricht dieser von der Verkurzung des Secunden-Pendels, die Richer in Cayenne vornehmen mußte. Er sagt selbst: »Maxima pars hujus libelli scripta est, cum Lutetiae degerem (bis 1681), ad eum usque locum, ubi de alteratione, quae pendulis accidit e motu Terrae.« Vergl. die Erlauterung, welche ich gegeben im Kosmos Bd. II S 520 Anm. 2. Die von Richer in Cayenne angestellten Beobachtungen wurden, wie ich im Terte

erwähnt habe, erst 1679, also volle 6 Jahre nach seiner Rückkunft, veröffentlicht; und, was am auffallendsten ist, in den Registern der Académie des Inscriptions geschieht während dieser langen Zeit von Richer's wichtiger zwiefacher Beobachtung der Pendeluhr und eines einfachen Secunden=Pendels keine Erwähnung. Wir wissen nicht, wann Newton, dessen früheste theoretische Speculationen über die Figur der Erde höher als 1665 hinaufreichen, zuerst Kenntniß von Richer's Resultaten erhalten hat. Von Picard's Gradmessung, die schon 1671 veröffentlicht erschien, soll Newton erst sehr spat, 1682, und zwar „zufällig durch Gespräche in einer Sitzung der Royal Society, der er beiwohnte", Kenntniß erlangt haben: eine Kenntniß, welche, wie Sir David Brewster gezeigt (Life of New-ton p. 152), einen überaus wichtigen Einfluß auf seine Bestim=mung des Erd=Durchmessers und des Verhältnisses des Falls der Körper auf unserem Planeten zu der Kraft, welche den Mond in seinem Laufe lenkte, ausgeübt hat. Ein ähnlicher Einfluß auf Newton's Ideen läßt sich von der Kenntniß der elliptischen Gestalt des Jupiter voraussetzen, welche Cassini schon vor 1666 erkannte, aber erst 1691 in den Mémoires de l'Académie des Sciences T. II. p. 108 beschrieb. Sollte von einer viel früheren Publication, von welcher Lalande einige Bogen in den Händen Maraldi's sahe, Newton etwas erfahren haben? (Vergl. Lalande, Astr. T. III. p. 335 § 3345 mit Brewster, Life of Newton p. 162 und Kosmos Bd. I. S 420 Anm. 99.) Bei den gleichzeitigen Arbeiten von Newton, Huygens, Picard und Cassini ist es, wegen der damals gewöhnlichen Zögerung in der Publication und oft durch Zufall verspäteten Mittheilung, schwer, auf sichere Spuren des wissenschaftlichen Ideenverkehrs zu gelangen.

[15] (S. 26.) Delambre, Base du Syst. metrique T. III. p. 548.

[16] (S. 26.) Kosmos Bd. I. S. 422 Anm. 3, Plana, Opé-rations géodésiques et astronomiques pour la Mesure d'un Arc du Parallèle moyen T. II. p. 847; Carlini in den Effemeridi astronomiche di Milano per l'anno 1842 p. 57.

[17] (S. 26.) Vergl. Biot, Astronomie physique T. II. (1844) p. 464 mit Kosmos Bd. I. S. 424 Ende der Anmerkung 3 und Bd III S. 432, wo ich die Schwierigkeiten berühre, welche

die Vergleichung der Rotationszeit der Planeten mit ihrer beobach=
teten Abplattung darbietet. Auch Schubert (Astron Th. III.
S. 316) hat schon auf diese Schwierigkeit aufmerksam gemacht.
Bessel in seiner Abhandlung über Maaß und Gewicht sagt aus=
drücklich: „daß die Voraussetzung des Gleichbleibens der Schwere
an einem Messungsorte durch neuere Erfahrungen über die lang=
same Erhebung großer Theile der Erdoberfläche einigermaßen un=
sicher geworden ist."

[18] (S. 26) Airy in seiner vortrefflichen Arbeit on the Figure of the Earth zählte (Encycl. metropol 1849 p. 229)
im Jahr 1830 an funfzig verschiedene Stationen mit sicheren Re=
sultaten; und vierzehn andere (von Bouguer, Legentil, Lacaille,
Maupertuis, La Croyere), die mit den vorigen an Genauigkeit nicht
verglichen werden können.

[19] (S. 28) Biot und Arago, Recueil d'Observ. géodésiques et astronomiques 1821 p. 526—540 und Biot,
Traité d'Astr physique T. II. 1844 p. 465—473

[20] (S 28.) A a. O p 488 Sabine (Exper for determining the variation in the length of the Pendulum
vibrating Seconds 1825 p 352) findet aus allen den 13 Sta=
tionen seiner Pendel=Expedition, trotz ihrer so großen Zerstreutheit
in der nördlichen Erdhalfte, $\frac{1}{288,3}$; aus diesen, vermehrt mit allen
Pendel=Stationen des British Survey und der französischen Grad=
messung (von Formentera bis Dünkirchen), im ganzen also durch
Vergleichung von 25 Beobachtungspunkten, wiederum $\frac{1}{288,9}$. Auf=
fallender ist es, wie schon der Admiral Lütke bemerkt, daß, von der
atlantischen Region weit westlich entfernt, in den Meridianen von
Petropawlowsk und Nowo-Archangelsk die Pendellängen eine noch
viel stärkere Abplattung, die von $\frac{1}{267}$, geben. Wie die früher all=
gemein angewandte Theorie des Einflusses von der das Pendel um=
gebenden Luft zu einem Rechnungsfehler führe und die, schon 1786
vom Chevalier de Buat etwas undeutlich angegebene Correction
nothwendig mache (wegen Verschiedenheit des Gewichts=Verlustes
fester Körper, wenn sie in einer Flüssigkeit in Ruhe oder in schwin=
gender Bewegung sind); hat Bessel mit der ihm eigenen Klarheit
analytisch entwickelt in den Untersuchungen über die Länge

des einfachen Secundenpendels S. 32, 63 und 126—129.
„Bewegt sich ein Körper in einer Flüssigkeit (Luft), so gehört auch
diese mit zum bewegten Systeme; und die bewegende Kraft muß
nicht bloß auf die Massentheile des festen bewegten Körpers, sondern auch auf alle bewegten Massentheile der Flüssigkeit vertheilt
werden." Ueber die Versuche von Sabine und Baily, zu welchen
Bessel's praktisch wichtige Pendel=Correction (Reduction auf den
leeren Raum) Anlaß gegeben hatte, s. John Herschel im Memoir
of Francis Baily 1845 p. 17—21.

[21] (S. 28) Kosmos Bd. I. S. 175 und 422 Anm 2.
Vergl. für die Insel-Phänomene Sabine Pend Exper. 1825
p 237 und Lütke Obs. du Pendule invariable, exécutées
de 1826—1829 p. 241 Dasselbe Werk enthält eine merkwürdige
Tabelle über die Natur der Gebirgsarten in 16 Pendel=Stationen
(p. 239) von Melville=Insel (Br. 79° 50′ N) bis Valparaiso (Br.
33° 2′ S.).

[22] (S. 29) Kosmos Bd I. S. 424 Anm 5. Eduard
Schmidt (mathem. und phys. Geographie Th. I S. 394)
hat unter den vielen Pendel=Beobachtungen, welche auf den Cor-
vetten Descubierta und Atrevida unter Malaspina's Oberbefehl
angestellt wurden, die 13 Stationen abgesondert, welche der südlichen Halbkugel angehören, und im Mittel eine Abplattung von
$\frac{1}{286,31}$ gefunden. Mathieu folgerte auch aus Lacaille's Beobachtungen am Vorgebirge der guten Hoffnung und auf Ile de France,
mit Paris verglichen, $\frac{1}{284,4}$; aber die Meßapparate damaliger Zeit
boten nicht die Sicherheit dar, welche die Vorrichtungen von Borda
und Kater und die neueren Beobachtungs=Methoden gewähren. —
Es ist hier der Ort, des schönen, den Scharfsinn des Erfinders so
überaus ehrenden Experiments von Foucault zu erwähnen, welches
den sinnlichen Beweis von der Achsendrehung der Erde mittelst des
Pendels liefert, indem die Schwingungs=Ebene desselben sich langsam
von Osten nach Westen dreht (Comptes rendus de l'Acad.
des Sc., séance du 3 Février 1851, T. XXXII. p 135) Abweichungen gegen Osten in den Fallversuchen von Benzenberg und Reich
auf Kirchthurmen und in Schachten erfordern eine sehr beträchtliche Fallhöhe, während Foucault's Apparat schon bei sechs Fuß
Pendellänge die Wirkung der Erd=Rotation bemerkbar macht.

Erscheinungen, welche aus der Rotation erklärt werden (wie Richer's Uhrgang in Cayenne, tägliche Aberration, Ablenkung des Projectilen, Passatwinde), sind wohl nicht mit dem zu verwechseln, was zu jeder Zeit durch Foucault's Apparat hervorgerufen wird, und wovon, ohne es weiter zu verfolgen, die Mitglieder der Academia del Cimento scheinen etwas erkannt zu haben (Antinori in den Comptes rendus T XXXII p 635).

[24] (S. 30.) Im griechischen Alterthume wurden zwei Gegenden der Erde bezeichnet, in denen auf merkwürdige Anschwellungen der Oberfläche nach den damals herrschenden Meinungen geschlossen wurde: der hohe Norden von Asien und das Land unter dem Aequator. „Die hohen und nackten scythischen Ebenen", sagt Hippocrates (de aere et aquis § XIX p. 72 Littré), „ohne von Bergen gekrönt zu sein, verlängern und erheben sich bis unter den Baren." Derselbe Glaube wurde schon früher dem Empedocles (Plut. de plac. philos II, 8) zugeschrieben Aristoteles (Meteor. I, 1 a 15 p 66 Ideler) sagt: daß die älteren Meteorologen, welche die Sonne „nicht unter der Erde, sondern um dieselbe herumführten", die gegen den Norden hin angeschwollene Erde als eine Ursach betrachteten von dem Verschwinden der Sonne oder des Nachtwerdens. Auch in der Compilation der Probleme (XXVI, 15 pag. 941 Bekker) wird die Kälte des Nordwindes der Höhe des Bodens in dieser Weltgegend zugeschrieben. In allen diesen Stellen ist nicht von Gebirgen, sondern von Anschwellung des Bodens in Hochebenen die Rede. Ich habe bereits an einem anderen Orte (Asie centrale T. I p. 58) gezeigt, daß Strabo, welcher allein sich des so charakteristischen Wortes ὁροπέδια bedient, für Armenien (XI p. 522 Casaub.), für das von wilden Eseln bewohnte Lycaonien (XII p. 568) und für Ober-Indien, im Goldlande der Derden (XV p. 706), die Verschiedenheit der Klimate durch geographische Breite überall von der unterscheidet, welche der Höhe über dem Meere zugeschrieben werden muß „Selbst in südlichen Erdstrichen", sagt der Geograph von Amasia, „ist jeder hohe Boden, wenn er auch eine Ebene ist, kalt" (II p. 73) — Für die sehr gemäßigte Temperatur unter dem Aequator führen Eratosthenes und Polybius nicht allein den schnelleren Durchgang der Sonne (Geminus, Elem Astron. c. 13, Cleom. cycl. theor. I, 6), sondern vorzugsweise die

Anschwellung des Bodens an (s. mein Examen crit de la Géogr.
T. III. p. 150—152). Beide behaupten nach dem Zeugniß des
Strabo (II p. 97): „daß der dem Gleicher unterliegende Erdstrich der
höchste sei; weshalb er auch beregnet werde, da bei dem Eintreten
der nach den Jahreszeiten wechselnden Winde sehr viel nördliches
Gewölk an der Höhe anhinge." Von diesen beiden Meinungen
über die Erhöhung des Bodens im nördlichen Asien (dem scythischen Europa des Herodot) und in der Aequatorial-Zone hat
die erste, mit der dem Irrthum eigenthümlichen Kraft, fast zweitausend Jahre sich erhalten, und zu der geologischen Mythe von
dem ununterbrochenen tartarischen Hochlande nördlich vom
Himalaya Anlaß gegeben: während daß die andere Meinung nur
gerechtfertigt werden konnte für eine in Asien außerhalb der Tropenzone belegene Gegend: für die colossale „Hoch- oder Gebirgs-
ebene Meru", welche in den ältesten und edelsten Denkmälern
indischer Poesie gefeiert wird (s Wilson's Dict Sanscrit and
English 1832 p. 674, wo Meru als Hochebene gedeutet wird).
Ich habe geglaubt in diese umständliche Entwickelung eingehen zu
müssen, um die Hypothese des geistreichen Fréret zu widerlegen,
der, ohne Stellen griechischer Schriftsteller anzuführen, und nur
auf eine einzige vom Tropenregen anspielend, jene Meinungen von
localen Anschwellungen des Bodens auf Abplattung oder
Verlängerung der Pole deutet »Pour expliquer les pluyes«, sagt
Fréret (Mém. de l'Acad. des Inscriptions T XVIII
1753 p. 112), »dans les régions équinoxiales que les conquêtes
d'Alexandre firent connoître, on imagina des courans qui pous-
soient les nuages des pôles vers l'équateur, où, au défaut des
montagnes qui les arrêtoient, les nuages l'étaient par la hauteur
générale de la Terre, dont la surface sous l'équateur se trouvoit
plus éloignée du centre que sous les pôles Quelques physiciens
donnèrent au globe la figure d'un sphéroïde renflé sous l'équateur
et aplati vers les pôles Au contraire dans l'opinion de ceux des
anciens qui croyoient la terre alongée aux pôles, le pays voisin
des pôles se trouvoit plus éloigne du centre que sous l'équateur «
Ich kann kein Zeugniß des Alterthums auffinden, welches diese
Behauptungen rechtfertigte. Im dritten Abschnitt des ersten
Buches des Strabo (pag. 48 Casaub.) heißt es ausdrücklich:
„Nachdem Eratosthenes gesagt hat, daß die ganze Erde kugelförmig

sei, doch nicht wie von der Drehbank (ein Ausdruck, dem Herodot
IV. 36 entlehnt), und manche Abweichungen habe; führt er
viele Umgestaltungen an, welche durch Wasser und Feuer, durch
Erdbeben, unterirdische Windstöße (elastische Dampfe?) und andere
dergleichen Ursachen erfolgen: aber auch hier die Ordnung nicht
beachtend. Denn die Kugelrundung um die ganze Erde erfolgt aus
der Anordnung des Ganzen, und solche Umgestaltungen verändern das Ganze der Erde gar nicht; das Kleine verschwindet im
Großen." Später heißt es, immer nach Groskurd's sehr ge-
lungener Uebersetzung: „daß die Erde mit der See kugelförmig sei,
und eine und dieselbe Oberfläche bilde mit den Meeren. Das Hervorragende des Landes, welches unbedeutend ist und unbemerkt
bleiben kann, verliert sich in solcher Größe: so daß wir die Kugel-
gestalt in solchen Fällen nicht so bestimmen wie nach der Drehbank,
auch nicht wie der Meßkünstler nach dem Begriffe, sondern nach
sinnlicher und zwar gröberer Wahrnehmung." (Strabo II p. 112.)
„Die Welt ist zugleich ein Werk der Natur und der Vorsehung;
Werk der Natur, indem alles gegen einen Punkt, die Mitte des
Ganzen, sich zusammenneigt, und sich um denselben rundet: das
weniger Dichte (das Wasser) das Dichtere (die Erde) enthaltend."
(Strabo XVII p 809.) Wo bei den Griechen von der Figur der
Erde gehandelt wird, heißt es bloß (Cleom. cycl. theor. I, 8
p 51): daß man sie mit einer flachen oder in der Mitte vertieften
Scheibe, mit einem Cylinder (Anarimander), mit einem Cubus,
einer Pyramide verglichen, und endlich allgemein, trotz des langen
Streits der Epicuraer, welche die Anziehung nach dem Centrum
laugneten, für eine Kugel gehalten habe. Die Idee der Abplattung
hat sich der Phantasie nicht dargeboten. Die längliche Erde des
Democritus war nur die in Einer Dimension verlängerte Scheibe
des Thales. Der Paukenform, τὸ σχῆμα τυμπανοειδές, welche
vorzugsweise dem Leucippus zugeschrieben wird (Plut. de plac.
philos. III, 10, Galen. hist. phil. cap. 21; Aristot. de
Coelo II, 13 pag. 293 Bekker), liegt schon zum Grunde die Vorstellung einer Halbkugel mit ebener Basis, welche vielleicht den
Gleicher bezeichnet, während die Krümmung als die οἰκουμένη
gedacht wurde. Eine Stelle des Plinius IX. 54 über die Perlen
erläutert diese Gestaltung: wogegen Aristoteles, Meteorol.
II, 5 a 10 (Ideler T. I. p 563), nur eine Vergleichung von Kugel-

ſegmenten mit dem Tympan darbietet, wie auch aus dem Commentar des Olympiodor (Ideler T. I. p. 301) erhellt. Ich habe abſicht=lich in dieſer Ueberſicht nicht zweier mir wohl bekannten Stellen des Agathemer (de Geographia lib. l cap. 1 p 2 Hudſon) und des Euſebius (Evangel. Praeparat. T. IV. p. 125 ed. Gaisford 1843) gedacht: weil ſie beweiſen, mit welcher Ungenauig=keit oft ſpätere Schriftſteller den Alten Meinungen zuſchreiben, die denſelben ganz fremd waren. „Eudorus ſoll nach dieſen An=gaben der Erdſcheibe eine Länge und Breite im Verhältniß der Dimenſionen wie 1 zu 2 gegeben haben; eben ſo Dicäarch, der Schüler des Ariſtoteles, welcher doch eigene Beweiſe für die Kugelgeſtalt der Erde (Marcian. Capella lib. VI p. 192) vortrug. Hipparch habe die Erde für $\tau\rho\alpha\pi\epsilon\zeta\omega\epsilon\iota\delta\eta\varsigma$ und Thales für eine Kugel gehalten!"

[24] (S. 30.) „Mir ſcheint es oft, als nenne man bisweilen die Abplattung der Erde faſt nur deshalb etwas zweifelhaft, weil man zu große Genauigkeit erreichen will Nimmt man die Abplattungen zu $\frac{1}{310}$, $\frac{1}{300}$, $\frac{1}{290}$, $\frac{1}{280}$; ſo erhält man den Unterſchied beider Halbmeſſer gleich 10554, 10905, 11281 und 11684 Toiſen. Das Schwanken von 30 Einheiten im Nenner erzeugt nur ein Schwan=ken von 1130 Toiſen in dem Polar=Halbmeſſer: eine Größe, die vergleichungsweiſe mit den ſichtbaren Ungleichheiten der Oberfläche der Erde ſo wenig weſentlich erſcheint, daß ich wirklich oft erſtaune, wie die Experimente noch innerhalb ſolcher Grenzen zuſammen=ſtimmen. Zerſtreute Beobachtungen, auf weiten Flächen vereinzelt, werden uns allerdings wenig mehr lehren, als wir ſchon wiſſen; aber wichtig wäre es, wenn man alle Meſſungen über die ganze Oberfläche von Europa mit einander verbände und alle aſtronomiſch beſtimmten Punkte in dieſe Operation hineinzöge." (Beſſel in einem Briefe an mich vom Dec. 1828.) Nach dieſem Vorſchlage würde man aber doch nur die Erdgeſtaltung von dem kennen lernen, was man als die gegen Weſten vortretende Penin=ſular=Gliederung des großen aſiatiſchen Continents, in kaum 66½ Längegraden, betrachten kann. — Die Steppen des nördlichen Aſiens, ſelbſt die mittlere Kirghiſen=Steppe, von der ich einen beträchtlichen Theil geſehen, ſind oft hügelig und in Hinſicht der Raumverhältniſſe ununterbrochener Söhligkeit im großen keinesweges mit den Pampas von Buenos Aires und den Llanos von Venezuela

zu vergleichen. Diese letzteren, weit von Gebirgsketten entfernt, und in der nächsten Erdrinde mit Flözformationen und Tertiär=schichten von sehr gleicher und geringer Dichtigkeit bedeckt, würden durch Anomalien in den Ergebnissen der Pendel=Schwingungen sehr reine und sehr entscheidende Resultate über die örtliche Constitu=tion der tiefen inneren Erdschichten liefern können. Ver=gleiche meine Ansichten der Natur Bd I. S. 4, 12 und 47—50.

²⁴ (S. 31.) Bouguer, welcher La Condamine zu dem Experi=mente über die Ablenkung der Lothlinie durch den Chimborazo aufforderte, erwähnt in der Figure de la Terre p. 364—394 allerdings des Vorschlages von Newton nicht. Leider! beobachtete der unterrichtetste der beiden Reisenden nicht an entgegengesetzten Seiten des colossalen Berges, in Osten und Westen; sondern (Dec. 1738) in zwei Stationen an einer und derselben Seite: einmal in der Richtung Süd 61°½ West (Entfernung vom Centrum der Ge=birgsmasse 4572 Toisen), und dann in Süd 16° West (Entf. 1753 T.). Die erste Station lag in einer mir wohl bekannten Gegend, wahr=scheinlich unter der Höhe, wo der kleine Alpensee Yana=Cocha sich befindet; die andere in der Bimsstein=Ebene des Arenal (La Con=damine, Voyage a l'Équateur p 68—70) Die Ablenkung, welche die Sternhöhen angaben, war gegen alle Erwartung nur 7″,5: was von den Beobachtern selbst der Schwierigkeit der Beob=achtung (der ewigen Schneegrenze so nahe), der Ungenauigkeit der Instrumente, und vor allem den vermutheten großen Höhlungen des colossalen Trachytberges zugeschrieben wurde. Gegen diese Annahme sehr großer Höhlungen und die deshalb vermuthete sehr geringe Masse des Trachyt=Domes des Chimborazo habe ich aus geologischen Gründen manchen Zweifel geäußert Süd=süd=östlich vom Chimborazo, nahe bei dem indischen Dorfe Calpi, liegt der Eruptions=Kegel Yana=Urcu, welchen ich mit Bonpland genau untersucht und welcher gewiß neueren Ursprungs als die Erhebung des großen glockenför=migen Trachytberges ist. An dem letzteren ist von mir und von Boussingault nichts kraterartiges aufgefunden worden S. die Besteigung des Chimborazo in meinen Kleinen Schriften Bd. I. S. 138

²⁶ (S. 31.) Baily, Exper. with the Torsion Rod for determining the mean Density of the Earth 1843 p. 6; John Herschel, Memoir of Francis Baily 1845 p. 24.

[27] (S. 32.) Reich, neue Versuche mit der Drehwage, in den Abhandl. der mathem. physischen Classe der Kön. Sächsischen Gesellschaft der Wissenschaften zu Leipzig 1852 Bd. I. S. 405 und 418. Die neuesten Versuche meines vortrefflichen Freundes, des Prof Reich, nahern sich etwas mehr der schönen Arbeit von Baily. Ich habe das Mittel (5,5772) gezogen aus den Versuchs=Reihen: a) mit der Zinnkugel und dem langeren, dickeren Kupferdrathe: 5,5712, bei wahrscheinlichem Fehler von 0,0113; b) mit der Zinnkugel und dem kurzeren, dünneren Kupferdrath, wie mit der Zinnkugel und dem bifilaren Eisendrath: 5,5832, bei wahrscheinlichem Fehler von 0,0149. Mit Berücksichtigung dieser Fehler in a und b ist das Mittel 5,5756. Das Resultat von Baily (5,660), freilich durch zahlreichere Versuche erhalten, konnte doch wohl eine etwas zu große Dichtigkeit geben, da es scheinbar um so mehr anwuchs, als die angewandten Kugeln (Glas oder Elfenbein) leichter waren (Reich in Poggendorff's Annalen Bd. LXXXV. S. 190. Vergl. auch Whitehead Hearn in den Philos. Transact. for 1847 p. 217—229) — Die Bewegung des Torsions=Balkens wurde von Baily nach dem Vorgange von Reich mittelst des Bildes beobachtet, welches, wie bei den magnetischen Beobachtungen von Gauß, ein an der Mitte des Balkens befestigter Spiegel von einer Scale reflectirte. Der, so überaus wichtige, die Genauigkeit des Ablesens vermehrende Gebrauch eines solchen Spiegels ist von Poggendorff schon im Jahr 1826 vorgeschlagen worden (Annalen der Physik Bd. VII. S. 121).

[29] (S. 33.) Laplace, Mécanique céleste éd. de 1846 T. V. p. 57. Das mittlere specifische Gewicht des Granits ist höchstens auf 2,7 anzuschlagen, da der zweiachsige weiße Kalk=Glimmer und der grune einachsige Magnesia=Glimmer 2,85 bis 3,1; und die übrigen Bestandtheile der Gebirgsart, Quarz und Feldspath, 2,56 und 2,65 sind. Selbst Oligoklas hat nur 2,68. Wenn auch Hornblende bis 3,17 steigt, so bleibt der Syenit, in welchem Feldspath stets vorwaltet, doch tief unter 2,8. Da Thon=schiefer 2,69—2,78; unter den Kalksteinen nur reiner Dolomit 2,88 erreicht; Kreide 2,72; Gyps und Steinsalz 2,3: so halte ich die Dichtigkeit der uns erkennbaren Continental=Rinde der Erde für naher an 2,6 als an 2,4. Laplace hat, in der Voraussetzung, daß die Dichtigkeit von der Oberfläche nach dem Mittelpunkte zu

arithmetischer Progression zunehme, und unter der, gewiß irrigen Annahme, daß die Dichtigkeit der oberen Schicht = 3 ist, für die mittlere Dichtigkeit der ganzen Erde 4,7647 gefunden: welches bedeutend von den Resultaten von Reich 5,577 und Baily 5,660 abweicht; weit mehr, als die wahrscheinlichen Fehler der Beobachtung gestatten. Durch eine neue Discussion der Hypothese von Laplace in einer interessanten Abhandlung, welche bald in Schumacher's Astr. Nachrichten erscheinen wird, ist Plana zu dem Resultate gelangt: daß durch eine veränderte Behandlung dieser Hypothese sowohl die Reich'sche mittlere Dichtigkeit der Erde als die von mir auf 1,6 geschätzte Dichtigkeit der trocknen und oceanischen Oberflächenschicht, so wie die Ellipticität, innerhalb der für diese letztere Größe wahrscheinlichen Grenzen, sehr angenähert dargestellt werden können. »Si la compressibilité des substances dont la Terre est formée (sagt der Turiner Geometer), a été la cause qui a donné à ses couches des formes régulières, à peu près elliptiques, avec une densité croissante depuis la surface jusqu'au centre, il est permis de penser que ces couches, en se consolidant, ont subi des modifications, à la vérité fort petites, mais assez grandes pour nous empêcher de pouvoir dériver, avec toute l'exactitude que l'on pourrait souhaiter, l'état de la Terre solide de son état antérieur de fluidité. Cette réflexion m'a fait apprécier davantage la première hypothèse, proposée par l'auteur de la *Mécanique céleste*, et je me suis décidé à la soumettre à une nouvelle discussion.«

[29] (S. 33.) Vergl. Petit »sur la latitude de l'Observatoire de Toulouse, la densité moyenne de la chaîne des Pyrénées, et la probabilité qu'il existe un vide sous cette chaîne«, in den Comptes rendus de l'Acad. des Sc. T. XXIX. 1849 p. 730.

[30] (S. 34.) Kosmos Bd. I. S. 183 und 427 Anm. 10.

[31] (S. 34.) Hopkins (Physical Geology) im Report of the British Association for 1838 p. 92, Philos. Transact. 1839 P. II. p 381 und 1840 P. I. p. 193; Henry Hennessey (Terrestrial Physics) in den Philos. Transact 1851 P. II. p. 504 und 525.

[32] (S. 34.) Kosmos Bd I S. 249 und 450—452 Anm. 95.

[33] (S. 35.) Die von Walferdin mitgetheilten Beobachtungen sind von dem Herbst 1847. Sie sind sehr wenig abweichend von

ben Resultaten (Kosmos Bd. I. S. 181 Anm. 8, Comptes rendus T. XI. 1840 p. 707), welche ebenfalls mit dem Walferdin'schen Apparate Arago 1840 erhielt in 505ᵐ Tiefe, als der Bohrer eben die Kreide verlassen hatte und in den Gault einzudringen anfing.

³⁴ (S. 36.) Nach handschriftlichen Resultaten von dem Berghauptmann von Oeynhausen. Vergl. Kosmos Bd. I. S. 416 Anm. 94 und S. 426 Anm. 8; auch Bischof, Lehrbuch der chem. und phys. Geologie Bd. I. Abth. 1. S. 154—163. In absoluter Tiefe kommt das Bohrloch zu Mondorf im Großherzogthum Luxemburg (2066 Fuß) dem von Neu-Salzwerk am nächsten.

³⁵ (S. 36.) Kosmos Bd. I. S. 426 und Mémoires de la Société d'hist. naturelle de Genève T. VI. 1833 p. 243. Die Vergleichung einer großen Zahl artesischer Brunnen in der Nähe von Lille mit denen von Saint-Ouen und Genf könnte auf einen beträchtlicheren Einfluß der Leitungsfähigkeit der Erd- und Gesteinschichten schließen lassen, wenn die Genauigkeit der numerischen Angaben gleich sicher wäre (Poisson, Théorie mathématique de la Chaleur p. 421).

³⁶ (S. 37.) In einer Tabelle von 14 Bohrlöchern, die über 100 Meter Tiefe haben, aus den verschiedensten Theilen von Frankreich, führt Bravais in seiner lehrreichen encyclopädischen Schrift Patria 1847 p. 145 neun auf, in welchen die einem Grad zugehörige Temperatur-Zunahme zwischen 27 und 39 Meter fällt, von dem im Text gegebenen Mittel von 32 Metern zu beiden Seiten um 5 bis 6 Meter abweichend. (Vergl. auch Magnus in Poggend. Ann. Bd. XXII. 1831 S. 146.) Im ganzen scheint die Temperatur-Zunahme schneller in artesischen Brunnen von sehr geringer Tiefe; doch machen die sehr tiefen Brunnen von Monte Massi in Toscana und Neuffen am nordwestlichen Theil der schwäbischen Alp davon sonderbare Ausnahmen.

³⁷ (S. 38.) Quetelet im Bulletin de l'Acad. de Bruxelles 1836 p. 75.

³⁸ (S. 38.) Forbes, Exper. on the temperature of the Earth at different depths in den Transact. of the Royal Soc. of Edinburgh Vol. XVI. 1849 Part 2. p. 189.

³⁹ (S. 39.) Alle Zahlen die Temperatur der Caves de l'Observatoire betreffend sind aus Poisson, Théorie mathematique de la Chaleur p. 415 und 462 entlehnt. Dagegen

enthält das Annuaire météorologique de la France von
Martins und Haeghens 1849 p. 88 abweichende Correctionen
des Lavoisier'schen unterirdischen Thermometers durch Gay=Lussac.
Im Mittel aus 3 Ablesungen (Junius bis August) gab jenes Ther=
mometer 12°,193: wenn Gay=Lussac die Temperatur zu 11°,843
fand; also Differenz 0°,350.

⁴⁰ (S. 39) Cassini in den Mém. de l'Acad. des Sciences 1786 p. 511

⁴¹ (S. 40.) Bouffingault »sur la profondeur à laquelle
on trouve dans la zone torride la couche de température invariable«, in den Annales de Chimie et de Physique
T. LIII. 1833 p. 225—247. Einwendungen gegen die in dieser Ab=
handlung empfohlene und in Südamerika durch so viele genaue
Versuche bewährte Methode sind von John Caldecott, dem Astro=
nomen des Rajah von Travancore, und vom Cap. Newbold in
Indien gemacht worden. Der Erstere fand zu Trevandrum (Edinb.
Transact. Vol. XVI. Part 3 p. 379—393) die Boden=Temperatur
in 3 Fuß Tiefe und darunter (also tiefer, als Bouffingault vor=
schreibt) 85° und 86° Fahr., wenn die mittlere Luft=Temperatur
zu 80°,02 Fahr. angegeben wird. Newbold's Versuche (Philos.
Transact. for the year 1845 Part 1. p 133) zu Bellary (Br.
15° 5') gaben für 1 Fuß Tiefe von Sonnen-Aufgang bis 2 U. nach
der Culmination noch eine Temperatur=Vermehrung von 4, aber zu
Cassargode (Br. 12° 29') bei bewölktem Himmel von 1½ Fahrenheit'=
schen Graden. Sollten die Thermometer wohl gehörig bedeckt, vor der
Insolation geschützt gewesen sein? Vergl. auch D. Forbes, Exper.
on the temp of the Earth at different depths in den
Edinb. Transact. Vol XVI. Part 2. p 189. Oberst Acosta, der
verdiente Geschichtsschreiber von Neu=Granada, hat seit einem Jahre
zu Guaduas am südwestlichen Abfall des Hochlandes von Bogota,
wo die mittlere Temperatur des Jahres 23°,8 ist, in 1 Fuß Tiefe,
und zwar in einem bedeckten Raume, eine lange Reihe von Beob=
achtungen gemacht, welche Bouffingault's Behauptung vollkommen
bekräftigen. Letzterer meldet: »Les Observations du Colonel Acosta,
dont Vous connaissez la grande précision en tout ce qui inté-
resse la Météorologie, prouvent que, *dans les conditions d'abri,*
la Température reste constante entre les tropiques à une très
petite profondeur «

¹² (S. 41.) Ueber Gualgayoc (oder Minas de Chota) und Micuipampa s. Humboldt, Recueil d'Observ. astron. Vol. I. p. 324.

¹³ (S. 41.) Essai polit. sur le Roy. de la Nouv. Espagne (2ᵐᵉ éd.) T. III p. 201.

¹⁴ (S. 43.) E. von Baer in Middendorff's sibirischer Reise Bd. I. S. VII

¹⁵ (S. 43.) Der Kaufmann Fedor Schergin, Verwalter vom Comptoir der russisch-amerikanischen Handlungs-Gesellschaft, fing im Jahr 1828 an in dem Hofe eines dieser Gesellschaft gehörigen Hauses einen Brunnen zu graben. Da er bis zu der Tiefe von 90 Fuß, die er 1830 erreichte, nur gefrorenes Erdreich und kein Wasser fand, so gab er die Arbeit auf: bis der Admiral Wrangel, der auf seinem Wege nach Sitcha im russischen Amerika Jakutsk berührte, und einsah, welches große wissenschaftliche Interesse an die Durchsenkung der unterirdischen Eisschicht geknüpft sei, Herrn Schergin aufforderte das Vertiefen des Schachtes fortzusetzen. So erreichte derselbe bis 1837 volle 382 englische Fuß unter der Oberfläche, immer im Eise bleibend

¹⁶ (S. 44.) Middendorff, Reise in Sib. Bd. I. S. 125—133. „Schließen wir", sagt Middendorff, „diejenigen Tiefen aus, welche noch nicht ganz 100 Fuß erreichen, weil sie nach den bisherigen Erfahrungen in Sibirien in den Bereich der jährlichen Temperatur-Veränderungen gehören; so bleiben doch noch solche Anomalien in der partiellen Wärme-Zunahme, daß dieselben für 1° R. von 150 zu 200 F. nur 66, von 250 bis 300 F. dagegen 217 engl. Fuß betragen. Wir müssen uns also bewogen fühlen auszusprechen, daß die bisherigen Ergebnisse der Beobachtung im Schergin-Schachte keineswegs genügen, um mit Sicherheit das Maaß der Temperatur-Zunahme zu bestimmen; daß jedoch (trotz der großen Abweichungen, die in der verschiedenen Leitungsfähigkeit der Erdschichten, in dem störenden Einflusse der äußeren herabsinkenden Luft oder der Tagewasser gegrundet sein können) die Temperatur-Zunahme auf 1° R. nicht mehr als 100 bis 117 englische Fuß betrage." Das Resultat 117 engl. Fuß ist das Mittel aus den 6 partiellen Temperatur-Zunahmen (von 50 zu 50 Fuß) zwischen 100 und 382 Fuß Schachttiefe. Vergleiche ich die Luft-Temperatur des Jahres zu Jakutsk (— 8°,13 R.) mit der durch Beobachtung

gegebenen mittleren Temperatur des Eises (—2⁰,40 R.) in der größten Tiefe (382 engl. Fuß), so finde ich 66³/₅ engl. Fuß für 1⁰ R. Hundert Fuß giebt die Vergleichung des Tiefsten mit der Temperatur, welche in 100 Fuß Schachttiefe herrscht. Aus den scharfsinnigen numerischen Untersuchungen von Middendorff und Peters über die Fortpflanzungs-Geschwindigkeit der atmosphärischen Temperatur-Veränderungen, über Kälte= und Wärme=Gipfel (Middend. S. 133—157 und 168—175) folgt: daß in den ver= schiedenen Bohrlöchern, in den geringen oberen Tiefen von 7 bis 20 Fuß, „ein Steigen der Temperatur vom März bis October, und ein Sinken der Temperatur vom November bis April statt findet, weil Frühjahr und Herbst die Jahreszeiten sind, in welchen die Veränderungen der Luft=Temperatur am bedeutendsten sind" (S. 142 und 145). Selbst sorgfältig verdeckte Gruben kühlen sich in Nord=Sibirien allmälig aus durch vieljährige Berührung der Luft mit den Schachtwänden. Im Schergin=Schachte hat jedoch in 18 Jahren diese Berührung kaum ½ Grad Temperatur=Ernie= drigung hervorgebracht. Eine merkwürdige und bisher unerklärte Erscheinung, die sich auch in dem Schergin=Schachte dargeboten hat, ist die Erwärmung, welche man im Winter bisweilen in den tieferen Schichten allein bemerkt hat, „ohne nachweisbaren Einfluß von außen" (S. 156 und 178). Noch auffallender scheint es mir, daß im Bohrloch zu Wedensk an der Pasina bei einer Luft= Temperatur von —28⁰ R. in der so geringen Tiefe von 5 bis 8 Fuß nur —2⁰,5 gefunden wurden! Die Isogeothermen, auf deren Richtung Kupffer's scharfsinnige Untersuchungen zuerst geleitet haben (Kosmos Bd 1. S. 445), werden noch lange Zeit ungelöste Probleme darbieten. Die Lösung ist besonders schwierig da, wo das voll= ständige Durchsinken der Bodeneis=Schicht eine langdauernde Arbeit ist. Als ein bloßes Local=Phänomen, nach des Ober=Hütten=Ver= walters Slobin's Ansicht durch die aus Gewässern niedergeschlagenen Erdschichten entstanden, darf jetzt das Bodeneis bei Jakutsk nicht mehr betrachtet werden (Midd. S. 167).

[47] (S. 45) Middendorff Bd. I S. 160, 164 und 179. In diesen numerischen Angaben und Vermuthungen über die Dicke des Eisbodens wird eine Zunahme der Temperatur nach arithme= tischer Progression der Tiefen vorausgesetzt. Ob in größeren Tiefen eine Verlangsamung der Wärme=Zunahme eintrete, ist theoretisch

ungewiß; und daher von spielenden Berechnungen über die Tempe=
ratur des Erd=Centrums in Strömung erregenden geschmolzenen
heterogenen Gebirgsmassen abzurathen.

[48] (S. 45.) Schrenk's Reise durch die Tundern der
Samojeden 1848 Th I. S. 597.

[49] (S. 45.) Gustav Rose, Reise nach dem Ural Bd. I.
S. 428.

[50] (S. 46.) Vergl meines Freundes G. von Helmersen
Versuche über die relative Warme=Leitungsfahigkeit der Felsarten
(Mém. de l'Académie de St. Pétersbourg Mélanges
physiques et chimiques 1851 p. 32).

[51] (S. 47.) Middendorff Bd. I S. 166 verglichen mit
S. 179. „Die Curve des anfangenden Eisbodens scheint in Nord
Asien zwei gegen Süden convexe Scheitel: einen schwach gekrümm=
ten am Obi und einen sehr bedeutenden an der Lena, zu haben.
Die Grenze des Eisbodens lauft von Beresow am Obi gegen
Turuchansk am Jenisei; dann zieht sie sich zwischen Wittimsk und
Olekminsk auf das rechte Ufer der Lena, und, zum Norden hinan=
steigend, ostwärts."

[52] (S. 49.) Die Hauptstelle von der magnetischen Kette von
Ringen ist im Platonischen Jon pag. 533 D, E ed. Steph Später
erwahnen dieser Fortpflanzung der anziehenden Wirkung außer
Plinius (XXXIV, 14) und Lucrez (VI, 910) auch Augustinus (de
civitate Dei XX, 4) und Philo (de Mundi opificio pag 32
D ed. 1691).

[53] (S. 49.) Kosmos Bd. I. S. 194 und 435 Anm. 32, Bd. II
S. 293—295, 317—322, 468 Anm. 59 und 481—482 Anm 91—93.

[54] (S. 50.) Vergl. Humboldt, Asie centrale T. I.
p. XL—XLII und Examen crit. de l'hist. de la Géographie T. III. p. 35. Eduard Biot, der die Klaproth'schen Unter=
suchungen über das Alter des Gebrauchs der Magnetnadel in China
durch mühsame bibliographische Studien, theils allein, theils mit
Beihülfe meines gelehrten Freundes Stanislas Julien, bekräftigt
und erweitert hat, führt eine altere Tradition an, die sich aber
erst bei Schriftstellern aus den ersten christlichen Jahrhunderten
findet, nach welcher Magnetwagen schon unter dem Kaiser Hoang=ti
gebraucht wurden. Dieser berühmte Monarch soll 2600 Jahre vor
unserer Zeitrechnung (d. i. tausend Jahre vor der Vertreibung der

Hyksos aus Aegypten) regiert haben. Ed. Biot sur la direction de l'aiguille aimantée en Chine in den Comptes rendus de l'Acad des Sciences T XIX. 1844 p. 362.

[55] (S. 50.) Kosmos Bd. I. S. 194 und 435 Anm 31. Aristoteles selbst (de Anima 1, 2) spricht nur von der Beseelung des Magnetsteins als einer Meinung des Thales. Diogenes Laertius dehnt aber die Meinung bestimmt auf den Bernstein aus, indem er sagt: „Aristoteles und Hippias behaupten von der Lehre des Thales . . . " Der Sophist Hippias aus Elis, der alles zu wissen wähnte, beschäftigte sich mit Naturkunde, und so auch mit den ältesten Traditionen aus der physiologischen Schule. Der „anziehende Windeshauch", welcher, nach dem chinesischen Physiker Knopho, „den Magnet und den Bernstein durchweht", erinnert, nach Buschmann's mexicanischen Sprachuntersuchungen, an den aztekischen Namen für den Magnet: tlaihioanani tetl, bedeutend: „der durch den Hauch an sich ziehende Stein" (von ihiotl Hauch, Athem, und ana ziehen).

[56] (S. 51.) Was Klaproth über diesen merkwürdigen Apparat dem Penthsaoyan entnommen, ist umständlicher in dem Mung-khi-pi-than aufgefunden worden; Comptes rendus T. XIX. p. 365. Warum wird wohl in dieser letzteren Schrift, wie auch in einem chinesischen Kräuterbuche gesagt: die Cypresse weist nach dem Westen, und allgemeiner: die Magnetnadel weist nach dem Süden? Ist hier eine üppigere Entwicklung der Zweige nach Sonnenstand oder vorherrschender Windrichtung gemeint?

[57] (S 56.) Kosmos Bd. II S. 469—472 Zu der Zeit König Eduards III von England: als, wie Sir Nicholas Harris Nicolas (History of the Royal Navy 1847 Vol. II. p 180) erwiesen hat, immer nach dem Compaß, damals sailstone dial, sailing needle oder adamante genannt, geschifft wurde; sieht man zur Ausrüstung des »King's ship the George« im Jahr 1345 in dem Ausgabe-Register aufgeführt sechzehn in Flandern gekaufte horologes (hour-glasses), aber diese Angabe ist keinesweges ein Beweis für den Gebrauch des Logs. Die Stundengläser (ampolletas der Spanier) waren, wie aus den Angaben von Enciso in Cespedes sich deutlichst ergiebt, lange vor Anwendung des Logs, echando punto por fantasia in der corredera de los perezosos, d. h. ohne ein Log auszuwerfen, nothwendig.

⁵⁸ (S. 57.) Vergl. Kosmos Bd I. S. 427 Anm. 11 und 429 Anm. 14; Bd. II. S. 373, 381, 382, 515 Anm. 70—72 und 517 Anm. 88. Calamitico wegen der Gestalt eines Laubfrosches der ersten Compaß-Nadeln.

⁵⁹ (S. 57.) Vergl Gilbert, Physiologia nova de Magnete lib III cap. 8 p 124. Daß Magnetismus dem Eisen lang-dauernd mitgetheilt werden kann, sagt im allgemeinen, doch ohne des Streichens zu erwähnen, schon Plinius (Kosmos Bd. I. S. 430 Anm. 19). Merkwürdig ist Gilbert's Bespottung der: »vulgaris opinio de montibus magneticis aut rupe aliqua magnetica, de polo phantastico a polo mundi distante« (l. c. p. 42 und 98). Die Veränderlichkeit und das Fortschreiten der magnetischen Linien waren ihm noch ganz unbekannt: »varietas uniuscujusque loci constans est«; l. c. p. 42, 98, 152 und 153.

⁶⁰ (S. 57.) Historia natural de las Indias lib I cap 17.

⁶¹ (S. 58.) Kosmos Bd. I. S. 189.

⁶² (S. 58.) Ich habe durch Anführung eigener, sehr sorgfältiger Inclinations-Beobachtungen, die ich in der Südsee angestellt, erwiesen, unter welchen Bedingungen die Inclination von wichtigem praktischen Nutzen zu Breiten-Bestimmungen zur Zeit der an der peruanischen Küste herrschenden, Sonne und Sterne verdunkelnden garua sein kann (Kosmos Bd. I. S 185 und 423 Anm. 14). Der Jesuit Cabeus, Verfasser der Philosophia magnetica (in qua nova quaedam pyxis explicatur, quae poli elerationem ubique demonstrat), hat auch schon in der ersten Hälfte des 17ten Jahr-hunderts die Aufmerksamkeit auf diesen Gegenstand geleitet.

⁶³ (S. 58.) Edmund Halley in den Philos. Transact. for 1683 Vol. XII. No. 148 p 216

⁶⁴ (S. 59.) Solche Linien, von ihm tractus chalyboeliticos genannt, hatte auch der Pater Christoph Burrus in Lissabon auf eine Karte getragen, die er dem König von Spanien zur Auffin-dung und Bestimmung der Seelange für einen übergroßen Preis anbot: wie Kircher in seinem Magnes ed. 2. p 443 erzählt. Der allerersten Variations-Karte von 1530 ist bereits oben (S 55) Erwähnung geschehen.

⁶⁵ (S. 60) Noch 20 Jahre später als Halley auf St. Helena seinen Catalog südlicher Sterne (leider! keines unter der 6ten Größe) anfertigte, rühmte sich Hevelius im Firmamentum

Sobescianum, kein Fernrohr anzuwenden und durch Spalt=
öffnungen zu beobachten. Halley wohnte 1679, als er Danzig
besuchte, diesen Beobachtungen, deren Genauigkeit er übrigens
übermäßig anrühmte, bei. Kosmos Bd III. S. 60, 106 (Anm.
2 und 3), 154, 317 und 355 (Anm. 13.)

[66] (S. 60.) Spuren der täglichen und stündlichen Veränder=
lichkeit der magnetischen Abweichung hatten bereits in London
Hellibrand (1634) und in Siam der Pater Tachard (1682) erkannt

[67] (S. 61.) Vergl Kosmos Bd. I S. 432—435 Anm. 29.
Die vortreffliche Construction der, nach Borda's Angabe zuerst von
Lenoir angefertigten Boussole d'Inclinaison, die Möglichkeit freier
und langer Schwingungen der Nadel, die so sehr verminderte
Reibung der Zapfen, und die richtige Aufstellung des mit Libellen
versehenen Instruments haben die genaue Messung der Erdkraft
unter verschiedenen Zonen zuerst möglich gemacht.

[68] (S. 63.) Die Zahlen, mit welchen die folgende Tafel an=
hebt (z. B. 1803—1806), deuten auf die Epoche der Beobachtung;
die in Klammern dem Titel der Schriften beigefügten Zahlen aber
auf die, oft sehr verspätete Veröffentlichung der Beobachtungen.

[69] (S 66.) Malus (1808) und Arago's (1811) einfarbige und
chromatische Polarisation des Lichtes, s Kosmos Bd. II. S. 370.

[70] (S. 67.) Kosmos Bd. I. S. 186 und 429 Anm. 17.

[71] (S. 68.) »Before the practice was adopted of determining
absolute values, the most generally used scale (and which still
continues to be very frequently referred to) was founded on
the time of vibration observed by Mr. de Humboldt about the
commencement of the present century at a station in the Andes of
South America, where the direction of the dipping-needle was
horizontal, a condition which was for some time erroneously
supposed to be an indication of the minimum of magnetic force
at the Earth's surface. From a comparison of the times of
vibration of Mr. de Humboldt's needle in South America and
in Paris, the ratio of the magnetic force at Paris to what was
supposed to be its minimum, was inferred (1.348); and from the
results so obtained, combined with a similar comparison made
by myself between Paris and London in 1827 with several magnets, the ratio of the force in London to that of Mr. de Humboldt's original station in South America has been inferred to

be 1,372 to 1,000. This is the origin of the number 1,372, which has been generally employed by British observers. By *absolute* measurements we are not only enabled to compare numerically with one another the results of experiments made in the most distant parts of the globe, with apparatus not previously compared, but we also furnish the means of comparing hereafter the intensity which exists at the present epoch, with that which may be found at future periods« Sabine im Manual for the use of the British Navy 1849 p. 17.

[72] (S. 70) Das erste Bedürfniß verabredeter gleich= zeitiger magnetischer Beobachtung ist von Celsius gefühlt worden. Ohne noch des, eigentlich von seinem Gehülfen Olav Hiorter (März 1741) entdeckten und gemessenen Einflusses des Polar= lichts auf die Abweichung zu erwähnen, forderte er Graham (Som= mer 1741) auf mit ihm gemeinschaftlich zu untersuchen, ob gewisse außerordentliche Perturbationen, welche der stündliche Gang der Nadel von Zeit zu Zeit in Upsala erlitt, auch in derselben Zeit von ihm in London beobachtet wurden Gleichzeitigkeit der Per= turbationen, sagt er, liefere den Beweis, daß die Ursach der Pertur= bation sich auf große Erdräume erstrecke und nicht in zufälligen loca= len Einwirkungen gegründet sei. (Celsius in Svenska Veten= skaps Academiens Handlingar for 1740 p 44; Hiorter a a O. 1747 p. 27.) Als Arago erkannt hatte, daß die durch Polarlicht bewirkten magnetischen Perturbationen sich über Erd= strecken verbreiten, wo die Lichterscheinung des magnetischen Unge= witters nicht gesehen wird, verabredete er gleichzeitige stündliche Beobachtungen 1823 mit unserem gemeinschaftlichen Freunde Kupffer in Kasan, fast 47° östlich von Paris. Aehnliche gleichzeitige Decli= nations=Beobachtungen sind (1823) von mir mit Arago und Reich in Paris, Freiberg und Berlin angestellt worden; s. Poggend. Ann. Bd. XIX. S. 337.

[73] (S 75) Die im Text genannte Abhandlung von Rudolph Wolf enthält eigene tägliche Beobachtungen von Sonnenflecken (1 Januar bis 30 Juni 1852), und eine Zusammenstellung der Lamont'schen periodischen Declinations Variationen mit den Resul= taten von Schwabe über die Frequenz der Sonnenflecken (1835—1850). Es wurde dieselbe in einer Sitzung der naturforschenden Gesellschaft zu Bern den 31 Juli 1852 vorgetragen, während die ausführlichere

Abhandlung vom Oberſt Sabine (Phil. Transact for 1852 P. I. p 116—121) der königl. Societät zu London ſchon Anfangs März übergeben und Anfangs Mai 1852 verleſen wurde. Nach den neue=ſten Unterſuchungen der Beobachtungen der Sonnenflecken findet Wolf die Periode im Mittel von 1600 bis 1852 zu 11,11 Jahren.

[74] (S 76) Kosmos Bd. III. S. 400 und 419 Anm. 30. Dia=magnetiſche Abſtoßung und äquatoriale, d. i. oſt=weſtliche Stellung in der Nähe eines ſtarken Magnets zeigen Wismuth, Antimon, Silber, Phosphor, Steinſalz, Elfenbein, Holz, Aepfel=ſcheiben und Leder. Sauerſtoff=Gas (rein oder mit anderen Gas=Arten gemiſcht, oder in den Zwiſchenräumen der Kohle verdickt) iſt paramagnetiſch. Vergl. über kryſtalliſirte Körper, was nach der Lage gewiſſer Achſen der ſcharfſinnige Plücker (Poggend Ann. Bd. 73. S. 178 und Phil. Transact. for 1851 § 2336—2342) aufgefunden hat. Die Abſtoßung durch Wismuth war zuerſt von Brugmans (1778) erkannt, dann von Le Bailllf (1827) und Seebeck (1828) grund=licher geprüft. Faraday ſelbſt (§ 2429—2431), Reich und der, ſchon ſeit dem Jahre 1836 für die Fortſchritte des telluriſchen Magne=tismus ſo ununterbrochen thätige Wilhelm Weber haben den Zu=ſammenhang der diamagnetiſchen Erſcheinungen mit denen der Induction dargethan (Poggend. Ann. Bd. 73. S. 241 und 253). Weber hat ſich nachzuweiſen beſtrebt, daß der Diamagnetismus ſeine Quelle in den Ampère'ſchen Molecular=Strömen habe (Wilh. Weber, Abhandlungen über electro=dynamiſche Maaßbeſtimmungen 1852 S. 545—570).

[75] (S. 77.) Zur Hervorbringung dieſer Polarität werden durch die actio in distans des Erdkörpers die magnetiſchen Flüſſigkeiten in jedem Sauerſtoff=Theilchen in beſtimmter Richtung und mit beſtimmter Kraft um eine gewiſſe Größe getrennt. Jedes Sauerſtoff-Theilchen repräſentirt dadurch einen kleinen Magnet; und alle dieſe kleinen Magnete reagiren auf einander, wie auf den Erdkörper, und zuletzt, in Verbindung mit dieſem, auf eine irgendwo in oder außerhalb des Luftkreiſes befindlich gedachte Nadel. Die Sauerſtoff=Hülle des Erdkreiſes iſt zu vergleichen einer Armatur von weichem Eiſen an einem natürlichen oder Stahl=Magnet: der Magnet kugelförmig gedacht gleich der Erde, und die Armatur als Hohlkugel gleich der atmoſphäriſchen Sauerſtoff=Hülle. Die Stärke, bis zu der ein jedes Sauerſtoff=

Theilchen durch die conſtante Kraft der Erde magnetiſirt werden
kann (magnetic power), ſinkt mit der Temperatur und Verdünnung
des Sauerſtoff-Gaſes. Indem eine ſtete Veränderung der Temperatur und Ausdehnung der Sonne von Oſt nach Weſt um den
Erdkörper folgt, muß ſie demnach auch die Reſultate der Kräfte
der Erde und der Sauerſtoff-Hülle verändern, und dies iſt nach Faraday's Meinung die Quelle eines Theiles der Variationen
in den Elementen des Erd-Magnetismus. Plücker findet, daß,
da die Kraft, mit welcher der Magnet auf das Sauerſtoff-Gas
wirkt, der Dichtigkeit des Gaſes proportional iſt, der Magnet
ein einfaches eudiometriſches Mittel darbietet die Gegenwart
des freien Sauerſtoff-Gaſes in einem Gas-Gemiſch bis auf 1 oder
2 Hunderttheilchen zu erkennen.

⁷⁶ (S. 79.) Kosmos Bd. IV. S. 10 und 11.

⁷⁷ (S. 79) Kepler in Stella Martis p. 32 und 34. Vergl
damit sein Mysterium cosmogr. cap 20 p 71.

⁷⁸ (S. 79.) Kosmos Bd. III. S 416 Anm. 23, wo aber durch
einen Druckfehler Basis Astronomiae ſtatt Clavis Astronomiae ſteht. Die Stelle (§ 226), in welcher der Lichtproceß der
Sonne ein perpetuirliches Nordlicht genannt wird, iſt übrigens nicht
in der erſten Ausgabe der Clavis Astr von Horrebow (Havn.
1730) zu ſuchen; ſondern ſie ſteht allein in der, durch einen zweiten
Theil vermehrten, neuen Ausgabe derſelben in Horrebow's Operum
mathematico-physicorum T I. Havn. 1740 pag. 317, indem
ſie dieſem hinzugekommenen zweiten Theile der Clavis angehört. —
Vergl. mit Horrebow's Anſicht die ganz ähnlichen von Sir William
und Sir John Herſchel, Kosmos Bd. III. S. 45, 56 (Anm. 22),
256 und 262.

⁷⁹ (S. 79.) Mémoires de Mathém. et de Phys. pré-
sentés à l'Acad. Roy. des Sc. T. IX. 1780 p. 262.

⁸⁰ (S. 80.) »So far as these four stations (Toronto, Hobarton, St. Helena and the Cape), so widely separated from each
other and so diversely situated, justify a generalisation, we may
arrive to the conclusion, that at the hour of 7 to 8 A. M. the
magnetic declination is *everywhere* subject to a variation of which
the period is a year, and which is everywhere similar in character
and amount, consisting of a movement of the north end of the
magnet from east to west between the northern and the southern

solstice, and a return from west to east between the southern
and the northern solstice, the amplitude being about 5 minutes
of arc. The *turning periods of the year* are not, as many might
be disposed to anticipate, *those months, in which the temperature
at the surface of our planet, or of the subsoil, or of the atmosphere* (as far as we possess the means of judging of the temperature of the atmosphere) *attains its maximum and minimum.*
Stations so diversely situated would indeed present in these
respects *thermic conditions* of great variety. whereas uniformity
in the epoch of the *turning* periods is a not less conspicuous
feature in the annual variation than similarity of character and
numerical value. At all the stations the *solstices* are the turning
periods of the annual variation at the hour of which we are
treating — The only periods of the year in which the diurnal
or horary variation at that hour does actually disappear, are at
the *equinoxes,* when the sun is passing from the one hemisphere
to the other, and when the magnetic direction in the course of
its annual variation from east to west, or vice versa, coincides
with the direction which is the mean declination of all the
months and of all the hours. — The *annual variation* is ob-
viously connected with, and dependent on, the *earth's position*
in its orbit relatively to the sun, around which it revolves; as
the *diurnal variation* is connected with and dependent on the
rotation of the earth on its axis, by which each meridian suc-
cessively passes through every angle of inclination to the sun in
the round of 24 hours « Sabine on the annual and diurnal
variations, in dem noch nicht erschienenen 2ten Bande der Observations made at the magn. and meteorol. Observatory at Toronto p XVII—XX. Vergl auch seine Abhandlung
on the annual variation of the magnetic Declination
at different periods of the Day in den Philos. Transact
for 1851 P. II. p 635, und die Einleitung in die Observ made
at the Observatory at Hobarton Vol. I. p. XXXIV—XXXVI.

" (S 80.) Sabine on the means adopted for determining the absolute values, secular change and annual
variation of the terrestrial magnetic Force, in den
Phil. Transact. for 1850 P I. p 216. Auch in Sabine's Er-
öffnungsrede der Versammlung zu Belfast (Meeting of the

Brit. Assoc. in 1852) heißt es: it is a remarkable fact, which has been established, that the magnetic force is greater in both the northern and southern hemispheres in the months of December, January and February, when the Sun is nearest to the earth, than in those of May, June and July, when he is most distant from it. whereas, if the effects were due to temperature, the two hemispheres should be oppositely instead of similarly affected in each of the two periods referred to.

[82] (S. 81.) Lamont in Poggend. Annalen Bd. 84. S. 579.

[83] (S. 81.) Sabine on periodical laws discoverable in the mean effects of the larger magnetic Disturbances, in den Phil. Transact. for 1852 P. I. p. 121. (Kosmos Bd. IV. S. 73 No. 9.)

[84] (S. 81.) Kosmos Bd. III. S. 402.

[85] (S. 82.) A. a. O. S. 238

[86] (S. 82) Kreil, Einfluß des Mondes auf die magnetische Declination 1852 S. 27, 29 und 46.

[87] (S. 83.) Kosmos Bd. I. S. 407 Anm. 55 und, auf die Meteorsteine angewandt, S. 137; wie Bd. III. S. 594.

[88] (S. 84) Vergl. Mary Somerville in ihrer kurzen, aber lichtvollen, auf Sabine's Arbeiten gegründeten Darstellung des Erd-Magnetismus, Physical Geography Vol. II. p. 102. Sir John Roß, der diese Curve schwächster Intensität auf seiner großen antarctischen Expedition Dec. 1839 durchschnitt (lat. 19° südl. und long. 31° 35' westl.), und das große Verdienst hat ihre Lage in der südlichen Hemisphäre zuerst bestimmt zu haben, nennt sie den Equator of less intensity. S. dessen Voy. to the Southern and Antarctic Regions Vol. I. p. 22.

[89] (S. 84.) »Stations of an intermediate character situated beetween the northern and southern magnetic hemispheres, partaking, although in opposite seasons, of those contrary features which separately prevail (in the two hemispheres) throughout the year.« Sabine in den Phil. Transact. for 1847 P. I. p. 53 und 57.

[90] (S. 85.) Der Pole of Intensity ist nicht der Pole of Verticity; Phil. Transact. for 1846 P. III. p. 255.

[91] (S. 85.) Gauß, allgem. Theorie des Erdmagnetismus § 31.

[92] (S. 85.) Philos. Transact. Vol. XXXIII for 1724, 1725 p. 332 (»to try, if the Dip and Vibrations were constant and regular«).

[93] (S. 86.) Novi Comment. Acad. scient. Petropol. T. XIV. pro anno 1769 Pars 2 p. 33. S. auch Le Monnier, Lois du Magnétisme comparées aux observations 1776 p. 50.

[94] (S. 87.) Es ist zu erinnern, daß bei den astronomischen Ortsbestimmungen das Zeichen + vor der Zahl die nördliche, das Zeichen — vor derselben die südliche Breite ausdrückt; wie O. und W. nach den Längengraden stets den östlichen oder westlichen Abstand vom Meridian von Paris, nicht von Greenwich (wenn in einigen Fällen es nicht ausdrücklich bemerkt ist), andeuten. Wo einzelne Abhandlungen des Obersten Sabine nicht namentlich in den Anmerkungen des Kosmos citirt sind, ist in dem Abschnitt vom tellurischen Magnetismus (S. 74 bis 141) durch Anführungszeichen kenntlich gemacht, was den handschriftlichen Mittheilungen jenes mir befreundeten Gelehrten entnommen wurde.

[95] (S. 88.) Fifth Report of the British Association p 72, seventh Report p. 64 und 68; Contributions to terrestrial Magnetism No. VII in den Philos. Transact. for 1846 P. III. p. 254.

[96] (S. 89.) Sabine im Seventh Report of the Brit. Assoc. p. 77.

[97] (S. 89.) Sir James Roß, Voy. in the Southern and Antarctic Regions Vol. I. p 322. Der große Seefahrer durchschnitt zweimal zwischen Kerguelen und Van Diemen die Curve größter Intensität: zuerst in Br. — 46° 44', Länge 126° 6' Ost, wo die Intensität bis 2,034 anwuchs, um östlich gegen Hobarton hin bis 1,824 abzunehmen (Voy. Vol. I. p. 103 und 104); dann ein Jahr später, vom 1 Januar bis 3 April 1841, wo nach dem Schiffsjournal des Erebus von Br. — 77° 47' (Lg. 173° 21' O.) bis Br. — 51° 16' (Lg. 134° 30' O.) die Intensitäten ununterbrochen über 2,00, selbst 2,07 waren (Philos. Transact. for 1843 P. II. p. 211—215). Sabine's Resultat für den einen Focus der südlichen Halbkugel (Br. — 64°, Lg. 135° 10' Ost), das ich in dem Text gegeben, ist aus den Beobachtungen von Sir James Roß vom 19 bis 27 März 1841 genommen (crossing the southern isodynamic

ellipse of 2,00 about midway between the extremities of its principal axis) zwischen Br. — 58° 26′, Länge 126° 20′ und 146° 0′ Oſt (Contrib. to terr. Magn. in den Philos. Transact. for 1846 P. III. p. 252).

⁹⁸ (S 89.) Roß, Voyage Vol. II. p. 224. Nach den Reiſe= Inſtructionen wurden die beiden ſüdlichen Foci des Marimums der Intenſität vermuthet (Vol. I. p. XXXVI) in Br. — 47°, Lg. 140° O. und Br. — 60°, Lg. 235° O. (Meridian von Greenwich).

⁹⁹ (S. 89.) Philos. Transact. for 1850 P. I. p. 201; Admiralty Manual 1849 p. 16; Erman, Magnet. Beob. S. 437—454.

¹⁰⁰ (S. 90.) Auf der Karte der iſodynamiſchen Linien von Nordamerika, die zu Sabine's Abhandlung: Contributions to terrestrial Magnetism No. VII gehört, ſteht aus Ver= ſehen 14,88 ſtatt 14,21. Die letztere, wahre Zahl iſt aber im Text derſelben Abhandlung p. 252 zu leſen. In dem Zuſatz zu Note 158 im 1ten Bande der engliſchen Ueberſetzung des Kosmos p. 414 ſteht auch durch einen Druckfehler 13,9 ſtatt 14,21.

¹ (S. 91.) Ich folge für 15,60 der Angabe in Sabine's Contrib. No. VII p. 252. Aus dem magnetiſchen Journal des Erebus (Philos Transact. for 1843 P. II. p. 169 und 172) er= ſieht man, daß auf dem Eiſe am 8 Februar 1841 (in Br. — 77° 47′ und Lg. 175° 2′ W.) vereinzelte Beobachtungen ſelbſt 2,124 gaben. Der Werth der Intenſität 15,60 in abſoluter Scale ſetzt die Inten= ſität in Hobarton proviſoriſch zu 13,51 voraus (magn and meteorol. Observations made at Hobarton Vol. I. p. LXXV). Es iſt aber dieſelbe neuerdings (Vol. II. p. XLVI) um etwas ver= größert worden, zu 13,56. In dem Admiralty Manual p. 17 finde ich den ſüdlichen ſtärkeren Focus in 15,8 verwandelt.

² (S. 91.) Sabine in der engliſchen Ueberſetzung des Kos= mos Vol. I. p. 414

³ (S. 91.) S. die intereſſante Darſtellung: Map of the World, divided into Hemispheres by a plane, coinciding with the Meridians of 100 and 280 E. of Greenwich, exhibiting the unequal distribution of the Magnetic Intensity in the two Hemi= spheres, Plate V; in den Proceedings of the Brit. Assoc. at Liverpool 1837 p. 72—74. Die Theilung iſt, nach dem Pari= ſer Meridian gerechnet, Länge 97° 40′ Oſt und 82° 20′ Weſt. Faſt

ununterbrochen fand Erman die Intensität der Erdkraft unter 0,76 (also sehr schwach) in der südlichen Zone von Br. — 24° 25′ bis Br — 13° 18′, zwischen 37° 10′ und 35° 4′ westlicher Länge.

⁴ (S. 92) Kosmos Bd. I S. 193 und 435 Anm 30.

⁵ (S. 92) Voyage in the Southern Seas Vol. I. p. 22 und 27. S. oben S. 84 und Anm. 88.

⁶ (S. 92.) S. das Schiffsjournal von Sulivan und Dunlop in den Philos. Transact. for 1840 P. I. p. 143. Sie fanden als Minimum aber nur 0,800.

⁷ (S. 92) Man erhält 1 : 2,44, wenn man in absoluter Scale St. Helena 6,4 mit dem stärkeren Focus am Südpol 15,60 vergleicht; 1 : 2,47 durch Vergleichung von St Helena mit dem zu 15,8 vergrößerten südlichen Maximum (Admir. Manual p. 17); 1 : 2,91 durch Vergleichung in relativer Scale von Erman's Beob= achtung im atlantischen Ocean (0,706) mit dem südlichen Focus (2,06); ja selbst 1 : 2,95, wenn man in absoluter Scale die schwachste Angabe desselben ausgezeichneten Reisenden (5,35) mit der starksten Angabe für den südlichen Focus (15,8) zusammenstellt. Eine Mittel= zahl wäre 1 : 2,69. Vergl für die Intensität von St. Helena (6,4 in absoluter oder 0,845 in relativer Scale) die frühesten Beobach= tungen von Fitz=Roy (0,836) Philos. Transact. for 1847 P. I. p 52 und Proceedings of the meeting at Liverpool p. 56.

⁸ (S. 92.) Vergl. die engl. Ueberf. des Kosmos Vol. I. p. 413 und Contrib to terrestr. Magnetism No. VII p. 256.

⁹ (S. 94.) Welche Art der Täuschung kann in den Kohlen= bergwerken von Flenu zu dem Resultat geführt haben, daß im In= neren der Erde in 83 Fuß Tiefe die Horizontal=Intensität schon um 0,001 wachse? Journal de l'Institut 1845 Avril p 146. In einem englischen tiefen Bergwerke, 950 Fuß unter dem Meeres= spiegel, fand Henwood gar keine Zunahme der Kraft (Brewster, Treatise on Magn. p. 275).

¹⁰ (S 94.) Kosmos Bd. I. S 418, Bd. IV. S. 36.

¹¹ (S. 94) Eine Verminderung der Magnet=Intensität mit der Höhe folgt in meinen Beobachtungen aus den Vergleichungen der Silla de Caracas (8105 Fuß über dem Meere; Kraft 1,188) mit dem Hafen la Guayra (Höhe 0 F.; Kraft 1,262) und der Stadt Caracas (Höhe 2484 F.; Kraft 1,209), aus der Vergleichung der Stadt Santa Fé de Bogota (Höhe 8190 F.; Kraft 1,147) mit der Capelle von

Nuestra Señora de Guadalupe (Höhe 10128 F.; Kraft 1,127), die
in größter Nähe unmittelbar an einer steilen Felswand wie ein
Schwalbennest über der Stadt hängt; aus der Vergleichung des
Vulkans von Purace (Höhe 13650 F ; Kraft 1,077) mit dem Ge-
birgsdörfchen Purace (Höhe 8136 F.; Kraft 1,087) und mit der
nahen Stadt Popayan (Höhe 5466 F.; Kraft 1,117); aus der Vergleichung der Stadt Quito (Höhe 8952 F.; Kraft 1,067) mit dem
Dorfe San Antonio de Lulumbamba (Höhe 7650 F.; Kraft 1,087),
in einer nahen Felskluft liegend, unmittelbar unter dem geographischen Aequator. Widersprechend waren die höchsten Oscillations-
Versuche, die ich je gemacht, in einer Höhe von 14960 Fuß, an
dem Abhange des längst erloschnen Vulkans Antisana, gegenüber
dem Chussulongo. Die Beobachtung mußte in einer weiten Höhle
angestellt werden, und die so große Vermehrung der Intensität war
gewiß Folge einer magnetischen Local-Attraction der Gebirgsart, des
Trachyts: wie Versuche bezeugen, die ich mit Gay-Lussac im Krater
selbst des Vesuvs und an den Kraterrändern gemacht. Die Intensität
fand ich in der Höhle am Antisana bis 1,188 erhöht, wenn sie umher
in niederen Hochebenen kaum 1,068 war. Die Intensität im Hospiz
des St. Gotthard (1,313) war größer als die von Airolo (1,309),
aber kleiner als die von Altorf (1,322); Airolo dagegen übertraf
die Intensität des Ursern-Lochs (1,307). Eben so fanden wir, Gay-
Lussac und ich, im Hospiz des Mont Cenis die Intensität 1,344,
wenn dieselbe in Lans le Bourg am Fuß des Mont Cenis 1,323;
in Turin 1,336 war. Die größten Widersprüche bot uns natürlich,
wie schon oben bemerkt, der noch brennende Vesuv dar. Wenn 1805
die Erdkraft in Neapel 1,274 und in Portici 1,288 war, so stieg
sie in der Einsiedelei von San Salvador zu 1,302, um im Krater
des Vesuvs tiefer als in der ganzen Umgegend, zu 1,193, herabzu-
sinken. Eisengehalt der Laven, Nähe magnetischer Pole einzelner
Stücke und die, im ganzen wohl schwächend wirkende Erhitzung des
Bodens bringen die entgegengesetztesten Local-Störungen hervor.
Vergl. mein Voyage aux Régions équinoxiales T. III.
p. 619—626 und Mém. de la société d'Arcueil T. I 1807
p. 17—19

¹² (S. 95) Kupffer's Beobachtungen beziehen sich nicht auf
den Gipfel des Elbruz, sondern auf den Höhen-Unterschied (4500
Fuß) von 2 Stationen: Brücke von Malpa und Bergabhang von

Kharbis, die leider in Länge und Breite beträchtlich verschieden sind. Ueber die Zweifel, welche Necker und Forbes in Bezug auf das Resultat erhoben haben, s. Transact. of the Royal Soc. of Edinburgh Vol. XIV. 1840 p. 23—25.

[13] (S. 95.) Vergl. Laugier und Mauvais in den Comptes rendus T. XVI. 1843 p. 1175 und Bravais, Observ. de l'intensité du Magnétisme terrestre en France, en Suisse et en Savoie in den Annales de Chimie et de Phys. 3me Série T. XVIII. 1846 p. 214; Kreil, Einfluß der Alpen auf die Intensität in den Denkschriften der Wiener Akad. der Wiss., mathem. naturwiss. Cl. Bd. I. 1850 S. 265, 279 und 290. Um so auffallender ist es, daß ein sehr genauer Beobachter, Quetelet, im Jahr 1830 die Horizontal-Intensität von Genf (1,080) zum Col de Balme (1,091), ja zum Hospiz des heil. Bernhard (1,096) mit der Höhe hat zunehmen sehen. Vergl. Sir David Brewster, Treatise on Magn. p. 275.

[14] (S. 95.) Annales de Chimie T. LII. (1805) p. 86 bis 87.

[15] (S. 95.) Arago im Annuaire du Bureau des Longitudes pour 1836 p 287; Forbes in den Edinb. Transact. Vol. XIV. (1840) p. 22.

[16] (S. 96.) Faraday, Exper. Researches in Electricity 1851 p. 53 und 77 § 2881 und 2961.

[17] (S. 96.) Christie in den Philos. Transact. for 1825 p. 49

[18] (S. 97.) Sabine on periodical laws of the larger magnetic disturbances in den Phil. Tr. for 1851 P. I. p. 126; derselbe on the annual variation of the magn. Declin. in den Phil. Tr. for 1851 P. II. p. 636.

[19] (S. 97.) Observ. made at the magn. and meteor. Observatory at Toronto Vol. I. (1840—1842) p. LXII

[20] (S. 98.) Sabine in magn. and meteor. Observations at Hobarton Vol. I p. LXVIII. »There is also a correspondence in the range and turning hours of the diurnal variation of the total force at Hobarton and at Toronto, although the progression is a *double one* at Toronto and a single one at Hobarton.« Die Zeit des Marimums der Intensität ist in Hobarton zwischen 8 und 9 Uhr Morgens, und eben so um 10 Uhr Morgens

das secundäre oder schwächere Minimum in Toronto; also folgt nach der Zeit des Orts das Zunehmen und Abnehmen der Intensität denselben Stunden: nicht den entgegengesetzten, wie bei der Inclination und der Declination. S. über die Ursachen dieser Erscheinung p. LXIX. (Vergl. auch Faraday, Atmospheric Magnetism § 3027—3034.)

[21] (S. 98.) Philos. Transact. for 1850 P. I. p. 215 bis 217; Magnet. Observ. at Hobarton Vol. II. (1852) p XLVI. Vergl. oben Kosmos Bd. IV. S. 27 Anm. 81. Die Intensität (totale Kraft) zeigt am Vorgebirge der guten Hoffnung in entgegengesetzten Jahreszeiten weniger Unterschied als die Inclination; Magnet Observ. made at the Cape of Good Hope Vol. I. (1851) p. LV.

[22] (S. 98.) S. den magnetischen Theil meiner Asie centrale T. III. p. 442.

[23] (S. 99.) Sir John Barrow, Arctic Voyages of discovery 1846 p. 521 und 529.

[24] (S. 99.) Im sibirischen Continent ist bisher keine stärkere Inclination als 82° 16′ beobachtet worden, und zwar von Middendorf am Fluß Taimyr unter Br. + 74° 17′ und Länge 93° 20′ östlich von Paris (Middend. sibir. Reise Th. I. S. 194).

[25] (S. 99.) Sir James Roß, Voyage to the Antarctic Regions Vol. I. p. 246. »I had so long cherished the ambitious hope«, sagt dieser Seefahrer, »to plant the flag of my country on *both* the magnetic poles of our globe; but the obstacles, which presented themselves, being of so insurmountable a character was some degree of consolation, as it left us no grounds for self-reproach« (p. 247).

[26] (S. 100.) Sabine, Pendul. Exper. 1825 p. 476.

[27] (S. 100.) Derselbe in den Philos. Transact. for 1840 P. I. p. 137, 139 und 146. Ich folge für die Bewegung des afrikanischen Knotens der dieser Abhandlung beigefügten Karte.

[28] (S. 101.) Ich gebe hier, wie es immer meine Gewohnheit ist, die Elemente dieser, nicht unwichtigen Bestimmung: Micuipampa, ein peruanisches Bergstädtchen am Fuß des, durch seinen Silberreichthum berühmten Cerro de Gualgayoc: Br. — 6° 44′ 25″, Lg. 80° 53′ 3″; Höhe über der Südsee 11140 Fuß; magnetische Inclination 0°,42 gegen Norden (Centesimal-Theilung des

Kreises). — Caramarca, Stadt in einer 8784 Fuß hohen Ebene:
Br. — 7° 8' 38", Lg. 5ʰ 23' 42"; Incl. 0°,15 gegen Süden. —
Montan, ein Meierhof (hacienda), von Lama=Heerden umgeben,
mitten im Gebirge: Br. — 6° 33' 9", Lg. 5ʰ 26' 51"; Höhe
8042 Fuß; Incl. 0°,70 N. — Tomependa, an der Mündung des
Chinchipe in den Amazonenfluß, in der Provinz Jaen de Braca=
moros: Br. — 5° 31' 28", Lg. 80° 57' 30"; Höhe 1242 Fuß; Incl.
3°,55 N. — Trurillo, peruanische Stadt an der Südsee=Küste:
Br. — 8° 5' 40", Lg. 81° 23' 37"; Incl. 2°,15 S. Humboldt,
Recueil d'Observ. astron. (Nivellement barométrique et géo-
désique) Vol. I. p. 316 No. 242, 244—254. Für die Grundlagen der
astronomischen Bestimmungen durch Sternhöhen und Chronometer
s. dasselbe Werk Vol. II. p. 379—391. Das Resultat meiner In=
clinations=Beobachtungen von 1802 (Br. — 7° 2', Lg. 81° 8' W.)
stimmt, sonderbar zufällig, troß der secularen Veränderung, nicht
schlecht mit Le Monnier's, auf theoretische Rechnung gegründeter
Vermuthung. Er sagt: „nördlich von Lima muß 1776 der mag=
netische Aequator in 7° ⅓, höchstens in 6° ½ südlicher Breite ge=
funden werden! (Lois du Magnétisme comparées aux Observations Partie II. p. 59)

²⁹ (S. 101.) Saigey, Mém. sur l'équateur magnétique d'après les observ. du Capitaine Duperrey, in den Annales maritimes et coloniales Dec. 1833 T. IV. p. 5. Da=
selbst wird schon bemerkt, daß der magnetische Aequator nicht eine
Curve gleicher Intensität ist, sondern daß die Intensität in ver=
schiedenen Theilen dieses Aequators von 1 zu 0,867 variirt.

³⁰ (S. 101.) Diese Position des magnetischen Aequators ist
durch Erman für 1830 bestätigt worden. Auf der Rückreise von
Kamtschatka nach Europa fand derselbe die Neigung fast null: in
Br. — 1° 30', Lg. 134° 57' W.; in Br. — 1° 52', Lg. 137° 30' W.;
in Br. 1° 54', Lg. 136° 5' W.; in Br. — 2° 1', Lg. 141° 28' W.
(Erman, magnet. Beob. 1841 S. 536.)

³¹ (S. 101.) Wilkes, United States Exploring Expedition Vol. IV. p. 263.

³² (S. 102.) Elliot in den Philos. Transact. for 1851
P. I. p. 287—331.

³³ (S. 102.) Duperrey in den Comptes rendus T. XXII.
1846 p. 804—806.

⁵⁴ (S. 104.) Brief von Arago an mich aus Metz vom 13 Dec. 1827: »J'ai parfaitement constaté, pendant les aurores boréales qui se sont montrées dernièrement à Paris, que l'apparition de ce phénomène est toujours accompagnée d'une variation dans la position des aiguilles horizontales et d'inclinaison comme dans l'intensité. Les changemens d'inclinaison ont été de 7' à 8'. Par cela seul l'aiguille horizontale, abstraction faite de tout changement d'intensité, devait osciller plus ou moins vite suivant l'époque où se faisait l'observation; mais en corrigeant les résultats par le calcul des effets immédiats de l'inclinaison, il m'est encore resté une variation sensible d'intensité. En reprenant, par une nouvelle méthode, les observations diurnes d'inclinaison dont tu m'avais vu occupé pendant ton dernier séjour à Paris, j'ai trouvé, non par des moyennes, mais *chaque jour*, une variation régulière: l'inclinaison est plus grande le matin à 9^h que le soir à 6^h. Tu sais que l'intensité, *mesurée avec une aiguille horizontale*, est au contraire à son *minimum* à la première époque, et qu'elle atteint son *maximum* entre 6^h et 7^h du soir. La variation totale étant fort petite, on pouvait supposer qu'elle n'était dûe qu'au seul changement d'inclinaison; et en effet la plus grande portion de la *variation apparente d'intensité* dépend de l'altération diurne de la composante horizontale· mais, toute correction faite, il reste cependant une petite quantité comme indice d'une *variation réelle d'intensité*.« — Aus einem anderen Briefe von Arago, Paris 20 März 1829, kurz vor meiner sibirischen Reise: »Je ne suis pas étonné que tu reconnais avec peine la variation diurne d'inclinaison dont je t'ai parlé, dans les mois d'hiver; c'est dans les mois chauds seulement que cette variation est assez sensible pour être observée avec une loupe. Je persiste toujours à soutenir que les changemens d'inclinaison ne suffisent pas pour expliquer le changement d'intensité déduit de l'observation d'une aiguille horizontale. Une augmentation de température, toutes les autres circonstances restant les mêmes, ralentit les oscillations des aiguilles. Le soir, la température de mon aiguille horizontale est toujours *supérieure* à la température du matin; donc l'aiguille devrait, *par cette cause*, faire le soir, en un tems donné, moins d'oscillations que le matin; or elle en fait plus que le

changement d'inclinaison ne le comporte: donc du matin au soir, il y a une *augmentation réelle* d'intensité dans le magnétisme terrestre.« — Spätere und viel zahlreichere Beobachtungen in Greenwich, Berlin, Petersburg, Toronto (Canada) und Hobarton (Van Diemen) haben Arago's Behauptung (1827) der größeren Horizontal=Intensität am Abend gegen den Morgen bestätigt. In Greenwich ist das Haupt=Maximum der horizontalen Kraft um 6ᵘ, das Haupt=Minimum um 22ᵘ oder 0ᵘ; in Schulzendorf bei Berlin max. 8ᵘ, min. 21ᵘ; in Petersburg max. 8ᵘ, min. 23ᵘ 20'; in Toronto max. 4ᵘ, min. 23ᵘ: immer in der Zeit jeden Orts. (Airy, Magn. Observ. at Greenwich for 1845 p. 13, for 1846 p. 102, for 1847 p. 241; Rieß und Moser in Poggend. Ann. Bd. XIX. 1830 S. 175; Kupffer, Compte-rendu annuel de l'Obs. central magn. de St. Pétersb. 1852 p. 28 und Sabine, Magn. Obs. at Toronto Vol. I. 1840—1842 p. XLII.) Sonderbar abweichend, fast entgegengesetzt, sind die Wech= selstunden am Vorgebirge der guten Hoffnung und auf St. Helena, wo am Abend die Horizontalkraft am schwächsten ist (Sa= bine, Magn. Obs. at the Cape of Good Hope p. XL; at St. Helena p 40). So ist es aber nicht in der ganzen südlichen Hemisphäre weiter in Osten. »The principal feature in the diurnal change of the *horizontal* force at Hobarton is the decrease of force in the forenoon and its subsequent increase in the af- ternoon« (Sabine, Magn. Obs. at Hobarton Vol. I. p. LIV, Vol. II. p. XLIII).

[35] (S. 104.) Sabine, Hobarton Vol. I. p. LXVII und LXIX.

[36] (S. 107.) Total=Intensität in Hobarton: max. 5ᵘ½, min 20ᵘ½; in Toronto: Haupt=Mar. 6ᵘ, Haupt=Min. 14ᵘ; secund. Mar. 20ᵘ, secund. Min. 22ᵘ. Vergl. Sabine, Toronto Vol. I. p. LXI und LXII mit Hobarton Vol. I. p. LXVIII.

[37] (S. 107.) Sabine, Report on the isoclinal and isodynamic Lines in the British Islands 1839 p. 61—63.

[38] (S. 108.) Humboldt in Poggend. Annalen Bd. XV. S. 319—336, Bd. XIX. S. 357—391; und im Voyage aux Régions équinox. T. III. p. 616 und 625.

[39] (S. 109.) Hansteen über jährliche Veränderung der Inclination in Poggend. Ann. Bd. XXI. S. 403—429.

Vergl. auch über den Einfluß der Bewegung der Knoten des magnetischen Aequators Sir David Brewster, Treatise on Magnetism p. 247. Da man durch die Fülle der Stations=Beobachtungen jetzt ein fast ungemessenes Feld der speciellsten Untersuchung besitzt, so bemerkt man neue und neue Complicationen bei dem Aufsuchen des Gesetzlichen. In auf einander folgenden Jahren sieht man z. B. die Neigung in Einer Wendestunde, der des Mar., vom Abnehmen in ein Zunehmen übergehen, während in der Wendestunde des Min. sie im progressiven jährlichen Abnehmen blieb. In Greenwich z. B. nahm die magnetische Neigung in der Mar. Stunde (21ᵘ) ab in den Jahren 1844 und 1845, sie nahm zu in derselben Stunde in 1845—1846, fuhr aber fort in der Wendestunde des Min. (3ᵘ) von 1844—1846 abzunehmen. (Airy, Magn. Observ. at Greenwich 1846 p. 113.)

⁴⁰ (S. 109.) Philos. Transact. for 1841 P. I. p. 35.

⁴¹ (S. 109.) Vergl. Sawelieff im Bulletin physico-mathématique de l'Acad. Imp. de St. Pétersb. T. X. No. 219 mit Humboldt, Asie centr. T. III. p. 440.

⁴² (S. 110.) Sabine, Magn. Observ. at the Cape of Good Hope Vol. I. p. LXV. Darf man den Beobachtungen aus dem Jahre 1751 von La Caille trauen, der zwar jedesmal die Pole umkehrte, aber eine nicht frei genug sich bewegende Nadel hatte; so ergiebt sich für das Cap eine Vermehrung der Inclination von 3°,08 in 89 Jahren!

⁴³ (S. 110.) Arago in dem Annuaire du Bureau des Long. pour 1825 p. 285—288.

⁴⁴ (S. 111.) Ich wiederhole noch, daß alle europäischen Inclinations=Beobachtungen, welche auf dieser Seite angeführt werden, in 360theiliger Eintheilung des Kreises sind, und daß nur die von mir vor dem Monat Juni 1804 beobachteten Inclinationen im Neuen Continent (Voy. aux Régions équinox. T. III. p. 615—623) sich auf eine Centesimal=Eintheilung des Bogens beziehen.

⁴⁵ (S. 112.) Grube Churprinz bei Freiberg im sächsischen Erzgebirge: der unterirdische Punkt war auf der 7ten Gezeugstrecke, auf dem Ludwiger Spathgange: 80 Lachter östlich vom Treibschachte, 40 Lachter westlich vom Kunstschachte, in 133½ Lachter Seigerteufe: beobachtet mit Freiesleben und Reich um 2½ Uhr Nachmittags (Temper. der Grube 15°,6 Cent.). Incl. Nadel A 67° 37′,4;

Nadel B 67° 32',7; Mittel beider Nadeln in der Grube 67° 35',05.
In freier Luft (über Tage), auf einem Punkte der Oberfläche,
welcher nach dem Markscheider=Risse genau senkrecht über dem Punkte
der unterirdischen Beobachtung liegt, um 11 Uhr Vormittags:
Nadel A 67° 33',87; Nadel B 67° 32',12; Mittel beider Nadeln
in der oberen Station 67° 32',99 (Luft=Temperatur 15°,8 Cent.).
Unterschied des oberen und unteren Resultats + 2',06. Die Nadel
A, welche als stärkere mir immer am meisten Vertrauen einflößte,
gab sogar + 3',53: wenn der Einfluß der Tiefe bei alleinigem Ge=
brauch der Nadel B fast unmerklich geblieben wäre. (Humboldt,
in Poggend. Ann. Bd. XV. S. 326.) Die gleichförmige Methode,
die ich stets angewandt: im Ablesen am Azimuthal=Kreise, um den
magnetischen Meridian durch correspondirende Inclinationen oder
durch den perpendicularen Stand der Nadel zu finden; wie die
Neigung selbst am Vertical=Kreise, durch Umdrehung der Nadel
in den Pfannen, und durch Ablesen an beiden Spitzen vor und nach
dem Umdrehen der Pole: habe ich weitläuftig beschrieben und durch
Beispiele erläutert in der Asie centrale T. III p. 465—467.
Der Stand der 2 Nadeln ist für jede derselben 16mal abgelesen
worden, um ein mittleres Resultat zu gewinnen. Wo von Wahr=
scheinlichkeit in Bestimmung so kleiner Größen die Rede ist, muß
man in das Einzelnste der Beobachtung eingehen.

⁴⁶ (S. 112.) Kosmos Bd. I. S. 417.

⁴⁷ (S. 113.) Humboldt, Voy. aux Régions équinox.
T. I. p. 515—517.

⁴⁸ (S. 114.) Erman, Reise um die Erde Bd. II.
S. 180.

⁴⁹ (S. 115.) Kosmos Bd. IV. S. 51. Petrus Peregrini meldet
einem Freunde, daß er schon 1269 die Variation in Italien 5° öst=
lich gefunden habe.

⁵⁰ (S. 115.) Humboldt, Examen crit. de l'hist. de la
Géogr. T. III. p. 29, 36, 38 und 44—51. Wenn Herrera (Dec. I.
p. 23) sagt, Columbus habe bemerkt, die Magnet=Variation sei
nicht dieselbe bei Tag und bei Nacht; so berechtigt diese Behaup=
tung gar nicht, dem großen Entdecker eine Kenntniß der stündlichen
Veränderung zuzuschreiben. Das von Navarrete herausgegebene
ächte Reisejournal des Admirals vom 17 und 30 September 1492
lehrt, daß Columbus selbst alles auf eine sogenannte „ungleiche

Bewegung" des Polarsternes und der Wächter (Guardas) reducirte. (Examen crit. a. a. O. p. 56—59.)

[51] (S. 115.) Kosmos Bd. IV. S. 60 Anm. 66 und S. 70 Anm. 72. Die ältesten gedruckten Londoner Beobachtungen sind die von Graham in den Philos. Transact. for 1724, 1725, Vol. XXXIII. p. 96—107 (An Account of Observations made of the Horizontal Needle at London, 1722—1723; by Mr. George Graham). Die Veränderung der Declination gründet sich: »neither upon heat, nor cold, dry or moist air. The Variation is greatest between 12 and 4 in the afternoon, and the least at 6 or 7 in the evening.« Es sind freilich nicht die wahren Wendestunden.

[52] (S. 116.) Beweise geben zahlreiche Beobachtungen von Georg Fuß und Kowanko für das griechische Kloster-Observatorium in Peking, von Anikin für Nertschinsk, von Buchanan Riddell für Toronto in Canada (alle an Orten westlicher Abweichung); von Kupffer und Simonoff in Kasan, von Wrangel, troß der vielen Nordlicht-Störungen, für Sitka (Nordwest-Küste von Amerika), von Gilliß in Washington, von Boussingault für Marmato (Südamerika), von Duperrey für Payta an der peruanischen Südseeküste (alle an Orten östlicher Abweichung). Ich erinnere, daß die mittlere Declination war: in Peking (Dec. 1831) 2° 15′ 42″ westlich (Poggend. Annalen Bd. XXXIV. S. 54), in Nertschinsk (Sept. 1832) 4° 7′ 44″ westlich (Poggend. a. a. O. S. 61), in Toronto (Nov. 1847) 1° 33′ westlich (vergl. Observ. at the magnetical and meteorological Observatory at Toronto Vol. I. p. XI. und Sabine in den Phil. Tr. for 1851 P. II. p. 636), Kasan (Aug. 1828) 2° 21′ östlich (Kupffer, Simonoff und Erman, Reise um die Erde Bd. II. S. 532), Sitka (Nov. 1829) 28° 16′ östlich (Erman a. a. O. S. 546), Marmato (Aug. 1828) 6° 33′ östlich (Humboldt in Poggend. Ann. Bd. XV. S. 331), Payta (Aug. 1823) 8° 56′ östlich (Duperrey in der Connaissance des tems pour 1828 p. 252). In Tiflis ist der westliche Gang von 19″ bis 2″ (Parrot, Reise zum Ararat 1834 Th. II. S. 58).

[53] (S. 117.) S. Auszüge aus einem Briefe von mir an Karsten (Rom, 22 Juni 1805) „über vier Bewegungen der Magnetnadel, gleichsam vier magnetische Ebben und Fluthen, analog den

Barometer-Perioden"; abgedruckt in Hansteen, Magnetismus der Erde 1819 S. 459. Ueber die, so lange vernachläſſigten, nächt⸗lichen Declinations-Variationen vergl. Faraday on the night Episode § 3012—3024.

⁵⁴ (S. 117.) Airy, Magnet. and Meteor. Observations made at Greenwich 1845 (Results) p 6, 1846 p. 94, 1847 p. 236. Wie ſehr die früheſten Angaben der Wendeſtunden bei Tage und bei Nacht mit denen übereinſtimmen, welche vier Jahre ſpäter in den ſo reichlich ausgeſtatteten Magnethäuſern von Greenwich und Canada ermittelt wurden, erhellt aus der Unterſuchung von corre⸗ſpondirenden Breslauer und Berliner Beobachtungen meines viel⸗jährigen Freundes Encke, des verdienſtvollen Directors unſerer Berliner Sternwarte. Er ſchrieb am 11 Oct. 1836: „In Bezug auf das nächtliche Marimum oder die Inflerion der ſtündlichen Abweichungs-Curve glaube ich nicht, daß im allgemeinen ein Zweifel obwalten kann, wie es auch Dove aus Freiberger Beobachtungen 1830 (Poggend. Ann. Bd. XIX. S. 373) geſchloſſen hat. Gra⸗phiſche Darſtellungen ſind zur richtigen Ueberſicht des Phänomens weit vortheilhafter als die Zahlentabellen. Bei den erſten fallen große Unregelmäßigkeiten ſogleich in das Auge und geſtatten die Ziehung einer Mittellinie: während daß bei den letzteren das Auge häufig ſich täuſcht, und eine einzelne ſehr auffallende Unregelmäßig⸗keit als ein wirkliches Marimum oder Minimum nehmen kann. Die Perioden zeigen ſich durch folgende Wendeſtunden beſtimmt:

größte öſtliche Declination . . . . 20 Uhr, I. Mar. Oſt
größte weſtliche Declination . . . . 1 Uhr, I. Min. Oſt
zweites öſtliches kleines Marimum . 10 Uhr, II. Mar. Oſt
zweites weſtliches kleines Minimum . 16 Uhr, II. Min. Oſt

Das zweite kleine Minimum (die nächtliche Elongation gegen Weſten) fällt eigentlich zwiſchen 15 und 17 Uhr, bald der einen, bald der anderen Stunde näher." Es iſt kaum nöthig zu erinnern, daß, was Encke und ich die Minima gegen Oſten, ein großes und ein kleines 16ᵘ nennen, in den, 1840 gegründeten, engliſchen und amerikaniſchen Stationen als Marima gegen Weſten aufge⸗führt wird, und daß demnach auch unſere Marima gegen Oſten (20ᵘ und 10ᵘ) ſich in Minima gegen Weſten umwandeln. Um alſo den ſtündlichen Gang der Nadel in ſeiner Allgemeinheit und großen Analogie in der nördlichen Halbkugel darzuſtellen, wähle ich die von Sabine befolgten Benennungen, die Reihung von der Epoche größter Elongation gegen Westen anfangend, in der mittleren Zeit jedes Orts:

	Freiberg 1829	Breslau 1836	Greenwich 1846—47	Makerstoun 1842—43	Toronto 1845—47	Washington 1840—42
Maximum	1ᵘ	1ᵘ	2ᵘ	0ᵘ 40′	1ᵘ	2ᵘ
Minimum	13	10	12	10	10	10
Maximum	16	16	16	14¼	14	14
Minimum	20	20	20	19¼	20	20

In den einzelnen Jahreszeiten hat Greenwich einige merkwürdige Verschiedenheiten gezeigt. Im Jahr 1847 war im Winter nur Ein Max. (2ᵘ) und Ein Min. (12ᵘ); im Sommer eine doppelte Progreſſion, aber das zweite Min. um 14ᵘ ſtatt um 16ᵘ (p. 236). Die größte weſtliche Elongation (erſtes Max.) blieb im Winter wie im Sommer an 2ᵘ geheftet, aber die kleinſte (das zweite Min.) war 1846 (p. 94) im Sommer wie gewöhnlich um 20ᵘ und im Winter um 12ᵘ. Die mittlere winterliche Zunahme gegen Weſten ging ohne Unterbrechung in dem genannten Jahre von Mitternacht bis 2ᵘ fort. Vergl. auch 1845 (p. 5). Makerstoun (Rorburghſhire in Schottland) iſt die Sternwarte, welche man dem edlen wiſſenſchaftlichen Eifer von Sir Thomas Brisbane verdankt (f. John Allan Braun, Obs. in Magnetism and Meteorology, made at Makerstoun in 1843, p. 221—227). Ueber ſtündliche Tages- und Nacht-Beobachtungen von Petersburg f. Kupffer, Compte rendu météor. et magn. à Mr. de Brock en 1851 p. 17. Sabine in ſeiner ſchönen, ſehr ſcharfſinnig combinirten, graphiſchen Darſtellung der ſtündlichen Declinations-Curve von Toronto (Phil. Tr. for 1851 P. II. Plate 27) deutet an, wie vor der kleinen nächtlichen Weſt-Bewegung, welche um 11ᵘ beginnt und bis 15ᵘ dauert, eine ſonderbare zweiſtündige Ruhe (von 9 bis 11 Uhr) eintritt. »We find«, ſagt Sabine, »alternate progression and retrogression at Toronto twice in the 24 hours. In 2 of the 8 quarters (1841 and 1842) the inferior degree of regularity during the night occasions the occurrence of *a triple max. and min.*; in the remaining quarters the turning hours are the same as those of the mean of the 2 years.« (Obs. made at the magn. and meteor. Observatory at Toronto in Canada

Vol. I. p. XIV, XXIV, 183—191 und 228; und Unusual magn. Disturbances P. I. p. VI.) Für die sehr vollständigen Beobach= tungen von Washington s. Gilliß, Magn. and Meteor. Obser- vations made at Washington p. 325 (General Law) Vergl. damit Bache, Observ. at the magn. and meteor. Obser- vatory, at the Girard College, Philadelphia, made in the years 1840 to 1845 (3 Bände, enthaltend 3212 Seiten Queer= folio), Vol. I. p 709, Vol. II. p. 1285, Vol. III. p. 2167 und 2702. Troß der Nähe beider Orte (Philadelphia ist nur 1° 4′ nördlicher und 0″ 7′ 33″ östlicher als Washington) finde ich Verschiedenheit in den kleinen Perioden des westlichen secundären Marimums und secundären Minimums. Ersteres ist in Philadelphia um 1″ 1/2, letzteres um 2″ 1/4 verfrühet.

[55] (S. 118.) Beispiele solcher kleinen Verfrühungen finde ich angegeben vom Lieut. Gilliß in seinen Magn. Observ. of Wa- shington p. 328. Auch im nördlichen Schottland, in Makerstoun (lat. 55° 35′), giebt es Schwankungen in dem zweiten Minimum: das in den ersten 3 und 4 leßten Monaten des Jahres um 21″, in den übrigen 5 Monaten (April — August) um 19″ eintritt; also im Gegensaß mit Berlin und Greenwich (Allan Broun, Obs. made at Makerstoun p. 225). Gegen den Antheil der Wärme an den regelmäßigen Aenderungen der stundlichen Declination, deren Min. am Morgen nahe um die Zeit des Min. der Temperatur, wie das Mar. nahe mit dem Mar. der Wärme eintritt, sprechen deutlichst die Bewegungen der Nadel in der Nacht=Periode, das zweite Min. und das zweite Mar. „Es giebt 2 Marima und 2 Minima der Declination in 24 Stunden, und doch nur Ein Minimum und Ein Marimum der Temperatur.“ (Melshuber in Poggend. Annalen der Physik und Chemie Bd. 85. 1852 S. 416.) Ueber den normalen Gang der Magnetnadel im nördlichen Deutschland s. das Naturgetreueste in einer Abhandlung von Dove (Poggend. Ann. Bd. XIX. S. 364—374).

[56] (S. 118.) Voy en Islande et au Groenland, exécuté en 1835 et 1836 sur la Corv. la Recherche; Physique (1838) p 214—225 und 358—367.

[57] (S. 118.) Sabine, Account of the Pendulum Ex- periments 1825 p. 500

[58] (S. 119.) S. Barlow's Bericht über die Beobachtungen

von Port Bowen im Edinb New Philos. Journal Vol. II. 1827 p. 347

[59] (S. 119.) Prof. Orlebar in Orford, einst Superintendent des auf Kosten der ostindischen Compagnie auf der Insel Colaba erbauten magnetischen Observatoriums, hat die verwickelten Gesetze der Declinations-Veränderung in den Subperioden zu erörtern ge= sucht; Observations made at the magn. and meteor Observatory at Bombay in 1845, Results p. 2—7. Merk= würdig scheint mir der mit dem des mittleren Europa's so über= einstimmende Gang der Nadel in der ersten Periode von April bis October (westl. Min. 19ʰ½, Mar. 0ʰ½; Min. 5ʰ½, Mar. 7ʰ). Der Monat October selbst ist eine Uebergangs=Periode; denn im November und December erreicht die Quantität der täglichen Decli= nation kaum 2 Minuten. Trotz der noch 8° betragenden Entfernung vom magnetischen Aequator, ist doch schon die Regelmäßigkeit von Wendestunden schwer zu erkennen. Ueberall in der Natur, wo ver= schiedenartige Störungs=Ursachen in wiederkehrenden, aber uns der Dauer nach unerkannten Perioden auf ein Phänomen der Be= wegung wirken, bleibt, da die Störungen oft in ihrer Anhäu= fung entgegengesetzt agiren oder sich ungleich verstarken, das Ge= setzliche lange verdeckt.

[60] (S. 120.) S. die Beweise in meinem Examen crit. de l'hist. de la Géogr. T. III. p. 34—37 Die älteste Angabe der Abweichung, von Keutsungchy, einem Schriftsteller aus dem An= fang des 12ten Jahrhunderts, war Ost ⅚ Süd; Klaproth's Lettre sur l'invention de la Boussole p. 68

[61] (S. 120.) Ueber den alten Verkehr der Chinesen mit Java nach Berichten von Fahian im Fo=kue=ki s. Wilhelm v. Hum= boldt über die Kawi=Sprache Bd. 1. S. 16.

[62] (S. 120.) Phil. Tr. for 1795 p. 340—349, for 1798 p 397 Das Resultat, welches Macdonald aus seinen Beobachtungen in Fort Marlborough (gelegen über der Stadt Bencoolen, Br. 3° 47' Süd, in Sumatra) selbst zieht, und nach welchem die östliche Elongation von 19ʰ bis 5ʰ im Zunehmen begriffen sein soll, scheint mir nicht ganz gerechtfertigt. Seit der Mittagsstunde ist regelmäßig erst um 3, um 4 oder 5 Uhr beobachtet worden; und einzelne, außer den Normalstunden gesammelte, zerstreute Beobachtungen machen es wahr= scheinlich, daß auf Sumatra die Wendestunde der östlichen Elongation

zur westlichen schon um 2ᵘ eintrat, ganz wie in Hobarton. Wir besitzen durch Macdonald Declinations-Beobachtungen aus 23 Monaten (vom Juni 1794 bis Juni 1796), und an diesen sehe ich in allen Jahreszeiten die östliche Abweichung von 19ᵘ¹/₂ bis Mittag durch fortgesetzte Bewegung der Nadel von W nach O zunehmen. Von dem Typus der nördlichen Halbkugel (Toronto), welcher zu Singapore von Mai bis Sept. herrschte, ist hier keine Spur; und doch liegt Fort Marlborough unter fast gleichem Meridian, aber im Süden des geographischen Aequators, nur 5° 4' von Singapore entfernt.

⁶³ (S. 121.) Sabine, Magn. Obs made at Hobarton Vol. I (1841 and 1842) p XXXV, 2 und 148; Vol. II (1843—1845) p III — XXXV und 172—344. Vergl. auch Sabine, Obs., made at St Helena; denselben in den Phil. Tr. for 1847 P. I. p. 55 Pl. IV und Phil Tr. for 1851 P. II. p 636 Pl XXVII.

⁶⁴ (S. 122.) Kosmos Bd. I. S. 190.

⁶⁵ (S. 123.) Sabine, Observations made at the magn. and meteor. Observatory at St. Helena in 1840—1845 Vol I. p. 30 und denselben in den Phil. Tr. for 1847 P. I. p. 51—56 Pl. III Die Regelmäßigkeit des Gegensatzes in den beiden Jahres-Abtheilungen Mai bis September (Typus der mittleren Breiten in der nördlichen Halbkugel) und October bis Februar (Typus der mittleren Breiten der südlichen Halbkugel) stellt sich in ihrer auffallenden Bestimmtheit graphisch dar, wenn man die Form und Inflexionen der Curve stündlicher Abweichung einzeln in den Tages-Abschnitten von 14ᵘ bis 22ᵘ, von 22ᵘ bis 4ᵘ und von 4ᵘ bis 14ᵘ mit einander vergleicht. Jeder Beugung über der Linie, welche die mittlere Declination bezeichnet, entspricht eine fast gleiche unter derselben (Vol. I. Pl. IV: die Curven AA und BB). Selbst in der nächtlichen Periode ist der Gegensatz bemerkbar; und was noch denkwürdiger erscheint, ist die Bemerkung, daß, indem der Typus von St. Helena und des Vorgebirges der guten Hoffnung der der nördlichen Halbkugel ist, sogar auch in denselben Monaten an diesen so südlich gelegenen Orten dieselbe Verfrühung der Wechselstunden als in Canada (Toronto) eintritt. Sabine, Observ. at Hobarton Vol. I. p XXXVI.

⁶⁶ (S. 124.) Phil Tr for 1847 P I. p 52 und 57 und Sabine, Observations made at the magn and meteor.

Observatory at the Cape of Good Hope 1841—1846 Vol. I. p. XII—XXIII Pl. III. (Vergl. auch Faraday's geistreiche Ansichten über die Ursachen solcher vom Wechsel der Jahreszeiten abhangender Phänomene, in seinen Experiments on atmospheric Magnetism § 3027—3068, und über Analogien mit Petersburg § 3017.) An den südlichen Küsten des Rothen Meeres soll ein sehr fleißiger Beobachter, Herr d'Abbadie, den seltsamen, nach den Jahreszeiten wechselnden Typus der Magnet-Declination vom Vorgebirge der guten Hoffnung, von St. Helena und Singapore beobachtet haben (Airy on the present state of the science of Terrestrial Magnetism 1850 p. 2). „Es scheint", bemerkt Sabine, „eine Folge von der jetzigen Lage der 4 loci der stärksten Intensität der Erdkraft zu sein, daß die wichtige Curve der relativ (nicht absolut) schwächsten Intensität in dem süd-atlantischen Ocean sich aus der Nähe von St. Helena gegen die Südspitze von Afrika hinzieht. Die astronomisch-geographische Lage dieser Südspitze, wo die Sonne das ganze Jahr hindurch nördlich vom Zenith steht, giebt einen Hauptgrund gegen de la Rive's thermale Erklärung (Annales de Chimie et de Physique T. XXV. 1849 p 310) des hier berührten, auf den ersten Blick abnorm scheinenden und doch sehr gesetzlichen, an anderen Punkten sich wiederholenden Phänomens von St. Helena." Sabine in den Proceedings of the Royal Society 1849 p. 821.

[67] (S. 124.) Halley, Account of the late surprizing appearance of lights in the air in den Phil Transact. Vol. XXIX. 1714—1716 No. 347 p. 422—428 Halley's Erklärung des Nordlichts hängt leider mit der, 25 Jahre früher von ihm entwickelten, phantastischen Hypothese (Phil. Tr. for 1693 Vol. XVII No 195 p. 563) zusammen: nach welcher in der hohlen Erdkugel zwischen der äußeren Schale, auf der wir wohnen, und dem inneren, auch von Menschen bewohnten, dichten Kerne (zur Erleichterung der Geschäfte in diesem unterirdischen Leben) sich ein leuchtendes Fluidum befindet. »In order to make that inner Globe capable of being inhabited, there might not improbably be contained some luminous Medium between the balls, so as to make a perpetual Day below.« Da nun in der Gegend der Rotations-Pole die äußere Schale unserer Erdrinde (wegen der entstandenen Abplattung) weit bünner sein müsse als unter dem Aequator, so suche sich zu gewissen

Zeiten, besonders in den Aequinoctien, das innere leuchtende Fluidum, d. i. das magnetische, in der dünnen Polargegend einen Weg
durch die Spalten des Gesteins. Das Ausströmen dieses Fluidums
ist nach Halley die Erscheinung des Nordlichts. Versuche mit Eisen-
feilen, auf einen sphäroidischen Magnet (eine Terrelle) gestreut,
dienen dazu die Richtung der leuchtenden farbigen Strahlen des
Nordlichts zu erklären. „So wie jeder seinen eigenen Regenbogen
sieht, so steht auch für jeden Beobachter die Corona an einem anderen Punkte" (p. 424). Ueber den geognostischen Traum eines
geistreichen und in allen seinen magnetischen und astronomischen
Arbeiten so gründlichen Forschers vergl. Kosmos Bd. I. S. 178
und 425 Anm. 6.

⁶⁸ (S. 126.) Bei großer Ermüdung in vielen auf einander
folgenden Nächten wurden Prof. Oltmanns und ich bisweilen unter-
stützt von sehr zuverlässigen Beobachtern: dem Hrn. Bau-Conducteur
Mämpel, dem Geographen Hrn. Friesen, dem sehr unterrich-
teten Mechanicus Nathan Mendelssohn und unserem großen
Geognosten, Leopold von Buch. Ich nenne immer gern in diesem
Buche, wie in allen meinen früheren Schriften, die, welche meine
Arbeiten freundlichst getheilt haben.

⁶⁹ (S. 127.) Der Monat September 1806 war auffallend reich
an großen magnetischen Ungewittern. Ich führe aus meinem Journale beispielsweise folgende an:

$\frac{21}{22}$ Sept. 1806 von 16ᵘ 36′ bis 17ᵘ 43′

$\frac{22}{23}$ „ „ von 16ᵘ 40′ bis 19ᵘ 2′

$\frac{23}{24}$ „ „ von 15ᵘ 33′ bis 18ᵘ 27′

$\frac{24}{25}$ „ „ von 15ᵘ 4′ bis 18ᵘ 2′

$\frac{25}{26}$ „ „ von 14ᵘ 22′ bis 16ᵘ 30′

$\frac{26}{27}$ „ „ von 14ᵘ 12′ bis 16ᵘ 3′

$\frac{27}{28}$ „ „ von 13ᵘ 55′ bis 17ᵘ 27′

$\frac{28}{29}$ „ „ von 12ᵘ 3′ bis 13ᵘ 22′ ein kleines Un-

gewitter, und dann die ganze Nacht bis Mittag größte
Ruhe;

$\frac{29}{30}$ Sept. 1806 um 10ᵘ 20′ bis 11ᵘ 32′ ein kleines Un=
gewitter, dann große Ruhe bis 17ᵘ 6′;

$\frac{30 \text{ Sept}}{1 \text{ Oct}}$ 1806 um 14ᵘ 46′ ein großes, aber kurzes Un=
gewitter; dann vollkommene Ruhe, und um 16ᵘ 30′ wieder
eben so großes Ungewitter.

Dem großen storm vom $\frac{25}{26}$ Sept. war schon von 7ᵘ 8′ bis 9ᵘ 11′
ein noch stärkerer vorhergegangen. In den folgenden Wintermona=
ten war die Zahl der Störungen sehr gering, und nie mit den
Herbst=Aequinoctial=Störungen zu vergleichen. Ich nenne großes
Ungewitter einen Zustand, in welchem die Nadel Oscillationen
von 20 bis 38 Minuten macht, oder alle Theilstriche des Segments
überschreitet, oder wenn gar die Beobachtung unmöglich wird. Im
kleinen Ungewitter sind die Schwankungen unregelmäßig von
5 bis 8 Minuten.

[70] (S. 128.) Schwingungen ohne Veränderung in der
Abweichung sind zu Paris von Arago in zehnjährigen fleißigen
Beobachtungen bis 1829 nicht wahrgenommen worden. »J'ai com-
muniqué à l'Académie«, schreibt er in jenem Jahre, »les résul-
tats de nos observations simultanées. J'ai été surpris des oscillations qu'éprouve parfois l'aiguille de déclinaison à Berlin dans
les observations de 1806, 1807, et de 1828 et 1829, lors même
que la déclinaison moyenne n'est pas altérée. Ici (à Paris) nous
ne trouvons jamais rien de semblable. Si l'aiguille éprouve de
fortes oscillations, c'est seulement en tems d'aurore boréale et
lorsque sa direction absolue a été notablement dérangée; et encore *le plus souvent* les dérangements dans la direction ne sont-
ils pas accompagnés du mouvement oscillatoire.« Ganz entgegen=
gesetzt den hier geschilderten Erscheinungen sind aber die in Toronto
aus den Jahren 1840 und 1841 in der nördlichen Breite von 43° 39′.
Sie stimmen genau mit denen von Berlin überein. Die Beobachter
in Toronto waren so aufmerksam auf die Art der Bewegung, daß
sie strong and slight vibrations, shocks und alle Grade der disturbances nach bestimmten Unterabtheilungen der Scale angeben, und
eine solche Nomenclatur bestimmt und einförmig befolgen. (Sabine,
Days of unusual magn. Disturbances Vol. I. P. 1 p. 46.)
Aus den genannten zwei Jahren werden aus Canada 6 Gruppen

auf einander folgender Tage (zusammen 146 an der Zahl) aufge=
führt, in denen die Oscillationen oft sehr stark waren (with strong
shocks), ohne merkliche Veränderung in der stündlichen Declination.
Solche Gruppen (s. a. a. O. p. 47, 54, 74, 88, 95 und 101) sind
bezeichnet durch die Ueberschrift: »Times of observations at Toronto, at which the Magnetometers were disturbed, but the mean
readings were not materially changed.« Auch die Veränderungen
der Abweichung während der häufigen Nordlichter waren zu Toronto
fast immer von starken Oscillationen begleitet: oft sogar von solchen,
die alles Ablesen unmöglich machten. Wir erfahren also durch diese,
der weiteren Prüfung nicht genug zu empfehlenden Erscheinungen:
daß, wenn auch oft momentane, die Nadel beunruhigende Ab=
weichungs=Veränderungen große und definitive Veränderungen in
der Variation zur Folge haben (Younghusband, Unusual
Disturbances P. II. p. X), doch im ganzen die Größe der
Schwingungs=Bogen keineswegs der Größe des Maaßes der Decli=
nations=Veränderung entspricht; daß bei sehr unmerklichen Decli=
nations=Veränderungen die Schwingungen sehr groß, wie ohne alle
Schwingung der Fortschritt der Nadel in der westlichen oder öst=
lichen Abweichung schnell und beträchtlich sein kann; auch daß diese
Processe magnetischer Thätigkeit an verschiedenen Orten einen
eigenen und verschiedenen Charakter annehmen.

[74] (S. 128.) Unusual Disturb. Vol. I. P 1. p. 69 und 101.

[75] (S. 128.) Dies war Ende Sept. 1806. Veröffentlicht wurde
die Thatsache in Poggendorff's Annalen der Physik
Bd. XV. (April 1829) S. 330. Es heißt dort: „Meine älteren,
mit Oltmanns angestellten, stündlichen Beobachtungen hatten den
Vorzug, daß damals (1806 und 1807) keine ähnliche, weder in
Frankreich noch in England, angestellt wurden. Sie gaben die
nächtlichen Maxima und Minima; sie lehrten die merkwürdigen
magnetischen Gewitter kennen, welche durch die Stärke der
Oscillationen oft alle Beobachtung unmöglich machen, mehrere Nächte
hinter einander zu derselben Zeit eintreten, ohne daß irgend
eine Einwirkung meteorologischer Verhältnisse dabei bisher hat er=
kannt werden können." Es ist also nicht erst im Jahr 1839, daß
eine gewisse Periodicität der außerordentlichen Störungen
erkannt worden ist. (Report of the fifteenth Meeting of the
British Association, at Cambridge 1845, P. II. p. 12.)

[73] (S. 128.) Kupffer, Voyage au Mont Elbruz dans le Caucase 1829 p. 108 »Les déviations irrégulieres se répètent souvent a la mème heure et pendant plusieurs jours conséculifs.«

[74] (S. 129.) Sabine, Unusual Disturb. Vol I P 1 p. XXI, und Younghusband on periodical Laws in the larger Magnetic Disturbances in den Phil Tr for 1853 P. I. p. 173.

[75] (S. 129.) Sabine in den Phil. Tr. for 1851 P. I. p 125 bis 127: »The *diurnal variation* observed is in fact constituted by two variations *superposed* upon each other, having different laws and bearing different proportions to each other in different parts of the globe. At tropical stations the influence of what have been hitherto called the *irregular* disturbances (*magnetic storms*), is comparatively feeble, but it is otherwise at stations situated as are Toronto (Canada) and Hobarton (Van Diemen-Island), where their influence is both really and proportionally greater, and amounts to a clearly recognizable part of the whole diurnal variation« Es findet hier in der zusammengesetzten Wirkung gleichzeitiger, aber verschiedener Bewegungs=Ursachen dasselbe statt, was von Poisson so schön in der Theorie der Wellen entwickelt ist (Annales de Chimie et de Physique T. VII 1817 p 293) »Plusieurs sortes d'ondes peuvent se croiser dans l'eau comme dans l'air; les petits mouvements se *superposent*« Vergl. Lamont's Vermuthungen uber die zusammengesetzte Wirkung einer Polar= und einer Aequatorial=Welle in Poggend Annalen Bd. 84. S. 583.

[76] (S. 130.) S. oben S. 87 Anm. 69.

[77] (S. 130.) Sabine in den Phil. Tr. for 1852 P. II p 110. (Younghusband a. a. O. p 169.)

[78] (S. 131.) Nach Lamont und Kelshuber ist die magnetische Periode 10 1/3 Jahre: so daß die Größe des Mittels der täglichen Bewegung der Nadel 5 Jahre hindurch zu= und 5 Jahre hindurch abnimmt, wobei die winterliche Bewegung (amplitudo der Abweichung) immerfort fast doppelt so schwach als die der Sommermonate ist. (Vergl. Lamont, Jahresbericht der Sternwarte zu München für 1852 S. 54—60) Der Director der Berner Sternwarte, Herr Rudolph Wolf, findet durch eine viel umfassendere

Arbeit, daß die zusammentreffende Periode der Magnet-Declination und der Frequenz der Sonnenflecken auf 11,1 Jahr zu setzen sei.

[79] (S. 131.) Kosmos Bd. IV. S. 74, 75 (Anm. 73), 77, 80 und 81.

[80] (S. 131.) Sabine in den Phil. Tr. for 1852 P. I. p 103 und 121. Vergl. außer dem schon oben angeführten Aufsatz Rud. Wolf's vom Juli 1852 (Kosmos Bd. IV. S. 75) auch ähnliche, fast zu derselben Zeit veröffentlichte Vermuthungen von Gautier in der Bibliothèque universelle de Genève T. XX. p. 189.

[81] (S. 132.) Kosmos Bd. III. S. 401—403.

[82] (S. 132.) Sabine in den Phil. Tr. for 1850 P. I p. 216. (Faraday, Exper. Researches on Electricity 1851 p. 56, 73 und 76, § 2891, 2949 und 2958.)

[83] (S. 132.) Kosmos Bd I S. 185 und 427 Anm. 13; Poggend. Annalen Bd. XV. S. 334 und 335; Sabine, Unusual Disturb. Vol I. P. I. p. XIV—XVIII wo Tafeln von gleichzeitigen storms in Toronto, Prag und auf Van Diemen zu finden sind. An Tagen, wo in Canada die magnetischen Ungewitter am stärksten waren (22 März, 10 Mai, 6 Aug. und 25 Sept. 1841), zeigten sich dieselben Erscheinungen in der südlichen Hemisphäre, in Australien. Vergl. auch Edward Belcher in den Phil. Tr. for 1843 p 133.

[84] (S. 133.) Kosmos Bd. I. S. 219.

[85] (S. 134.) A. a. O. Bd. I. S. 188, 189 und 430 (Anm. 20 bis 22); Bd. II. S. 319—321 und 482 (Anm. 93 und 94), Bd. IV. S. 51—60 (Anm. 59) und 82 (Anm. 50).

[86] (S. 135.) Zu sehr verschiedenen Zeitepochen: einmal (1809) in meinem Recueil d'Observ astron. Vol I. p. 368; das andere Mal (1839) in einem Briefe an den Graf Minto, damaligen ersten Lord der Admiralität, wenige Tage nach der Abreise von Sir James Roß zu der Südpol-Expedition, habe ich die Wichtigkeit meines im Text berührten Vorschlages näher entwickelt (vergl. Report of the Committee of Physics and Meteor. of the Royal Soc. relative to the Antarctic Exped. 1840 p. 88—91). »Suivre les traces de l'équateur magnetique ou celles des lignes sans declinaison, c'est gouverner (diriger la route du vaisseau) de manière à couper les lignes zéro dans les intervalles les plus petits, en changeant de rumb chaque fois que les observations

d'inclinaison ou de déclinaison prouvent qu'on a devié. Je n'ignore pas que d'après de grandes vues sur les véritables fondements d'une *Théorie générale du Magnétisme terrestre*, dues a Mr. Gauss, la connaissance approfondie de *l'intensité horizontale*, le choix des points où les 3 éléments de déclinaison, d'inclinaison et d'intensité totale ont été mesurés *simultanément*, suffisent pour trouver la valeur de $\frac{V}{R}$ (Gauss § 4 et 27), et que ce sont là les *points vitaux* des recherches futures; mais la somme des *petites attractions* locales, les besoins du pilotage, les corrections habituelles du rumb et la sécurité des routes continuent à donner une importance spéciale à la connaissance de la position et des mouvements de translation périodique des *lignes sans déclinaison*. Je plaide ici leur cause, qui est liée aux intérêts de la Géographie physique.« Es werden noch viele Jahre vergehen, ehe Variations=Karten, nach der Theorie des Erd=Magnetismus construirt, den Seefahrer leiten können (Sabine in den Phil. Tr. for 1849 P. II. p. 204); und die ganze objective, auf wirkliche Beobachtung gerichtete Ansicht, welche ich hier vertheidige, würde, wenn sie zu periodisch wiederkehrenden Bestimmungen, also zu gleichzeitig angestellten See= und Land=Expeditionen, nach einem vorgesetzten Zweck, führte, beide Vortheile zugleich gewahren: den einer unmittelbaren praktischen Anwendung wie einer genauen Kenntniß von der mit den Jahren fortschreitenden Bewegung der Linien; und den Vortheil, der von Gauß gegründeten Theorie viele neue, der Rechnung unterzulegende Data (Gauß § 25) zu liefern. Uebrigens wäre es, um die genaue Bestimmung der Bewegung der 2 Linien ohne Neigung und ohne Abweichung zu erleichtern, besonders wichtig Landmarken da zu veranstalten, wo die Linien in die Continente treten oder sie verlassen, für die Jahre 1850, 1875, 1900.... Auf solchen Expeditionen, den alten Halley'schen ähnlich, würden überdies, um zu den Null=Linien der Declination und Inclination zu gelangen, viele andere isoklinische und isogonische Linien durchschnitten, und es könnte an den Küsten horizontale und totale Intensität gemessen werden: so daß mehrere Zwecke zugleich erreicht würden. Den hier geäußerten Wunsch finde ich unterstützt durch eine große nautische Autorität, auf welche ich immer so gern hinweise, auf die Autorität von Sir James Roß (Voyage in the Southern and Antarctic Regions Vol. I. p. 105).

[87] (S. 135.) Acosta, Historia de las Indias 1590 lib. I cap. 17. Ich habe schon früher die Frage berührt, ob nicht die Meinung holländischer Seefahrer von 4 Linien ohne Abweichung durch die Streitigkeiten von Bond mit Beckborrow auf die Halley'sche Theorie von 4 Magnetpolen Einfluß gehabt habe? (Kosmos Bd. II. S. 483.)

[88] (S. 136.) In dem Inneren von Afrika verdient die isogonische Linie von 22°¼ W. als Vermittelungs-Linie sehr verschiedener Systeme und als fortlaufend (nach der theoretischen Construction von Gauß) aus dem östlichen indischen Ocean quer durch Afrika bis Neufundland eine besondere kosmische Beachtung. Die rühmliche Ausdehnung, welche die großbritannische Regierung in diesem Jahre der afrikanischen Expedition von Richardson, Barth und Overwegh gegeben hat, wird vielleicht zu der Lösung solcher magnetischen Probleme führen.

[89] (S. 136.) Sir James Roß durchschnitt die Curve ohne Abweichung in südl. Br. 61°½ und Pariser westlicher Länge 24° 50' (Voyage to the Southern Seas Vol. II. p. 357) In Br. — 70° 43' und westlicher Länge 19° 8' fand Cap. Crozier März 1843 die Abweichung 1° 38'; er war also der Null-Linie sehr nahe. Vergl. Sabine on the Magn. Declination in the Atlantic Ocean for 1840 in den Phil. Tr. for 1849 P. II p. 233.

[90] (S. 137.) Sir James Roß a. a. O. Vol. I p. 104, 310 und 317.

[91] (S. 138.) Elliot in den Phil. Tr. for 1851 P. I. p 331 Plate XIII. Die längliche kleine Insel, auf der das Sandelholz (malayisch und javanisch tschendana, sanskr. tschandana, arab. ßandel) gesammelt wird.

[92] (S. 138.) So nach Barlow und nach der Karte (Lines of magnetic Declinations computed according to the Theory of Mr. Gauss) im Report of the Committee for the Antarctic Exped. 1840. Nach Barlow tritt die von Australien kommende Linie ohne Abweichung in den asiatischen Continent bei dem Cambay-Golf ein, wendet sich aber gleich wieder nordöstlich über Tibet und China bei Thaiwan (Formosa) hin in das japanische Meer. Nach Gauß steigt die australische Linie einfach durch Persien

über Nishnei=Nowgorod nach Lapland auf. Dieser große Geome=
ter hält die Null=Linie des japanischen und philippinischen Meeres,
wie der geschlossenen eiförmigen Gruppe im östlichen Asien für ganz
unzusammenhangend mit der von Australien, dem indischen Meere,
dem westlichen Asien und Lapland.

⁹³ (S. 138.) Ich habe von dieser Identität, welche meine eigenen
Declinations=Beobachtungen im caspischen Meere, in Uralsk am Jaik
und in der Steppe am Elton=See begründen, an einem anderen
Orte (Asie centrale T. III. p. 458—461) gehandelt.

⁹⁴ (S. 138.) Adolf Erman's Map of the Magnetic Declination 1827—1830. Daß die australische Curve ohne Abweichung
aber nicht Java durchschneidet, lehrt bestimmt Elliot's Karte; es
läuft dieselbe dem südlichen Littoral parallel in einer Entfernung
von 1½ Breitengraden. Da nach Erman (nicht nach Gauß) die
australische Null=Linie zwischen Malacca und Borneo durch das
japanische Meer zu der geschlossenen eiförmigen Gruppe von Ost=
Asien an der nördlichen Küste des ochotskischen Meerbusens
(Br. 59°½) in den Continent eintritt, und doch wieder durch
Malacca herabsteigt; so würde dort die aufsteigende von der ab=
steigenden nur 11° getrennt sein, und nach dieser graphischen Dar=
stellung wäre die Linie ohne Abweichung des westlichen Asiens (vom
caspischen Meere bis zum russischen Lapland) eine unmittelbare und
nächste Fortsetzung des von Norden nach Süden herabkommenden
Theils.

⁹⁵ (S. 139.) Ich habe schon aus Documenten, die sich in den
Archiven von Moskau und Hannover befinden, im Jahr 1843 dar=
auf aufmerksam gemacht (Asie centrale T. III. p. 469—476),
wie Leibnitz, der den ersten Plan zu einer französischen Expedition
nach Aegypten eingereicht hatte, auch am frühesten sich bemühte die
mit dem Zar Peter dem Großen 1712 in Deutschland angeknüpften
Verhältnisse dahin zu benutzen, in dem russischen Reiche, dessen
Flächeninhalt den der von uns gesehenen Mondfläche übertrifft,
„die Lage der Abweichungs= und Inclinations=Linien bestimmen
zu lassen, und anzuordnen, daß diese Bestimmungen zu gewissen
Epochen wiederholt würden". In einem von Pertz aufgefundenen,
an den Zar gerichteten Briefe erwähnt Leibnitz eines kleinen
Handglobus (terrella), der noch in Hannover aufbewahrt wird
und auf welchem er die Curve, in der die Abweichung null

ist (seine linea magnetica primaria), dargestellt hatte. Er be=
hauptet: daß es nur eine einzige Linie ohne Abweichung
gebe; sie theile die Erdkugel in zwei fast gleiche Theile, habe
4 puncta flexus contrarii, Sinuositaten, in denen sie von converen
in concave Scheitel übergeht; vom Grünen Vorgebirge bewege sie
sich nach den östlichen Küsten von Nordamerika unter 36° Breite,
dann richte sie sich durch die Südsee nach Ost=Asien und Neu=Holland.
Diese Linie sei in sich selbst geschlossen; und bei beiden Polen vor=
übergehend, bleibe sie dem Südpole näher als dem Nordpole; unter
letzterem müsse die Declination 25° westlich, unter ersterem nur 5°
sein. Die Bewegung dieser wichtigen Curve sei im Anfange des
18ten Jahrhunderts gegen den Nordpol gerichtet. Oestliche Ab=
weichung von 0° bis 15° herrsche in einem großen Theile des at=
lantischen Oceans, in der ganzen Südsee, in Japan, einem Theil
von China und Neu=Holland. Da der Leibarzt Donelli gestorben sei,
so solle er durch einen anderen ersetzt werden, der recht wenig Me=
dicamente, aber vielen wissenschaftlichen Rath über die magnetischen
Declinations= und Inclinations=Bestimmungen geben könne...."
Specielle theoretische Ansichten leuchten freilich nicht aus diesen,
bisher ganz unbeachteten Documenten von Leibnitz hervor.

⁹⁶ (S. 139.) S. meine magnetischen Beobachtungen in der
Asie centr. T. III. p 460.

⁹⁷ (S. 139.) Erman, Astron. und Magnet. Beobach=
tungen (Reise um die Erde Abth. II. Bd. 2.) S. 532.

⁹⁸ (S. 139.) Hansteen in Poggend. Ann. Bd. XXI.
S. 371.

⁹⁹ (S. 141.) Sabine, Magn. and Meteor Observ. at
the Cape of Good Hope Vol I p LX

¹⁰⁰ (S. 141.) Bei der Beurtheilung so naher Epochen des Durch=
ganges der Linie ohne Abweichung und der Priorität dieses Durchganges
darf nicht vergessen werden, wie leicht bei den damals angewandten
Instrumenten und Methoden ein Irrthum von 1° vorfallen konnte.

¹ (S 141.) Kosmos Bd. I. S. 430 Anm. 20.

² (S. 141.) Euler in den Mem. de l'Acad. de Berlin
1757 p. 176.

³ (S. 141.) Barlow in den Phil Tr. for 1833 P. II p. 671.
Ueber die älteren Magnet-Beobachtungen in St. Petersburg aus
der ersten Hälfte des 18ten Jahrhunderts herrscht große Unsicherheit.

Die Abweichung soll von 1726 bis 1772 immer 3° 15′ oder 3° 30′ gewesen sein! Hansteen, Magnetismus der Erde S. 7 und 143.

⁴ (S. 142.) Kosmos Bd. I. S. 198 — 210 und Dove in Poggend. Ann. Bd. XIX. S. 383.

⁵ (S. 143.) Die verdienstvolle Arbeit von Lottin, Bravais, Lilliehöök und Siljeström, welche vom 19 Sept. 1838 bis 8 April 1839 in Finmarken zu Bossekop (Br. 69° 58′) und zu Jupvig (Br. 70° 6′) die Erscheinungen des Nordlichts beobachteten, ist erschienen in der 4ten Abtheilung der Voyages en Scandinavie, en Laponie, au Spitzberg et aux Feroe, sur la Corvette la Recherche (Aurores boréales). Es sind diesen Beobachtungen beigefügt: die 1837—1840 von englischen Bergbeamten in den Kupfergruben zu Kalfiord (Br. 69° 56′) erlangten wichtigen Resultate, p. 401—435

⁶ (S. 143.) Vergl. über das Segment obscure de l'Aurore boréale die eben angeführte Schrift p. 437—444.

⁷ (S. 143.) Schweigger's Jahrbuch der Chemie und Physik 1826 Bd. XVI. S. 198 und Bd. XVIII. S. 364. Das dunkle Segment und das unbestreitbare Aufsteigen schwarzer Strahlen oder Streifen, in denen (durch Interferenz?) der Lichtproceß vernichtet ist, erinnern an Quet's Recherches sur l'Électrochimie dans le vide, und an Ruhmkorff's feine Versuche, bei denen im luftverdünnten Raume die positive Metallkugel von rothem, die negative von violettem Lichte strahlte, aber die stark leuchtenden parallelen Strahlenschichten regelmäßig durch ganz dunkele Schichten getrennt waren. »La lumière répandue entre les boules terminales des deux conducteurs électriques se partage en tranches nombreuses et parallèles, séparées par des couches obscures alternantes, et régulièrement distinctes« Comptes rendus de l'Acad. des Sc. T. XXXV. 1852 p. 949.

⁸ (S. 143.) Voyages en Scandinavie (Aurores bor.) p. 558. Ueber die Kronen und Zelte der Nordlichter s. die vortrefflichen Untersuchungen von Bravais p. 502—514.

⁹ (S. 144). A. a. O. (draperie ondulante, flamme d'un navire de guerre déployée horizontalement et agitée par le vent, crochets, fragments d'arcs et de guirlandes) p. 35, 37, 45, 67 und

481 Eine interessante Sammlung solcher Gestalten hat der ausgezeichnete Künstler der Expedition, Herr Bevalet, geliefert.

¹⁰ (S. 144.) Vergl. Voy. en Scand. (Aur. bor.) p. 523 bis 528 und 557.

¹¹ (S. 145.) Kosmos Bd. I S. 201 und 441 (Anm. 44). Vergl. Franklin, Narrative of a journey to the shores of the Polar Sea, in 1819—1822, p. 597; Kämtz, Lehrbuch der Meteorologie Bd. III. (1836) S. 488—490. Die ältesten Vermuthungen über den Verkehr des Nordlichts und der Wolkenbildung sind wohl die von Frobesius (s. Aurorae borealis Spectacula, Helmst 1739 p. 139).

¹² (S. 145.) Ich entlehne ein einziges Beispiel aus meinem handschriftlichen Tagebuche der sibirischen Reise: „Die ganze Nacht vom 5 zum 6 August (1829), von meinen Reisebegleitern getrennt, in freier Luft zugebracht, in dem Kosaken-Vorposten Krasnaja Jarki: dem östlichsten am Irtysch, längs der Grenze der chinesischen Dzungarei, und deshalb von einiger Wichtigkeit für die astronomische Ortsbestimmung. Nacht von großer Heiterkeit. Am östlichen Himmelsgewölbe bildeten sich plötzlich vor Mitternacht Polar-Cirrusstreifen (de petits moutons également espacés, distribués en bandes parallèles et polaires) Größte Höhe 35°. Der nördliche Convergenzpunkt bewegt sich langsam gegen Osten. Sie verschwinden, ohne den Zenith zu erreichen; und es bilden sich wenige Minuten darauf ganz ähnliche Polar-Cirrusbanden am nordöstlichen Himmelsgewölbe. Diese bewegen sich während eines Theils der Nacht fast bis zum Aufgang der Sonne wieder sehr regelmäßig bis N 70° O. In der Nacht ungewöhnlich viele Sternschnuppen und farbige Ringe um den Mond. Keine Spur von eigentlichem Nordlichte. Etwas Regen bei gefiedertem Gewölf; dann am 6 August Vormittags heiterer Himmel mit den auf's neue gebildeten Polarbanden von NNO in SSW unbeweglich und das Azimuth nicht verändernd, wie ich in Quito und Mexico so oft gesehen." (Die Magnet-Abweichung im Altai ist östlich.)

¹³ (S. 145.) Bravais, der, gegen meine Erfahrungen, die Cirrus-Häufchen in Bosekop fast immer wie Nordlicht-Bogen rechtwinklig gegen den magnetischen Meridian gerichtet fand (Voyages en Scandinavie (Phénomène de translation dans les pieds de l'arc des aurores boréales p 534—537), beschreibt mit gewohnter Genauigkeit die Drehungen der wahren Nordlicht-Bogen

p. 27, 92, 122 und 487. Auch in der südlichen Hemisphäre hat Sir James Roß solche progressive Veränderungen der Nordlicht=Bogen (Fortschreiten von WNW — OSO in NNO — SSW) in Süd= lichtern beobachtet; Voyage in the Southern and Antarctic Regions Vol. I. p. 311. Farbenlosigkeit scheint den Südlichtern oft eigen zu seyn; Vol. I. p. 266, Vol. II. p. 209. Ueber nordlicht= lose Nächte in Lapland s. Bravais a. a. O. p. 545.

¹⁴ (S. 146.) Kosmos Bd. I. S. 440 Anm. 43. Die am hellen Tage gesehenen Nordlicht=Bogen erinnern an die Lichtstärke der Kerne und Schweife der Cometen von 1843 und 1847, welche in Nordamerika, in Parma und London nahe bei der Sonne erkannt wurden; Kosmos Bd. I. S. 390 Anm. 13, Bd. III. S. 563.

¹⁵ (S. 146.) Comptes rendus de l'Acad. des Sciences T. IV 1837 p 589.

¹⁶ (S. 146.) Voyages en Scandinavie, en Laponie etc. (Aurores boréales) p. 559; und Martins, Trad. de la Météorol. de Kaemtz p. 460. Ueber die vermuthete Höhe des Nordlichts s. Bravais a. a. O. p. 549 und 559.

¹⁷ (S. 147.) A. a. O. p. 462.

¹⁸ (S. 147.) Sabine, Unusual Magnet. Disturbances P. I. p. XVIII, XXII, 3 und 54.

¹⁹ (S. 147.) Dove in Poggend. Ann. Bd. XX. S. 333 bis 341. Die ungleiche Wirkung, welche ein Nordlicht auf die Declinations=Nadel an Erdpunkten ausübt, die unter sehr ver= schiedenen Meridianen liegen, kann in vielen Fällen auf die Orts= bestimmungen der wirkenden Ursach führen, da der Ausbruch des leuchtenden magnetischen Ungewitters keineswegs immer in dem Magnetpol selbst zu suchen ist und, wie schon Argelander behauptet und Bravais bekräftigt hat, der Gipfel des Lichtbogens bisweilen mehr als 11° vom magnetischen Meridian abweicht.

²⁰ (S. 147.) „Am 20 Dec. 1806: Himmel azurblau, ohne Spur von Gewölk. Gegen 10ᵘ erschien in NNW der röthlich gelbe Licht= bogen, durch den ich im Nacht=Fernrohr Sterne 7ᵗᵉʳ Größe unter= scheiden konnte. Durch Wega, die fast unter dem höchsten Punkt des Bogens stand, fand ich dieses Punktes Azimuth. Es war dasselbe etwas westlicher als die Vertical=Ebene durch die magnetische Ab= weichung gelegt. Das Nordlicht, welches in Nord=Nord=Westen stand, stieß den Nordpol der Nadel ab; denn statt nach Westen, wie das

Azimuth des Bogens, fortzuschreiten, ging die Nadel nach Osten zurück. Die Veränderungen in der Magnet=Declination, welche in diesem Monate Nachts gewöhnlich 2' 27'' bis 3' betragen, stiegen während des Nordlichts progressiv und ohne große Oscillationen auf 26' 28''. Die Abweichung war am kleinsten, als das Nord= licht um 9ᵘ 12' am stärksten war. Die horizontale Kraft fanden wir während des Nordlichts 1' 37'',73 für 21 Schwingungen; um 21ᵘ 50', also lange nach dem Nordlichte, das um 14ᵘ 10' ganz geendigt hatte, 1'37'',17 bei derselben Zahl der Schwingungen. Temperatur des Zimmers, wo die Schwingungen der kleinen Nadel gemessen wurden, im ersten Falle 3°,2; im zweiten 2°,8. Die Intensität war also während des Nordlichts um ein Weniges vermindert. Mond ohne alle farbige Ringe." (Aus meinem magnetischen Tagebuche.) Vergl. Hansteen S. 459.

²¹ (S. 148.) Sabine on days of unusual magn. Dis= turbances P I. p. XVIII. »Mr. Bravais conclut des observa= tions de Laponie que l'intensite horizontale diminue pendant la période la plus active du phénomène de l'aurore boreale« (Martins p. 461)

²² (S. 148.) Delesse sur l'association des minéraux dans les roches qui ont un pouvoir magnetique élevé, in den Comptes rendus de l'Acad. des Sc. T. XXXI 1850 p. 806; und An= nales des Mines, 4ᵐᵉ Serie T. XV. (1849) p. 130

²³ (S. 148.) Reich über Gebirgs= und Gesteins=Magnetismus in Poggend. Ann. Bd. 77. S. 35.

²⁴ (S. 149.) Als ich im Jahr 1796 am fränkischen Fichtel= gebirge, wo ich die Stelle eines Oberbergmeisters bekleidete, den so merkwürdigen polarischen Serpentinberg (Haidberg) bei Ge= freß auffand, welcher in einzelnen Punkten bis in 22 Fuß Entfer= nung auf die Abweichung der Nadel wirkt (Intelligenz=Blatt der allgem. Jenaer Litteratur=Zeitung Dec. 1796 No. 169 S. 1447 und März 1797 No. 38 S. 323—326; Gren's Neues Journal der Physik Bd. IV. 1797 S. 136; Annales de Chi= mie T XXII p. 47), wurde diese Frage besonders angeregt. Ich hatte zu finden geglaubt, daß die Magnet=Achsen des Berges gegen die Erdpole gänzlich invertirt liegen; aber nach Unter= suchungen von Bischoff und Goldfuß (Beschreibung des Fichtel= gebirges Bd. I. S. 196) sind für 1816 zwar auch magnetische

Achsen, welche den Haidberg durchsetzen und an entgegengesetzten Ab=
hängen entgegengesetzte Pole darbieten, erkannt worden: doch war
die Orientirung der Achsen verschieden von der, welche ich ange=
geben. Der Haidberg selbst besteht aus lauchgrunem Serpentin=
stein, der theilweise in Chlorit= und Hornblend=Schiefer übergeht.
Bei dem Dorfe Voysaco in der Andeskette von Pasto haben wir
Geschiebe von Thonporphyr, bei der Besteigung des Chimborazo
Gruppen säulenförmigen Trachyts gefunden, welche die Nadel in
3 Fuß Entfernung beunruhigten. Auffallend war es mir, daß ich
in den schwarzen und rothen Obsidianen des Quinche nördlich von
Quito, wie in den grauen des Cerro de las Navajas von Mexico
große Fragmente mit bestimmten Polen gefunden habe. Sämmtliche
große Magnetberge des Ural=Gebirges, wie der Blagodat bei
Kuschwa, die Wyßokaja Gora bei Nishne Tagilsk, der Katschkanar
bei Nishne Turinsk, sind aus Augit= oder vielmehr aus Uralit=
Porphyr hervorgebrochen. In dem großen Magnetberge Blagodat,
welchen ich mit Gustav Rose auf der sibirischen Expedition 1829 unter=
suchte, scheint die Gesammtwirkung der einzelnen polarisirenden
Theile schlechterdings keine bestimmte, erkennbare Magnet=Achsen
hervorgebracht zu haben. Nahe neben einander liegen, unregelmäßig
vermengt, entgegengesetzte Pole. So hatte es auch vor uns schon Er=
man gefunden (Reise um die Erde Bd. I. S. 362). Ueber den
Intensitäts=Grad der polarischen Stärke im Serpentin, Basalt und
Trachyt=Gestein, verglichen mit der Quantität der diesen Ge=
steinen eingemengten Theile von Magneteisen und Eisen=Oxydul,
wie über den schon von Gmelin und Gibbs behaupteten Einfluß
der Luftberührung auf Entwickelung der Polarität s. die zahl=
reichen und sehr beachtenswerthen Versuche von Zaddach in dessen
Beobachtungen über die magnetische Polarität des Ba=
saltes und der trachytischen Gesteine 1851 S. 56, 65—78
und 95. Aus Vergleichung vieler Basalt=Steinbrüche in Hinsicht
auf die Polarität der lange schon einzeln stehenden Säulen, oder
solcher Säulenwände, die jetzt erst in Berührung mit der Atmo=
sphäre kommen, aus Entblößung von Erde einzelner Massen gegen
die Tiefe hin glaubt Dr Zaddach folgern zu können (S. 74 und 80):
daß die polarische Eigenschaft, welche bei freiem Zutritt der Atmo=
sphäre und in einem von offenen Spalten durchsetzten Gestein im=
mer am intensivsten erscheint, „sich von außen nach innen und

gewöhnlich von oben nach unten zu verbreitet". Gmelin sagt von dem großen Magnetberg Ulu=utasse=Tau, im Lande der Basch=kiren, nahe am Jaik: „die Seiten, welche dem Tage ausgesetzt sind, haben die stärkste magnetische Kraft; diejenigen aber, welche in der Erde liegen, sind viel schwächer." (Reise durch Sibirien 1740—1743 Bd. IV. S. 345.) Auch mein großer Lehrer Werner äußerte die Meinung „von dem Einfluß der Luftberührung, welche nicht auf dem Wege einer vermehrten Oxydation die Polarität und die Anziehung verstärkt haben könnte", wenn er in seinen Vorträgen vom schwedischen Magneteisen sprach. Von der Magneteisen=Grube bei Succassuny in New=Jersey behauptet Oberst Gibbs: »the ore raised from the bottom of the mine has no magnetism at first, but acquires it after it has been some time exposed to the in-fluence of the atmosphere« (On the connexion of Magne-tism and Light, in Silliman's American Journal of Science Vol. I. 1819 p. 89.) Eine solche Behauptung sollte wohl zu genauen Versuchen anregen! — Wenn ich oben in dem Texte (S. 149) darauf aufmerksam gemacht habe, daß nicht die Quantität der, einer Gebirgsart eingemengten kleinen Eisentheile allein, sondern zugleich ihre relative Vertheilung (ihre Stellung) auf die Inten-sität der Polarkraft als Resultante wirkt; so habe ich die kleinen Theile als eben so viele kleine Magnete betrachtet. Vergleiche neue Ansichten über diesen Gegenstand in einer Abhandlung von Melloni, die dieser große Physiker im Januar 1853 in der königl. Akademie zu Neapel verlesen hat (Esperienze intorno al Magnetismo delle Rocche. Mem I sulla polarità). — Des, beson-ders im mittelländischen Meere so alt verbreiteten Vorurtheils, daß das Reiben eines Magnetstabes mit Zwiebeln, ja schon die Aus-dünstung der Zwiebel-Esser die Richtkraft vermindere und den Com-paß im Steuern verwirre; findet man erwähnt in Procli Dia-dochi Paraphrasis Ptolem libri IV de siderum affec-tionibus 1635 p. 20 (Delambre, Hist. de l'Astronomie ancienne T II p. 545). Es ist schwer die Veranlassung eines so sonderbaren Volksglaubens zu errathen

II.

Reaction des Inneren der Erde gegen die Oberfläche; sich
offenbarend: a) bloß dynamisch, durch Erschütterungswellen
(Erdbeben); — b) durch die, den Quellwassern mitgetheilte,
erhöhte Temperatur, wie durch die Stoff-Verschiedenheit der
beigemischten Salze und Gas-Arten (Thermalquellen); —
c) durch den Ausbruch elastischer Flüssigkeiten, zu Zeiten
von Erscheinungen der Selbstentzündung begleitet (Gas- und
Schlamm-Vulkane, Naphtha-Feuer, Salsen); — d) durch die
großartigen und mächtigen Wirkungen eigentlicher Vulkane,
welche (bei permanenter Verbindung durch Spalten und Krater
mit dem Luftkreise) aus dem tiefsten Inneren geschmolzene
Erden, theils nur als glühende Schlacken ausstoßen; theils
gleichzeitig, wechselnden Processen krystallinischer Gesteinbildung
unterworfen, in langen, schmalen Strömen ergießen.

Um, nach dem Grundplan dieser Schrift, die Verkettung
der tellurischen Erscheinungen, das Zusammenwirken eines
einigen Systems treibender Kräfte in der beschreibenden Darstellung festzuhalten; müssen wir hier daran erinnern, wie wir,
beginnend von den allgemeinen Eigenschaften der Materie
und den drei Hauptrichtungen ihrer Thätigkeit (Anziehung,
licht- und wärmeerzeugende Schwingungen, electro-
magnetische Processe), in der ersten Abtheilung die Größe,
Formbildung und Dichte unseres Planeten, seine innere
Wärme-Vertheilung und magnetische Ladung in ihren,

nach bestimmten Gesetzen wechselnden Wirkungen der Intensität,
Neigung und Abweichung betrachtet haben. Jene eben genann=
ten Thätigkeits=Richtungen der Materie sind nahe ver=
wandte[1] Aeußerungen einer und derselben Urkraft. Am unab=
hängigsten von aller Stoff=Verschiedenheit treten dieselben
in der Gravitation und Molecular=Anziehung auf.
Wir haben unseren Planeten dabei in seiner kosmischen
Beziehung zu dem Centralkörper seines Systems dargestellt:
weil die innere primitive Wärme, wahrscheinlich durch die
Condensation eines rotirenden Nebelringes erzeugt, durch Sonnen=
Einwirkung (Insolation) modificirt wird. In gleicher Hin=
sicht ist der periodischen Einwirkung der Sonnenflecken, d. h.
der Frequenz oder Seltenheit der Oeffnungen in den Sonnen=
Umhüllungen, auf den Erd=Magnetismus, nach Maaßgabe
der neuesten Hypothesen, gedacht worden.

Die zweite Abtheilung dieses Bandes ist dem Complex
derjenigen tellurischen Erscheinungen gewidmet, welche der noch
fortwährend wirksamen Reaction des Inneren der Erde
gegen ihre Oberfläche[2] zuzuschreiben sind. Ich bezeichne
diesen Complex mit dem allgemeinen Namen des Vulcanis=
mus oder der Vulcanicität; und halte es für einen Gewinn,
nicht zu trennen, was einen ursachlichen Zusammenhang hat,
nur der Stärke der Kraftäußerung und der Complication der
physischen Vorgänge nach verschieden ist. In dieser Allgemein=
heit der Ansicht erhalten kleine, unbedeutend scheinende Phä=
nomene eine größere Bedeutung. Wer als ein wissenschaftlich
unvorbereiteter Beobachter zum ersten Male an das Becken
tritt, welches eine heiße Quelle füllt, und lichtverlöschende
Gas=Arten darin aufsteigen sieht; wer zwischen Reihen ver=
änderlicher Kegel von Schlamm=Vulkanen wandelt, die

kaum feine eigene Höhe überragen: ahndet nicht, daß in den
friedlichen Räumen, welche die letzteren ausfüllen, mehrmals
viele tausend Fuß hohe Feuerausbrüche statt gefunden haben;
daß einerlei innere Kraft coloffale Erhebungs-Krater: ja
die mächtigen, verheerenden, lava-ergießenden Bulkane des
Aetna und Pics von Teyde, die schlacken-auswerfenden des
Cotopari und Tunguragua, erzeugt.

Unter den mannigfach sich steigernden Phänomenen der
Reaction des Inneren gegen die äußere Erdrinde sondere ich
zuerst diejenigen ab, deren wesentlicher Charakter ein bloß
dynamischer, der bei Bewegung oder der Erschütterungswellen in den festen Erdschichten, ist: eine vulkanische Thätigkeit ohne nothwendige Begleitung von chemischer Stoff-
Veränderung, von etwas Stoffartigem, ausgestoßenen oder neu
erzeugten. Bei den anderen Reactions-Phänomenen des Inneren
gegen das Aeußere: bei Gas- und Schlamm-Bulkanen,
Naphtha-Feuern und Salfen; bei den großen, am frühesten,
und lange allein Bulkane genannten Feuerbergen; fehlen
nie Production von etwas Stoffartigem (elastisch-flüssigen oder
festen), Processe der Zersetzung und Gas-Entbindung, wie der
Gesteinbildung aus kryftallinisch geordneten Theilchen. Das
sind in der größten Verallgemeinerung die unterscheiden-
den Kennzeichen der vulkanischen Lebensthätigkeit unseres
Planeten. In so fern diese Thätigkeit im größeren Maaße
der hohen Temperatur der innersten Erdschichten zuzuschreiben
ist, wird es wahrscheinlich, daß alle Weltkörper, welche mit
Begleitung von ungeheurer Wärme-Entbindung sich geballt
haben und aus einem dunstförmigen Zustande in einen festen
übergegangen sind, analoge Erscheinungen darbieten müssen.
Das Wenige, das wir von der Oberflächen-Gestaltung des

Mondes wissen, scheint darauf hinzudeuten.[3] Hebung und
gestaltende Thätigkeit in krystallinischer Gesteinbildung aus einer
geschmolzenen Masse sind auch in einem Weltkörper denkbar,
den man für luft= und wasserlos hält.

Auf einen genetischen Zusammenhang der hier bezeich=
neten Classen vulkanischer Erscheinungen deuten die viel=
fachen Spuren der Gleichzeitigkeit und begleitender
Uebergänge der einfacheren und schwächeren Wirkungen in
stärkere und zusammengesetztere hin. Die Reihung der Mate=
rien in der von mir gewählten Darstellung wird durch eine
solche Betrachtung gerechtfertigt. Die gesteigerte magnetische
Thätigkeit unseres Planeten, deren Sitz wohl aber nicht in
dem geschmolznen Inneren zu suchen ist, wenn gleich (nach
Lenz und Rieß) Eisen in geschmolzenem Zustande einen electri=
schen oder galvanischen Strom zu leiten vermag; erzeugt
Licht=Entwickelung in den Magnetpolen der Erde oder
wenigstens meist in der Nähe derselben. Wir beschlossen die erste
Abtheilung des tellurischen Bandes mit dem Leuchten der
Erde. Auf dies Phänomen einer lichterzeugenden Schwin=
gung des Aethers durch magnetische Kräfte lassen wir nun
zuerst diejenige Classe der vulkanischen Thätigkeit folgen,
welche, ihrem eigentlichen Wesen nach, ganz wie die magne=
tische, nur dynamisch wirkt: Bewegung, Schwingungen in
der Feste erregend, nichts Stoffartiges erzeugend oder verän=
dernd. Secundäre, nicht wesentliche Erscheinungen (aufstei=
gende Flammen während des Erdbebens, Wasser=Ausbrüche und
Gas=Entwicklungen[4] ihm folgend) erinnern an die Wirkung
der Thermalquellen und Salsen. Flammen=Ausbrüche,
viele Meilen weit sichtbar, und Felsblöcke, der Tiefe entrissen
und umhergeschleudert[5], zeigen die Salsen; und bereiten

gleichsam vor zu den großartigen Erscheinungen der eigentlichen Vulkane, die wiederum zwischen weit von einander entfernten Eruptions-Epochen falsenartig nur Wasserdampf und Gas-Arten auf Spalten aushauchen. So auffallend und lehrreich sind die Analogien, welche in verschiedenen Stadien die Abstufungen des Vulcanismus darbieten.

a. Erdbeben.

(Erweiterung des Naturgemäldes. Kosmos Bd. I. S. 210—225)

Seitdem in dem ersten Bande dieses Werkes (1845) die allgemeine Darstellung der Erdbeben-Phänomene erschienen ist, hat sich das Dunkel, in welches der Sitz und die Ursachen derselben gehüllt sind, wenig vermindert; aber durch die vortrefflichen Arbeiten[6] von Mallet (1846) und Hopkins (1847) ist über die Natur der Erschütterung, den Zusammenhang scheinbar verschiedenartiger Wirkungen, und über die Trennung begleitender oder gleichzeitig eintretender physikalischer und chemischer Processe einiges Licht verbreitet worden. Mathematische Gedankenentwicklung kann, nach Poisson's Vorgange, hier, wie überall, wohlthätig wirken. Die Analogien zwischen den Schwingungen fester Körper und den Schallwellen der Luft, auf welche Thomas Young schon aufmerksam[7] gemacht, sind in den theoretischen Betrachtungen über die Dynamik der Erdbeben besonders geeignet zu einfacheren und befriedigenderen Ansichten zu führen.

Räumliche Veränderung, Erschütterung, Hebung und Spalten-Erzeugung bezeichnen den wesentlichen Charakter des Phänomens. Es ist zu unterscheiden die wirkende Kraft, welche als Impuls die Vibration erregt; und die Beschaffenheit, Fortpflanzung, Verstärkung oder Verminderung der Erschütterungswelle. Ich habe in dem Naturgemälde beschrieben, was sich zunächst den Sinnen offenbart; was ich Gelegenheit gehabt so viele Jahre lang selbst zu beobachten auf dem Meere, auf dem Seeboden der Ebenen (Llanos), auf Höhen von acht= bis funfzehn=tausend Fuß: am Krater= rande entzündeter Vulkane, und in Regionen von Granit und Glimmerschiefer, dreihundert geographische Meilen von allen Feuerausbrüchen entfernt: in Gegenden, wo die Einwohner zu gewissen Epochen die Zahl der Erdstöße nicht mehr als wir in Europa die Zahl der Regenschauer zählen; wo Bonpland und ich wegen Unruhe der Maulthiere absteigen mußten, weil in einem Walde der Boden 15 bis 18 Minuten lang ununter= brochen erbebte. Bei einer so langen Gewohnheit, die später Boussingault in einem noch höheren Grade getheilt hat, ist man zu ruhiger und sorgfältiger Beobachtung gestimmt; wohl auch geeignet, mit kritischer Sorgfalt abweichende Zeugnisse an Ort und Stelle zu sammeln: ja zu prüfen, unter welchen Ver= hältnissen die mächtigen Veränderungen der Erdoberfläche er= folgt sind, deren frische Spuren man erkennt. Wenn gleich schon fünf Jahre seit dem schaudervollen Erdbeben von Rio= bamba, welches am 4 Februar 1797 über 30000 Menschen in wenigen Minuten das Leben kostete[8], vergangen waren; so sahen wir doch noch die einst fortschreitenden, aus der Erde aufgestiegenen Kegel der Moya[9], und die Anwendung dieser brennbaren Substanz zum Kochen in den Hütten der Indianer. Ergebnisse von Bodenveränderungen konnte ich aus jener Cata= strophe beschreiben, die in einem größeren Maaßstabe ganz denen analog gewesen sind, welche das berühmte Erdbeben von Calabrien (Febr. 1783) darbot; und die man lange für ungenau und abenteuerlich dargestellt ausgegeben hat, weil

sie nicht nach Theorien zu erklären waren, welche man sich
voreilig gebildet.

Indem man, wie wir bereits oben angedeutet haben, die
Betrachtungen über das, was den Impuls zur Erschütterung
giebt, sorgfältig von denen über das Wesen und die Fort=
pflanzung der Erschütterungswellen trennt; so unterscheidet man
dadurch zwei Classen der Probleme von sehr ungleicher Zugäng=
lichkeit. Die erstere kann nach dem jetzigen Zustande unseres
Wissens zu keinen allgemein befriedigenden Resultaten führen, wie
bei so vielem, in dem wir bis zu den letzten Ursachen aufstei=
gen wollen. Dennoch ist es von großem cosmischen Interesse,
während wir uns bestreben, in dem der wirklichen Beobach=
tung Unterworfenen das Gesetzliche zu erforschen, die verschie=
benen, bisher als wahrscheinlich aufgestellten, genetischen Er=
klärungsarten fortdauernd im Auge zu behalten. Der größere
Theil derselben bezieht sich, wie bei aller Vulcanicität, unter
mancherlei Modificationen auf die hohe Temperatur und chemische
Beschaffenheit des geschmolzenen Inneren der Erde; eine ein=
zige, und zwar die neueste Erklärungsart des Erdbebens in
trachytischen Regionen, ist das Ergebniß geognostischer Ver=
muthungen über den Nicht=Zusammenhang vulkanisch ge=
hobener Felsmassen. Folgende Zusammenstellung bezeichnet
näher und in gedrängter Kürze die Verschiedenheit der An=
sichten über die Natur des ersten Impulses zur Erschütterung:

Der Kern der Erde wird als in feurig flüssigem Zu=
stande gedacht: als Folge alles planetarischen Bildungspro=
cesses aus einer gasförmigen Materie, durch Entbindung
der Wärme bei dem Uebergange des Flüssigen zum Dichten.
Die äußeren Schichten haben sich durch Strahlung zuerst
abgekühlt und am frühesten erhärtet. Ein ungleichartiges

Aufsteigen elastischer Dämpfe, gebildet (an der Grenze
zwischen dem Flüssigen und Festen) entweder allein aus der
geschmolzenen Erdmasse oder aus eindringendem Meeres-
wasser; sich plötzlich öffnende Spalten, und das plötzliche
Aufsteigen tiefer entstandener, und darum heißerer und ge-
spannterer Dämpfe in höhere Felsschichten, der Erdoberfläche
näher: verursachen die Erschütterung. Als Nebenwirkung
einer nicht tellurischen Ursach wird auch wohl die Attraction
des Mondes und der Sonne [10] auf die flüssige, geschmolzene
Oberfläche des Erdkerns betrachtet, wodurch ein vermehrter
Druck entstehen muß: entweder unmittelbar gegen ein festes
aufliegendes Felsgewölbe; oder mittelbar, wo in unterirdischen Becken die feste Masse durch elastische Dämpfe von
der geschmolzenen, flüssigen Masse getrennt ist.

Der Kern unseres Planeten wird als aus unorydirten
Massen, aus den Metalloiden der Alkalien und Erden bestehend gedacht. Durch Zutritt von Wasser und Luft soll die
vulkanische Thätigkeit in dem Kerne erregt werden. Die Vulkane ergießen allerdings eine große Menge Wasserdampf in die
Atmosphäre; aber die Annahme des Eindringens des Wassers
in den vulkanischen Heerd hat viele Schwierigkeit, in Betrachtung des gegenseitigen Druckes [11] der äußeren Wassersäule und inneren Lava; und der Mangel oder wenigstens
die große Seltenheit von brennendem Wasserstoff-Gas während der Eruption, welchen die Bildungen von Chlor-
Wasserstoff-Säure [12], Ammoniak und geschwefeltem Wasserstoff
wohl nicht hinlänglich ersetzen, hat den berühmten Urheber
der Hypothese sie selbst freimüthig [13] aufzugeben vermocht.

Nach einer dritten Ansicht, der des so vielbegabten
südamerikanischen Reisenden Boussingault, wird ein Mangel

an Cohärenz in den trachyt⸗ und doleritartigen Massen, welche die erhobenen Vulkane der Andeskette bilden, als eine Hauptursach vieler und sehr weit wirkender Erderschüt⸗ terungen betrachtet. Die colossalen Kegel und domförmigen Gipfel der Cordilleren sind nach dieser Ansicht keinesweges in einem Zustande der Weichheit und halben Flüssigkeit; sondern vollkommen erhärtet, als ungeheure scharfkantige Fragmente, emporgeschoben und aufgethürmt worden. Bei einem solchen Emporschieben und Aufthürmen sind noth⸗ wendig große Zwischenräume und Höhlungen entstanden, so daß durch ruckweise Senkung und durch das Herabstürzen zu schwach unterstützter fester Massen Erschütterungen er⸗ folgen. [14]

Mit mehr Klarheit, als die Betrachtungen über die Na⸗ tur des ersten Impulses gewähren, den man sich freilich als verschiedenartig denken kann; sind die Wirkungen des Impulses, die Erschütterungswellen, auf einfache mechanische Theorien zurückzuführen. Dieser Theil unseres Naturwissens hat, wie wir schon oben bemerkt, in der neue⸗ sten Zeit wesentlich gewonnen. Man hat die Erdwellen in ihren Fortschritten, ihrer Verbreitung durch Gebirgsarten von verschiedener Dichtigkeit und Elasticität [15] geschildert; die Ur⸗ sachen der Fortpflanzungs⸗Geschwindigkeit, ihre Abnahme durch Brechung, Reflex und Interferenz [16] der Schwingungen mathematisch erforscht. Die scheinbar kreisenden (rotatori⸗ schen) Erschütterungen, von denen die Obelisken vor dem Kloster San Bruno in der kleinen Stadt Stephano del Bosco (Calabrien 1783) ein so viel besprochenes Beispiel dargeboten hatten, hat man versucht auf geradlinige zu reduciren. [17] Luft⸗, Wasser⸗ und Erdwellen folgen allerdings räumlich den⸗

selben Gesetzen, welche die Bewegungslehre anerkennt; aber die Erdwellen sind in ihrer verheerenden Wirkung von Phä=nomenen begleitet, die ihrer Natur nach dunkler bleiben und in die Classe physischer Processe gehören. Als solche sind auf=zuzählen. Ausströmungen von gespannten Dämpfen; von Gas=Arten; oder, wie in den kleinen bewegten Moya=Kegeln von Pelileo, grusartiger Gemenge von Pyroren=Krystallen, Kohle und Infusionsthierchen mit Kieselpanzern. Diese wandernden Ke=gel haben eine große Zahl von Hütten der Indianer umgestürzt. [18]

In dem allgemeinen Naturgemälde sind viele über die große Catastrophe von Riobamba (4 Febr. 1797) aus dem Munde der Ueberlebenden an Ort und Stelle mit dem ernsten Bestreben nach historischer Wahrheit gesammelte That=sachen erzählt. Einige sind den Ereignissen bei dem großen Erdbeben von Calabrien aus dem Jahre 1783 analog, andere sind neu und durch die minenartige Kraftäußerung von unten nach oben besonders charakterisirt. Das Erdbeben selbst war von keinem unterirdischen Getöse begleitet, durch keines ver=kündigt. Ein ungeheures Getöse, noch jetzt durch den ein=fachen Namen el gran ruido bezeichnet, wurde erst 18 bis 20 Minuten später, und bloß unter den beiden Städten Quito und Ibarra, fern von Tacunga, Hambato und dem Haupt=schauplatz der Verheerung, vernommen. Es giebt kein anderes Ereigniß in den trüben Verhängnissen des Menschengeschlechts, durch welches in wenigen Minuten, und dazu in sparsam be=völkerten Gebirgsländern, so viele Tausende auf einmal den Tod finden, als durch die Erzeugung und den Vorübergang weniger Erdwellen, von Spaltungs=Phänomenen begleitet!

Bei dem Erdbeben von Riobamba, über welches der berühmte valencianische Botaniker, Don José Cavanilles, die frühesten

Nachrichten mitgetheilt hat, verdienen noch folgende Erscheinungen eine besondere Aufmerksamkeit: Klüfte, die sich abwechselnd öffneten und wiederum schlossen: so daß Menschen sich
dadurch retteten, daß sie beide Arme ausstreckten, um nicht zu
versinken; das Verschwinden ganzer Züge von Reitern oder bela-
dener Maulthiere (recuas), deren einige durch, sich plötzlich auf-
thuende Queerklüfte verschwanden, während andere, zurückfliehend,
der Gefahr entgingen; so heftige Schwankungen (ungleichzeitige
Erhebung und Senkung) naher Theile des Bodens, daß Personen,
welche auf einem mehr als 12 Fuß hohen Chor in einer Kirche
standen, ohne Sturz auf das Straßenpflaster gelangten; die
Versenkung von massiven Häusern [19], in denen die Bewohner
innere Thüren öffnen konnten: und zwei Tage lang, ehe sie
durch Ausgrabung entkamen, unversehrt von einem Zimmer
in das andere gingen, sich Licht anzündeten, von zufällig entdeckten Vorräthen sich nährten, und über den Grad der Wahrscheinlichkeit ihrer Rettung mit einander haderten; das Verschwinden so großer Massen von Steinen und Baumaterial.
Alt-Riobamba hatte Kirchen und Klöster, zwischen Häusern
von mehreren Stockwerken; und doch habe ich, als ich den
Plan der zerstörten Stadt aufnahm, in den Ruinen nur Stein-
haufen von 8 bis 10 Fuß Höhe gefunden. In dem südwestlichen
Theil von Alt-Riobamba (in dem vormaligen Barrio de Sig-
chuguaicu) war deutlich eine minenartige Explosion, die Wirkung einer Kraft von unten nach oben zu erkennen. Auf dem,
einige hundert Fuß hohen Hügel Cerro de la Culca, welcher sich
über dem, ihm nördlich liegenden Cerro de Cumbicarca erhebt,
liegt Steinschutt, mit Menschengerippen vermengt. Trans-
latorische Bewegungen in horizontaler Richtung, durch welche
Baumalleen, ohne entwurzelt zu werden, sich verschieben; oder

Culturstücke sehr verschiedener Art sich gegenseitig verdrängen: haben sich in Quito wie in Calabrien mehrfach gezeigt. Eine noch auffallendere und complicirtere Erscheinung ist das Auffinden von Geräthschaften eines Hauses in den Ruinen anderer, weit entfernter: ein Auffinden, das zu Processen Anlaß gegeben hat. Ist es, wie die Landeinwohner glauben, ein Versinken, dem ein Auswurf folgt? oder, trotz der Entfernung, ein bloßes Ueberschütten? Da in der Natur unter wieder eintretenden ähnlichen Bedingungen sich alles wiederholt, so muß man durch Nicht-Verschweigen auch des noch unvollständig Beobachteten die Aufmerksamkeit künftiger Beobachter auf specielle Phänomene leiten.

Es ist nach meinen Erfahrungen nicht zu vergessen, daß bei den meisten Spalten-Erzeugungen, neben der Erschütterung fester Theile als Erdwelle, auch ganz andere und zwar physische Kräfte, Gas- und Dampf-Emanationen, mitwirken. Wenn in der Wellenbewegung die äußerste Grenze der Elasticität der bewegten Materie (nach Verschiedenheit der Gebirgsarten oder der losen Erdschichten) überschritten wird und Trennung entsteht; so können durch die Spalten gespannte elastische Flüssigkeiten ausbrechen, welche verschiedenartige Stoffe aus dem Inneren auf die Oberfläche führen und deren Ausbruch wiederum Ursach von translatorischen Bewegungen wird. Zu diesen, die primitive Erschütterung (das Erdbeben) nur begleitenden Erscheinungen gehört das Emporheben der unbestritten wandernden Moya-Kegel; wahrscheinlich auch der Transport von Gegenständen auf der Oberfläche der Erde.[20] Wenn in der Bildung mächtiger Spalten sich dieselben nun in den oberen Theilen schließen, so kann die Entstehung bleibender unterirdischer Höhlungen nicht bloß

Ursach zu neuen Erdbeben werden: indem nach Boussingault's
Vermuthung sich mit der Zeit schlecht unterstützte Massen ablösen und, Erschütterung erregend, senken; sondern man kann
sich auch die Möglichkeit denken, daß die Erschütterungskreise dadurch erweitert werden, daß auf den bei den früheren Erdbeben geöffneten Spalten in dem neuen Erdbeben
elastische Flüssigkeiten da wirken, wohin sie vorher nicht gelangen
konnten. Es ist also ein begleitendes Phänomen, nicht die
Stärke der Erschütterungswelle, welche die festen Theile der
Erde einmal durchlaufen ist, was die allmälige, sehr wichtige
und zu wenig beachtete, Erweiterung des Erschütte-
rungskreises veranlaßt.[21]

Vulkanische Thätigkeiten, zu deren niederen Stufen das
Erdbeben gehört, umfassen fast immer gleichzeitig Phänomene
der Bewegung und physischer stoffartiger Production. Wir
haben schon mehrfach im Naturgemälde erinnert, wie aus Spalten, fern von allen Vulkanen, emporsteigen: Wasser und heiße
Dämpfe, kohlensaures Gas und andere Moffetten, schwarzer
Rauch (wie, viele Tage lang, im Felsen von Alvidras
beim Erdbeben von Lissabon vom 1 November 1755), Feuerflammen, Sand, Schlamm, und mit Kohle gemengte Moya.
Der scharfsinnige Geognost Abich hat den Zusammenhang nachgewiesen, der im persischen Ghilan zwischen den Thermalquellen
von Sarein (5051 Fuß), auf dem Wege von Ardebil nach
Tabriz, und den Erdbeben statt findet, welche das Hochland
oft von zwei zu zwei Jahren heimsuchen. Im October 1848
nöthigte eine undulatorische Bewegung des Bodens, welche eine
ganze Stunde dauerte, die Einwohner von Ardebil die Stadt
zu verlassen; und sogleich stieg die Temperatur der Quellen,
die zwischen 44° und 46° Cent. fällt, einen ganzen Monat

lang bis zum schmerzlichsten Verbrühen.[22] Nirgends vielleicht
auf der Erde ist, nach Abich's Ausspruch, der „innige Zu=
sammenhang spaltenerregender Erdbeben mit den Phänome=
nen der Schlamm=Vulkane, der Salsen, der den durchlöcher=
ten Boden durchdringenden brennbaren Gase, der Petroleum=
Quellen bestimmter angedeutet und klarer zu erkennen, als in
dem südöstlichen Ende des Caucasus zwischen Schemacha, Baku
und Sallian. Es ist der Theil der großen aralo=caspischen
Depression, in welchem der Boden am häufigsten erschüttert
wird."[23] Mir selbst ist es im nördlichen Asien auffallend ge=
wesen, daß der Erschütterungskreis, dessen Mittelpunkt die
Gegend des Baikal=Sees zu sein scheint, sich westlich nur bis
zur östlichsten Grenze des russischen Altai: bis zu den Silber=
gruben von Ridderst, dem trachytartigen Gestein der Kruglaja
Sopka, und den heißen Quellen von Rachmanowka und Ara=
chan; nicht aber bis zur Uralkette erstreckt. Weiter nach Süden
hin, jenseits des Parallelkreises von 45°, erscheint in der Kette
des Thian=schan (Himmelsgebirges) eine von Osten nach
Westen gerichtete Zone von vulkanischer Thätigkeit jeg=
licher Art der Manifestation. Sie erstreckt sich nicht bloß
vom Feuer=District (Ho=tscheu) in Turfan durch die
kleine Asferah=Kette bis Baku, und von da über den Ararat
bis nach Kleinasien; sondern, zwischen den Breiten von 38°
und 40° oscillirend, glaubt man sie durch das vulkanische
Becken des Mittelmeeres bis nach Lissabon und den Azoren
verfolgen zu können. Ich habe an einem anderen Orte[24] diesen
wichtigen Gegenstand der vulkanischen Geographie aus=
führlich behandelt. Eben so scheint in Griechenland, das mehr
als irgend ein anderer Theil von Europa durch Erdbeben ge=
litten hat (Curtius, Peloponnesos Bd. I. S. 42—46), eine

Unzahl von Thermalquellen, noch fließende oder schon verschwun=
dene, unter Erdstößen ausgebrochen zu sein. Ein solcher ther=
mischer Zusammenhang ist in dem merkwürdigen Buche des Jo=
hannes Lydus über die Erdbeben (de Ostentis cap. LIV,
p. 189 Hase) schon angedeutet. Die große Naturbegebenheit
des Unterganges von Helice und Bura in Achaja (373 vor Chr.;
Kosmos Bd. III. S. 579) gab besonders Veranlassung zu
Hypothesen über den Causalzusammenhang vulkanischer Thätig=
keit. Es entstand bei Aristoteles die sonderbare Theorie von
der Gewalt der in den Schluchten der Erdtiefe sich einfangen=
den Winde (Meteor. II. p. 368). Die unglückliche Frequenz der
Erderschütterungen in Hellas und in Unter=Italien hat durch
den Antheil, den sie an der früheren Zerstörung der Monumente
aus der Blüthezeit der Künste gehabt, den verderblichsten Ein=
fluß auf alle Studien ausgeübt, welche auf die Entwickelung
griechischer und römischer Cultur nach verschiedenen Zeit=
epochen gerichtet sind. Auch ägyptische Monumente, z. B.
der eine Memnons=Coloß (27 Jahre vor unserer Zeitrechnung),
haben von Erdstößen gelitten, die, wie Letronne erwiesen, im
Nilthal gar nicht so selten gewesen sind, als man geglaubt (les
Statues vocales de Memnon 1833 p. 23—27 und 255).

Nach den hier angeführten physischen Veränderungen,
welche die Erdbeben durch Erzeugung von Spalten veranlassen,
ist es um so auffallender, wie so viele warme Heilquellen
Jahrhunderte lang ihren Stoffgehalt und ihre Temperatur un=
verändert erhalten; und also aus Spalten hervorquellen müssen,
die weder der Tiefe nach, noch gegen die Seiten hin Ver=
änderungen erlitten zu haben scheinen. Eingetretene Commu=
nicationen mit höheren Erdschichten würden Verminderung,
mit tieferen Vermehrung der Wärme hervorgebracht haben.

Als der Vulkan von Conseguina (im Staat Nicaragua)
am 23 Januar 1835 seinen großen Ausbruch machte, wurde
das unterirdische Getöse [25] (los ruidos subterraneos) zugleich
gehört auf der Insel Jamaica und auf dem Hochlande von
Bogota, 8200 Fuß über dem Meere, entfernter als von Algier
nach London. Auch habe ich schon an einem anderen Orte
bemerkt, daß bei den Ausbrüchen des Vulkans auf der Insel
St. Vincent, am 30 April 1812, um 2 Uhr Morgens, das
dem Kanonendonner gleiche Getöse ohne alle fühlbare Erd=
erschütterung auf einem Raume von 10000 geogr. Quadrat=
meilen gehört wurde. [26] Sehr merkwürdig ist es, daß, wenn
Erdbeben mit Getöse verbunden sind, was keinesweges immer
der Fall ist, die Stärke des letzteren gar nicht mit der des
ersteren wächst. Das seltenste und räthselhafteste Phänomen
unterirdischer Schallbildung bleibt immer das der bramidos de
Guanaxuato vom 9 Januar bis zur Mitte des Februars 1784,
über das ich die ersten sicheren Nachrichten aus dem Munde
noch lebender Zeugen und aus archivarischen Urkunden habe
sammeln können. (Kosmos Bd. 1. S. 216 und 444.)

Die Fortpflanzungs=Geschwindigkeit des Erdbebens auf
der Oberfläche der Erde muß ihrer Natur nach durch die so ver=
schiedenen Dichtigkeiten der festen Gebirgsschichten (Granit und
Gneiß, Basalt und Trachyt=Porphyr, Jurakalk und Gyps)
wie des Schuttlandes, welche die Erschütterungswelle durch=
läuft, mannigfach modificirt werden. Es wäre aber doch
wünschenswerth, daß man endlich einmal mit Sicherheit die
äußersten Grenzen kennen lernte, zwischen denen die Geschwindig=
keiten schwanken. Es ist wahrscheinlich, daß den heftigeren Er=
schütterungen keinesweges immer die größte Geschwindigkeit zu=
kommt. Die Messungen beziehen sich ohnedies nicht immer auf

dieselben Wege, welche die Erschütterungswellen genommen haben. An genauen mathematischen Bestimmungen fehlt es sehr; und nur ganz neuerlich ist über das rheinische Erdbeben vom 29 Juli 1846 mit großer Genauigkeit und Umsicht ein Resultat von Julius Schmidt, Gehülfen an der Sternwarte zu Bonn, erlangt worden. Die Fortpflanzungs-Geschwindigkeit war in dem eben genannten Erdbeben 3,739 geogr. Meilen in der Minute, d. i. 1376 Pariser Fuß in der Secunde. Diese Schnelligkeit übertrifft allerdings die der Schallwelle in der Luft; wenn dagegen die Fortpflanzung des Schalles im Wasser nach Collabon und Sturm 4706 Fuß, in gegossenen eisernen Röhren nach Biot 10690 Fuß beträgt, so erscheint das für das Erdbeben gefundene Resultat sehr schwach. Für das Erdbeben von Lissabon am 1 Nov. 1755 fand Schmidt (nach weniger genauen Angaben) zwischen den portugiesischen und holsteinischen Küsten eine mehr denn fünfmal größere Geschwindigkeit als am Rhein den 29 Juli 1846. Es ergaben sich nämlich für Lissabon und Glückstadt (Entfernung 295 geogr. Meilen) 19,6 Meilen in der Minute oder 7464 Pariser Fuß in 1″: immer noch 3226 Fuß weniger Geschwindigkeit als im Gußeisen. [27]

Erderschütterungen und plötzliche Feuerausbrüche lang ruhender Vulkane: sei es, daß diese bloß Schlacken oder, intermittirenden Wasserquellen gleich, flüssige geschmolzene Erde in Lavaströmen ergießen; haben allerdings einen gemeinschaftlichen alleinigen Causalzusammenhang in der hohen Temperatur des Inneren unsres Planeten: aber eine dieser Erscheinungen zeigt sich meist ganz unabhängig von der andren. Heftige Erdbeben erschüttern z. B. in der Andeskette in ihrer Linear-Verbreitung Gegenden, in denen sich nicht erloschene, ja noch oftmals thätige Vulkane erheben, ohne daß diese letzteren dadurch auf irgend eine bemerkbare Weise angeregt werden. Bei der großen Catastrophe von Riobamba haben sich der nahe Vulkan Tungurahua und der etwas fernere Vulkan Cotopaxi ganz ruhig verhalten. Umgekehrt haben Vulkane mächtige, lang= dauernde Ausbrüche dargeboten, ohne daß weder vorher noch gleichzeitig in der Umgegend Erdbeben gefühlt wurden. Es sind gerade die verheerendsten Erderschütterungen, von denen die Geschichte Kunde giebt und die viele tausend Quadratmeilen durchlaufen haben, welche, nach dem an der Oberfläche Be= merkbaren zu urtheilen, in keinem Zusammenhange mit der Thätigkeit von Vulkanen stehen. Diese hat man neuerdings plutonische Erdbeben im Gegensatz der eigentlichen vulkani= schen genannt, die meist auf kleinere Localitäten eingeschränkt sind. In Hinsicht auf allgemeinere Ansichten über Vulcani= cität ist diese Nomenclatur nicht zu billigen. Die bei weitem größere Zahl der Erdbeben auf unserem Planeten müßten plu= tonische heißen.

Was Erdstöße erregen kann, ist überall unter unseren Füßen; und die Betrachtung, daß fast ¾ der Erdoberfläche, von dem Meere bedeckt (einige sporadische Inseln abgerechnet), ohne alle bleibende Communication des Inneren mit der At= mosphäre, d. h. ohne thätige Vulkane, sind: widerspricht dem irrigen, aber verbreiteten Glauben, daß alle Erdbeben der Eruption eines fernen Vulkans zuzuschreiben seien. Erschütte= rungen der Continente pflanzen sich allerdings auf dem Meeres= boden von den Küsten aus fort; und erregen die furchtbaren Meereswellen, von welchen die Erdbeben von Lissabon, Callao de Lima und Chili so denkwürdige Beispiele gegeben haben. Wenn dagegen die Erdbeben von dem Meeresboden selbst

ausgehen, aus dem Reiche des Erderschütterers Poseidon (σει-
σίχϑων, κινησίχϑων): und nicht von einer insel=erzeugenden
Hebung (wie bei der ephemeren Existenz der Insel Sabrina
oder Julia) begleitet sind; so kann an Punkten, wo der See=
fahrer keine Stöße fühlen würde, doch ein ungewöhnliches
Rollen und Anschwellen der Wogen bemerkt werden. Auf ein
solches Phänomen haben mich die Bewohner des öden perua=
nischen Küstenlandes oftmals aufmerksam gemacht. Ich sah
selbst in dem Hafen von Callao und bei der gegenüberliegen=
den Insel San Lorenzo in ganz windstillen Nächten, in diesem
sonst so überaus friedlichen Theile der Südsee, sich plötzlich
auf wenige Stunden Welle auf Welle zu mehr als 10 bis 14 Fuß
Höhe thürmen. Daß ein solches Phänomen Folge eines Stur-
mes gewesen sei, welcher in großer Ferne auf offenem Meere
gewüthet hätte, war in diesen Breiten keinesweges anzunehmen.

Um von denjenigen Erschütterungen zu beginnen, welche
auf den kleinsten Raum eingeschränkt sind, und offenbar der
Thätigkeit eines Vulkans ihren Ursprung verdanken; so er=
innere ich hier zuerst daran, wie, nächtlich im Krater des
Vesuvs am Fuß eines kleinen Auswurfs=Kegels sitzend, den
Chronometer in der Hand (es war nach dem großen Erdbeben
von Neapel am 26 Juli 1805 und nach dem Lava=Ausbruch,
der 17 Tage darauf erfolgte), ich sehr regelmäßig alle 20 oder
25 Secunden unmittelbar vor jedem Auswurf glühender
Schlacken eine Erschütterung des Kraterbodens fühlte. Die
Schlacken, 50—60 Fuß emporgeschleudert, fielen theils in die
Eruptions=Oeffnung zurück, theils bedeckten sie die Seiten=
wände des Kegels. Die Regelmäßigkeit eines solchen Phäno=
mens macht die Beobachtung gefahrlos. Das sich wiederholende kleine Erdbeben war keinesweges bemerkbar außerhalb

des Kraters nicht im Atrio del Cavallo, nicht in der Einsiedelei del Salvatore. Die Periodicität der Erschütterung bezeugt, daß sie abhängig war von einem bestimmten Span-
nungsgrade, welchen die Dämpfe erreichen mußten, um in
dem Inneren des Schlackenkegels die geschmolzene Masse zu
durchbrechen. Eben so als man in dem eben beschriebenen Falle
seine Erschütterungen am Abfall des Aschenkegels des Vesuvs
fühlte, wurde auch bei einem ganz analogen, aber viel groß-
artigeren Phänomen am Aschenkegel des Vulkans Sangai, der
nordöstlich von der Stadt Quito sich bis zu 15984 Fuß erhebt,
von einem sehr ausgezeichneten Beobachter, Herrn Wisse, als
er sich (im December 1849) dem Gipfel und Krater bis auf
tausend Fuß näherte, kein Erzittern des Bodens bemerkt;
dennoch waren in der Stunde bis 267 Explosionen (Schlacken-
Auswürfe) gezählt worden.

Eine zweite, unendlich wichtigere Gattung von Erdbeben
ist die sehr häufige, welche große Ausbrüche von Vulkanen
zu begleiten oder ihnen vorauszugehen pflegt: sei es, daß die
Vulkane, wie unsere europäischen, Lavaströme ergießen; oder,
wie Cotopaxi, Pichincha und Tunguragua der Andeskette, nur
verschlackte Massen, Asche und Dämpfe ausstoßen. Für diese
Gattung sind vorzugsweise die Vulkane als Sicherheits-
Ventile zu betrachten, schon nach dem Ausspruche Strabo's
über die lava-ergießende Spalte bei Lelanto auf Euböa. Die
Erdbeben hören auf, wenn der große Ausbruch erfolgt ist.

Am weitesten [*] verbreitet sind aber die Verheerungen von
Erschütterungswellen, welche theils ganz untrachytische, unvulkanische Länder: theils trachytische, vulkanische, wie die Cordilleren von Südamerika und Mexico: durchziehen, ohne irgend
einen Einfluß auf die nahen Vulkane auszuüben. Das ist

ein dritte Gruppe von Erscheinungen, und die, welche am ... an die Eristenz einer allgemeinen Ursach, welche in der thermischen Beschaffenheit des Inneren unsrer Planeten liegt, erinnert. Zu dieser dritten Gruppe gehört auch der doch seltene Fall, daß in unvulkanischen und durch Erdbeben wenig erschwerten Ländern, auf dem eingeschränkten Raume, der Boden Monate lang ununterbrochen zittert, in dem man eine Hebung, die Bildung einer thätigen Vulkane zu bringen anfängt. So war dies in der permanenterhöhten ... von Relief und Garben, wie bei Riquerro im April im Mai 1805; so im Frühsahr 1829 in Murcia, zwischen Orihuela und der Meeresküste, auf einen Raum von kaum ein Quadratmeile. Als im Innern von Bengur am neunten Abfall des Hochland-? von Mechoacan, die cultivirte Erde von Jorullo 90 Tage lang ununterbrochen erbebte, stieg der Vulkan mit vielen Tausenden ihr umgebender 5 — 7 Fuß hohen Kegel aus horrorlos empor und erzog einen kleinen, der mächtigen Levaströme. In Piemont und in Spanien lagen hörten die Erderschütterungen allmälig auf, ohne daß sich eine Naturbegebenheit ereigte.

Ich hielt es für nöthig die ganz verschiedenen Arten der Manifestation derselben vulkanischer Thätigkeit der Reaction des Inneren der Erde gegen die Oberfläche auszugeben, um die Beobachter zu leiten, und ein Material zu schaffen, das zu brauchbaren Resultaten über den Causalzusammenhang der Erscheinungen führen kann. Bisweilen umfaßt die vulkanische Thätigkeit auf einmal oder in nahen Perioden einen so großen Theil des Erdkörpers, daß die erregten Erschütterungen des Erous dann mehreren, mit einander verwandten Ursachen gleichzeitig zugeschrieben werden können. Die Jahre 1796 und

des Kraters: nicht im Atrio del Cavallo, nicht in der Einsiedelei del Salvatore. Die Periodicität der Erschütterung bezeugt, daß sie abhängig war von einem bestimmten Span-
nungsgrade, welchen die Dämpfe erreichen müssen, um in
dem Inneren des Schlackenkegels die geschmolzene Masse zu
durchbrechen. Eben so als man in dem eben beschriebenen Falle
keine Erschütterungen am Abfall des Aschenkegels des Vesuvs
fühlte; wurde auch bei einem ganz analogen, aber viel groß-
artigeren Phänomen: am Aschenkegel des Vulkans Sangai, der
südöstlich von der Stadt Quito sich bis zu 15984 Fuß erhebt,
von einem sehr ausgezeichneten Beobachter, Herrn Wisse, als
er sich (im December 1849) dem Gipfel und Krater bis auf
tausend Fuß näherte, kein Erzittern des Bodens [28] bemerkt;
dennoch waren in der Stunde bis 267 Explosionen (Schlacken-
Auswürfe) gezählt worden.

Eine zweite, unendlich wichtigere Gattung von Erdbeben
ist die sehr häufige, welche große Ausbrüche von Vulkanen
zu begleiten oder ihnen voranzugehen pflegt: sei es, daß die
Vulkane, wie unsere europäischen, Lavaströme ergießen; oder,
wie Cotopari, Pichincha und Tunguragua der Andeskette, nur
verschlackte Massen, Asche und Dämpfe ausstoßen. Für diese
Gattung sind vorzugsweise die Vulkane als Sicherheits-
Ventile zu betrachten, schon nach dem Ausspruche Strabo's
über die lava-ergießende Spalte bei Lelante auf Euböa. Die
Erdbeben hören auf, wenn der große Ausbruch erfolgt ist.

Am weitesten [29] verbreitet sind aber die Verheerungen von
Erschütterungswellen, welche theils ganz untrachytische, unvulkanische Länder; theils trachytische, vulkanische, wie die Cor-
billeren von Südamerika und Mexico: durchziehen, ohne irgend
einen Einfluß auf die nahen Vulkane auszuüben. Das ist

eine dritte Gruppe von Erscheinungen; und die, welche am
überzeugendsten an die Existenz einer allgemeinen Ursach,
welche in der thermischen Beschaffenheit des Inneren unsres
Planeten liegt, erinnert. Zu dieser dritten Gruppe gehört auch
der, doch seltene Fall, daß in unvulkanischen und durch Erd=
beben wenig erschreckten Ländern, auf dem eingeschränktesten
Raume, der Boden Monate lang ununterbrochen zittert, so
daß man eine Hebung, die Bildung eines thätigen Vulkans
zu besorgen anfängt. So war dieß in den piemontesischen
Thälern von Pelis und Clusson, wie bei Pignerol im April
und Mai 1805; so im Frühjahr 1829 in Murcia, zwischen
Orihuela und der Meeresküste, auf einem Raum von kaum
einer Quadratmeile. Als im Inneren von Mexico, am west=
lichen Abfall des Hochlandes von Mechoacan, die cultivirte
Fläche von Jorullo 90 Tage lang ununterbrochen erbebte; stieg
der Vulkan mit vielen Tausenden, ihn umgebender, 5—7 Fuß
hoher Kegel (los hornitos) empor, und ergoß einen kurzen,
aber mächtigen Lavastrom. In Piemont und in Spanien da=
gegen hörten die Erderschütterungen allmälig auf, ohne daß
irgend eine Naturbegebenheit erfolgte.

Ich hielt es für nützlich die ganz verschiedenen Arten der
Manifestation derselben vulkanischen Thätigkeit (der Reaction
des Inneren der Erde gegen die Oberfläche) aufzuzählen, um
den Beobachter zu leiten, und ein Material zu schaffen, das
zu fruchtbaren Resultaten über den Causalzusammenhang der
Erscheinungen führen kann. Bisweilen umfaßt die vulkanische
Thätigkeit auf einmal oder in nahen Perioden einen so großen
Theil des Erdkörpers, daß die erregten Erschütterungen des
Bodens dann mehreren, mit einander verwandten Ursachen
gleichzeitig zugeschrieben werden können. Die Jahre 1796 und

1811 bieten besonders denkwürdige Beispiele [30] von solcher Grup=
pirung der Erscheinungen dar.

b. Thermalquellen.

(Erweiterung des Naturgemäldes Kosmos Bd. I. S. 216—232.)

Als eine Folge der Lebensthätigkeit des Inneren unsres
Erdkörpers, die in unregelmäßig wiederholten, oft furchtbar
zerstörenden Erscheinungen sich offenbart, haben wir das Erd=
beben geschildert. Es waltet in demselben eine vulkanische
Macht: freilich ihrem inneren Wesen nach nur bewegend,
erschütternd, dynamisch wirkend; wenn sie aber zugleich
an einzelnen Punkten durch Erfüllung von Nebenbedingungen
begünstigt wird, ist sie fähig einiges Stoffartige, zwar nicht,
gleich den eigentlichen Vulkanen, zu produciren, aber an die
Oberfläche zu leiten. Wie bei dem Erdbeben bisweilen auf
kurze Dauer, durch plötzlich eröffnete Spalten, Wasser, Dämpfe,
Erdöl, Gemische von Gas=Arten, oder breiartige Massen
(Schlamm und Moya) ausgestoßen werden; so entquellen durch
das allverbreitete Gewebe von communicirenden Spalten tropf=
bare und luftartige Flüssigkeiten permanent dem Schooße der
Erde. Den kurzen und ungestümen Auswurfs=Phänomenen
stellen wir hier zur Seite das große, friedliche Quellen=
system der Erdrinde, wohlthätig das organische Leben an=
regend und erhaltend. Es giebt Jahrtausende lang dem
Organismus zurück, was dem Luftkreise durch den nieder=
fallenden Regen an Feuchtigkeit entzogen worden ist. Analoge
Erscheinungen erläutern sich gegenseitig in dem ewigen Haus=
halte der Natur; und wo nach Verallgemeinerung der Begriffe
gestrebt wird, darf die enge Verkettung des als verwandt Er=
kannten nicht unbeachtet bleiben.

Die, im Sprachgebrauch so natürlich scheinende, weit
verbreitete Eintheilung der Quellen in kalte und warme hat,
wenn man sie auf numerische Temperatur=Angaben reduciren
will, nur sehr unbestimmte Fundamente. Soll man die Wärme
der Quellen vergleichen mit der inneren Wärme des Menschen
(zu $36^0,7$ bis 37^0 nach Brechet und Becquerel, mit thermo=
electrischen Apparaten gefunden); so ist der Thermometer=Grad,
bei dem eine Flüssigkeit kalt, warm oder heiß in Berührung
mit Theilen des menschlichen Körpers genannt wird, nach in=
dividuellem Gefühle sehr verschieden. Es kann nicht ein abso=
luter Temperatur=Grad festgesetzt werden, über den hinaus eine
Quelle warm genannt werden soll. Der Vorschlag, in jeder
klimatischen Zone eine Quelle kalt zu nennen, wenn ihre mitt=
lere Jahres=Temperatur die mittlere Jahres=Temperatur der
Luft in derselben Zone nicht übersteigt; bietet wenigstens eine
wissenschaftliche Genauigkeit, die Vergleichung bestimmter Zah=
len, dar. Sie gewährt den Vortheil, auf Betrachtungen über
den verschiedenen Ursprung der Quellen zu leiten: da die
ergründete Uebereinstimmung ihrer Temperatur mit der Jahres=
Temperatur der Luft in unveränderlichen Quellen un=
mittelbar; in veränderlichen, wie Wahlenberg und Erman
der Vater gezeigt haben, in den Mitteln der Sommer= und
der Wintermonate erkannt wird. Aber nach dem hier be=
zeichneten Criterium müßte in einer Zone eine Quelle warm
genannt werden, die kaum den siebenten oder achten Theil der
Temperatur erreicht, welche in einer anderen, dem Aequator
nahen Zone eine kalte genannt wird. Ich erinnere an die
Abstände der mittleren Temperaturen von Petersburg $(3^0,4)$
und der Ufer des Orinoco. Die reinsten Quellwasser, welche
ich in der Gegend der Cataracten von Atures [31] und Maypures

(27°,3), oder in der Waldung des Atabapo getrunken, hatten eine Temperatur von mehr als 26°; ja die Temperatur der großen Flüsse im tropischen Südamerika entspricht den hohen Wärmegraden solcher kalten [32] Quellen!

Das durch mannigfaltige Ursachen des Druckes und durch den Zusammenhang wasserhaltiger Spalten bewirkte Ausbrechen von Quellen ist ein so allgemeines Phänomen der Erdoberfläche, daß Wasser an einigen Punkten den am höchsten gehobenen Gebirgsschichten, in anderen dem Meeresboden entströmen. In dem ersten Viertel dieses Jahrhunderts wurden durch Leopold von Buch, Wahlenberg und mich zahlreiche Resultate über die Temperatur der Quellen und die Vertheilung der Wärme im Inneren der Erde in beiden Hemisphären, und zwar vom 12ten Grade südlicher bis zum 71ten Grade nördlicher Breite, gesammelt. [33] Es wurden die Quellen, welche eine unveränderliche Temperatur haben, sorgfältig von den mit den Jahreszeiten veränderlichen geschieden; und Leopold von Buch erkannte den mächtigen Einfluß der Regen-Vertheilung im Laufe des Jahres: d. i. den Einfluß des Verhältnisses zwischen der relativen Häufigkeit der Winter- und Sommer-Regen auf die Temperatur der veränderlichen Quellen, welche, der Zahl nach, die allverbreitetsten sind. Sehr scharfsinnige Zusammenstellungen von de Gasparin, Schouw und Thurmann haben in neuerer Zeit [34] diesen Einfluß in geographischer und hypsometrischer Hinsicht, nach Breite und Höhe, in ein helleres Licht gesetzt. Wahlenberg behauptete, daß in sehr hohen Breiten die mittlere Temperatur der veränderlichen Quellen etwas höher als die mittlere Temperatur der Atmosphäre sei; er suchte die Ursach davon nicht in der Trockenheit einer sehr kalten Luft und in dem, dadurch bewirkten, minder häufigen Winter-Regen: sondern in der schützenden, die Wärme-Strahlung des Bodens vermindernden Schnee-decke. In denjenigen Theilen des nord-asiatischen Flachlandes, in welchen eine ewige Eisschicht oder wenigstens ein mit Eisstücken gemengtes, gefrorenes Schuttland schon in einer Tiefe von wenigen Fußen [35] gefunden wird; kann die Quellen-Temperatur nur mit großer Vorsicht zu der Erörterung von Kupffer's wichtiger Theorie der Isogeothermen benutzt wer-den. Dort entsteht in der oberen Erdschicht eine zwiefache Wärme-Strahlung: eine nach oben gegen den Luftkreis, und eine andere nach unten gegen die Eisschicht hin. Eine lange Reihe schätzbarer Beobachtungen, welche mein Freund und Begleiter, Gustav Rose, auf der sibirischen Expedition in heißem Sommer (oft in noch mit Eis umgebenen Brunnen) zwischen dem Irtysch, Obi und dem caspischen Meere angestellt hat, offenbarten eine große Complication localer Störungen. Diejenigen, welche sich aus ganz anderen Ursachen in der Tro-penzone da zeigen, wo Gebirgsquellen auf mächtigen Hoch-ebenen, acht- bis zehntausend Fuß über dem Meere (Micui-pampa, Quito, Bogota): oder in schmalen, isolirten Berggipfeln, noch viele tausend Fuß höher, hervorbrechen; umfassen nicht bloß einen weit größeren Theil der Erdoberfläche, sondern leiten auch auf die Betrachtung analoger thermischer Verhält-nisse in den Gebirgsländern der gemäßigten Zone.

Vor allem ist es bei diesem wichtigen Gegenstande noth-wendig den Cyclus wirklicher Beobachtungen von den theore-tischen Schlüssen zu trennen, welche man darauf gegründet. Was wir suchen, ist, in seiner größten Allgemeinheit aus-gesprochen, dreierlei: die Vertheilung der Wärme in der uns zugänglichen Erdrinde, in der Wasserbedeckung (dem Ocean)

und der Atmosphäre. In den beiden Umhüllungen des Erdkör=
pers, der tropfbaren und gasförmigen, herrscht entgegengesetzte
Veränderung der Temperatur (Abnahme und Zunahme der=
selben in den auf einander gelagerten Schichten) in der Rich=
tung der Verticale. In den festen Theilen des Erdkörpers
wächst die Temperatur mit der Tiefe; die Veränderung ist in
demselben Sinne, wenn gleich in sehr verschiedenem Verhältniß,
wie im Luftmeere, dessen Untiefen und Klippen die
Hochebenen und vielgestalteten Berggipfel bilden. Durch directe
Versuche kennen wir am genauesten die Vertheilung der Wärme
im Luftkreise geographisch nach Ortsbestimmung in Breite und
Länge, wie nach hypsometrischen Verhältnissen nach Maaßgabe
der verticalen Höhe über der Meeresfläche: beides doch fast
nur in nahem Contact mit dem festen und tropfbar flüssigen
Theile der Oberfläche unseres Planeten. Wissenschaftliche und
systematisch angeordnete Untersuchungen durch aërostatische Reisen
im freien Luftmeere, außerhalb der zu nahen Einwirkung der
Erde, sind bisher noch zu selten, und daher wenig geeignet
gewesen, die so nothwendigen numerischen Angaben mittlerer
Zustände darzubieten. Für die Abnahme der Wärme in den
Tiefen des Oceans fehlt es nicht an Beobachtungen; aber
Strömungen, welche Wasser verschiedener Breiten, Tiefen und
Dichtigkeiten herbeiführen, erschweren fast noch mehr als Strö=
mungen in der Atmosphäre die Erlangung allgemeiner Re=
sultate. Wir haben die thermischen Zustände der beiden Um=
hüllungen unseres Planeten, welche weiter unten einzeln
behandelt werden, hier nur vorläufig deshalb berührt, um
den Einfluß der verticalen Wärme=Vertheilung in der festen
Erdrinde, das System der Geo=Isothermen, nicht allzu
isolirt, sondern als einen Theil der alles durchdringenden

Wärme-Bewegung, einer ächt kosmischen Thätigkeit, zu betrachten.

So vielfach belehrend auch die Beobachtungen über die ungleiche Temperatur-Abnahme bei nicht mit den Jahreszeiten veränderlichen Quellen bei zunehmender Höhe des Punktes ihres Ausbruchs ist; so kann das locale Gesetz solcher abnehmenden Temperatur der Quellen doch nicht, wie oft geschieht, unbedingt als ein allgemeines geothermisches Gesetz betrachtet werden. Wenn man gewiß wäre, daß Wasser auf einer horizontalen Schicht in großer Erstreckung ungemischt fortliefen, so würde man allerdings glauben können, daß sie allmälig die Temperatur des Festen angenommen haben; aber in dem großen Spaltengewebe der gehobenen Massen kann dieser Fall nur selten vorkommen. Kältere, höhere Wasser vermischen sich mit den unteren. Unser Bergbau, so geringe Räume er auch der Tiefe nach umfaßt, ist sehr belehrend in dieser Hinsicht; aber unmittelbar würde man nur dann zur Kenntniß der Geo-Isothermen gelangen, wenn nach Boussingault's Methode [36] unterhalb der Tiefe, in welcher sich noch die Einflüsse der Temperatur-Veränderungen des nahen Luftkreises äußern, Thermometer in sehr verschiedenen Höhen über dem Meere eingegraben würden. Vom 45ten Grad der Breite bis zu den dem Aequator nahen Theilen der Tropengegend nimmt die Tiefe, in der die invariable Erdschicht beginnt, von 60 bis 1½ oder 2 Fuß ab. Das Eingraben der Geothermometer in geringen Tiefen, um zur Kenntniß der mittleren Erd-Temperatur zu gelangen, ist demnach nur zwischen den Wendekreisen oder in der subtropischen Zone leicht ausführbar. Das vortreffliche Hülfsmittel der artesischen Brunnen, die eine Wärme-Zunahme von 1° des hunderttheiligen Thermometers für jede 91 bis 99 Fuß in absoluten Tiefen von 700 bis 2200 Fuß angezeigt haben, ist bisher dem Physiker nur in Gegenden von nicht viel mehr als 1500 Fuß Höhe über dem Meeresspiegel dargeboten worden.[37] Grubenbaue der Menschen auf Silbererz habe ich in der Andeskette 6° 45' südlich vom Aequator in fast 12400 Fuß Höhe besucht, und die Temperatur der dort aus den Gesteinklüften des Kalksteins andringenden Bergwasser zu 11°,3 gefunden.[38] Die Wasser, welche in den Bädern des Inca Tupac Yupanqui gewärmt wurden, auf dem Rücken der Andes (Paso del Assuay), kommen wahrscheinlich aus Quellen der Ladera de Cadlud: wo ich den Weg, neben welchem auch die alte peruanische Kunststraße fortlief, barometrisch zu 14568 Fuß Höhe (fast zu der des Montblanc) gefunden habe.[39] Das sind die höchsten Punkte, an denen ich in Südamerika Quellwasser beobachten konnte. In Europa haben in den östlichen Alpen die Gebrüder Schlagintweit auf 8860 Fuß Höhe Stollenwasser in der Goldzeche, und kleine Quellen nahe bei dem Stollen-Mundloche von nur 0°,8 Wärme gemessen[40]: fern von allem Schnee und allem Gletscher-Eise. Die letzten Höhengrenzen der Quellen sind sehr verschieden nach Maaßgabe der geographischen Breiten, der Höhe der Schneelinie und des Verhältnisses der höchsten Gipfel zu den Gebirgskämmen und Hochebenen.

Nähme der Halbmesser des Planeten um die Höhe des Himalaya im Kintschindjunga, also gleichmäßig in der ganzen Oberfläche um 26436 Fuß (1,16 geogr. Meilen) zu; so würde bei dieser geringen Vermehrung von nur $\frac{1}{800}$ des Erdhalbmessers (nach Fourier's analytischer Theorie) die Wärme, in der durch Strahlung erkalteten Oberfläche, in der oberen Erdrinde fast ganz die sein, welche sie jetzt ist. Erheben sich aber einzelne Theile der Oberfläche in Bergketten und schmalen Gipfeln, wie

Klippen auf dem Boden des Luftmeeres; so entsteht in dem Inneren der gehobenen Erdschichten von unten nach oben eine Wärme-Abnahme, die modificirt wird durch den Contact mit Luftschichten verschiedener Temperatur, durch die Wärme-Capacität und das Wärme-Leitungsvermögen heterogener Gebirgsarten, durch die Insolation (Besonnung) der mit Wald bedeckten Gipfel und Gehänge; durch die größere und geringere Wärme-Strahlung der Berge nach Maaßgabe ihrer Gestaltung (Reliefform), ihrer Mächtigkeit (in großen Massen) oder ihrer conischen und pyramidalen Schmalheit. Die specielle Höhe der Wolkenregion, die Schnee- und Eisdecken bei verschiedener Höhe der Schneegrenze, die Frequenz der nach den Tageszeiten längs den steilen Abhängen herabkommenden erkaltenden Luftströmungen verändern den Effect der Erdstrahlung. Je nachdem sich die, gleich Zapfen emporstrebenden Gipfel erkälten, entsteht im Inneren eine nach Gleichgewicht strebende, aber dasselbe nie erreichende schwache Wärme-Strömung von unten nach oben. Die Erkennung so vieler auf die verticale Wärme-Vertheilung wirkender Factoren leitet zu wohlbegründeten Vermuthungen über den Zusammenhang verwickelter localer Erscheinungen, aber sie leitet nicht zu unmittelbaren numerischen Bestimmungen. Bei den Gebirgsquellen (und die höheren, für die Gemsjäger wichtig, werden sorgsam aufgesucht) bleibt so oft der Zweifel, daß sie mit Wassern gemischt sind, welche niedersinkend die kältere Temperatur oberer, oder gehoben, aufsteigend, die wärmere Temperatur tieferer Schichten hinzuführen. Aus 19 Quellen, die Wahlenberg beobachtete, zieht Kämtz den Schluß, daß man sich in den Alpen 900 bis 960 Fuß erheben müsse, um die Quellen-Temperatur um 1° sinken zu sehen. Eine größere Zahl, mit mehr Vorsicht ausgewählter Beobachtungen

von Hermann und Adolph Schlagintweit in den östlichen kärnth-
ner und westlichen schweizer Alpen am Monte Rosa geben
nur 720 Fuß. Nach der großen Arbeit[41] dieser vortrefflichen
Beobachter ist „die Abnahme der Quellen-Temperatur jeden-
falls etwas langsamer als jene der mittleren Jahres-Temperatur
der Luft, welche in den Alpen 540 Fuß für 1⁰ beträgt. Die
Quellen sind dort im allgemeinen in gleichem Niveau wärmer
als die mittlere Luft-Temperatur; und der Unterschied zwischen
Luft- und Quellenwärme wächst mit der Höhe. Die Temperatur des Bodens ist bei gleicher Höhe nicht dieselbe in dem
ganzen Alpenzuge, da die isothermen Flächen, welche die
Punkte gleicher mittlerer Quellenwärme verbinden, sich um so
mehr über das Niveau des Meeres erheben, abgesehen von
dem Einfluß der geographischen Breite, je bedeutender
die mittlere Anschwellung des umgebenden Bodens ist: alles
nach den Gesetzen der Vertheilung der Wärme in einem festen
Körper von wechselnder Dicke, mit welchem man das Relief
(die Massen-Erhebung) der Alpen vergleichen kann."

In der Andeskette, und gerade in dem vulkanischen
Theile derselben, welcher die größten Erhebungen darbietet, kann
in einzelnen Fällen das Eingraben von Thermometern durch den
Einfluß localer Verhältnisse zu täuschenden Resultaten führen.
Nach der früher von mir gefaßten Meinung, daß weitgesehene
schwarze Felsgrate, welche die Schneeregion durchsetzen, nicht
immer bloß der Configuration und Steilheit ihrer Seitenwände,
sondern anderen Ursachen ihren gänzlichen Mangel von Schnee
verdanken: grub ich am Chimborazo in einer Höhe von
17160 Fuß, also 3350 Fuß über der Gipfelhöhe des Montblanc, eine Thermometer-Kugel nur drei Zoll in den Sand,
der die Kluft in einem Grate füllte. Das Thermometer zeigte

anhaltend 5⁰,8, während die Luft nur 2⁰,7 über dem Gefrier=
punkt war. Das Resultat dieser Beobachtung hat einige Wich=
tigkeit· denn bereits 2400 Fuß tiefer, an der unteren Grenze des
ewigen Schnees der Vulkane von Quito, ist nach vielen von
Bouffingault und mir gesammelten Beobachtungen die mittlere
Wärme der Atmosphäre nicht höher als 1⁰,6. Die Erd=Tem=
peratur von 5⁰,8 muß daher der unterirdischen Wärme des
Dolerit=Gebirges: ich sage nicht der ganzen Masse, sondern den
in derselben aus der Tiefe aufsteigenden Luftströmen, zugeschrie=
ben werden. Am Fuß des Chimborazo, in 8900 Fuß Höhe,
gegen das Dörfchen Calpi hin, liegt ohnedies ein kleiner Aus=
bruch=Krater, Yana=Urcu, der, wie auch sein schwarzes,
schlackenartiges Gestein (Augit=Porphyr) bezeugt, in der Mitte
des 15ten Jahrhunderts scheint thätig gewesen zu sein. [42]

Die Dürre der Ebene, aus welcher der Chimborazo auf=
steigt, und der unterirdische Bach, den man unter dem eben
genannten vulkanischen Hügel Yana=Urcu rauschen hört, haben
zu sehr verschiedenen Zeiten Bouffingault und mich[43] zu der
Betrachtung geführt, daß die Wasser, welche die ungeheuren,
an ihrer unteren Grenze schmelzenden Schneemassen täglich
erzeugen, auf den Klüften und Weitungen der gehobenen Vul=
kane in die Tiefe versinken. Diese Wasser bringen perpetuirlich
eine Erkaltung in den Schichten hervor, durch die sie herab=
stürzen. Ohne sie würden die ganzen Dolerit= und Trachyt=
berge auch in Zeiten, die keinen nahen Ausbruch verkünden,
in ihrem Inneren eine noch höhere Temperatur aus dem
ewig wirkenden, vielleicht aber nicht unter allen Breitengraden
in gleicher Tiefe liegenden, vulkanischen Urquell annehmen.
So ist im Wechselkampfe der Erwärmungs= und Erkaltungs=
Ursachen ein stetes Fluthen der Wärme auf= und abwärts:

vorzugsweise da anzunehmen, wo zapfenartig feste Theile in den Luftkreis aufsteigen.

Gebirge und hohe Gipfel sind aber dem Areal nach, das sie umfassen, ein sehr kleines Phänomen in der Relief-Gestaltung der Continente; und dazu sind fast ⅔ der ganzen Erdoberfläche (nach dem jetzigen Zustande geographischer Entdeckungen in den Polargegenden beider Hemisphären kann man das Verhältniß von Meer und Land wohl wie 8.3 annehmen) Meeres= grund. Dieser ist unmittelbar mit Wasserschichten in Contact: die, schwach gesalzen und nach dem Maximum ihrer Dichtig= keiten (bei 3⁰,94) sich lagernd, eine eisige Kälte haben. Genaue Beobachtungen von Lenz und du Petit Thouars haben gezeigt, daß mitten in den Tropen, wo die Oberfläche des Oceans 26⁰ bis 27⁰ Wärme hat, aus sieben= bis achthundert Faden Tiefe Wasser von 2⁰½ Temperatur haben heraufgezogen werden kön= nen: — Erscheinungen, welche die Existenz von unteren Strö= mungen aus den Polargegenden offenbaren. Die Folgen dieser suboceanischen constanten Erkaltung des bei weitem größeren Theils der Erdrinde verdienen eine Aufmerksamkeit, die ihnen bisher nicht genugsam geschenkt worden ist. Felsklippen und Inseln von geringem Umfange, welche wie Zapfen aus dem Meeresgrunde über die Oberfläche des Wassers hervortreten; schmale Landengen, wie Panama und Darien, von großen Welt= meeren bespült: müssen eine andere Wärme=Vertheilung in ihren Gesteinschichten darbieten als Theile von gleichem Umfange und gleicher Masse im Inneren der Continente. In einer sehr hohen Gebirgsinsel ist, der Verticale nach, der unterseeische Theil mit einer Flüssigkeit in Contact, welche von unten nach oben eine wachsende Temperatur hat. Wie aber die Erd= schichten in die Atmosphäre, vom Meere unbenetzt, treten,

berühren sie unter dem Einfluß der Besonnung und freier
Ausstrahlung dunkler Wärme eine gasförmige Flüssigkeit, in
welcher die Temperatur mit der Höhe abnimmt. Aehnliche
thermische Verhältnisse von entgegengesetzter Ab= und Zunahme
der Temperatur in der Verticale wiederholen sich zwischen zwei
großen Binnenmeeren, dem caspischen und dem Aral=See, in
dem schmalen Ust=Urt, welcher beide von einander scheidet. Um
so verwickelte Phänomene einst aufzuklären, dürfen aber nur
solche Mittel angewandt werden, welche, wie Bohrlöcher von
großer Tiefe, unmittelbar auf die Kenntniß der inneren Erd=
wärme leiten; nicht etwa bloß Quellen=Beobachtungen oder
die Luft=Temperatur in Höhlen, welche eben so unsichere Re=
sultate geben als die Luft in den Stollen und Weitungen der
Bergwerke.

Das Gesetz der zunehmenden und abnehmenden Wärme,
wenn man ein niedriges Flachland mit einem prallig viele
tausend Fuß aufsteigenden Gebirgsrücken oder Gebirgsplateau
vergleicht, hängt nicht einfach von dem verticalen Höhenver=
hältniß zweier Punkte der Erdoberfläche (in dem Flachlande
und auf dem Gebirgsgipfel) ab. Wenn man nach der Voraus=
setzung eines bestimmten Maaßes der Temperatur=Veränderung
in einer gewissen Zahl von Fußen von der Ebene aufwärts zum
Gipfel oder vom Gipfel abwärts zu der Erdschicht im Inneren
der Bergmasse rechnen wollte, welche mit der Oberfläche der
Ebene in demselben Niveau liegt; so würde man in dem einen
Fall den Gipfel zu kalt, in dem andren die in dem Inneren
des Berges bezeichnete Schicht viel zu heiß finden. Die
Vertheilung der Wärme in einem aufsteigenden Gebirge (in
einer Undulation der Erdoberfläche) ist abhängig, wie schon
oben bemerkt, von Form, Masse und Leitungsfähigkeit; von

Insolation und Ausstrahlung der Wärme gegen reine oder mit
Wolken erfüllte Luftschichten; von dem Contact und Spiele der
auf- und niedersteigenden Luftströmungen. Nach solchen Voraussetzungen müßten bei sehr mäßigen Höhenverschiedenheiten
von vier- bis fünftausend Fuß Gebirgsquellen sehr häufig sein,
deren Temperatur die mittlere Temperatur des Orts um 40
bis 50 Grad überstiege; wie würde es vollends sein am Fuß
von Gebirgen unter den Tropen, die bei 14000 Fuß Erhebung
noch frei von ewigem Schnee sind, und oft keine vulkanische
Gebirgsart, sondern nur Gneiß und Glimmerschiefer zeigen![44]
Der große Mathematiker Fourier, angeregt durch die Topographie des Ausbruchs vom Jorullo, in einer Ebene, wo viele
hundert Quadratmeilen umher keine ungewöhnliche Erdwärme
zu spüren war, hat, auf meine Bitte, sich noch in dem Jahre
vor seinem Tode mit theoretischen Untersuchungen über die
Frage beschäftigt: wie bei Berg-Erhebungen und veränderter
Oberfläche der Erde die isothermen Flächen sich mit der
neuen Form des Bodens in Gleichgewicht setzen. Die Seiten-
strahlung von Schichten, welche in gleichem Niveau, aber ungleich bedeckt liegen, spielt dabei eine wichtigere Rolle als da,
wo Schichtung bemerkbar ist, die Aufrichtung (Inclination)
der Absonderungs-Flächen des Gesteins.

Wie die heißen Quellen in der Umgegend des alten Car-
thago, wahrscheinlich die Thermalquellen von Perusa (aquae
calidae von Hammam el-Enf) den Bischof Patricius, den Mär-
tyrer, auf die richtige Ansicht über die Ursach der höheren oder
niedrigeren Temperatur der aufsprudelnden Wasser leiteten; habe
ich schon an einem anderen Orte[45] erwähnt. Als nämlich der
Proconsul Julius den angeklagten Bischof spöttisch durch die
Frage verwirren wollte: »quo auctore fervens haec aqua

tantum ebulliat?« entwickelt Patricius seine Theorie der Centralwärme: „welche die Feuerausbrüche des Aetna und des Vesuvs veranlaßt, und den Quellen um so mehr Wärme mittheilt, als sie einen tieferen Ursprung haben." Platons Pyriphlegethon war dem eruditen Bischof die Hölle der Sündigen; und, als wollte er dabei auch an eine der kalten Höllen der Buddhisten erinnern, wird noch, etwas unphysikalisch, für das nunquam siniendum supplicium impiorum, troß der Tiefe, eine aqua gelidissima concrescens in glaciem angenommen.

Unter den heißen Quellen sind die, welche, der Siebhiße des Wassers nahe, eine Temperatur bis 90° erreichen, viel seltener, als man nach ungenauen Bestimmungen gewöhnlich annimmt; am wenigsten finden sie sich in der Umgebung noch thätiger Vulkane. Mir ist es geglückt, auf meiner amerikanischen Reise zwei der wichtigsten dieser Quellen zu untersuchen, beide zwischen den Wendekreisen. In Merico unfern der reichen Silberbergwerke von Guanaruato, in 21° nördlicher Breite, auf einer Höhe von mehr als 6000 Fuß über der Meeresfläche, bei Chichimequillo [46], entquellen die Aguas de Comangillas einem Basalt- und Basaltbreccien-Gebirge. Ich fand sie im September 1803 zu 96°,4. Diese Basaltmasse hat einen säulenförmigen Porphyr gangartig durchbrochen, der selbst wieder auf einem weißen, quarzreichen Syenit ruht. Höher, aber nicht fern von dieser, fast siedenden Quelle, bei los Joares, nördlich von Santa Rosa de la Sierra, fällt Schnee vom December bis April schon in 8160 Fuß Höhe; auch bereiten dort die Eingeborenen das ganze Jahr hindurch Eis durch Ausstrahlung in künstlichen Bassins. Auf dem Wege von Nueva Valencia, in den Valles de Aragua, nach dem Hafen von Portocabello

(ohngefähr in 10⁰¼ Breite), am nördlichen Abfall der Küsten=
kette von Venezuela, sah ich einem geschichteten Granit, welcher
gar nicht in Gneiß übergeht, die aguas calientes de las Trincheras entquellen. Ich fand [17] die Quelle im Februar 1800 zu
90⁰,3, während die, dem Gneiß angehörigen Baños de Mariara
in den Valles de Aragua 59⁰,3 zeigten. Drei=und=zwanzig
Jahre später, wieder im Monat Februar, fanden Bouffingault
und Rivero [18] sehr genau in Mariara 64⁰,0; in las Trincheras
de Portocabello, bei geringer Höhe über dem antillischen Meere:
in Einem Baffin 92⁰,2, in dem anderen 97⁰,0. Die Wärme
jener heißen Quellen war also in der kurzen Zwischenzeit beider
Reisen ungleich gestiegen: in Mariara um 4⁰,7; in las Trincheras um 6⁰,7. Bouffingault hat mit Recht darauf auf=
merksam gemacht, daß eben in der bezeichneten Zwischenzeit das
furchtbare Erdbeben statt fand, welches die Stadt Caracas
am 26 März 1812 umstürzte. Die Erschütterung an der
Oberfläche war zwar weniger stark in der Gegend des Sees
von Tacarigua (Nueva Valencia); aber kann im Inneren der
Erde, wo elastische Dämpfe auf Spalten wirken, eine sich so
weit und gewaltsam fortpflanzende Bewegung nicht leicht das
Spaltengewebe ändern und tiefere Zuführungs=Canäle öffnen?
Die, aus einer Granit=Formation aufsteigenden, heißen Wasser
de las Trincheras sind fast rein, da sie nur Spuren von
Kieselsäure, etwas Schwefel=Wasserstoff=Säure und Stickstoff ent=
halten; sie bilden nach vielen, sehr malerischen Cascaden, von
einer üppigen Vegetation umgeben, einen Fluß: Rio de Aguas
calientes, welcher gegen die Küste hin voll großer Crocodile
ist, denen die, abwärts schon bedeutend verminderte Wärme
sehr behagt. Im nördlichsten Indien entspringt ebenfalls aus
Granit (Br. 30⁰ 52′) die sehr heiße Quelle von Jumnotri,

die 90° (194° Fahr.) erreicht und, da sie diese hohe Temperatur in einer Erhebung von 10180 Fuß offenbart, fast den Siedepunkt erreicht, welcher diesem Luftdruck[19] angehört.

Unter den intermittirenden heißen Quellen haben die isländischen Kochbrunnen, und unter diesen besonders der Große Geysir und Strokr, mit Recht die größte Berühmtheit erlangt. Nach den vortrefflichen neuesten Untersuchungen von Bunsen, Sartorius von Waltershausen und Descloiseaur nimmt in den Wasserstrahlen beider die Temperatur von unten nach oben auf eine merkwürdige Weise ab. Der Geysir besitzt einen, von horizontalen Schichten Kieselsinters gebildeten, abgestumpften Kegel von 25 bis 30 Fuß Höhe. In diesen Kegel versenkt sich ein flaches Becken von 52 Fuß Durchmesser, in dessen Mitte das Rohr des Kochbrunnens, mit einem dreimal kleineren Durchmesser, von senkrechten Wänden umgeben, 70 Fuß in die Tiefe hinabgeht. Die Temperatur des Wassers, welches ununterbrochen das Becken füllt, ist 82°. In sehr regelmäßigen Zwischenräumen von 1 Stunde und 20 bis 30 Minuten verkündigt der Donner in der Tiefe den Anfang der Eruption. Die Wasserstrahlen von 9 Fuß Dicke, deren etwa drei große einander folgen, erreichen 100, ja bisweilen 140 Fuß Höhe. Die Temperatur des in der Röhre aufsteigenden Wassers hat man in 68 Fuß Tiefe: kurz vor dem Ausbruch zu 127°, während desselben zu 124°,2, gleich nachher zu 122° gefunden; an der Oberfläche des Beckens nur zu 84°—85°. Der Strokr, welcher ebenfalls am Fuß des Bjarnafell liegt, hat eine geringere Wassermasse als der Geysir. Der SinterRand seines Beckens ist nur wenige Zoll hoch und breit. Die Eruptionen sind häufiger als beim Geysir, kündigen sich aber nicht durch unter-

irdischen Donner an. Im Strokkr ist beim Ausbruch die Temperatur in 40 Fuß Tiefe 113⁰ — 115⁰, an der Oberfläche
fast 100⁰. Die Eruptionen der intermittirenden Kochquellen
und die kleinen Veränderungen in dem Typus der Erscheinungen
sind von den Eruptionen des Hekla ganz unabhängig, und
keinesweges durch diese in den Jahren 1845 und 1846 gestört
worden.[50] Bunsen hat mit dem ihm eigenen Scharfsinn in
Beobachtung und Discussion die früheren Hypothesen über die
Periodicität der Geysir-Eruptionen (unterirdische Höhlen, welche
als Dampfkessel sich bald mit Dämpfen, bald mit Wasser
erfüllen) widerlegt. Die Ausbrüche entstehen nach ihm dadurch,
daß ein Theil einer Wassersäule, die an einem tieferen Punkte
unter großem Druck angehäufter Dämpfe einen hohen Grad
der Temperatur angenommen hat, aufwärts gedrängt wird,
und dadurch unter einen Druck gelangt, welcher seiner Temperatur nicht entspricht. So sind „die Geysir natürliche Col-
lectoren der Dampfkraft".

Von den heißen Quellen sind einige wenige der absoluten
Reinheit nahe, andere enthalten zugleich Lösungen von 8 bis
12 festen oder gasartigen Stoffen. Zu den ersteren gehören
die Heilquellen von Lurueil, Pfeffers und Gastein: deren
Art der Wirksamkeit wegen ihrer Reinheit[51] so räthselhaft
scheinen kann. Da alle Quellen hauptsächlich durch Meteorwasser gespeist werden, so enthalten sie Stickstoff: wie Boussingault in der, dem Granit entströmenden, sehr reinen[52]
Quelle in las Trincheras de Portocabello, und Bunsen[53] in
der Cornelius-Quelle zu Aachen und in dem isländischen Geysir
erwiesen haben. Auch die in mehreren Quellen aufgelöste organische Materie ist stickstoffhaltig, ja bisweilen bituminös. So
lange man noch nicht durch Gay-Lussac's und meine Versuche

wußte, daß Regen= und Schneewasser (das erstere 10, das
zweite wenigstens 8 Procent) mehr Sauerstoff als die Atmo=
sphäre enthalten; wurde es sehr auffallend gefunden, aus den
Quellen von Nocera in den Apenninen ein sauerstoffreiches
Gas=Gemisch entwickeln zu können. Die Analysen, welche
Gay=Lussac während unseres Aufenthalts an dieser Gebirgsquelle
gemacht, haben gezeigt, daß sie nur so viel Sauerstoff enthält,
als ihr die Hydrometeore[51] haben geben können. Wenn die
Kiesel=Ablagerungen als Baumaterial in Verwunderung setzen,
aus denen die Natur die, wie aus Kunst geschaffenen Geysir=
Apparate zusammensetzt; so ist dabei in Erinnerung zu bringen,
daß Kieselsäure auch in vielen kalten Quellen, welche einen
sehr geringen Antheil von Kohlensäure enthalten, verbreitet ist.

Säuerlinge und Ausströmungen von kohlensaurem Gas,
die man lange Ablagerungen von Steinkohlen und Ligniten
zuschrieb, scheinen vielmehr ganz den Processen tiefer vulkanischer
Thätigkeit anzugehören: einer Thätigkeit, welche allverbreitet
ist, und sich daher nicht bloß da äußert, wo vulkanische Ge=
birgsarten das Dasein alter localer Feuerausbrüche bezeugen.
Kohlensäure=Ausströmungen überdauern allerdings in erloschenen
Vulkanen die plutonischen Catastrophen am längsten; sie folgen
dem Stadium der Solfataren=Thätigkeit: während aber auch
überreiche, mit Kohlensäure geschwängerte Wasser von der ver=
schiedensten Temperatur aus Granit, Gneiß, alten und neuen
Flözgebirgen ausbrechen. Säuerlinge schwängern sich mit kohlen=
sauren Alkalien, besonders mit kohlensaurem Natron, überall,
wo mit Kohlensäure geschwängerte Wasser auf Gebirgsarten
wirken, welche alkalische Silicate enthalten.[55] Im nördlichen
Deutschland ist bei vielen der kohlensauren Wasser= und Gas=
quellen noch die Dislocation der Schichten, und das Ausbrechen

in meist geschlossenen Ringthälern (Pyrmont, Driburg) besonders auffallend. Friedrich Hoffmann und Buckland haben
solche Vertiefungen fast zugleich sehr charakteristisch Erhebungs-
Thäler (valleys of elevation) genannt.

In den Quellen, die man mit dem Namen der Schwefel-
wasser belegt, tritt der Schwefel keinesweges immer in denselben Verbindungen auf. In vielen, die kein kohlensaures
Natron enthalten, ist wahrscheinlich Schwefel-Wasserstoff aufgelöst; in anderen, z. B. in den Schwefelwassern von Aachen
(Kaiser-, Cornelius-, Rosen- und Quirinus-Quelle), ist in
den Gasen, welche man durch Auskochen, bei Luft-Abschluß,
erhält, nach den genauen Versuchen von Bunsen und Liebig
gar kein Schwefel-Wasserstoff enthalten; ja in den aus den
Quellen von selbst aufsteigenden Gasblasen enthält allein die
Kaiserquelle in 100 Maaß 0,31 Schwefel-Wasserstoff. [56]

Eine Therme, die einen ganzen Fluß schwefel-gesäuerten
Wassers, den Essig-Fluß (Rio Vinagre), von den Eingebornen
Pusambio genannt, erzeugt, ist eine merkwürdige Erscheinung,
die ich zuerst bekannt gemacht habe. Der Rio Vinagre
entspringt ohngefähr in 10000 Fuß Höhe am nordwestlichen
Abfall des Vulkans von Purace, an dessen Fuß die Stadt
Popayan liegt. Er bildet 3 malerische Cascaden [57]: von denen
ich die eine, welche an einer steilen Trachytwand senkrecht
wohl 300 Fuß herabstürzt, abgebildet habe. Von dem Punkte
an, wo der kleine Fluß in den Cauca einmündet, nährt dieser
große Strom 2 bis 3 Meilen abwärts bis zu den Einmün-
dungen des Pindamon und Palacé keine Fische: ein großes
Uebel für die streng fastenden Einwohner von Popayan! Die
Wasser des Pusambio enthalten nach Boussingault's späterer
Analyse eine große Menge Schwefel-Wasserstoff und Kohlen-

säure, auch etwas schwefelsaures Natron. Nahe an der Quelle fand Boussingault 72°,8 Wärme. Der obere Theil des Pusambio ist unterirdisch. Im Paramo de Ruiz, am Abhange des Vulkans desselben Namens, an den Quellen des Rio Guali, in 11400 Fuß Höhe, hat Degenhardt (aus Clausthal am Harze), der der Geognosie durch einen frühen Tod entrissen wurde, eine heiße Quelle 1846 entdeckt, in deren Wasser Boussingault dreimal so viel Schwefelsäure als im Rio Vinagre fand.

Das Gleichbleiben der Temperatur und der chemischen Beschaffenheit der Quellen, so weit man durch sichere Beobachtungen hinaufreichen kann, ist noch um vieles merkwürdiger als die Veränderlichkeit[58], die man hier und da ergründet hat. Die heißen Quellwasser, welche, auf ihrem langen und verwickelten Laufe, aus den Gebirgsarten, die sie berühren, so vielerlei Bestandtheile aufnehmen, und diese oft dahin führen, wo sie den Erdschichten mangeln, aus denen sie ausbrechen; haben auch noch eine ganz andere Wirksamkeit. Sie üben eine umändernde und zugleich eine schaffende Thätigkeit aus. In dieser Hinsicht sind sie von großer geognostischer Wichtigkeit. Senarmont hat mit bewundernswürdigem Scharfsinn gezeigt, wie höchst wahrscheinlich viele Gangspalten (alte Wege der Thermalwasser) durch Ablagerung der aufgelösten Elemente von unten aus nach oben ausgefüllt worden sind. Durch Druck- und Temperatur-Veränderungen, innere electrochemische Processe und specifische Anziehung der Seitenwände (des Queergesteins) sind in Spalten und Blasenräumen bald lamellare Absonderungen, bald Concretions-Bildungen entstanden. Gangdrusen und poröse Mandelsteine scheinen sich so theilweise gebildet zu haben. Wo die Ablagerung der Gangmasse in parallelen Zonen vorgegangen ist, entsprechen sich diese Zonen

ihrer Beschaffenheit nach meist symmetrisch, von beiden Saal=
bändern im Hangenden und Liegenden an gerechnet. Senar=
mont's chemischer Erfindungsgabe ist es gelungen eine beträcht=
liche Zahl von Mineralien auf ganz analogen, synthetischen
Wegen künstlich darzustellen. [59]

Ein mir nahe befreundeter, wissenschaftlich begabter Beob=
achter wird, wie ich hoffe, in kurzem eine neue, wichtige
Arbeit über die Temperatur=Verhältnisse der Quellen erscheinen
lassen; und in derselben, durch Induction aus einer langen
Reihe neuer Beobachtungen, das verwickelte Phänomen der
Störungen in großer Allgemeinheit mit Scharfsinn behandeln.
Eduard Hallmann unterscheidet in den Temperatur=Messungen,
welche er während der Jahre 1845 bis 1853 in Deutschland
(am Rhein) und in Italien (in der Umgegend von Rom, im
Albaner=Gebirge und in den Apenninen) angestellt hat: 1) rein
meteorologische Quellen: deren mittlere Wärme nicht durch
die innere Erdwärme erhöht ist; 2) meteorologisch=geolo=
gische. die, unabhängig von der Regen=Vertheilung und wärmer
als die Luft, nur solche Temperatur=Veränderungen erleiden,
welche ihnen der Boden mittheilt, durch den sie ausfließen;
3) abnorm kalte Quellen: welche ihre Kälte aus großen
Höhen herabbringen. [60] Je mehr man in neuerer Zeit durch
glückliche Anwendung der Chemie in die geognostische Einsicht
von Bildung und metamorphischer Umwandelung der Gebirgs=
arten eingedrungen ist; eine desto größere Wichtigkeit hat die
Betrachtung der mit Gas= und Salzarten geschwängerten
Quellwasser erlangt, die im Inneren der Erde circuliren und,
wo sie an der Oberfläche als Thermen ausbrechen, schon den
größten Theil ihrer schaffenden, verändernden oder zerstörenden
Thätigkeit vollbracht haben.

c. Dampf= und Gasquellen, Salsen, Schlamm=Vulkane, Naphtha=Feuer.

(Erweiterung des Naturgemäldes· Kosmos Bd I S 232—234. S 448 Anm. 80 und S. 452 Anm. 95)

Ich habe in dem allgemeinen Naturgemälde durch, nicht genug beachtete, aber wohl ergründete Beispiele gezeigt, wie die Salsen in den verschiedenen Stadien, die sie durchlaufen: von den ersten, mit Flammen begleiteten Eruptionen bis zu den späteren Zuständen friedlicher Schlamm=Auswürfe, gleichsam ein Mittelglied bilden zwischen den heißen Quellen und den eigentlichen Vulkanen: welche geschmolzene Erden, als unzusammenhangende Schlacken, oder als neugebildete, oft mehrfach über einander gelagerte Gebirgsarten, ausstoßen. Wie alle Uebergänge und Zwischenglieder in der unorganischen und organischen Natur, verdienen die Salsen und Schlamm=Vulkane eine ernstere Betrachtung, als die älteren Geognosten, aus Mangel einer speciellen Kenntniß der Thatsachen, auf sie gerichtet haben.

Die Salsen und Naphtha=Brunnen stehen theils vereinzelt in engen Gruppen: wie die Macalubi in Sicilien bei Girgenti, deren schon Solinus erwähnt, oder die bei Pietra mala, Barigazzo und am Monte Zibio unfern Saffuolo im nördlichen Italien, oder die bei Turbaco in Südamerika; theils erscheinen sie, und dies sind die lehrreicheren und wichtigeren, wie in schmalen Zügen an einander gereiht. Längst kannte[61] man als äußerste Glieder des Caucasus, in Nordwest die Schlamm=Vulkane von Taman, in Südost der großen Bergkette die Naphtha=Quellen und Naphtha=Feuer von Baku und der caspischen Halbinsel Apscheron. Die Größe und den

Zusammenhang dieses Phänomens hat aber erst der tiefe Kenner
dieses Theils von Vorder-Asien, Abich, erforscht. Nach ihm
sind die Schlamm-Vulkane und Naphtha-Feuer des Caucasus
auf eine bestimmt zu erkennende Weise an gewisse Linien geknüpft, welche mit den Erhebungs-Aren und Disloca-
tions-Richtungen der Gesteinschichten in unverkennbarem
Verkehr stehen. Den größten Raum, von fast 240 Quadratmeilen, füllen die, in genetischem Zusammenhang stehenden
Schlamm-Vulkane, Naphtha-Emanationen und Salzbrunnen
im südöstlichen Theile des Caucasus aus: in einem gleich-
schenkligen Dreieck, dessen Basis das Littoral des caspischen
Meeres bei Balachani (nördlich von Baku), und eine der
Mündungen des Kur (Arares) nahe bei den heißen Quellen
von Sallian ist. Die Spitze eines solchen Dreiecks liegt bei dem
Schagdagh im Hochthal von Kinalughi. Dort brechen an der
Grenze einer Dolomit- und Schiefer-Formation in 7834 Fuß
Höhe über dem caspischen Meere, unfern des Dorfes Kinalughi
selbst, die ewigen Feuer des Schagdagh aus, welche
niemals durch meteorologische Ereignisse erstickt worden sind.
Die mittlere Are dieses Dreiecks entspricht derjenigen Richtung,
welche die in Schamacha an dem Ufer des Pyrsagat so oft
erlittenen Erdbeben constant zu befolgen scheinen. Wenn man
die eben bezeichnete nordwestliche Richtung weiter verfolgt, so
trifft sie die heißen Schwefelquellen von Afti, und wird dann
die Streichungslinie des Hauptkammes des Caucasus, wo er
zum Kasbegk aufsteigt und das westliche Daghestan begrenzt.
Die Salsen der niederen Gegend, oft regelmäßig an einander
gereiht, werden allmälig häufiger gegen das caspische Littoral
hin zwischen Sallian, der Mündung des Pyrsagat (nahe bei
der Insel Swinoi) und der Halbinsel Apscheron. Sie zeigen

Spuren früherer wiederholter Schlamm-Eruptionen, und tragen auf ihrem Gipfel kleine, den hornitos von Jorullo in Merico der Gestalt nach völlig ähnliche Kegel, aus denen entzündliches und oft auch von selbst entzündetes Gas ausströmt. Beträchtliche Flammenausbrüche sind besonders häufig gewesen zwischen 1844 und 1849 am Oudplibagh, Nahalath und Turanbagh. Dicht bei der Mündung des Pyrsagat am Schlamm-Vulkan Toprachali findet man (als Beweise einer ausnahmsweise sehr zugenommenen Intensität der unterirdischen Wärme) „schwarze Mergelstücke, die man mit dichtem Basalte und überaus feinkörnigem Dolerit-Gesteine auf den ersten Anblick verwechseln könnte." An anderen Punkten auf der Halbinsel Apscheron hat Lenz schlackenartige Stücke als Auswürflinge gefunden; und bei dem großen Flammenausbruch von Baklichli (7 Febr. 1839) wurden durch die Winde kleine hohle Kugeln, gleich der sogenannten Asche der eigentlichen Vulkane, weit fortgeführt. [62]

In dem nordwestlichsten Ende gegen den cimmerischen Bosporus hin liegen die Schlamm-Vulkane der Halbinsel Taman, welche mit denen von Aklanisowka und Jenikale bei Kertsch Eine Gruppe bilden. Eine der Salsen von Taman hat am 27 Februar 1793 einen Schlamm- und Gas-Ausbruch gehabt, in dem nach vielem unterirdischen Getöse eine in schwarzen Rauch (dichten Wasserdampf?) halb gehüllte Feuersäule von mehreren hundert Fußen Höhe aufstieg. Merkwürdig und für die Natur der Volcancitos de Turbaco lehrreich ist die Erscheinung, daß das von Friedrich Parrot und Engelhardt 1811 geprüfte Gas von Taman nicht entzündlich war: während das an demselben Orte 23 Jahre später von Göbel aufgefangene Gas aus der Mündung einer Glasröhre mit einer bläulichen Flamme wie alle Ausstromungen der Salsen im südöstlichen Caucasus brannte, aber auch, genau analysirt, in 100 Theilen 92,8 Kohlen=Wasserstoff und 5 Theile Kohlen=Orydgas enthielt. [63]

Eine stoffartig verschiedene, aber ihrer Entstehung nach gewiß verwandte Erscheinung sind in der toscanischen Maremma die heißen, borsauren Dampf=Eruptionen, bekannt unter den Namen der lagoni, summarole, soffioni, auch volcani: bei Possara, Castel novo und Monte Cerboli. Die Dämpfe haben im Mittel eine Temperatur von 96° bis 100°, nach Pella an einigen Punkten bis 175°. Sie steigen theils unmittelbar aus Gesteinspalten, theils aus Pfützen auf, in denen sie aus flüssigem Thon kleine Kegel aufwerfen. Man sieht sie in weißlichen Wirbeln sich in der Luft vertheilen. Die Borsäure, welche die Wasserdämpfe aus dem Schooß der Erde heraufbringen, kann man nicht erhalten, wenn man in sehr weiten und langen Röhren die Dämpfe der Soffioni verdichtet; es zerstreut sich dieselbe wegen ihrer Flüchtigkeit in der Atmosphäre. Die Säure wird nur gewonnen in den schönen technischen Anstalten des Grafen Larderel, wenn die Mündungen der Soffioni unmittelbar von der Flüssigkeit der Bassins bedeckt werden. [64] Nach Payen's vortrefflicher Analyse enthalten die gasförmigen Ausströmungen 0,57 Kohlensäure, 0,35 Stickstoff, nur 0,07 Sauerstoff und 0,001 Schwefelsäure. Wo die borsauren Dämpfe die Spalten des Gesteins durchdringen, setzen sie Schwefel ab. Nach Sir Roderick Murchison's Untersuchungen ist das Gestein theils kreideartig, theils eine nummulit=haltige Eocen=Formation: ein macigno, welchen der in der Umgegend (bei Monte Rotondo) sichtbare und gehobene Serpentin [65] durchbricht. Sollten, fragt Bischof, hier

und im Krater von Vulcano nicht in großer Tiefe heiße Wasserdämpfe auf borsaure Mineralien, auf batolith-, arinit- oder
turmalin-reiche Gebirgsarten [66] zersetzend wirken?

Das Soffionen-System von Island übertrifft an Viel-
und Großartigkeit der Erscheinungen alles, was wir auf dem
Continente kennen. Wirkliche Schlammquellen brechen in dem
Fumarolen-Felde von Krisuvek und Reykjalidh aus einem
blaugrauen Thone, aus kleinen Becken mit kraterförmigen
Rändern hervor. [67] Die Quellenspalten lassen sich auch hier
nach bestimmten Richtungen verfolgen. [68] Ueber keinen Theil
der Erde, wo heiße Quellen, Salsen und Gas-Eruption sich
finden, besitzen wir jetzt so vortreffliche und ausführliche chemische Untersuchungen als über Island durch den Scharfsinn
und die ausdauernden Bemühungen von Bunsen. Nirgends
wohl ist in einer großen Länderstrecke, und der Oberfläche
wahrscheinlich sehr nahe, ein solches verschiedenartiges Spiel
chemischer Zersetzungen, Umwandlungen und neuer Bildungen
zu belauschen.

Von Island auf den nahen amerikanischen Continent
übergehend, finden wir im Staate Neu-York in der Umgegend
von Fredonia, unfern des Erie-Sees, in einem Becken von
devonischen Sandstein-Schichten, eine Unzahl von Brenngas-
Quellen (Quellen von gekohltem Wasserstoffgas), auf Erdspalten ausbrechend und zum Theil zur Erleuchtung benutzt;
andere Brenngas-Quellen, bei Rushville, nehmen die Form
von Schlammkegeln an; noch andere: im Ohio-Thale, in
Virginien und am Kentucky River, enthalten zugleich Kochsalz
und hangen dann mit schwachen Naphtha-Quellen zusammen.
Jenseits des antillischen Meerbusens aber, an der Nordküste von
Südamerika, $2\frac{1}{2}$ Meile in Süd-Süd-Ost von dem Hafen

Cartagena de Indias, bietet bei dem anmuthigen Dorfe Tur=
baco eine merkwürdige Gruppe von Salſen oder Schlamm=
Vulkanen Erscheinungen dar, die ich zuerst habe beschreiben
können. In der Umgegend von Turbaco, wo man eine
herrliche Ansicht der coloſſalen Schneeberge (Sierras Nevadas)
von Santa Marta genießt, erheben ſich an einem öden Platze
mitten im Urwalde die Volcancitos, 18 bis 20 an der Zahl.
Die größten der Kegel, von schwarzgrauem Letten, haben 18
bis 22 Fuß Höhe, und wohl 80 Fuß Durchmeſſer an der
Baſis. Auf der Spitze jedes Kegels iſt eine zirkelrunde Oeff=
nung von 20 bis 28 Zoll Durchmeſſer, von einer kleinen
Schlamm=Mauer umgeben. Das Gas steigt empor mit großer
Heftigkeit, wie bei Taman; in Blaſen, deren jede, nach meiner
Meſſung in graduirten Gefäßen, 10—12 Cubikzoll enthält.
Der obere Theil des Trichters iſt mit Waſſer gefüllt, das auf
einer dichten Schlammdecke ruht. Benachbarte Kegel haben
nicht gleichzeitige Auswürfe, aber in jedem einzelnen war eine
gewiſſe Regelmäßigkeit in den Epochen der Auswürfe zu be=
merken. Wir zählten, Bonpland und ich, an den äußerſten
Theilen der Gruppe stehend, ziemlich regelmäßig 5 Ausbrüche
in je 2 Minuten. Wenn man ſich über die kleine Krater=
Oeffnung hinbeugt, so vernimmt man meist 20 Secunden
vor jedem Ausbruch ein dumpfes Getöse im Inneren der
Erde, tief unter der Grundfläche des Kegels. In dem auf=
gestiegenen, zweimal mit vieler Vorſicht geſammelten Gas
verloſch augenblicklich eine brennende, ſehr dünne
Wachskerze, eben so ein glimmender Holzspan von Bombax
Ceiba. Das Gas war nicht zu entzünden. Kaltwaſſer wurde
durch daſſelbe nicht getrübt, es fand keine Abſorption statt.
Durch nitröses Gas auf Sauerstoff geprüft, zeigte dieſes Gas

in Einem Versuch keine Spur des letzteren; in einem andern
Versuche, wo das Gas der Volcancitos viele Stunden in eine
kleine Glasglocke mit Wasser gesperrt worden war, zeigte es
etwas über ein Hundertheil Sauerstoff, das sich wahrscheinlich,
aus dem Wasser entwickelt, zufällig beigemischt hatte.

Nach diesen Ergebnissen der Analyse erklärte ich damals,
und wohl nicht ganz mit Unrecht, das Gas der Volcancitos von
Turbaco für Stickstoffgas, das mit einer kleinen Menge von
Wasserstoffgas gemischt sein könnte. Ich drückte zugleich in
meinem Tagebuche das Bedauern aus, daß man bei dem damaligen Zustande der Chemie (im April 1801) kein Mittel
kenne, in einem Gemenge von Stickstoff = und Wasserstoffgas
das Verhältniß der Mischung numerisch zu bestimmen. Dieses
Mittel, bei dessen Anwendung drei Tausendtheile Wasserstoffs
in einem Luftgemisch erkannt werden können, wurde von Gay=
Lussac und mir erst 4 Jahre später aufgefunden.[69] In dem
halben Jahrhundert, das seit meinem Aufenthalte in Turbaco
und meiner astronomischen Aufnahme des Magdalenenstromes
verflossen ist, hat kein Reisender sich wissenschaftlich mit den
eben beschriebenen kleinen Schlamm = Vulkanen beschäftigt, bis
am Ende des Decembers 1850 mein, der neueren Geognosie und
Chemie kundiger Freund, Joaquin Acosta[70], die merkwürdige
Beobachtung machte: daß gegenwärtig (wovon zu meiner Zeit
keine Spur vorhanden war) „die Kegel einen bituminösen
Geruch verbreiten; daß etwas Erdöl auf der Wasserfläche der
kleinen Oeffnungen schwimmt, und daß man auf jedem der
Schlammhügel von Turbaco das ausströmende Gas entzünden kann." Deutet dies, fragt Acosta, auf eine durch innere
Processe hervorgebrachte Veränderung des Phänomens, oder
ganz einfach auf einen Irrthum in den früheren Versuchen?

Ich würde diesen frei eingestehn, wenn ich nicht das Blatt
des Tagebuchs aufbewahrt hätte, auf welchem die Versuche an
demselben Morgen, an dem sie angestellt wurden, umständlich[71]
aufgezeichnet worden sind. Ich finde nichts darin, was mich
heute zweifelhaft machen könnte; und die schon oben berührte
Erfahrung, daß (nach Parrot's Berichte) „das Gas der
Schlamm-Vulkane der Halbinsel Taman 1811 die Eigenschaft
hatte das Brennen zu verhindern, indem ein glimmender Span
in dem Gas erlosch, ja die aufsteigenden, einen Fuß dicken
Blasen im Platzen nicht entzündet werden konnten": während
1834 Göbel an demselben Orte das, leicht anzuzündende
Gas mit heller bläulicher Flamme brennen sah; läßt mich
glauben, daß in verschiedenen Stadien die Ausströmungen
chemische Veränderungen erleiden. Mitscherlich hat ganz neuerlich auf meine Bitte die Grenze der Entzündbarkeit künstlich
bereiteter Mischungen von Stick- und Wasserstoffgas bestimmt.
Es ergab sich, daß Gemenge von 1 Theil Wasserstoffgas und
3 Theilen Stickstoffgas sich nicht bloß durch ein Licht entzündeten, sondern auch fortfuhren zu brennen. Vermehrte
man das Stickstoffgas, so daß das Gemenge aus 1 Theil
Wasserstoffgas und 3½ Theilen Stickstoffgas bestand: so erfolgte zwar noch Entzündung, aber das Gemenge fuhr nicht
fort zu brennen. Nur bei einem Gemenge von 1 Theil
Wasserstoffgas und 4 Theilen Stickstoffgas fand
gar keine Entzündung mehr statt. Die Gas-Aus-
strömungen, welche man ihrer leichten Entzündbarkeit und ihrer
Lichtfarbe wegen Ausströmungen von reinem und gekohltem
Wasserstoff zu nennen pflegt, brauchen also quantitativ nur
dem dritten Theile nach aus einer der zuletzt genannten Gas-
Arten zu bestehn. Bei den seltener vorkommenden Gemengen

von Kohlensäure und Wasserstoff würde, wegen der Wärme-Capacität der ersteren, die Grenze der Entzündbarkeit noch anders ausfallen. Acosta wirft mit Recht die Frage auf: „ob eine unter den Eingeborenen von Turbaco, Abkömmlingen der Indios de Taruaco, fortgepflanzte Tradition, nach der die Volcancitos einst alle brannten, und durch Besprechung und Besprengen mit Weihwasser von einem frommen Mönche[72] aus Volcanes de fuego in Volcanes de agua umgewandelt wären; sich nicht auf einen Zustand beziehe, der jetzt wieder-gekehrt ist." Einmalige große Flammen-Eruptionen von, vor- und nachher sehr friedlichen Schlamm-Vulkanen (Taman 1793; am caspischen Meere bei Jokmali 1827 und bei Baklichli 1839; bei Kuschtschy 1846, ebenfalls im Caucasus) bieten analoge Beispiele dar.

Das, so kleinlich scheinende Phänomen der Salsen von Turbaco hat an geologischem Interesse gewonnen durch den mächtigen Flammenausbruch und die Erdumwälzung, welche 1839, über 8 geographische Meilen in NNO von Cartagena de Indias, sich zwischen diesem Hafen und dem von Saba-nilla, unfern der Mündung des großen Magdalenenstromes, zugetragen haben. Der eigentliche Centralpunkt des Phäno-mens war das 1½ bis 2 Meilen lang in das Meer als schmale Halbinsel hervortretende Cap Galera Zamba. Auch die Kenntniß dieses Ereignisses verdankt man dem Artil-lerie-Oberst Acosta: der leider durch einen frühen Tod den Wissenschaften entrissen wurde. In der Mitte der Landzunge stand ein conischer Hügel, aus dessen Krater-Oeffnung bis-weilen Rauch (Dämpfe) und Gas-Arten mit solcher Heftig-keit ausströmten, daß Bretter und große Holzstücke, die man hineinwarf, weit weggeschleudert wurden. Im Jahr 1839 verschwand der Kegel bei einem beträchtlichen Feuerausbruch, und die ganze Halbinsel Galera Zamba ward zur Insel, durch einen Canal von 30 Fuß Tiefe vom Continent getrennt. In diesem friedlichen Zustande blieb die Meeresfläche: bis, an der Stelle des früheren Durchbruchs, am 7 October 1848, ohne alle in der Umgegend fühlbare Erderschütterung, ein zweiter furchtbarer Flammenausbruch[73] erschien, der mehrere Tage dauerte und in 10 bis 12 Meilen Entfernung sichtbar war. Nur Gas-Arten, nicht materielle Theile, warf die Salse aus. Als die Flammen verschwunden waren, fand man den Meeresboden zu einer kleinen Sandinsel gehoben, die aber nach kurzer Zeit wiederum verschwand. Mehr als 50 Volcancitos (Kegel, denen von Turbaco ähnlich) umgeben jetzt bis in eine Entfernung von 4 bis 5 Meilen den unter-seeischen Gas-Vulkan der Galera Zamba. Man darf ihn in geologischer Hinsicht wohl als den Hauptsitz der vulkanischen Thätigkeit betrachten, welche sich in der ganzen Niederung von Turbaco bis über das Delta des Rio grande de la Magdalena hin mit der Atmosphäre in Contact zu setzen strebt.

Die Gleichheit der Erscheinungen, welche, in den ver-schiedenen Stadien ihrer Wirksamkeit, die Salsen, Schlamm-Vulkane und Gas-Quellen auf der italiänischen Halbinsel, im Caucasus und in Südamerika darbieten; offenbart sich in ungeheuren Länderstrecken im chinesischen Reiche. Die Kunst des Menschen hat seit den ältesten Zeiten dort diesen Schatz zu benutzen gewußt, ja zu der sinnreichen, den Europäern spät erst bekannt gewordenen Erfindung des chinesischen Seil-bohrens geleitet. Mehrere tausend Fuß tiefe Bohrlöcher werden durch die einfachste Anwendung der Menschenkraft

oder vielmehr des Gewichts des Menschen niedergebracht. Ich
habe an einem anderen Orte[74] von dieser Erfindung umständlich
gehandelt; wie von den Feuerbrunnen, Ho-tsing, und
feurigen Bergen, Ho-schan, des östlichen Asiens. Man
bohrt zugleich auf Wasser, auf Salzsole und Brenngas: von den südwestlichen Provinzen Yun-nan, Kuang-si
und Szu-tschuan an der Grenze von Tibet an bis zur nördlichen Provinz Schan-si. Das Brenngas verbreitet bei röth-
licher Flamme oft einen bituminösen Geruch; es wird theils
in tragbaren, theils in liegenden Bambusröhren in entfernte Orte: zum Salzsieden, zur Erwärmung der Häuser
oder zur Straßenerleuchtung, geleitet. In seltenen Fällen ist
der Zufluß von gekohltem Wasserstoffgas plötzlich erschöpft oder
durch Erdbeben gehemmt worden. So weiß man, daß ein
berühmter Ho-tsing südwestlich von der Stadt Khiung-tscheu
(Br. 50° 27', Länge 101° 6' Ost), welcher ein mit Geräusch
brennender Salzbrunnen war, im 13ten Jahrhundert erloschen
ist, nachdem er seit dem 2ten Jahrhundert unsrer Zeitrechnung
die Umgegend erleuchtet hatte. In der, an Steinkohlen sehr
reichen Provinz Schan-si finden sich einige entzündete Stein-
kohlen-Flöze. Die feurigen Berge (Ho-schan) sind über
einen großen Theil von China verbreitet. Die Flammen
steigen oft: z. B. in der Felsmasse des Py-kia-schan, am Fuß
eines mit ewigem Schnee bedeckten Gebirges (Br. 31° 40');
in großen Höhen aus langen, offenen, unzugänglichen Spalten
auf: ein Phänomen, welches an die ewigen Feuer des
Schagdagh-Gebirges im Caucasus erinnert.

Auf der Insel Java giebt es in der Provinz Samarang,
etwa drei Meilen von der nördlichen Küste entfernt, Salsen,
welche denen von Turbaco und Galera Zamba ähnlich sind.

Sehr veränderliche Hügel von 25 bis 30 Fuß Höhe werfen
Schlamm, Salzwasser, und ein seltenes Gemisch von Wasserstoffgas und Kohlensäure aus[75]: eine Erscheinung, die nicht mit den
großen und verheerenden Schlammstromen zu verwechseln ist,
welche bei den seltenen Eruptionen der colossalen wirklichen
Vulkane Java's (Gunung Kelut und Gunung Idjen)
sich ergießen. Sehr berühmt sind noch auf Java, besonders
durch Uebertreibungen in der Darstellung einiger Reisenden,
wie durch die, schon von Syfes und Loudon gerügte An-
knüpfung an die Mythe vom Giftbaum Upas, einige Stick-
grotten oder Quellen von kohlensaurem Gas. Die merk-
würdigste der 6 von Junghuhn wissenschaftlich beschriebenen ist
das sogenannte Todtenthal der Insel (Pakaraman), im
Gebirge Dieng, nahe bei Batur. Es ist ein trichterförmiger
Einsturz an einem Berggehänge, eine Vertiefung, in welcher
die Schicht der ausströmenden Kohlensäure zu verschiedenen
Jahreszeiten eine sehr verschiedene Höhe erreicht. Man findet
darin oft Skelette von wilden Schweinen, Tigern und Vö-
geln.[76] Der Giftbaum, pohon (besser puhn) upas der Malayen (Antaris toxicaria des Reisenden Leschenault de la Tour),
ist mit seinen unschädlichen Ausdünstungen jenen tödtlichen
Wirkungen ganz fremd.[77]

Ich schließe diesen Abschnitt von den Salsen, Dampf-
und Gas-Quellen mit der Beschreibung eines Ausbruchs von
heißen Schwefeldämpfen, die wegen der Gebirgsart,
aus welcher sie sich entwickeln, das Interesse der Geognosten
auf sich ziehen können. Bei dem genußreichen, aber etwas
anstrengenden Uebergange über die Central-Cordillere von
Quindiu (ich brauchte 14 bis 15 Tage, zu Fuß, und ununterbrochen in freier Luft schlafend, um über den Gebirgs-

kamm von 10788 Fuß aus dem Thale des Rio Magdalena
in das Cauca=Thal zu gelangen) besuchte ich in der Höhe
von 6390 Fuß den Azufral westlich von der Station el
Moral. In einem etwas dunkel gefärbten Glimmerschiefer,
der, auf einen granathaltenden Gneiß aufgesetzt, sammt
diesem die hohe Granitkuppe von la Ceja und la Garita del
Paramo umlagert, sah ich in dem engen Thale (Quebrada
del Azufral) warme Schwefeldämpfe aus den Gesteinklüften
ausströmen. Da sie mit Schwefel=Wasserstoffgas und vieler
Kohlensäure gemischt sind, so fühlt man einen betäubenden
Schwindel, wenn man sich niederbeugt, um die Temperatur zu
messen, und länger in ihrer Nähe verweilt. Die Temperatur
der Schwefeldämpfe war 47⁰,6; die der Luft 20⁰,6; die des
Schwefel=Bächleins, das vielleicht im oberen Laufe durch
die Schneewasser des Vulkans von Tolima erkaltet ist, 29⁰,2.
Der Glimmerschiefer, welcher etwas Schwefelkies enthält, ist
von vielen Schwefeltrümmern durchsetzt. Der zum Verkauf
zubereitete Schwefel wird großentheils aus einem mit natürli=
chem Schwefel und verwittertem Glimmerschiefer gemengten,
ochergelben Letten gewonnen. Die Arbeiter (Mestizen) leiden
dabei an Augenübeln und an Muskellähmung. Als 30 Jahre
nach mir (1831) Boussingault den Azufral de Quindiu besuchte,
hatte die Temperatur der Dämpfe, die er chemisch analysirte [78],
so abgenommen, daß sie unter die der freien Luft (22⁰),
nämlich auf 19⁰—20⁰, fiel. Derselbe vortreffliche Beobachter
sah in der Quebrada de aguas calientes das Trachyt=Gestein
des nahen Vulkans von Tolima den Glimmerschiefer durch=
brechen: wie ich sehr deutlich, eben so eruptiv, den schwarzen
Trachyt des Vulkans Tunguragua bei der Seilbrücke
von Penipe einen granathaltenden grünlichen Glimmerschiefer

habe bedecken sehen. Da man bisher in Europa Schwefel nicht in den ehemals sogenannten primitiven Gebirgsarten, sondern nur im Tertiär=Kalk, in Gyps, in Conglomeraten und ächt vulkanischem Gestein gefunden hat; so ist das Vor= kommen im Azufral de Quindiu (nördl. Br. 4°½) um so merk= würdiger, als es sich südlich vom Aequator zwischen Quito und Cuenca, am nördlichen Abfall des Paramo del Assuay, wiederholt. In dem Azufral des Cerro Cuello (südl. Breite 2° 13') habe ich, wiederum im Glimmerschiefer, in 7488 Fuß Höhe ein mächtiges Quarzlager[79] angetroffen, in welchem der Schwefel nesterweise reichlich eingesprengt ist. Zur Zeit meiner Reise waren die Schwefelstücke nur von 6—8 Zoll Größe; früher fand man sie bis 3—4 Fuß Durch= messer. Selbst eine Naphtha=Quelle entspringt sichtbar aus Glimmerschiefer in dem Meeresboden im Golf von Cariaco bei Cumana. Die Naphtha färbt dort einen Theil der Oberfläche des Meeres auf mehr als tausend Fuß Länge gelb, und ihren Geruch fand ich verbreitet bis in das Innere der Halbinsel Araya.[80]

Wenn wir nun einen letzten Blick auf die Art vulkani= scher Thätigkeit werfen, welche sich durch Hervorbringen von Dämpfen und Gas=Arten, bald mit, bald ohne Feuer=Erschei= nungen, offenbart; so finden wir darin bald große Verwandtschaft, bald auffallende Verschiedenheit der aus den Erdspalten aus= brechenden Stoffe: je nachdem die hohe Temperatur des Inneren, das Spiel der Affinitäten modificirend, auf gleichartige oder sehr zusammengesetzte Materien gewirkt hat. Die Stoffe, welche bei diesem geringeren Grade vulkanischer Thätigkeit an die Ober= fläche getrieben werden, sind: Wasserdampf in großem Maaße, Chlor=Natrium, Schwefel, gekohlter und geschwefelter Wasserstoff,

Kohlensäure und Stickstoff; Naphtha (farblos, gelblich oder als braunes Erdöl); Vorsäure und Thonerde bei Schlamm-Vulkane. Die große Verschiedenheit dieser Stoffe, von denen jedoch einige (Kochsalz, Schwefel=Wasserstoffgas und Erdöl) sich fast immer begleiten, bezeugt das Unpassende der Benennung Salsen: welche aus Italien stammt, wo Spallanzani das große Verdienst gehabt hat zuerst die Aufmerksamkeit der Geognosten auf das, lange für so unwichtig gehaltene Phänomen im Modenesischen zu leiten. Der Name Dampf= und Gas=Quellen drückt mehr das Gemeinsame aus. Wenn viele derselben als Fumarolen zweifelsohne in Beziehung zu erloschenen Vulkanen stehen, ja besonders als Quellen von kohlensaurem Gas ein letztes Stadium solcher Vulkane charakterisiren; so scheinen dagegen andere, die Naphtha=Quellen, ganz unabhängig von den wirklichen, geschmolzene Erden ausstoßenden Feuerbergen zu sein. Sie folgen dann, wie schon Abich am Caucasus gezeigt hat, in weiten Strecken bestimmten Richtungen, ausbrechend auf Gebirgsspalten: sowohl in der Ebene, selbst im tiefen Becken des caspischen Meeres, als in Gebirgshöhen von fast 8000 Fuß. Gleich den eigentlichen Vulkanen, vermehren sie bisweilen plötzlich ihre scheinbar schlummernde Thätigkeit durch Ausbruch von Feuersäulen, die weit umher Schrecken verbreiten. In beiden Continenten, in weit von einander entfernten Weltgegenden, zeigen sie dieselben auf einander folgenden Zustände; aber keine Erfahrung hat uns bisher berechtigt zu glauben, daß sie Vorboten der Entstehung wirklicher, Lava und Schlacken auswerfender Vulkane sind. Ihre Thätigkeit ist anderer Art: vielleicht in minderer Tiefe wurzelnd und durch andere chemische Processe bedingt.

d. Vulkane, nach der Verschiedenheit ihrer Gestaltung und Thätigkeit. — Wirkung durch Spalten und Maare. — Umwallungen der Erhebungs-Krater. — Vulkanische Kegel- und Glockenberge, mit geöffnetem oder ungeöffnetem Gipfel. — Verschiedenheit der Gebirgsarten, durch welche die Vulkane wirken.

(Erweiterung des Naturgemäldes Kosmos Bd. I. S 235—258.)

Unter den mannigfaltigen Arten der Kraftäußerung in der Reaction des Inneren unseres Planeten gegen seine obersten Schichten ist die mächtigste die, welche die eigentlichen Vulkane darbieten. d. i. solche Oeffnungen, durch die neben den Gas-Arten auch feste, stoffartig verschiedene Massen in feuerflüssigem Zustande, als Lavaströme, oder als Schlacken, oder als Producte der feinsten Zerreibung (Asche), aus ungemessener Tiefe an die Oberfläche gedrängt werden. Hält man nach einem alten Sprachgebrauche die Wörter Vulkan und Feuerberg für synonym, so knüpft man dadurch, nach einer vorgefaßten, sehr allgemein verbreiteten Meinung, den Begriff von vulkanischen Erscheinungen an das Bild von einem isolirt stehenden Kegelberge mit kreisrunder oder ovaler Oeffnung auf dem Gipfel. Solche Ansichten verlieren aber von ihrer Allgemeinheit, wenn sich dem Beobachter Gelegenheit darbietet zusammenhangende vulkanische Gebiete von mehreren tausend geographischen Quadratmeilen Flächeninhalts. z. B. den ganzen mittleren Theil des mericanischen Hochlandes zwischen dem Pic von Orizaba, dem Jorullo und den Küsten der Südsee; oder Central-Amerika; oder die Cordilleren von Neu-Granada und Quito zwischen dem Vulkan von Puracé bei Popayan, dem von Pasto und dem Chimborazo; oder das Isthmus-Gebirge des

Caucasus zwischen dem Kasbegk, Elburuz und Ararat: zu
durchwandern. In dem unteren Italien, zwischen den phle=
gräischen Feldern des campanischen Festlandes, Sicilien, den
Liparen und Ponza=Inseln, ist, wie in den griechischen Inseln,
das verbindende Zwischenland theils nicht mit gehoben, theils
vom Meere verschlungen worden.

Es zeigen sich in den vorgenannten großen Gebieten von
Amerika und vom Caucasus Eruptions=Massen (wirkliche Tra=
chyte, nicht Trachyt=Conglomerate; Obsidian=Ströme; steinbruch=
artig gewonnene Bimsstein=Blöcke, nicht durch Wasser verbrei=
tetes und abgesetztes Bimsstein=Gerölle), welche von den, sich
erst in beträchtlicher Ferne erhebenden Bergen ganz unabhängig
zu sein scheinen. Warum sollte bei der fortschreitenden Abküh=
lung der wärmestrahlenden oberen Erdschichten, ehe noch isolirte
Berge oder ganze Bergketten sich erhoben, die Oberfläche nicht
vielfach gespalten worden sein? warum sollten diese Spalten
nicht feuerflüssige, zu Gebirgsarten und Eruptions=Ge=
stein erhärtete Massen (Trachyte, Dolerite, Melaphyre, Perl=
stein, Obsidian und Bimsstein) ausgestoßen haben? Ein Theil
dieser, ursprünglich horizontal gelagerten, in zähflüssigem Zu=
stande, wie aus Erde=Quellen[81], hervorbrechenden Trachyt=
oder Dolerit=Schichten ist, bei der späteren Erhebung vulkani=
scher Kegel= und Glockenberge, in eine gestürzte Lage gera=
then: in eine solche, welche den neueren, aus Feuerbergen
entspringenden Laven keinesweges angehört. So ist, um zuerst
an ein europäisches, sehr bekanntes Beispiel zu erinnern, in
dem Val del Bove am Aetna (einer Aushöhlung, die tief in
das Innere des Berges einschneidet) das Fallen der mit
Geröll=Massen sehr regelmäßig alternirenden Lavaschichten 25°
bis 30°: während daß nach Elie de Beaumont's genauen

Bestimmungen die Lavaströme, welche die Oberfläche des Aetna bedecken und ihm erst seit seiner Erhebung als Berges entflossen sind, in der Mittelzahl von 30 Strömen, nur ein Gefälle von 3° bis 5° zeigen. Diese Verhältnisse deuten hin auf das Dasein sehr alter vulkanischer Formationen, auf Spalten ausgebrochen, vor der Bildung des Vulkans als eines Feuerbergs. Eine merkwürdige Erscheinung der Art bietet uns auch das Alterthum dar: eine Erscheinung, die sich in einer weiten Ebene, in einem Gebiete zeigte, das von allen thätigen oder erloschenen Vulkanen entfernt liegt: auf Euböa, dem jetzigen Negropont. „Die heftigen Erdstöße, welche die Insel theilweise erschütterten, hörten nicht eher auf, bis ein in der Ebene von Lelantus geöffneter Erdschlund einen Strom glühenden Schlammes (Lava) ausstieß." [82]

Sind, wie ich längst zu vermuthen geneigt bin, einer ersten Spaltung der tief erschütterten Erdrinde die ältesten, zum Theil auch gangausfüllenden Formationen des Eruptiv-Gesteins (nach seiner mineralischen Zusammensetzung den neueren Laven oft vollkommen ähnlich) zuzuschreiben; so müssen sowohl diese Spalten, wie die später entstandenen, schon minder einfachen Erhebungs-Krater doch nur als vulkanische Ausbruch-Oeffnungen, nicht als Vulkane selbst, betrachtet werden. Der Hauptcharakter von diesen letzteren besteht in einer permanenten oder wenigstens von Zeit zu Zeit erneuerten Verbindung des tiefen Heerdes mit der Atmosphäre. Der Vulkan bedarf dazu eines eigenen Gerüstes; denn, wie Seneca [83] sehr treffend in einem Briefe an den Lucilius sagt: »ignis in ipso monte non alimentum habet, sed viam«. Die vulkanische Thätigkeit wirkt dann formgebend, gestaltend durch Erhebung des Bodens; nicht, wie man ehemals allgemein

und ausschließend glaubte: aufbauend durch Aufhäufung
von Schlacken und sich überlagernde neue Lavaschichten. Der
Widerstand, welchen die in allzu großer Menge gegen die
Oberfläche gedrängten feuerflüssigen Massen in dem Ausbruch=
Canal finden, veranlaßt die Vermehrung der hebenden Kraft.
Es entsteht eine „blasenförmige Auftreibung des Bodens",
wie dies durch die regelmäßige, nach außen gekehrte Abfalls=
Richtung der gehobenen Bodenschichten bezeichnet wird. Eine
minenartige Explosion, die Sprengung des mittleren und höchsten
Theils der convexen Auftreibung des Bodens, erzeugt bald allein
das, was Leopold von Buch einen Erhebungs=Krater [84]
genannt hat: d. h. eine kraterförmige, runde oder ovale Ein=
senkung, von einem Erhebungs=Circus, einer ringförmigen,
meist stellenweise eingerissenen Umwallung, begrenzt; bald
(wenn die Relief=Structur eines permanenten Vulkans ver=
vollständigt werden soll) in der Mitte des Erhebungs=Kraters
zugleich einen dom= oder kegelförmigen Berg. Der letztere ist
dann meist an seinem Gipfel geöffnet; und auf dem Boden dieser
Oeffnung (des Kraters des permanenten Vulkans) erheben sich
vergängliche Auswurfs= und Schlackenhügel, kleine und
große Eruptions=Kegel, welche beim Vesuv bisweilen die
Kraterränder des Erhebungs=Kegels weit überragen. Nicht
immer haben sich aber die Zeugen des ersten Ausbruchs, die alten
Gerüste, wie sie hier geschildert werden, erhalten. Die hohe Fels=
mauer, welche die peripherische Umwallung (den Erhebungs=
Krater) umgiebt, ist an vielen der mächtigsten und thätigsten
Vulkane nicht einmal in einzelnen Trümmern zu erkennen.

Es ist ein großes Verdienst der neueren Zeit, nicht bloß
durch sorgfältige Vergleichung weit von einander entfernter
Vulkane die einzelnen Verhältnisse ihrer Gestaltung

genauer erforſcht; ſondern auch in die Sprachen beſtimmtere
Ausdrücke eingeführt zu haben, woburch das Ungleichartige
in den Relieftheilen, wie in den Aeußerungen vulkaniſcher
Thätigkeit getrennt wird. Iſt man nicht entſchieden allen
Claſſificationen abhold, weil dieſelben in dem Beſtreben nach Verallgemeinerung noch immer nur auf unvollſtändigen Inductionen
beruhen; ſo kann man ſich das Hervorbrechen von feuerflüſſigen
Maſſen und feſten Stoffen, von Dämpfen und Gas-Arten
begleitet, auf viererlei Weiſe vorſtellen. Von den einfachen
zu den zuſammengeſetzten Erſcheinungen übergehend, nennen
wir zuerſt Eruptionen auf Spalten, nicht einzelne Kegel-
reihen bildend, ſondern in gefloſſenem und zähem Zuſtande
über einander gelagerte vulkaniſche Gebirgsmaſſen erzeugend;
zweitens Ausbrüche durch Aufſchüttungs-Kegel ohne
Umwallung, und doch Lavaſtröme ergießend: wie fünf Jahre
lang bei der Verwüſtung der Inſel Lancerote, in der erſten
Hälfte des verfloſſenen Jahrhunderts; drittens Erhebungs-
Krater mit gehobenen Schichten, ohne Centralkegel: Lavaſtröme
nur an der äußeren Seite der Umwallung, nie aus dem
Inneren, das früh ſich durch Einſturz verſchließt, ausſendend;
viertens geſchloſſene Glockenberge oder an der Spitze geöffnete
Erhebungs-Kegel: entweder mit einem, wenigſtens theilweiſe erhaltenen, Circus umgeben. wie am Pic von Teneriffa,
in Fogo und Rocca Monfina; oder ganz ohne Umwallung und
ohne Erhebungs-Krater: wie in Island [85], in den Cordilleren
von Quito und dem mittleren Theile von Merico. Die
offenen Erhebungs-Kegel dieſer vierten Claſſe bewahren eine
permanente, in unbeſtimmten Zeiträumen mehr oder weniger
thätige Verbindung zwiſchen dem feurig heißen Erd-Inneren und
dem Luftkreiſe. Der an dem Gipfel verſchloſſen gebliebenen

dom= und glockenförmigen Trachyt= und Doleritberge scheint es
nach meinen Beobachtungen mehr als der offenen, noch
thätigen oder erloschenen Kegel, weit mehr als der eigentlichen
Vulkane zu geben. Dom= und glockenartige Bergformen· wie
der Chimborazo, Puy de Dôme, Sarcouy, Rocca Monfina
und Vultur; verleihen der Landschaft einen eigenen Charakter,
durch welchen sie mit den Schiefer=Hörnern oder den
zackigen Formen des Kalkgesteins anmuthig contrastiren.

In der uns bei Ovid „in anschaulicher Darstellung" auf=
bewahrten Tradition über das große vulkanische Naturereigniß
auf der Halbinsel Methone ist die Entstehung einer solchen
Glockenform, die eines uneröffneten Berges mit metho=
discher Deutlichkeit bezeichnet. „Die Gewalt der in finsteren
Erdhöhlen eingekerkerten Winde treibt, eine Oeffnung verge=
bens suchend, den gespannten Erdboden auf (extentam tume-
fecit humum), wie wenn man eine Blase oder einen Schlauch
mit Luft anfüllt. Die hohe Anschwellung hat sich durch lang=
same Erhärtung in der Gestalt eines Hügels erhalten."
Ich habe schon an einem anderen Orte daran erinnert, wie
ganz verschieden diese römische Darstellung von der Aristoteli=
schen Erzählung des vulkanischen Ereignisses auf Hiera, einer
neu entstandenen Aeolischen (liparischen) Insel, ist: in welchem
„der unterirdische, mächtig treibende Hauch zwar ebenfalls einen
Hügel erhebt, ihn aber später zum Erguß eines feurigen Aschen=
regens aufbricht". Die Erhebung wird hier bestimmt als dem
Flammenausbruch vorhergehend geschildert (Kosmos Bd. I.
S. 453). Nach Strabo hatte der aufgestiegene domförmige
Hügel von Methana sich ebenfalls in feuriger Eruption geöffnet,
bei deren Ende sich nächtlich ein Wohlgeruch verbreitete.
Letzterer war, was sehr auffallend ist, unter ganz ähnlichen

Verhältnissen bei dem vulkanischen Ausbruch von Santorin im
Herbst 1650 bemerkt, und in der bald darauf von einem
Mönche gehaltenen und aufgeschriebenen Bußpredigt „ein trö=
stendes Zeichen" genannt worden, „daß Gott seine Heerde noch
nicht verderben wolle". 86 Sollte dieser Wohlgeruch nicht auf
Naphtha deuten? Es wird desselben ebenfalls von Kotzebue in
seiner russischen Entdeckungsreise gedacht, bei Gelegenheit eines
Feuerausbruchs (1804) des aus dem Meere aufgestiegenen neuen
Insel=Vulkans Umnak im aleutischen Archipel. Bei dem großen
Ausbruch des Vesuvs am 12 August 1805, den ich mit
Gay=Lussac beobachtete, fand Letzterer einen bituminösen Geruch
im entzündeten Krater zu Zeiten vorherrschend. Ich stelle diese
wenig beachteten Thatsachen zusammen, weil sie beitragen die
enge Verkettung aller Aeußerung vulkanischer Thätigkeit, die
Verkettung der schwachen Salsen und Naphtha=Quellen mit den
wirklichen Vulkanen, zu bewähren.

Umwallungen, denen der Erhebungs=Krater
analog, zeigen sich auch in Gebirgsarten, die von Trachyt,
Basalt und Porphyrschiefer sehr verschieden sind: z. B. nach
Élie de Beaumont's scharfsinniger Auffassung im Granit
der französischen Alpenkette. Die Bergmasse von Oisans,
zu welcher der höchste 87 Gipfel von Frankreich, der Mont
Pelvoux bei Briançon (12109 Fuß), gehört, bildet einen Cir=
cus von acht geogr. Meilen Umfang, in dessen Mitte das
kleine Dorf de la Bérarde liegt. Die steilen Wände des
Circus steigen über 9000 Fuß hoch an. Die Umwallung
selbst ist Gneiß, alles Innere ist Granit. 88 In den schweizer
und savoyer Alpen zeigt sich in kleinern Dimensionen mehrfach
dieselbe Gestaltung. Das Grand-Plateau des Montblanc, in
welchem Bravais und Martins mehrere Tage campirt haben, ist

ein geschlossener Circus mit fast ebenem Boden in 12020 Fuß Höhe; ein Circus, aus dem sich die colossale Gipfel-Pyramide erhebt. [89] Dieselben hebenden Kräfte bringen, doch durch die Zusammensetzung der Gebirgsarten modificirt, ähnliche Formen hervor. Auch die von Hoffmann, Buckland, Murchison und Thurmann beschriebenen Ring- und Kesselthäler (valleys of elevation) im Sediment-Gestein des nördlichen Deutschlands, in Herefordshire und dem Jura-Gebirge von Porrentruy hangen mit den hier beschriebenen Erscheinungen zusammen: wie, doch in geringerem Maaße der Analogie, einige, von allen Seiten durch Bergmassen eingeschlossene Hochebenen der Cordilleren, in denen die Städte Caramarca (8784 F.), Bogota (8190 F.) und Merico (7008 F.) liegen; wie im Himalaya das Kesselthal von Kaschmir (5460 F.).

Minder mit den Erhebungs-Krateren verwandt als mit der oben geschilderten einfachsten Form vulkanischer Thätigkeit (der Wirkung aus bloßen Spalten) sind unter den erloschenen Vulkanen der Eifel die zahlreichen Maare: kesselförmige Einsenkungen in nicht vulkanischem Gestein (devonischem Schiefer) und von wenig erhabenen Rändern umgeben, die sie selbst gebildet. „Es sind gleichsam Minen-Trichter, Zeugen minenartiger Ausbrüche", welche an das von mir beschriebene sonderbare Phänomen der bei dem Erdbeben von Riobamba (4 Febr. 1797) auf den Hügel de la Culca [90] geschleuderten menschlichen Gebeine erinnern. Wenn einzelne, nicht sehr hoch liegende Maare: in der Eifel, in der Auvergne, oder auf Java, mit Wasser gefüllt sind; so mögen in diesem Zustande solche ehemaligen Explosions-Kratere mit dem Namen cratères-lacs belegt werden; aber als eine synonyme Benennung für Maar sollte das Wort, glaube ich, nicht im allgemeinen genommen werden, da auf den Gipfeln der höchsten Vulkane, auf wahren Erhebungs-Kegeln, in erloschenen Krateren: z. B. auf dem mexicanischen Vulkan von Toluca in 11490 Fuß und auf dem caucasischen Elburuz in 18500 Fuß Höhe, kleine Seen von mir und Abich gefunden worden sind. Man muß bei den Eifeler Vulkanen zwei Arten der vulkanischen Thätigkeit, sehr ungleichen Alters, sorgfältig von einander unterscheiden: die, Lavaströme entsendenden, eigentlichen Vulkane; und die schwächeren Ausbruchs-Phänomene der Maare. Zu den ersteren gehören: der basaltische, olivinreiche, in aufrecht stehende Säulen gespaltene Lavastrom im Uesbach-Thale bei Bertrich [91]; der Vulkan von Gerolstein, welcher in einem, Dolomit enthaltenden, den devonischen Grauwacken-Schiefern muldenförmig eingelagerten Kalkstein seinen Sitz hat; und der lange Rücken des Mosenberges (1645 Fuß über dem Meere), unweit Bettenfeld, westlich von Manderscheid. Der letztgenannte Vulkan hat drei Kratere: deren erster und zweiter, die nördlichsten, vollkommen rund und auf dem Boden mit Torfmooren bedeckt sind; während aus dem dritten, südlichsten [92] Krater ein mächtiger, röthlichbrauner, tiefer gegen das Thal der kleinen Kyll hin säulenförmig abgesonderter Lavastrom herabfließt. Eine merkwürdige, lavagebenden Vulkanen im allgemeinen fremdartige Erscheinung ist es, daß weder am Mosenberge, noch am Gerolstein, noch in anderen eigentlichen Vulkanen der Eifel die Lava-Ausbrüche an ihrem Ursprunge von einer trachytischen Gebirgsart sichtbar umgeben sind; sondern, so weit sie der Beobachtung zugänglich werden, unmittelbar aus den devonischen Schichten hervorkommen. Die Oberfläche des Mosenberges bezeugt gar nicht, was in der Tiefe verborgen ist. Die augithaltigen Schlacken, welche zusammenhangend in Basaltströme übergehen, enthalten kleine gebrannte Schieferstücke, aber keine Spur von eingeschlossenem Trachyt. Die letzteren Einschlüsse sind auch nicht zu finden am Krater des Robberberges, der doch der größten Trachyt= masse der Rheingegend, dem Siebengebirge, so nahe ist.

„Die Maare scheinen", wie der Berghauptmann von Dechen scharfsinnig bemerkt, „in ihrer Bildung ziemlich derselben Epoche anzugehören als die Ausbrüche der Lavaströme, der eigentlichen Vulkane. Beide liegen in der Nähe tief einge= schnittener Thäler. Die lavagebenden Vulkane waren entschie= den zu einer Zeit thätig, als die Thäler bereits sehr nahe ihre heutige Form erhalten hatten; auch sieht man die ältesten Lavaströme dieses Gebietes in die Thäler herabstürzen." Die Maare sind von Fragmenten devonischer Schiefer und von auf= geschüttetem grauem Sande und Tuffrändern umgeben. Der Laacher See: man mag ihn nun als ein großes Maar oder, wie mein vieljähriger Freund, C. von Oeynhausen, (gleich dem Becken von Wehr) als Theil eines großen Kesselthales im Thonschiefer betrachten; zeigt an dem ihn umgebenden Kranze einige vulkanische Schlacken=Ausbrüche: so am Kruster Ofen, am Veitskopf und Laacher Kopf. Es ist aber nicht bloß der gänzliche Mangel von Lavaströmen, wie sie an dem äußeren Rande wirklicher Erhebungs=Krater oder ganz in ihrer Nähe auf den canarischen Inseln zu beobachten sind; es ist nicht die unbedeutende Höhe des Kranzes, der die Maare umgiebt: welche dieselben von den Erhebungs=Krateren unterscheiden; es fehlt den Rändern der Maare eine regelmäßige, als Folge der Hebung stets nach außen abfallende Gesteins= schichtung. Die in den devonischen Schiefer eingesenkten Maare erscheinen; wie schon oben bemerkt, als Minen=Trichter,

in welche nach der gewaltsamen Explosion von heißen Gas-
Arten und Dämpfen die ausgestoßenen lockeren Massen (Rapilli)
großentheils zurückgefallen sind. Ich nenne hier beispielsweise
nur das Immerather, das Pulver- und Meerfelder Maar.
In der Mitte des ersteren, dessen trockener Boden, in zwei-
hundert Fuß Tiefe, cultivirt wird, liegen die beiden Dörfer
Ober- und Unter-Immerath. Hier finden sich in dem
vulkanischen Tuff der Umgebung, ganz wie am Laacher See,
Gemenge von Feldspath und Augit als Kugeln, in welche
Theilchen von schwarzem und grünem Glase eingesprengt sind.
Aehnliche Kugeln von Glimmer, Hornblende und Augit, voll
von Verglasungen, enthalten auch die Tuffkränze des Pulver-
Maares bei Gillenfeld, das aber gänzlich in einen tiefen See
umgewandelt ist. Das regelmäßig runde, theils mit Wasser,
theils mit Torf bedeckte, Meerfelder Maar zeichnet sich
geognostisch durch die Nähe der drei Krater des großen Mo-
senbergs aus, deren südlichster einen Lavastrom gegeben hat.
Das Maar liegt jedoch 600 Fuß tiefer als der lange Rücken
des Vulkans, und an seinem nördlichen Ende; auch nicht in
der Achse der Krater-Reihe, mehr in Nordwesten. Die mittlere
Höhe der Eifeler Maare über der Meeresfläche fällt zwischen
865 F. (Laacher See?) und 1490 F. (Mosbrucher Maar).
Da hier besonders der Ort ist darauf aufmerksam zu
machen, wie gleichmäßig und übereinstimmend in der stoffartig
producirenden Wirksamkeit die vulkanische Thätigkeit sich bei
den verschiedensten Formen des äußeren Gerüstes (als Maaren,
als umwallten Erhebungs-Kratern oder am Gipfel geöffneten
Kegeln) zeigt; so erwähne ich der auffallenden Reichhaltigkeit von
krystallisirten Mineralien, welche die Maare bei ihrer ersten
Explosion ausgestoßen haben und die jetzt zum Theil in den

Tuffen vergraben liegen. In der Umgebung des Laacher Sees
ist diese Reichhaltigkeit allerdings am größten; aber auch andere
Maare, z. B. das Immerather und das, an Olivin-Kugeln
reiche Meerfelder, enthalten ausgezeichnete kryftallinische Maffen.
Wir nennen hier. Zirkon, Hauyn, Leucit [93], Apatit, Nofean,
Olivin, Augit, Rhyakolith, gemeinen Feldspath (Orthoklas),
glafigen Feldspath (Sanidin), Glimmer, Sodalit, Granat und
Titan-Eifen. Wenn die Zahl der schönen kryftallifirten Mineralien am Vefuv so vielmal größer ist (Scacchi zählt deren
43 Arten), so darf man nicht vergeffen, daß sehr wenige derselben vom Vefuv ausgestoßen werden; und daß die größere
Zahl dem Theil der sogenannten Auswürflinge des
Vefuvs angehört, die nach Leopolds von Buch Meinung [94],
„dem Vefuv gänzlich fremd, einer, weit über Capua hinaus
verbreiteten Tuff-Bedeckung beizuzählen find, welche von dem
auffteigenden Kegel des Vefuvs mit emporgehoben wurde und
wahrscheinlich das Erzeugniß einer submarinen, tief im Inneren
verborgenen, vulkanischen Wirkung gewesen ist."

Gewiffe bestimmte Richtungen der verschiedenartigen Erscheinungen vulkanischer Thätigkeit find auch in der Eifel nicht
zu verkennen. „Die, Lavaströme erzeugenden Ausbrüche der
hohen Eifel liegen auf einer Spalte, fast 7 Meilen lang, von
Bertrich bis zum Goldberg bei Ormond, von Südost nach Nordwest gerichtet; dagegen folgen die Maare, von dem Meerfelder
an bis Mosbruch und zum Laacher See hin, einer Richtungslinie
von Südwest gegen Nordost. Die beiden angegebenen Hauptrichtungen schneiden sich in den drei Maaren von Daun. In
der Umgegend des Laacher Sees ist nirgends Trachyt an der
Oberfläche sichtbar. Auf das Vorkommen dieser Gebirgsart in
der Tiefe weisen nur hin die eigenthümliche Natur des ganz

felbſpathartigen Laacher Bimsſteins, wie die ausgeworfnen
Bomben von Augit und Feldſpath. Sichtbar ſind aber Eiſeler
Trachyte, aus Feldſpath und großen Hornblende-Kryſtallen
zuſammengeſetzt, nur zwiſchen Baſaltberge vertheilt: ſo im Sellberg (1776 F.) bei Quibbelbach, in der Anhöhe von Struth,
bei Kelberg, und in dem wallartigen Bergzuge von Reimerath
bei Boos."

Nächſt den lipariſchen und Ponza-Inſeln haben wohl
wenige Theile von Europa eine größere Maſſe von Bimsſtein
hervorgebracht als dieſe Gegend Deutſchlands, welche bei verhältnißmäßig geringer Erhebung ſo verſchiedene Formen vulkaniſcher Thätigkeit in Maaren (cratères d'explosion), Baſalt-
bergen und lava-ausſtoßenden Vulkanen darbietet. Die Hauptmaſſe des Bimsſteines liegt zwiſchen Nieder-Menbig und Sorge,
Andernach und Rubenach; die Hauptmaſſe des Duckſteins oder
Traß (eines durch Waſſer abgeſetzten, ſehr neuen Conglomerats) liegt im Brohlthale, von ſeiner Mündung in den Rhein
aufwärts bis Burgbrohl, bei Plaidt und Kruft. Die Traß-
Formation des Brohlthales enthält, neben Fragmenten von
Grauwacken-Schiefer und Holzſtücken, Bimsſtein-Brocken: die
ſich durch nichts von dem Bimsſtein unterſcheiden, welcher die
oberflächliche Bedeckung der Gegend, ja auch die des Duckſteins
ſelbſt ausmacht. Ich habe immer, trotz einiger Analogien,
welche die Cordilleren darzubieten ſcheinen, daran gezweifelt,
daß man den Traß Schlamm-Ausbrüchen aus lavagebenden
Eiſler Vulkanen zuſchreiben könne. Ich vermuthe vielmehr mit
H. von Dechen, daß der Bimsſtein trocken ausgeworfen wurde
und daß der Traß ſich nach Art anderer Conglomerate bildete. „Der Bimsſtein iſt dem Siebengebirge fremd; und
der große Bimsſtein-Ausbruch der Eifel, deſſen Hauptmaſſe

noch über dem Löß liegt und in einzelnen Theilen mit demselben abwechselt, mag, nach der Vermuthung, zu welcher die
Localverhältnisse führen, im Rheinthale oberhalb Neuwied, in
dem großen Neuwieder Becken, vielleicht nahe bei Urmits auf
der linken Seite des Rheins statt gefunden haben. Bei der
Zerreiblichkeit des Stoffes mag die Ausbruch-Stelle durch die
spätere Einwirkung des Rheinstromes spurlos verschwunden sein.
In dem ganzen Strich der Eiseler Maare wie in dem der
Eiseler Vulkane von Bertrich bis Ormond wird kein Bimsstein
gefunden. Der des Laacher Sees ist auf dessen Randgebirge
beschränkt; und an den übrigen Maaren gehen die kleinen
Stücke von Feldspath-Gestein, die im vulkanischen Sande und
Tuff liegen, nicht in Bimsstein über."

Wir haben bereits oben die Altersverhältnisse der Maare
und der, von ihnen so verschiedenen Ausbrüche der Lavaströme
zu der Thalbildung berührt. „Der Trachyt des Siebengebirges scheint viel älter als die Thalbildung, sogar älter als
die rheinische Braunkohle. Sein Hervortreten ist der Auf-
reißung des Rheinthales fremd gewesen, selbst wenn man dieses
Thal einer Spaltenbildung zuschreiben wollte. Die Thalbildung
ist wesentlich jünger als die rheinische Braunkohle, jünger als
der meiste rheinische Basalt; dagegen älter als die vulkanischen
Ausbrüche mit Lavaströmen, älter als der große Bimsstein-
Ausbruch und der Traß. Basaltbildungen reichen bestimmt
bis in eine jüngere Zeit hinein als die Trachytbildung, und
die Hauptmasse des Basaltes ist daher für jünger als der Trachyt
anzusehn. An den jetzigen Gehängen des Rheinthals wurden viele
Basaltgruppen (Unkeler Steinbruch, Rolandseck, Godesberg) erst
durch die Thal-Eröffnung bloß gelegt, da sie wahrscheinlich bis
dahin im devonischen Grauwacken-Gebirge eingeschlossen waren."

Die Infusorien, deren, durch Ehrenberg erwiesene, so
allgemeine Verbreitung auf den Continenten, in den größten
Tiefen des Meeres wie in den hohen Schichten des Luftkreises
zu den glänzendsten Entdeckungen unsres Zeitalters gehört;
haben in der vulkanischen Eifel ihren Hauptsitz in den Ra-
pillen, Traßschichten und Bimsstein-Conglomeraten. Kiesel-
schalige Organismen füllen das Brohlthal und die Auswürflinge von Hochsimmern; bisweilen sind sie im Traß mit un-
verkohlten Zweigen von Coniferen vermengt. Dies ganze
kleine Leben ist nach Ehrenberg ein Süßwasser-Gebilde;
und nur ausnahmsweise zeigen sich in der obersten Ablagerung
von dem zerreiblichen, gelblichen Löß am Fuß und an den Abhängen des Siebengebirges (auf die brakische vormalige
Küstennatur hindeutend) Polythalamien des Meeres. 95

Ist das Phänomen der Maare auf das westliche Deutschland beschränkt? Graf Montlosier, der die Eifel durch eigene
Beobachtungen von 1819 kannte und den Mosenberg für einen
der schönsten Vulkane erkennt, den er je gesehen, zählt (wie
Rozet) zu den Maaren oder Explosions-Krateren den
Gouffre de Tazenat, den Lac Pavin und Lac de la Godivel in
der Auvergne. Sie sind in sehr verschiedenartigen Gebirgsarten,
in Granit, Basalt und Domit (Trachyt-Gestein), eingeschnitten,
an den Rändern mit Schlacken und Rapilli umgeben. 96

Die Gerüste, welche eine mächtigere Ausbruch-Thätigkeit
der Vulkane durch Hebung des Bodens und Lava-Erguß aufbaut,
erscheinen wenigstens in sechsfacher Gestalt, und kehren in der
Verschiedenheit dieser Gestaltung in den entferntesten Zonen der
Erde wieder. Wer in vulkanischen Gegenden zwischen Basalt-
und Trachytbergen geboren ist, fühlt sich oft heimisch da, wo
dieselben Gestalten ihn anlächeln. Bergformen gehören zu

den wichtigsten bestimmenden Elementen der Physiognomik
der Natur; sie geben der Gegend, je nachdem sie sich mit
Vegetation geschmückt oder in öder Nacktheit erheben, einen
fröhlichen, oder einen ernsten, großartigen Charakter. Ich
habe ganz neuerlich versucht, in einem besonderen Atlas eine
Zahl von Umrissen der Cordilleren von Quito und Merico,
nach eigenen Zeichnungen entworfen, neben einander zu stellen.
Wie der Basalt bald in kegelförmigen, am Gipfel etwas abgerundeten Kuppen, bald als nahe an einander gereihte Zwillings-
berge von ungleicher Höhe, bald als ein langer horizontaler
Rücken, von einer höheren Kuppe an jeglichem Ende begrenzt,
auftritt; so unterscheidet man vorzugsweise im Trachyt die
majestätische Domform [97] (Chimborazo, 20100 Fuß): welche
nicht mit der Form, ebenfalls ungeöffneter, aber schlanker
Glockenberge zu verwechseln ist. Die Kegelgestalt ist
am vollkommensten [98] im Cotopari (17712 F.) ausgeprägt;
nächst dem im Popocatepetl [99] (16632 F.), wie er am schönen
Ufer des Sees von Tezcuco oder von der Höhe der alt-
mericanischen Treppen-Pyramide von Cholula gesehen wird;
und im Vulkan [100] von Orizaba (16302 F., nach Ferrer
16776 F.). Eine stark abgestumpfte Kegelform [1] zeigt
der Nevado de Cayambe-Urcu (18170 F.), den der Aequator
durchschneidet; wie der Vulkan von Tolima (17010 F.): am
Fuß des Paramo de Quindiu, bei dem Städtchen Ibague,
über dem Urwald sichtbar. [2] Einen langgestreckten Rücken
bildet zum Erstaunen des Geognosten der Vulkan von Pichincha
(14910 F.), an dessen einem, wenig höheren Ende der weite,
noch entzündete Krater [3] liegt.

Durch große Naturbegebenheiten veranlaßte Einstürze von
Kraterwänden oder Zerreißung derselben durch minenartige

Explosion aus dem tiefen Inneren bringen in Kegelbergen sonderbare und contrastirende Formen hervor: so die Spaltung in Doppel=Pyramiden von mehr oder minder regelmäßiger Art bei dem Carguairazo (14700 F.), plötzlich eingestürzt[4] in der Nacht vom 19 Juli 1698, und bei den schöneren Pyramiden[5] von Iliniſſa (16362 F.); so eine Crenulirung der oberen Kraterwände, bei welcher zwei, ſehr gleichartige, gegen einan= der anstrebende Hörner die primitive, vormalige Form ahnden laſſen (Capac=Urcu, Cerro del Altar, jetzt nur von 16380 Fuß Höhe). Es hat sich unter den Eingeborenen des Hoch= landes von Quito, zwischen Chambo und Lican, zwischen den Gebirgen von Condorasto und Cuvillan, allgemein die Sage erhalten, daß der Gipfel des hier zuletzt genannten Vulkans 14 Jahre vor dem Einfall von Huayna Capac, dem Sohne des Inca Tupac Yupanqui, nach Ausbrüchen, die ununter= brochen sieben bis acht Jahre dauerten, eingestürzt sei und das ganze Plateau, in welchem Neu=Riobamba liegt, mit Bims= stein und vulkanischer Asche bedeckt habe. Der Vulkan, ur= sprünglich höher als der Chimborazo, wurde in der Inca= oder Quichua=Sprache capac, der König oder Fürst der Berge (urcu), genannt, weil die Eingeborenen seinen Gipfel sich mehr über die untere Schneegrenze erheben sahen als bei irgend einem anderen Berge der Umgegend.[6] Der Große Ararat, deſſen Gipfel (16026 F.) Friedrich Parrot im Jahr 1829, Abich und Chodzko in den Jahren 1845 und 1850 erreicht haben, bildet, wie der Chimborazo, einen ungeöffneten Dom. Seine mächtigen Lavaströme sind tief unterhalb der Schneegrenze ausgebrochen. Ein wichtiger Charakter in der Gestaltung des Ararat ist ein Seitenschlund, der tiefe Aus= schnitt des Jacobs=Thales, das man mit dem Val del Bove des Aetna vergleichen kann. In demselben wird, nach Abich's Beobachtung, erst recht eigentlich die innere Structur von dem Kern des trachytischen Glockenberges sichtbar, da dieser Kern und die Erhebung des ganzen Ararats um vieles älter sind als die Lavaströme. [7] Der Kasbegk und Tschegem, welche auf demselben caucasischen Haupt-Bergrücken (OSO – WNW) ausgebrochen sind als der Elburuz (18500 F.), sind ebenfalls Kegel ohne Gipfel-Krater, während der colossale Elburuz auf seinem Gipfel einen Kratersee trägt.

Da Kegel- und Domformen in allen Weltgegenden bei weitem die häufigsten sind, so ist, wie vereinzelt in der Gruppe der Vulkane von Quito, um desto merkwürdiger der lange Rücken des Vulkans von Pichincha. Ich habe mich mit seiner Gestaltung lange und sorgfältig beschäftigt, und neben seiner, auf viele Winkelmessungen gegründeten Profil-Ansicht auch eine topographische Skizze seiner Queerthäler veröffentlicht. [8] Pichincha bildet eine über zwei geographische Meilen lange Mauer von schwarzem Trachyt-Gestein (zusammengesetzt aus Augit und Oligoklas), auf einer Spalte in der westlichsten, der Südsee nahen Cordillere gehoben, ohne daß die Achse des hohen Bergrückens mit der der Cordillere, der Richtung nach, zusammentrifft. Auf dem Rücken der Mauer folgen, castellartig aufgesetzt, von SW gen NO die drei Kuppen: Cuntur-guachana, Guagua-Pichincha (das Kind des alten Vulkans) und el Picacho de los Ladrillos. Der eigentliche Feuerberg (Vulkan) wird der Vater oder Alte, Rucu-Pichincha, genannt. Er ist der einzige Theil des langen Bergrückens, welcher in die ewige Schneeregion reicht: also sich zu einer Höhe erhebt, welche die Kuppe von Guagua-Pichincha, dem Kinde, etwa um 180 Fuß übersteigt. Drei thurmartige

Felsen umgeben den ovalen Krater, der etwas südwestlicher, also außerhalb der Achsenrichtung einer, im Mittel 14706 Fuß hohen Mauer, liegt. Ich bin auf den östlichsten Felsthurm im Frühjahr 1802 allein mit dem Indianer Felipe Albas gelangt. Wir standen dort am äußersten Kraterrande, ohngefähr 2300 Fuß hoch über dem Boden des entzündeten Schlundes. Sebastian Wisse, welchem während seines langen Aufenthaltes in Quito die physikalischen Wissenschaften so viele interessante Beobachtungen verdanken, hat die Kühnheit gehabt im Jahre 1845 mehrere Nächte in einem Theile des Kraters von Rucu-Pichincha zuzubringen, wo das Thermometer gegen Sonnen-Aufgang 2° unter den Nullpunkt fiel. Der Krater ist durch einen, mit verglasten Schlacken bedeckten Felskamm in zwei Theile getheilt. Der östliche liegt über tausend Fuß tiefer als der westliche, und ist jetzt der eigentliche Sitz vulkanischer Thätigkeit. Dort erhebt sich ein Auswurfs-Kegel von 250 Fuß Höhe. Er wird von mehr als 70 entzündeten, Schwefeldampf ausstoßenden Fumarolen umgeben. [9] Aus diesem kreisrunden, östlichen Krater, der jetzt an den minder warmen Stellen mit Stauden schilfartiger Gräser und einer bromelienblättrigen Pourretia bedeckt ist, sind wahrscheinlich die feurigen Schlacken-, Bimsstein- und Aschen-Auswürfe des Rucu-Pichincha von 1539, 1560, 1566, 1577, 1580 und 1660 erfolgt. Die Stadt Quito war damals oft tagelang durch die fallenden, staubartigen Rapilli in tiefe Finsterniß gehüllt.

Zu der seltneren Gestaltungs-Classe der Vulkane, welche langgestreckte Rücken bilden, gehören in der Alten Welt: der Galungung, mit einem großen Krater, im westlichen Theile von Java [10]; die Doleritmasse des Schiwelutsch auf Kamtschatka, eines Kettengebirges, auf dessen Kamme sich einzelne

Kuppen bis zu der Höhe von 9540 Fuß erheben [11]; der Hekla, von der Nordwest-Seite, in normaler Richtung auf die Haupt- und Längenspalte, gesehen, über der er hervorgebrochen ist, als ein breiter, mit verschiedenen kleinen Hörnern versehener Gebirgszug. Seit den letzten Eruptionen von 1845 und 1846, die einen Lavastrom von 2 geogr. Meilen Länge und an einigen Stellen von ½ Meile Breite, dem Aetna-Strome von 1669 vergleichbar, gegeben haben, liegen auf dem Rücken des Hekla in einer Reihe fünf kesselförmige Krater. Da die Hauptspalte Nord 65° Ost gerichtet ist, so erscheint der Vulkan, von Selsundsfjäll, d. h. von der Südwest-Seite, also im Queer-schnitt, gesehen, als ein spitziger Kegelberg. [12]

Wie die Gestalten der Feuerberge so auffallend verschieden sind (Cotopari und Pichincha), ohne daß die ausgestoßenen Stoffe und die chemischen Processe des tiefen Inneren sich ändern; so ist die relative Stellung der Erhebungs-Kegel bisweilen noch sonderbarer. Auf Luzon, in der Inselgruppe der Philippinen, er-hebt sich der noch thätige Vulkan von Taal, dessen zerstörendster Ausbruch der vom Jahr 1754 war, mitten in einem, von Croco-bilen bewohnten, großen See (laguna de Bombon genannt). Der Kegel, der auf der Kotzebue'schen Entdeckungsreise erstiegen ward, hat einen Kratersee, aus welchem wiederum ein Ausbruch-Kegel mit einem zweiten Krater aufsteigt. [13] Diese Beschreibung erinnert unwillkührlich an Hanno's Reisejournal, in dem einer Insel gedacht wird, einen kleinen See einschließend, aus dessen Mitte sich eine zweite Insel erhebt. Das Phänomen soll zwei-mal vorkommen: einmal im Golf des Westlichen Hornes, und dann in der Bai der Gorillas-Affen, an der west-afrikanischen Küste. [14] So individuelle Schilderungen möchte man auf wirkliche Naturbeobachtung gegründet glauben!

Die kleinste und größte Höhe der Punkte, in denen
die vulkanische Thätigkeit des Inneren der Erde sich an der
Oberfläche permanent wirksam zeigt, ist eine hypsometrische
Betrachtung, die für die physische Erdbeschreibung das Interesse
gewährt, welches allen sich auf die Reaction des flüssigen
Inneren der Planeten gegen ihre Oberfläche beziehenden That=
sachen eigen ist. Das Maaß der hebenden Kraft [15] offen=
bart sich allerdings in der Höhe vulkanischer Kegelberge; aber
über den Einfluß der Höhenverhältnisse auf Frequenz
und Stärke der Ausbrüche ist nur mit vieler Vorsicht
ein Urtheil zu fällen. Einzelne Contraste gleichartiger Wirkungen
in Frequenz und Stärke bei sehr hohen oder sehr niedrigen
Vulkanen können hier nicht entscheiden; und von den mehreren
Hunderten thätiger Vulkane, die man auf den Continenten
und den Inseln voraussetzt, ist die Kenntniß noch so überaus
unvollständig, daß die einzig entscheidende Methode, die der
Mittelzahlen, noch nicht angewendet werden kann. Auch
würden solche Mittelzahlen, wenn sie das bestimmte Resultat
geben sollten, in welcher Höhenclasse der Erhebungs=Kegel
sich eine schnellere Wiederkehr der Eruptionen offenbare, noch
immer Raum zu dem Zweifel übrig lassen, daß neben der
Höhe, d. h. der Entfernung von dem vulkanischen Heerde,
die unberechenbaren Zufälligkeiten in dem, sich schwerer oder
leichter verstopfenden Spaltennetze wirken. Das Phänomen
ist also in Hinsicht auf den Causalzusammenhang ein unbe=
stimmtes.

Vorsichtig bei dem Thatsächlichen verweilend, da, wo
die Complication der Naturerscheinungen und der Mangel der
historischen Nachrichten über die Zahl der Ausbrüche im Lauf
der Jahrhunderte das Auffinden des Gesetzlichen noch nicht

erlaubt haben, begnüge ich mich, für die vergleichende Hypsometrie der Vulkane fünf Gruppen aufzustellen, in denen die Höhenclassen durch eine kleine, aber sichere Zahl von Beispielen charakterisirt sind. Ich habe in diesen 5 Gruppen nun isolirt sich erhebende, mit noch entzündeten Gipfel-Kratern versehene Kegelberge aufgeführt: also eigentliche, jetzt noch thätige Vulkane; nicht ungeöffnete Glockenberge, wie der Chimborazo. Alle Eruptions-Kegel, die von einem nahen Vulkan abhängig sind oder, fern von demselben, wie auf der Insel Lancerote und im Arso am Epomeo auf Ischia, keinen permanenten Zusammenhang des Inneren mit dem Luftkreise bewahrt haben, bleiben hier ausgeschlossen. Nach dem Zeug-niß des eifrigsten Forschers über die Vulcanicität des Aetna, Sartorius von Waltershausen, wird dieser Vulkan von fast 700 größeren und kleineren Ausbruch-Kegeln umgeben. Da die gemessenen Höhen der Gipfel sich auf das Niveau des Meeres, der jetzigen flüssigen Oberfläche des Planeten, beziehen; so ist es wichtig hier daran zu erinnern, daß Insel-Vulkane, von denen einige nicht tausend Fuß (wie der von Horner und Tilesius beschriebene japanische Vulkan Kosima [16] am Eingange der Tsugar-Straße), andere, wie der Pic von Teneriffa [17], mehr als 11500 Fuß über den Meeresspiegel hervorragen, sich durch vulkanische Kräfte über einen Meeresgrund erhoben haben, der oft 20000 Fuß, ja einmal über 43000 Fuß Tiefe unter der jetzigen Meeres-Oberfläche gefunden worden ist. Um eine Täuschung in numerischen Verhältnissen zu vermeiden, ist auch dieser Erinnerung hinzuzufügen: daß, wenn für die Vulkane auf den Continenten Unterschiede der ersten und vierten Classe, also in Vulkanen von 1000 und 18000 Fuß, sehr beträchtlich scheinen, das Verhältniß dieser Zahlen ganz verändert wird,

wenn man (nach Mitscherlich's Versuchen über den Schmelz=
grad des Granits und nach der, nicht ganz wahrscheinlichen
Hypothese über die mit der Tiefe in arithmetischer Progression
gleichmäßig zunehmende Wärme) die obere Grenze des ge=
schmolznen Inneren der Erde etwa zu 114000 Fuß unter dem
jetzigen Meeresspiegel annimmt. Bei der durch Verstopfung
vulkanischer Spalten sich so mächtig vermehrenden Spannung
elastischer Dämpfe sind die Höhen=Unterschiede der bisher ge=
messenen Vulkane wohl nicht beträchtlich genug, um als ein
Hinderniß angesehen zu werden für das Gelangen der Lava
und anderer dichter Massen zur Kraterhöhe.

Hypsometrie der Vulkane.

Erste Gruppe, von 700 bis 4000 Par. Fuß Höhe.

Der Vulkan der japanischen Insel Kosima, südlich von Jezo: 700 F.
nach Horner.

Der Vulkan der liparischen Insel Volcano: 1224 F. nach Fr. Hoff=
mann.[16]

Gunung Api (bedeutend Feuerberg in der malayischen Sprache), der
Vulkan der Insel Banda: 1828 F

Der, erst im Jahr 1770 aufgestiegene, fast ununterbrochen speiende
Vulkan von Izalco[19] im Staate San Salvador (Central=America):
2000 F. nach Squier.

Gunung Ringgit, der niedrigste Vulkan von Java. 2200 F. nach
Junghuhn[20]

Stromboli 2775 F. nach Fr. Hoffmann.

Vesuv, die Rocca del Palo, am höchsten nördlichen Kraterrande:
das Mittel meiner beiden Barometer=Messungen[21] von 1805 und 1822
giebt 3750 F.

Der in der mexicanischen Hochebene[22] am 29 Sept. 1759 ausge=
brochene Vulkan von Jorullo· 4002 F.

Zweite Gruppe, von 4000 bis 8000 Par. Fuß Höhe.

Mont Pelé de la Martinique: 4416 F.? nach Dupuget.

Soufrière de la Guadeloupe: 4567 F. nach Charles Deville.

Gunung Lamongan im östlichsten Theile von Java: 5010 F. nach Junghuhn.

Gunung Tengger, von allen Vulkanen Java's der, welcher den größten Krater[23] hat: Höhe am Eruptions-Kegel Bromo 7080 F. nach Junghuhn.

Vulkan von Osorno (Chili): 7083 F. nach Fitzroy.

Vulkan der Insel Pico[24] (Azoren): 7143 F. nach Cap. Vidal.

Der Vulkan von der Insel Bourbon: 7507 F. nach Berth.

Dritte Gruppe, von 8000 bis 12000 Par. Fuß Höhe.

Der Vulkan von Awatscha (Halbinsel Kamtschatka), nicht zu verwechseln[25] mit der etwas nördlicheren Strjeloschnaja Sopka, welche die englischen Seefahrer gewöhnlich den Vulkan von Awatscha nennen: 8360 F. nach Erman.

Vulkan von Antuco[26] oder Antoro (Chili). 8368 F. nach Domeyko.

Vulkan der capverdischen Insel[27] Fogo: 8587 F. nach Charles Deville.

Vulkan Schiwelutsch (Kamtschatka): der nordöstliche Gipfel 9898 F. nach Erman[28]

Aetna[29]: nach Smyth 10200 F

Pic von Teneriffa: 11408 F. nach Charles Deville.[30]

Vulkan Gunung Semeru, der höchste aller Berge auf der Insel Java. 11480 F nach Junghuhn's barometrischer Messung

Vulkan Erebus, Br 77° 32′, der nächste am Südpol[31]: nach Sir James Roß 11603 F

Vulkan Argäus[32] in Cappadocien, jetzt Erdschisch-Dagh, süd-süd-östlich von Kaisarieh: nach Peter von Tschichatscheff 11823 F.

Vierte Gruppe, von 12000 bis 16000 Par. Fuß Höhe.

Vulkan von Tuqueres [34], in dem Hochlande der Provincia de los Pastos. nach Boussingault 12030 F

Vulkan von Pasto [34]: nach Boussingault 12620 F.

Vulkan Mauna Roa [35]· nach Wilkes 12909 F

Vulkan von Cumbal [36] in der Prov. de los Pastos: 14654 F. nach Boussingault

Vulkan Klutschewst [37] (Kamtschatka): nach Erman 14790 F.

Vulkan Nueu-Pichincha· nach barometrischen Messungen von Humboldt 14940 F.

Vulkan Tungurahua· nach einer trigonometrischen Messung [38] von Humboldt 15473 F.

Vulkan von Puracé [39] bei Popayan: 15957 F nach José Caldas.

Fünfte Gruppe, von 16000 bis mehr als 20000 Par. Fuß Höhe.

Vulkan Sangay, südwestlich von Quito: 16068 F nach Bouguer und La Condamine [40]

Vulkan Popocatepetl [41]. nach einer trigonometrischen Messung von Humboldt 16632 F

Vulkan von Orizaba [42] nach Ferrer 16776 F.

Eliasberg [43] (Westküste Nordamerika's): nach den Messungen von Quadra und Galeano 16750 F.

Vulkan von Tolima [44]. nach einer trigonometrischen Messung von Humboldt 17010 F.

Vulkan von Arequipa [45] nach einer trigonometrischen Messung von Dolley 17714 F ?

Vulkan Cotopaxi [46]. 17712 F. nach Bouguer

Vulkan Sahama (Bolivia) [47]· nach Pentland 20970 F

Der Vulkan, mit welchem die fünfte Gruppe endigt, ist mehr denn zweimal so hoch als der Aetna, fünf- und ein halbmal so hoch als der Vesuv. Die Stufenleiter der Vulkane, die ich aufgestellt: von den niedrigen Maaren anhebend (Minen-Trichtern ohne Gerüste, die Olivin-Bomben, von halb-geschmolzenen Schieferstücken umgeben, ausgeworfen haben) und bis zu dem noch entzündeten, ein-und-zwanzig-tausend Fuß hohen Sahama aufsteigend, hat uns gelehrt· daß es keinen noth-wendigen Zusammenhang zwischen dem Maximum der Erhebung, dem geringeren Maaße der vulkanischen Thätigkeit und der Natur der sichtbaren Gebirgsart giebt. Beobachtungen, die auf einzelne Länder beschränkt bleiben, können hier leicht zu irrigen An-nahmen verleiten. In dem Theile von Merico z. B., welcher in der heißen Zone liegt, sind alle mit ewigem Schnee bedeckten Berge, d. h. die Culminationspunkte des ganzen Landes, allerdings Vulkane; eben so ist es meist in den Cordilleren von Quito, wenn man die glockenförmigen, im Gipfel nicht geöffneten Trachytberge (den Chimborazo und Corazon) den Vulkanen beigesellen will: dagegen sind in der östlichen Andeskette von Bolivia die Marima der Gebirgshöhen völlig unvulkanisch. Die Nevados von Sorata (19974 Fuß) und Illimani (19843 Fuß) bestehen aus Grauwacken-Schiefern, die von Porphyrmassen [48] durchbrochen sind, und· in denen sich (als Zeugen dieses Durchbruchs) Fragmente von Schiefer ein-geschlossen finden. Auch in der östlichen Cordillere von Quito, südlich vom Parallel von 1º 35′, sind die den Trachyten gegenüber liegenden, ebenfalls in die Region des ewigen Schnees eintretenden, hohen Gipfel (Condorasto, Cuvillan und die Collanes) Glimmerschiefer und Gestellstein. Nach dem, was wir bis jetzt durch die verdienstvollen Arbeiten von Brian

H. Hodgson, Jacquemont, Joseph Dalton Hooker, Thomson
und Henry Strachey von der mineralogischen Beschaffenheit
der größten Höhen des Himalaya wissen, scheinen ebenfalls in
diesen die ehemals so genannten uranfänglichen Gebirgsarten: Granit, Gneiß und Glimmerschiefer, aber keine Trachyt-
Formationen, sichtbar zu werden. Pentland hat in Bolivia
Muschel-Versteinerungen in den silurischen Schiefern am Nevado
de Antacaua, 16400 Fuß über dem Meere, zwischen La Paz
und Potosi, gefunden. Die ungeheure Höhe, zu welcher nach
dem Zeugniß der von Abich aus dem Daghestan, von mir
aus den peruanischen Cordilleren (zwischen Guambos und
Montan) gesammelten Petrefacten die Kreide-Formation gehoben ist, erinnert recht lebhaft daran, daß unvulkanische
Sedimentschichten, voll organischer Reste, nicht zu verwechseln
mit vulkanischen Tuffschichten, sich da zeigen, wo weit umher
Melaphyre, Trachyte, Dolerite und anderes Pyroxen-Gestein,
denen man die hebenden, treibenden Kräfte zuschreibt, in der
Tiefe versteckt bleiben. In wie unermeßlichen Strecken der
Cordilleren und ihrer östlichen Umgebung ist keine Spur der
ganzen Granit-Formation sichtbar!

Da, wie ich schon mehrmals bemerkt, die Frequenz der
Ausbrüche eines Vulkans von mehrfachen und sehr verwickelten
Ursachen abzuhangen scheint, so ist über das Verhältniß der
absoluten Höhe zu der Häufigkeit und dem Maaß der erneuerten Entflammung mit Sicherheit kein allgemeines Gesetz aufzustellen. Wenn in einer kleinen Gruppe die Vergleichung
vom Stromboli, dem Vesuv und dem Aetna verleiten kann
zu glauben, daß die Anzahl der Eruptionen der Höhe der
Vulkane umgekehrt proportional sei; so stehn andere Thatsachen
mit diesem Satze in geradem Widerspruche. Sartorius von

Waltershausen, der sich um die Kenntniß des Aetna so verdient
gemacht hat, bemerkt, daß bei diesem im mittleren Durchschnitt,
welchen die letzten Jahrhunderte geben, von sechs zu sechs
Jahren ein Ausbruch zu erwarten ist: während daß auf Island,
wo eigentlich kein Theil der Insel gegen Zerstörung durch unterseeische Glut gesichert ist, an dem, 5400 Fuß niedrigeren Hella
die Eruptionen nur alle 70 bis 80 Jahre beobachtet werden. [49]
Die Gruppe der Vulkane von Quito bietet einen noch viel
auffallenderen Contrast dar. Der 16000 Fuß hohe Vulkan
von Sangay ist um vieles thätiger als der kleine Kegelberg
Stromboli (2775 F.); er ist unter allen bekannten Vulkanen
der, welcher in jeder Viertelstunde die meisten feurigen, weitleuchtenden Schlacken-Auswürfe zeigt. Statt uns in Hypothesen
über Causalverhältnisse unzugänglicher Erscheinungen zu ver-
irren, wollen wir lieber hier bei sechs Punkten der Erdfläche
verweilen, welche in der Geschichte der vulkanischen Thätigkeit
vorzugsweise wichtig und lehreich sind: bei Stromboli, bei
der Chimära in Lycien, dem alten Vulkan von Masaya,
dem sehr neuen von Izalco, dem Vulkan Fogo auf den
capverdischen Inseln und dem colossalen Sangay.

Die Chimära in Lycien und Stromboli, das alte
Strongyle, sind die zwei feurigen Erscheinungen vulkanischer
Thätigkeit, deren Permanenz, historisch erwiesen, auch am
weitesten hinaufreicht. Der conische Hügel von Stromboli,
ein Dolerit-Gestein, ist zweimal höher als der Feuerberg
auf Volcano (Hiera, Thermessa), dessen letzter großer
Ausbruch sich im Jahr 1775 ereignete. Die ununterbrochene
Thätigkeit des Stromboli wird von Strabo und Plinius mit
der der Insel Lipari, der alten Meligunis, verglichen; „seiner
Flamme" aber, d. i. seinen ausgestoßenen Schlacken, „bei

weniger Hitze eine größere Reinheit und Leuchtkraft" zuge-
schrieben.⁵⁰ Die Zahl und Gestalt der kleinen Feuerschlünde
ist sehr wechselnd. Spallanzani's lange für übertrieben gehaltene Darstellung des Kraterbodens ist von einem erfahrneren
Geognosten, Friedrich Hoffmann, wie auch noch neuerlichst von
einem scharfsinnigen Physiker, A. de Quatrefages, vollkommen
bestätigt worden. Einer der rothglühenden Feuerschlünde hat
eine Oeffnung von nur 20 Fuß Durchmesser; es gleicht dieselbe
dem Schacht eines hohen Ofens, und man sieht in ihr zu
jeder Stunde, oben an dem Kraterrande gelagert, das Aufsteigen und Ueberwallen der flüssigen Lava. Die, uralten,
permanenten Ausbrüche des Stromboli dienen noch jetzt bisweilen zur Orientirung der Schiffenden; und durch Beobachtung
der Richtung der Flamme und der aufsteigenden Dampfsäule
wie bei den Griechen und Römern, zu unsicherer Wetterpro-
phezeiung. An die Mythe von des Aeolus frühestem Aufenthalte auf Strongyle, und mehr noch an Beobachtungen
über das damals heftige Feuer auf Volcano (der „heiligen
Insel des Hephaistos"), knüpft Polybius, der eine sonderbar
genaue Kenntniß von dem Zustand des Kraters verräth, die
mannigfaltigen Kennzeichen einer nahen Windveränderung. Die
Frequenz der Feuer-Erscheinung hat in der neuesten Zeit einige
Unregelmäßigkeit gezeigt. Die Thätigkeit des Stromboli ist,
wie die des Aetna nach Sartorius von Waltershausen, am
größten im November und in den Wintermonaten. Sie wird
bisweilen durch einzelne Ruhepunkte unterbrochen; letztere sind
aber, wie eine Erfahrung von vielen Jahrhunderten lehrt,
von sehr kurzer Dauer.

Die Chimära in Lycien, welche der Admiral Beaufort
so trefflich beschrieben und deren ich schon zweimal erwähnt

habe [51], ist kein Vulkan, sondern ein perpetuirlicher Feuer=
brunnen, eine durch die vulkanische Thätigkeit des Erd=
Inneren immerfort entzündete Gasquelle. Dieselbe hat vor
wenigen Monaten ein talentvoller Künstler, Albert Berg,
besucht, um diese, in dem hohen Alterthume (seit den Zeiten
des Ctesias und Scylax aus Caryanda) schon berühmte Oertlich=
keit malerisch aufzunehmen, und die Gebirgsarten zu sammeln,
aus denen die Chimära ausbricht. Die Beschreibungen von
Beaufort, Professor Edward Forbes und Lieutenant Spratt in
den **Travels in Lycia** finden sich vollkommen bestätigt. Eine
Eruptiv=Masse von Serpentin=Gestein durchsetzt den dichten
Kalkstein in einer Schlucht, die von Südost in Nordwest an=
steigt. An dem nordwestlichen Ende dieser Schlucht ist der
Serpentinstein durch einen in einen Bogen gekrümmten Kamm
von Kalkfelsen abgeschnitten oder vielleicht bloß verdeckt. Die
mitgebrachten Stücke sind theils grün und frisch, theils braun
und im Zustand der Verwitterung. In beiden Serpentinen
ist Diallag deutlich erkennbar.

Der Vulkan von Masaya [52], dessen Ruf unter dem
Namen der Hölle, el Infierno de Masaya, schon im Anfang
des 16ten Jahrhunderts weit verbreitet war und zu Berichten
an Kaiser Carl V Anlaß gab, liegt zwischen den beiden Seen
Nicaragua und Managua, südwestlich von dem reizenden In=
dianer=Dorfe Nindiri. Er bot Jahrhunderte lang dasselbe
seltene Phänomen dar, das wir am Vulkan von Stromboli
beschrieben haben. Man sah vom Kraterrande aus, in dem
rothglühenden Schlunde, die von Dämpfen bewegten, auf=
und niederschlagenden Wellen flüssiger Lava. Der spanische
Geschichtschreiber Gonzalez Fernando de Oviedo bestieg den
Masaya zuerst im Juli 1529, und stellte Vergleichungen an

mit dem Vesuv, welchen er früher (1501) in Begleitung der
Königinn von Neapel als ihr xefe de guardaropa besucht
hatte. Der Name Masaya gehört der Chorotega-Sprache
von Nicaragua an und bedeutet brennender Berg. Der
Vulkan, von einem weiten Lavafelde (mal-pays) umgeben, das
er wahrscheinlich selbst erzeugt hat, wurde damals zu der
Berggruppe der „neun brennenden Maribios" gezählt. In dem
gewöhnlichen Zustande, sagt Oviedo, steht die Oberfläche der
Lava, auf welcher schwarze Schlacken schwimmen, mehrere
hundert Fuß unter dem Kraterrande; bisweilen aber ist die
Aufwallung plötzlich so groß, daß die Lava fast den oberen
Rand erreicht. Das perpetuirliche Lichtphänomen wird, wie
Oviedo sich bestimmt und scharfsinnig ausdrückt, nicht durch
eine eigentliche Flamme [53], sondern durch von unten erleuchteten
Dampf verursacht. Es soll von solcher Intensität gewesen sein,
daß auf dem Wege vom Vulkan nach Granada, in mehr als
drei leguas Entfernung, die Erleuchtung der Gegend fast der
des Vollmondes glich.

Acht Jahre nach Oviedo erstieg den Vulkan der Dominicaner-Mönch Fray Blas del Castillo, welcher die alberne Meinung hegte, daß die flüssige Lava im Krater flüssiges Gold sei,
und sich mit einem eben so habsüchtigen Franciscaner-Mönche aus
Flandern, Fray Juan de Gandavo, verband. Beide, die Leicht-
gläubigkeit der spanischen Ankömmlinge benutzend, stifteten eine
Actien-Gesellschaft, um auf gemeinschaftliche Kosten das
Metall zu erbeuten. Sie selbst, setzt Oviedo satirisch hinzu,
erklärten sich als Geistliche von allem pecuniären Zuschusse
befreit. Der Bericht, welchen über die Ausführung dieses
kühnen Unternehmens Fray Blas del Castillo (dieselbe Person,
die in den Schriften von Gomara, Benzoni und Herrera

Fray Blas de Iñesta genannt wird) an den Bischof von Castilla del Oro, Thomas de Verlenga, erstattete, ist erst (1840) durch das Auffinden von Oviedo's Schrift über Nicaragua bekannt geworden. Fray Blas, der früher als Matrose auf einem Schiffe gedient hatte, wollte die Methode nachahmen, mittelst welcher, an Seilen über dem Meere hangend, die Einwohner der canarischen Inseln den Färbestoff der Orseille (Lichen Roccella) an schroffen Felsen sammeln. Es wurden Monate lang, oft geänderte Vorrichtungen getroffen, um vermittelst eines Drehhaspels und Krahns einen mehr als 30 Fuß langen Balken über dem tiefen Abgrund hervortreten zu lassen. Der Dominicaner-Mönch, das Haupt mit einem eisernen Helm bedeckt und ein Crucifir in der Hand, wurde mit drei anderen Mitgliedern der Association herabgelassen; sie blieben eine ganze Nacht in diesem Theil des festen Kraterbodens, von dem aus sie mit irdenen Gefäßen, die in einem eisernen Kessel standen, vergebliche Versuche zum Schöpfen des vermeinten flüssigen Goldes machten. Um die Actionäre nicht abzuschrecken, kamen sie überein [54] zu sagen, wenn sie herausgezogen würden, sie hätten große Reichthümer gefunden, und die Hölle (el Infierno) von Masaya verdiente künftig el Paraiso de Masaya genannt zu werden. Die Operation wurde später mehrmals wiederholt, bis der Governador der nahen Stadt Granada Verdacht des Betruges oder gar einer Defraudation des Fiscus schöpfte und „ferner sich an Seilen in den Krater herabzulassen" verbot. Dies geschah im Sommer 1538; aber 1551 erhielt dennoch wieder der Decan des Capitels von Leon, Juan Alvarez, die naive Erlaubniß von Madrid, „den Vulkan zu öffnen und das Gold zu gewinnen, welches er enthalte". So fest stand der Volksglaube im 16ten Jahrhundert! Mußten doch noch im Jahr 1822 in Neapel Monticelli und Covelli durch chemische Versuche erweisen, daß die am 28 October ausgeworfene Asche des Vesuvs kein Gold enthalte! [55]

Der Vulkan von Izalco, welcher an der Westküste Central=Amerika's, 8 Meilen nördlich von San Salvador und östlich von dem Hafen von Sonsonate, liegt, ist 11 Jahre später ausgebrochen als der Vulkan von Jorullo, tief im Inneren des mericanischen Landes. Beide Ausbrüche geschahen in einer cultivirten Ebene und nach mehrmonatlichen Erdbeben und unterirdischem Brüllen (bramidos). Es erhob sich im Llano de Izalco ein conischer Hügel, und mit seiner Erhebung begann aus dessen Gipfel ein Lava=Erguß am 23 Februar 1770. Was bei schnell zunehmender Höhe der Erhebung des Bodens, was der Aufhäufung von ausgeworfenen Schlacken, Asche und Tuffmassen zuzuschreiben sei, bleibt bis jetzt unentschieden; nur so viel ist gewiß, daß seit dem ersten Ausbruch der neue Vulkan, statt, wie der Jorullo, bald zu erlöschen, in ununterbrochener Thätigkeit geblieben ist und oft den Schiffern bei der Landung in der Bai von Acajutla als Leuchtthurm dient. Man zählt in der Stunde vier feurige Eruptionen, und die große Regelmäßigkeit des Phänomens hat die wenigen genauen Beobachter desselben in Erstaunen gesetzt. [56] Die Stärke der Ausbrüche war wechselnd, nicht aber die Zeit ihres jedesmaligen Eintretens. Die Höhe, welche der Vulkan von Izalco jetzt nach der letzten Eruption von 1825 erlangt hat, wird zu ohngefähr 1500 Fuß geschätzt: fast gleich der Höhe, die der Vulkan von Jorullo über der ursprünglichen cultivirten Ebene erreicht; aber fast viermal höher als der Erhebungs=Krater (Monte Nuovo) in den phlegräischen Feldern, welchem Scacchi [57] nach genauer Messung 405 Fuß giebt. Die permanente Thätigkeit des Vulkans von Jzalco, welchen man lange als ein Sicherheits=Ventil für die Umgegend von San Salvador betrachtete, hat die Stadt doch nicht vor der völligen Zerstörung in der Osternacht dieses Jahres (1854) bewahrt.

Die capverdische Insel, welche sich zwischen S. Jago und Brava erhebt, hat früh von den Portugiesen den Namen Ilha do Fogo erhalten, weil sie, wie Stromboli, von 1680 bis 1713 ununterbrochen Feuer gab. Nach langer Ruhe ent= zündete sich der Vulkan dieser Insel von neuem im Sommer des Jahres 1798, kurz nach dem letzten Seiten=Ausbruch des Pics von Teneriffa im Krater von Chahorra, der innig, als wäre er ein eigener Berg, der Vulkan von Chahorra ge= nannt wird.

Der thätigste von allen Vulkanen Südamerika's, ja von allen, die ich hier einzeln aufgeführt habe, ist der Sangay: der auch Volcan de Macas genannt wird, weil die Reste dieser alten, in der ersten Zeit der Conquista volkreichen Stadt am Rio Upano nur 7 geographische Meilen südlicher liegen. Der colossale Berg, von 16068 Fuß Höhe, hat sich am östlichen Abhange der östlichen Cordillere erhoben: zwischen zwei Systemen von Zuflüssen des Amazonenstroms, denen des Pastaza und des Upano. Das große, unvergleich= bare Feuerphänomen, das er jetzt darbietet, scheint erst im Jahr 1728 begonnen zu haben. Bei der astronomischen Grad= messung von Bouguer und La Condamine (1738 bis 1740) diente der Sangay als ein perpetuirliches Feuersignal. [58] Ich selbst hörte Monate lang im Jahr 1802, besonders am frühen Morgen, seinen Donner in Chillo, dem anmuthigen Land= sitze des Marques de Selvalegre nahe bei Quito: wie ein

halbes Jahrhundert früher Don Jorge Juan die ronquidos
del Sangay etwas weiter nordöstlich, bei Pintac, am Fuß des
Antisana [59], vernommen hatte. In den Jahren 1842 und
1843, wo die Eruptionen mit dem meisten Getose verbunden
waren, hörte man dasselbe deutlichst nicht bloß im Hafen von
Guayaquil, sondern auch weiter südlich längs der Südsee-
Küste, bis Payta und San Buenaventura: in einem Abstande
wie Berlin von Basel, die Pyrenäen von Fontainebleau, oder
London von Aberdeen. Wenn seit dem Anfang des jetzigen
Jahrhunderts die Vulkane von Mexico, Neu-Granada, Quito,
Bolivia und Chili von einigen Geognosten besucht worden sind;
ist leider! der Sangay, der den Tunguragua an Höhe übertrifft,
wegen seiner einsamen, von allen Communications-Wegen
entfernten Lage, völlig vernachlässigt geblieben. Erst im December 1849 hat ihn ein kühner und kenntnißvoller Reisender,
Sebastian Wisse, nach einem fünfjährigen Aufenthalte in der
Andeskette, bestiegen; und ist fast bis zum äußersten Gipfel
des, mit Schnee bedeckten, steilen Kegels gelangt. Er hat
sowohl die so wunderbare Frequenz der Auswürfe genau chro-
nometrisch bestimmt, als auch die Beschaffenheit des, auf einen
so engen Raum eingeschränkten, den Gneiß durchbrechenden
Trachyts untersucht. Es wurden [60], wie schon oben bemerkt,
267 Eruptionen in 1 Stunde gezählt: jede dauernd im Mittel
13",4 und, was sehr auffallend ist, von keiner am Aschenkegel bemerkbaren Erschütterung begleitet. Das Ausgeworfene, in
vielen Rauch von bald grauer, bald orangegelber Farbe gehüllt,
ist der größeren Masse nach ein Gemenge von schwarzer Asche
und Rapilli; aber theilweise sind es auch Schlacken, die senkrecht aufsteigen, in kugliger Form und von einem Durchmesser
von 15 bis 16 Zoll. In einem der stärkeren Auswürfe zählte

Wiſſe als gleichzeitig ausgeworfen doch nur 50 bis 60 glü=
hende Steine. Sie fallen meiſt wieder in den Krater zurück;
bisweilen bedecken ſie deſſen oberen Rand: oder gleiten bei
Nacht, fern leuchtend, an einem Theil des Conus herab: was
wahrſcheinlich in großer Ferne bei La Condamine zu der irri=
gen Meinung von „einem Erguß brennenden Schwefels und
Erdpechs" Veranlaſſung gab. Die Steine ſteigen einzeln nach
einander auf, ſo daß die einen im Herabfallen begriffen ſind,
während andere erſt den Krater verlaſſen. Durch genaue Zeit=
beſtimmung wurde der ſichtbare Fallraum (alſo bis zum Krater=
rande gerechnet) im Mittel nun zu 737 Fuß beſtimmt. Am
Aetna gelangen die ausgeworfenen Steine, zufolge der Meſ=
ſungen von Sartorius v. Waltershauſen und dem Aſtronomen
Dr. Chriſtian Peters, bis zu 2500 Fuß Höhe über den Krater=
wänden. Gemellaro's Schätzungen während der Aetna-Eruption
von 1832 gaben ſogar eine dreifach größere Höhe! Die ſchwarze
ausgeworfene Aſche bildet am Abhange des Sangay und
3 Meilen im Umkreiſe drei= bis vierhundert Fuß dicke Schichten.
Die Farbe der Aſche und der Rapilli giebt dem oberen Theil
des Kegels einen furchtbar ernſten Charakter. Es iſt hier noch
einmal auf die coloſſale Größe dieſes Vulkans, welche die des
Stromboli ſechsmal übertrifft, die Aufmerkſamkeit zu richten:
da dieſe Betrachtung dem abſoluten Glauben, daß die niederen
Feuerberge immer die häufigſten Ausbrüche haben, kräftig ent=
gegentritt.

Mehr noch als die Geſtalt und Höhe der Vulkane iſt
ihre Gruppirung wichtig, weil ſie auf das große geologiſche
Phänomen der Erhebung auf Spalten führt. Dieſe Gruppen,
ſie mögen nach Leopold von Buch in Reihen oder um einen
Central-Vulkan vereinigt aufgeſtiegen ſein, bezeichnen die

Theile der Erdrinde, wo der Ausbruch des geschmolzenen Inneren, sei es durch die mindere Dicke der Gesteinschichten, sei
es durch ihre Naturbeschaffenheit oder ursprüngliche Zerklüftung,
minderen Widerstand gefunden hat. Drei Breitengrade umfaßt
der Raum, in dem die vulkanische Thätigkeit sich furchtbar
äußert im Aetna, in den Aeolischen Inseln, im Vesuv, und
dem Brandland (den phlegräischen Feldern), von Puteoli
(Dicäarchia) an bis Cumä und bis zum feuerspeienden Epopeus
auf Ischia, der tyrrhenischen Affen-Insel Aenaria. Ein solcher Zusammenhang analoger Erscheinungen konnte den Griechen nicht entgehen. Strabo sagt. „Das ganze von Cumä
beginnende Meer bis Sicilien ist mit Feuer durchzogen,
und hat in der Tiefe gewisse, unter einander und mit dem
Festlande sich in eins verbindende Hohlgänge.⁶¹ Es zeigen
sich in solcher (entzündlicher) Natur, wie ihn Alle beschreiben,
nicht nur der Aetna, sondern auch die Gegenden um Dicäarchia und Neapolis, um Bajä und Pithecusä"; daraus entstand
die Fabel, daß Typhon unter Sicilien lagere und daß, wenn
er sich kehre, Flammen und Gewässer hervorbrechen, ja zuweilen auch kleine Eilande mit siedendem Wasser. „Oftmals
sind zwischen Strongyle und Lipara (in diesem weiten Bezirke)
auf die Oberfläche des Meeres hervorbrechende Flammen gesehen
worden, indem das Feuer aus den Höhlungen in der Tiefe sich
einen Durchgang öffnete und mit Gewalt nach außen hervor-
drang." Im Pindar⁶² ist der Körper des Typhon von solcher
Ausdehnung, daß „Sicilien und die meerumgrenzten Höhen
über Cumä (Phlegra, das Brandfeld, genannt) auf der
zottigen Brust des Unthiers liegen".

So war Typhon (der tobende Enceladus) in der griechischen
Volksphantasie die mythische Bezeichnung der unbekannten,

tief im Inneren der Erde liegenden Urfach vulfanifcher Erfchei= nungen. Durch feine Lage und Raumausfüllung wurden ange= deutet die Begrenzung und das Zufammenwirfen einzelner vulfa= nifcher Syfteme. In dem phantafiereichen geologifchen Bilde des Erd=Innern, in der großen Weltanfchauung, welche Plato im Phädon auffiellt (pag. 112—114), wird dies Zufammen= wirfen noch fühner auf alle vulfanifche Syfteme ausgedehnt. Die Lavaftröme fchöpfen ihr Material aus dem Pyriphlegethon, der, „nachdem er fich oftmals unter der Erde umhergewälzt", in den Tartarus fich ergießt. Plato fagt ausdrücklich: „daß von dem Pyriphlegethon die feuerfpeienden Berge, wo fich deren auf der Erde finden, fleine Theilchen heraufblafen (οὗτος δ'ἐστὶν ὃν ἐπονομάζουσι Πυριφλεγέθοντα, οὗ καὶ οἱ ῥύακες ἀποσπάσματα ἀναφυσῶσιν, ὅπη ἂν τύχωσι τῆς γῆς)." Diefer Ausdruck (pag. 113 B) des Herausftoßens mit Heftigfeit deutet gewiffermaßen auf die bewegende Kraft des, vorher eingefchloßnen, dann plötzlich durchbrechenden Windes, auf welche fpäter der Stagirite in der Meteorologie feine ganze Theorie der Bulcanicität gegründet hat.

Nach diefen fo uralten Anfichten find bei der Betrachtung des ganzen Erdförpers die Reihen=Bulfane noch beftimm= ter charafterifirt als die Gruppirungen um einen Central= Bulfan. Am auffallendften ift die Reihung da, wo fie von der Lage und Ausdehnung von Spalten abhängt, welche, meift unter einander parallel, große Landesftrecfen linear (cordilleren= artig) durchfetzen. Wir finden fo im Neuen Continent, um bloß die wichtigften Reihen fehr nahe an einander gedrängter Bulfane zu nennen, die von Central=Amerifa fammt ihrem Anfchluffe an Mexico, von Neu=Granada und Quito, von Peru, Bolivia und Chili; im Alten

Continent die Sunda-Inseln (den süd-indischen Archipel, besonders Java), die Halbinsel Kamtschatka und ihre Fortsetzung in den Kurilen; die Aleuten, welche das fast geschlossene Berings-Meer südlich begrenzen. Wir werden bei einigen der Hauptgruppen verweilen. Einzelheiten leiten durch ihre Zusammenstellung auf die Gründe der Erscheinungen.

Die Reihen-Vulkane von Central-Amerika, nach älteren Benennungen die Vulkane von Costa Rica, Nicaragua, San Salvador und Guatemala, erstrecken sich von dem Vulkan Turrialva bei Cartago bis zum Vulkan von Soconusco, durch sechs Breitengrade, zwischen 10⁰ 9′ und 16⁰ 2′: in einer Linie, im ganzen von SO nach NW gerichtet, und mit den wenigen Krummungen, die sie erleidet, eine Länge von 135 geographischen Meilen einnehmend. Diese Länge ist ohngefähr gleich der Entfernung vom Vesuv bis Prag. Am meisten zusammengedrängt, wie auf einer und derselben, nur 16 Meilen langen Spalte ausgebrochen, sind die 8 Vulkane, welche zwischen der Laguna de Managua und der Bai von Fonseca liegen, zwischen dem Vulkan von Momotombo und dem von Conseguina, dessen unterirdisches Getöse in Jamaica und auf dem Hochlande von Bogota im Jahr 1835 wie Geschützfeuer gehört wurde. In Central-Amerika und in dem ganzen südlichen Theil des Neuen Continents, ja im allgemeinen von dem Archipel de los Chonos in Chili bis zu den nördlichsten Vulkanen Edgecombe auf der kleinen Insel bei Sitka [63] und dem Eliasberg am Prinz William's Sund, in einer Länge von 1600 geogr. Meilen, sind die vulkanischen Spalten überall in dem westlichen, dem Littoral der Südsee näheren Theile ausgebrochen. Wo die Reihe der Vulkane von Central-Amerika unter der geographischen Breite von 13⁰½ (nördlich vom Golf de Fonseca) bei

dem Vulkan von Conchagua in den Staat von San Salvador
eintritt, ändert sich auf einmal mit der Richtung der Westküste
auch die der Vulkane. Die Reihe der letzteren streicht dann
OSO — WNW; ja wo die Feuerberge wieder so an einander
gedrängt sind, daß 5, noch mehr oder weniger thätige in der
geringen Länge von 30 Meilen gezählt werden, ist die Richtung fast ganz O — W. Dieser Abweichung entspricht eine
große Anschwellung des Continents gegen Osten in der Halbinsel Honduras, wo die Küste ebenfalls plötzlich vom Cap
Gracias á Dios bis zum Golf von Amatique 75 Meilen lang
genau von Ost gegen West streicht, nachdem sie vorher in derselben Länge von Norden gegen Süden gerichtet war. In der
Gruppe der hohen Vulkane von Guatemala (Br. 14° 10′)
nimmt die Reihung wieder ihr altes Streichen N 45° W an,
und setzt dasselbe fort bis an die mericanische Grenze gegen
Chiapa und den Isthmus von Huasacualco. Nordwestlich vom
Vulkan von Soconusco bis zu dem von Turtla ist nicht einmal ein ausgebrannter Trachytkegel aufgefunden worden; es
herrschen dort quarzreicher Granit und Glimmerschiefer.

Die Vulkane von Central-Amerika krönen nicht die nahen
Gebirgsketten, sie erheben sich längs dem Fuße derselben meist
ganz von einander getrennt. An den beiden äußersten Enden
der Reihe liegen die größten Höhen. Gegen Süden, in Costa
Rica, sind von dem Gipfel des Irasu (des Vulkans von Cartago) beide Meere sichtbar, wozu außer der Höhe (10395 F.)
auch die mehr centrale Lage beiträgt. In Südost von Cartago
stehen Berge von zehn- bis eilftausend Fuß: der Chiriqui
(10567 F.) und der Pico blanco (11013 F.). Man weiß
nichts von ihrer Gestein-Beschaffenheit; wahrscheinlich sind
es ungeöffnete Trachytkegel. Weiter nach SO hin verflachen

sich die Höhen in Veragua bis zu sechs- und fünftausend
Fuß. Dies scheint auch die mittlere Höhe der Vulkane von
Nicaragua und San Salvador zu sein; aber gegen das nord-
westliche Extrem der ganzen Reihe, unfern der Neuen Stadt
Guatemala, erheben sich wiederum zwei Vulkane bis über
12000 Fuß. Die Maxima fallen also, nach meinem obigen
Versuche hypsometrischer Classification der Vulkane, in die dritte
Gruppe, gleichkommend dem Aetna und Pic von Teneriffa,
während die größere Zahl der Höhen, die zwischen beiden Ex-
tremen liegen, den Vesuv kaum um 2000 Fuß übertreffen.
Die Vulkane von Mexico, Neu-Granada und Quito gehören
zur fünften Gruppe und erreichen meist über 16000 Fuß.

Wenn auch der Continent von Central-Amerika vom
Isthmus von Panama an durch Veragua, Costa Rica und Nicaragua bis zum Parallelkreise von 11° ½ an Breite beträchtlich
zunimmt; so veranlaßt doch gerade in dieser Gegend das große
Areal des Sees von Nicaragua und die geringe Höhe seines
Spiegels (kaum 120 Pariser Fuß [64] über beiden Meeren) eine
solche Landes-Erniedrigung, daß aus derselben eine oft den
Seefahrern im sogenannten stillen Meere gefahrbringende Luft-
Ueberströmung vom antillischen Meere in die Südsee verursacht
wird. Die so erregten Nordost-Stürme werden mit dem Namen
der Papagayos belegt, und wüthen bisweilen ununterbrochen
4 bis 5 Tage. Sie haben die große Merkwürdigkeit, daß
gewöhnlich der Himmel dabei ganz wolkenlos bleibt. Der
Name ist dem Theil der Westküste von Nicaragua zwischen Brito
oder Cabo Desolado und Punta S. Elena (von 11° 22′ bis
10° 50′) entlehnt, welcher Golfo del Papagayo heißt und südlich vom Puerto de San Juan del Sur die kleinen Baien von
Salinas und S. Elena einschließt. Ich habe auf der Schiff-

fahrt von Guayaquil nach Acapulco über zwei volle Tage
(9—11 März 1803) die Papagayos in ihrer ganzen
Stärke und Eigenthümlichkeit, aber schon etwas südlicher, in
weniger als 9° 13′ Breite, beobachten können. Die Wellen
gingen höher, als ich sie je gesehen; und die beständige Sicht-
barkeit der Sonnenscheibe am heitersten, blauen Himmelsgewölbe machte es mir möglich die Höhe der Wellen durch
Sonnenhöhen, auf dem Rücken der Wellen und in der Tiefe
genommen, nach einer damals noch nicht versuchten Methode
zu messen. Alle spanische, englische [65] und amerikanische Seefahrer schreiben dem atlantischen Nordost-Passate die hier beschriebenen Stürme der Südsee zu.

In einer neuen Arbeit [66], die ich mit vielem Fleiße, theils
nach den bis jetzt veröffentlichten Materialien, theils nach
handschriftlichen Notizen, über die Reihen-Vulkane von Central-Amerika unternommen habe, sind 29 Vulkane aufgezählt,
deren vormalige oder jetzige Thätigkeit in verschiedenen Graden
mit Sicherheit angegeben werden kann. Die Eingeborenen
führen eine um mehr als ⅓ größere Zahl auf, und bringen dabei
eine Menge von alten Ausbruch-Becken in Anschlag, welche
vielleicht nur Seiten-Eruptionen am Abhange eines und desselben Vulkans waren. Unter den isolirten Kegel- und Glocken-
bergen, die man dort Vulkane nennt, mögen allerdings viele
aus Trachyt oder Dolerit bestehen, aber, von je her unge-
öffnet, seit ihrer Hebung nie eine feurige Thätigkeit gezeigt
haben. Als entzündet sind jetzt zu betrachten achtzehn:
von denen Flammen, Schlacken und Lavaströme ausstießen in
diesem Jahrhundert (1825, 1835, 1848 und 1850) sieben;
und aus dem Ende des vorigen Jahrhunderts (1775 und 1799)
zwei. [67] Der Mangel von Lavaströmen in den mächtigen

Vulkanen der Cordilleren von Quito hat in neuerer Zeit mehrmals zu der Behauptung Anlaß gegeben, als sei dieser Mangel
eben so allgemein in den Vulkanen von Central-Amerika. Allerdings sind, der Mehrzahl nach, Schlacken- und Aschen-Aus-
brüche von keinem Erguß von Lava begleitet gewesen, wie z. B.
jetzt in dem Vulkan von Izalco; aber die Beschreibungen,
welche Augenzeugen von den lava-ergießenden Ausbrüchen der
vier Vulkane Nindiri, el Nuevo, Conseguina und San
Miguel de Bosotlan gegeben haben, sprechen dagegen. [68]

Ich habe absichtlich bei den Einzelheiten der Lage und der
dichten Zusammendrängung der Reihen-Vulkane von Central-
Amerika lange verweilt: in der Hoffnung, daß endlich einmal
ein Geognost, der vorher europäische thätige Vulkane und die
ausgebrannten der Auvergne, oder des Vivarais, oder der
Eifel gründlich beobachtet hat, auch (was von der größten
Wichtigkeit ist) die petrographische Zusammensetzung der Gebirgsarten nach den Erfordernissen des jetzigen Zustandes unserer
mineralogischen Kenntnisse zu beschreiben weiß, sich angeregt
fühlen möchte diese so nahe und zugängliche Gegend zu besuchen. Vieles ist hier noch zu thun übrig, wenn der Reisende
sich ausschließlich geognostischen Untersuchungen widmet:
besonders der oryctognostischen Bestimmung der trachytischen,
doleritischen und melaphyrischen Gebirgsarten; der Sonderung
des ursprünglich Gehobenen und des Theils der gehobenen
Masse, welcher durch spätere Ausbrüche überschüttet worden
ist; der Aufsuchung und Erkennung von wirklichen, schmalen,
ununterbrochenen Lavaströmen, die nun zu oft mit Anhäufungen
ausgeworfener Schlacken verwechselt werden. Nie geöffnete
Kegelberge, in Dom- und Glockenform aufsteigend, wie der
Chimborazo, sind dann von vormals oder jetzt noch thätigen,

Schlacken und Lavaströme, wie Vesuv und Aetna, oder Schlacken und Asche allein, wie Pichincha und Cotopari, ausstoßenden Vulkanen scharf zu trennen. Ich wüßte nicht, was unserer Kenntniß vulkanischer Thätigkeit, der es so sehr noch an Mannigfaltigkeit des Beobachteten auf großen und zusammenhangenden Continental-Räumen gebricht, einen glänzenderen Fortschritt verheißen könnte. Würden dann, als materielle Früchte solch einer großen Arbeit, Gebirgssammlungen von vielen isolirten wirklichen Vulkanen und ungeöffneten Trachytkegeln, sammt den unvulkanischen Massen, welche von beiden durchbrochen worden sind, heimgebracht; so wäre der nachfolgenden chemischen Analyse und den chemisch-geologischen Folgerungen, welche die Analyse veranlaßt, ein eben so weites als fruchtbares Feld geöffnet. Central-Amerika und Java haben vor Merico, Quito und Chili den unverkennbaren Vorzug, in einem größeren Raume die vielgestaltetsten und am meisten zusammengedrängten Gerüste vulkanischer Thätigkeit aufzuweisen.

Da, wo mit dem Vulkan von Soconusco (Br. 16° 2′) an der Grenze von Chiapa die so charakteristische Reihe der Vulkane von Central-Amerika endet, fängt ein ganz verschiedenes System von Vulkanen, das mericanische, an. Die, für den Handel mit der Südsee-Küste so wichtige Landenge von Huasacualco und Tehuantepec ist, wie der nordwestlicher gelegene Staat von Oaraca, ganz ohne Vulkane, vielleicht auch ohne ungeöffnete Trachytkegel. Erst in 40 Meilen Entfernung vom Vulkan von Soconusco erhebt sich nahe an der Küste von Alvarado der kleine Vulkan von Turtla (Br. 18° 28′). Am östlichen Abfall der Sierra de San Martin gelegen, hat er einen großen Flammen- und Aschen-Ausbruch am 2 März 1793 gehabt. Eine genaue astronomische Ortsbestimmung

der colossalen Schneeberge und Vulkane im Inneren von
Mexico (dem alten Anahuac) hat mich erst nach meiner Rückkehr nach Europa, beim Eintragen der Maxima der Höhen in
meine große Karte von Neu-Spanien, zu dem überaus merkwürdigen Resultate geführt: daß es dort, von Meer zu
Meer, einen Parallel der Vulkane und größten Höhen
giebt, der um wenige Minuten um den Parallel von 19°
oscillirt. Die einzigen Vulkane und zugleich die einzigen mit
ewigem Schnee bedeckten Berge des Landes, also Höhen,
welche eilf- bis zwölftausend Fuß übersteigen: die Vulkane von
Orizaba, Popocatepetl, Toluca und Colima; liegen
zwischen den Breitengraden von 18° 59' und 19° 20', und bezeichnen gleichsam die Richtung einer Spalte vulkanischer
Thätigkeit von 90 Meilen Länge. [69] In derselben Richtung
(Br. 19° 9'), zwischen den Vulkanen von Toluca und Colima,
von beiden 29 und 32 geogr. Meilen entfernt, hat sich in einer
weiten Hochebene von 2424 Fuß am 14 September 1759 der
neue Vulkan von Jorullo (4002 Fuß) erhoben. Die Oertlichkeit dieser Erscheinung im Verhältniß zu der Lage der
anderen mexicanischen Vulkane, und der Umstand, daß die ost-
westliche Spalte, welche ich hier bezeichne, fast rechtwinklig
die Richtung der großen, von Süd-Süd-Ost nach Nord-Nord-
West streichenden Gebirgskette durchschneidet: sind geologische
Erscheinungen von eben so wichtiger Art, als es sind die
Entfernung des Ausbruchs des Jorullo von den Meeren; die
Zeugnisse seiner Hebung, welche ich umständlich graphisch dargestellt; die zahllosen dampfenden hornitos, die den Vulkan
umgeben; die Granitstücke, welche, in einer weit umher granit-
leeren Umgebung, ich dem Lava-Erguß des Hauptvulkans von
Jorullo eingebacken gefunden habe.

Folgende Tabelle enthält die speciellen Ortsbestimmungen und Höhen der Vulkan-Reihe von Anahuac auf einer Spalte, welche von Meer zu Meer die Erhebungsspalte des großen Gebirgszuges durchschneidet:

Folge von O — W	geogr. Breite	Höhen über dem Meere in Toisen
Vulkan von Orizaba	19° 2′ 17″	2796′
Nevado Iztaccihuatl	19° 10′ 3″	2456′
Vulkan Popocatepetl	18° 59′ 47″	2772′
Vulkan von Toluca	19° 11′ 33″	2372′
Vulkan von Jorullo	19° 9′ 0″	667′
Vulkan von Colima	19° 20′ 0″	1877′

Die Verlängerung des Parallels vulkanischer Thätigkeit in der Tropenzone von Merico führt in 110 Meilen westlicher Entfernung von den Südsee-Küsten nach der Inselgruppe Revillagigedo, in deren Nähe Collnet hat Bimsstein schwimmen sehen; vielleicht noch weiter hin, in 840 Meilen Entfernung, zu dem großen Vulkan Mauna Roa (19° 28′), ohne dazwischen irgend eine Erhebung von Inseln veranlaßt zu haben!

Die Gruppe der Reihen-Vulkane von Quito und Neu-Granada begreift eine vulkanische Zone, welche sich von 2° südlicher bis fast 5° nördlicher Breite erstreckt. Die äußersten Grenzen des Areals, in welchem jetzt sich die Reaction des Erd-Inneren gegen die Oberfläche offenbart, sind der ununterbrochen thätige Sangay, und der Paramo und Volcan de

Ruiz, deſſen neueſte Wiederentzündung vom·Jahr 1829 war,
und den **Carl Degenhardt** 1831 von der **Mina** de Santana
in der Provinz **Mariquita** und 1833 von **Marmato** aus
hat rauchen ſehen. Die merkwürdigſten Spuren großer Aus=
bruch=Phänomene zeigen von Norden gegen Süden nächſt dem
Ruiz: der abgeſtumpfte Kegel des Vulkans von **Tolima**
(17010 F.), berühmt durch das Andenken an die verheerende
Eruption vom **12 März 1595**; die Vulkane von **Puracé**
(15957 F.) und **Sotara** bei **Popayan**; von **Paſto** (12620 F.)
bei der Stadt gleiches Namens, vom **Monte de Azufre**
(12030 F.) bei **Tuquerres**, von **Cumbal** (14654 F.) und
von **Chiles** in der **Provincia de los Pastos**; dann folgen
die hiſtoriſch berühmteren Vulkane des eigentlichen Hochlandes
von **Quito**, ſüdlich vom Aequator, deren vier: **Pichincha**,
Cotopari, **Tungurahua** und **Sangay**, mit Sicherheit
als nicht erloſchene Vulkane betrachtet werden können. Wenn
nördlich von dem Bergknoten der **Robles**, bei **Popayan**, wie
wir bald näher entwickeln werden, in der **Dreitheilung**
der mächtigen Andeskette nur die **mittlere** Cordillere und nicht
die, der Seeküſte nähere, **weſtliche**, eine vulkaniſche Thätigkeit
zeigt; ſo ſind dagegen ſüdlich von jenem Bergknoten, wo die
Andes nur **zwei**, von **Bouguer** und **La Condamine** in ihren
Schriften ſo oft erwähnte, parallele Ketten bilden, Feuerberge
ſo gleichmäßig vertheilt, daß die vier Vulkane der Paſtos, wie
Cotocachi, **Pichincha**, **Iliniza**, **Carguairazo** und **Yana=Urcu**,
am Fuß des **Chimborazo**, auf der weſtlichen, dem Meere
näheren: und **Imbabura**, **Cayambe**, **Antiſana**, **Cotopari**,
Tungurahua (dem **Chimborazo** öſtlich gegenüber, doch der
Mitte der ſchmalen Hochebene nahe gerückt), der **Altar de los
Collanes** (**Capac=Urcu**) und **Sangay** auf der öſtlichen Cordillere

ausgebrochen sind. Wenn man die nördlichste Gruppe der
Reihen-Vulkane von Südamerika in einem Blicke zusammenfaßt,
so gewinnt allerdings die, in Quito oft ausgesprochene und
durch historische Nachrichten einigermaßen begründete Meinung
von der Wanderung der vulkanischen Thätigkeit und Intensi-
täts-Zunahme von Norden nach Süden einen gewissen Grad
der Wahrscheinlichkeit. Freilich finden wir im Süden, und
zwar neben dem wie Stromboli wirkenden Colosse Sangay, die
Trümmer des „Fürsten der Berge", Capac-Urcu: welcher den
Chimborazo an Höhe übertroffen haben soll, aber in den letzten
Decennien des funfzehnten Jahrhunderts (14 Jahre vor der
Eroberung von Quito durch den Sohn des Inca Tupac Yupanqui) einstürzte, verlosch und seitdem nicht wieder entbrannte.

Der Raum der Andesketten, welchen die Gruppen der Vulkane nicht bedecken, ist weit größer, als man gewöhnlich glaubt.
In dem nördlichen Theile von Südamerika findet sich von dem
Volcan de Ruiz und dem Kegelberge Tolima, den beiden nördlichsten Vulkanen der Vulkan-Reihe von Neu-Granada
und Quito, an bis über den Isthmus von Panama gegen
Costa Rica hin, wo die Vulkan-Reihe von Central-
Amerika beginnt, ein von Erdstößen oft und mächtig erschüt-
tertes Land, in welchem flammengebende Salsen, aber keine
ächt vulkanische Eruptionen bekannt sind. Die Länge dieses
Landes beträgt 157 geogr. Meilen. Fast zwiefach so lang
(242 Meilen einnehmend) ist eine vulkanleere Strecke vom
Sangay, dem südlichen Endpunkte der Gruppe von Neu-Granada
und Quito, bis zum Chacani bei Arequipa, dem Anfang der
Vulkan-Reihe von Peru und Bolivia. So verwickelt
und verschiedenartig muß in derselben Gebirgskette das Zusammentreffen der Verhältnisse gewesen sein, von welchen die

Bildung permanent offen bleibender Spalten und der ungehinderte
Verkehr des geschmolzenen Erd-Inneren mit dem Luftkreise abhangen. Zwischen den Gruppen von trachyt- und doleritartigem
Gestein, durch welche die vulkanischen Kräfte thätig werden,
liegen etwas kürzere Strecken, in denen herrschen: Granit,
Syenit, Glimmerschiefer, Thonschiefer, Quarzporphyre, kiesel-
artige Conglomerate und solche Kalksteine, von denen ein beträchtlicher Theil (nach Leopolds von Buch scharfsinniger
Untersuchung der von mir und Degenhardt heimgebrachten
organischen Reste) zur Kreide-Formation gehört. Das allmälige
Häufiger-Werden von labradorischen, pyroxen- und oligoklasreichen Gebirgsarten verkündigt dem aufmerksamen Reisenden,
wie ich schon an einem anderen Orte gezeigt habe, den Uebergang einer, bis dahin in sich abgeschlossenen, unvulkanischen,
und in quarzlosen Porphyren, voll glasigen Feldspaths, oft
sehr silberreichen Zone in die noch frei mit dem Inneren des
Erdkörpers communicirenden vulkanischen Regionen.

Die genauere Kenntniß von der Lage und den Grenzen
der 5 Gruppen von Vulkanen (den Gruppen von Anahuac
oder des tropischen Mexico's, von Central-Amerika, von
Neu-Granada und Quito, von Peru und Bolivia,
und von Chili), zu der wir in der neuesten Zeit gelangt sind,
lehrt uns, daß in dem Theil der Cordilleren, welcher sich von
19° 1/4 nördlicher bis 46° südlicher Breite erstreckt: also, die
durch eine veränderte Achsenrichtung verursachten Krümmungen
mit eingerechnet, in einer Länge von fast 1300 geographischen
Meilen; unbedeutend mehr [70] als die Hälfte (die Rechnung
giebt 635 gegen 607 Meilen) mit Vulkanen bedeckt ist.
Betrachtet man die Vertheilung des vulkanleeren Raumes zwischen die 5 Vulkan-Gruppen, so findet man das Maximum

des Abstandes zweier Gruppen von einander bei den Vulkan-
reihen von Quito und Peru. Es ist derselbe volle 240 Meilen,
während die am meisten einander genäherten Gruppen die erste
und zweite, die von Merico und Central-Amerika, sind. Die
4 Zwischenräume zwischen den 5 Gruppen entsprechen den
Meilenzahlen 75, 157, 240, 135. Der große Abstand, welchen der südlichste Vulkan Quito's von dem nördlichsten Peru's
darbietet, ist auf den ersten Anblick um so auffallender, als
man nach altem Gebrauch die Gradmessung auf dem Hochlande
von Quito die peruanische zu nennen pflegte. Nur der
kleinere südliche Theil der Andeskette von Peru ist vulkanisch.
Die Zahl der Vulkane ist zufolge der Listen, welche ich nach
sorgfältiger Discussion der neuesten Materialien angefertigt habe,
in allgemeiner Uebersicht folgende:

Namen der fünf Gruppen von Reihen-Vulkanen des Neuen Continents von 19° 25' nördlicher bis 46° 8' südlicher Breite	Zahl der Vulkane, welche jede Gruppe umfaßt	Zahl der Vulkane, welche noch als entzündet zu betrachten sind
Gruppe von Merico [71]	6	4
Gruppe von Central-Amerika [72]	29	18
Gruppe von Neu-Granada und Quito [73]	18	10
Gruppe von Peru und Bolivia [74]	14	3
Gruppe von Chili [75]	24	13

Nach diesen Angaben ist die Summe der Vulkane in den fünf
amerikanischen Gruppen 91, von denen 56 dem Continent von
Südamerika angehören. Ich zähle als Vulkane auf, außer

denen, welche noch gegenwärtig entzündet und thätig sind, auch
diejenigen vulkanischen Gerüste, deren alte Ausbrüche einer
historischen Zeit angehören, oder deren Bau und Eruptions=
Massen (Erhebungs= und Auswurfs=Krater, Laven, Schlacken,
Bimssteine und Obsidiane) sie jenseits aller Tradition als
längst erloschene Feuerberge charakterisiren. Ungeöffnete Trachyt=
kegel und Dome oder ungeöffnete lange Trachytrücken, wie
der Chimborazo und Iztaccihuatl, sind ausgeschlossen. Diesen
Sinn haben auch Leopold von Buch, Charles Darwin und
Friedrich Naumann dem Worte Vulkan in ihren geographi=
schen Aufzählungen gegeben. Noch entzündete Vulkane nenne
ich solche, welche, in großer Nähe gesehen, noch Zeichen ihrer
Thätigkeit in hohem oder geringem Grade darbieten; theil=
weise auch in neuerer Zeit große, historisch bekannte Ausbrüche
gezeigt haben. Der Beisatz „in großer Nähe gesehen" ist sehr
wichtig, da vielen Vulkanen die noch bestehende Thätigkeit ab=
gesprochen wird, weil, aus der Ebene beobachtet, die dünnen
Dämpfe, welche in bedeutender Höhe aus dem Krater aufsteigen,
dem Auge unsichtbar bleiben. Wurde nicht zur Zeit meiner
amerikanischen Reise geläugnet, daß Pichincha und der große
Vulkan von Mexico (Popocatepetl) entzündet seien! da doch
ein unternehmender Reisender, Sebastian Wisse [76], im Krater
des Pichincha um den großen thätigen Auswurfskegel noch
70 entzündete Mündungen (Fumarolen) zählte, und ich am
Fuß des Popocatepetl in dem Malpais del Llano de Telimpa,
in welchem ich eine Grundlinie zu messen hatte, Zeuge [77]
eines höchst deutlichen Aschenauswurfs des Vulkans wurde.

In der Reihenfolge der Vulkane von Neu=Granada
und Quito, welche in 18 Vulkanen noch 10 entzündete umfaßt
und ohngefähr die doppelte Länge der Pyrenäen hat, kann man

von Norden nach Süden als vier kleinere Gruppen oder Unterabtheilungen bezeichnen: den Paramo de Ruiz und den nahen
Vulkan von Tolima (Br. nach Acosta 4° 55′ N.); Puracé
und Sotará bei Popayan (Br. 2°½); die Volcanes de Pasto,
Tuquerres und Cumbal (Br. 2° 20′ bis 0° 50′); die
Reihe der Vulkane von Pichincha bei Quito bis zu dem
ununterbrochen thätigen Sangay (Aequator bis 2° südlicher
Breite). Diese letzte Unterabtheilung der ganzen Gruppe ist
unter den Vulkanen der Neuen Welt weder besonders auffallend
durch ihre große Länge, noch durch die Gedrängtheit ihrer
Reihung. Man weiß jetzt, daß sie auch nicht die höchsten Gipfel
einschließt; denn der Aconcagua in Chili (Br. 32° 39′),
von 21584 F. nach Kellet, von 22434 F. nach Fitz-Roy
und Pentland: wie die Nevados von Sahama (20970 F.)
Parinacota (20670 F.), Gualateiri (20604 F.) und
Pomarape (20360 F.), alle vier zwischen 18° 7′ und 18° 25′
südlicher Breite: werden für höher gehalten als der Chimborazo (20100 F.). Dennoch genießen die Vulkane von Quito
unter allen Vulkanen des Neuen Continents den am weitesten
verbreiteten Ruf; denn an jene Berge der Andeskette, an jenes
Hochland von Quito ist das Andenken mühevoller, nach wichtigen Zwecken strebender, astronomischer, geodätischer, optischer,
barometrischer Arbeiten geknüpft: das Andenken an zwei glänzende Namen, Bouguer und La Condamine! Wo geistige
Beziehungen walten, wo eine Fülle von Ideen angeregt wird,
welche gleichzeitig zur Erweiterung mehrerer Wissenschaften geführt haben, bleibt gleichsam örtlich der Ruhm auf lange ge-
fesselt. So ist er auch vorzugsweise in den schweizer Alpen
dem Montblanc geblieben: nicht wegen seiner Höhe, welche die
des Monte Rosa nur um 523 Fuß übertrifft; nicht wegen der

überwundenen Gefahr seiner Ersteigung: sondern wegen des Werthes und der Mannigfaltigkeit physikalischer und geologischer Ansichten, welche Saussure's Namen und das Feld seiner rastlosen Arbeitsamkeit verherrlichen. Die Natur erscheint da am größten, wo neben dem sinnlichen Eindruck sie sich auch in der Tiefe des Gedankens reflectirt.

Die Vulkan-Reihe von Peru und Bolivia, noch ganz der Aequinoctial-Zone angehörig und nach Pentland erst bei 15900 Fuß Höhe mit ewigem Schnee bedeckt (Darwin, Journal 1845 p. 244), erreicht ohngefähr in der Mitte ihrer Länge, in der Sahama-Gruppe, das Maximum ihrer Erhebung (20970 F.), zwischen 18^0 7' und 18^0 25' südlicher Breite. Dort erscheint bei Arica eine sonderbare busenförmige Einbiegung des Gestades, welcher eine plötzliche Veränderung in der Achsenrichtung der Andeskette und der ihr westlich vorliegenden Vulkan-Reihe entspricht. Von da gegen Süden streicht das Littoral, und zugleich die vulkanische Spalte, nicht mehr von Südost in Nordwest, sondern in der Richtung des Meridians: einer Richtung, die sich bis nahe dem westlichen Eingange der Magellanischen Meerenge, auf einer Länge von mehr als fünfhundert geographischen Meilen, erhält. Ein Blick auf die von mir im Jahr 1831 herausgegebene Karte der Verzweigungen und Bergknoten der Andeskette bietet noch viele andere ähnliche Uebereinstimmungen zwischen dem Umriß des Neuen Continents und den nahen oder fernen Cordilleren dar. So richten sich zwischen den Vorgebirgen Aguja und San Lorenzo ($5^0\frac{1}{2}$ bis 1^0 südlicher Breite) beide, das Littoral der Südsee und die Cordilleren, von Süd nach Nord, nachdem sie so lange zwischen den Parallelen von Arica und Caramarca von Südost nach Nordwest gerichtet waren; so laufen

Littoral und Cordilleren vom Bergknoten des Imbaburu bei Quito bis zu dem de los Robles [78] bei Popayan gar von Südwest in Nordost. Ueber den geologischen Causalzusammenhang dieser sich so vielfach offenbarenden Uebereinstimmung der Contour=Formen der Continente mit der Richtung naher Gebirgsketten (Südamerika, Alleghanys, Norwegen, Apenninen) scheint es schwer zu entscheiden.

Wenn auch gegenwärtig in den Vulkan=Reihen von Bo= livia und Chili der, der Südsee nähere, westliche Zweig der Andeskette die meisten Spuren noch dauernder vulkanischer Thä= tigkeit aufweist; so hat ein sehr erfahrener Beobachter, Pent= land, doch auch am Fuß der östlichen, von der Meeresküste über 45 geogr. Meilen entfernten Kette einen völlig erhaltenen, aber ausgebrannten Krater mit unverkennbaren Lavaströmen auf= gefunden. Es liegt derselbe auf dem Gipfel eines Kegelberges bei San Pedro de Cacha im Thal von Yucay, in fast 11300 Fuß Höhe (Br. 14° 8', Länge 73° 40'): südöstlich von Cuzco, wo die östliche Schneekette von Apolobamba, Carabaya und Vil= canoto sich von SO nach NW hinzieht. Dieser merkwürdige Punkt [79] ist durch die Ruinen eines berühmten Tempels des Inca Viracocha bezeichnet. Die Meeresferne des alten, lavagebenden Vulkans ist weit größer als die des Sangay, der ebenfalls einer östlichen Cordillere zugehört; größer als die des Orizaba und Jorullo.

Eine vulkanleere Strecke von 135 Meilen Länge scheidet die Vulkan=Reihe Peru's und Bolivia's von der von Chili. Das ist der Abstand des Ausbruchs in der Wüste von Ata= cama von dem Vulkan von Coquimbo. Schon 2° 34' süd= licher erreicht, wie früher bemerkt, im Vulkan Aconcagua (21584 F.) die Gruppe der Vulkane von Chili das Maximum ihrer Höhe, welches nach unsren jetzigen Kenntnissen zugleich auch das Maximum aller Gipfel des Neuen Continents ist. Die mittlere Höhe der Sahama-Gruppe ist 20650 Fuß, also 550 Fuß höher als der Chimborazo. Dann folgen in schnell abnehmender Höhe: Cotopari, Arequipa (?) und Tolima zwischen 17712 und 17010 Fuß Höhe. Ich gebe scheinbar in sehr genauen Zahlen, unverändert, Resultate von Messungen an, welche ihrer Natur nach leider! aus trigonometrischen und barometrischen Bestimmungen zusammengesetzt sind: weil auf diese Weise am meisten zur Wiederholung der Messungen und Correction der Resultate angeregt wird. In der Reihe der Vulkane Chili's, deren ich 24 aufgeführt habe, sind leider sehr wenige und meist nur die südlichen, niedrigeren, zwischen den Parallelen von 37° 20' bis 43° 40', von Antuco bis Yantales, hypsometrisch bestimmt. Es haben dieselben die unbeträchtlichen Höhen von sechs- bis achttausend Fuß. Auch in der Tierra del Fuego selbst erhebt sich der mit ewigem Schnee bedeckte Gipfel des Sarmiento nach Fitz-Roy nur bis 6400 Fuß. Vom Vulkan von Coquimbo bis zu dem Vulkan San Clemente zählt man 242 Meilen.

Ueber die Thätigkeit der Vulkane von Chili haben wir die wichtigen Zeugnisse von Charles Darwin[60]: der den Osorno, Corcovado und Aconcagua sehr bestimmt als entzündet aufführt; die Zeugnisse von Meyen, Pöppig und Gay: welche den Maipu, Antuco und Peteroa bestiegen; die von Domeyko, dem Astronomen Gilliß und Major Philippi. Man möchte die Zahl der entzündeten Krater auf dreizehn setzen: nur fünf weniger als in der Gruppe von Central-Amerika.

Von den 5 Gruppen der Reihen-Vulkane des Neuen Continents, welche nach astronomischen Ortsbestimmungen

und meist auch hypsometrisch in Lage und Höhe haben ange=
geben werden können, wenden wir uns nun zu dem Alten
Continent, in dem, ganz im Gegensatz mit dem Neuen, die
größere Zahl zusammengedrängter Vulkane nicht dem festen Lande,
sondern den Inseln angehört. Es liegen die meisten euro=
päischen Vulkane im mittelländischen Meere, und zwar (wenn
man den großen, mehrfach thätigen Krater zwischen Thera,
Therasia und Aspronisi mitrechnet) in dem tyrrhenischen und
ägäischen Theile; es liegen in Asien die mächtigsten Vulkane
auf den Großen und Kleinen Sunda=Inseln, den Molukken,
den Philippinen; in den Archipelen von Japan, der Kurilen
und der Aleuten im Süden und Osten des Continents.

In keiner anderen Region der Erdoberfläche zeigen sich so
häufige und so frische Spuren des regen Verkehrs zwischen dem
Inneren und dem Aeußeren unseres Planeten als auf dem
engen Raume von kaum 800 geographischen Quadratmeilen
zwischen den Parallelen von 10° südlicher und 14° nördlicher
Breite, wie zwischen den Meridianen der Südspitze von Ma=
lacca und der Westspitze der Papua=Halbinsel von Neu=Guinea.
Das Areal dieser vulkanischen Inselwelt erreicht kaum die Größe
der Schweiz, und wird bespült von der Sunda=, Banda=, Solo=
und Mindoro=See. Die einzige Insel Java enthält noch jetzt
eine größere Zahl entzündeter Vulkane als die ganze südliche
Hälfte von Amerika, wenn gleich diese Insel nur 136 geogra=
phische Meilen lang ist, d. i. nur 1/7 der Länge von Süd=
amerika hat. Ein neues, langerwartetes Licht über die geo=
gnostische Beschaffenheit von Java ist (nach früheren, sehr
unvollständigen, aber verdienstlichen Arbeiten von Horsfield,
Sir Thomas Stamford Raffles und Reinwardt) durch einen
kenntnißvollen, kühnen und unermüdet thätigen Naturforscher,

Franz Junghuhn, neuerdings verbreitet worden. Nach einem mehr als zwölfjährigen Aufenthalte hat er in einem lehrreichen Werke Java, seine Gestalt und Pflanzendecke und innere Bauart, die ganze Naturgeschichte des Landes umfaßt. Ueber 400 Höhen wurden barometrisch mit Sorgfalt gemessen; die vulkanischen Kegel- und Glockenberge, 45 an der Zahl, in Profilen dargestellt und bis auf drei[81] alle von Junghuhn erstiegen. Ueber die Hälfte, wenigstens 28, wurden als noch entzündet und thätig erkannt; ihre merkwürdigen und so verschiedenen Reliefformen mit ausgezeichneter Klarheit beschrieben, ja in die erreichbare Geschichte ihrer Ausbrüche eingedrungen. Nicht minder wichtig als die vulkanischen Erscheinungen von Java sind die dortigen Sediment-Formationen tertiärer Bildung, die vor der eben genannten ausführlichen Arbeit uns vollkommen unbekannt waren und doch $\frac{3}{5}$ des ganzen Areals der Insel, besonders in dem südlichen Theile, bedecken. In vielen Gegenden von Java finden sich als Reste ehemaliger weitverbreiteter Wälder drei bis sieben Fuß lange Bruchstücke von verkieselten Baumstämmen, die allein den Dicotyledonen angehören. Für ein Land, in welchem jetzt eine Fülle Palmen und Baumfarren wachsen, ist dies um so merkwürdiger, als im miocenen Tertiär-Gebirge der Braunkohlen-Formation von Europa, da, wo jetzt baumstämmige Monocotyledonen nicht mehr gedeihen, nicht selten fossile Palmen angetroffen werden.[82] Durch das fleißige Sammeln von Blatt-Abdrücken und versteinerten Hölzern hat Junghuhn Gelegenheit dargeboten, daß die nach seiner Sammlung von Göppert scharfsinnig bearbeitete vorweltliche Flora von Java als das erste Beispiel der fossilen Flora einer rein tropischen Gegend hat erscheinen können.

Die Bulkane von Java stehen in Ansehung der Höhe, welche sie erreichen, denen der drei Gruppen von Chili, Bolivia und Peru, ja selbst der zwei Gruppen von Quito sammt Neu-Granada und vom tropischen Merico, weit nach. Die Marima, welche die genannten amerikanischen Gruppen erreichen, sind für Chili, Bolivia und Quito 20000 bis 21600 Fuß; für Merico 17000 Fuß. Das ist fast um zehntausend Fuß (um die Höhe des Aetna) mehr als die größte Höhe der Bulkane von Sumatra und Java. Auf der letzteren Insel ist der höchste und noch entzündete Coloß der Gunung Semeru, die culminirende Spitze der ganzen javanischen Bulkan-Reihe. Junghuhn hat dieselbe im September 1844 erstiegen; das Mittel seiner Barometer-Messungen gab 11480 Fuß über der Meeresfläche: also 1640 Fuß mehr als der Gipfel des Aetna. Bei Nacht sank das hunderttheilige Thermometer unter 6°,2. Der ältere, Sanskrit-Name des Gunung Semeru war Mahâ-Mêru (der große Meru): eine Erinnerung an die Zeit, als die Malayen indische Cultur aufnahmen; eine Erinnerung an den Welt-berg im Norden, welcher nach dem Mahabharata der mythische Sitz ist von Brahma, Wischnu und den sieben Dêvarschi. [83] Auffallend ist es, daß, wie die Eingeborenen der Hochebene von Quito schon vor jeglicher Messung errathen hatten, daß der Chimborazo alle andere Schneeberge des Landes überrage, so die Javanen auch wußten, daß der heilige Berg Mahâ-Mêru, welcher von dem Gunung Arbjuno (10350 F.) wenig entfernt ist, das Marimum der Höhe auf der Insel erreiche; und doch konnte hier, in einem schneefreien Lande, der größere Abstand des Gipfels von der Niveau-Linie der ewigen unteren Schnee-grenze eben so wenig das Urtheil leiten als die Höhe eines temporären, zufälligen Schneefalles. [84]

Der Höhe des Gunung Semeru, welcher 11000 Fuß übersteigt, kommen vier andere Vulkane am nächsten, die hypsometrisch zu zehn- und eilftausend Fuß gefunden wurden. Es sind Gunung[85] Slamat oder Berg von Tegal (10430 F.), G. Arbjuno (10350 F.), G. Sumbing (10348 F.) und G. Lawu (10065 F.). Zwischen neun- und zehntausend Fuß fallen noch sieben Vulkane von Java: ein Resultat, das um so wichtiger ist, als man früher keinem Gipfel auf der Insel mehr als sechstausend Fuß zuschrieb.[86] Unter den fünf Gruppen der nord- und südamerikanischen Vulkane ist die von Guatemala (Central-Amerika) die einzige, welche in mittlerer Höhe von der Java-Gruppe übertroffen wird. Wenn auch bei Alt-Guatemala der Volcan de Fuego (nach der Berechnung und Reduction von Poggendorff) 12300 Fuß, also 820 Fuß mehr Höhe als der Gunung Semeru, erreicht; so schwankt doch der übrige Theil der Vulkan-Reihe Central-Amerika's nur zwischen fünf- und siebentausend, nicht, wie auf Java, zwischen sieben- und zehntausend Fuß. Der höchste Vulkan Asiens ist aber nicht in dem asiatischen Inselreiche (dem Archipel der Sunda-Inseln), sondern auf dem Continent zu suchen; denn auf der Halbinsel Kamtschatka erhebt sich der Vulkan Kljutschewsk bis 14790 Fuß, fast zur Höhe des Rucu-Pichincha in den Cordilleren von Quito.

Die gedrängte Reihe der Vulkane von Java (über 45 an der Zahl) hat in ihrer Haupt-Axe[87] die Richtung WNW—OSO (genau W 12° N): also meist der Vulkan-Reihe des östlichen Theils von Sumatra, aber nicht der Längen-Axe der Insel Java parallel. Diese allgemeine Richtung der Vulkan-Kette schließt keinesweges die Erscheinung aus, auf welche man neuerlichst auch in der großen Himalaya-Kette aufmerksam gemacht hat: daß einzeln 3 bis 4 hohe Gipfel so zusammengereiht

sind, daß die kleinen Aren dieser Partial-Reihen mit der Haupt-
Are der Kette einen schiefen Winkel machen. Dies Spalten-
Phänomen, welches Hodgson, Joseph Hooker und Strachey
beobachtet und theilweise dargestellt haben [*], ist von großem Interesse. Die kleinen Aren der Nebenspalten scharen sich an die
große an, bisweilen fast unter einem rechten Winkel, und selbst
in vulkanischen Ketten liegen oft gerade die Maxima der Höhen
etwas von der großen Are entfernt. Wie in den meisten Reihen-
Vulkanen, bemerkt man auch auf Java kein bestimmtes Verhältniß zwischen der Höhe und der Größe des Gipfel-Kraters. Die
beiden größten Krater gehören dem Gunung Tengger und dem
Gunung Raon an. Der erste von beiden ist ein Berg dritter
Classe, von nur 8165 Fuß Höhe. Sein zirkelrunder Krater
hat aber über 20000 Fuß, also fast eine geographische Meile,
im Durchmesser. Der ebene Boden des Kraters ist ein Sand-
meer, dessen Fläche 1750 Fuß unter dem höchsten Punkte der Umwallung liegt, und in dem hier und da aus der Schicht zerriebener
Rapilli schlackige Lavamassen hervorragen. Selbst der ungeheure
und dazu mit glühender Lava angefüllte Krater des Kirauea
auf Hawaii erreicht nach der so genauen trigonometrischen
Aufnahme des Cap. Wilkes und den vortrefflichen Beobachtungen Dana's nicht die Krater-Größe des Gunung Tengger. In
der Mitte des Kraters von dem letzteren erheben sich vier kleine
Auswurfs-Kegel, eigentlich umwallte trichterförmige Schlünde,
von denen jetzt nur einer, Bromo (der mythische Name
Brahma: ein Wort, welchem in den Kawi-Wortverzeichnissen
die Bedeutung Feuer beigelegt wird, die das Sanskrit nicht
zeigt), unentzündet ist. Bromo bietet das merkwürdige Phänomen dar, daß in seinem Trichter sich von 1838 bis 1842
ein See bildete, von welchem Junghuhn erwiesen hat, daß er

seinen Ursprung dem Zufluß atmosphärischer Waffer verdankt, die durch gleichzeitiges Eindringen von Schwefeldämpfen erwärmt und gesäuert wurden. [89] Nach dem Gunung Tengger hat der Gunung Raon den größten Krater, im Durchmesser jedoch um die Hälfte kleiner. Seine Tiefe gewährt einen schauervollen Anblick. Sie scheint über 2250 Fuß zu betragen; und doch ist der merkwürdige, 9550 Fuß hohe Bulkan, welchen Jung= huhn bestiegen und so sorgfältig beschrieben [90] hat, nicht ein= mal auf der so verdienstvollen Karte von Raffles genannt worden.

Die Bulkane von Java bieten, wie meist alle Reihen= Bulkane, die wichtige Erscheinung dar, daß Gleichzeitigkeit großer Eruptionen viel seltener bei einander nahe liegenden als bei weit von einander entfernten Kegeln beobachtet wird. Als in der Nacht vom 11ten zum 12ten August 1772 der Bulkan G. Pepandajan (6600 F.) den verheerendsten Feuerausbruch hatte, der in historischen Zeiten die Insel betroffen hat, ent= flammten sich in derselben Nacht zwei andere Bulkane, der G. Tjerimai und der G. Slamat, welche in gerader Linie 46 und 88 geogr. Meilen vom Pepandajan entfernt liegen. [91] Stehen auch die Bulkane einer Reihe alle über Einem Heerde, so ist doch gewiß das Netz der Spalten, durch welche sie com= municiren, so zusammengesetzt, daß die Verstopfung alter Dampf= canäle, oder im Lauf der Jahrhunderte die temporäre Eröffnung neuer den simultanen Ausbruch auf sehr entfernten Punkten begreiflich machen. Ich erinnere an das plötzliche Verschwin= den der Rauchsäule, die aus dem Bulkan von Pasto aufstieg, als am Morgen des 4ten Februars 1797 das furchtbare Erd= beben von Riobamba die Hochebene von Quito zwischen dem Tunguragua und Cotopaxi erschütterte. [92]

Den Vulkanen der Insel Java wird im allgemeinen ein
Charakter gerippter Gestaltung zugeschrieben, von dem ich
auf den canarischen Inseln, in Mexico und in den Cordilleren
von Quito nichts ähnliches gesehen habe. Der neueste Reisende,
welchem wir so treffliche Beobachtungen über den Bau der
Vulkane, die Geographie der Pflanzen und die psychrometrischen
Feuchtigkeits-Verhältnisse verdanken, hat die Erscheinung, deren
ich hier erwähne, mit so bestimmter Klarheit beschrieben, daß
ich, um zu neuen Untersuchungen Anlaß zu geben, nicht ver-
säumen darf die Aufmerksamkeit auf jene Regelmäßigkeit der
Form zu richten. „Obgleich“, sagt Herr Junghuhn, „die Oberfläche eines 10300 Fuß hohen Vulkans, des Gunung Sumbing,
aus einiger Entfernung gesehen, wie eine ununterbrochen ebene
und geneigte Fläche des Kegelberges erscheint; so findet man
doch bei näherer Betrachtung, daß sie aus lauter einzelnen
schmalen Länge-Rücken oder Rippen besteht, die nach unten
zu sich immer mehr spalten und breiter werden. Sie ziehen
sich vom Gipfel des Vulkans oder noch häufiger von einer
Höhe, die einige hundert Fuß unterhalb des Gipfels liegt,
nach allen Seiten, wie die Strahlen eines Regenschirmes divergirend, zum Fuße des Berges herab.“ Diese rippenförmigen
Länge-Rücken haben bisweilen auf kurze Zeit einen geschlän-
gelten Lauf, werden aber alle durch neben einander liegende,
gleich gerichtete, auch im Herabsteigen breiter werdende Zwischen-
klüfte von drei- bis vierhundert Fuß Tiefe gebildet. Es sind
Ausfurchungen der Oberfläche, „welche an den Seitengehängen
aller Vulkane der Insel Java sich wiederfinden, aber in der
mittleren Tiefe und dem Abstande ihres oberen Anfanges vom
Kraterrande und von einem uneröffneten Gipfel bei den verschiedenen Kegelbergen bedeutend von einander abweichen. Der

G. Sumbing (10348 F.) gehört zu der Anzahl derjenigen Vulkane, welche die schönsten und regelmäßigst gebildeten Rippen zeigen, da der Berg von Waldbäumen entblößt und mit Gras bedeckt ist." Nach den Messungen, welche Junghuhn[93] bekannt gemacht, nimmt die Zahl der Rippen durch Verzweigung eben so zu, als der Neigungswinkel abnimmt. Oberhalb der Zone von 9000 Fuß sind im G. Sumbing nur etwa 10 solche Rippen, in 8500 F. Höhe 32, in 5500 F. an 72, in 3000 F. Höhe über 95. Der Neigungswinkel nimmt dabei ab von 37^0 zu 25^0 und $10^0\frac{1}{2}$. Fast eben so regelmäßig sind die Rippen am Vulkan G. Tengger (8165 F.), während sie am G. Ringgit durch die verwüstenden Ausbrüche, welche dem Jahre 1586 folgten, bedeckt und zerstört worden sind.[94] „Die Entstehung der so eigenthümlichen Längen=Rippen und der dazwischen liegenden Bergklüfte, deren Zeichnungen gegeben sind, wird der Auswaschung durch Bäche zugeschrieben."

Allerdings ist die Masse der Meteorwasser in dieser Tropengegend im Mittel wohl 3= bis 4mal beträchtlicher als in der temperirten Zone, ja die Zuströmungen sind oft wolkenbruch=artig; denn wenn auch im ganzen die Feuchtigkeit mit der Höhe der Luftschichten abnimmt, so üben dagegen die großen Kegelberge eine besondere Anziehung auf das Gewölk aus, und die vulkanischen Ausbrüche sind, wie ich schon an anderen Orten bemerkt habe, ihrer Natur nach gewittererregend. Die Kluft= und Thalbildungen (Barrancos), welche in den Vulkanen der canarischen Inseln und in den Cordilleren von Südamerika nach den von Leopold v. Buch[95] und von mir vielfältig gegebenen Beschreibungen dem Reisenden wichtig werden, weil sie ihm das Innere des Gebirges erschließen und ihn selbst bisweilen bis in die Nähe der höchsten Gipfel und an die

Umwallung eines Erhebungs=Kraters leiten, bieten analoge Er=
scheinungen dar; aber wenn dieselben auch zu Zeiten die sich
sammelnden Meteorwasser fortführen, so ist diesen doch wohl
nicht die primitive Entstehung der barrancos [96] an dem Abfall
der Vulkane zuzuschreiben. Spaltungen als Folge der Faltung
in der weich gehobenen und sich erst später erhärtenden trachy=
tischen Masse sind wahrscheinlich allen Erosions=Wirkungen und
dem Stoß der Wasser vorhergegangen. Wo aber tiefe barrancos in den von mir besuchten vulkanischen Gegenden sich an
dem Abfall oder Gehänge von Glocken= oder Kegelbergen (en
las faldas de los Cerros barrancosos) zeigten, war keine
Spur von der Regelmäßigkeit oder strahlenförmigen Verzweigung
zu entdecken, welche wir nach Junghuhn's Werken in den
sonderbaren Reliefformen der Vulkane von Java kennen lernen. [97]
Die meiste Analogie mit der hier behandelten Reliefform ge=
währt das Phänomen, auf welches Leopold von Buch und der
scharfsinnige Beobachter der Vulkane, Poulet Scrope, schon
aufmerksam gemacht haben: das Phänomen, daß große Spalten
sich fast immer nach der Normal=Richtung der Abhänge, strahlen=
förmig, doch unverzweigt, vom Centrum des Berges aus, nicht
queer auf denselben, in rechtem oder schiefem Winkel eröffnen.

Der Glaube an die völlige Abwesenheit von Lavaströmen
auf der Insel Java [98], zu dem Leopold von Buch nach Erfah=
rungen des verdienstvollen Reinwardt sich hinzuneigen schien,
ist durch die neueren Beobachtungen mehr als erschüttert worden.
Junghuhn bemerkt allerdings, „daß der mächtige Vulkan Gu=
nung Merapi in der geschichtlichen Periode seiner Ausbrüche
nicht mehr zusammenhangende, compacte Lavaströme gebildet,
und daß er nur Lava=Fragmente (Trümmer) oder unzusam=
menhangende Steinblöcke ausgeworfen habe, wenn man auch

im Jahr 1837 neun Monate lang an dem Abhange des Aus=
wurfs=Kegels nächtlich feurige Streifen herabziehen sah." [99] Aber
derselbe so aufmerksame Reisende hat umständlichst und deutlich
drei basaltartige schwarze Lavaströme an drei Vulkanen: Gunung
Tengger, G. Idjen und Slamat [100], beschrieben. An dem letz=
teren verlängert sich der Lavastrom, nachdem er Veranlassung
zu einem Wasserfall gegeben, bis in das Tertiär=Gebirge. [1]
Junghuhn unterscheidet von solchen wahren Lava=Ergüssen, die
zusammenhangende Massen bilden, sehr genau bei dem Aus=
bruch des G. Lamongan [2] vom 6ten Juli 1838, was er einen
Steinstrom nennt: aus gereiht ausgestoßenen, großentheils
eckigen, glühenden Trümmern bestehend. „Man hörte das Ge=
krach der aufschlagenden Steine, die, feurigen Punkten gleich,
in einer Linie oder ordnungslos herabrollten." Ich hefte sehr
absichtlich die Aufmerksamkeit auf die sehr verschiedene Art, in
der feurige Massen an dem Abhange eines Vulkans erscheinen,
weil in dem Streite über das Marimum des Fallwinkels der
Lavaströme bisweilen glühende Steinströme (Schlackenmassen),
in Reihen sich folgend, mit continuirlichen Lavastromen ver=
wechselt werden.

Da gerade in neuester Zeit das wichtige, die innere Con=
stitution der Vulkane betreffende und, ich darf hinzusetzen, nicht
ernst genug behandelte Problem der Seltenheit oder des völligen
Mangels von Lavastromen in Beziehung auf Java so
oft zur Sprache gekommen ist; so scheint es hier der Ort dasselbe
unter einen allgemeineren Gesichtspunkt zu stellen. Wenn auch
sehr wahrscheinlich in einer Vulkan=Gruppe oder Vulkan=Reihe
alle Glieder in gewissen gemeinsamen Verhältnissen zu dem
allgemeinen Heerde, dem geschmolzenen Erd=Inneren, stehen;
so bietet doch jedes Individuum eigenthümliche physikalische und

chemische Processe dar in Hinsicht auf Stärke und Frequenz
der Thätigkeit, auf Grad und Form der Fluidität und auf
Stoff-Verschiedenheit der Producte. Eigenthümlichkeiten, welche
man nicht durch Vergleichung der Gestaltung und der Höhe über
der jetzigen Meeresfläche erklären kann. Der Bergcoloß Sangay
ist eben so ununterbrochen in Eruption als der niedrige Stromboli; von zwei einander nahen Vulkanen wirft der eine nur
Bimsstein ohne Obsidian, der andere beide zugleich aus; der
eine giebt nur lose Schlacken, der andere in schmalen Strömen
fließende Lava. Diese charakterisirenden Processe scheinen dazu bei
vielen in verschiedenen Epochen ihrer Thätigkeit nicht immer dieselben gewesen zu sein. Keinem der beiden Continente ist vorzugsweise Seltenheit oder gar Abwesenheit von Lavaströmen zuzuschreiben. Auffallende Unterschiede treten nur in solchen Gruppen
hervor, für welche man sich auf uns nahe liegende, bestimmte
historische Perioden beschränken muß. Das Nicht-Erkennen
von einzelnen Lavaströmen hängt von vielerlei Verhältnissen
gleichzeitig ab. Zu diesen gehören: die Bedeckung mächtiger
Tuff-, Rapilli- und Bimsstein-Schichten; die gleich- oder
ungleichzeitige Confluenz mehrerer Ströme, welche ein weit
ausgedehntes Lava- oder Trümmerfeld bilden; der Umstand,
daß in einer weiten Ebene längst zerstört sind die kleinen conischen Ausbruch-Kegel, gleichsam das vulkanische Gerüste,
welchem, wie auf Lancerote, die Lava stromweise entflossen war.
In den uraltesten Zuständen unseres ungleich erkaltenden Planeten, in den frühesten Faltungen seiner Oberfläche, scheint mir
sehr wahrscheinlich ein häufiges zähes Entquellen von trachytischen und doleritischen Gebirgsarten, von Bimsstein-Massen
oder obsidianhaltigen Perliten aus einem zusammengesetzten
Spalten-Netze, über dem nie ein Gerüste sich erhoben

ober aufgebaut hat. Das Problem solcher einfachen Spalten-Ergüsse verdient die Aufmerksamkeit der Geologen.

In der Reihe der mexicanischen Vulkane ist das größte und, seit meiner amerikanischen Reise, berufenste Phänomen die Erhebung und der Lava-Erguß des neu erschienenen Jorullo. Dieser Vulkan, dessen auf Messungen gegründete Topographie ich zuerst bekannt gemacht habe[3], bietet durch seine Lage zwischen den beiden Vulkanen von Toluca und Colima, und durch seinen Ausbruch auf der großen Spalte vulkanischer Thätigkeit[4], welche sich vom atlantischen Meere bis an die Südsee erstreckt, eine wichtige und deshalb um so mehr bestrittene geognostische Erscheinung dar. Dem mächtigen Lavastrom folgend, welchen der neue Vulkan ausgestoßen, ist es mir gelungen tief in das Innere des Kraters zu gelangen und in demselben Instrumente aufzustellen. Dem Ausbruch in einer weiten, lange friedlichen Ebene der ehemaligen Provinz Michuacan in der Nacht vom 28ten zum 29ten September 1759, über 30 geographische Meilen von jedem anderen Vulkane entfernt, ging seit dem 29 Juni desselben Jahres, also zwei volle Monate lang, ein ununterbrochenes unterirdisches Getöse voraus. Es war dasselbe dadurch schon von den wunderbaren bramidos von Guanaruato, die ich an einem anderen Orte[5] beschrieben, verschieden, daß es, wie es gewöhnlicher der Fall ist, von Erdstoßen begleitet war: welche der silberreichen Bergstadt im Januar 1784 gänzlich fehlten. Der Ausbruch des neuen Vulkans um 3 Uhr Morgens verkündigte sich Tages vorher durch eine Erscheinung, welche bei anderen Eruptionen nicht den Anfang, sondern das Ende zu bezeichnen pflegt. Da, wo gegenwärtig der große Vulkan steht, war ehemals ein dichtes Gebüsch von der, ihrer wohlschmeckenden Früchte wegen bei den Eingeborenen

so beliebten Guayava (Psidium pyriferum). Arbeiter aus den
Zuckerrohr=Feldern (cañaverales) der Hacienda de San Pedro
Jorullo, welche dem reichen, damals in Mexico wohnenden
Don Andres Pimentel gehörte, waren ausgegangen, um
Guayava=Früchte zu sammeln. Als sie nach der Meierei (hacienda) zurückkehrten, bemerkte man mit Erstaunen, daß ihre
großen Strohhüte mit vulkanischer Asche bedeckt waren. Es
hatten sich demnach schon in dem, was man jetzt das Malpais nennt, wahrscheinlich am Fuß der hohen Basaltkuppe el
Cuiche, Spalten geöffnet, welche diese Asche (Rapilli) ausstießen, ehe noch in der Ebene sich etwas zu verändern schien.
Aus einem in den bischöflichen Archiven von Valladolid aufgefundenen Briefe des Pater Joaquin de Ansogorri, welcher
3 Wochen nach dem Tage des ersten Ausbruchs geschrieben ist,
scheint zu erhellen, daß der Pater Isidro Molina, aus dem
Jesuiter=Collegium des nahen Patzcuaro, hingesandt, „um den
von dem unterirdischen Getöse und den Erdbeben auf's äußerste
beunruhigten Bewohnern der Playas de Jorullo geistlichen Trost
zu geben", zuerst die zunehmende Gefahr erkannte und dadurch
die Rettung der ganzen kleinen Bevölkerung veranlaßte.

In den ersten Stunden der Nacht lag die schwarze Asche
schon einen Fuß hoch; alles floh gegen die Anhöhen von
Aguasarco zu, einem Indianer=Dörfchen, das 2260 Fuß höher
als die alte Ebene von Jorullo liegt. Von diesen Höhen aus
sah man (so geht die Tradition) eine große Strecke Landes in
furchtbarem Feuerausbruch, und „mitten zwischen den Flammen
(wie sich die ausdrückten, welche das Berg=Aufsteigen er-
lebt) erschien, gleich einem schwarzen Castell (castillo negro),
ein großer unförmiger Klumpen (bulto grande)". Bei der geringen Bevölkerung der Gegend (die Indigo= und Baumwollen-

Cultur wurde damals nur sehr schwach betrieben) hat selbst die
Stärke langdauernder Erdbeben kein Menschenleben gekostet, ob=
gleich durch dieselben, wie ich aus handschriftlichen Nachrichten [6]
ersehen, bei den Kupfergruben von Inguaran, in dem Städtchen
Patzcuaro, in Santiago de Ario, und viele Meilen weiter,
doch nicht über S. Pedro Churumuco hinaus, Häuser umge=
stürzt worden waren. In der Hacienda de Jorullo hatte man
bei der allgemeinen nächtlichen Flucht einen taubstummen Neger=
sklaven mitzunehmen vergessen. Ein Mestize hatte die Mensch=
lichkeit umzukehren und ihn, als die Wohnung noch stand, zu
retten. Man erzählt gern noch heute, daß man ihn knieend,
eine geweihte Kerze in der Hand, vor dem Bilde de Nuestra
Señora de Guadalupe gefunden habe.

Nach der weit und übereinstimmend unter den Eingebore=
nen verbreiteten Tradition soll in den ersten Tagen der Ausbruch
von großen Felsmassen, Schlacken, Sand und Asche immer
auch mit einem Erguß von schlammigem Wasser verbunden
gewesen sein. In dem vorerwähnten denkwürdigen Berichte
vom 19ten October 1759, der einen Mann zum Verfasser hat,
welcher mit genauer Localkenntniß das eben erst Vorgefallene
schildert, heißt es ausdrücklich: que espele el dicho Volcan
arena, ceniza y agua Alle Augenzeugen erzählen (ich über=
setze aus der Beschreibung, welche der Intendant, Oberst Riaño,
und der deutsche Berg-Commissar Franz Fischer, der in spa=
nische Dienste getreten war, über den Zustand des Vulkans
von Jorullo am 10ten März 1789 geliefert haben). „daß, ehe
der furchtbare Berg erschien (antes de reventar y aparecerse
este terrible Cerro), die Erdstöße und das unterirdische Ge=
tose sich häuften; am Tage des Ausbruchs selbst aber der flache
Boden sich sichtbar senkrecht erhob (se observó, que el plan

de la tierra se levantaba perpendicularmente), und das Ganze
sich mehr oder weniger aufblähte, so daß Blasen (vexigones)
erschienen, deren größte heute der Vulkan ist (de los que el
mayor es hoy el Cerro del Volcan). Diese aufgetriebenen
Blasen, von sehr verschiedenem Umfang und zum Theil ziem=
lich regelmäßiger conischer Gestalt, platzten später (estas ampol-
las, gruesas vegigas ó conos diferentemente regulares en
sus figuras y tamaños, reventáron despues), und stießen aus
ihren Mündungen kochend heißen Erdschlamm (tierras hervidas
y calientes) wie verschlackte Steinmassen (piedras cocidas? y
fundidas) aus, die man, mit schwarzen Steinmassen bedeckt,
noch bis in ungeheure Ferne auffindet."

Diese historischen Nachrichten, die man freilich ausführlicher
wünschte, stimmen vollkommen mit dem überein, was ich aus
dem Munde der Eingeborenen 14 Jahre nach der Besteigung
des Antonio de Riaño vernahm. Auf die Fragen, ob man
„das Berg=Castell" nach Monaten oder Jahren sich allmälig
habe erhöhen sehen, oder ob es gleich in den ersten Tagen
schon als ein hoher Gipfel erschienen sei? war keine Antwort
zu erhalten. Riaño's Behauptung, daß Eruptionen noch in
den ersten 16 bis 17 Jahren vorgefallen wären, also bis 1776,
wurde als unwahr geläugnet. Die Erscheinungen von kleinen
Wasser= und Schlamm=Ausbrüchen, die in den ersten Tagen
gleichzeitig mit den glühenden Schlacken bemerkt wurden, werden
nach der Sage dem Versiegen zweier Bäche zugeschrieben, welche,
an dem westlichen Abhange des Gebirges von Santa Ines,
also östlich vom Cerro de Cuiche, entspringend, die Zuckerrohr=
Felder der ehemaligen Hacienda de San Pedro de Jorullo
reichlich bewässerten und weit in Westen nach der Hacienda
de la Presentacion fortströmten. Man zeigt noch nahe bei

ihrem Ursprunge den Punkt, wo sie in einer Kluft mit ihren einst kalten Wassern bei Erhebung des östlichen Randes des Malpais verschwunden sind. Unter den Hornitos weglaufend, erscheinen sie (das ist die allgemeine Meinung der Landleute) erwärmt als zwei Thermalquellen wieder. Da der gehobene Theil des Malpais dort fast senkrecht abgestürzt ist, so bilden sie die zwei kleinen Wasserfälle, die ich gesehen und in meine Zeichnung aufgenommen habe. Jedem derselben ist der frühere Name, Rio de San Pedro und Rio de Cuitimba, erhalten worden. Ich habe an diesem Punkte die Temperatur der dampfenden Wasser 52°,7 gefunden. Die Wasser sind auf ihrem langen Wege nur erwärmt, aber nicht gesäuert worden. Die Reactiv-Papiere, welche ich die Gewohnheit hatte mit mir zu führen, erlitten keine Veränderung; aber weiter hin, nahe bei der Hacienda de la Presentacion, gegen die Sierra de las Canoas zu, sprudelt eine mit geschwefeltem Wasserstoffgas geschwängerte Quelle, die ein Becken von 20 Fuß Breite bildet.

Um sich von der complicirten Reliefform der Bodenfläche einen klaren Begriff zu machen, in welcher so merkwürdige Erhebungen vorgefallen sind, muß man hypsometrisch und morphologisch unterscheiden: 1) die Lage des Vulkan-Systems von Jorullo im Verhältniß zu dem mittleren Niveau der mericanischen Hochebene; 2) die Convexität des Malpais, das von Tausenden von Hornitos bedeckt ist; 3) die Spalte, auf welcher 6 große vulkanische Bergmassen aufgestiegen sind.

An dem westlichen Abfall der von SSO nach NNW streichenden Cordillera central de Mexico bildet die Ebene der Playas de Jorullo in nur 2400 Fuß Höhe über dem Niveau der Südsee eine von den horizontalen Bergstufen, welche überall in den Cordilleren die Neigungs-Linie des Abfalls unterbrechen

und deshalb mehr oder minder die Abnahme der Wärme in
den über einander liegenden Luftschichten verlangsamen. Wenn
man von dem Central=Plateau von Mexico in 7000 Fuß
mittlerer Höhe nach den Weizenfeldern von Valladolid de Michuacan, nach dem anmuthigen See von Patzcuaro mit dem
bewohnten Inselchen Janicho und in die Wiesen um Santiago
de Ario, die wir (Bonpland und ich) mit den nachmals so be=
rühmt gewordenen Georginen (Dahlia, Cav.) geschmückt fan=
den, herabsteigt; so ist man noch nicht neunhundert bis tausend
Fuß tiefer gelangt. Um aber von Ario am steilen Abhange über
Aguasarco in das Niveau der alten Ebene von Jorullo zu treten,
vermindert man in dieser so kurzen Strecke die absolute Höhe
um 3600 bis 4000 Fuß. [7] Der rundliche, convexe Theil der
gehobenen Ebene hat ohngefähr 12000 Fuß im Durchmesser,
also ein Areal von mehr als $\frac{1}{3}$ einer geographischen Quadrat=
meile. Der eigentliche Vulkan von Jorullo und die 5 anderen
Berge, die sich mit ihm zugleich und auf Einer Spalte erhoben
haben, liegen so, daß nur ein kleiner Theil des Malpais östlich
von ihnen fällt. Gegen Westen ist die Zahl der Hornitos daher
um vieles größer; und wenn ich am frühen Morgen aus dem
Indianer=Häuschen der Playas de Jorullo heraustrat oder
einen Theil des Cerro del Mirador bestieg, so sah ich den
schwarzen Vulkan sehr malerisch über die Unzahl von weißen
Rauchsäulen der „kleinen Oefen" (Hornitos) hervorragen. So=
wohl die Häuser der Playas als der basaltische Hügel Mirador
liegen auf dem Niveau des alten unvulkanischen oder, vorsich=
tiger zu reden, nicht gehobenen Bodens. Die schöne Vegetation
desselben, auf dem ein Heer von Salvien unter dem Schatten
einer neuen Art der Fächerpalme (Corypha pumos) und einer
neuen Ellex=Art (Alnus Jorullensis) blühen, contrastirt mit

dem öden, pflanzenleeren Anblick des Malpais. Die Verglei=
chung der Barometerstände [8] des Punktes, wo die Hebung in
den Playas anfängt, mit dem Punkte unmittelbar am Fuß des
Vulkans giebt 444 Fuß relativer senkrechter Höhe. Das Haus,
das wir bewohnten, stand ohngefähr nur 500 Toisen von dem
Rande des Malpais ab. Es fand sich dort ein kleiner senk=
rechter Absturz von kaum 12 Fuß Höhe, von welchem die
heiß gewordenen Wasser des Baches (Rio de San Pedro) herab=
fallen. Was ich dort am Absturz von dem inneren Bau des
Erdreichs untersuchen konnte, zeigte schwarze, horizontale Let=
tenschichten, mit Sand (Rapilli) gemengt. An anderen
Punkten, die ich nicht gesehen, hat Burkart „an der senkrechten
Begrenzung des erhobenen Bodens, wo dieser schwer zu ersteigen
ist, einen lichtgrauen, wenig dichten (verwitterten) Basalt, mit
vielen Körnern von Olivin" beobachtet. [9] Dieser genaue und
erfahrene Beobachter hat aber [10] an Ort und Stelle, ganz wie
ich, die Ansicht von einer durch elastische Dämpfe bewirkten,
blasenförmigen Hebung der Erdoberfläche gefaßt: entgegengesetzt
der Meinung berühmter Geognosten [11], welche die Convexität,
die ich durch unmittelbare Messung gefunden, allein dem stär=
keren Lava=Erguß am Fuß des Vulkans zuschreiben.

Die vielen Tausende der kleinen Auswurfs=Kegel (eigentlich
mehr rundlicher oder etwas verlängerter, backofen=artiger Form),
welche die gehobene Fläche ziemlich gleichmäßig bedecken, sind
im Mittel von 4 bis 9 Fuß Höhe. Sie sind fast allein auf
der westlichen Seite des großen Vulkans emporgestiegen, da
ohnedies der östliche Theil gegen den Cerro de Cuiche hin
kaum $\frac{1}{25}$ des Areals der ganzen blasenförmigen Hebung der
Playas ausmacht. Jeder der vielen Hornitos ist aus verwit=
terten Basaltkugeln zusammengesetzt, mit concentrisch schalig

abgesonderten Stücken; ich konnte oft 24 bis 28 solcher Schalen zählen. Die Kugeln sind etwas sphäroidisch abgeplattet, und haben meist 15—18 Zoll im Durchmesser; variiren aber auch von 1 bis 3 Fuß. Die schwarze Basaltmasse ist von heißen Dämpfen durchdrungen und erdig aufgelöst; doch der Kern ist dichter: während die Schalen, wenn man sie ablöst, gelbe Flecken oxydirten Eisens zeigen. Auch die weiche Lettenmasse, welche die Kugeln verbindet, ist, sonderbar genug, in gekrümmte Lamellen getheilt, die sich durch alle Zwischenräume der Kugeln durchwinden. Ich habe mich bei dem ersten Anblick befragt, ob das Ganze statt verwitterter, sparsam olivinhaltiger Basalt= kugeln nicht vielleicht in der Ausbildung begriffene, aber gestörte Massen darböte. Es spricht dagegen die Analogie der wirklichen, mit Thon= und Mergelschichten gemengten Kugelbasalt=Hügel, welche oft von sehr kleinen Dimensionen im böhmischen Mit= telgebirge, theils isolirt, theils lange Basaltrücken an beiden Extremen krönend, gefunden werden. Einige der Hornitos sind so aufgelöst oder haben so große innere Höhlungen, daß Maul= thiere, wenn man sie zwingt die Vorderfüße auf die flächeren zu setzen, tief einsinken: wogegen bei ähnlichen Versuchen, die ich machte, die Hügel, welche die Termiten aufbauen, widerstanden.

In der Basaltmasse der Hornitos habe ich keine Schlacken oder Fragmente älterer durchbrochener Gebirgsarten, wie in den Laven des großen Jorullo, eingebacken gefunden. Was die Be= nennung Hornos oder Hornitos besonders rechtfertigt, ist der Umstand, daß in jedem derselben (ich rede von der Epoche, wo ich die Playas de Jorullo durchwanderte und mein Journal niederschrieb, 18 Sept. 1803) die Rauchsäulen nicht aus dem Gipfel, sondern seitwärts ausbrechen. Im Jahr 1780 konnte man noch Cigarren anzünden, wenn man sie, an einen Stab

befestigt, 2 bis 3 Zoll tief eingrub; in einigen Gegenden war
damals durch die Nähe der Hornitos die Luft so erhitzt, daß
man Umwege machen mußte, um das Ziel, das man sich vor=
gesetzt, zu erreichen. Ich fand trotz der Erkaltung, welche nach
dem allgemeinen Zeugniß der Indianer die Gegend seit 20 Jah=
ren erlitten hatte, in den Spalten der Hornitos meist 93° und
95° Cent.; zwanzig Fuß von einigen Hügeln hatte die umge=
bende Luft, da, wo keine Dämpfe mich berührten, noch eine
Temperatur von 42°,5 und 46°,8, wenn die eigentliche Luft=
Temperatur der Playas zu derselben Stunde kaum 25° war.
Die schwach schwefelsauren Dämpfe entfärbten reagirende Papier=
streifen, und erhoben sich einige Stunden nach Sonnen=Auf=
gang sichtbar bis 60 Fuß Höhe. An einem frühen, kühlen
Morgen ist der Anblick der Rauchsäulen am merkwürdigsten.
Gegen Mittag, ja schon nach 11 Uhr, sind sie ganz erniedrigt
und nur in der Nähe sichtbar. Im Inneren von mehreren
der Hornitos hörten wir Geräusch wie Sturz von Wasser. Die
kleinen basaltischen Backöfen sind, wie schon oben bemerkt
worden ist, leicht zerstörbare Gebäude. Als Burkart, 24 Jahre
nach mir, das Malpais besuchte, fand er keinen der Hornitos
mehr rauchend; ihre Temperatur war bei den meisten die der
umgebenden Luft, und viele hatten alle Regelmäßigkeit der Ge=
stalt durch Regengüsse und meteorische Einflüsse verloren. Dem
Hauptvulkan nahe fand Burkart kleine Kegel, die aus einem
braunrothen Conglomerate von abgerundeten oder eckigen Lava=
stücken zusammengesetzt waren und nur locker zusammenhingen.
Mitten in dem erhobenen, von Hornitos bedeckten Areal sieht
man noch ein Ueberbleibsel der alten Erhöhung, an welche die
Gebäude der Meierei San Pedro angelehnt waren. Der Hügel,
den ich auf meiner Karte angedeutet, bildet einen Rücken, welcher

von Often nach Westen gerichtet ist, und seine Erhaltung an
dem Fuß des großen Vulkans erregt Erstaunen. Nur ein
Theil ist mit dichtem Sande (gebrannten Rapilli) bedeckt. Die
hervorstehende Basaltklippe, mit uralten Stämmen von Ficus
indica und Psidium bewachsen, ist gewiß, wie die des Cerro
del Mirador und der hohen Gebirgsmassen, welche die Ebene
in Osten bogenförmig begrenzen, als der Catastrophe präeristirend
zu betrachten.

Es bleibt mir übrig die mächtige Spalte zu beschreiben,
auf der in der allgemeinen Richtung von Süd-Süd-West nach
Nord-Nord-Ost sechs an einander gereihte Vulkane sich erhoben
haben. Die partielle Richtung der ersten drei, mehr südlichen
und niedrigeren ist SW—NO; die der folgenden drei fast
S—N. Die Gangspalte ist also gekrümmt gewesen, und hat
ihr Streichen ein wenig verändert, in der Total-Länge von
1700 Toisen. Die hier bezeichnete Richtung der gereihten,
aber sich nicht berührenden Berge ist allerdings fast rechtwinklig
mit der Linie, auf welcher nach meiner Bemerkung die mericanischen Vulkane von Meer zu Meer auf einander folgen.
Diese Differenz nimmt aber weniger Wunder, wenn man
bedenkt, daß man ein großes geognostisches Phänomen (die
Beziehung der Hauptmassen gegen einander queer durch einen
Continent) nicht mit den Localverhältnissen der Orientation
im Inneren einer einzelnen Gruppe verwechseln darf. Der
lange Rücken des großen Vulkans von Pichincha hat auch
nicht die Richtung der Vulkan-Reihe von Quito; und in unvulkanischen Ketten, z. B. im Himalaya, liegen, worauf ich
schon früher aufmerksam gemacht habe, die Culminationspunkte oft fern von der allgemeinen Erhebungs-Linie
der Kette. Sie liegen auf partiellen Schneerücken, die selbst

faſt einen rechten Winkel mit jener allgemeinen Erhebungs-Linie
bilden.

Von den ſechs über der genannten Spalte aufgeſtiegenen
vulkaniſchen Hügeln ſcheinen die erſteren drei, die ſüdlicheren,
zwiſchen denen der Weg nach den Kupfergruben von Inguaran
durchgeht, in ihrem jetzigen Zuſtande die unwichtigſten. Sie
ſind nicht mehr geöffnet, und ganz mit graulich weißem
vulkaniſchen Sande bedeckt, der aber nicht aus Bimsſtein
beſteht; denn von Bimsſtein und Obſidian habe ich in dieſer
Gegend nichts geſehen. Auch am Jorullo ſcheint, wie nach
der Behauptung Leopolds von Buch und Monticelli's am Veſuv,
der letzte überdeckende Aſchenfall der weiße geweſen zu ſein.
Der vierte, nördliche Berg iſt der große und eigentliche Vulkan
von Jorullo, deſſen Spitze ich, trotz ſeiner geringen Höhe
(667 Toiſen über der Meeresfläche, 180 Toiſen über dem
Malpais am Fuße des Vulkans und 263 Toiſen über dem
alten Boden der Playas), nicht ohne Mühſeligkeit am 19 September 1803 mit Bonpland und Carlos Montufar erreicht
habe. Wir glaubten am ſicherſten in den, damals noch mit
heißen Schwefeldämpfen gefüllten Krater zu gelangen, wenn
wir den ſchroffen Rücken des mächtigen Lavaſtroms erſtiegen,
welcher aus dem Gipfel ſelbſt ausgebrochen iſt. Der Weg ging
über eine krauſe, ſchlackige, coak- oder vielmehr blumenkohlartig
aufgeſchwollene, hellklingende Lava. Einige Theile haben einen
metalliſchen Glanz, andere ſind baſaltartig und voll kleiner
Olivinkörner. Als wir uns ſo in 667 Fuß ſenkrechter Höhe
bis zur oberen Fläche des Lavaſtroms erhoben hatten, wendeten
wir uns zum weißen Aſchenkegel, an dem wegen ſeiner großen
Steilheit man fürchten mußte bei dem häufigen und beſchleunig-
ten Herabrutſchen durch den Stoß an die zackige Lava ſchmerzhaft

verwundet zu werden. Der obere Rand des Kraters, an dessen
südwestlichem Theile wir die Instrumente aufstellten, bildet einen
Ring von der Breite weniger Fuße. Wir trugen das Baro=
meter von dem Rande in den ovalen Krater des abgestumpften
Kegels. An einer offenen Kluft strömt Luft aus von 93°,7 Cent.
Temperatur. Wir standen nun 140 Fuß senkrecht unter dem
Kraterrande; und der tiefste Punkt des Schlundes, welchen wir
des dicken Schwefeldampfes wegen zu erreichen aufgeben muß=
ten, schien auch nur noch einmal so tief zu sein. Der geogno=
stische Fund, welcher uns am meisten interessirte, war die Ent=
deckung mehrerer in die schwarz=basaltische Lava eingebackener,
scharfbegrenzter weißer, feldspathreicher Stücke einer Gebirgsart
von 3 bis 4 Zoll Durchmesser. Ich hielt dieselben zuerst [12] für
Syenit; aber zufolge der genauen Untersuchung eines von mir
mitgebrachten Fragments durch Gustav Rose gehören sie wohl
eher zu der Granit=Formation, welche der Oberbergrath Burkart
auch unter dem Syenit des Rio de las Balsas hat zu Tage
kommen sehen. „Der Einschluß ist ein Gemenge von Quarz
und Feldspath. Die schwarzgrünen Flecken scheinen, mit etwas
Feldspath zusammengeschmolzener Glimmer, nicht Hornblende,
zu sein. Das eingebackene weiße Bruchstück ist durch vulkanische
Hitze gespalten, und in dem Risse laufen weiße, zahnförmige,
geschmolzene Fäden von einem Rande zum anderen."

Nördlicher als der große Vulkan von Jorullo und der
schlackige Lavaberg, den er ausgespieen in der Richtung der
alten Basalte des Cerro del Mortero, folgen die beiden letzten
der oft genannten 6 Eruptionen. Auch diese Hügel waren
anfangs sehr wirksam, denn das Volk nennt noch jetzt den
äußersten Aschenberg el Volcancito. Eine nach Westen ge=
öffnete weite Spalte trägt hier die Spuren eines zerstörten

Kraters. Der große Vulkan scheint, wie der Epomeo auf Ischia, nur einmal einen mächtigen Lavastrom ergossen zu haben. Daß seine lava=ergießende Thätigkeit über die Epoche des ersten Ausbruchs hinaus gedauert habe, ist nicht historisch erwiesen; denn der seltene, glücklich aufgefundene Brief des Pater Joaquin de Ansogorri, kaum zwanzig Tage nach dem ersten Ausbruch geschrieben, handelt fast allein von den Mitteln „Pastoral=Einrichtungen für die bessere Seelsorge der vor der Catastrophe geflohenen und zerstreuten Landleute" zu treffen: für die folgenden 30 Jahre bleiben wir ohne alle Nachricht. Wenn die Sage sehr allgemein von Feuern spricht, die eine so große Fläche bedeckten, so ist allerdings zu vermuthen, daß alle 6 Hügel auf der großen Spalte und ein Theil des Malpais selbst, in welchem die Hornitos erschienen sind, gleichzeitig entzündet waren. Die Wärmegrade der umgebenden Luft, die ich selbst noch gemessen, lassen auf die Hitze schließen, welche 43 Jahre früher dort geherrscht hat; sie mahnen an den urweltlichen Zustand unseres Planeten, in dem die Temperatur seiner Lufthülle und mit dieser die Vertheilung des organischen Lebens, bei thermischer Einwirkung des Inneren mittelst tiefer Klüfte (unter jeglicher Breite und in langen Zeitperioden), modificirt werden konnte.

Man hat, seitdem ich die Hornitos, welche den Vulkan von Jorullo umgeben, beschrieben habe, manche analoge Gerüste in verschiedenen Weltgegenden mit diesen backofen=ähnlichen kleinen Hügeln verglichen. Mir scheinen die mericanischen, ihrer inneren Zusammensetzung nach, bisher noch sehr contrastirend und isolirt dazustehen. Will man Auswurfs=Kegel alle Erhebungen nennen, welche Dämpfe ausstoßen, so verdienen die Hornitos allerdings die Benennung von Fumarolen. Die Benennung Auswurfs=Kegel würde aber zu der irrigen

Meinung leiten, als seien Spuren vorhanden, daß die Hornitos
je Schlacken ausgeworfen oder gar, wie viele Auswurfs=Kegel,
Lava ergossen haben. Ganz verschieden z. B. sind, um an ein
größeres Phänomen zu erinnern, in Kleinasien, auf der vor=
maligen Grenze von Mysien und Phrygien, in dem alten Brand=
lande (Katakekaumene), „in welchem es sich (wegen der Erd=
beben) gefahrvoll wohnt", die drei Schlünde, die Strabo
φύσαι, Blasebälge, nennt, und die der verdienstvolle Rei=
sende William Hamilton wieder aufgefunden hat [13]. Auswurfs=
Kegel, wie sie die Insel Lancerote bei Tinguaton, oder Unter=
Italien, oder (von kaum zwanzig Fuß Höhe) der Abhang des
großen kamtschadalischen Vulkans Awatscha [14] zeigen, den mein
Freund und sibirischer Reisegefährte, Ernst Hofmann, im Juli
1824 erstiegen; bestehen aus Schlacken und Asche, die einen
kleinen Krater, welcher sie ausgestoßen hat und von ihnen wie=
der verschüttet worden ist, umgeben. An den Hornitos ist nichts
krater=ähnliches zu sehen; und sie bestehn, was ein wichtiger
Charakter ist, aus bloßen Basaltkugeln mit schalig abgesonder=
ten Stücken, ohne Einmischung loser eckiger Schlacken. Am
Fuß des Vesuvs, bei dem mächtigen Ausbruch von 1794 (wie
auch in früheren Epochen), bildeten sich, auf einer Längenspalte
gereiht, 8 verschiedene kleine Eruptions=Kratere, bocche nuove,
die sogenannten parasitischen Ausbruchs=Kegel, lava=ergießend
und schon dadurch den Jorullo=Hornitos gänzlich entfremdet.
„Ihre Hornitos«, schrieb mir Leopold von Buch, „sind nicht durch
Auswürflinge aufgehäufte Kegel; sie sind unmittelbar aus
dem Erd=Inneren gehoben." Die Entstehung des Vulkans von
Jorullo selbst wurde von diesem großen Geologen mit der des
Monte nuovo in den phlegräischen Feldern verglichen. Die=
selbe Ansicht der Erhebung von 6 vulkanischen Bergen auf einer

Längenspalte hat sich (s. oben S. 336—337) dem Oberst Riaño und dem Berg-Commissar Fischer 1789, mir bei dem ersten An= blick 1803, Herrn Burkart 1827 als die wahrscheinlichere auf= gedrängt. Bei beiden neuen Bergen, entstanden 1538 und 1759, wiederholen sich dieselben Fragen. Ueber den süd= italischen sind die Zeugnisse von Falconi, Pietro Giacomo di Toledo, Francesco del Nero und Porzio umständlicher, der Zeit der Catastrophe nahe und von gebildeteren Beobachtern abge= faßt. Eines dieser Zeugnisse, das gelehrteste des berühmten Porzio, sagt: »Magnus terrae tractus, qui inter radices mon- tis, quem Barbarum incolae appellant, et mare juxta Aver- num jacet, sese *erigere videbatur* et montis subito nascen- tis figuram imitari. Iste terrae cumulus aperto veluti ore magnos ignes evomuit, pumicesque et lapides, cineresque.« [15]

Von der hier vervollständigten geognostischen Beschreibung des Vulkans von Jorullo gehen wir zu den östlicheren Theilen von Mittel=Mexico (Anahuac) über. Nicht zu verkennende Lavaströme, von meist basaltartiger Grundmasse, hat der Pic von Orizaba nach den neuesten, interessanten Forschungen von Pieschel (März 1854) [16] und H. de Saussure ergossen. Die Gebirgsart des Pic von Orizaba, wie die des von mir erstiegenen großen Vulkans von Toluca [17], ist aus Hornblende, Oligoklas und etwas Obsidian zusammengesetzt. während die Grundmasse des Popocatepetl ein Chimborazo=Gestein ist, zu= sammengesetzt aus sehr kleinen Krystallen von Oligoklas und Augit. An dem Fuß des östlichen Abhanges des Popocatepetl, westlich von der Stadt la Puebla de los Angeles, habe ich in dem Llano de Tetimpa, wo ich die Base zu den Höhen= Bestimmungen der beiden großen, das Thal von Mexico begrenzenden Nevados (Popocatepetl und Iztaccihuatl) gemessen, siebentausend Fuß über dem Meere ein weites und räthselhaftes Lavafeld aufgefunden. Es heißt das Malpais (rauhe Trümmerfeld) von Atlachayacatl, einer niedrigen Trachytkuppe, an deren Abhange der Rio Atlaco entspringt; und erstreckt sich, 60 bis 80 Fuß über die angrenzende Ebene prallig erhoben, von Osten nach Westen, also rechtwinklig den Vulkanen zulaufend. Von dem indianischen Dorfe San Nicolas de los Ranchos bis nach San Buenaventura schätzte ich die Länge des Malpais über 18000, seine Breite 6000 Fuß. Es sind schwarze, theilweise aufgerichtete Lavaschollen von grausig wildem Ansehen, nur sparsam hier und da mit Lichenen überzogen: contrastirend mit der gelblich weißen Bimsstein-Decke, die weit umher alles überzieht. Letztere besteht hier aus grobfasrigen Fragmenten von 2 bis 3 Zoll Durchmesser, in denen bisweilen Hornblende-Krystalle liegen. Dieser gröbere Bimsstein-Sand ist von dem sehr feinkörnigen verschieden, welcher an dem Vulkan Popocatepetl, nahe am Fels el Frayle und an der ewigen Schneegrenze, das Bergbesteigen so gefährlich macht, weil, wenn er an steilen Abhängen sich in Bewegung setzt, die herabrollende Sandmasse alles überschüttend zu vergraben droht. Ob dieses Lava-Trümmerfeld (im Spanischen Malpais, in Sicilien Sciarra viva, in Island Odaada-Hraun) alten, über einander gelagerten Seiten-Ausbrüchen des Popocatepetl angehört oder dem etwas abgerundeten Kegelberg Tetlijolo (Cerro del Corazon de Piedra), kann ich nicht entscheiden. Geognostisch merkwürdig ist noch, daß östlicher, auf dem Wege nach der kleinen Festung Perote, dem alt-aztekischen Pinahuizapan, sich zwischen Ojo de Agua, Venta de Soto und el Portachuelo die vulkanische Formation von grobfasrigem, weißem, zerbröckelndem Perlstein [18] neben einem, wahrscheinlich tertiären Kalkstein (Marmol de la Puebla) erhebt.

Dieser Perlstein ist dem der conischen Hügel von Zinapecuaro (zwischen Merico und Valladolid) sehr ähnlich; und enthält, außer Glimmer-Blättchen und Knollen von eingewachsenem Obsidian, auch eine glasige, bläulich-graue, zuweilen rothe, japis-artige Streifung. Das weite Perlstein-Gebiet ist hier mit feinkörnigem Sande verwitterten Perlsteins bedeckt, welchen man auf den ersten Anblick für Granitsand halten könnte und welcher, trotz seiner Entstehungs-Verwandtschaft, doch von dem eigentlichen, graulich weißen Bimsstein-Sande leicht zu unterscheiden ist. Letzterer gehört mehr der näheren Umgegend von Perote an, dem siebentausend Fuß hohen Plateau zwischen den zwei vulkanischen, Nord-Süd streichenden Ketten des Popocatepetl und des Orizaba.

Wenn man auf dem Wege von Merico nach Veracruz von den Höhen des quarzlosen, trachytartigen Porphyrs der Vigas gegen Canoas und Jalapa anfängt herabzusteigen, überschreitet man wieder zweimal Trümmerfelder von schlackiger Lava: das erste Mal zwischen der Station Parage de Carros und Canoas oder Tochtlacuaya, das zweite Mal zwischen Canoas und der Station Casas de la Hoya. Der erste Punkt wird wegen der vielen aufgerichteten, basaltischen, olivinreichen Lavaschollen Loma de Tablas; der zweite schlechthin el Malpais genannt. Ein kleiner Rücken desselben trachytartigen Porphyrs, voll glasigen Feldspaths, welcher bei la Cruz blanca und Rio frio (am westlichen Abfall der Höhe von las Vigas) dem Arenal (den Perlstein-Sandfeldern) gegen Osten eine Grenze setzt, trennt die eben genannten beiden Zweige des Trümmerfeldes, die Loma de Tablas und das, um vieles breitere Malpais. Die der Gegend Kundigen unter dem Landvolke behaupten, daß der Schlacken-Streifen sich gegen Süd-Süd-West, also gegen den Cofre de Perote hin, verlängere. Da ich den Cofre selbst bestiegen und viele Messungen an ihm vorgenommen[19] habe, so bin ich wenig geneigt gewesen aus einer, allerdings sehr wahrscheinlichen Verlängerung des Lavastromes (als ein solcher ist er in meinen Profilen tab. 9 und 11, wie in dem Nivellement barométrique bezeichnet) zu folgern, daß derselbe jenem, so sonderbar gestalteten Berge selbst entflossen sei. Der Cofre de Perote, zwar an 1300 Fuß höher als der Pic von Teneriffa, aber unbedeutend im Vergleich mit den Colossen Popocatepetl und Orizaba, bildet wie Pichincha einen langen Felsrücken, auf dessen südlichem Ende der kleine Fels-Cubus (la Peña) steht, dessen Form zu der alt-aztekischen Benennung Nauhcampatepetl Anlaß gegeben hat. Der Berg hat mir bei der Besteigung keine Spur von einem eingestürzten Krater, oder von Ausbruch-Mündungen an seinen Abhängen; keine Schlackenmassen, keine ihm gehörige Obsidiane, Perlstein oder Bimssteine gezeigt. Das schwärzlich-graue Gestein ist sehr einförmig aus vieler Hornblende und einer Feldspath-Art zusammengesetzt, welche nicht glasiger Feldspath (Sanidin), sondern Oligoklas ist: was dann die ganze Gebirgsart, welche nicht porös ist, zu einem diorit-artigen Trachyte stempeln würde. Ich schildere die Eindrücke, die ich empfangen. Ist das grausige, schwarze Trümmerfeld (Malpais), bei dem ich hier absichtlich verweile, um der allzu einseitigen Betrachtung vulkanischer Kraft-äußerungen aus dem Inneren entgegenzuarbeiten, auch nicht dem Cofre de Perote selbst an einer Seiten-Oeffnung entflossen; so kann doch die Erhebung dieses isolirten, 12714 Fuß hohen Berges die Veranlassung zu der Entstehung der Loma de Tablas gewesen sein. Es können bei einer solchen Erhebung

weit umher durch Faltung des Bodens Längenspalten
und Spaltengewebe entstanden sein, aus denen unmittelbar
geschmolzene Massen ohne Bildung eigener Berggerüste (geöffneter Kegel oder Erhebungs=Krater) sich bald als dichte Massen, bald als schlackige Lava ergossen haben. Sucht man nicht
vergebens in den großen Gebirgen von Basalt und Porphyrschiefer nach Centralpunkten (Kraterbergen) oder niedrigeren,
umwallten, kreisförmigen Schlünden, denen man ihre gemeinsame Erscheinung zuschreiben könnte? Die sorgfältigste Trennung dessen, was in den Erscheinungen genetisch verschieden
ist: formbildend in Kegelbergen mit offen gebliebenen Gipfel=
Kratern und Seiten=Oeffnungen; oder in umwallten Er-
hebungs=Kratern und Maaren; oder theils aufgestiegen als
geschlossene Glockenberge oder geöffnete Kegel, theils ergossen
aus zusammenscharenden Spalten: ist ein Gewinn für die
Wissenschaft. Sie ist es schon deshalb, weil die Mannigfaltigkeit der Ansichten, welche ein erweiterter Horizont der
Beobachtung nothwendig hervorruft, die streng kritische Vergleichung des Seienden mit dem, wovon man vorgiebt, daß
es die einzige Form der Entstehung sei, am kräftigsten zur
Untersuchung anregt. Ist doch auf europäischem Boden selbst,
auf der, an heißen Quellen reichen Insel Euböa, zu historischen Zeiten in der großen Ebene von Lelanton (fern von
allen Bergen) aus einer Spalte ein mächtiger Lavastrom
ergossen worden. [20]

In der auf die mericanische gegen Süden zunächst folgenden Vulkan=Gruppe von Central=Amerika, wo
18 Kegel= und Glockenberge als jetzt noch entzündet betrachtet
werden können, sind 4 (Nindiri, el Nuevo, Conseguina
und San Miguel de Bosotlan) als Lavaströme gebend erkannt

worden. [21] Die Berge der dritten Vulkan-Gruppe, der von
Popayan und Quito, stehen bereits seit mehr als einem
Jahrhundert in dem Rufe keine Lavaströme, sondern nur unzusammenhangende, aus dem alleinigen Gipfel-Krater ausgestoßene, oft reihenartig herabrollende, glühende Schlackenmassen
zu geben. Dies war schon die Meinung [22] von La Condamine,
als er im Frühjahr 1743 das Hochland von Quito und
Cuenca verließ. Er hatte vierzehn Jahre später, da er von
einer Besteigung des Vesuvs (4 Juni 1755) zurückkehrte, bei
welcher er die Schwester Friedrichs des Großen, die Mark-
gräfinn von Baireuth, begleitete, Gelegenheit sich in einer
akademischen Sitzung über den Mangel von eigentlichen Lavaströmen (laves coulées par torrens de matières liquefiées) aus
den Vulkanen von Quito lebhaft zu äußern. Das in der
Sitzung vom 20 April 1757 gelesene Journal d'un Voyage
en Italie erschien erst 1762 in den Mémoires der Pariser
Akademie, und ist für die Geschichte der Erkennung alter ausgebrannter Vulkane in Frankreich auch darum geognostisch von einiger Wichtigkeit, weil La Condamine in demselben
Tagebuche mit dem ihm eigenen Scharfsinn, ohne von Guettard's, allerdings früheren Behauptungen etwas zu wissen [23],
sich sehr bestimmt über die Existenz alter Kraterseen und ausgebrannter Vulkane im mittleren und nördlichen Italien wie
im südlichen Frankreich ausspricht.

Eben dieser auffallende Contrast zwischen den so früh er-
kannten, schmalen und unbezweifelten Lavaströmen der Auvergne
und der, oft nur allzu absolut behaupteten Abwesenheit jedes
Lava-Ergusses in den Cordilleren hat mich während der ganzen
Dauer meiner Expedition ernsthaft beschäftigt. Alle meine
Tagebücher sind voll von Betrachtungen über dieses Problem,

deſſen Löſung ich lange in der abſoluten Höhe der Gipfel und
in der Mächtigkeit der Umwallung, d. i. der Einſenkung, tra-
chytiſcher Kegelberge in acht= bis neuntauſend Fuß hohen
Bergebenen von großer Breite geſucht habe. Wir wiſſen
aber jetzt, daß ein 16000 Fuß hoher, Schlacken auswerfender Vulkan von Quito, der von Macas, ununterbrochen um
vieles thätiger iſt als die niedrigen Vulkane Izalco und
Stromboli; wir wiſſen, daß die öſtlichen Dom= und Kegelberge, Antiſana und Sangay, gegen die Ebene des Napo und
Paſtaza: die weſtlichen, Pichincha, Iliniza und Chimborazo,
gegen die Zuflüſſe des ſtillen Oceans hin freie Abhänge haben.
Auch unumwallt ragt bei vielen der obere Theil noch acht=
bis neuntauſend Fuß hoch über die Hochebene empor. Dazu
ſind ja alle dieſe Höhen über der Meeresfläche, welche, wenn
gleich nicht ganz mit Recht, als die mittlere Höhe der Erd=
oberfläche betrachtet wird, unbedeutend in Hinſicht auf die
Tiefe, in welcher man den Sitz der vulkaniſchen Thätigkeit
und die zur Schmelzung der Geſteinmaſſen nöthige Temperatur
vermuthen kann.

Die einzigen ſchmäleren Lava=Ausbruchen ähnlichen Erſcheinungen, die ich in den Cordilleras von Quito aufgefunden,
ſind diejenigen, welche der Bergcoloß des Antiſana, deſſen
Höhe ich durch eine trigonometriſche Meſſung auf 17952 Fuß
(5833ᵐ) beſtimmt habe, darbietet. Da die Geſtaltung hier
die wichtigſten Criterien an die Hand giebt, ſo werde ich die
ſyſtematiſche und den Begriff der Entſtehung zu eng beſchrän-
kende Benennung Lava. gleich anfangs vermeiden und mich
nur ganz objectiv der Bezeichnungen von „Felstrümmern"
oder „Schuttwällen" (traînées de masses volcaniques)
bedienen. Das mächtige Gebirge des Antiſana bildet in

12625 Fuß Höhe eine fast ovalförmige, in langem Durch=
messer über 12500 Toisen weite Ebene, aus welcher insel=
förmig der mit ewigem Schnee bedeckte Theil des Vulkans
aufsteigt. Der höchste Gipfel ist abgerundet und domförmig.
Der Dom ist durch einen kurzen, zackigen Rücken mit einem,
gegen Norden vorliegenden, abgestumpften Kegel verbunden.
In der, theils oben und sandigen, theils mit Gras bedeckten
Hochebene (dem Aufenthalt einer sehr muthigen Stier=Race,
welche wegen des geringen Luftdruckes leicht Blut aus Mund
und Nasenlöchern ausstoßen, wenn sie zu großer Muskel=An=
strengung angeregt werden) liegt eine kleine Meierei (Hacienda),
ein einzelnes Haus, in welchem wir bei einer Temperatur von
3⁰,7 bis 9⁰ Cent. vier Tage zubrachten. Die große Ebene,
keineswegs umwallt, wie in Erhebungs=Kratern, trägt
die Spuren eines alten Seebodens. Als Rest der alten Was=
serbedeckung ist westlich von den Altos de la Moya die Laguna
Mica zu betrachten. Am Rande der ewigen Schneegrenze ent=
springt der Rio Tinajillas, welcher später unter dem Namen
Rio de Quiros ein Zufluß des Maspa, des Napo und des
Amazonenflusses wird. Zwei Steinwälle: schmale, mauerförmige
Erhöhungen, welche ich auf dem von mir aufgenommenen Si=
tuationsplane vom Antisana als coulées de laves bezeichnet
habe, und welche die Eingeborenen Volcan de la Hacienda und
Yana Volcan (yana bedeutet schwarz oder braun in der
Oquechhua=Sprache) nennen; gehen bandförmig aus von dem
Fuß des Vulkans am unteren Rande der ewigen Schneegrenze,
vom südwestlichen und nördlichen Abhange, und erstrecken sich,
wie es scheint, mit sehr mäßigem Gefälle, in der Richtung
von NO—SW über 2000 Toisen weit in die Ebene hinein.
Sie haben bei sehr geringer Breite wohl eine Höhe von 180

bis 200 Fuß über dem Boden der Llanos de la Hacienda, de Santa Lucia und del Cuvillan. Ihre Abhänge sind überall sehr schroff und steil, selbst an den Endpunkten. Sie bestehen in ihrem jetzigen Zustande aus schaligen, meist scharfkantigen Felstrümmern eines schwarzen basaltischen Gesteins, ohne Olivin und Hornblende, aber sparsam kleine weiße Feldspath-Krystalle enthaltend. Die Grundmasse hat oft einen pechsteinartigen Glanz und enthielt Obsidian eingemengt, welcher besonders in sehr großer Menge und noch deutlicher in der sogenannten Cueva de Antisana zu erkennen war, deren Höhe wir zu 14958 Fuß fanden. Es ist keine eigentliche Höhle, sondern ein Schutz, welchen den bergbesteigenden Viehhirten und also auch uns gegen einander gefallene und sich wechselseitig unterstützende Felsblöcke bei einem furchtbaren Hagelschauer gewährten. Die Cueva liegt etwas nördlich von dem Volcan de la Hacienda. In den beiden schmalen Steinwällen, die das Ansehen erkalteter Lavaströme haben, zeigen sich die Tafeln und Blöcke theils an den Rändern schlackig, ja schwammartig aufgetrieben, theils verwittert und mit erdigem Schutt gemengt.

Analoge, aber mehr zusammengesetzte Erscheinungen bietet ein anderes, ebenfalls bandartiges Steingerolle dar. Es liegen nämlich an dem östlichen Abfall des Antisana, wohl um 1200 Fuß senkrecht tiefer als die Ebene der Hacienda, in der Richtung nach Pinantura und Pintac hin, zwei kleine runde Seen, von denen der nördlichere Ansango, der südlichere Lecheyacu heißt. Der erste hat einen Inselfels und wird, was sehr entscheidend ist, von Bimsstein-Gerolle umgeben. Jeder dieser Seen bezeichnet den Anfang eines Thales; beide Thäler vereinigen sich, und ihre erweiterte Fortsetzung führt den Namen

Volcan de Ansango, weil von dem Rande beider Seen schmale
Felstrümmer-Züge, ganz den zwei Steinwällen der Hochebene,
die wir oben beschrieben haben, ähnlich, nicht etwa die Thäler
ausfüllen, sondern sich in der Mitte derselben dammartig
bis zu 200 und 250 Fuß Höhe erheben. Ein Blick, auf den
Situationsplan geworfen, den ich in dem Atlas géographique et physique meiner amerikanischen Reise (Pl. 26)
veröffentlicht, wird diese Verhältnisse verdeutlichen. Die Blöcke
sind wieder theils scharfkantig, theils an den Rändern ver-
schlackt, ja coakartig gebrannt. Es ist eine basaltartige, schwarze
Grundmasse mit sparsam eingesprengtem glasigem Feldspath;
einzelne Fragmente sind schwarzbraun und von mattem Pech-
stein-Glanze. So basaltartig auch die Grundmasse erscheint,
fehlt doch ganz in derselben der Olivin, welcher so häufig
am Rio Pisque und bei Guallabamba sich findet, wo ich
68 Fuß hohe und 3 Fuß dicke Basaltsäulen sah, die gleichzeitig
Olivin und Hornblende eingesprengt enthalten. In dem Stein-
wall von Ansango deuten viele Tafeln, durch Verwitterung
gespalten, auf Porphyrschiefer. Alle Blöcke haben eine gelb-
graue Verwitterungs-Kruste. Da man den Trümmerzug (los
derrumbamientos, la reventazon nennen es die spanisch reden-
den Eingebornen) vom Rio del Molino unfern der Meierei von
Pintac aufwärts bis zu den von Bimsstein umgebenen kleinen
Kraterseen (mit Wasser gefüllten Schlünden) verfolgen kann,
so ist natürlich die Meinung wie von selbst entstanden, daß
die Seen die Oeffnungen sind, aus welchen die Steinblöcke
an die Oberfläche kamen. Wenige Jahre vor meiner Ankunft
in dieser Gegend hatte ohne bemerkbare vorhergegangene Erderschütterung der Trümmerzug sich auf der geneigten Fläche
Wochen lang in Bewegung gesetzt, und durch den Drang und

Stoß der Steinblöcke waren einige Häuser bei Pintac umgestürzt worden. Der Trümmerzug von Ansango ist noch ohne
alle Spur von Vegetation, die man schon, wenn gleich sehr
sparsam, auf den zwei, gewiß älteren, mehr verwitterten Ausbrüchen der Hochebene von Antisana findet.

Wie soll diese Art der Aeußerung vulkanischer Thätigkeit benannt [24] werden, deren Wirkung ich schildere? Haben
wir hier zu thun mit Lavaströmen? oder nur mit halb ver-
schlackten und glühenden Massen, die unzusammenhangend, aber
in Zügen, dicht an einander gedrängt (wie in uns sehr
nahen Zeiten am Cotopaxi) ausgestoßen werden? Sind die
Steinwälle vom Yana-Vulkan und Ansango vielleicht gar
feste fragmentarische Massen gewesen, welche ohne erneuerte
Erhöhung der Temperatur aus dem Inneren eines vulkanischen Kegelberges, in dem sie lose angehäuft und also schlecht
unterstützt lagen, von Erdbeben erschüttert und kleine locale
Erdbeben erregend, durch Stoß oder Fall getrieben, ausbrachen? Ist keine der drei angedeuteten, so verschiedenartigen Aeußerungen der vulkanischen Thätigkeit hier anwend-
bar? und sind die linearen Anhäufungen von Felstrümmern
auf Spalten an den Orten, wo sie jetzt liegen (am Fuß
und in der Nähe eines Vulkans), erhoben worden? Die
beiden Trümmerwälle in der so wenig geneigten Hochebene,
Volcan de la Hacienda und Yana Volcan genannt, die ich
einst, doch nur muthmaßlich, als erkaltete Lavaströme ange-
sprochen, scheinen mir heute noch, in so alter Erinnerung,
wenig die letztere Ansicht unterstützendes darzubieten. Bei dem
Volcan de Ansango, dessen Trümmerreihe man wie ein Strom-
bette bis zu den Bimsstein-Rändern von zwei kleinen Seen
ohne Unterbrechung verfolgen kann, widerspricht allerdings das

Gefälle, der Niveau=Unterschied von Pinantura (1482 T.) und Lecheyacu (1900 T.) in einem Abstande von etwa 7700 T. keinesweges dem, was wir jetzt von den, im Mittelwerthe so geringen Neigungs=Winkeln der Lavaströme zu wissen glauben. Aus dem Niveau=Unterschiede von 418 T. folgt eine Neigung von 3⁰ 6′. Ein partielles Aufsteigen des Bodens in der Mitte der Thalsohle würde nicht einmal ein Hinderniß scheinen, weil Rückstauungen flüssiger, thalaufwärts getriebener Massen z. B. bei der Eruption des Scaptar Jökul auf Island im Jahr 1783 beob=achtet worden sind (Naumann, Geognosie Bd. I. S. 160).

Das Wort Lava bezeichnet keine besondere mineralische Zusammensetzung des Gesteins; und wenn Leopold von Buch sagt, daß alles Lava ist, was im Vulkan fließt und durch seine Flüssigkeit neue Lagerstätten annimmt: so füge ich hinzu, daß auch nicht von neuem Flüssig=Gewordenes, aber in dem In=neren eines vulkanischen Kegels Enthaltenes, seine Lagerstätte verändern kann. Schon in der ersten Be=schreibung²⁵ meines Versuchs den Gipfel des Chimborazo zu ersteigen (veröffentlicht erst 1837 in Schumacher's astronomi=schem Jahrbuche) habe ich diese Vermuthung geäußert, indem ich von den merkwürdigen „Stücken von Augit=Porphyr sprach, welche ich am 23 Junius 1802 in achtzehntausend Fuß Höhe auf dem schmalen zum Gipfel führenden Felskamm in losen Stücken von zwölf bis vierzehn Zoll Durchmesser sammelte. Sie waren kleinzellig, mit glänzenden Zellen, porös und von rother Farbe. Die schwärzesten unter ihnen sind bisweilen bimssteinartig leicht und wie frisch durch Feuer verändert. Sie sind indeß nie in Strömen lavaartig geflossen, sondern wahr=scheinlich auf Spalten an dem Abhange des früher empor=gehobenen glockenformigen Berges herausgeschoben." Diese

genetische Erklärungsweise könnte reichhaltige Unterstützung finden durch die Vermuthungen Bouffingault's, der die vulkanischen Kegel selbst „als einen Haufen ohne alle Ordnung
über einander gethürmter, in starrem Zustande gehobener,
eckiger Trachyt-Trümmer betrachtet. Da nach der Aufhäufung
die zertrümmerten Felsmassen einen größeren Raum als vor
der Zertrümmerung einnehmen, so bleiben zwischen ihnen große
Höhlungen, indem durch Druck und Stoß (die Wirkung der
vulkanischen Dampfkraft abgerechnet) Bewegung entsteht." Ich
bin weit entfernt an dem partiellen Vorkommen solcher Bruchstücke und Höhlungen, die sich in den Nevados mit Wasser
füllen, zu zweifeln: wenn auch die schönen, regelmäßigen, meist
ganz senkrechten Trachyt-Säulen vom Pico de los Ladrillos
und Tablahuma am Pichincha, und vor allem über dem
kleinen Wasserbecken Yana-Cocha am Chimborazo mir an
Ort und Stelle gebildet scheinen. Mein theurer und vieljähriger Freund Bouffingault, dessen chemisch-geognostische und
meteorologische Ansichten ich immer gern theile, hält, was
man den Vulkan von Ansango nennt und was mir jetzt
eher als ein Trümmer-Ausbruch aus zwei kleinen
Seiten-Kratern (am westlichen Antisana, unterhalb des
Chussulongo) erscheint, für Hebung von Blöcken [26] auf langen
Spalten. Er dringt, da er 30 Jahre nach mir selbst diese
Gegend scharfsinnig durchforscht hat, auf die Analogie, welche
ihm die geognostischen Verhältnisse des Ausbruchs von Ansango zum Antisana und des Yana-Urcu, von dem ich
einen besonderen Situationsplan aufgenommen, zum Chimborazo darzubieten scheinen. Zu dem Glauben an eine Erhebung auf Spalten unmittelbar unter der ganzen linearen Erstreckung des Trümmerzuges von Ansango war ich weniger

geneigt, da dieser Trümmerzug, wie ich schon mehrmals erinnert, an seiner oberen Extremität auf die zwei, jetzt mit Wasser bedeckten Schlünde hinweist. Unfragmentarische, mauerartige Erhebungen von großer Länge und gleichmäßiger Richtung sind mir übrigens gar nicht fremd, da ich sie in unserer Hemisphäre, in der chinesischen Mongolei, in flözartig gelagerten Granitbänken gesehen und beschrieben habe. [27]

Der Antisana hat einen Feuerausbruch [28] im Jahr 1590 und einen anderen im Anfange des vorigen Jahrhunderts, wahrscheinlich 1728, gehabt. Nahe dem Gipfel an der nord=nord=östlichen Seite bemerkt man eine schwarze Felsmasse, auf der selbst frisch gefallener Schnee nicht haftet. An diesem Punkte sah man im Frühjahr 1801 mehrere Tage lang, zu einer Zeit, wo der Gipfel auf allen Seiten völlig frei von Gewölk war, eine schwarze Rauchsäule aufsteigen. Wir gelangten, Bonpland, Carlos Montufar und ich, am 16 März 1802 auf einer Felsgräte, die mit Bimsstein und schwarzen, basaltartigen Schlacken bedeckt war, in der Region des ewigen Schnees bis 2837 Toisen, also 2213 Fuß höher als der Montblanc. Der Schnee war, was unter den Tropen so selten ist, fest genug, um uns an mehreren Punkten neben der Felsgräte zu tragen (Luft=Temperatur — 1°,8 bis + 1°,4 Cent.). An dem mittägigen Abhange, welchen wir nicht bestiegen, an der **Piedra de azufre**, wo sich Gestein=Schalen bisweilen durch Verwitterung von selbst ablösen, findet man reine Schwefelmassen von 10 bis 12 Fuß Länge und 2 Fuß Dicke; Schwefelquellen fehlen in der Umgegend.

Obgleich in der östlichen Cordillere der Vulkan Antisana und besonders sein westlicher Abhang (von Ansango und Pinantura gegen das Dörfchen Pedregal hin) durch den

ausgebrannten Vulkan Paſſuchoa [29] mit ſeinem weit erkennbaren
Krater (la Peila), durch den Nevado Sinchulahua und den niedrigeren Rumiñaui vom Cotopaxi getrennt ſind; ſo iſt doch eine
gewiſſe Aehnlichkeit zwiſchen den Gebirgsarten beider Coloſſe.
Vom Quinche an hat die ganze öſtliche Andeskette Obſidian
hervorgebracht; und doch gehören el Quinche, Antiſana und
Paſſuchoa zu dem Baſſin, in welchem die Stadt Quito liegt,
während Cotopaxi ein anderes Baſſin begrenzt: das von Lactacunga, Hambato und Riobamba. Der kleine Bergknoten
der Altos von Chiſinche trennt nämlich, einem Damme gleich,
die beiden Becken; und, was dieſer Kleinheit wegen auffallend
genug iſt, die Waſſer des nördlichen Abfalles von Chiſinche
gehen durch die Rios de San Pedro, de Pita und de Guallabamba in die Südſee, wenn die des ſüdlichen Abhanges durch
den Rio Alaques und de San Felipe dem Amazonenſtrom und
dem atlantiſchen Ocean zufließen. Die Gliederung der Cordilleren durch Bergknoten und Bergdämme (bald niedrig, wie
die eben genannten Altos; bald an Höhe gleich dem Montblanc, wie am Wege über den Paso del Assuay) ſcheint ein
neueres und auch minder wichtiges Phänomen zu ſein als die
Erhebung der getheilten parallelen Bergzüge ſelbſt. Wie der
Cotopaxi, der mächtigſte aller Vulkane von Quito, viele Analogie in dem Trachyt-Geſtein mit dem Antiſana darbietet, ſo
findet man auch an den Abhängen des Cotopaxi und in größerer
Zahl die Reihen von Felsblöcken (Trümmerzüge) wieder, welche
uns oben lange beſchäftigt haben.

Es lag den Reiſenden beſonders daran dieſe Reihen bis an
ihren Urſprung oder vielmehr bis dahin zu verfolgen, wo ſie unter der ewigen Schneedecke verborgen liegen. Wir ſtiegen an dem
ſüdweſtlichen Abhange des Vulkans von Mulalo (Mulahalo) aus,

längs dem Rio Alaques, der sich aus dem Rio de los Baños
und dem Rio Barrancas bildet, nach Pansache (11322 Fuß)
aufwärts, wo wir die geräumige Casa del Paramo in der
Grasebene (el Pajonal) bewohnten. Obgleich sporadisch bis
dahin viel nächtlicher Schnee gefallen war, so gelangten wir
doch östlich von dem vielberufenen Inga-Kopf (Cabeza del
Inga) erst in die Quebrada und Reventazon de las Minas,
und später noch östlicher über das Alto de Suniguaicu bis zur
Schlucht des Löwenberges (Puma-Urcu), wo das Barometer doch nur erst eine Höhe von 2263 Toisen oder 13578
Fuß anzeigte. Ein anderer Trümmerzug, den wir aber bloß aus
der Entfernung sahen, hat sich vom östlichen Theile des mit
Schnee bedeckten Aschenkegels gegen den Rio Negro (Zufluß des
Amazonenstroms) und gegen Valle vicioso hin bewegt. Ob
diese Blöcke als glühende, nur an den Rändern geschmolzene
Schlackenmassen, — bald eckig, bald rundlich, von 6 bis 8 Fuß
Durchmesser; selten schalig, wie es die des Antisana sind —, alle
aus dem Gipfel-Krater zu großen Höhen ausgeworfen, an den
Abhang des Cotopari herabgefallen und durch den Sturz der
geschmolzenen Schneewasser in ihrer Bewegung beschleunigt
worden sind; oder ob sie, ohne durch die Luft zu kommen,
aus Seitenspalten des Vulkans ausgestoßen wurden, wie das
Wort reventazon andeuten würde: bleibt ungewiß. Von Suniguaicu und bei Quebrada del Mestizo bald zurückkehrend,
untersuchten wir den langen und breiten Rücken, welcher, von
NW in SO streichend, den Cotopari mit dem Nevado de
Quelendaña verbindet. Hier fehlen die gereihten Blöcke, und
das Ganze scheint eine dammartige Erhebung, auf deren Rücken
der kleine Kegelberg el Morro und, dem hufeisenförmigen Quelendaña näher, mehrere Sümpfe, wie auch zwei kleine Seen (Lagunas

de Yaurıcocha unb de Verdecocha) liegen. Das Gestein des
Morro unb ber ganzen linearen vulfanischen Erhebung war grün=
lich grauer Porphyrschiefer, in achtzöllige Schichten abgesondert,
die sehr regelmäßig mit 60° nach Osten fielen. Von eigent=
lichen Lavaströmen war nirgends eine Spur. [30]

Wenn auf der bimssteinreichen Insel Lipari, nördlich
von Caneto, aus dem wohlerhaltenen, ausgebrannten Krater
des Monte di Campo Bianco ein Lavastrom von Bimsstein
unb Obsidian sich gegen das Meer herabzieht, in welchem die
Fasern der ersten Substanz merkwürdig genug der Richtung
des Stromes parallel laufen [31]; so bieten dagegen, nach meiner
Untersuchung der örtlichen Verhältnisse, die ausgedehnten Bims=
stein=Brüche eine Meile von Lactacunga eine Analogie mit
jenem Vorkommen auf Lipari dar. Diese Brüche, in denen
der Bimsstein, in horizontale Bänke getheilt, ganz das An=
sehen von einem anstehenden Gesteine hat, erregten schon
(1737) das Erstaunen von Bouguer. [32] »On ne trouve«,
sagt er, »sur les montagnes volcaniques que de simples
fragments de pierre-ponce d'une certaine grosseur; mais à
7 lieues au sud du Cotopaxi, dans un point qui répond à
notre dixième triangle, la pierre-ponce forme des rochers
entiers; ce sont des bancs parallèles de 5 à 6 pieds d'épaisseur dans un espace de plus d'une lieue carrée. On n'en
connoît pas la profondeur. Qu'on s'imagine, quel feu il
a fallu pour mettre en fusion cette masse énorme, et dans
l'endroit même où elle se trouve aujourd'hui: car on re-
connoît aisément qu'elle n'a pas été dérangée et qu'elle s'est
refroidie dans l'endroit où elle a été liquifiée. On a dans
les environs profité du voisinage de cette immense carrière:
car la petite ville de Lactacunga, avec de très jolis edifices,

est entièrement bâtie de pierre - ponce depuis le tremblement de terre qui la renversa en 1698.«

Die Bimsstein=Brüche liegen bei dem Indianer=Dorfe
San Felipe, in den Hügeln von Guapulo und Zumbalica,
welche 480 Fuß über der Hochebene und 9372 Fuß über der
Meeresfläche erhoben sind. Die obersten Bimsstein=Schichten
sind also fünf= bis sechshundert Fuß unter dem Niveau von
Mulalo, der einst architectonisch schönen, durch häufige Erdstöße aber ganz zertrümmerten Villa des Marques de Maenza
(am Fuß des Cotopari), ebenfalls von Bimsstein=Blöcken erbaut. Die unterirdischen Brüche sind von den beiden thätigen
Vulkanen Tungurahua und Cotopari ungleich entfernt: von
ersterem 8 geogr. Meilen, dem letzteren um die Hälfte näher.
Man gelangt zu ihnen durch einen Stollen. Die Arbeiter
versichern, daß man aus den horizontalen, festen Schichten,
von denen einige wenige mit lettigem Bimsstein=Schutt umgeben sind, vierkantige, durch keine seigere Queerklüfte getrennte Blöcke von 20 Fuß erlangen könnte. Der Bimsstein,
theils weiß, theils bläulich grau, ist sehr fein= und langfasrig,
von seidenartigem Glanze. Die parallelen Fasern haben bisweilen ein knotiges Ansehen, und zeigen dann eine sonderbare
Structur. Die Knoten werden durch 1 bis 1½ Linien breite,
rundliche Brocken von feinporigem Bimsstein gebildet, um welche
sich lange Fasern zum Einschlusse krümmen. Bräunlich schwarzer
Glimmer in sechsseitigen kleinen Tafeln, weiße Oligoklas=
Krystalle und schwarze Hornblende sind darin sparsam zerstreut; dagegen fehlt ganz der glasige Feldspath, welcher sonst
wohl (Camaldoli bei Neapel) im Bimsstein vorkommt. Der
Bimsstein des Cotopari ist von dem der Zumbalica=Brüche
sehr verschieden [33]: er ist kurzfasrig; nicht parallel, sondern

verworren gekrümmt. Magnesia = Glimmer ist aber nicht bloß den
Bimssteinen eigen, sondern auch der Grundmasse des Tra=
chyts[34] vom Cotopaxi nicht fremd. Dem südlicher gelegenen
Vulkan Tunguragua scheint der Bimsstein ganz zu fehlen. Von
Obsidian ist in der Nähe der Steinbrüche von Zumbalica keine
Spur, aber in sehr großen Massen habe ich schwarzen Obsi=
dian von muschligem Bruch in bläulich grauen, verwitterten
Perlstein eingewachsen gefunden unter den vom Cotopaxi aus=
gestoßenen und bei Mulalo liegenden Blöcken. Fragmente da=
von werden in der königlichen Mineralien = Sammlung zu Berlin
aufbewahrt. Die hier beschriebenen Bimsstein = Brüche, vier
deutsche Meilen vom Fuß des Cotopaxi entfernt, scheinen da=
her ihrer mineralogischen Beschaffenheit nach jenem Kegelberge
ganz fremd zu sein, und mit demselben nun in dem Zusammen=
hange zu stehen, welchen alle Vulkane von Pasto und Quito
mit dem, viele hundert Quadratmeilen einnehmenden, vulka=
nischen Heerde der Aequatorial = Cordilleren darbieten. Sind
diese Bimssteine das Centrum und Innere eines eigenen Er=
hebungs = Kraters gewesen, dessen äußere Umwallung in den
vielen Umwälzungen, welche die Oberfläche der Erde hier er=
litten hat, zerstört worden ist? oder sind sie bei den ältesten
Faltungen der Erdrinde hier auf Spalten horizontal in schein=
barer Ruhe abgelagert worden? Denn die Annahme von wässri=
gen Sediment=Anschwemmungen, wie sie sich bei den vulkani=
schen, mit Pflanzenresten und Muscheln gemengten Tuffmassen
oft zeigen, ist mit noch größeren Schwierigkeiten verbunden.

Dieselben Fragen regt die große, von allem intumescirten
vulkanischen Gerüste entfernte Masse von Bimsstein an, die ich
in der Cordillere von Pasto zwischen Mamendoy und dem Cerro
del Pulpito, neun geographische Meilen nördlich vom thätigen

Vulkan von Pasto, am Rio Mayo fand. Leopold von
Buch hat auch auf einen ähnlichen, von Meyen beschriebenen,
ganz isolirten Ausbruch von Bimsstein, der als Gerölle einen
300 Fuß hohen Hügel bildet, in Chili, östlich von Valparaiso,
bei dem Dorfe Tollo, aufmerksam gemacht. Der im Aufsteigen
Juraschichten erhebende Vulkan Maypo ist noch zwei volle
Tagereisen von diesem Bimsstein=Ausbruch entfernt. [35] Auch
der preußische Gesandte in Washington, Friedrich von Gerolt,
dem wir die ersten geognostisch colorirten Karten von Mexico
verdanken, erwähnt „einer unterirdischen Gewinnung von Bims=
stein zu Bauten" bei Huichapa, 8 geogr. Meilen südöstlich von
Queretaro, fern von allen Vulkanen. [36] Der geologische Er=
forscher des Caucasus, Abich, ist zufolge seiner eigenen Beob=
achtungen zu glauben geneigt, daß am nördlichen Abfall der
Centralkette des Elburuz die mächtige Eruption von Bimsstein
bei dem Dorfe Tschegem, in der kleinen Kabarda, als eine
Spaltenwirkung viel älter sei wie das Aufsteigen des,
sehr fernen, eben genannten Kegelberges.

Wenn demnach die vulkanische Thätigkeit des Erdkörpers
durch Ausstrahlung der Wärme gegen den Weltraum bei Ver=
minderung seiner ursprünglichen Temperatur und im Zusammen=
ziehen der oberen erkaltenden Schichten Spalten und Fal=
tungen (fractures et rides), also gleichzeitig Senkung der
oberen und Emportreibung der unteren Theile [37], erzeugt;
so ist natürlich als Maaß und Zeugen dieser Thätigkeit in den
verschiedenen Regionen der Erde die Zahl der erkennbar ge=
bliebenen, aus den Spalten aufgetriebenen, vulkanischen Ge=
rüste (der geöffneten Kegel= und domförmigen Glockenberge)
betrachtet worden. Man hat mehrfach und oft sehr unvollkom=
men diese Zählung versucht; Auswurfs=Hügel und Solfataren,

die zu einem und demselben Systeme gehören, wurden als beson=
dere Vulkane aufgeführt. Die Größe der Erdräume, welche bis=
her im Inneren der Continente allen wissenschaftlichen Unter=
suchungen verschlossen bleiben, ist für die Gründlichkeit dieser
Arbeit ein nicht so bedeutendes Hinderniß gewesen, als man
gewöhnlich glaubt, da Inseln und den Küsten nahe Regionen im
ganzen der Hauptsitz der Vulkane sind. In einer numerischen
Untersuchung, welche nach dem jetzigen Zustande unserer Kennt=
nisse nicht zum völligen Abschluß gebracht werden kann, ist
schon viel gewonnen, wenn man zu einem Resultat gelangt, das
als eine untere Grenze zu betrachten ist; wenn mit großer
Wahrscheinlichkeit bestimmt werden kann, auf wie vielen Punk=
ten das flüssige Innere der Erde noch in historischer Zeit mit
der Atmosphäre in lebhaftem Verkehr geblieben ist. Eine solche
Lebhaftigkeit äußert sich dann und meist gleichzeitig in Aus=
brüchen aus vulkanischen Gerüsten (Kegelbergen), in der
zunehmenden Wärme und Entzündlichkeit der Thermal= und
Naphtha=Quellen, in der vermehrten Ausdehnung der Er=
schütterungskreise: Erscheinungen, welche alle in innigem Zu=
sammenhange und in gegenseitiger Abhängigkeit von einander
stehen. [35] Leopold von Buch hat auch hier wieder das große
Verdienst, in den Nachträgen zu der physicalischen Be=
schreibung der canarischen Inseln, zum ersten Male
unternommen zu haben die Vulkan=Systeme des ganzen
Erdkörpers, nach gründlicher Unterscheidung von Central=
und Reihen=Vulkanen, unter Einen kosmischen Gesichts=
punkt zu fassen. Meine eigene neueste und schon darum wohl voll=
ständigere Aufzählung, nach Grundsätzen unternommen, welche
ich oben (S. 289 und 309) bezeichnet: also ungeöffnete
Glockenberge, bloße Ausbruch=Kegel ausschließend; giebt als

wahrscheinliche untere Grenzzahl (nombre limite inférieur)
ein Resultat, das von allen früheren beträchtlich abweicht.
Sie strebt die Vulkane zu bezeichnen, welche thätig in die
historische Zeit eingetreten sind.

Es ist mehrfach die Frage angeregt worden, ob in den
Theilen der Erdoberfläche, in welchen die meisten Vulkane zu=
sammengedrängt sind und wo die Reaction des Erd=Inneren
auf die starre (feste) Erdkruste sich am thätigsten zeigt, der ge=
schmolzene Theil vielleicht der Oberfläche näher liege? Welches
auch der Weg ist, den man einschlägt, die mittlere Dicke
der festen Erdkruste in ihrem Marimum zu bestimmen:
sei es der rein mathematische, welchen die theoretische Astrono=
mie eröffnen soll [39]; oder der einfachere, welcher auf das Gesetz
der mit der Tiefe zunehmenden Wärme in dem Schmelzungs=
grade der Gebirgsarten gegründet ist [40]: so bietet die Lösung
dieses Problems doch noch eine große Zahl jetzt unbestimmbarer
Größen dar. Als solche sind zu nennen: der Einfluß eines un=
geheuren Druckes auf die Schmelzbarkeit; die so verschiedene
Wärmeleitung heterogener Gebirgsarten; die sonderbare, von
Edward Forbes behandelte Schwächung der Leitungsfähigkeit bei
großer Zunahme der Temperatur; die ungleiche Tiefe des oceani=
schen Beckens; die localen Zufälligkeiten in dem Zusammenhange
und der Beschaffenheit der Spalten, welche zu dem flüssigen
Inneren hinabführen! Soll die größere Nähe der oberen Grenz=
schicht des flüssigen Inneren in einzelnen Erdregionen die Häufig=
keit der Vulkane und den mehrfacheren Verkehr zwischen der
Tiefe und dem Luftkreise erklären, so kann allerdings diese Nähe
wiederum abhangen: entweder von dem relativen mittleren
Höhen=Unterschiede des Meeresbodens und der Continente; oder
oder von der ungleichen senkrechten Tiefe, in welcher unter

verschiedenen geographischen Längen und Breiten sich die Ober=
fläche der geschmolzenen, flüssigen Masse befindet. Wo aber
fängt eine solche Oberfläche an? giebt es nicht Mittelgrade
zwischen vollkommener Starrheit und vollkommener Verschieb=
barkeit der Theile? Uebergänge, die bei den Streitigkeiten über
den Zustand der Zähigkeit einiger plutonischer und vulkanischer
Gebirgs=Formationen, welche an die Oberfläche erhoben wor=
den, so wie bei der Bewegung der Gletscher oft zur Sprache
gekommen sind? Solche Mittelzustände entziehen sich einer
mathematischen Betrachtung eben so sehr wie der Zustand des
sogenannten flüssigen Inneren unter einer ungeheuren Com=
pression. Wenn es schon an sich nicht ganz wahrscheinlich ist,
daß die Wärme überall fortfahre mit der Tiefe in arithmetischer
Progression zu wachsen, so können auch locale Zwischen=
Störungen eintreten, z. B. durch unterirdische Becken (Höh=
lungen in der starren Masse), welche von Zeit zu Zeit von
unten theilweise mit flüssiger Lava und darauf ruhenden Däm=
pfen angefüllt sind. [41] Diese Höhlungen läßt schon der unsterb=
liche Verfasser der Protogäa eine Rolle spielen in der Theorie
der abnehmenden Centralwärme: »Postremo credibile est con-
trahentem se refrigeratione crustam *bullas* reliquisse, in-
gentes pro rei magnitudine, id est sub vastis fornicibus
cavitates.« [42] Je unwahrscheinlicher es ist, daß die Dicke der
schon erstarrten Erdkruste in allen Gegenden dieselbe sei, desto
wichtiger ist die Betrachtung der Zahl und der geographi=
schen Lage der noch in historischen Zeiten geöffnet gewesenen
Vulkane. Eine solche Betrachtung der Geographie der
Vulkane kann nur durch oft erneuerte Versuche vervoll=
kommnet werden.

I. Europa.

Aetna

Volcano in den Liparen

Stromboli

Ischia

Vesuv

Santorin

Lemnos:

alle zum großen Becken des mittelländischen Meeres, aber zu den
europäischen Ufern desselben, nicht zu den afrikanischen, gehörig;
alle 7 Vulkane in bekannten historischen Zeiten noch thätig; der
brennende Berg Mosychlos auf Lemnos, welchen Homer
den Lieblingssitz des Hephästos nennt, erst nach den Zeiten
des großen Macedoniers sammt der Insel Chryse durch Erdstöße zertrümmert und in den Meeresfluthen versunken (Kosmos Bd. I. S. 256 und 456 Anm. 9; Ufert, Geogr.
der Griechen und Römer Th. II. Abth. 1. S. 198).
Die große, seit fast 1900 Jahren (186 vor Chr. bis 1712
unserer Zeitrechnung) sich mehrmals wiederholende Hebung der
drei Kaimenen in der Mitte des Golfs von Santorin (theilweise umschlossen von Thera, Therasia und Aspronisi) hat bei
dem Entstehen und Verschwinden auffallende Aehnlichkeit gehabt
mit dem, freilich sehr kleinen Phänomen der temporären Bildung der Insel, welche man Graham, Julia und Ferdinandea
nannte, zwischen Sciacca und Pantellaria. Auf der Halbinsel
Methana, deren wir schon oft erwähnt (Kosmos Bd. I.
S. 453, Bd. IV. Anm. 86 zu S. 273), sind deutliche Spuren
vulkanischer Ausbrüche im rothbraunen Trachyt, der aus dem

Kalfstein aufsteigt bei Kamenochari und Kameno (Curtius, Pelop. Bd. II. S. 439).

Vor-historische Vulkane mit frischen Spuren von Lava-Erguß aus Krateren sind, von Norden nach Süden aufgezählt: die der Eifel (Mosenberg, Geroldstein) am nördlichsten; der große Erhebungs-Krater, in welchem Schemnitz liegt; Auvergne (Chaîne des Puys oder der Monts Dômes, le Cône du Cantal, les Monts-Dore); Vivarais, in welchem die alten Laven aus Gneiß ausgebrochen sind (Coupe d'Aysac und Kegel von Montpezat); Velay: Schlacken-Ausbrüche, von denen keine Laven ausgehen; die Euganeen; das Albaner-Gebirge, Rocca Monfina und Vultur bei Teano und Melfi; die ausgebrannten Vulkane um Olot und Castell Follit in Catalonien [43]; die Inselgruppe las Columbretes nahe der Küste von Valencia (die sichelförmige größere Insel Colubraria der Römer: auf der Montcolibre, nach Capt. Smyth Br. 39° 54', voll Obsidians und zelligen Trachyts); die griechische Insel Nisyros, eine der karpathischen Sporaden: von ganz runder Gestalt, in deren Mitte auf einer Höhe von 2130 F. nach Roß ein umwallter, tiefer Kessel mit einer stark detonirenden Solfatare liegt, aus welcher einst strahlförmig, jetzt kleine Vorgebirge bildende Lavaströme sich in das Meer ergossen, vulkanische Mühlsteine liefernd noch zu Strabo's Zeit (Roß, Reisen auf den griech. Inseln Bd. II. S. 69 und 72—78). Für die britischen Inseln sind hier wegen des Alters der Formationen noch zu erwähnen die merkwürdigen Einwirkungen unterseeischer Vulkane auf die Schichten der Unter-Silur-Formation (Llandeilo-Bildung), indem vulkanische zellige Fragmente in diese Schichten eingebacken sind, und nach Sir Roderick Murchison's wichtiger Beobachtung selbst eruptive

Trappmaſſen in den Corndon=Bergen in unter=ſiluriſche Schichten einbringen (Shropſhire und Montgomeryſhire) [44]; die Gang= Phänomene der Inſel Arran: und die anderen Punkte, in denen das Einſchreiten vulkaniſcher Thätigkeit ſichtbar iſt, ohne daß Spuren eigener Gerüſte aufgefunden werden.

II. Inſeln des atlantiſchen Meeres

Vulkan Esk auf der Inſel Jan Mayen: von dem ver= dienſtvollen Scoresby erſtiegen und nach ſeinem Schiffe be= nannt; Höhe kaum 1500 F. Ein offner, nicht entzündeter Gipfel=Krater; pyroxen=reicher Baſalt und Traß.

Südweſtlich vom Esk, nahe bei dem Nordcap der Eier= Inſel, ein anderer Vulkan, der im April 1818 von 4 zu 4 Monaten hohe Aſchen=Ausbrüche zeigte.

Der 6448 F. hohe Beerenberg, in dem breiten nordöſtlichen Theile von Jan Mayen (Br. 71° 4'), iſt nicht als Vulkan bekannt. [45]

Vulkane von Island: Oräfa, Hekla, Rauda=Kamba . . .

Vulkan der azoriſchen Inſel Pico [46]: großer Lava= Ausbruch vom 1 Mai bis 5 Juni 1800

Pic von Teneriffa

Vulkan von Fogo [47], einer der capverdiſchen Inſeln.

Vorhiſtoriſche vulkaniſche Thätigkeit: Es iſt dieſelbe auf Island weniger beſtimmt an gewiſſe Centra gebunden. Wenn man mit Sartorius von Waltershauſen die Vulkane der Inſel in zwei Claſſen theilt, von denen die der einen nur Einen Ausbruch gehabt haben, die der anderen auf derſelben Haupt= ſpalte wiederholt Lavaſtröme ergießen: ſo ſind zu der erſteren Rauda=Kamba, Scaptar, Ellidavatan, ſüdöſtlich von Reykjavik

....; zu der zweiten, welche eine dauerndere Individualität zeigt, die zwei höchsten Vulkane von Island, Oeräfa (über 6000 Fuß) und Snaefiall, Hekla .... zu rechnen. Der Snaefiall ist seit Menschengedenken nicht in Thätigkeit gewesen, während der Oeräfa durch die furchtbaren Ausbrüche von 1362 und 1727 bekannt ist (Sart. von Waltershausen, phys. geogr. Skizze von Island S. 108 und 112). — Auf Madera[18] kommen die beiden höchsten Berge: der 5685 Fuß hohe, kegelförmige Pico Ruivo und der wenig niedrigere Pico de Torres, mit schlackigen Laven an den steilen Abhängen bedeckt, nicht als die central wirkenden Punkte der vormaligen vulkanischen Thätigkeit auf der ganzen Insel betrachtet werden, da in vielen Theilen derselben, besonders gegen die Küsten hin, Eruptions-Oeffnungen, ja ein großer Krater, der der Lagoa bei Machico, gefunden werden. Die Laven, durch Zusammenfluß verdickt, sind nicht als einzelne Ströme weit zu verfolgen. Reste alter Dicotyledonen- und Farrn-Vegetation, von Charles Bunbury genau untersucht, finden sich vergraben in gehobenen vulkanischen Tuff- und Lettenschichten, bisweilen von neuerem Basalte bedeckt. — Fernando de Noronha, lat. 3° 50' S. und 2° 27' östlich von Pernambuco: eine Gruppe sehr kleiner Inseln; hornblende-haltige Phonolith-Felsen; kein Krater: aber Gangklüfte, gefüllt mit Trachyt und basaltartigem Mandelstein, weiße Tufflagen durchsetzend[49]. — Insel Ascension, im höchsten Gipfel 2690 Fuß: Basaltlaven mit mehr eingesprengtem glasigem Feldspath als Olivin und wohl begrenzten Strömen, bis zu dem Ausbruch-Kegel von Trachyt zu verfolgen. Die letztere Gebirgsart von lichten Farben, oft tuffartig aufgelöst, herrscht im Inneren und im Südosten der Insel. Die von Green Mountain ausgeworfenen Schlackenmaſſen enthalten eingebacken ſyenit= und granithaltige, eckige Fragmente [50], welche an die der Laven von Jorullo erinnern. Weſtlich von Green Mountain findet ſich ein großer offener Krater. Vulkaniſche Bomben, theilweis hohl, bis 10 Zoll im Durchmeſſer, liegen in zahlloſer Menge zerſtreut umher; auch große Maſſen von Obſidian. — Sanct Helena: die ganze Inſel vulkaniſch; im Inneren mehr ſelbſpathartige Lavaſchichten; gegen die Küſte hin Baſaltgeſtein, von zahlloſen Gängen (dikes) durchſetzt: wie am Flagstaff-Hill. Zwiſchen Diana Peak und Nest-Lodge, in der Central=Bergreihe, der halbmondartig gekrümmte, ſeigere Abſturz und Reſt eines weiten, zerſtörten Kraters, voll Schlacken und zelliger Lava (»the mere wreck [51] of one great crater is left«). Die Lavenſchichten nicht begrenzt, und daher nicht als eigentliche Ströme von geringer Breite zu verfolgen. — Triſtan da Cunha (Br. 37° 3′ ſübl., Lg. 13° 48′ weſtl.), ſchon 1506 von den Portugieſen entdeckt; eine zirkelrunde kleine Inſel von 1½ geographiſchen Meilen im Durchmeſſer, in deren Centrum ein Kegelberg liegt, den Cap. Denham als von ohngefähr 7800 Par. Fuß Höhe und von vulkaniſchem Geſtein zuſammengeſetzt beſchreibt (Dr. Peter-mann's geogr. Mittheilungen 1855 No. III. S. 84). Südöſtlich, aber im 53° ſüblicher Breite, liegt die, ebenfalls vulkaniſche Thompſons=Inſel; zwiſchen beiden in gleicher Rich-tung Gough=Inſel, auch Diego Alvarez genannt. Deception-Inſel, ein ſchmaler, eng geöffneter Ring (ſübl. Br. 62° 55′); und Bridgman's=Inſel, zu der South Shetlands-Gruppe gehörig: beide vulkaniſch, Schichten von Eis, Bimsſtein, ſchwar-zer Aſche und Obſidian; perpetuirlicher Ausbruch heißer Dämpfe (Kendal im Journal of the Geogr. Soc. Vol. I. 1831 p. 62). Im Februar 1842 ſah man die Deception-Inſel gleichzeitig

an 13 Punkten im Ringe Flammen geben (Dana in der U.
St. Explor. Exped. Vol. X p. 518). Auffallend ist es,
daß, da so viele andere Inseln im atlantischen Meere vul=
kanisch sind, weder das ganz flache Inselchen St. Paul
(Peñedo de S. Pedro), einen Grad nördlich vom Aequator
(ein wenig blättriger Grünstein=Schiefer, in Serpentin über=
gehend[52]); noch die Malouinen (mit ihren quarzigen Thon=
schiefern), Süd=Georgien oder das Sandwich=Land vul=
kanisches Gestein darzubieten scheinen. Dagegen wird eine
Region des atlantischen Meeres, ohngefähr 0° 20′ südlich
vom Aequator, lg. 22° westl., für den Sitz eines unterseeischen
Vulkans gehalten.[53] Krusenstern hat in dieser Nähe schwarze
Rauchsäulen aus dem Meere aufsteigen sehen (19 Mai 1806),
und der asiatischen Societät zu Calcutta ist 1836, zweimal an
demselben Punkte (südöstlich von dem oben genannten Felsen
von St. Paul) gesammelte, vulkanische Asche vorgezeigt wor=
den. Nach sehr genauen Untersuchungen von Dauffy, sind
von 1747 bis zu Krusenstern's Weltumsegelung schon fünfmal
und von 1806 bis 1836 siebenmal in dieser Volcanic Region,
wie sie auf der neuesten schönen amerikanischen Karte des Lieut.
Samuel Lee (Track of the surveying Brig Dolphin 1854)
genannt wird, seltsame Schiffsstöße und Aufwallungen des
Meeres bemerkt worden, welche man dem durch Erdbeben
erschütterten Meeresboden zuschrieb. Doch ist neuerlichst auf
der Expedition der Brig Delphin (Jan. 1852), welche „wegen
Krusenstern's Volcano" die Instruction hatte, zwischen dem
Aequator und 7° südl. Breite bei lg. 18° bis 27° auch durch
das Senkblei Nachforschungen zu machen, wie vorher (1838)
bei Wilke's Exploring Expedition, nichts auffallendes bemerkt
worden.

III. Afrika.

Der Vulkan Mongo-ma Leba im Camerun-Gebirge
(nördl. Br. 4° 12′), westlich von der Mündung des Flusses
gleiches Namens in die Bucht von Biafra, östlich von dem
Delta des Kowara (Niger); gab nach Cap. Allan einen Lava-
Ausbruch im Jahr 1838. Die lineare Reihenfolge der vier
vulkanischen hohen Inseln Anobon, St. Thomas, Prinzen-Insel
und San Fernando Po, auf einer Spalte (SSW — NNO),
weist auf den Camerun hin, welcher nach den Messungen
von Cap. Owen und Lieut. Boteler die große Höhe von ohngefähr 12200 Fuß [54] erreicht.

Ein Vulkan? etwas westlich von dem Schneeberge Kignea
im östlichen Afrika, ohngefähr 1° 20′ südl. Br.: aufgefunden
1849 von dem Missionar Krapf, nahe den Quellen des Dana-
Flusses, etwa 80 geogr. Meilen in Nordwest von dem Littoral
von Mombas. In einem fast 2° südlicheren Parallel als der
Kignea liegt ein anderer Schneeberg, der Kilimandjaro,
welchen 1847 der Missionar Rebmann entdeckt hat, vielleicht
kaum 50 geogr. Meilen von dem eben genannten Littoral.
Etwas westlicher liegt ein dritter Schneeberg, der vom Cap.
Short gesehene Doengo Engai. Die Kenntniß von der
Existenz dieser Berge ist die Frucht muthiger und gefahrvoller
Unternehmungen.

Beweise vor-historischer vulkanischer Thätigkeit in dem
großen, aber zwischen dem 7ten nördlichen und 12ten südlichen
Parallelkreise (denen von Adamaua und des wasserscheidenden
Gebirges Lubalo) im Inneren noch so unerforschten Continente
liefern die Umgegend des Tzana-Sees im Königreich Gondar

nach Rüppell; wie die Basaltlaven, Trachyte und Obsidian-Schichten von Schoa nach Rochet d'Héricourt: dessen mitge-brachte Gebirgsarten, denen des Cantal und Mont Dore ganz analog, von Dufrenoy haben untersucht werden können (Comptes rendus T. XXII. p. 806—810). Wenn auch in Korbofan der Kegelberg Kolbghi sich nicht als jetzt entzündet und rauchend zeigt, so soll sich doch das Vorkommen schwarzen, porösen, ver-glasten Gesteins daselbst bestätigt haben. 55

In Adamaua, südlich vom großen Benue-Flusse, steigen die isolirten Bergmassen Bagele und Alantika auf, welche den Dr. Barth, auf seiner Reise von Kufa nach Jola, durch ihre kegel- und domförmige Gestaltung an Trachytberge mahnten. Der so früh den Naturwissenschaften entzogene Overweg fand in der von ihm durchforschten Gegend von Gudscheba, westlich vom Tsad-See, nach Petermann's Notizen aus den Tage-büchern, olivinreiche, säulenförmig abgetheilte Basaltkegel, welche bald die Schichten des rothen, thonartigen Sandsteins, bald quarzigen Granit durchbrochen haben.

Der große Mangel jetzt entzündeter Vulkane in dem un-gegliederten Continente, dessen Küstenländer genugsam bekannt sind, bietet eine sonderbare Erscheinung dar. Sollte es in dem unbekannten Central-Afrika, besonders südlich vom Aequator, große Wasserbecken geben, analog dem See Uniamesi (früher vom Dr. Cooley N'yassi genannt), an deren Ufern sich Vul-kane, wie der Demavend nahe dem caspischen Meere, erheben? Bisher hat kein Bericht der vielreisenden Eingeborenen uns davon irgend eine Kunde gebracht!

IV. Asien.

a) Der westliche und centrale Theil.

Vulkan von Demavend [56]: entzündet, aber nach den Berichten von Olivier, Morier und Taylor Thomson (1837) nur mäßig und nicht ununterbrochen rauchend

Vulkan von Medina (Lava=Ausbruch 1276)

Vulkan Djebel el=Tir (Tair oder Tehr): ein Inselberg von 840 Fuß zwischen Loheia und Massaua im rothen Meere

Vulkan Peschan: nördlich von Kutsche in der großen Bergkette des Thian=schan oder Himmelsgebirges in Inner= Asien; Lava=Ausbrüche in ächt historischer Zeit vom Jahr 89 bis in den Anfang des 7ten Jahrhunderts unserer Zeitrechnung

Vulkan Ho=tscheu, auch bisweilen in der so umständ= lichen chinesischen Länderbeschreibung Vulkan von Turfan genannt: 30 geogr. Meilen von der großen Solfatara von Urumtsi, nahe dem östlichen Ende des Thian=schan gegen das schöne Obstland von Hami hin.

Der Vulkan Demavend, welcher sich bis zu mehr als 18000 Fuß Höhe erhebt, liegt fast 9 geogr. Meilen von dem südlichen Littoral des caspischen Meeres, in Mazenderan; fast in gleicher Entfernung von Rescht und Asterabad, auf der gegen Herat und Meschid in Westen schnell abfallenden Kette des Hindu=Kho. Ich habe an einem anderen Orte (Asie cen= trale T. I. p. 124—129, T. III. p. 433—435) wahrschein= lich gemacht, daß der Hindu=Kho von Chitral und Kafiristan eine westliche Fortsetzung des mächtigen, Tibet gegen Nor= den begrenzenden, das Meridian=Gebirge Bolor im Tsungling durchsetzenden Kuen=lün ist. Der Demavend gehört zum

persischen oder caspischen Elburz: Name eines Bergsy=
stems, welchen man nicht mit dem gleichlautenden caucasischen,
$7^0 \frac{1}{2}$ nördlicher und 10^0 westlicher gelegenen (jetzt Elburuz
genannten) Gipfel verwechseln muß. Das Wort Elburz ist
eine Verunstaltung von Albordj, dem Weltberge, welcher mit
der uralten Cosmogonie des Zendvolkes zusammenhängt.

Wenn bei Verallgemeinerung geognostischer Ansichten über
die Richtung der Gebirgssysteme von Inner=Asien der Vulkan
Demavend die große Kuenlün=Kette nahe an ihrem westlichen
Ende begrenzt; so verdient eine andere Feuererscheinung an
dem östlichsten Ende, deren Existenz ich zuerst bekannt gemacht
habe (Asie centrale T. II. p 427 und 483), eine besondere
Aufmerksamkeit. In den wichtigen Untersuchungen, zu denen
ich meinen verehrten Freund und Collegen im Institute, Sta=
nislas Julien, aufgefordert, um aus den reichen geographischen
Quellen der alten chinesischen Litteratur zu schöpfen, über den
Bolor, den Kuen=lün und das Sternenmeer; fand der
scharfsinnige Forscher in dem großen, vom Kaiser Yongtsching
im Anfang des 18ten Jahrhunderts edirten Wörterbuche die
Beschreibung der „ewigen Flamme", welche am Abhange des
östlichen Kuen=lün aus einer Höhle in dem Hügel Schinkhieu
ausbricht. Die weitleuchtende Erscheinung, so tief sie auch ge=
gründet sein mag, kann wohl nicht ein Vulkan genannt werden.
Sie scheint mir vielmehr Analogie mit der so früh den Helenen
bekannten Chimära in Lycien, bei Deliktasch und Yanartasch,
darzubieten. Es ist diese ein Feuerbrunnen, eine durch vul=
kanische Thätigkeit des Erd=Inneren immerfort entzündete Gas=
quelle (Kosmos Bd. IV. S. 296 und dazu Anm. 51).

Arabische Schriftsteller lehren, meist ohne bestimmte Jahre
anzugeben, daß im Mittelalter im südwestlichen Littoral Arabiens,

in der Inselkette der Zobayr, in der Meerenge Bab=el=Man=
deb und Aden (Wellsted, Travels in Arabia Vol II.
p. 466—468), in Hadhramaut, in der Straße von Ormuz
und im westlichen Theile des persischen Golfs noch an einzelnen
Punkten Lava=Ausbrüche statt gefunden haben: immer auf
einem Boden, der schon seit vor=historischer Zeit der Sitz vul=
kanischer Thätigkeit gewesen war. Die Epoche des Ausbruchs
eines Vulkans um Medina selbst, 12° ½ nördlich von der
Meerenge Bab=el=Mandeb, hat Burckhardt in Samhudy's
Chronik der berühmten Stadt dieses Namens im Hedschaz ge=
funden. Sie ward gesetzt auf den 2 Nov. 1276. Daß aber
dort eine Feuer=Eruption bereits 1254, also 22 Jahre früher,
gewesen war, lehrt nach Seetzen Abulmahasen (vergl. Kos=
mos Bd. I. S. 256). — Der Insel=Vulkan Djebel Tair,
in welchem schon Vincent die „ausgebrannte Insel" des Pe=
riplus Maris Erythraei erkannte, ist noch thätig und
Rauch ausstoßend nach Botta und nach den Nachrichten, die
Ehrenberg und Rußegger (Reisen in Europa, Asien und
Afrika Bd. II. Th. 1. 1843 S. 54) gesammelt. Ueber die
ganze Umgegend der Meerenge Bab=el=Mandeb, mit der Ba=
salt=Insel Perim; die kraterartige Umwallung, in welcher die
Stadt Aden liegt; die Insel Seerah mit Obsidian=Strömen,
die mit Bimsstein bedeckt sind; über die Inselgruppen der Zo=
bayr und der Farsan (die Vulcanicität der letzteren hat Ehren=
berg 1825 entdeckt) s. die schönen Untersuchungen von Rit=
ter in der Erdkunde von Asien Bd. VIII. Abth. 1.
S. 664—707, 889—891 und 1021—1034.

Der vulkanische Gebirgszug des Thian=schan (Asie cen=
trale T. I. p. 201—203, T. II. p. 7—61), ein Berg=
system, welches zwischen dem Altai und Kuen=lün von Osten

nach Westen Inner-Asien durchzieht, ist zu einer Zeit der besondere Gegenstand meiner Untersuchungen gewesen, da ich zu dem Wenigen, was Abel-Rémusat aus der japanischen Encyclopädie geschöpft hatte, wichtigere, von Klaproth, Neumann und Stanislas Julien aufgefundene Bruchstücke habe hinzufügen können (Asie centr. T. II. p. 39—50 und 335 bis 364). Die Länge des Thian-schan übertrifft achtmal die Länge der Pyrenäen: wenn man jenseits der durchsetzten Meridiankette des Kusyurt-Bolor den Asferah hinzurechnet, der sich in Westen bis in den Meridian von Samarkand erstreckt, und in dem Ibn Haukal und Ibn al-Vardi Feuerbrunnen und Salmiak ausstoßende, leuchtende (?) Spalten, wie im Thian-schan, beschreiben (f. über den Berg Botom a. a. O. p. 16—20). In der Geschichte der Dynastie der Thang wird ausdrücklich gesagt, daß an einem der Abhänge des Peschan, welcher immerfort Feuer und Rauch ausstößt, die Steine brennen, schmelzen und mehrere Li weit fließen, als wäre es ein „flüssiges Fett. Die weiche Masse erhärtet, so wie sie erkaltet." Charakteristischer kann wohl nicht ein Lavastrom bezeichnet werden. Ja in dem 49ten Buche der großen Geographie des chinesischen Reichs, welche in Peking selbst von 1789 bis 1804 auf Staatskosten gedruckt worden ist, werden die Feuerberge des Thian-schan als „noch thätig" beschrieben. Ihre Lage ist so central, daß sie ohngefähr gleich weit (380 geogr. Meilen) vom nächsten Littoral des Eismeeres und von dem Ausfluß des Indus und Ganges, 255 M. vom Aral-See, 43 und 52 M. von den Salzseen Issikal und Balkasch entfernt sind. Von den Flammen, welche aus dem Berge von Turfan (Hotscheu) aufsteigen, gaben auch Kunde die Pilgrime von Mekka, die man in Bombay im Jahr 1835 officiell befragte

(Journal of the Asiatic Soc. of Bengal Vol. IV. 1835 p. 657—664). Wann werden endlich einmal von dem so leicht erreichbaren Gouldja am Ili aus die Vulkane von Peschan und Turfan, Barkul und Hami durch einen wissenschaftlich gebildeten Reisenden besucht werden?

Die jetzt mehr aufgeklärte Lage der vulkanischen Gebirgs= kette des Thian=schan hat sehr natürlich auf die Frage geleitet, ob das Fabelland Gog und Magog, wo auf dem Grunde des Flusses el Macher „ewige Feuer brennen" sollen, nicht mit den Ausbrüchen des Peschan oder Vulkans von Turfan zusammenhange. Diese orientalische Mythe, welche ursprünglich dem Westen des caspischen Meeres, den Pylis Albaniae bei Derbend, angehörte, ist, wie fast alle Mythen, gewandert, und zwar weit nach Osten. Edrisi läßt den Salam el=Terdjeman, Dolmetscher eines Abbassiden=Chalifen in der ersten Hälfte des 9ten Jahrhunderts, nach dem Lande der Finsterniß von Bagdad aus abreisen. Er gelangt durch die Steppe der Baschkiren nach dem Schneegebirge Cocaia, welches die große Mauer von Ma= gog (Madjoudj) umgiebt. Amédée Jaubert, dem wir wichtige Ergänzungen des nubischen Geographen verdanken, hat erwiesen, daß die Feuer, welche am Abhange des Cocaia brennen, nichts vulkanisches haben (Asie centr. T. II. p. 99). Weiter in Süden setzt Edrisi den See Tehama. Ich glaube wahrschein= lich gemacht zu haben, daß Tehama der große See Balkasch ist, in welchen der Ili mündet, der nur 45 Meilen südlicher liegt. Anderthalb Jahrhunderte nach Edrisi versetzte Marco Polo die Mauer Magog gar in das Gebirge In=schan, öst= lich von der Hochebene Gobi, gegen den Fluß Hoang=ho und die chinesische Mauer hin: von der (sonderbar genug) der be= rühmte venetianische Reisende eben so wenig spricht als vom

Gebrauch des Thees. Der In=schan, die Grenze des Gebietes
des Priesters Johann, kann als die östliche Verlängerung
des Thian=schan angesehen werden (Asie centr. T. II.
p. 92—104).

Mit Unrecht hat man lange Zeit die zwei, einst lava=
ergießenden Kegelberge, den Vulkan Peschan und den Ho=
tscheu von Turfan (sie sind ohngefähr in einer Länge von
105 geogr. Meilen durch den mächtigen, mit ewigem Schnee
und Eise bedeckten Gebirgsstock Bogdo=Oola von einander
getrennt) für eine isolirte vulkanische Gruppe gehalten. Ich
glaube gezeigt zu haben, daß die vulkanische Thätigkeit nördlich
und südlich von der langen Kette des Thian=schan mit den
Grenzen der Erschütterungskreise, den heißen Quellen, den Solfataren, Salmiak=Spalten und Steinsalz=Lagern, hier wie im
Caucasus, in enger geognostischer Verbindung steht.

Da nach meiner, schon oft geäußerten Ansicht, der jetzt
auch der gründlichste Kenner des caucasischen Gebirgssystems,
Abich, beigetreten ist, der Caucasus selbst nur die Fortsetzungs=
Spalte des vulkanischen Thian=schan und Asferah jenseits der
großen aralo=caspischen Erdsenkung ist[57]; so sind hier
neben den Erscheinungen des Thian=schan als vor=historischen
Zeiten angehörig anzuführen die vier erloschenen Vulkane: Elburuz von 17352 Pariser Fuß, Ararat von 16056 Fuß, Kasbegk von 15512 Fuß und Savalan von 14787 Fuß Höhe.[58]
Ihrer Höhe nach fallen diese Vulkane zwischen den Cotopaxi
und Montblanc. Der Große Ararat (Agri=dagh), zuerst
am 27 September 1829 von Friedrich von Parrot, mehrmals 1844 und 1845 von Abich, zuletzt 1850 vom Oberst
Chodzko erstiegen, hat eine Domform wie der Chimborazo, mit
zwei überaus kleinen Erhebungen am Rande des Gipfels; doch

aber keinen Gipfel-Krater. Die größten und wahrscheinlich neuesten vor-historischen Lava-Eruptionen des Ararat sind alle unterhalb der Schneegrenze ausgebrochen. Die Natur dieser Eruptionen ist zweierlei Art: es sind dieselben theils trachyt-artig mit glasigem Feldspath und eingemengtem, leicht verwitternden Schwefelkiese; theils dolerit-artig meist bestehend aus Labrador und Augit, wie die Laven des Aetna. Die dolerit-artigen hält Abich am Ararat für neuer als die trachyt-artigen. Die Ausbruchstellen der Lavaströme, alle unterhalb der Grenze des ewigen Schnees, sind oftmals (z. B. in der großen Gras-Ebene Kip-Ghioll am nordwestlichen Abhange) durch Auswurfs-Kegel und von Schlacken umringte kleine Krater bezeichnet. Wenn auch das tiefe Thal des heiligen Jacob (eine Schlucht, welche bis an den Gipfel des Ararat ansteigt und seiner Gestaltung, selbst in weiter Ferne gesehen, einen eigenen Charakter giebt) viel Aehnlichkeit mit dem Thal del Bove am Aetna darbietet und die innerste Structur des emporgestiegenen Domes sichtbar macht; so ist die Verschiedenheit doch dadurch sehr auffallend, daß in der Jacobs-Schlucht nur massenhaftes Trachyt-Gestein und nicht Lavaströme, Schlackenschichten und Rapilli aufgefunden worden sind. [59] Der Große und der Kleine Ararat, von denen der erstere nach den vortrefflichen geodätischen Arbeiten von Waßili Feborow 3' 4" nördlicher und 6' 42" westlicher als der zweite liegt, erheben sich an dem südlichen Rande der großen Ebene, welche der Arares in einem weiten Bogen durchströmt. Sie stehen beide auf einem elliptischen vulkanischen Plateau, dessen große Are von Südost nach Nordwest gerichtet ist. Auch der Kasbegk und der Tschegem haben keinen Gipfel-Krater, wenn gleich der erstere mächtige Ausbrüche gegen Norden (nach Wladikaukas

zu) gerichtet hat. Der größte aller dieser erloschenen Vulkane,
der Trachytkegel des Elburuz, welcher aus dem granitreichen
Talk- und Diorit-Schiefergebirge des Backsan-Flußthales aufgestiegen ist, hat einen Kratersee. Aehnliche Kraterseen finden
sich in dem rauhen Hochlande Kely, aus welchem zwischen
Eruptions-Kegeln sich Lavaströme ergießen. Uebrigens sind hier
wie in den Cordilleren von Quito die Basalte weit von dem
Trachyt-Systeme abgesondert; sie beginnen erst 6 bis 8 Meilen
südlich von der Kette des Elburuz und von dem Tschegem am
oberen Phasis- oder Rhion-Thale.

β) Der nordöstliche Theil (Halbinsel Kamtschatka).

Die Halbinsel Kamtschatka, von dem Cap Lopatka, nach
Krusenstern lat. 51° 3', bis nördlich zum Cap Ukinsk, gehört mit
der Insel Java, mit Chili und Central-Amerika zu den Regionen,
wo auf dem kleinsten Raum die meisten, und zwar die meisten
noch entzündeten, Vulkane zusammengedrängt sind. Man zählt
deren in Kamtschatka 14 in einer Länge von 105 geogr. Meilen.
Für Central-Amerika finde ich vom Vulkan von Soconusco
bis Turrialva in Costa Rica 29 Vulkane, deren 18 brennen,
auf 170 Meilen; für Peru und Bolivia vom Vulkan Chacani bis zum Volcan de San Pedro de Atacama 14 Vulkane,
von welchen nur 3 gegenwärtig thätig sind, auf 105 Meilen;
für Chili vom V. de Coquimbo bis zum V. de San Clemente 24 Vulkane auf 240 Meilen. Von diesen 24 sind 13
aus historischen Zeiten als thätig bekannt. Die Kenntniß der
kamtschadalischen Vulkane in Hinsicht auf Form, auf astronomische Ortsbestimmung und Höhe ist in neuerer Zeit durch
Krusenstern, Horner, Hofmann, Lenz, Lütke, Postels,

Cap. Beechey, und vor allen durch Adolph Erman rühmlichst erweitert worden. Die Halbinsel wird ihrer Länge nach von zwei Parallelketten durchschnitten, in deren östlicher die Vulkane angehäuft sind. Die höchsten derselben erreichen 10500 bis 14800 Fuß. Es folgen von Süden nach Norden:

der Opalinskische Vulkan (Pic Koscheleff vom Admiral Krusenstern), lat. 51° 21'· nach Cap. Chwostow fast die Höhe des Pics von Teneriffa erreichend und am Ende des 18ten Jahrhunderts überaus thätig;

die Hodutka Sopka (51° 35'). Zwischen dieser Sopka und der vorigen liegt ein unbenannter vulkanischer Kegel (51° 32'), der aber, wie die Hodutka, nach Postels erloschen scheint.

Poworotnaja Sopka (52° 22'), nach Cap. Beechey 7442 F. hoch (Erman's Reise Bd. III. S. 253; Leop. von Buch, Iles Can. p. 447).

Aßatschinskaja Sopka (52° 2'); große Aschen-Auswürfe, besonders im Jahr 1828.

Wiljutschinsker Vulkan (Br. 52° 52'): nach Cap. Beechey 6918 F., nach Admiral Lütke 6330 F.; nur 5 geogr. Meilen vom Petropauls-Hafen jenseit der Bai von Torinsk entfernt.

Awatschinskaja oder Gorelaja Sopka (Br. 53° 17'), Höhe nach Erman 8360 F.; zuerst bestiegen auf der Expedition von La Pérouse 1787 durch Monges und Bernizet; später durch meinen theuren Freund und sibirischen Reisebegleiter, Ernst Hofmann (Juli 1824, bei der Kotzebue'schen Weltumseglung); durch Postels und Lenz auf der Expedition des Admirals Lütke 1828, durch Erman im Sept. 1829. Dieser machte die wichtige geognostische Beobachtung, daß der Trachyt bei seiner Erhebung Schiefer und Grauwacke (ein silurisches Gebirge) durchbrochen habe. Der immer rauchende Vulkan hat einen furchtbaren Ausbruch im October 1837, früher einen schwachen im April 1828 gehabt. Postels in Lütke, Voyage T. III. p. 67—84; Erman, Reise, hist. Bericht Bd. III. S. 494 und 534—540.

Ganz nahe bei dem Awatscha=Vulkan (Kosmos Bd. IV. S. 291 Anm. 25) liegt die Koriatskaja oder Strjeloschnaja Sopka (Br. 53º 19′), Höhe 10518 F. nach Lütke T. III. p. 84; reich an Obsidian, dessen sich die Kamtschadalen sich noch im vorigen Jahrhundert, wie die Mericaner und im hohen Alterthume die Hellenen, zu Pfeilspitzen bedienten.

Jupanowa Sopka: Br. nach Erman's Bestimmung (Reise Bd. III. S. 469) 53º 32′. Der Gipfel ist ziemlich abgeplattet, und der eben genannte Reisende sagt ausdrücklich: „daß diese Sopka wegen des Rauchs, den sie ausstößt, und wegen des unterirdischen Getöses, welches man vernimmt, von je her mit dem mächtigen Schiwelutsch verglichen und den unzweifelhaften Feuerbergen beigezählt wird." Seine Höhe ist vom Meere aus durch Lütke gemessen 8496 F.

Kronotskaja Sopka, 9954 F.: an dem See gleiches Namens, Br. 54º 8′; ein rauchender Krater auf dem Gipfel des, sehr zugespitzten Kegelberges (Lütke, Voyage T. III. p. 85)

Vulkan Schiwelutsch, 5 Meilen südöstlich von Jelowka, über den wir eine beträchtliche und sehr verdienstliche Arbeit von Erman (Reise Bd. III. S. 261—317 und phys. Beob. Bd. I. S. 400—403) besitzen, vor dessen Reise der Berg fast unbekannt war. Nördliche Spitze: Br. 56º 40′, Höhe 9894 F.; südliche Spitze: Br. 56º 39′, Höhe 8250 F. Als Erman im Sept. 1829 den Schiwelutsch bestieg, fand er ihn stark rauchend. Große Eruptionen waren 1739 und zwischen 1790 und 1810: letztere nicht von fließend ergossener Lava, sondern als Auswürfe von losem vulkanischem Gesteine. Nach E. von Dittmar stürzte der nördlichste Gipfel in der Nacht vom 17 zum 18 Februar 1854 ein, worauf eine von wirklichen Lavaströmen begleitete, noch dauernde Eruption erfolgte.

Tolbatschinskaja Sopka: heftig rauchend, aber in früherer Zeit oft verändernd die Eruptions=Oeffnungen ihrer Aschen=Auswürfe; nach Erman Br. 55° 51′ und Höhe 7800 F.

Uschinskaja Sopka: nahe verbunden mit dem Kliu=tschewster Vulkan; Br. 56° 0′, Höhe an 11000 F. (Buch, Can. p. 452; Landgrebe, Vulkane Bd. I. S. 375).

Kliutschewskaja Sopka (56° 4′): der höchste und thä=tigste aller Vulkane der Halbinsel Kamtschatka; von Erman gründ=lich geologisch und hypsometrisch erforscht. Der Kliutschewsk hat nach dem Berichte von Kraschenikoff große Feuerausbrüche von 1727 bis 1731 wie auch 1767 und 1795 gehabt. Im Jahr 1829 war Erman bei der gefahrvollen Besteigung des Vulkans am 11 September Augenzeuge von dem Ausstoßen glühender Steine, Asche und Dämpfe aus dem Gipfel, während tief unterhalb desselben ein mächtiger Lavastrom sich am West=Abhange aus einer Spalte ergoß. Auch hier ist die Lava reich an Obsidian. Nach Erman (Beob. Bd. I. S. 400—403 und 419) ist die geogr. Breite des Vulkans 56° 4′, und seine Höhe war im Sept. 1829 sehr genau 14790 Fuß. Im August 1828 hatte dagegen Admiral Lütke durch Höhenwinkel, die zur See in einer Entfernung von 40 Seemeilen genommen waren, den Gipfel des Kliutschewsk 15480 F. hoch gefunden (Voyage T. III. p. 86; Landgrebe, Vulkane Bd. I. S. 375 bis 386). Diese Messung, und die Vergleichung der vortreff=lichen Umriß=Zeichnungen des Baron von Kittliz, der die Lütke'sche Expedition auf dem Seniawin begleitete, mit dem,

was Erman selbst im Sept. 1829 beobachtete, führten diesen
zu dem Resultate, daß in der engen Epoche dieser 13 Monate
große Veränderungen in der Form und Höhe des Gipfels
sich zugetragen haben. „Ich denke", sagt Erman (Reise
Bd. III. S. 359), „daß man kaum merklich irren kann, wenn
man für August 1828 die Höhe der Oberfläche des Gipfels
um 250 Fuß größer als im Sept. 1829 während meines
Aufenthalts in der Gegend von Kliutschi, und mithin für die
frühere Epoche zu 15040 Fuß annimmt." Am Vesuv habe
ich, die Saussure'sche Barometer-Messung der Rocca del Palo,
des höchsten nördlichen Kraterrandes, vom Jahre 1773 zum
Grunde legend, durch eigene Messung gefunden: daß bis 1805,
also in 32 Jahren, dieser nördliche Kraterrand sich um 36 Fuß
gesenkt hatte; daß er aber von 1773 bis 1822, also in
49 Jahren, um 96 Fuß (scheinbar?) gestiegen sei (Ansichten
der Natur 1849 Bd. II. S. 290). Im Jahr 1822 fan=
den Monticelli und Covelli für die Rocca del Palo 624', ich
629'. Für das damalige wahrscheinlichste Endresultat gab ich
625'. Im Frühjahr 1855, also 33 Jahre später, gaben die
schönen Barometer-Messungen des Olmützer Astronomen Julius
Schmidt wieder 624' (Neue Bestimm. am Vesuv 1856,
S. 1, 16 und 33). Was mag davon der Unvollkommenheit der
Messung und der Barometer-Formel zugehören? Untersuchungen
der Art könnten in größerem Maaßstabe und mit größerer Sicher=
heit vervielfältigt werden, wenn man, statt oft erneuerter vollstän=
diger trigonometrischer Operationen oder für zugängliche Gipfel
mehr anwendbarer, aber minder befriedigender Barometer-Mes=
sungen, sich darauf beschränkte, für die zu vergleichenden Pe=
rioden von 25 oder 50 Jahren den einzigen Höhenwinkel des
Gipfelrandes aus demselben und zwar aus einem sicher wieder=

zufindenden Standpunkte bis auf Fractionen von Secunden zu bestimmen. Des Einflusses der terrestrischen Refraction wegen würde ich rathen, in jeder der Normal=Epochen das Mittel aus vielstündlichen Beobachtungen von 3 Tagen zu suchen. Um nicht bloß das allgemeine Resultat der Vermehrung oder Verminderung des einzigen Höhenwinkels, sondern auch in Fußen die absolute Quantität der Veränderung zu erhalten, wäre nur eine einmal vorgenommene Bestimmung des Abstandes erforderlich. Welche reiche Quelle der Erfahrungen würden uns nicht für die vulkanischen Colosse der Cordilleren von Quito die vor mehr als einem Jahrhundert bestimmten Höhenwinkel der hinlänglich genauen Arbeiten von Bouguer und La Condamine gewähren, wenn diese vortrefflichen Männer für gewisse auserlesene Punkte hätten die Stationen bleibend bezeichnen können, in denen die Höhenwinkel der Gipfel von ihnen gemessen wurden! Nach C. von Dittmar hat nach dem Ausbruch von 1841 der Kliutschewsk ganz geruht, bis er lavagebend 1853 wieder erwachte. Der Gipfel=Einsturz des Schiwelutsch unterbrach aber die neue Thätigkeit. (Bulletin de la classe physico-mathém. de l'Acad. des Sc. de St.-Pétersbourg T. XIV. 1856 p. 246.)

Noch vier andere, theils vom Admiral Lütke und theils von Postels genannte Vulkane: den noch rauchenden Apalsk südöstlich vom Dorfe Bolscheretski, die Schischapinskaja Sopka (Br. 55° 11'), die Kegel Krestowsk (Br. 56° 4'), nahe an der Gruppe Kliutschewsk, und Uschkowsk; habe ich in der obigen Reihe nicht aufgeführt wegen Mangels genauerer Bestimmung. Das kamtschabalische Mittelgebirge, besonders in der Baibaren=Ebene, Br. 57° 20', östlich von Sedanka, bietet (als wäre sie „der Boden eines uralten Kraters von

etwa vier Werst, d. i. eben so viele Kilometer, im Durchmesser")
das geologisch merkwürdige Phänomen von Lava- und Schlacken-
Ergüssen dar aus einem blasigen, oft ziegelrothen, vulkanischen
Gestein, das selbst wieder aus Erdspalten ausgebrochen ist, in
größter Ferne von allem Gerüste aufgestiegener Kegelberge
(Erman, Reise Bd. III. S. 221, 228 und 273; Buch,
Iles Canaries p. 454). Auffallend ist hier die Analogie
mit dem, was ich oben über das Malpais, die problemati-
schen Trümmerfelder der mericanischen Hochebene, umständlich
entwickelt habe (Kosmos Bd. IV. S. 349).

V. Ost-asiatische Inseln.

Von der Torres-Straße, die, unter 10° südl. Breite,
Neu-Guinea von Australien trennt, und von den rauchenden
Vulkanen von Flores bis zu den nordöstlichsten Aleuten (Br. 55°)
erstreckt sich eine, größtentheils vulkanische Inselwelt, welche,
unter einem allgemeinen geologischen Gesichtspunkte betrachtet,
wegen ihres genetischen Zusammenhanges fast schwer in einzelne
Gruppen zu sondern ist, und gegen Süden beträchtlich an Umfang zunimmt. Um von Norden zu beginnen, sehen wir zuerst die von der amerikanischen Halbinsel Alaska ausgehende,
bogenförmig [60] gekrümmte Reihe der Aleuten durch die der
Kupfer- und der Berings-Insel nahe Insel Attu den Alten
und Neuen Continent mit einander verbinden, wie im Süden
das Meer von Bering schließen. Von der Spitze der
Halbinsel Kamtschatka (dem Vorgebirge Lopatka) folgen in der
Richtung Nord gen Süd, das Saghalinische oder Ochotskische,
durch La Pérouse berühmt gewordene Meer in Osten begren-
zend, der Archipel der Kurilen; dann Jezo, vielleicht

vormals mit der Südspitze der Insel Krafto[61] (Saghalin oder Tschoka) zusammenhangend; endlich jenseits der engen Tsugar-Straße das japanische Drei-Inselreich (Nippon, Sikof und Kiu-Siu: nach der trefflichen Karte von Siebold zwischen 41° 32' und 30° 18'). Von dem Vulkan Kliutschewsk, dem nördlichsten an der östlichen Küste der Halbinsel Kamtschatka, bis zum südlichsten japanischen Insel-Vulkan Iwoga-Sima, in der von Krusenstern durchforschten Meerenge Van Diemen, ist die Richtung der sich in der vielfach gespaltenen Erdrinde äußern-den feurigen Thätigkeit genau Nordost in Südwest. Es erhält sich dieselbe in fortgesetzter Reihung durch die Insel Jakuno-Sima, auf der ein Kegelberg sich zu der Höhe von 5478 Fuß (1780 Meter) erhebt, und welche die beiden Straßen Van Diemen und Colnet von einander trennt; durch den Siebold'schen Linschoten-Archipel; durch die Schwefel-Insel des Capitäns Basil Hall (Lung-Huang-Schan); durch die kleinen Gruppen der Lieu-Khieu und Madjiko-Sima, welche letztere sich dem Ostrande der großen chinesi-schen Küsten-Insel Formosa (Thay-wan) bis auf 23 geogr. Meilen nähert.

Hier bei Formosa (nördl. Breite 25°—26°) ist der wichtige Punkt, wo statt der Erhebungs-Linien NO—SW die der nord-südlichen Richtung beginnen und fast bis zum Parallel von 5° oder 6° südlicher Breite herrschend werden. Sie sind zu erkennen in Formosa und in den Philippinen (Luzon und Mindanao) volle zwanzig Breitengrade hindurch, bald an einer, bald an beiden Seiten die Küsten in der Meridian-Richtung abschneidend: so in der Ostküste der großen Insel Borneo, welche durch den Solo-Archipel mit Mindanao und durch die lange, schmale Insel Palawan mit Mindoro zusammenhängt; so die westlichen Theile der vielgestalteten Celebes und Gilolo; so (was besonders merkwürdig ist) die Meridian=Spalte, auf welcher, 350 geogr. Meilen östlich von der Gruppe der Philippinen und in gleicher Breite, sich die vulkanische und Corallen=Insel=Reihe der Marianen oder Ladronen erhoben hat. Ihre allgemeine Richtung [62] ist N 10° O.

Wie wir in dem Parallel der steinkohlenreichen Insel Formosa den Wendepunkt bezeichnet haben, an welchem auf die kurilische Richtung NO—SW die Richtung N—S folgt; so beginnt ein neues Spaltensystem südlich von Celebes und der, schon ost=westlich abgeschnittenen Südküste von Borneo. Die großen und kleinen Sunda=Inseln von Timor=Laut bis West=Bali folgen in 18 Längengraden meist dem mittleren Parallel von 8° südlicher Breite. Im westlichen Java wendet sich die mittlere Achse schon etwas mehr gen Norden, fast OSO in WNW; von der Sunda=Straße bis zu der südlichsten der Nicobaren aber ist die Richtung SO—NW. Die ganze vulkanische Erhebungs=Spalte (O—W und SO—NW) hat demnach ohngefähr eine Erstreckung von 675 geogr. Meilen (eilfmal die Länge der Pyrenäen); von diesen gehören, wenn man die geringe Abweichung Java's gegen Norden nicht achtet, 405 auf die ost=westliche und 270 auf die südost=nordwestliche Achsenrichtung.

Allgemeine geologische Betrachtungen über Form und Reihungs=Gesetze führen so ununterbrochen in der Inselwelt an den Ostküsten Asiens (in dem ungeheuren Raume von 68 Breitengraden) von den Aleuten und dem nördlichen Berings=Meere zu den Molukken und zu den großen und kleinen Sunda=Inseln. In der Parallel=Zone von 5° nördlicher und 10° südlicher Breite hat sich besonders der größte Reichthum von Länderformen entwickelt. Auf eine merkwürdige Weise wiederholen sich meist die Ausbruchs-Richtungen der größeren Theile in einem benachbarten kleineren. So liegt nahe der Südküste von Sumatra und ihr parallel eine lange Inselreihe. Dasselbe bemerken wir in dem kleinen Phänomene der Erzgänge wie in dem größeren der Gebirgszüge ganzer Continente. Gleichstreichende Nebentrümmer des Hauptganges, begleitende Nebenketten (chaînes accompagnantes) liegen oft in beträchtlichen Abständen von einander; sie deuten auf gleiche Ursachen und gleiche Richtungen der formgebenden Thätigkeit in der sich faltenden Erdrinde. Der Conflict der Kräfte bei gleichzeitiger Oeffnung von Spalten entgegengesetzter Richtungen scheint bisweilen wunderbare Gestaltungen neben einander zu erzeugen: so in den Molukken Celebes und Gilolo.

Nachdem wir den inneren geologischen Zusammenhang des ost- und süd-asiatischen Inselsystems entwickelt haben, setzen wir, um von den alt-eingeführten, etwas willführlichen, geographischen Abtheilungen und Nomenclaturen nicht abzugehen, die südliche Grenze der ost-asiatischen Inselreihe (den Wendepunkt) bei Formosa, wo die Richtung NO—SW in die N—S übergeht, unter dem 24ten Grad nördlicher Breite. Die Aufzählung geschieht wieder von Norden nach Süden: von den östlichsten, mehr amerikanischen Aleuten beginnend.

Die vulkanreichen aleutischen Inseln begreifen von Osten nach Westen die Fuchs-Inseln, unter denen sich die größten aller: Unimak, Unalaschka und Umnak, befinden; die Andrejanowskischen: unter denen Atcha, mit drei rauchenden Vulkanen, und der mächtige, von Sauer schon abgebildete Vulkan von Tanaga die berufensten sind; die Ratten-Inseln und die etwas getrennten Inseln Blynie: unter denen, wie schon oben gesagt, Attu den Uebergang zu der, Asien nahen

Commandeur-Gruppe (Kupfer- und Berings-Insel) macht.
Die mehrfach wiederholte Behauptung, als fange auf der
Halbinsel Kamtschatka die, von NNO nach SSW gerichtete
Reihe der Continental-Vulkane erst da an, wo die vulkanische
Erhebungs-Spalte der Aleuten unterseeisch die Halbinsel schneidet;
als biete diese Aleuten-Spalte wie eine Zuleitung dar: scheint
wenig begründet zu sein. Nach des Admirals Lütke Karte des
Berings-Meeres liegen die Insel Attu, das westliche Extrem
der Aleuten-Reihe, Br. 52° 46', die unvulkanische Kupfer-
und Berings-Insel Br. 54° 30' bis 55° 20'; und die Vulkan-
Reihe von Kamtschatka beginnt schon unter dem Parallel von
56° 40' mit dem großen Vulkan Schiwelutsch, westlich vom
Cap Stolbowoy. Die Richtung der Eruptiv-Spalten ist
auch sehr verschieden, fast entgegengesetzt. Auf Unimak ist der
höchste der aleutischen Vulkane, nach Lütke 7578 Fuß. Nahe
an der Nordspitze von Umnak hat sich im Monat Mai 1796
unter sehr merkwürdigen, in Otto's von Kotzebue Entdeckungsreise (Bd. II. S. 106) vortrefflich geschilderten Umständen die
fast acht Jahre entzündet gebliebene Insel Agaschagok (oder
Sanctus Johannes Theologus) aus dem Meere erhoben. Nach
einem von Krusenstern bekannt gemachten Berichte hatte sie im
Jahr 1819 fast vier geographische Meilen im Umfang und noch
2100 Fuß Höhe. Auf der Insel Unalaschka würden besonders
die von dem scharfsinnigen Chamisso angegebenen Verhältnisse der
hornblende-reichen Trachyte des Vulkans Matuschkin (5136 F.)
zu dem schwarzen Porphyr (?) und dem nahen Granite verdienen von einem mit dem Zustande der neueren Geologie ver-
trauten, die Zusammensetzung der Gebirgsarten oryctognostisch
und sicher untersuchenden Beobachter erforscht zu werden. Von
den zwei sich nahen Inseln der Pribylow-Gruppe, welche

vereinzelt in dem Berings-Meer liegen, ist St. Paul ganz vulkanisch, reich an Lava und Bimsstein, wenn dagegen die St. Georgs-Insel nur Granit und Gneiß enthält.

Nach der vollständigsten Aufzählung, die wir bisher besitzen, scheint die 240 geographische Meilen lange Reihe der Aleuten über 34, meist in neuen, historischen Zeiten thätige Vulkane zu enthalten. So sehen wir hier (unter 54° und 60° Breite und 162°—198° westlicher Länge) einen Streifen des ganzen Meeresgrundes zwischen zwei großen Continenten in steter, schaffender und zerstörender Wechselwirkung. Viele Inseln mögen in der Folge von Jahrtausenden, wie in der Gruppe der Azoren, dem Erscheinen über der Meeresfläche nahe, viele lange erschienene ganz oder theilweise unbeobachtet versunken sein! Zur Völker-Mischung, zum Uebergange von Volksstämmen bietet die aleutische Inselreihe einen Weg dar, welcher 13 bis 14 Grad südlicher als der der Berings-Straße ist: auf welchem die Tschuktschen scheinen von Amerika nach Asien, und zwar bis jenseits des Anadyr-Flusses, übergegangen zu sein.

Die kurilische Inselreihe, von der Endspitze von Kamtschatka bis zum Cap Broughton (dem nordöstlichsten Vorgebirge von Jezo), in einer Länge von 180 geogr. Meilen, erscheint mit 8 bis 10 meist noch entzündeten Vulkanen. Der nördlichste derselben, auf der Insel Alaid, bekannt durch große Ausbrüche in den Jahren 1770 und 1793, verdiente wohl endlich genau gemessen zu werden, da man seine Höhe bis zu zwölf- und vierzehn-tausend Fuß schätzt. Der weit niedrigere Pic Sarytschew (4227 F. nach Horner) auf Mataua und die südlichsten japanischen Kurilen, Urup, Jetorop und Kunaschi, haben sich auch als sehr thätige Vulkane gezeigt.

Nun folgen in der Vulkan-Reihe Jezo und die drei großen

japanischen Inseln, über welche der berühmte Reisende, Herr
von Siebold, zur Benutzung für den Kosmos, mir eine
große und wichtige Arbeit wohlwollend mitgetheilt hat. Sie
wird das Unvollständige berichtigen, was ich in meinen Fragmens de Géologie et de Climatologie asiatiques
(T. I. p. 217 — 234) und in der Asie centrale (T. II.
p. 540 — 552) der großen japanischen Encyclopädie entlehnte.

Die große, in ihrem nördlichen Theile sehr quadratische Insel
Jezo (Br. 41° ½ bis 45° ½), durch die Sangar- oder Tsugar-
Straße von Nippon, durch die Straße La Pérouse von der
Insel Krafto (Kara-fu-to) getrennt, begrenzt durch ihr nordöst-
liches Cap den Archipel der Kurilen; aber unfern des nordwestlichen Caps Romanzow auf Jezo, das sich 1½ Grade mehr
nach Norden an die Straße La Pérouse vorstreckt, liegt unter
Br. 45° 11' der vulkanische Pic de Langle (5020 F.) auf
der kleinen Insel Rifiri. Auch Jezo selbst scheint von Broughton's
südlicher Vulkan-Bai an bis gegen das Nordcap hin von einer
Vulkan-Reihe durchschnitten zu sein: was um so merkwürdiger
ist, als auf dem schmalen Krafto, das fast eine Fortsetzung
vom Jezo ist, die Naturforscher der Lapérousischen Expedition
in der Baie de Castries rothe poröse Laven- und Schlackenfelder gefunden haben. Auf Jezo selbst zählt Siebold 17 Kegelberge, von denen der größere Theil erloschene Vulkane zu sein
scheint. Der Kiafa, von den Japanern Ufuga-Take, d. i.
Mörserberg, genannt, wegen eines tief eingesunkenen Kraters,
und der Kajo-hori sollen beide noch entzündet sein. (Commod.
Perry sah zwei Vulkane bei dem Hafen Endermo, lat. 42° 17',
von der Vulkan-Bai aus.) Der hohe Manye (Krusenstern's
Kegelberg Pallas) liegt mitten auf der Insel Jezo, ohngefähr
in Br. 44°, etwas ost-nord-östlich von der Bai Strogonow.

„Die Geschichtsbücher von Japan erwähnen vor und seit unserer Zeitrechnung nur 6 thätige Vulkane, nämlich zwei auf der Insel Nippon und vier auf der Insel Kiusiu. Die Vulkane von Kiusiu, der Halbinsel Korea am nächsten, sind, in ihrer geographischen Lage von Süden nach Norden gerechnet: 1) der Vulkan Mitake auf dem Inselchen Sayura-Sima, in der nach Süden geöffneten Bai von Kagosima (Provinz Satsuma), Br. 31° 33', Lg. 128° 21'; 2) der Vulkan Kirisima im District Naka (Br. 31° 45'), Provinz Fiuga; 3) der Vulkan Aso jama im District Aso (Br. 32° 45'), Provinz Figo; 4) der Vulkan Wunzen auf der Halbinsel Simabara (Br. 32° 44'), im District Takaku. Seine Höhe beträgt nach einer barometrischen Messung nur 1253 Meter oder 3856 Pariser Fuß: er ist also kaum hundert Fuß höher als der Vesuv (Rocca del Palo). Die geschichtlich heftigste Eruption des Vulkans Wunzen war die vom Februar 1793. Wunzen und Aso jama liegen beide ost-süd-östlich von Nangasaki."

„Die Vulkane der großen Insel Nippon sind, wieder von Süden nach Norden gezählt: 1) Vulkan Fusi jama, kaum 4 geogr. Meilen von der südlichen Küste entfernt, im District Fusi (Provinz Suruga; Br. 35° 18', Lg. 136° 15'). Seine Höhe, gemessen, wie der vorgenannte Vulkan Wunzen auf Kiusiu, von jungen, durch Siebold ausgebildeten Japanern, erreicht 3793 Meter oder 11675 Par. Fuß; er ist also fast 300 Fuß höher als der Pic von Teneriffa, mit dem ihn schon Kämpfer vergleicht (Wilhelm Heine, Reise nach Japan 1856 Bd. II. S. 4). Die Erhebung dieses Kegelberges wird im fünften Regierungsjahre des VI. Mikado (286 Jahre vor unserer Zeitrechnung) mit diesen (geognostisch merkwürdigen) Worten beschrieben: „in der Landschaft Omi versinkt eine bedeutende

Strecke Landes, ein Binnensee bildet sich und der Vulkan Fusi
kommt zum Vorschein." Die geschichtlich bekanntesten, heftigsten
Eruptionen aus den christlichen Jahrhunderten sind gewesen die
von 799, 800, 863, 937, 1032, 1083 und 1707; seitdem
ruht der Berg. 2) Vulkan Aſama jama: der centralſte der
thätigen Vulkane im Inneren des Landes; 20 geogr. Meilen
von der süd-süd-östlichen und 13 Meilen von der nord-nord-
westlichen Küste entfernt; im Diſtrict Saku (Provinz Sinano);
Br. 36° 22', Lg. 136° 18': also zwischen den Meridianen
der beiden Hauptstädte Mijako und Jedo. Bereits im Jahre
864 hatte, gleichzeitig mit dem Vulkan Fuſi jama, der Aſama
jama einen Ausbruch. Besonders verheerend und heftig war
der vom Monat Julius 1783. Seitdem bleibt der Aſama
jama in fortdauernder Thätigkeit."

„Außer diesen Vulkanen wurden von europäischen Seefahrern noch zwei kleine Inseln mit rauchenden Kratern beobachtet, nämlich: 3) das Inselchen Jwdgaſima oder Jwdſima
(ſima bedeutet Insel und rwd Schwefel; ga ist bloß ein Affirum
des Nominativs), île du Volcan nach Kruſenſtern: im Süden
von Kiuſiu, in der Straße Van Diemen, unter 30° 43' N. B.
und 127° 58' O. L.; nur 54 englische Meilen vom oben genannten Vulkan Mitake entfernt; Höhe des Vulkans 2220 F.
(715 m). Dieses Inselchen erwähnt bereits Linſchoten im Jahr
1596, mit den Worten: „solches Eiland hat einen Vulkan,
der ein Schwefel- oder feuriger Berg iſt". Auch findet es ſich
auf den ältesten holländischen Seekarten unter dem Namen
Vulcanus (Fr. von Siebold, Atlas vom Jap. Reiche,
tab. XI). Kruſenſtern hat die Vulkan-Insel rauchen geſehn
(1804); eben ſo Capt. Blake 1838, wie Guérin und de la
Roche Poncié 1846. Höhe des Kegels nach dem letzteren

Seefahrer 2218 F. (715ᵐ). Das felsige Inselchen, dessen Landgrebe in der Naturgeschichte der Bulkane (Bd. I. S. 355) nach Kämpfer ohnweit Firato (Firando) als Bulkans erwähnt, ist unstreitig Iwosima; denn die Gruppe, zu welcher Iwosima gehört, heißt Kiusiu ku sima, d. i. die neun Inseln von Kiusiu, und nicht die 99 Inseln. Eine solche Gruppe giebt es bei Firato, nordlich von Nagasaki, und überhaupt in Japan nicht. 4) Die Insel Ohosima (Barnevelb's Eiland, île de Vries nach Krusenstern); sie wird zur Provinz Idsu auf Nippon gerechnet und liegt vor der Bucht von Wodawara, unter 34⁰ 42′ N. B. und 137⁰ 4′ O. L. Broughton sah (1797) Rauch dem Krater entsteigen; vor kurzem hatte ein heftiger Ausbruch des Bulkans statt. Von dieser Insel zieht sich eine Reihe kleiner vulkanischer Eilande in südlicher Richtung bis Fatsi sio (33⁰ 6′ N. B.) hin und setzt sich bis nach den Bonin-Inseln (26⁰ 30′ N. B. und 139⁰ 45′ O. L.) fort, welche nach A. Postels (Lütké, Voyage autour du monde dans les années 1826—29 T. III. p. 117) auch vulkanisch und sehr heftigen Erdbeben unterworfen sind."

„Dies sind also die acht geschichtlich thätigen Bulkane im eigentlichen Japan, in und nahe den Inseln Kiusiu und Nippon. Außer diesen geschichtlich bekannten acht Bulkanen ist aber noch eine Reihe von Kegelbergen aufzuführen, von denen einige, durch sehr deutlich, oft tief eingeschnittene Krater ausgezeichnet, als längst erloschene Bulkane erscheinen: so der Kegelberg Kaimon, Krusenstern's Pic Horner, im südlichsten Theile der Insel Kiusiu, an der Küste der Straße Van Diemen, in der Provinz Satsum (Br. 31⁰ 9′), kaum 6 geogr. Meilen entfernt in SSW von dem thätigen Bulkan Mitake; so auf Sikok der Kofusi oder kleine Fusi; auf dem Inselchen

Kutsunasima (Provinz Iyo), Br. 33º 45', an der östlichen Küste der großen Straße Suwo Nada oder van der Capellen, welche die drei großen Theile des japanischen Reichs: Kiusiu, Sitok und Nippon, trennt. Auf dem letzten, der Haupt= insel, werden von Südwest nach Nordost neun solcher, wahr= scheinlich trachytischer Kegelberge gezählt, unter welchen die merkwürdigsten sind: der Sira jama (weiße Berg) in der Provinz Kaga, Br. 36º 5': welcher, wie der Tsio kaisan in der Provinz Dewa (Br. 39º 10'), für höher als der süd= liche, über 11600 Fuß hohe Vulkan Fusi jama geschätzt wird. Zwischen beiden liegt in der Provinz Jetsigo der Jaki jama (Flammenberg, in Br. 36º 53'). Die zwei nördlichsten Kegel= berge an der Tsugar=Straße, im Angesicht der großen Insel Jezo, sind: 1) der Iwaki jama, welchen Krusenstern, der sich ein unsterbliches Verdienst um die Geographie von Japan erworben hat, den Pic Tilesius nennt (Br. 40º 42'); und 2) der Jake jama (brennende Berg, Br. 41º 20'), in Nambu, auf der nordöstlichsten Endspitze von Nippon, mit Feuer= ausbrüchen seit ältester Zeit."

In dem continentalen Theile der nahen Halbinsel Korea oder Korai (sie verbindet sich unter den Parallelen von 34º und 34º½ fast mit Kiusiu durch die Eilande Tsu sima und Iki) sind, trotz ihrer Gestalt=Aehnlichkeit mit der Halb= insel Kamtschatka, bisher keine Vulkane bekannt geworden. Die vulkanische Thätigkeit scheint auf die nahe gelegenen Inseln eingeschränkt zu sein. So stieg im Jahr 1007 der Insel= Vulkan Tsinmura, den die Chinesen Tanlo nennen, aus dem Meere hervor. Ein Gelehrter, Tien=kong=tschi, wurde ausgesandt, um das Phänomen zu beschreiben und ein Bild davon anzufertigen.[63] Es ist besonders die Insel Se he sure

(Quelpaerts der Holländer), auf welcher die Berge überall eine vulkanische Kegelform zeigen. Der Centralberg erreicht nach La Pérouse und Broughton 6000 Fuß Höhe. Wie viel Vulkanisches mag nicht noch in dem westlichen Archipel zu entdecken sein, wo der König der Koreer in seinem Titel sich König von 10000 Inseln nennt!

Von dem Pic Horner (Kaimon ga take) an der westlichen Südspitze von Kiu=siu, im japanischen Drei=Insel=reiche, zieht sich in einem Bogen, der gegen Westen geöffnet ist, eine kleine vulkanische Inselreihe hin, und begreift zwischen den Straßen Van Diemen und Colnett Jakuno sima und Tanega sima; dann südlich von der Straße Colnett in der Linschoten=Gruppe[61] von Siebold (Archipel Cecille des Cap. Guérin), welche sich bis zum Parallel von 29° erstreckt, die Insel Suwase sima, die Vulkan=Insel des Cap. Belcher (Br. 29° 39′ und Lg. 127° 21′): in Höhe von 2630 F. (855ᵐ) nach de la Roche Poncié; dann Basil Hall's Schwefel=Insel (Sulphur Island), die Tori sima oder Vogel=Insel der Japaner, Lung=hoang=schan des Pater Gaubil: Br. 27° 51′, Lg. 125° 54′, nach der Bestimmung des Cap. de la Roche Poncié von 1848. Da sie auch Iwo sima genannt wird, so ist sie nicht mit der homonymen nördlicheren Insel in der Straße Van Diemen zu verwechseln. Die erstere ist von Basil Hall vortrefflich beschrieben worden. Zwischen 26° und 27° Breite folgen die Gruppe der Lieu=khieu= oder Lew=Chew=Inseln (von den Bewohnern Loo Choo genannt), von denen Klaproth bereits 1824 eine Specialkarte geliefert hat; und südwestlicher der kleine Archipel von Madschiko=sima, welcher sich an die große Insel Formosa anschließt und von mir als das Ende der ost=asiatischen Inseln

betrachtet wird. Nahe bei der östlichen Küste von Formosa
(lat. 24⁰) ist vom Lieut. Boyle im October 1853 ein großer
Vulkan-Ausbruch im Meere beobachtet worden (Commod. Perry,
Exped. to Japan Vol. I. p. 500). In den Bonin-Inseln
(Buna-Sima der Japaner, lat. 26⁰ $\frac{1}{2}$ bis 27⁰ $\frac{3}{4}$, lg. 139⁰ 55')
hat Peel's Insel mehrere schwefel- und schlackenreiche, wie es
scheint, vor nicht langer Zeit ausgebrannte Krater (Perry) l.
p. 200 und 209).

VI. Süd-asiatische Inseln.

Wir begreifen unter diese Abtheilung Formosa (Thay-
wan), die Philippinen, die Sunda-Inseln und die
Moluffen. Die Vulkane von Formosa hat uns zuerst Klaproth nach chinesischen, immer so ausführlich naturbeschreibenden
Quellen kennen gelehrt.[65] Es sind ihrer vier: unter denen
der Tschy-fang (Rothberg), mit einem heißen Kratersee,
große Feuerausbrüche gehabt hat. Die kleinen Baschi-Inseln
und die Babuyanen, welche noch 1831 nach Meyen's Zeugniß einen heftigen Feuerausbruch erlitten, verbinden Formosa
mit den Philippinen, von denen die zerstückelten und kleineren Inseln die vulkanreichsten sind. Leopold von Buch zählt auf
ihnen 19 hohe isolirte Kegelberge, im Lande Volcanes genannt,
aber wahrscheinlich theilweise geschlossene trachytische Dome.
Dana glaubt, daß es im südlichen Luzon jetzt nur zwei entzündete Vulkane giebt: den Vulkan Taal, der sich in der Laguna
de Bongbong erhebt; mit einem Circus, welcher wiederum eine
Lagune einschließt (Kosmos Bd. IV. S. 287); und in dem
südlichen Theile der Halbinsel Camarines den Vulkan Albay
oder Mayon, welchen die Eingeborenen Isaroe nennen.

Letzterer (3000 F. hoch) hatte große Eruptionen in den Jahren 1800 und 1814. In dem nördlichen Theile von Luzon sind Granit und Glimmerschiefer, ja selbst Sediment=Formationen mit Steinkohlen verbreitet. [66]

Die langgedehnte Gruppe der Sulu= (Solo=) Inseln (wohl 100 an der Zahl), verbindend Mindanao und Borneo, ist theils vulkanisch, theils von Corallenriffen durchzogen. Iso=lirte ungeöffnete, trachytische, kegelförmige Pics werden freilich von den Spaniern oft Volcanes genannt.

Wenn man alles, was im Süden vom fünften nördlichen Breitengrade (im Süden von den Philippinen) zwischen den Meridianen der Nicobaren und des Nordwestens von Neu=Guinea liegt: also die großen und kleinen Sunda=Inseln und die Molukken, streng durchmustert; so findet man als Resultat der großen Arbeit des Dr. Junghuhn „in einem Kranz von Inseln, welche das fast continentale Borneo um=geben, 109 hohe feuerspeiende Berge und 10 Schlamm=Vulkane." Dies ist nicht eine ohngefähre Schätzung, sondern eine wirkliche Aufzählung.

Borneo, die Giava maggiore des Marco Polo [67], bietet bis jetzt noch keine sichere Kunde von einem thätigen Vulkane dar; aber freilich sind auch nur schmale Streifen des Littorals (an der Nordwest=Seite bis zur kleinen Küsten=Insel Labuan und bis zum Cap Balambangan; an der Westküste am Aus=fluß des Pontianak; an der südöstlichen Spitze im District Banjermas=Sing wegen der Gold=, Diamant= und Platina=Wäschen) bekannt. Man glaubt auch nicht, daß der höchste Berg der ganzen Insel, vielleicht der ganzen süd=asiatischen Inselwelt, der zweigipflige Kina Bailu an der Nordspitze, nur acht geogr. Meilen von der Piraten=Küste entfernt, ein

Vulkan sei. Cap. Belcher findet ihn 12850 Pariser Fuß hoch, also fast noch 4000 Fuß höher als den Gunung Pasaman (Ophir) von Sumatra. [68] Dagegen nennt Rajah Brooke in der Provinz Sarawak einen viel niedrigeren Berg, dessen Name Gunung Api (Feuerberg im Malayischen) wie seine umher= liegenden Schlacken auf eine ehemalige vulkanische Thätigkeit schließen lassen. Große Niederlagen von Goldsand zwischen quar= zigen Gangstücken, das viele Waschzinn der Flüsse an entgegen= gesetzten Ufern, der feldspathreiche Porphyr [69] von den Sarambo= Bergen deuten auf eine große Verbreitung sogenannter Ur= und Uebergangs=Gebirge. Nach den einzigen sicheren Bestimmungen, welche wir von einem Geologen besitzen (von dem **Dr.** Ludwig Horner, Sohn des verdienstvollen Züricher Astronomen und Weltumseglers), werden im südöstlichen Theile von Borneo in mehreren schwunghaft bearbeiteten Wäschen vereint, ganz wie am sibirischen Ural, Gold, Diamanten, Platina, Osmium und Iridium (doch bisher nicht Palladium) gefunden. Forma= tionen von Serpentin, Gabbro und Syenit gehören in großer Nähe einer 3200 Fuß hohen Gebirgskette, bei der Ratuhs= Berge, an. [70]

Von den übrigen drei großen Sunda=Inseln werden nach Junghuhn bei noch jetzt thätigen Vulkane auf Suma= tra 6 bis 7, auf Java 20 bis 23, auf Celebes 11; auf Flores 6 gezählt. Von den Vulkanen der Insel Java haben wir schon oben (Kosmos Bd. **IV.** S. 324—332) umständ= lich gehandelt. In dem noch nicht ganz durchforschten Suma= tra sind unter 19 Kegelbergen von vulkanischem Ansehen sechs thätig. [71] Als solche sind erkannt: der Gunung Indrapura, ohngefähr 11500 F. hoch, nach zur See gemessenen Höhen= winkeln, und vielleicht von gleicher Höhe als der genauer gemessene

Semeru oder Maha=Meru auf Java; der vom **Dr. L. Horner**
erstiegene Gunung **Pasaman**, auch **Ophir** genannt (9010 F.),
mit einem fast erloschenen Krater; der schwefelreiche Gu=
nung **Salasi**, mit Schlacken=Auswürfen in den Jahren 1833
und 1845; Gunung **Merapi** (8980 F.)· ebenfalls vom **Dr.
L. Horner**, in Begleitung des **Dr. Korthals**, im Jahr 1834
erstiegen, der thätigste aller Vulkane Sumatra's und nicht mit
den zwei gleichnamigen von Java [72] zu verwechseln; Gunung
Ipu, ein abgestumpfter, rauchender Kegel; Gunung **Dempo**
im Binnenlande von Benkulen, zu zehntausend Fuß Höhe
geschätzt.

So wie vier Inselchen als Trachytkegel, unter denen der
Pic Rekata und **Panahitam** (die Prinzen=Insel) die höchsten
sind, in der Sunda=Straße aufsteigen und die Vulkan=Reihe
von Sumatra mit der gedrängten Reihe von Java verbinden; so
schließt sich das östliche Ende Java's mit seinem Vulkan **Ijen**
durch die thätigen Vulkane Gunung **Batu** und Gunung **Agung**
auf der nahen Insel **Bali** an die lange Kette der **Kleinen
Sunda=Inseln** an. In dieser folgen östlich von Bali der rau=
chende, nach der trigonometrischen Messung des Herrn **Mel=
ville de Carnbee** 11600 F. hohe Vulkan **Rindjani** auf der
Insel **Lombok**; der **Temboro** (5500 F.) auf Sumbawa oder
Sambawa: dessen die Luft verfinsternder Aschen= und Bims=
stein=Ausbruch (April 1815) zu den größten gehört, deren
Andenken die Geschichte aufbewahrt hat; [73] sechs zum Theil noch
rauchende Kegelberge auf **Flores** . . .

Die große, vielarmige Insel **Celebes** enthält sechs Vul=
kane, die noch nicht alle erloschen sind; sie liegen vereinigt auf
der nordöstlichen schmalen Halbinsel **Menado**. Neben ihnen
sprudeln siedend heiße Schwefelquellen, in deren eine, nahe dem

Wege von Sonder nach Lamovang, ein viel gewanderter und
frei beobachtender Reisender, mein piemontesischer Freund, der
Graf Carlo Vidua, einsank und an Brandwunden, welche
der Schlamm erzeugte, den Tod fand. Wie in den Molukken
die kleine Insel Banda aus dem, von 1586 bis 1824 thätigen,
kaum 1700 F. Höhe erreichenden Vulkan Gunung Api; so besteht
die größere Insel Ternate auch nur aus einem einzigen, an
5400 F. hohen Kegelberge, Gunung Gama Lama, dessen heftige
Ausbrüche von 1838 bis 1849 (nach mehr als anderthalb=hun=
dertjähriger gänzlicher Ruhe) zu zehn verschiedenen Epochen be=
schrieben worden sind. Nach Junghuhn ergoß sich bei der Eruption
vom 3 Februar 1840 aus einer Spalte nahe bei dem Fort
Toluko ein Lavastrom, der bis zum Gestade herabfloß[74]: „sei
es, daß die Lava eine zusammenhangende, ganz geschmolzene
Masse bildete; oder sich in glühenden Bruchstücken ergoß, welche
herabrollten und durch den Druck der darauf folgenden Massen
über die Ebene hingeschoben wurden." Wenn zu den hier
einzeln genannten wichtigeren vulkanischen Kegelbergen die vie=
len sehr kleinen Insel=Vulkane zugefügt werden, deren hier nicht
Erwähnung geschehen konnte; so steigt[75], wie schon oben er=
innert worden ist, die Schätzung aller südlich von dem Parallel
des Caps Serangani auf Mindanao, einer der Philippinen,
und zwischen den Meridianen des Nordwest=Caps von Neu=
Guinea in Osten und der Nicobaren= und Andaman=Gruppe
in Westen gelegenen Feuerberge auf die große Zahl von 109.
Diese Schätzung ist in dem Sinne gemacht, als „auf Java
45, meist kegelformige und mit Kratern versehene Vulkane
aufgezählt werden." Von diesen sind aber nur 21, von der
ganzen Summe der 109 etwa 42 bis 45, als jetzt oder in
historischen Zeiten thätige erkannt. Der mächtige Pic von

Timor diente einst den Seefahrern zum Leuchtthurme, wie Stromboli. Auf der kleinen Insel Pulu Batu (auch P. Komba genannt), etwas nördlich von Flores, sah man 1850 einen Vulkan glühende Lava bis an den Meeresstrand ergießen; eben so früher (1812) und ganz neuerlich, im Frühjahr 1856, den Pic auf der größeren Sangir-Insel zwischen Magindanao und Celebes. Ob auf Amboina der berufene Kegelberg Wawani oder Ateti mehr als heißen Schlamm 1674 ergossen habe, bezweifelt Junghuhn, und schreibt gegenwärtig die Insel nur den Solfataren zu. Die große Gruppe der süd-asiatischen Inseln hängt durch die Abtheilung der westlichen Sunda-Inseln mit den Nicobaren und Andamanen des indischen Oceans, durch die Abtheilung der Moluffen und Philippinen mit den Papuas, Pelew-Inseln und Carolinen der Südsee zusammen. Wir lassen aber hier zuerst die minder zahlreichen und zerstreuteren Gruppen des indischen Oceans folgen.

VII. Der indische Ocean.

Er begreift den Raum zwischen der Westküste der Halbinsel Malacca oder der Birmanen bis zur Ostküste von Afrika, also in seinem nördlichen Theile den bengalischen Meerbusen und das arabische und äthiopische Meer einschließend. Wir folgen der vulkanischen Thätigkeit des indischen Oceans in der Richtung von Nordost nach Südwest.

Barren Island (die Wüste Insel) in dem bengalischen Meerbusen, etwas östlich von der großen Andamans-Insel (Br. 12° 15'), wird mit Recht ein thätiger Ausbruch-Kegel genannt, der aus einem Erhebungs-Krater hervorragt. Das Meer dringt durch eine schmale Oeffnung ein und füllt ein inneres Becken. Die Erscheinung dieser, von Horsburgh 1791 aufgefundenen Insel ist überaus lehrreich für die Bildungs-Theorie vulkanischer Gerüste. Man sieht hier vollendet und permanent, was in Santorin und an anderen Punkten der Erde die Natur nur vorübergehend darbietet.[76] Die Ausbrüche im November 1803 waren, wie die des Sangay in den Cordilleren von Quito, sehr bestimmt periodisch, mit Intervallen von 10 Minuten; Leop. von Buch in den Abhandl. der Berl. Akademie aus den J. 1818—1819 S. 62.

Die Insel Narcondam (Br. 13° 24′), nördlich von Barren Island, hat auch in früheren Zeiten vulkanische Thätigkeit gezeigt: eben so wie noch nördlicher und der Küste von Arracan nahe (10° 52′) der Kegelberg der Insel Cheduba (Silliman's American Journal Vol. 38. p. 385).

Der thätigste Vulkan, nach der Häufigkeit des Lava-Ergusses gerechnet, nicht bloß in dem indischen Ocean, sondern fast in der ganzen Süd-Hemisphäre zwischen den Meridianen der Westküste von Neu-Holland und der Ostküste von Amerika, ist der Vulkan der Insel Bourbon in der Gruppe der Mascareignes. Der größere, besonders der westliche und innere Theil der Insel ist basaltisch. Neuere olivin-arme Basaltgänge durchsetzen das ältere, olivinreiche Gestein; auch Schichten von Ligniten sind in Basalt eingeschlossen. Die Culminationspunkte der Gebirgs-Insel sind le Gros Morne und les trois Salazes, deren Höhe la Caille zu 10000 Fuß überschätzte. Die vulkanische Thätigkeit ist jetzt auf den südöstlichen Theil, le Grand Pays brûlé, eingeschränkt. Der Gipfel des Vulkans von Bourbon, welcher fast jedes Jahr nach Hubert zwei, oft das Meer erreichende Lavaströme giebt, hat nach der Messung von Berth 7507 Fuß Höhe.[77] Er zeigt viele Ausbruch-Kegel, denen

man besondere Namen gegeben hat und die abwechselnd speien.
Die Ausbrüche am Gipfel sind selten. Die Laven enthalten
glasigen Feldspath, und sind daher mehr trachytisch als basal=
tisch. Der Aschenregen enthält oft Olivin in langen und fei=
nen Fäden: ein Phänomen, das sich am Vulkan von Owaihi
wiederholt. Ein starker, die ganze Insel Bourbon bedeckender
Ausbruch solcher Glasfäden ereignete sich im Jahr 1821.

Von der nahen und großen Terra incognita, Madagas=
car, sind nur bekannt die weite Verbreitung des Bimssteins
bei Tintingue, der französischen Insel Sainte Marie gegen=
über; und das Vorkommen des Basalts südlich von der Bai
von Diego Suarez, nahe bei dem nördlichsten Cap d'Ambre,
umgeben von Granit und Gneiß. Der südliche Central=Rücken der
Ambohistmene=Berge wird (wohl sehr ungewiß) auf 10000 Fuß
geschätzt. Westlich von Madagascar, im nördlichen Ausgange des
Canals von Mozambique, hat die größte der Comoro=Inseln
einen brennenden Vulkan (Darwin, Coral Reefs p. 122).

Die kleine vulkanische Insel St. Paul (38⁰ 38'), süd=
lich von Amsterdam, wird vulkanisch genannt nicht bloß wegen
ihrer Gestaltung, welche an die von Santorin, Barren
Island und Deception Island in der Gruppe der New=Shet=
land=Inseln lebhaft erinnert: sondern auch wegen der mehr=
fach beobachteten Feuer= und Dampf=Eruptionen in der neueren
Zeit. Die sehr charakteristische Abbildung, welche Valentyn in
seinem Werke über die Banda=Inseln bei Gelegenheit der Er=
pedition des Willem de Vlaming (Nov. 1696) giebt, stimmt
vollkommen, wie die Breiten=Angabe, mit den Abbildungen im
Atlas der Erpedition von Macartney und der Aufnahme von
Capt. Blackwood (1842) überein. Die kraterförmige, fast eine
englische Meile weite, runde Bai ist von nach innen senkrecht

abgestürzten Felsen überall umgeben, mit Ausnahme einer schmalen Oeffnung, durch welche das Meer bei Fluthzeit eintritt. Die die Kraterränder bildenden Felsen fallen nach außen sanft und niedrig ab. [78]

Die 50 Minuten nördlicher gelegene Insel Amsterdam (37⁰ 48′) besteht nach Valentyn's Abbildung aus einem einzigen, waldreichen, etwas abgerundeten Berge, auf dessen höchstem Rücken sich ein kleiner cubischer Fels, fast wie auf dem Cofre de Perote im mericanischen Hochlande, erhebt. Während der Expedition von d'Entrecasteaur (März 1792) wurde die Insel zwei Tage lang ganz in Flammen und Rauch gehüllt gesehen. Der Geruch des Rauchs schien auf einen Wald- und Erdbrand zu deuten, man glaubte freilich hier und da auch Dampfsäulen aus dem Boden nahe dem Ufer aufsteigen zu sehen; doch waren die Naturforscher, welche die Expedition begleiteten, schließlich der Meinung, daß das räthselhafte Phänomen wenigstens nicht dem Ausbruch [79] des hohen Berges, als eines Vulkans, zuzuschreiben sei. Als sichrere Zeugen älterer und ächt vulkanischer Thätigkeit auf der Insel Amsterdam dürfte man wohl eher die Schichten von Bimsstein (uitgebranden puimsteen) anführen, deren schon Valentyn nach Vlaming's Schiffsjournal von 1696 erwähnt.

In Südost der Endspitze von Afrika liegen Marion's oder Prinz Eduard's Insel (47⁰ 2′) und Possession Island (46⁰ 28′ Br. und 49⁰ 36′ Lg.), zur Crozet-Gruppe gehörig. Beide zeigen Spuren ehemaliger vulkanischer Thätigkeit. kleine conische Hügel [80], mit Ausbruch-Oeffnungen von säulenförmigem Basalt umgeben.

Oestlich, fast in derselben Breite, folgt Kerguelen's Insel (Cook's Island of Desolation), deren erste geologische

Beschreibung wir ebenfalls der folgereichen, glücklichen Expe=
dition von Sir James Roß verdanken. Bei dem von Cook
benannten Christmas Harbour (Br. 48° 41', Lg. 66° 42')
umwickeln Basaltlaven, mehrere Fuß dicke, fossile Holzstämme;
dort bewundert man auch den malerischen **Arched Rock**, eine
natürliche Durchfahrts=Oeffnung in einer schmalen vortretenden
Basaltmauer. In der Nähe befinden sich: Kegelberge, deren höchste
zu 2500 Fuß ansteigen, mit ausgebrannten Kratern; Grünstein=
und Porphyr=Massen, von Basaltgängen durchsetzt; Mandelstein
mit Quarzdrusen bei Cumberland Bay. Am merkwürdigsten sind
die vielen Kohlenschichten, von Trappfels (Dolerit wie am
hessischen Meißner?) bedeckt, im Ausgehenden von der Dicke
weniger Zolle bis vier Fuß Mächtigkeit. [81]

Wenn man einen allgemeinen Blick auf das Gebiet des
indischen Oceans wirft, so sieht man die in Sumatra nordwest=
lich gekrümmte Extremität der Sunda=Reihe sich verlän=
gern durch die Nicobaren, die großen und kleinen An=
bamanen; und die Vulkane von Barren Island, Narcon=
bam und Cheduba fast parallel der Küste von Malacca
und Tanasserim in den östlichen Theil des Meerbusens
von Bengalen eintreten. Längs den Küsten von Orissa und
Coromandel ist der westliche Theil des Busens inselfrei: denn das
große Ceylon hat, wie Madagascar, einen mehr continentalen
Charakter. Dem jenseitigen Littoral der vorder=indischen Halb=
insel (der Hochebene von Nil=Gerri, und den Küsten von Canara
und Malabar) gegenüber schließt von 14° nördlicher bis 8° süd=
licher Breite eine nord=südlich gerichtete Reihe von drei Archipelen
(der Lakediven, Maldiven und Chagos) sich durch die
Bänke von Sahia de Malha und Cargados Carajos an die
vulkanische Gruppe der Mascareignes und an Madagascar

an· alles, so weit es sichtbar, Gebäude von Corallen-Polypen,
wahre Atolls oder Lagunen-Riffe: nach Darwin's geistreichen
Vermuthungen, daß hier ein weiter Raum des Meergrundes
nicht eine Erhebungs-, sondern eine Senkungs-Fläche (area of
subsidence) bildet.

VIII. Die Südsee.

Wenn man den Theil der Erdoberfläche, welcher gegenwärtig von Wasser bedeckt ist, mit dem Areal des Festen
vergleicht (ohngefähr [82] im Verhältniß von 2,7 zu 1), so er-
staunt man in geologischer Hinsicht über die Seltenheit der
heute noch thätig gebliebenen Vulkane in der oceanischen Region. Die Südsee, deren Oberfläche beinahe um $\frac{1}{6}$ größer ist
als die Oberfläche aller Festen unseres Planeten; die Südsee,
welche in der Aequinoctial-Region von dem Archipel der Galapagos bis zu den Pelew-Inseln eine Breite von nahe an $\frac{2}{5}$
des ganzen Erdumkreises hat: zeigt weniger rauchende Vulkane,
weniger Oeffnungen, durch welche das Innere des Planeten noch
mit seiner Luft-Umhüllung in thätigem Verkehr steht, als die
einzige Insel Java. Der Geologe der großen amerikanischen Exploring Expedition (1838—1842) unter dem Befehle von Charles Wilkes, der geistreiche James Dana, hat das unverkenn-
bare Verdienst, sich auf seine eigenen Erforschungen und die
fleißige Zusammenstellung aller sicheren älteren Beobachtungen
gründend, zuerst durch Verallgemeinerung der Ansichten über
Gestaltung, Vertheilung und Achsenrichtung der Inselgruppen;
über Charakter der Gebirgsarten, Perioden der Senkung und
Erhebung großer Strecken des Meeresbodens ein neues Licht
über die Inselwelt der Südsee verbreitet zu haben. Wenn

ich aus seinem Werke und aus den vortrefflichen Arbeiten von
Charles Darwin, dem Geologen der Expedition des Cap. Fitz-
roy (1832—1836), schöpfe, ohne sie jedesmal einzeln zu
nennen; so kann bei der hohen Achtung, welche ich ihnen seit
so vielen Jahren zolle, dies hier nicht gemißdeutet werden.

Ich vermeide gern die so willführlichen und nach ganz
verschiedenen Grundsätzen der Vielheit und Größe, oder der
Hautfarbe und Abstammung der Bewohner geschaffenen Abtheilungen: Polynésie, Micronésie, Melanésie und Malaisie [63];
und beginne die Aufzählung der noch thätigen Vulkane
der Südsee mit denen, welche nördlich vom Aequator liegen.
Ich gehe später in der Richtung von Osten nach Westen zu
den zwischen dem Aequator und dem Parallel von 30° südl.
Breite liegenden Inseln über. Die vielen Basalt- und Trachyt-
Inselchen, mit ihren zahllosen, zu ungleicher Zeit einst
eruptiven Kratern, dürfen allerdings nicht ordnungslos
zerstreut [64] genannt werden. Man erkennt bei der größeren
Zahl, daß ihre Erhebung auf weit ausgedehnten Spalten und
unterseeischen Gebirgszügen geschah, die regiofis- und gruppenweise bestimmten Richtungen folgen und, ganz wie wir bei den
continentalen Gebirgszügen von Inner-Asien und vom Caucasus erkennen, zu verschiedenen Systemen gehören; aber die
Raumverhältnisse der Oeffnungen, welche zu einer bestimmten
Epoche sich noch gleichzeitig thätig zeigen, hangen bei ihrer so
überaus geringen Zahl wahrscheinlich von den sehr localen
Störungen ab, welche die zuführenden Spalten erleiden. Linien,
welche man versuchen könnte durch drei, jetzt gleichzeitig thätige
Vulkane zu legen, deren gegenseitige Entfernung zwischen 600 und
750 geographische Meilen beträgt, ohne eruptive Zwischenglieder (ich bezeichne drei gegenwärtig zugleich entzündete Vulkane:

Mauna Loa mit Kilauea an seinem östlichen Abhange, den Kegelberg von Tanna in den Neuen Hebriden, und Assumption in den nördlichen Labronen); würden uns über nichts belehren können, was im allgemeinen mit der Genesis der Vulkane im Becken der Südsee zusammenhängt. Anders ist es, wenn man sich auf einzelne Inselgruppen beschränkt und sich in die, vielleicht vor-historischen Epochen versetzt, wo die vielen, jetzt erloschenen, an einander gereihten Krater der Labronen (Marianen), der Neuen Hebriden und der Salomons-Inseln thätig waren: aber dann gewiß nicht in einer Richtung von Südost nach Nordwest oder von Norden nach Süden allmälig erloschen. Ich nenne hier vulkanische Inselreihen des hohen Meeres, denen aber auch analog sind die Aleuten und andere wahre Küsten-Inseln. Allgemeine Schlüsse über die Richtung eines Erkaltungs-Processes sind täuschend, weil die freie oder gestörte Zuleitung temporär darauf einwirkt.

Mauna Loa* (nach englischer Schreibart Mouna Loa), durch die genaue Messung[65] der amerikanischen Exploring Expedition von Cap. Wilkes 12909 F. hoch befunden, also 1500 Fuß hoher als der Pic von Teneriffa, ist der mächtigste Vulkan der Südsee-Inseln und der einzige jetzt noch recht thätige in dem ganz vulkanischen Archipelagus der Hawaii- oder Sandwich-Inseln. Die Gipfel-Krater, von denen der größere über 12000 F. Durchmesser hat, zeigen im gewöhnlichen Zustande einen festen, von erkalteter Lava und Schlacken gebildeten Boden, aus welchem kleine dampfende Auswurfs-Kegel aufsteigen. Die Gipfel-Oeffnungen sind im ganzen wenig thätig; doch haben sie im Juni 1832 und im Januar 1843 viele Wochen lang dauernde Eruptionen gegeben, ja Lavaströme von 5 bis 7 geogr. Meilen Länge, den Fuß des Mauna Kea erreichend. Das Gefälle (die Inclination) des, ganz zusammenhangenden, fließenden Stroms [86] war meist 6⁰, oft 10⁰ — 15⁰, ja selbst 25⁰. Sehr merkwürdig ist die Gestaltung des Mauna Loa dadurch, daß der Vulkan keinen Aschenkegel hat, wie der Pic von Tene=riffa, wie Cotopari und so viele andere Vulkane; auch daß Bims=stein fast ganz fehlt [87]: ohnerachtet die schwärzlich grauen, mehr trachytartigen als basaltischen Laven des Gipfels feldspathreich sind. Für die außerordentliche Flüssigkeit der Laven des Mauna Loa, sie mögen aus dem Gipfel=Krater (Mokua-weo-weo) oder aus dem Lavasee (am östlichen Abfall des Vulkans, in nur 3724 F. Höhe über dem Meere) aufsteigen, zeugen die bald glatten, bald gekräuselten Glasfäden, welche der Wind über die ganze Insel verbreitet. Dieses Haarglas, das auch der Vulkan von Bourbon ausstößt, wird auf Hawaii (Owyhee) nach der Schutzgöttinn des Landes Pele's Haar genannt.

Dana hat scharfsinnig gezeigt, daß Mauna Loa kein Cen=tral=Vulkan für die Sandwich=Inseln und der Lavasee Kilauea keine Solfatare ist. [88] Das Becken von Kilauea hat im lan=gen Durchmesser 15000 Fuß (fast $\frac{2}{3}$ einer geogr. Meile), im kleinen Durchmesser 7000 Fuß. Die dampfend aufkochende und aufsprühende Flüssigkeit, der eigentliche Lavapfuhl, füllt aber im gewöhnlichen Zustande nicht diese ganze Höhlung, sondern nur einen Raum, der im Längen=Durchmesser 13000, im Breiten=Durchmesser 4800 Fuß hat. Man steigt an den Kraterrändern stufenweise herab. Das große Phänomen läßt einen wunderbaren Eindruck von Stille und feierlicher Ruhe. Die Nähe eines Ausbruchs verkündigt sich hier nicht durch Erd=beben oder unterirdisches Geräusch, sondern bloß durch plötz=liches Steigen und Fallen der Oberfläche der Lava, bisweilen mit einem Unterschiede von drei= und vierhundert Fuß bis zur Erfüllung des ganzen Beckens. Wenn man geneigt wäre, nicht achtend die ungeheuren Unterschiede der Dimensionen, das Riesenbecken von Kilauea mit den kleinen, durch Spallanzani zuerst berühmt gewordenen Seiten-Kratern am Abhange des Stromboli in $\frac{4}{5}$ Höhe des am Gipfel ungeöffneten Berges zu vergleichen: also mit Becken aufkochender Lava von nur 30 bis 200 Fuß Durchmesser; so müßte man vergessen, daß die Feuerschlünde am Abhange des Stromboli Schlacken bis zu großer Höhe ausstoßen, ja selbst Laven ergießen. Wenn der große Lavasee von Kilauea (der untere und secundäre Krater des thätigen Vulkans Mauna Loa) auch bisweilen seine Ränder zu überströmen droht, so erzeugt er doch nie durch wirklich erreichte Ueberströmung einen eigentlichen Lavastrom. Diese entstehen durch Abzug nach unten, durch unterirdische Canäle, durch Bildung neuer Ausbruchs-Oeffnungen in der Entfernung von 4 bis 5 geographischen Meilen: also in noch weit tiefer liegenden Punkten. Nach solchen Ausbrüchen, welche der Druck der ungeheuren Lavamasse im Becken von Kilauea veranlaßt, sinkt die flüssige Oberfläche in diesem Becken. [89]

Von den zwei anderen hohen Bergen Hawaii's, Mauna Kea und Mauna Hualalai, ist der erstere nach Cap. Wilkes 180 Fuß höher als Mauna Loa: ein Kegelberg, auf dessen Gipfel jetzt nicht mehr ein Terminal-Krater, sondern nur längst erloschene Schlackenhügel zu finden sind. Mauna Hualalai* hat ohngefähr 9400 Fuß Höhe, und ist noch gegenwärtig entzündet. Im Jahr 1801 war eine Eruption, bei welcher die Lava westwärts das Meer erreichte. Den drei Bergcolossen Loa, Kea und Hualalai, die aus dem Meeresboden aufstiegen, verdankt die ganze Insel Hawaii ihre Entstehung. In der Beschreibung der vielen Besteigungen des Mauna Loa, unter denen die der Expedition von Capt. Wilkes sich auf 28 Tage lange Forschungen gründete, wird von Schneefall bei einer Kälte von 5 bis 8 Centesimal-Graden unter dem Gefrierpunkt, auch von einzelnen Schneeflecken geredet, welche man schon in der Ferne durch Telescope am Gipfel des Vulkans unterscheiden konnte; nie aber von perpetuirlichem Schnee.[90] Ich habe schon früher erinnert, daß nach den Höhenmessungen, die man gegenwärtig für die genauesten halten kann, der Mauna Loa (12909 F.) und Mauna Kea (13089 F.) noch um 950 und 770 Fuß niedriger sind, als ich die untere Grenze des ewigen Schnees in dem Continental-Gebirge von Merico unter $19^0 \frac{1}{2}$ Breite gefunden habe. Auf einer kleinen Insel sollte wegen geringerer Temperatur der unteren Luftschichten in der heißesten Jahreszeit der Tropenzone und wegen des größeren Wassergehalts der oberen Atmosphäre die e w i g e S ch n e e l i n i e wohl etwas tiefer liegen.

Die Vulkane von Tafoa* und Amargura* in der Tonga-Gruppe sind beide thätig, und der letztere hat einen beträchtlichen Lava-Ausfluß am 9 Juli 1847 gehabt.[91] Ueberaus merkwürdig und mit den Erfahrungen übereinstimmend, daß die Corallenthiere die Küsten jetzt oder vor nicht langer Zeit entzündeter Vulkane scheuen, ist der Umstand, daß die an Corallenriffen reichen Tonga-Inseln Tafoa und der Kegel von Kao davon ganz entblößt sind.[92]

Es folgen die Vulkane von Tanna* und Ambrym*, letzterer westlich von Mallicollo in dem Archipel der Neuen Hebriden. Der Vulkan von Tanna, zuerst von Reinhold Forster beschrieben, wurde schon bei Cook's Entdeckung der Insel 1774 in vollem Ausbruch gefunden. Er ist seitdem

immer thätig geblieben. Da seine Höhe kaum 430 Fuß be=
trägt, so ist er mit dem bald zu nennenden Vulkan von Men=
baña und dem japanischen Vulkan von Kosima einer der nie=
drigsten feuerspeienden Kegelberge. Auf Mallicollo findet sich
viel Bimsstein.

Mathew's Rock*: eine sehr kleine rauchende Felsinsel
von kaum 1110 Fuß Höhe, deren Ausbruch d'Urville im Ja=
nuar 1828 beobachtet hat. Sie liegt in Osten von der Süd=
spitze Neu=Caledoniens.

Vulkan von Tinakoro* in der Vanikoro= oder Santa=
Cruz=Gruppe.

In demselben Archipel von S. Cruz, wohl 20 geogr. Mei=
len in NNW von Tinakoro, erhebt sich aus dem Meere, mit
kaum 200 Fuß Höhe, der schon von Mendaña 1595 ge=
sehene Vulkan* (Br. 10° 23′ südl.). Seine Feuerausbrüche
sind bisweilen periodisch von 10 zu 10 Minuten gewesen; bis=
weilen, wie zur Zeit der Expedition von d'Entrecasteaur, war
der Krater selbst die Dampfsäule.

In der Salomons=Gruppe ist entzündet der Vulkan der
Insel Sesarga*. Nahe dabei, also auch noch am südöstlichen
Ende der langen Inselreihe gegen die Vaniforo= oder Santa=
Cruz=Gruppe hin, wurde schon an der Küste von Guadalcañar
vulkanische Ausbruch=Thätigkeit bemerkt.

In den Labronen oder Marianen, im nördlichen Theil
der Inselreihe, die auf einer Meridian=Spalte ausgebrochen
scheint, sollen noch thätig sein Guguan*, Pagon* und der
Volcan grande von Asuncion*.

Die Küstenrichtung des kleinen Continents von Neu=
Holland, besonders die Veränderung derselben, welche die
Ostküste unter 25° südlicher Breite (zwischen Cap Hervey

und der Moreton-Bai) erleidet, scheint sich in der Zone nahe
gelegener östlicher Inseln zu reflectiren. Die große südliche
Insel von Neu-Seeland, und die Kermadec- und Tonga-Gruppe
streichen von Südwest nach Nordost: wie dagegen der nördliche Theil der Nord-Insel von Neu-Seeland, von der Bay of
Plenty bis Cap Oton, Neu-Caledonien und Neu-Guinea, die
Neuen Hebriden, die Salomons-Inseln [92], Neu-Irland und
Neu-Britannien von Südost in Nordwest, meist N 48° W,
streichen. Leopold von Buch [93] hat zuerst sehr scharfsinnig auf
dieses Verhältniß zwischen Continental-Massen und nahen Inseln
im griechischen Archipel und dem australischen Corallenmeere
aufmerksam gemacht. Auch auf den Inseln des letzteren Meeres
fehlen nicht, wie schon beide Forster (Cook's Begleiter) und
La Billardière gelehrt, Granit und Glimmerschiefer, die quarzreichen, einst so genannten uranfänglichen Gebirgsarten. Dana
hat sie ebenfalls auf der Nord-Insel von Neu-Seeland, westlich
von Tipuna, in der Bay of Islands [94], gesammelt.

Neu-Holland zeigt nur in seiner Südspitze (Australia
Felix), am Fuß und südlich von dem Grampian-Gebirge, frische
Spuren alter Entzündung; denn nordwestlich von Port Phillip
findet man nach Dana eine Zahl vulkanischer Kegel und Lavaschichten, wie ebenfalls gegen den Murray-Fluß hin (Dana
p. 453).

Auf Neu-Britannia* liegen an der Ost- und Westküste wenigstens 3 Kegel, die in historischen Zeiten, von Tasman, Dampier, Carteret und La Billardière, als entzündet
und lavagebend beobachtet wurden.

Zwei thätige Vulkane sind auf Neu-Guinea*, an der
nordöstlichen Küste, den obsidianreichen Admiralitäts-Inseln und
Neu-Britannien gegenüber.

Auf Neu=Seeland, von dem wenigstens die Geo=
logie der Nord=Insel durch das wichtige Werk von Ernst
Dieffenbach und die schönen Forschungen Dana's auf=
geklärt worden ist, durchbricht an mehreren Punkten basaltisches
und trachytisches Gestein die allgemeiner verbreiteten pluto=
nischen und sedimentären Gebirgsarten so in einem überaus
kleinen Areal, nahe bei der Bay of Islands (lat. 35° 2'), wo
sich die mit erloschenen Kratern gekrönten Aschenkegel Turoto
und Poerua erheben, so südlicher (zwischen 37° $\frac{1}{2}$ und 39° $\frac{1}{4}$
Breite), wo der vulkanische Boden die ganze Mitte der Nord=
Insel durchzieht: von Nordost nach Südwest in mehr denn 40
geographischen Meilen Länge, von der östlichen Bay of Plenty
bis zum westlichen Cap Egmont. Diese Zone vulkanischer
Thätigkeit durchschneidet hier, wie wir schon in einem weit
größeren Maaßstabe in dem merikanischen Festlande gesehen haben,
als Querspalte von Meer zu Meer, von NO in SW das innere,
nord=südliche Längen=Gebirge, welches der ganzen Insel ihre Form
zu geben scheint. Auf seinem Rücken stehen, wie an Durchschnitts=
punkten, die hohen Kegel Tongariro* (5816 F.), an dessen
Krater auf der Höhe des Aschenkegels Bidwill gelangt ist, und
etwas südlicher Ruapahu (8450 F.). Das Nordost=Ende der
Zone bildet in der Bay of Plenty (lat. 38° $\frac{1}{2}$) eine stets rau=
chende Solfatare, der Insel=Vulkan Puhia=i=wakati*[99] (White
Island); es folgen in Südwesten am Littoral selbst: der aus=
gebrannte Vulkan Putawaki (Mount Edgecombe), 9036 F.
hoch, also wahrscheinlich der höchste Schneeberg auf Neu=See=
land; im Inneren zwischen dem Edgecombe und dem noch
entzündeten Tongariro*, welcher einige Lavaströme ergossen
hat, eine lange Kette von Seen, zum Theil siedend heißen
Wassers. Der See Taupo, von schön glänzendem Leucit= und

Sanbin-Sande wie von Bimsstein-Hügeln umgeben, hat nahe
an 6 geographische Meilen Länge und liegt mitten auf der
Nord-Insel von Neu-Seeland, nach Dieffenbach) 1255 F. über
dem Meeresspiegel erhoben. Umher sind zwei englische Quadratmeilen ganz mit Solfataren, Dampfhöhlen und Thermalquellen
bedeckt: deren letztere, wie am Geysir auf Island, mannigfaltige Silicat-Niederschläge bilden. [96] — Im Westen von Tongariro *, dem Hauptsitze der vulkanischen Thätigkeit, dessen Krater
noch jetzt Dämpfe und Bimsstein-Asche ausstößt, nur 4 Meilen
vom westlichen Littoral entfernt, erhebt sich der Vulkan Tara-
naki (Mount Egmont): 8293 Fuß hoch, welchen Dr. Ernst
Dieffenbach zuerst im November 1840 erstiegen und gemessen hat.
Der Gipfel des Kegels, welcher dem Umriß nach mehr dem Tolima
als dem Cotopaxi gleicht, endet mit einer Hochebene, aus der ein
sehr steiler Aschenkegel sich erhebt. Spuren jetziger Thätigkeit, wie
bei dem Vulkan der Weißen Insel * und bei dem Tongariro *,
wurden nicht beobachtet; auch keine zusammenhangenden Lavaströme. Die klingenden, sehr dünnschaligen Massen, welche
gratenartig unter Schlacken, wie an einer Seite des Pics von
Teneriffa, aus dem Aschenkegel selbst hervorragten, sind dem
Porphyrschiefer (Phonolith) ähnlich.

Eine schmale, langgedehnte, ununterbrochene Anhäufung
von Inselgruppen, auf nordwestlichen Spalten: wie
Neu-Caledonien und Neu-Guinea, die Neuen Hebriden und
Salomons-Inseln, Pitcairn, Tahiti und die Paumotu-Inseln;
ausgebrochen: durchschneidet in einer Länge von 1350 geographischen Meilen in der südlichen Hemisphäre den Großen Ocean
zwischen den Breiten-Parallelen von 12° und 27°, vom Meridian der Ostküste Australiens bis zur Osterinsel und zu
dem Felsen Sala y Gomez in west-östlicher Richtung. Die

westlicheren Theile dieser Insel-Anhäufung (Neu-Britannien*,
die Neuen Hebriden*, Vanikoro* in dem Archipel von
Santa Cruz und die Tonga-Gruppe*) zeigen zur gegenwärtigen Zeit, in der Mitte des 19ten Jahrhunderts, Entzündung und feurige Thätigkeit. Neu-Caledonien, von
basaltischen und anderen vulkanischen Inseln umgeben, hat aber
bloß plutonisches Gestein[97], wie in den Azoren nach Leopold
von Buch Santa Maria[98], und nach Graf Bedemar Flores
und Graciosa. Dieser Abwesenheit vulkanischer Thätigkeit in
Neu-Caledonien, wo neuerlichst Sediment-Formationen mit
Steinkohlen-Flözen entdeckt worden sind, wird die dortige große
Entwickelung belebter Corallenriffe zugeschrieben. Der Archipel
der Viti- oder Fidschi-Inseln ist basaltisch und trachytisch
zugleich, doch bloß durch heiße Quellen in der Savu-Bai auf
Vanua Lebu ausgezeichnet.[99] Die Samoa-Gruppe (Navigators
Islands), nordöstlich von dem Viti- und fast ganz nördlich von
dem noch entzündeten Tonga-Archipel ist ebenfalls basaltisch; und
dabei charakterisirt durch eine Unzahl von linear geordneten Aus-
bruch-Kratern, die von Tuffschichten mit eingebackenen Corallen-
stücken umgeben sind. Geognostisch am merkwürdigsten ist der Pic
Tafua auf der, zu der Samoa-Gruppe gehörigen Insel Upolu:
nicht zu verwechseln mit dem noch entzündeten Pic Tafoa südlich von Amargura in dem Tonga-Archipel. Der Pic Tafua
(2006 F.), welchen Dana zuerst[100] bestiegen und gemessen,
hat einen großen, ganz mit dicker Waldung erfüllten Krater,
der einen regelmäßig abgerundeten Aschenkegel krönt. Von
Lavaströmen ist hier keine Spur; dagegen fanden sich schlackige
Lavafelder (Malpais der Spanier) mit krauser, oft strickför-
mig gewundener Oberfläche am Kegelberge von Apia (2417
F.), ebenfalls auf Upolu, wie am Pic Fao, der 3000 F.

erreicht. Die Lavafelder von Apia enthalten schmale unterirdische Höhlen.

Tahiti, in der Mitte der Societäts=Inseln, weit mehr trachytisch als basaltisch, zeigt recht eigentlich nur noch die Trümmer seines ehemaligen vulkanischen Gerüstes: und aus diesen mächtigen, wall= und zackenartig gestalteten Trümmern, mit senkrechten, mehrere tausend Fuß tiefen Abstürzen, ist es schwer die alte, ursprüngliche Form der Vulkane zu entziffern. Von den beiden größten Gipfeln, Aorai und Orohena, ist jener zuerst von Dana[1] erstiegen und von diesem gründlichen Geognosten untersucht worden. Der Trachytberg, der Orohena, soll die Höhe des Aetna erreichen. Tahiti hat also, nächst der thätigen Gruppe der Sandwich=Inseln, das höchste Eruptions=Gestein des ganzen oceanischen Gebiets zwischen den Continenten von Amerika und Asien. Ein feldspathartiges Gestein von den, Tahiti nahen, kleinen Inseln Borabora und Maurua, von neueren Reisenden mit dem Namen Syenit, von Ellis in den Polynesian Researches mit dem Namen eines granitartigen Aggregats von Feldspath und Quarz bezeichnet; verdient, da poröser, schlackiger Basalt ganz in der Nähe ausbricht, eine viel genauere oryctognostische Untersuchung. Ausgebrannte Krater und Lavaströme sind auf den Societäts=Inseln jetzt nicht zu finden. Man fragt sich. sind die Krater auf den Berggipfeln zerstört? oder blieben die hohen, alten, jetzt gespaltenen und umgewandelten Gerüste oben domförmig geschlossen; und sind hier, wie wahrscheinlich an vielen anderen Punkten des gehobenen Meeresbodens, Basalt und Trachytschichten unmittelbar aus Erdspalten ergossen worden? Extreme großer Zähigkeit (Viscosität) oder großer Flüssigkeit des Ergossenen, so wie die verschiedene Enge und Weite der Spalten, durch welche der

Erguß geschieht, modificiren die Gestaltung der sich bildenden vulkanischen Gebirgsschichten und veranlassen da, wo Reibung die sogenannte Asche und fragmentarische Zerstückelung hervorbringt, die Entstehung kleiner, meist vergänglicher Auswurfs-Kegel, welche mit den großen Terminal-Aschenkegeln der permanenten Gerüste nicht zu verwechseln sind.

Ganz nahe östlich folgen auf die Societäts-Inseln die Niedrigen Inseln oder Paumotu. Sie sind bloß Corallen-Inseln, mit der merkwürdigen Ausnahme der basaltischen, kleinen Gambier- und Pitcairn-Gruppe. Der letzteren ähnlich findet sich vulkanisches Gestein auch in demselben Parallele (zwischen 25° und 27° südlicher Breite) 315 geogr. Meilen östlicher in der Osterinsel (Waihu), und wahrscheinlich noch 60 Meilen weiter in den Klippen Sala y Gomez. Auf Waihu, wo die höchsten kegelförmigen Gipfel kaum eintausend Fuß hoch sind, bemerkte Cap. Beechey eine Reihe von Krateren, von denen aber keiner entzündet schien.

Im äußersten Osten gegen den Neuen Continent hin endet das Gebiet der Südsee-Inseln mit einer der entzündetsten aller Inselgruppen, mit dem aus fünf größeren Inseln bestehenden Archipel der Galapagos. Fast nirgends sind auf einem kleinen Raume von kaum 30 bis 35 geogr. Meilen Durchmessers solch eine Unzahl von Kegelbergen und erloschenen Kratern (Spuren alter Communication des Inneren der Erde mit dem Luftkreise) sichtbar geblieben. Darwin schlägt die Zahl der Krater fast auf zweitausend an. Als dieser geistreiche Forscher auf der Expedition des Beagle unter Capitän Fitzroy die Galapagos besuchte, waren zwei Krater zugleich in feuriger Eruption. Auf allen Inseln sind Ströme von sehr flüssiger Lava zu sehen, die sich theilen und sich oft bis in das Meer

ergossen haben. Fast alle sind reich an Augit und Olivin;
einige mehr trachytartige sollen Albit [3] in großen Krystallen
enthalten. Es wären wohl bei der jetzigen Vervollkommnung
des oryctognostischen Wissens Untersuchungen anzustellen, ob in
diesen porphyrartigen Trachyten nicht Oligoklas, wie auf Tene=
riffa, im Popocatepetl und Chimborazo; oder Labrador, wie
im Aetna und Stromboli, enthalten seien. Bimsstein fehlt
ganz auf den Galapagos, wie am Vesuv, als von ihm pro=
ducirt; auch wird der Hornblende nirgends Erwähnung ge=
than: also herrscht dort nicht die Trachyt=Formation von
Toluca, Orizaba und einiger Vulkane Java's, aus denen
Dr. Junghuhn mir, wohl ausgewählte, feste Lavastücke zur
Untersuchung für Gustav Rose eingeschickt hat. Auf der
größten und westlichsten Insel der Galapagos=Gruppe, auf
Albemarle, sind die Kegelberge linear, also auf Spalten
gereiht. Ihre größte Höhe erreicht doch nur 4350 Fuß. Der
westliche Busen, in welchem der 1825 heftig entzündete Pic
Narborough sich inselförmig erhebt, wird von Leopold von Buch [1]
als ein Erhebungs=Krater beschrieben und mit Santorin ver=
glichen. Viele Kraterränder auf den Galapagos sind von Tuff=
schichten gebildet, die nach allen Seiten abfallen. Denkwürdig
und auf die gleichzeitige Wirkung einer großen Catastrophe hin=
deutend ist es, daß alle Kraterränder gegen Süden ausgebrochen
oder gänzlich zerstört sind. Ein Theil von dem, was man in den
älteren Beschreibungen Tuff nennt, sind Palagonit=Schich=
ten, ganz denen von Island und Italien gleich. wie schon
Bunsen von den Tuffen der Insel Chatham durch genaue
Analyse ergründet hat. [5] Diese, die östlichste Insel der ganzen
Gruppe und von Beechey astronomisch genau bestimmt, ist, nach
meiner Längen=Bestimmung der Stadt Quito (81° 4' 38'')

und nach Acosta's Mapa de la Nueva Granada von 1849 von
der Punta de S. Francisco noch 134 geographische Meilen
entfernt.

IX. Mexico.

Die sechs mexicanischen Vulkane: Turtla*, Orizaba,
Popocatepetl*, Toluca, Jorullo* und Colima*; von
denen vier in historischen Zeiten entzündet gewesen sind, wurden
schon früher[6] aufgezählt und in ihrer geognostisch merkwürdigen
gegenseitigen Stellung beschrieben. Nach neueren Untersuchungen von Gustav Rose ist in dem Gestein des Popocatepetl
oder großen Vulkans von Mexico die Formation des Chimborazo wiederholt. Es besteht dies Gestein ebenfalls aus Oligoklas und Augit. Selbst in den pechsteinartigen, fast schwarzen
Trachytschichten ist noch der Oligoklas in sehr kleinen, schief-
winkligen Krystallen zu erkennen. Zu eben dieser Chimborazo-
und Teneriffa-Formation gehört der Vulkan von Colima,
weit in Westen stehend, nahe dem Littoral der Südsee. Ich
habe diesen Vulkan nicht gesehen; aber wir verdanken Herrn
Pieschel[7] (seit dem Frühjahr 1855) die sehr belehrende Ansicht der von ihm gesammelten Gebirgsarten, wie auch interessante geologische Notizen über alle Vulkane des ganzen mexicanischen Hochlandes, die er sämmtlich selbst besucht hat. Der
Vulkan von Toluca, dessen schmale und schwer zu erreichende
höchste Kuppe (den Pico del Frayle) ich am 29 Sept. 1803 erstieg und barometrisch 14232 Fuß hoch gefunden habe, hat
eine ganz andere mineralogische Zusammensetzung als der noch
thätige Popocatepetl und der Feuerberg von Colima: welchen man
nicht mit einem anderen, höheren Gipfel, dem sogenannten Schneeberg, verwechseln muß. Der Vulkan von Toluca besteht, wie

der Pic von Orizaba, Puy de Chaumont in der Auvergne und Aegina, aus einer Association von Oligoklas und Hornblende. Nach dieser kurzen Angabe sind, was sehr zu beachten ist, in der langen Reihe der Vulkane, welche sich von Meer zu Meer erstrecken, nicht zwei zunächst auf einander folgende Glieder von gleicher mineralogischer Zusammensetzung.

X. Das nordwestliche Amerika

(nördlich vom Parallel des Rio Gila).

In dem Abschnitt, welcher von der vulkanischen Thätigkeit auf den ost-asiatischen Inseln handelt[8], ist mit besonderer Wichtigkeit der bogenartig gekrümmten Richtung der Erhebungs-Spalte gedacht worden, aus der die Aleuten emporgestiegen sind und die einen unmittelbaren Zusammenhang zwischen dem asiatischen und amerikanischen Continent, zwischen den zwei vulkanischen Halbinseln Kamtschatka und Aliaska, offenbart. Es ist hier der Ausgang oder vielmehr die nördliche Grenze eines mächtigen Busens des Stillen Meers, welches von den 150 Längengraden, die es unter dem Aequator von Osten nach Westen einnimmt, zwischen den Endspitzen der eben genannten zwei Halbinseln sich auf 37 Längengrade verengt. Auf dem amerikanischen Festlande, dem Littoral nahe, ist eine Zahl mehr oder weniger thätiger Vulkane den Seefahrern erst seit 70 bis 80 Jahren bekannt geworden; aber diese Gruppe lag bisher wie isolirt, unzusammenhangend mit der Vulkan-Reihe der mexicanischen Tropengegend oder den Vulkanen, welche man auf der Halbinsel von Californien vermuthete. Die Einsicht in diese wichtige geognostische Verkettung ist jetzt, wenn man eine Reihe ausgebrannter Trachytkegel als Mittelglieder aufzählt, für eine Lücke von mehr als 28 Breitengraden zwischen Durango und dem neuen Washington territory, nördlich von West=Oregon, aufgefunden; und die physische Erdbeschreibung verdankt diesen wichtigen Fortschritt den, auch wissenschaftlich so wohl geordneten Expeditionen, welche die Regierung der Vereinigten Staaten zu Aufsuchung der geeignetsten Wege von den Mississippi=Ebenen nach den Küsten der Südsee ausgerüstet hat. Alle Theile der Naturgeschichte haben zugleich dabei Vortheil gezogen. Große Landesstrecken sind in der nun durchforschten terra incognita dieses Zwischenraumes sehr nahe den Rocky Mountains an ihrem östlichen Abfall, bis in weite Entfernung vom westlichen Abfall, mit Erzeugnissen ausgebrannter oder noch thätiger Vulkane (wie in dem Cascaden=Gebirge) bedeckt gefunden worden. So sehen wir also, von Neu=Seeland ausgehend, auf einem langen Wege erst in Nordwesten durch Neu=Guinea, die Sunda=Inseln, die Philippinen und Ost=Asien, bis zu den Aleuten aufsteigend; dann hinabsteigend gegen Süden in das nordwestliche, mericanische, mittel= und südamerikanische Gebiet bis zur Endspitze von Chili. den gesammten Umkreis des Meerbeckens des Stillen Oceans, in einer Erstreckung von 6600 geogr. Meilen, mit einer Reihe erkennbarer Denkmäler vulkanischer Thätigkeit umgeben. Ohne in das Einzelne genauer geographischer Orientirung und der vervollkommneten Nomenclatur einzugehen, war eine solche kosmische Ansicht nicht zu begründen.

Es bleibt uns von dem hier bezeichneten Umkreise des großen Meerbeckens (man sollte sagen, da es nun Eine, überall communicirende Wassermasse auf der Erde giebt des größten unter den Theilen der einigen Masse,

welche zwischen Continente eindringen) noch die Länderstrecke zu beschreiben übrig, welche von dem Rio Gila bis zu
Norton's und Kotzebue's Sunden reicht. Analogien, die man hergenommen aus Europa von den Pyrenäen oder der Alpenkette,
aus Südamerika von den Cordilleren der Andes von Süd-
Chili bis zum fünften Grade nördlicher Breite in Neu-Granada,
haben, durch phantastische Kartenzeichnungen unterstützt, die
irrige Meinung verbreitet, als könne das mericanische Hochgebirge oder sein höchster Rücken mauerartig unter dem Namen
einer Sierra Madre von Südost nach Nordwest verfolgt
werden. Der gebirgige Theil von Merico aber ist eine breite,
mächtige Anschwellung, welche sich allerdings in der eben
angegebenen Richtung zwischen zwei Meeren in fünf- bis siebentausend Fuß Höhe zusammenhangend darbietet; auf der sich
aber, wie am Caucasus und in Inner-Asien, nach partiellen, sehr verschiedenartigen Richtungen, höhere vulkanische Bergsysteme bis über 14000 und 16700 Fuß erheben. Die
Reihung dieser partiellen Gruppen, auf nicht unter sich parallelen
Spalten ausgebrochen, ist in ihrer Orientirung meist unabhängig
von der idealen Achse, welche man durch die ganze Anschwellung
des wellenförmig verflachten Rückens legen kann. Diese so
merkwürdigen Verhältnisse der Bodengestalt veranlassen eine
Täuschung, welche den malerischen Eindruck des schönen Landes
erhöht. Die mit ewigem Schnee bedeckten Bergcolosse scheinen
wie aus einer Ebene emporzusteigen. Man verwechselt räumlich
den Rücken der sanften Anschwellung, die Hochebene, mit
den Ebenen des Tieflandes; und nur das Klima, die Abnahme
der Temperatur, erinnert unter demselben Breitengrade an das,
was man gestiegen ist. Die oft erwähnte Erhebungs-Spalte der
Vulkane von Anahuac (in der ost-westlichen Richtung zwischen

19° und 19°¼ Breite) schneidet [10] fast rechtwinklig die allge=
meine Anschwellungs=Achse.

Die hier bezeichnete Gestaltung eines beträchtlichen Theils
der Erdoberfläche, den man durch sorgfältige Messungen erst seit
dem Jahre 1803 zu ergründen begonnen; ist nicht zu verwech=
seln mit solchen Anschwellungen, welche man von zwei mauer=
artig begrenzenden Gebirgsketten, wie in Bolivia um den
See Titicaca und in Inner=Asien zwischen dem Himalaya
und Kuen=lün, umschlossen findet. Die erstgenannte, süd=
amerikanische Anschwellung, welche gleichsam den Boden
(die Sohle) eines Thales bildet, hat nach Pentland im Mittel
12054; die zweite, tibetische, nach Capt. Henry Strachey,
Joseph Hooker und Thomas Thomson über 14070 Fuß Höhe
über dem Meere. Der Wunsch, den ich vor einem halben
Jahrhundert in meiner sehr umständlichen Analyse de l'Atlas
géographique et physique du royaume de la Nouvelle-Espagne (§ XIV) geäußert habe: daß mein Profil
der Hochebene zwischen Merico und Guanaruato durch Mes=
sungen über Durango und Chihuahua bis Santa Fé del Nuevo
Mexico fortgesetzt werden möge; ist jetzt vollständig erfüllt.
Die Länge des Weges beträgt, nur ¼ auf die Krümmungen
gerechnet, weit über dreihundert geographische Meilen; und das
Charakteristische dieser, so lange unbeachteten Erdgestaltung (das
Sanftwellige der Anschwellung und die Breite der=
selben im Queer=Durchschnitt, bisweilen 60 bis 70 geogr.
Meilen erreichend) offenbart sich durch den Umstand, daß hier
ein Parallelen=Unterschied von vollen 16° 20' (von Merico
nach Santa Fé), ohngefähr gleich dem von Stockholm und Flo=
renz, auf dem Rücken des Tafellandes, ohne Vorrichtung von
Kunststraßen, auf vierrädrigen Wagen überschritten wird. Die

Möglichkeit eines solchen Verkehrs war den Spaniern schon am Ende des 16ten Jahrhunderts bekannt, als der Vicekönig, Conde de Monterey [11], von Zacatecas aus die ersten Ansied-lungen anordnete.

Zur Bekräftigung dessen, was über die Höhenverhältnisse zwischen der Hauptstadt Merico und Santa Fé del Nuevo Mexico im allgemeinen gesagt worden ist, schalte ich hier die Haupt=Elemente der barometrischen Nivellirungen ein, die von 1803 bis 1847 vollbracht worden sind. Ich lasse die Punkte in der Richtung von Norden nach Süden folgen, damit die nördlichsten, in der Reihung obenan gestellt, der Orienti-rung unserer Karten leichter entsprechen: [12]

Santa Fé del Nuevo Mexico (lat. 35° 41') Höhe 6611 Par. Fuß, **Ws**

Albuquerque [13] (lat. 35° 8') Höhe 4550 F., **Ws**

Paso del Norte [14] am Rio Grande del Norte (lat. 29° 48') Höhe 3557 F., **Ws**

Chihuahua (lat. 28° 32') 4352 F., **Ws**

Cosiquiriachi 5886 F., **Ws**

Mapimi im Bolson de Mapimi (lat. 25° 54') 4487 F., **Ws**

Parras (lat. 25° 32') 4678 F., **Ws**

Saltillo (lat. 25° 10') 4917 F., **Ws**

Durango (lat. 24° 25') 6426 F., nach Oteiza

Fresnillo (lat. 23° 10') 6797 F., **Bt**

Zacatecas (lat. 22° 50') 8456 F., **Bt**

San Luis Potosi (lat. 22° 8') 5714 F., **Bt**

Aguas calientes (lat. 21° 53') 5875 F., **Bt**

Lagos (lat. 21° 20') 5983 F., **Bt**

Villa de Leon (lat. 21° 7') 5755 F., **Bt**

Silao 5546 F., **Bt**

Guanaruato (lat. 21° 0′ 15″) 6414 F., Ht

Salamanca (lat. 20° 40′) 5406 F., Ht

Celaya (lat. 20° 38′) 5646 F., Ht

Queretaro (lat. 20° 36′ 39″) 5970 F., Ht

San Juan del Rio im Staat Queretaro (lat. 20° 30′) 6090 F., Ht

Tula (lat. 19° 57′) 6318 F., Ht

Pachuca 7638 F., Ht

Moran bei Real del Monte 7986 F., Ht

Huehuetoca, nördliches Ende der großen Ebene von Merico (lat. 19° 48′), 7068 F., Ht

Merico (lat. 19° 25′ 45″) 7008 F., Ht

Toluca (lat. 19° 16′) 8280 F., Ht

Venta de Chalco, südöstliches Ende der Ebene von Merico (lat. 19° 16′), 7236 F., Ht

San Francisco Ocotlan, westliches Ende der großen Ebene von Puebla: 7206 F., Ht

Cholula, am Fuß der alten Treppen=Pyramide (lat. 19° 2′), 6480 F., Ht

la Puebla de los Angeles (lat. 19° 0′ 15″) 6756 F., Ht

(Das Dorf las Vigas bezeichnet das östliche Ende der Hochebene von Anahuac, lat. 19° 37′; die Höhe des Dorfes ist 7332 F., Ht)

Während vor dem Anfang des 19ten Jahrhunderts kein einziger Höhenpunkt in ganz Neuspanien barometrisch gemessen war, ist es jetzt möglich gewesen hier in der Richtung von Norden nach Süden, in einer Zone von fast 16½ Breitengraden, zwischen den Städten Santa Fé und der Hauptstadt Merico 32 hypsometrisch und meist auch astronomisch bestimmte Orte aufzustellen. Wir sehen die Bodenfläche der breiten mericanischen Hochebene im Mittel zwischen 5500 und 7000 Fuß Höhe wellenförmig schwanken. Der niedrigste Theil des Weges von Parras bis Albuquerque ist noch 1000 Fuß höher als der höchste Theil des Vesuvs.

Von der großen, aber sanften[15] Anschwellung des Bodens, deren culminirenden Theil wir eben betrachtet haben und welche von Süden nach Norden, von dem tropischen Theile bis zu den Parallelen von 42° und 44°, in ost-westlicher Ausdehnung dermaßen zunimmt, daß das Great Basin, westlich vom großen Salzsee der Mormonen, im Durchmesser über 85 geographische Meilen bei 4000 Fuß mittlerer Höhe hat; sind die mauerartig darauf stehenden Gebirgsketten sehr verschieden. Die Kenntniß dieser Gestaltung ist eine der Hauptfrüchte von Frémont's großen hypsometrischen Untersuchungen in den Jahren 1842 und 1844. Die Anschwellung ist von einer anderen Epoche als das späte Aufsteigen dessen, was man Gebirgszüge und Systeme verschiedener Richtung nennt. Wo ohngefähr unter dem 32ten Breitengrade nach den jetzigen Grenzbestimmungen die Gebirgsmasse von Chihuahua in das westliche Gebiet der Vereinigten Staaten (in die von Merico abgerissenen Provinzen) eintritt, führt dieselbe schon den etwas unbestimmten Namen der Sierra Madre. Eine bestimmte Bifurcation[16] zeigt sich aber erst in der Gegend von Albuquerque. Bei dieser Bifurcation behält die westliche Kette die allgemeine Benennung der Sierra Madre; die östliche erhält von lat. 36° 10′ an (etwas nordöstlich von Santa Fé) bei amerikanischen und englischen Reisenden den eben nicht glücklich gewählten, aber jetzt überall eingeführten Namen des Felsgebirges, der Rocky Mountains. Beide Ketten bilden ein

Längenthal, in dem Albuquerque, Santa Fé und Taos liegen und welches der Rio Grande del Norte durchströmt. In lat. 38° $\frac{1}{2}$ wird das Thal durch eine ost-westliche, 22 geogr. Meilen lange Kette geschlossen. Ungetheilt setzen die Rocky Mountains in einer Meridian-Richtung fort bis lat. 41°. In diesem Zwischenraum erheben sich etwas östlich die Spanish Peaks, Pike's Peak (5440 F.), den Frémont schön abgebildet hat, James Peak (10728 F.) und die 3 Park Mountains: welche drei hohe Kesselthäler einschließen, deren Seitenwände mit dem östlichen Long's Peak oder Big Horn bis 8500 und 10500 Fuß emporsteigen. [17] An der östlichen Grenze zwischen dem Middle und North Park verändert die Gebirgskette auf einmal ihre Richtung und wendet sich von lat. 40° $\frac{1}{4}$ bis 44° in einer Erstreckung von ohngefähr 65 geogr. Meilen von Südost nach Nordwest. In diesem Zwischenraume liegen der South Pass (7028 F.) und die berühmten, so wunderbar spitz gezackten Wind River Mountains, mit Frémont's Peak (lat 43° 8'), welcher die Höhe von 12730 F. erreicht. Im Parallel von 44°, nahe bei den Three Tetons, wo die nordwestliche Richtung aufhört, beginnt wieder die Meridian-Richtung der Rocky Mountains. Sie erhält sich bis gegen Lewis and Clarke's Pass, der in lat. 47° 2', lg. 114° $\frac{1}{2}$ liegt. Dort hat die Kette des Felsgebirges noch eine ansehnliche Höhe (5608 F.), aber wegen der vielen tiefen Flußbetten gegen Flathead River (Clarke's Fork) hin nimmt sie bald an regelmäßiger Einfachheit ab. Clarke's Fork und Lewis oder Snake River bilden den großen Columbia-Fluß, der einst einen wichtigen Weg für den Handel bezeichnen wird. (Explorations for a Railroad from the Mississippi river to the Pacific Ocean, made in 1853—1854 Vol. I p. 107.)

Wie in Bolivia die östliche, von dem Meere entferntere Andeskette, die des Sorata (19974 F.) und Illimani (19843 F.), feine jetzt noch entzündete Vulkane darbietet; so ist auch gegenwärtig in den westlichsten Theilen der Vereinigten Staaten die vulkanische Thätigkeit auf die Küstenkette von Californien und Oregon beschränkt. Die lange Kette der Rocky Mountains, verschiedentlich 120 und 200 geogr. Meilen vom Littoral der Südsee entfernt, ohne alle Spur noch ausdauernder Entzündung, zeigt dennoch, gleich der östlichen Kette von Bolivia im Thal von Ducay[18], an beiden Abfällen vulkanisches Gestein, ausgebrannte Krater, ja Obsidian einschließende Laven und Schlackenfelder. In der hier nach den vortrefflichen Untersuchungen von Frémont, Emory, Abbot, Wislizenus, Dana und Jules Marcou geographisch beschriebenen Gebirgskette der Rocky Mountains zählt der Letztgenannte, ein ausgezeichneter Geologe, drei Gruppen alt-vulkanischen Gesteins an beiden Abfällen auf. Die frühesten Beweise von dem Vulcanismus in dieser Gegend verdanken wir auch hier dem Beobachtungsgeiste von Frémont seit den Jahren 1842 und 1843 (Report of the Exploring Expedition to the Rocky Mountains in 1842, and to Oregon and North California in 1843—44 p. 164, 184—187 und 193)

Am östlichen Abfall der Rocky Mountains, auf dem südwestlichen Wege von Bent's Fort am Arkansas-Flusse nach Santa Fé del Nuevo Mexico, liegen zwei ausgebrannte Vulkane, die Raton Mountains[19] mit Fisher's Peak und (zwischen Galisteo und Peña blanca) der Hügel el Cerrito. Die Laven der ersteren überdecken die ganze Gegend zwischen dem Oberen Arkansas und dem Canadian River. Der Peperino und die vulkanischen Schlacken, welche man schon in den

Prairies zu finden anfängt, je nachdem man sich, von Osten kommend, den Rocky Mountains mehr nähert, gehören vielleicht alten Ausbrüchen des Cerrito oder gar der mächtigen Spanish Peaks (37° 32') an. Dieses östliche vulkanische Gebiet der isolirten Raton Mountains bildet eine Area von 20 geogr. Meilen Durchmesser; sein Centrum liegt ohngefähr in lat. 36° 50'.

Am westlichen Abfall nehmen die sprechendsten Zeugen alter vulkanischer Thätigkeit einen weit größeren Raum ein, welchen die wichtige Expedition des Lieut. Whipple in seiner ganzen Breite von Osten nach Westen durchzogen hat. Dieses vielgestaltete Gebiet, doch nördlich von der Sierra de Mogoyon volle 30 geogr. Meilen lang unterbrochen, ist enthalten (immer nach Marcou's geologischer Karte) zwischen lat. 33° 48' und 35° 40'; es sind also südlichere Ausbrüche als die der Raton Mountains. Ihr Mittel fällt fast in den Parallel von Albuquerque. Das hier bezeichnete Areal zerfällt in zwei Abtheilungen: die dem Kamm der Rocky Mountains nähere des Mount Taylor, welche bei der Sierra de Zuñi [20] endet; und die westlichere Abtheilung, Sierra de San Francisco genannt. Der 11500 Fuß hohe Kegelberg Mount Taylor ist strahlförmig umgeben von Lavaströmen, die, als Malpais noch jetzt von aller Vegetation entblößt, mit Schlacken und Bimsstein bedeckt, sich mehrere Meilen weit hinschlängeln: ganz wie in der Umgebung des Hekla. — Ohngefähr 18 geogr. Meilen in Westen von dem jetzigen Pueblo de Zuñi erhebt sich das hohe vulkanische Gebirge von San Francisco selbst. Es zieht sich, mit einem Gipfel, den man auf mehr als 15000 Fuß Höhe geschätzt hat, südlich vom Rio Colorado chiquito hin: wo weiter nach Westen Bill William Mountain, der Aztec Pass (5892 F.) und Aquarius Mountains (8000 F.) folgen. Das vulkanische Gestein endet nicht beim Zusammenfluß des

Bill William Fork mit dem großen Colorado, nahe bei dem Dorfe der Mohave-Indianer (lat. 34° $\frac{1}{4}$, lg. 116° 20'); denn noch jenseits des Rio Colorado bei dem Soda-See sind mehrere ausgebrannte, noch offene Eruptiv-Krater zu erkennen. [21] So sehen wir also hier in dem jetzigen Neu-Mexico in der vulkanischen Gruppe von der Sierra de San Francisco bis etwas westlich vom Rio Colorado grande oder del occidente (in den der Gila fällt), in einer Strecke von 45 geogr. Meilen, das alt-vulkanische Gebiet der Auvergne und des Vivarais sich wiederholen, und der geologischen Forschung ein neues und weites Feld eröffnen.

Ebenfalls am westlichen Abfall, aber 135 geogr. Meilen nördlicher, liegt die dritte alt-vulkanische Gruppe der Rocky Mountains, die des Frémont's Peak's und der gedoppelten Dreiberge: welche in Kegelgestalt und Sinn der Benennung Trois Tetons und Three Buttes [22] sich sehr ähnlich sind. Die ersteren liegen westlicher als die letzteren, daher der Gebirgskette ferner. Sie zeigen weit verbreitete, vielfach zerrissene, schwarze Lava-Bänke mit verschlackter Oberfläche. [23]

Der Kette der Rocky Mountains parallel und in dem nördlichen Theile seit lat. 46° 12' noch jetzt der Sitz vulkanischer Thätigkeit, laufen theils einfach, theils gedoppelt mehrere Küstenketten hin: zuerst von San Diego bis Monterey (32° $\frac{1}{4}$ bis 36° $\frac{3}{4}$) die speciell so genannte Coast Range, eine Fortsetzung des Landrückens der Halbinsel Alt- oder Unter-Californien; dann, meist 20 geogr. Meilen von dem Littoral der Südsee entfernt, die Sierra Nevada (de Alta California) von 36° bis 40° $\frac{3}{4}$; dann, von den hohen Shasty Mountains im Parallel der Trinidad-Bai (lat. 41° 10') beginnend, die Cascaden-Bergkette (Cascade Range), welche die höchsten noch entzündeten Gipfel enthält und in 26 Meilen Entfernung

von der Küste von Süden nach Norden bis weit hinaus über
den Parallel der Fuca-Straße streicht. Dieser letzteren Kette
gleichlaufend (lat. 43° — 46°), aber 70 Meilen vom Littoral
entfernt, erheben sich, im Mittel sieben- bis achttausend Fuß
hoch, die Blue Mountains. [24] — Im mittleren Theile von
Alt-Californien, etwas mehr nach Norden: nahe der östlichen
Küste oder dem Meerbusen, in der Gegend der ehemaligen
Mission de San Ignacio, etwa in 28° N.B., liegen der
erloschene Vulkan oder „die Vulkane" de las Virgenes, die
ich auf meiner Karte von Merico angegeben habe. Dieser
Vulkan hatte 1746 seinen letzten Ausbruch; über ihn und die
ganze Gegend fehlt es an sicheren Nachrichten. (S. Venegas,
Noticia de la California 1757 T. I. p. 27 und Duflot
de Mofras, exploration de l'Orégon et de la Cali-
fornie 1844 T. I. p 218 und 239.)

Schon in der Coast Range nahe bei dem Hafen von San
Francisco, an dem vom Dr. Traск untersuchten Monte del Diablo
(3446 F.), und in dem goldreichen Längenthale des Rio del
Sacramento, in einem eingestürzten Trachyt-Krater, der Sacramento Butt genannt wird und den Dana abgebildet; ist
alt-vulkanisches Gestein aufgefunden worden. Weiter nördlich
enthalten die Shasty oder Tshashtl Mountains Basalt-Laven;
Obsidian, dessen die Eingeborenen sich zu Pfeilspitzen bedienen; und die talkartigen Serpentine, welche an vielen Punkten der Erde als den vulkanischen Formationen nahe verwandt auftreten. Aber der eigentliche Sitz noch jetzt bestehen-
der Entzündung ist das Cascaden-Gebirge, in welchem,
mit ewigem Schnee bedeckt, mehrere Pics sich bis 15000
Fuß erheben. Ich lasse diese hier von Süden nach Norden folgen: die gegenwärtig entzündeten, mehr oder weniger

thätigen Vulkane sind, wie bisher geschehen (Kosmos Bd. IV. S. 61 Anm. 71), mit einem Sternchen bezeichnet. Die unbezeichneten hohen Kegelberge sind wahrscheinlich theils ausgebrannte Vulkane, theils ungeöffnete trachytische Glockenberge:

Mount Pitt oder M'Laughlin: lat. 42° 30', etwas westlich vom See Tlamat; Höhe 8960 F.;

Mt Jefferson oder Vancouver (lat. 44° 35'), ein Kegelberg;

Mt Hood (lat. 45° 10'): mit Gewißheit ein ausgebrannter Vulkan, von zelliger Lava bedeckt; nach Dana mit dem, nördlicher in der Vulkan-Reihe gelegenen Mt Saint Helen's zwischen 14000 und 15000 Fuß hoch, doch etwas niedriger [25] als dieser; Mt Hood ist erstiegen worden im August 1853 von Lake, Travaillot und Heller;

Mt Swalalahos oder Saddle Hill, in Süd-Süd-Ost von Astoria [26], mit einem eingestürzten, ausgebrannten Krater;

Mt Saint Helen's*, nördlich vom Columbia-Strome (lat. 46° 12'): nach Dana nicht unter 14100 Fuß hoch[27]; noch entzündet, immer rauchend aus dem Gipfel-Krater; ein mit ewigem Schnee bedeckter Vulkan von sehr schöner, regelmäßiger conischer Gestalt; am 23 Nov. 1842 war ein großer Ausbruch, der nach Frémont alles weit umher mit Asche und Bimsstein bedeckte;

Mt Adams (lat. 46° 18'): fast ganz in Osten von dem Vulkan St. Helen's; über 28 geogr. Meilen von der Küste entfernt, wenn der eben genannte, noch entzündete Berg nur 19 dieser Meilen absteht;

Mt Reignier*, auch Mt Rainier geschrieben. lat. 46° 48'; ost-süd-östlich vom Fort Nisqually, am Pugets-Sund, der mit der Fuca-Straße zusammenhängt: ein brennender Vulkan, nach Edwin Johnson's Wegkarte von 1854 hoch 12330 englische oder 11567 Pariser Fuß; er hatte heftige Eruptionen 1841 und 1843;

Mt Olympus (lat. 47° 50'), nur 6 geogr. Meilen südlich von der, in der Geschichte der Südsee=Entdeckungen lange so berühmten Straße San Juan de Fuca;

Mt Baker*: ein mächtiger, im Gebiet von Washing=ton (lat. 48° 48') aufsteigender, noch jetzt thätiger Vulkan, von großer (ungemessener?) Höhe und rein conischer Form;

Mt Brown (15000 F.?) und etwas östlicher Mt Hoo=fer (15700 F.?) werden als hohe, alt=vulkanische Trachyt=berge in Neu=Caledonien, unter lat. 52°¼ und long. 120 und 122°, von Johnson angegeben: also wegen eines Abstandes von mehr als 75 geogr. Meilen von der Küste merkwürdig;

Mt Edgecombe*. auf der kleinen Lazarus=Insel nahe bei Sitka (lat. 57° 3'), dessen heftigen feurigen Ausbruch von 1796 ich schon an einer früheren Stelle (Kosmos Bd. IV. S. 50 Anm. 63) erwähnt habe. Cap. Lisiansky, welcher ihn in den ersten Jahren des jetzigen Jahrhunderts erstieg, fand den Vulkan damals unentzündet; die Höhe [28] beträgt nach Ernst Hofmann 2852 F., nach Lisiansky 2628 F.; nahe dabei sind heiße Quellen, die aus Granit ausbrechen, wie auf dem Wege von den Valles de Aragua nach Portocabello;

Mt Fairweather, cerro de Buen Tiempo: nach Malaspina 4489 mètres oder 13802 Fuß hoch [29], in lat. 58° 45'; mit Bimsstein bedeckt; wahrscheinlich noch vor kurzem entzündet, wie der Elias=Berg;

Vulkan von Cook's Inlet (lat. 60° 8'): nach Admiral Wrangel 11320 Fuß hoch; von diesem gelehrten Seefahrer wie von Vancouver für einen thätigen Vulkan gehalten [30];

Elias-Berg· lat. 60° 17', lg. 138° 30'; nach den Handschriften Malaspina's, die ich in den Archiven in Mexico fand, 5441 mètres oder 16749 Par. Fuß hoch: nach der Karte von Cap. Denham 1853 bis 1856 ist die Höhe nur 14044 Par. Fuß.

Was in der nordwestlichen Durchfahrts-Reise von M'Clure (lat. 69° 57', long. 129° 20') östlich vom Ausfluß des Mackenzie-Flusses, die Vulkane der Franklins-Bucht genannt wird, scheint ein Phänomen sogenannter Erdfeuer oder heißer, Schwefeldämpfe ausstoßender Salsen zu sein. Ein Augenzeuge, der Missionar Miertsching, Dolmetscher der Expedition auf dem Schiff Investigation, fand 30 bis 40 Rauchsäulen, welche aus Erdspalten oder kleinen, kegelförmigen Erhebungen von vielfarbigem Letten aufstiegen. Der Schwefelgeruch war so stark, daß man sich den Rauchsäulen kaum auf 12 Schritte nahen konnte. Anstehendes Gestein oder feste Massen waren nicht zu finden. Lichterscheinungen waren Nachts vom Schiffe aus gesehen worden; keine Schlamm-Auswürfe, aber große Hitze des Meeresbodens wurden bemerkt: auch kleine Becken schwefelsauren Wassers. Die Gegend verdient eine genaue Untersuchung, und das Phänomen steht als der vulkanischen Thätigkeit in dem californischen Cascaden-Gebirge des Cerro de Buen Tiempo oder des Elias-Berges ganz fremd da. (M'Clure, Discovery of the N. W. Passage p. 99; Papers relative to the Arctic Expedition 1854 p. 34; Miertsching's Reise-Tagebuch, Gnadau 1855, S. 46.)

Ich habe bisher in ihrem innigen Zusammenhange geschildert die vulkanischen Lebensthätigkeiten unseres Planeten, gleichsam die Steigerung des großen und geheimnißvollen

Phänomens einer Reaction des geschmolzenen Inneren gegen die mit Pflanzen= und Thier=Organismen bedeckte Ober= fläche. Auf die fast bloß dynamischen Wirkungen des Erd= bebens (der Erschütterungswellen) habe ich die Ther= malquellen und Salsen, d. i. Erscheinungen folgen lassen, welche, mit oder ohne Selbstentzündung, durch die den Quell= wassern und Gas=Ausströmungen mitgetheilte, bleibende Tem= peratur=Erhöhung wie durch chemische Mischungs= Verschiedenheit erzeugt werden. Der höchste und in seinen Aeußerungen complicirteste Grad der Steigerung wird in den Vulkanen dargeboten, da diese die großen und so ver= schiedenartigen Processe krystallinischer Gesteinbildung auf trockenem Wege hervorrufen, und deshalb nicht bloß auflösen und zerstören, sondern auch schaffend auftreten und die Stoffe zu neuen Verbindungen umgestalten. Ein beträchtlicher Theil sehr neuer, wo nicht der neuesten Gebirgsschichten ist das Werk vul= kanischer Thätigkeit, sei es, wenn noch jetzt an vielen Punkten der Erde aus eigenen, kegel= oder domförmigen Gerüsten geschmol= zene Massen sich ergießen; oder daß in dem Jugendalter unseres Planeten, ohne Gerüste, aus einem Netze offener Spalten neben den Sedementschichten basaltisches und trachytisches Ge= stein unmittelbar entquoll.

Die Oertlichkeit der Punkte, in welchen ein Verkehr zwischen dem flüssigen Erd=Inneren und der Atmosphäre sich lange offen erhalten hat, habe ich sorgfältigst in den vor= stehenden Blättern zu bestimmen gestrebt. Es bleibt jetzt übrig die Zahl dieser Punkte zu summiren, aus der reichen Fülle der in sehr fernen historischen Zeiten thätigen Vulkane die jetzt noch entzündeten auszuscheiden, und sie nach ihrer Vertheilung in continentale und Insel=Vulkane zu

betrachten. Wenn alle, die ich in der Summirung als untere
Grenzzahl (nombre limite, limite inférieure) glaube anneh=
men zu dürfen, gleichzeitig in Thätigkeit wären: so würde
ihr Einfluß auf die Beschaffenheit des Luftkreises und seine
klimatischen, besonders electrischen Verhältnisse gewiß überaus be=
merkbar sein; aber die Ungleichzeitigkeit der Eruptionen
vermindert den Effect und setzt demselben sehr enge und meist
nur locale Schranken. Es entstehen bei großen Eruptionen um
den Krater, als Folge der Verdampfung, vulkanische Gewit=
ter, welche, von Blitz und heftigen Regengüssen begleitet, oft
verheerend wirken; aber ein solches atmosphärisches Phänomen
hat keine allgemeine Folgen. Denn daß die denkwürdige Ver=
finsterung (der sogenannte Höherauch), welcher viele Monate
lang vom Mai bis August des Jahres 1783 einen bedeutenden
Theil von Europa und Asien, wie Nord-Afrika in Erstaunen
setzte (wogegen auf hohen schweizer Gebirgen der Himmel rein
und ungetrübt gesehen wurde), von großer Thätigkeit des islän=
dischen Vulcanismus und der Erdbeben von Calabrien verursacht
worden sei: wie man bisweilen noch jetzt behauptet; ist mir
wegen der Größe der Erscheinung sehr unwahrscheinlich: wenn
gleich ein gewisser Einfluß der Erdbeben, wo sie viel Raum um=
fassen, auf den ungewöhnlichen Eintritt der Regenzeit, wie im
Hochlande von Quito und Riobamba (Februar 1797) oder im süd=
östlichen Europa und Kleinasien (Herbst 1856), eher anzunehmen
sein möchte als der isolirte Einfluß einer vulkanischen Eruption.

In der hier folgenden Tabelle zeigt die erste Ziffer die
Anzahl der in den vorigen Blättern aufgeführten Vulkane an;
die zweite, in Parenthesen eingeschlossene Zahl deutet auf den
Theil derselben, welcher noch seit der neueren Zeit Beweise der
Entzündung gegeben hat.

Zahl der Vulkane auf dem Erdkörper

I Europa (Kosmos Bd IV	S. 371—373) . .	7	(4)
II Inseln des atlantischen Meeres	S. 373—376) . . .	14	(8)
III Afrika	S. 377—378) . .	3	(1)
IV Asien, das continentale:	. . .	25	(15)
a) westlicher Theil und das Innere	S. 379—386) . . .	11	(6)
b) Halbinsel Kamtschatka	S. 386—392) . .	14	(9)
V ost-asiatische Inseln .	S. 392—404) . . .	69	(34)
VI süd-asiatische Inseln .	S. 323—332, 404—409)	120	(56)
VII indischer Ocean . . .	S. 409—414, Anm 79 S. 585—587)	9	(5)
VIII Südsee	S. 414—427, Anm 83—85 S 588—589)	40	(26)
IX Amerika, das continentale:	. . . . .	115	(53)
a) Südamerika: . . .	. .	56	(26)
α) Chili	S. 317, Anm. 75 S. 550—553)	24	(13)
β) Peru und Bolivia	S. 317—320, Anm. 74 S. 548—550)	14	(3)
γ) Quito und Neu-Granada . . .	S. 317, Anm. 73 S. 548)	18	(10)
b) Central Amerika .	S. 297, 306—311, 317, 352; Anm. 66—68, S. 537—545)	29	(18)
c) Mexico, südlich vom rio Gila . . .	S 311—313, 317, 334—352 und Anm. 6—13 S.562—567; S 427—434, Anm 7—14 S 591—595)	6	(4)
d) Nordwest-Amerika, nördlich vom Gila .	S. 435—443) . . .	24	(5)
Antillen [31] . .	S. 599—604) . . .	5	(3)
	in Summa	407	(225)

Das Resultat dieser mühevollen Arbeit, welche mich lange beschäftigt hat, da ich überall zu den Quellen (den geognostischen und geographischen Reiseberichten) aufgestiegen bin, ist gewesen: daß von 407 aufgeführten Vulkanen noch in der neueren Zeit sich 225 als entzündet gezeigt haben. Die früheren Angaben der Zählung[32] thätiger Vulkane sind bald um 30, bald um 50 geringer ausgefallen: schon darum, weil sie nach anderen Grundsätzen angefertigt wurden. Ich habe mich für diese Abtheilung auf diejenigen Vulkane beschränkt, welche noch Dämpfe ausstoßen oder historisch gewisse Eruptionen gehabt haben im 19ten oder in der letzten Hälfte des 18ten Jahrhunderts. Es giebt allerdings Unterbrechungen von Ausbrüchen, die über vier Jahrhunderte und mehr hinausgehen; aber solche Erscheinungen gehören zu den seltensten. Man kennt die langsame Folge der großen Ausbrüche des Vesuvs in den Jahren 79, 203, 512, 652, 983, 1138 und 1500. Vor der großen Eruption des Epomeo auf Ischia vom Jahr 1302 kennt man allein die aus den Jahren 36 und 45 vor unserer Zeitrechnung: also 55 Jahre vor dem Ausbruch des Vesuvs.

Strabo, der, 90 Jahr alt, unter Tiberius (99 Jahre nach der Besetzung des Vesuvs durch Spartacus) starb und auf den keine historische Kenntniß eines älteren Ausbruchs gekommen war, erklärt doch den Vesuv für einen alten, längst ausgebrannten Vulkan. „Ueber den Orten" (Herculanum und Pompeji), sagt er, „liegt der Berg Vesuios, von den schönsten Feldgütern umwohnt, außer dem Gipfel. Dieser ist zwar großentheils eben, aber unfruchtbar insgesammt, der Ansicht nach aschenartig. Er zeigt spaltige Höhlen von rußfarbigem Gestein, wie wenn es vom Feuer zerfressen wäre: so daß man vermuthen darf, diese Stelle habe ehemals gebrannt und Schlundbecher des Feuers gehabt; sei aber erloschen, als der Brennstoff verzehrt war." (Strabo lib. V pag. 247 Casaub.) Diese Beschreibung der primitiven Gestaltung des Vesuvs deutet weder auf einen Aschenkegel noch auf eine kraterähnliche Vertiefung[33] des alten Gipfels, welche, umwallt, dem Spartacus[34] und seinen Gladiatoren zur Schutz= wehr dienen konnte.

Auch Diodor von Sicilien (lib. IV cap. 21,5), der unter Cäsar und Augustus lebte, bezeichnet bei den Zügen des Hercules und dessen Kampfe mit den Giganten in den phlegräischen Feldern „den jetzt so genannten Vesuvius als einen λόφος, welcher, dem Aetna in Sicilien vergleichbar, einst viel Feuer ausstieß und (noch) Spuren der alten Ent= zündung aufweist." Er nennt den ganzen Raum zwischen Cumä und Neapolis die phlegräischen Felder, wie Polybius (lib. II cap. 17) den noch größeren Raum zwischen Capua und Nola: während Strabo (lib. V pag. 246) die Gegend bei Puteoli (Dicäarchia), wo die große Solfatare liegt, mit so vieler localer Wahrheit beschreibt und ῾Ηφαίστου ἀγορά nennt. In späterer Zeit ist gemeinhin auf diese Gegend der Name τὰ φλεγραῖα πεδία beschränkt, wie noch jetzt die Geognosten die mineralogische Zusammensetzung der Laven der phlegräischen Felder der aus der Umgegend des Vesuvs ent= gegenstellen. Dieselbe Meinung, daß es in alten Zeiten unter dem Vesuv gebrannt und daß dieser Berg alte Ausbrüche ge= habt habe, finden wir in dem Lehrbuch der Architectur des Vitruvius (lib. II cap. 6) auf das bestimmteste ausgedrückt in einer Stelle, die bisher nicht genug beachtet worden ist: Non minus etiam memoratur, antiquitus crevisse ardores et abundavisse sub Vesuvio monte, et inde evomuisse circa

agros flammam. Ideoque nunc qui spongia sive *pumex
Pompejanus* vocatur, excoctus ex alio genere lapidis,
in hanc redactus esse videtur generis qualitatem. **Id**
autem genus spongiae, quod inde eximitur, non in om-
nibus locis nascitur, nisi circum Aetnam et collibus Mysiae,
qui a Graecis κατακεκαυμένοι nominantur. Da nach den
Forſchungen von Böckh und Hirt kein Zweifel mehr darüber herrſchen kann, daß Vitruv unter Auguſt gelebt hat[35],
alſo ein volles Jahrhundert vor der Eruption des Veſuvs, bei
welcher der ältere Plinius den Tod fand; ſo bietet die angeführte Stelle und der Ausdruck pumex Pompejanus (die Verbindung von Bimsſtein und Pompeji) noch ein beſonderes
geognoſtiſches Intereſſe in Hinſicht auf die Streitfrage dar:
ob nach der ſcharfſinnigen Vermuthung Leopolds von Buch[36]
Pompeji nur bedeckt worden ſei durch die bei der erſten Bildung der Somma gehobenen, bimsſteinhaltigen Tuffſchichten,
welche, von ſubmariner Bildung, die ganze Fläche zwiſchen dem
apenniniſchen Gebirge und der weſtlichen Küſte von Capua bis
Sorrent, von Nola bis über Neapel hinaus, in ſöhligen Schichten bedecken; oder ob der Veſuv, ganz gegen ſeine jetzige Gewohnheit, **aus ſeinem Inneren** den Bimsſtein ſelbſt ausgeſtoßen habe?

Carmine Lippi[37] ſowohl, der (1816) die Tuff-Bedeckung von
Pompeji einer Waſſerbedeckung zuſchreibt; als ſein ſcharfſinniger
Gegner, Archangelo Scacchi[38], in dem Briefe, welcher an den
Cavaliere Franceſco Avellino (1843) gerichtet iſt: haben auf die
merkwürdige Erſcheinung aufmerkſam gemacht, daß ein Theil der
Bimsſteine von Pompeji und der Somma kleine Kalkſtücke ein-
ſchließen, die ihre Kohlenſäure nicht verloren haben: was, wenn
dieſelben einem großen Drucke in feuriger Bildung ausgeſetzt

gewesen sind, nicht viel Wunder erregen kann. Ich habe selbst
Gelegenheit gehabt Proben dieser Bimssteine in den interessanten
geognostischen Sammlungen meines gelehrten Freundes und
akademischen Collegen, des Dr. Ewald, zu sehen. Die Gleichheit der mineralogischen Beschaffenheit an zwei entgegengesetzten
Punkten mußte die Frage veranlassen: ob, was Pompeji bedeckt, wie Leopold von Buch will, bei dem Ausbruch des Jahrs
79 von den Abhängen der Somma herabgestürzt ist; oder ob
der neu geöffnete Krater des Vesuvs, wie Scacchi behauptet,
Bimsstein gleichzeitig nach Pompeji und an die Somma geworfen habe? Was zu den Zeiten des Vitruvius, unter Augustus,
als pumex Pompejanus bekannt war, leitet auf Vor-Plinia-
nische Ausbrüche; und nach den Erfahrungen, welche wir über
die Veränderlichkeit der Bildungen in verschiedenem Alter und
bei verschiedenen Zuständen vulkanischer Thätigkeit haben, ist
man wohl eben so wenig berechtigt absolut zu läugnen, der
Vesuv habe von seiner Entstehung an nie Bimsstein hervorbringen können; als absolut anzunehmen, Bimsstein, d. h. der
faßige oder poröse Zustand eines pyrogenen Minerals, könne
sich nur bilden, wo Obsidian oder Trachyt mit glasigem Feldspath (Sanidin) vorhanden sei.

Wenn auch nach den angeführten Beispielen von der
Länge der Perioden, in denen die Wiederbelebung eines schlum-
mernden Vulkans erfolgen kann, viel Ungewißheit übrig bleibt;
so ist es doch von großer Wichtigkeit die geographische Vertheilung der entzündeten Vulkane für eine bestimmte Zeit zu
constatiren. Von den 225 Schlünden, durch welche in der
Mitte des neunzehnten Jahrhunderts das geschmolzene Innere
der Erde mit dem Luftkreise in vulkanischem Verkehr steht,
liegen 70, also ein Drittel, auf den Continenten; und

155, oder zwei Drittel, auf der Inselwelt. Von den 70 Continental=Bulkanen gehören 53 oder $\frac{3}{4}$ zu Amerika, 15 zu Asien, 1 zu Europa, und 1 oder 2 zu der uns bis=her bekannt gewordenen Feste von Afrika. In den süd=asia=tischen Inseln (Sunda=Inseln und Molukken) wie in den Aleuten und Kurilen, welche zu den ost=asiatischen Inseln gehören, liegt auf dem engsten Raume die größte Menge der Insel=Bulkane. In den Aleuten sind vielleicht mehr, in neuen historischen Zeiten thätige Bulkane enthalten als in dem ganzen Continent von Südamerika. Auf dem gesammten Erdkörper ist der Streifen, welcher sich zwischen 75° westlicher und 125° östlicher Länge von Paris wie von 47° südlicher bis 66° nörd=licher Breite von Südost nach Nordwest in dem mehr westlichen Theile der Südsee hinzieht, der vulkanreichste.

Will man den großen Meeresgolf, welchen wir die Südsee zu nennen pflegen, sich kosmisch von dem Parallel der Berings=Straße und dem von Neu=Seeland, der zugleich auch der Parallel von Süd=Chili und Nord=Patagonien ist, be=grenzt vorstellen; so finden wir — und dieses Resultat ist sehr merkwürdig — im Inneren des Beckens und um dasselbe her (in seiner continentalen asiatischen und amerikanischen Begren=zung) von den 225 entzündeten Bulkanen der ganzen Erde 198 oder nahe an $\frac{7}{8}$. Die den Polen nächsten Bulkane sind nach unserer jetzigen geographischen Kenntniß: in der nördlichen Hemisphäre der Bulkan Est auf der kleinen Insel Jan Mayen, lat. 71° 1′ und long. 9° 51′ westl. von Paris; in der süd=lichen Hemisphäre der, röthliche, selbst bei Tage sichtbare Flammen ausstoßende Mount Erebus, welchen im Jahr 1841 Sir James Roß[39] auf seiner großen südlichen Entdeckungsreise 11633 Pariser Fuß hoch fand: ohngefähr 225 F. höher als der Pic von Teneriffa; in lat. 77⁰ 33′ und long. 164⁰ 38′ östlich von Paris.

Die große Frequenz der Vulkane auf den Inseln und in dem Littoral der Continente hat früh die Geognosten auf die Untersuchung der Ursachen dieser Erscheinung leiten müssen. Ich habe schon an einem anderen Orte (Kosmos Bd. 1. S. 454) der verwickelten Theorie des Trogus Pompejus unter August gedacht, nach welcher das Meerwasser das vulkanische Feuer anschürt. Chemische und mechanische Ursachen von der Wirksamkeit der Meeresnähe sind angeführt worden bis zu den neuesten Zeiten. Die alte Hypothese von dem Eindringen des Meerwassers in den vulkanischen Heerd schien in der Epoche der Entdeckung der Erdmetalle durch Davy eine festere Begründung zu erhalten; aber der große Entdecker gab die Hypothese, zu welcher selbst Gay-Lussac, trotz der Seltenheit oder des gänzlichen Mangels des Hydrogen-Gases, sich hinneigte [40], bald selbst auf. Mechanische oder vielmehr dynamische Ursachen: seien sie gesucht in der Faltung der oberen Erdrinde und der Erhebung der Continente, oder in der local minderen Dicke des starren Theils der Erdkruste; möchten meiner Ansicht nach mehr Wahrscheinlichkeit gewähren. Man kann sich vorstellen, daß an den Rändern der aufsteigenden Continente, welche jetzt die über der Meeresfläche sichtbaren Littorale mit mehr oder minder schroffen Abhängen bilden, durch die gleichzeitig veranlaßten Senkungen des nahen Meeresgrundes Spalten verursacht worden sind, durch welche die Communication mit dem geschmolzenen Innern befördert wird. Auf dem Rücken der Erhebungen, fern von jenen Senkungs-Arealen des oceanischen Beckens, ist nicht dieselbe Veranlassung zum Entstehen solcher Zertrümmerung gewesen. Vulkane folgen dem

jeßigen Meeresufer in einfachen, bisweilen doppelten, wohl
auch dreifachen, parallelen Reihen. Kurze Queerjöcher
verbinden sie, auf Queerspalten gehoben und Bergknoten
bildend. Häufig (keinesweges immer) ist die dem Ufer nähere
Reihe die thätigste: während die fernere, mehr innere, erloschen
oder dem Erlöschen nahe erscheint. Bisweilen wähnt man
nach bestimmter Richtung in einer und derselben Reihe von
Vulkanen eine Zu= oder Abnahme der Eruptions=Häufigkeit zu
erkennen, aber die Phänomene der nach langen Perioden wieder
erwachenden Thätigkeit machen dies Erkennen sehr unsicher.

Da aus Mangel oder Unbeachtung sicherer Ortsbestim=
mungen sowohl der Vulkane als der ihnen nächsten Küsten=
punkte viele ungenaue Angaben der Meeresferne vul=
kanischer Thätigkeit verbreitet sind, so gebe ich hier fol=
gende Zahlen von geographischen Meilen (jeder zu 3807
Toisen, also 15 = 1°) an. In den Cordilleren von Quito
liegt der ununterbrochen speiende Sangay am östlichsten;
seine Meeresnähe ist aber doch noch 28 M. Sehr gebildete
Mönche aus den Missionen der Indios Andaquies am Alto
Putumayo haben mir versichert, daß sie am Oberen Rio de
la Fragua, einem Zufluß des Caqueta, östlich von der Ceja,
einen nicht sehr hohen Kegelberg haben rauchen sehen; [11] der
Küsten=Abstand würde 40 Meilen betragen. Der mexicanische,
im Sept. 1759 aufgestiegene Vulkan von Jorullo hat 21 M
nächsten Küsten=Abstandes (Kosmos Bd. IV. S. 339—346),
der Vulkan Popocatepetl 33 M; ein ausgebrannter Vulkan in der
östlichen Cordillere von Bolivia, bei S. Pedro de Cacha,
im Thal von Ducay (Kosmos Bd. IV. S. 321), über 45 M;
die Vulkane des Siebengebirges bei Bonn und der Eifel (Kos=
mos Bd. IV. S. 275—282) 33 bis 38 M; die der Auvergne,

des Velay und Vivarais[42] nach Abtheilung in 3 abgesonderte Gruppen (Gruppe des Puy be Dôme bei Clermont mit den Monts-Dore, Gruppe des Cantal, Gruppe von le Puy und Mezenc) 37, 29 und 21 Meilen. Die ausgebrannten Vulkane von Olot, südlich von den Pyrenäen, westlich von Gerona, mit ihren deutlichen, bisweilen getheilten Lavaströmen, liegen nur 7 M von den catalonischen Küsten des Mittelmeers entfernt: dagegen die unbezweifelten und allem Anscheine nach sehr frisch ausgebrannten Vulkane in der langen Kette der Rocky Mountains im nordwestlichen Amerika 150 bis 170 M Entfernung von dem Littoral der Südsee zählen.

Ein sehr abnormes Phänomen in der geographischen Vertheilung der Vulkane ist die Existenz in historischer Zeit thätiger, vielleicht noch theilweise brennender Vulkane in der Gebirgskette des Thian-schan (des Himmelsgebirges), zwischen den zwei Parallelketten des Altai und des Kuen-lün: deren Existenz Abel-Rémusat und Klaproth zuerst bekannt gemacht und welche ich in meinem Werke über Inner-Asien, auf die scharfsinnigen und mühevollen finologischen Forschungen von Stanislas Julien gestützt, vollständiger habe behandeln können.[43] Der Abstand des Vulkans Pe-schan (Montblanc) mit seinen Lavaströmen und des noch brennenden Feuerberges (Ho-tscheu) von Turfan ist vom Littoral des Eismeeres und des indischen Meeres, fast gleich groß, etwa 370 und 380 Meilen. Dagegen ist die Entfernung, in welcher der Pe-schan, dessen Lava-Ausbrüche vom Jahr 89 unserer Zeitrechnung bis zum Anfang des 7ten Jahrhunderts in chinesischen Werken einzeln aufgezeichnet sind, sich von dem großen Alpensee Issikul am Abfall des Temurtutagh (eines westlichen Theils des Thian-schan) befindet, nur 43 Meilen; von dem nördlicher gelegenen,

37 Meilen langen See Balkasch beträgt sie 52 Meilen. [44]
Der große Dsaisang-See, in dessen Nähe ich selbst, in der
chinesischen Dsungarei, mich 1829 befand, ist 90 Meilen von
den Vulkanen des Thian-schan entfernt. Binnenwasser fehlen
also nicht: aber freilich doch nicht in solcher Nähe, als dem
jetzt noch thätigen Vulkane, dem Demavend im persischen
Mazenderan, das caspische Meer ist.

Wenn aber Wasserbecken, oceanische oder Binnenwasser,
auch gar nicht zur Unterhaltung der vulkanischen Thätigkeit
erforderlich sind; wenn Inseln und Küsten, wie ich zu glauben
geneigt bin, nur reicher an Vulkanen sind, weil das Emporsteigen der letzteren, durch innere elastische Kräfte bewirkt, von
einer nahen Depression im Meeresbecken [45] begleitet ist, so daß
ein Erhebungs-Gebiet an ein Senkungs-Gebiet
grenzt und an dieser Grenze mächtige, tief eindringende Spaltungen und Klüfte veranlaßt werden: so darf man vermuthen,
daß in der inner-asiatischen Zone zwischen den Parallelen von
41° und 48° die große aralo-caspische Depressions-
Mulde, wie die bedeutende Zahl gereihter und ungereihter
Seen zwischen dem Thian-schan und dem Altai-Kurtschum zu
Küsten-Phänomenen hat Anlaß geben können. Man weiß aus
Tradition, daß viele perlartig an einander gereihte kleine Becken
(lacs à chapelet) einstmals ein einziges großes Becken bildeten.
Größere Seen sieht man noch durch Mißverhältniß zwischen
dem Niederschlag und der Verdunstung sich theilen. Ein der
Kirghisen-Steppe sehr kundiger Beobachter, General Genz in
Orenburg, vermuthete, daß eine hydraulische Verbindung zwischen
dem Aral-See, dem Aksakal, dem Sary-Kupa und Tschagli
vormals existirte. Man erkennt eine große Furche, von Südwest nach Nordost gerichtet, die man verfolgen kann über

Omsk zwischen dem Irtysch und Obi durch die seereiche Bara-
binskische Steppe gegen die Moor=Ebenen der Samojeden, gegen
Beresow und das Littoral des Eismeeres. Mit dieser Furche
hängt vielleicht zusammen die alte, weit verbreitete Sage von
einem Bitteren Meere (auch getrocknetes Meer, Han-
hai, genannt): das sich östlich und südlich von Hami erstreckte
und in welchem sich ein Theil des Gobi, dessen salz= und
schilfreiche Mitte der Dr. von Bunge durch genaue Barometer=
Messung nur 2400 Fuß über der Oberfläche des Oceans erhoben fand, inselförmig emporhob. [16] Seehunde, ganz denen ähnlich, welche in Schaaren das caspische Meer und den Baikal
bewohnen, finden sich (und diese geologische Thatsache ist bisher
nicht genug beachtet worden) über 100 geogr. Meilen östlich
vom Baikal in dem kleinen Süßwasser=See Oron von wenigen
Meilen Umfangs. Der See hängt zusammen mit dem Witim,
einem Zufluß der Lena, in der keine Seehunde leben. [17] Die
jetzige Isolirtheit dieser Thiere, ihre Entfernung von dem Aus=
fluß der Wolga (volle 900 geogr. Meilen) ist eine merkwürdige, auf einen alten und großen Wasser=Zusammenhang hin=
deutende, geologische Erscheinung. Sollten die vielfältigen
Senkungen, denen in großer Erstreckung dieser mittlere Theil
von Asien ausgesetzt gewesen ist, auf die Convexität der Conti=
nental=Anschwellung ausnahmsweise ähnliche Verhältnisse, als
an den Littoralen, an den Rändern der Erhebungs=Spalte
hervorgerufen haben?

Weithin in Osten, in der nordwestlichen Mantschurei, in
der Umgegend von Mergen (wahrscheinlich in lat. 48° $\frac{1}{2}$ und
long. 120° östlich von Paris), hat man aus sicheren, an
den Kaiser Kanghi abgestatteten Berichten Kenntniß von einem
ausgebrannten Vulkane erhalten. Der, Schlacken und Lava

gebende Ausbruch des Berges Bo-schan oder Ujun-Hol-
bongi (die neun Hügel), etwa 3 bis 4 Meilen in südwestlicher Richtung von Mergen, fand statt im Januar 1721. Die
aufgeworfenen Schlackenhügel hatten nach Aussage der vom
Kaiser Kanghi zur Erforschung ausgesandten Personen sechs geogr.
Meilen im Umfange; es wurde auch gemeldet, daß ein Lavastrom, die Wasser des Flusses Ubelin stauend, einen See gebildet habe. Im 7ten Jahrhundert unserer Zeitrechnung soll,
nach weniger umständlichen chinesischen Berichten, der Bo-schan
einen früheren feurigen Ausbruch gehabt haben. Die Entfernung vom Meere ist ohngefähr 105 geographische Meilen: also
mehr denn dreimal größer als die Meeresnähe des Vulkans
von Jorullo; ähnlich der des Himalaya[48]. Wir verdanken diese
merkwürdigen geognostischen Nachrichten aus der Mantschurei
dem Fleiße des Herrn W. P. Waßiljew (geograph. Bote
1855 Heft 5. S. 31) und einem Aufsatze des Herrn Semenow
(des gelehrten Uebersetzers von Carl Ritter's großer Erdkunde)
im 17ten Bande der Schriften der kaiserlich russischen geographischen Gesellschaft.

Bei den Untersuchungen über die geographische Vertheilung
der Vulkane und ihre größere Häufigkeit auf Inseln und Littoralen, d. i. Erhebungs-Rändern der Continente, ist auch die
zu vermuthende große Ungleichheit der schon erlangten
Dicke der Erdkruste vielfach in Betrachtung gezogen worden. Man ist geneigt anzunehmen, daß die Oberfläche der
inneren geschmolzenen Masse des Erdkörpers den Punkten näher
liege, wo die Vulkane ausgebrochen sind. Da aber viele mittlere Grade der Zähigkeit in der erstarrenden Masse gedacht
werden können, so ist der Begriff einer solchen Oberfläche des Geschmolzenen schwer mit Klarheit zu fassen, wenn als Hauptursach

aller Verwerfungen, Spaltungen, Erhebungen und mulden-
förmigen Senkungen eine räumliche Capacitäts-Verän-
derung der äußeren festen, schon erstarrten Schale gedacht
werden soll. Wenn es erlaubt wäre nach den in den artesischen Brunnen gesammelten Erfahrungen wie nach den Schmelz-
graden des Granits in arithmetischer Reihe, also bei Annahme
gleicher geothermischer Tiefen-Stufen, die sogenannte Dicke der
Erdkruste zu bestimmen; [49] so fände man sie zu $5\frac{2}{10}$ geogr.
Meilen (jeder zu 3807 Toisen) oder $\frac{1}{329}$ des Polar-Durch-
messers: [50] aber Einwirkungen des Drucks und der Wärmeleitung verschiedener Gebirgsarten lassen voraussetzen, daß
die geothermischen Tiefen-Stufen mit zunehmender Tiefe selbst
einen größeren Werth haben.

Trotz der sehr geringen Zahl von Punkten, an denen gegenwärtig das geschmolzene Innere unsres Planeten mit dem
Luftkreise in thätiger Verbindung steht, ist doch die Frage
nicht ohne Wichtigkeit, in welcher Art und in welchem Maaße
die vulkanischen Gas-Exhalationen auf die chemische Zusammensetzung der Atmosphäre und durch sie auf das, sich auf
der Oberfläche entwickelnde, organische Leben einwirken. Zuerst
muß man in Betrachtung ziehn, daß es weniger die Gipfel-
Krater selbst als die kleinen Auswurfs-Kegel und die, große
Räume ausfüllenden, so viele Vulkane umgebenden Fumarolen
sind, welche Gas-Arten aushauchen; ja daß ganze Landstrecken
auf Island, im Caucasus, in dem Hochlande von Armenien,
auf Java, den Galapagos, Sandwich-Inseln und Neu-Seeland
durch Solfataren, Naphtha-Quellen und Salsen sich ununterbrochen wirksam zeigen. Vulkanische Gegenden, welche man
gegenwärtig unter die ausgebrannten zählt, sind ebenfalls als
Gasquellen zu betrachten; und das stille Treiben der unter-

irdischen zersetzenden und bildenden Kräfte in ihnen ist der Quantität nach wahrscheinlich productiver als die großen, seltneren
und geräuschvollen Ausbrüche der Vulkane, wenn gleich deren
Lavafelder noch Jahre lang fortfahren sichtbar und unsichtbar
zu dampfen. Glaubt man die Wirkungen dieser kleinen chemischen Processe darum vernachlässigen zu dürfen, weil das
ungeheure Volum des durch Strömungen ewig bewegten Luftkreises um so geringe Bruchtheile durch einzeln unwichtig scheinende [51] Zugaben in seiner primitiven Mischung wenig verändert
werden könne; so erinnere man sich an den mächtigen Einfluß,
welchen nach den schönen Untersuchungen von Percival, Saussure,
Boussingault und Liebig drei oder vier Zehntausend-Theile von
Kohlensäure unseres Luftkreises auf die Existenz des vegetabi-
lischen Organismus haben. Nach Bunsen's schöner Arbeit über
die vulkanischen Gas-Arten geben unter den Fumarolen in verschiedenen Stadien der Thätigkeit und der Localverhältnisse einige
(z. B. am großen Hekla) 0,81 bis 0,83 Stickstoff und in den
Lavaströmen des Berges 0,78, bei nur Spuren (0,01 bis 0,02)
von Kohlensäure; andere auf Island bei Krisuvik geben dagegen
0,86 bis 0,87 Kohlensäure mit kaum 0,01 Stickstoffs. [52] Eben
so bietet die wichtige Arbeit über die Gas-Emanationen im
südlichen Italien und auf Sicilien von Charles Sainte-Claire
Deville und Bornemann große Anhäufungen von Stickgas
(0,98) in den Exhalationen einer Spalte tief im Krater von
Vulcano, aber schwefelsaure Dämpfe mit einem Gemisch von
74,7 Stickgas und 18,5 Sauerstoffs dar: also der Beschaffenheit der atmosphärischen Luft ziemlich nahe. Das Gas, welches
bei Catania in dem Brunnen Acqua Santa [53] aufsteigt, ist
dagegen reines Stickgas, wie es zur Zeit meiner amerikanischen
Reise das Gas der Volcancitos de Turbaco war. [54]

Sollte die große Quantität Stickstoffs, welche durch die
vulkanische Thätigkeit verbreitet wird, allein die sein, die den
Vulkanen durch Meteorwasser zugeführt wird? oder giebt es
innere, in der Tiefe liegende Quellen des Stickstoffs? Es ist
auch zu erinnern, daß die in dem Regenwasser enthaltene Luft
nicht, wie unsere, 0,79: sondern, nach meinen eigenen Versuchen, nur 0,69 Stickstoffs enthält. Der letztere ist für die
Ammoniakal=Bildung, durch die in der Tropengegend fast
täglichen electrischen Explosionen, eine Quelle erhöhter Frucht-
barkeit.[55] Der Einfluß des Stickstoffes auf die Vegetation
ist gleich dem des Substrats der atmosphärischen Kohlensäure.

Boussingault hat in den Analysen der Gas=Arten der
Vulkane, welche dem Aequator nahe liegen (Tolima, Puracé,
Pasto, Tuqueres und Cumbal), mit vielem Wasserdampf, Koh-
lensäure und geschwefeltes Wasserstoff=Gas; aber keine Salzsäure, keinen Stickstoff und kein freies Hydrogen gefunden.[56]
Der Einfluß, den das Innere unsres Planeten noch gegenwärtig auf die chemische Zusammensetzung der Atmosphäre aus-
übt, indem er dieser Stoffe entzieht, um sie unter anderen
Formen wiederzugeben; ist gewiß nur ein unbedeutender Theil
von den chemischen Revolutionen, welche der Luftkreis in der
Urzeit bei dem Hervorbrechen großer Gebirgsmassen auf offenen
Spalten muß erlitten haben. Die Vermuthung über den wahrscheinlich sehr großen Antheil von Kohlensäure in der alten
Luft-Umhüllung wird verstärkt durch die Vergleichung der Dicke
der Kohlenlager mit der so dünnen Schicht von Kohle (sieben
Linien Dicke), welche nach Chevandier's Berechnung in der
gemäßigten Zone unsere dichtesten Waldungen dem Boden in
100 Jahren geben würden.[57]

In der Kindheit der Geognosie, vor Dolomieu's scharfsinnigen Vermuthungen, wurde die Quelle vulkanischer Thätigkeit nicht unter den ältesten Gebirgs-Formationen, für die
man damals allgemein den Granit und Gneiß hielt, gesetzt.
Auf einige schwache Analogien der Entzündbarkeit fußend,
glaubte man lange, daß die Quelle vulkanischer Ausbrüche und
der Gas-Emanationen, welche dieselben für viele Jahrhunderte
veranlassen, in den neueren, über-silurischen, Brennstoff
enthaltenden Flözschichten zu suchen sei. Allgemeinere Kenntniß
der Erdoberfläche, tiefere und richtiger geleitete geognostische
Forschungen, und der wohlthätige Einfluß, welchen die großen
Fortschritte der neueren Chemie auf die Geologie ausgeübt;
haben gelehrt, daß die drei großen Gruppen vulkanischen oder
eruptiven Gesteins (Trachyt, Phonolith und Basalt) unter
sich, wenn man sie als große Massen betrachtet, im Alter verschieden und meist sehr von einander abgesondert auftreten;
alle drei aber später als die plutonischen Granite, Diorite und
Quarzporphyre: als alle silurische, secundäre, tertiäre und
quartäre (pleistocäne) Bildungen an die Oberfläche getreten
sind; ja oft die lockeren Schichten der Diluvial-Gebilde und
Knochen-Breccien durchsetzen. Eine auffallende Mannigfaltigkeit[58] dieser Durchsetzungen, auf einen kleinen Raum zusammengedrängt, findet sich, nach Rozet's wichtiger Bemerkung, in
der Auvergne; denn wenn gleich die großen trachytischen Gebirgsmassen des Cantal, Mont-Dore und Puy de Dôme den
Granit selbst durchbrechen, auch theilweise (z. B. zwischen Vic
und Aurillac und am Giou de Mamon) große Fragmente von
Gneiß[59] und Kalkstein einschließen: so sieht man doch auch
Trachyt und Basalte den Gneiß, das Steinkohlen-Gebirge der
Tertiär- und Diluvial-Schichten gangartig durchschneiden.

Basalte und Phonolithe, nahe mit einander verwandt, wie das böhmische Mittelgebirge und die Auvergne beweisen, sind beide neuerer Formation als die Trachyte, welche oft von Basalten in Gängen durchsetzt werden.[60] Die Phonolithe sind aber wiederum älter als die Basalte; sie bilden wahrscheinlich nie Gänge in diesen: da hingegen dikes von Basalt oft den Porphyrschiefer (Phonolith) durchschneiden. In der Andeskette von Quito habe ich die Basalt=Formation räumlich weit von den herrschenden Trachyten getrennt gefunden: fast allein am Rio Pisque und im Thal von Guaillabamba.[61]

Da in der vulkanischen Hochebene von Quito alles mit Trachyt, Trachyt=Conglomeraten und Tuffen bedeckt ist, so war es mein eifrigstes Bestreben irgend einen Punkt zu entdecken, an dem man deutlich erkennen könne, auf welcher älteren Gebirgsart die mächtigen Kegel= und Glockenberge aufgesetzt sind oder, um bestimmter zu reden, welche sie durchbrochen haben. Einen solchen Punkt bin ich so glücklich gewesen aufzufinden, als ich im Monat Juni 1802 von Riobamba nuevo aus (8898 Fuß über dem Spiegel der Südsee) eine Ersteigung des Tunguragua auf der Seite der Cuchilla de Guandisava versuchte. Ich begab mich von dem anmuthigen Dorfe Penipe über die schwankende Seilbrucke (puente de maroma) des Rio Puela nach der isolirten hacienda de Guansce (7440 Fuß): wo im Südost, dem Einfluß des Rio Blanco in den Rio Chambo gegenüber, sich eine prachtvolle Colonnade von schwarzem, pechsteinartigem Trachyt erhebt. Man glaubt von weitem den Basalt=Steinbruch bei Unkel zu sehen. Am Chimborazo, etwas über dem Wasserbecken von Yana=Cocha, sah ich eine ähnliche, höhere, doch minder regelmäßige Säulengruppe von Trachyt. Die Säulen südöstlich von Penipe sind meist

fünfseitig, von nur 14 Zoll Durchmessers, oft gekrümmt und
divergirend. Am Fuß dieser schwarzen, pechsteinartigen Trachyte
von Penipe (unfern der Mündung des Rio Blanco) sieht man
in diesem Theil der Cordillere eine sehr unerwartete Erschei=
nung: grünlich weißen Glimmerschiefer mit eingesprengten
Granaten; und weiter hin, jenseits des seichten Flüßchens Bas=
caguan, bei der Hacienda von Guansce, nahe dem Ufer des
Rio Puela, den Glimmerschiefer wahrscheinlich unterteufend:
Granit von mittlerem Korn, mit lichtem, röthlichem Feldspath,
wenig schwärzlich grünem Glimmer und vielem gräulich weißen
Quarz. Hornblende fehlt. Es ist kein Syenit. Die Trachyte
des Vulkans von Tungurahua, ihrer mineralogischen Beschaf=
fenheit nach denen des Chimborazo gleich, d. i. aus einem
Gemenge von Oligoklas und Augit bestehend, haben also hier
Granit und Glimmerschiefer durchbrochen. Weiter gegen Süden,
etwas östlich von dem Wege von Riobamba nuevo nach Gua=
mote und Ticsan, kommen in der vom Meeresufer abge=
wandten Cordillere die ehemals so genannten uranfänglichen
Gebirgsarten: Glimmerschiefer und Gneiß, gegen den Fuß der
Colosse des Altar de los Collanes, des Cuvillan und des
Paramo del Hatillo überall zu Tage. Vor der Ankunft der
Spanier, ja selbst ehe die Herrschaft der Incas sich so weit
nach Norden erstreckte, sollen die Eingeborenen hier metallfüh=
rende Lagerstätten in der Nähe der Vulkane bearbeitet haben.
Etwas südlich von San Luis beobachtet man häufig Quarz=
gänge, die einen grünlichen Thonschiefer durchsetzen. Bei
Guamote, an dem Eingange der Grasebene von Tiocara,
fanden wir große Massen von Gestellstein, sehr glimmerarme
Quarzite von ausgezeichneter linearer Parallel=Structur, regel=
mäßig mit 70° gegen Norden einschießend. Weiter südlich

bei Ticsan unweit Alausi bietet der Cerro Cuello de Ticsan
große Schwefelmassen bebaut in einem Quarzlager, dem nahen
Glimmerschiefer untergeordnet, dar. Eine solche Verbreitung
des Quarzes in der Nähe von Trachyt=Vulkanen hat auf den
ersten Anblick etwas befremdendes. Aber meine Beobachtungen
von der Auflagerung oder vielmehr dem Ausbrechen des Trachyts
aus Glimmerschiefer und Granit am Fuß des Tungurahua
(ein Phänomen, welches in den Cordilleren so selten als in
der Auvergne häufig ist) haben 47 Jahre später die vortreff=
lichen Arbeiten des französischen Geognosten Herrn Sebastian
Wisse am Sangay bestätigt.

Dieser colossale Vulkan, 1260 Fuß höher als der Montblanc,
ohne alle Lavaströme, die auch Charles Deville dem eben so thäti=
gen Stromboli abspricht, aber wenigstens seit dem Jahre 1728 in
ununterbrochener Thätigkeit schwarzer, oft glühend leuchtender
Stein=Auswürfe: bildet eine Trachyt=Insel von kaum 2
geogr. Meilen Durchmesser [62] mitten in Granit= und Gneiß=Schich=
ten. Ganz entgegengesetzte Lagerungsverhältnisse zeigt die vulka=
nische Eifel, wie ich schon oben bemerkt habe: sowohl bei der
Thätigkeit, welche sich einst in den, in devonische Schiefer einge=
senkten Maaren (oder Minen=Trichtern); als der, welche sich
in den lavastrom=gebenden Gerüsten offenbart: wie am langen
Rücken des Mosenberges und Gerolsteins. Die Oberfläche be=
zeugt hier nicht, was im Inneren verborgen ist. Die Trachyt=
losigkeit vor Jahrtausenden so thätiger Vulkane ist eine noch auf=
fallendere Erscheinung. Die augithaltigen Schlacken des Mosen=
berges, welche den basaltartigen Lavastrom theilweise begleiten,
enthalten kleine gebrannte Schieferstücke, nicht Fragmente von
Trachyt; in der Umgebung fehlen die Trachyte. Diese Ge=
birgsart wird in der Eifel nur ganz isolirt [63] sichtbar, fern von

Maaren und lavagebenden Vulkanen: wie im Sellberg bei
Quiddelbach und in dem Bergzuge von Reimerath. Die Verschiedenheit der Formationen, welche die Vulkane durchbrechen,
um in der oberen Erdrinde mächtig zu wirken, ist geognostisch
eben so wichtig als das Stoffhaltige, das sie hervorbringen.

Die Gestaltungs=Verhältnisse der Felsgerüste, durch
welche die vulkanische Thätigkeit sich äußert oder zu äußern gestrebt hat, sind endlich in neueren Zeiten in ihrer oft sehr complicirten Verschiedenartigkeit in den fernesten Erdzonen weit genauer erforscht und dargestellt worden als im vorigen Jahrhundert, wo die ganze Morphologie der Vulkane sich auf
Kegel= und Glockenberge beschränkte. Man kennt jetzt von
vielen Vulkanen den Bau, die Hypsometrie und die
Reihung (das, was der scharfsinnige Carl Friedrich Naumann die Geotektonik [64] nennt) auf das befriedigendste oft
da, wo man noch in der größten Unwissenheit über die Zusammensetzung ihrer Gebirgsart, über die Association der Mineral=
Species geblieben ist, welche ihre Trachyte charakterisiren und
von der Grundmasse abgesondert erkennbar werden. Beide Arten
der Kenntniß, die morphologische der Felsgerüste und die
oryctognostische der Zusammensetzung, sind aber zur vollständigen Beurtheilung der vulkanischen Thätigkeit gleich nothwendig: ja die letztere, auf Krystallisation und chemische Analyse
gegründet, wegen des Zusammenhanges mit plutonischen Gebirgsarten (Quarzporphyr, Grünstein, Serpentin) von größerer
geognostischer Wichtigkeit. Was wir von dem sogenannten
Vulcanismus des Mondes zu wissen glauben, bezieht sich der
Natur dieser Kenntniß nach ebenfalls allein auf Gestaltung. [65]

Wenn, wie ich hoffe, das, was ich hier über die Classification der vulkanischen Gebirgsarten oder, um bestimmter zu

reden, über die Eintheilung der Trachyte nach ihrer Zu=
sammensetzung vortrage, ein besonderes Interesse erregt;
so gehört das Verdienst dieser Gruppirung ganz meinem viel=
jährigen Freunde und sibirischen Reisegefährten, Gustav Rose.
Eigene Beobachtung in der freien Natur und die glückliche
Verbindung chemischer, krystallographisch=mineralogischer und
geognostischer Kenntnisse haben ihn besonders geschickt gemacht
neue Ansichten zu verbreiten über den Kreis der Mineralien,
deren verschiedenartige, aber oft wiederkehrende Association das
Product vulkanischer Thätigkeit ist. Er hat, zum Theil auf
meine Veranlassung, mit aufopfernder Güte, besonders seit dem
Jahre 1834 die Stücke, welche ich von dem Abhange der
Vulkane von Neu=Granada, los Pastos, Quito und dem Hoch=
lande von Merico mitgebracht, wiederholentlich untersucht und
mit dem, was aus anderen Weltgegenden die reiche Minera=
liensammlung des Berliner Cabinets enthält, verglichen. Leo=
pold von Buch hatte, als meine Sammlungen noch nicht von
denen meines Begleiters Aimé Bonpland getrennt waren (in
Paris 1810—1811, zwischen seiner Rückkunft aus Norwegen
und seiner Reise nach Teneriffa), sie mit anhaltendem Fleiße
microscopisch untersucht; auch schon früher während des Aufent=
haltes mit Gay=Lussac in Rom (Sommer 1805) wie später in
Frankreich von dem Kenntniß genommen, was ich in meinen
Reisejournalen an Ort und Stelle über einzelne Vulkane und im
allgemeinen sur l'affinité entre les Volcans et certains porphyres
dépourvus de quarz im Monat Juli 1802 niedergeschrieben
hatte. [64] Ich bewahre als ein mir überwerthes Andenken einige
Blätter mit Bemerkungen über die vulkanischen Producte der
Hochebenen von Quito und Merico, welche der große Geognost
mir vor jetzt mehr als 46 Jahren zu meiner Belehrung

mittheilte. Da Reisende, wie ich schon an einem anderen Orte [67]
umständlicher entwickelt, nur immer die Träger des unvollstän=
digen Wissens ihrer Zeit sind, und ihren Beobachtungen viele
der leitenden Ideen, d. h. der Unterscheidungs=Merkmale fehlen,
welche die Früchte eines fortschreitenden Wissens sind; so bleibt
dem materiell Gesammelten und geographisch Geordneten fast
allein ein langdauernder Werth.

Will man, wie mehrfach geschehen, die Benennung
Trachyt (wegen der frühesten Anwendung auf das Gestein
von Auvergne und des Siebengebirges bei Bonn) auf eine
vulkanische Gebirgsart beschränken, welche Feldspath, besonders
Werner's glasigen Feldspath, Rose's und Abich's Sanidin
enthalte: so wird dadurch die, zu höheren geognostischen An=
sichten führende, innige Verkettung des vulkanischen Gesteins
unfruchtbar zerrissen. Eine solche Beschränkung könnte den
Ausdruck rechtfertigen, „daß in dem labradorreichen Aetna kein
Trachyt vorkomme"; ja meine eigenen Sammlungen beweisen
sollen, „daß kein einziger der fast zahllosen Vulkane der Andes
aus Trachyt bestehe: daß sogar die sie bildende Masse Albit
und deshalb, da man damals (1835) allen Oligoklas irrig
für Albit hielt, alles vulkanische Gestein mit dem allgemeinen
Namen Andesit (bestehend aus Albit mit wenig Hornblende)
zu belegen sei". [68] Wie ich selbst nach den Eindrücken, welche ich
von meinen Reisen über das, trotz einer mineralogischen Verschie=
denheit innerer Zusammensetzung, allen Vulkanen Gemeinsame
zurückgebracht: so hat auch Gustav Rose, nach dem, was er in
dem schönen Aufsatz über die Feldspath=Gruppe [69] entwickelt hat,
in seiner Classification der Trachyte Orthoklas, Sanidin, den
Anorthit der Somma, Albit, Labrador und Oligoklas verall=
gemeinernd als den feldspathartigen Antheil der vulkanischen

Gebirgsarten betrachtet. Kurze Benennungen, welche Defini=
tionen enthalten sollen, führen in der Gebirgslehre wie in der
Chemie zu mancherlei Unklarheiten. Ich war selbst eine Zeit
lang geneigt mich der Ausdrücke: Orthoklas= oder Labra=
dor= oder Oligoklas=Trachyte zu bedienen, und so den gla=
sigen Feldspath (Sanidin) wegen seiner chemischen Zusammen=
setzung unter der Gattung Orthoklas (gemeinem Feldspath) zu
begreifen. Die Namen waren allerdings wohlklingend und ein=
fach, aber ihre Einfachheit selbst mußte irre führen; denn
wenn gleich Labrador=Trachyt zum Aetna und zu Stromboli
führt, so würde der Oligoklas=Trachyt in seiner wichtigen zwie=
fachen Verbindung mit Augit und Hornblende die weit ver=
breiteten, sehr verschiedenartigen Formationen des Chimborazo
und des Vulkans von Toluca fälschlich mit einander verbinden.
Es ist die Association eines feldspathartigen Elementes mit
einem oder zwei anderen, welche hier, wie bei gewissen Gang=
Ausfüllungen (Gang=Formationen), charakterisirend auftritt.

Folgendes ist die Uebersicht der Abtheilungen, welche seit
dem Winter 1852 Gustav Rose in den Trachyten nach
den darin eingeschlossenen, abgesondert erkennbaren
Krystallen unterscheidet. Die Hauptresultate dieser Arbeit,
in der keine Verwechslung des Oligoklases mit dem Albit statt
findet, wurden 10 Jahre früher erlangt, als mein Freund bei
seinen geognostischen Untersuchungen im Riesengebirge fand, daß
der Oligoklas dort ein wesentlicher Gemengtheil des Granits
sei: und, so auf die Wichtigkeit des Oligoklas als wesentlichen
Gemengtheils der Gebirgsarten aufmerksam gemacht, ihn auch
in anderen Gebirgsarten aufsuchte.[30] Diese Arbeit führte zu
dem wichtigen Resultate (Poggend. Ann. Bd. 66. 1845
S. 109), daß der Albit nie der Gemengtheil einer Gebirgsart sei.

Erste Abtheilung. „Die Grundmasse enthält nur Krystalle von glasigem Feldspath, welche tafelartig und in der Regel groß sind. Hornblende und Glimmer treten darin entweder gar nicht oder doch nur äußerst sparsam und als ganz unwesentliche Gemengtheile hinzu. Hierher gehört der Trachyt der phlegräischen Felder (Monte Olibano bei Pozzuoli), der von Ischia und von la Tolfa; auch ein Theil des Mont-Dore (grande Cascade). Augit zeigt sich in kleinen Krystallen in Trachyten des Mont-Dore, doch sehr selten[71]; in den phlegräischen Feldern neben Hornblende gar nicht; eben so wenig als Leucit: von welchem letzteren aber doch Hoffmann über dem Lago Averno (an der Straße nach Cumä) und ich am Abhange des Monte nuovo[72] (im Herbst 1822) einige Stücke gesammelt haben. Leucitophyr in losen Stücken ist häufiger in der Insel Procida und dem daneben liegenden Scoglio di S. Martino."

Zweite Abtheilung. „Die Grundmasse enthält einzelne glasige Feldspath-Krystalle und eine Menge kleiner, schneeweißer Oligoklas-Krystalle. Die letzteren sind oft regelmäßig mit dem glasigen Feldspath verwachsen und bilden eine Hülle um den Feldspath: wie dies bei G. Rose's Granitit (der Hauptmasse des Riesen- und Iser-Gebirges; Granite mit rothem Feldspath, besonders reich an Oligoklas und an Magnesia-Glimmer, aber ohne allen weißen Kali-Glimmer) so häufig ist. Hornblende und Glimmer, und in einigen Abänderungen Augit treten zuweilen in geringer Menge hinzu. Hierher gehören die Trachyte vom Drachenfels und von der Perlenhardt im Siebengebirge[73] bei Bonn, viele Abänderungen des Mont-Dore und Cantal; auch Trachyte von Kleinasien (welche wir der Thätigkeit des Reisenden Peter von

Tschichatscheff verdanken), von Afiun Karahiffar (wegen Mohn-
Cultur berühmt) und Mehammed-kjöe in Phrygien, von Ka-
jabschyk und Donanlar in Mysien: in denen glasiger Feldspath
mit vielem Oligoklas, etwas Hornblende und braunem Glimmer gemengt sind."

Dritte Abtheilung. „Die Grundmasse dieser
diorit-artigen Trachyte enthält viele kleine Oligoklas-
Krystalle mit schwarzer Hornblende und braunem Magnesia-Glimmer. Hierher gehören die Trachyte von Aegina [74],
dem Kozelnizer Thal bei Schemnitz [75], von Nagyag in Sieben-
bürgen, von Montabaur im Herzogthum Nassau, vom Stenzelberg und von der Wolkenburg im Siebengebirge bei Bonn, vom
Puy de Chaumont bei Clermont in Auvergne und von Liorant
im Cantal; der Kasbegk im Caucasus, die mexicanischen Vulkane von Toluca [76] und Orizaba; der Vulkan von Puracé und,
als Trachyte aber sehr ungewiß, die prächtigen Säulen von
Pisoje [77] bei Popayan. Auch die Domite Leopolds von
Buch gehören zu dieser dritten Abtheilung In der weißen,
feinkörnigen Grundmasse der Trachyte des Puy de Dôme liegen
glasige Krystalle, die man stets für Feldspath gehalten hat, die
aber auf der deutlichsten Spaltungsfläche immer gestreift, und
Oligoklas sind; Hornblende und etwas Glimmer finden sich
daneben. Nach den vulkanischen Gesteinen, welche die königs
liche Sammlung Herrn Mollhausen, dem Zeichner und Topo-
graphen der Exploring Expedition des Lieut. Whipple, verdankt, gehören auch zu der dritten Abtheilung, zu den diorit-
artigen Toluca-Trachyten, die des Mount Taylor zwischen
Santa Fé del Nuevo Mexico und Albuquerque, wie die von
Cieneguilla am westlichen Abfall der Rocky Mountains: wo
nach den schönen Beobachtungen von Jules Marcou schwarze

Lavaströme sich über die Jura-Formation ergießen." Dieselben
Gemenge von Oligoklas und Hornblende, die ich im aztekischen
Hochlande, im eigentlichen Anahuac, aber nicht in den Cordilleren von Südamerika gesehen, finden sich auch weit westlich
von den Rocky Mountains und von Zuñi: beim Mohave river,
einem Zufluß des rio Colorado (S. Marcou, Résumé
of a geological reconnaissance from the Arkansas to California, July 1854, p. 46—48; wie auch in
zwei wichtigen französischen Abhandlungen· Résumé explicatif d'une carte géologique des Etats-Unis 1855
p. 113—116 und Esquisse d'une Classification des
Chaînes de montagnes de l'Amérique du Nord
1855: Sierra de S. Francisco et Mount-Taylor p. 23.)
Unter den Trachyten von Java, welche ich der Freundschaft des
Dr. Junghuhn verdanke, haben wir ebenfalls die der dritten
Abtheilung erkannt, in drei vulkanischen Gegenden: denen von
Burung-agung, Tjinas und Gunung Parang (District Batu-
gangi).

Vierte Abtheilung. „Die Grundmasse ent-
hält Augit mit Oligoklas: der Pic von Teneriffa[78]; die
mexicanischen Vulkane Popocatepetl[79] und Colima; die südamerikanischen Vulkane Tolima (mit dem Paramo de Ruiz),
Puracé bei Popayan, Pasto und Cumbal (nach von Boussingault gesammelten Fragmenten), Rucu-Pichincha, Antisana,
Cotopaxi, Chimborazo[80], Tunguragua; und Trachytfelsen,
welche von den Ruinen von Alt-Riobamba bedeckt sind. In
dem Tunguragua kommen neben den Augiten auch vereinzelt
schwärzlich grüne Uralit-Krystalle von $\frac{1}{2}$ bis 5 Linien Länge
vor, mit vollkommener Augit-Form und Spaltungsflächen der
Hornblende (s. Rose, Reise nach dem Ural Bd. II.

S. 353)." Ich habe von dem Abhange des Tunguragua
in der Höhe von 12480 Fuß ein solches Stück mit deutlichen
Uralit-Krystallen mitgebracht. Nach Gustav Rose's Meinung
ist es auffallend verschieden von den sieben Trachyt-Fragmen-
ten desselben Vulkans, die in meiner Sammlung liegen; und
erinnert an die Formation des grünen Schiefers (schiefriger
Augit-Porphyre), welche wir so verbreitet am asiatischen Abfall
des Urals gefunden haben (a. a. O. S. 544).

Fünfte Abtheilung. "Ein Gemenge von La-
brador[81] und Augit[82], ein dolerit-artiger Trachyt: Aetna,
Stromboli; und, nach den vortrefflichen Arbeiten über die
Trachyte der Antillen von Charles Sainte-Claire Deville: die
Soufrière de la Guadeloupe, wie auf Bourbon die 3 großen
Cirques, welche den Pic de Salazu umgeben."

Sechste Abtheilung. "Eine oft graue Grundmasse, in der Krystalle von Leucit und Augit mit sehr
wenig Olivin liegen: Vesuv und Somma; auch die ausgebrannten Vulkane Vultur, Rocca Monfina, das Albaner Gebirge und Borghetto. In der älteren Masse (z. B. in dem
Gemäuer und den Pflastersteinen von Pompeji) sind die Leucit-
Krystalle von beträchtlicher Größe und häufiger als der Augit.
Dagegen sind in den jetzigen Laven die Augite vorherrschend
und im ganzen Leucite sehr selten. Der Lavastrom vom
22 April 1845 hat sie jedoch in Menge dargeboten.[83] Fragmente von Trachyten der ersten Abtheilung, glasigen Feldspath enthaltend, (Leopolds von Buch eigentliche Trachyte)
finden sich eingebacken in den Tuffen des Monte Somma;
auch einzeln unter der Bimsstein-Schicht, welche Pompeji bedeckt. Die Leucitophyr-Trachyte der sechsten Abtheilung sind
sorgfältig von den Trachyten der ersten Abtheilung zu trennen,

obgleich auch in dem westlichsten Theile der phlegräischen Felder und auf der Insel Prociba Leucite vorkommen. wie schon
früher erwähnt worden ist."

Der scharfsinnige Urheber der hier eingeschalteten Classification der Vulkane nach Association der einfachen Mineralien,
welche sie uns zeigen, vermeint keinesweges die Gruppirung
dessen erschöpft zu haben, was die in wissenschaftlich geologischem und chemischem Sinne im ganzen noch so überaus unvollkommen durchforschte Erdfläche darbieten kann. Veränderungen in der Benennung der associirten Mineralien, wie Vermehrung der Trachyt-Formationen selbst sind zu erwarten auf zwei Wegen: durch fortschreitende Ausbildung der
Mineralogie selbst (in genauerer specifischer Unterscheidung gleichzeitig nach Form und chemischer Zusammensetzung), wie durch
Vermehrung des meist noch so unvollständig und so unzweck-
mäßig Gesammelten. Hier wie überall, wo das Gesetzliche in
kosmischen Betrachtungen nur durch vielumfassenden Vergleich
des Einzelnen erkannt werden kann, muß man von dem Grund-
satz ausgehen: daß alles, was wir nach dem jetzigen Zustande
der Wissenschaften zu wissen glauben, ein ärmlicher Theil von
dem ist, was das nächstfolgende Jahrhundert bringen wird.
Die Mittel diesen Gewinn früh zu erlangen liegen vervielfältigt
da; es fehlt aber noch sehr in der bisherigen Erforschung des
trachytischen Theils der gehobenen, gesenkten oder durch Spaltung geöffneten, überseeischen Erdfläche an der Anwendung
gründlich erschöpfender Methoden.

Aehnlich in Form, in Construction der Gerüste und
geotektonischen Verhältnissen: haben oft sehr nahe stehende
Vulkane nach der Zusammensetzung und Association ihrer Mine-
ralien-Aggregate einen sehr verschiedenen individuellen Charakter.

Auf der großen Queerspalte, welche von Meer zu Meer fast
ganz von West nach Ost eine von Südost nach Nordwest gerichtete Gebirgskette, oder besser gesagt ununterbrochene Ge-
birgs-Anschwellung durchschneidet, folgen sich die Vulkane also:
Colima (11262 Par. Fuß), Jorullo (4002 Fuß), Toluca
(14232 Fuß), Popocatepetl (16632 Fuß) und Orizaba
(16776 Fuß). Die einander am nächsten stehenden sind ungleich in der charakterisirenden Zusammensetzung; Gleichartig-
keit der Trachyte zeigt sich alternirend. Colima und Popocatepetl bestehen aus Oligoklas mit Augit und haben also
Chimborazo- oder Teneriffa-Trachyt; Toluca und Orizaba bestehen aus Oligoklas mit Hornblende und haben also Aegina-
und Kozelnik-Gestein. Der neu entstandene Vulkan von Jorullo,
fast nur ein großer Ausbruch-Hügel, besteht beinahe allein aus
basalt- und pechsteinartigen, meist schlackigen Laven, und scheint
dem Toluca-Trachyt näher als dem Trachyt des Colima.

In diesen Betrachtungen über die individuelle Verschiedenheit der mineralogischen Constitution nahe gelegener Vulkane
liegt zugleich der Tadel des unheilbringenden Versuchs ausgesprochen einen Namen für eine Trachyt-Art einzuführen, welcher von einer über 1800 geographische Meilen langen, großentheils vulkanischen Gebirgskette hergenommen ist. Der Name
Jura-Kalkstein, den ich zuerst eingeführt habe[84], ist ohne
Nachtheil, da er von einer einfachen, ungemengten Gebirgsart entlehnt ist. von einer Gebirgskette, deren Alter durch Auflagerung organischer Einschlüsse charakterisirt ist; es würde auch
unschädlich sein Trachyt-Formationen nach einzelnen Bergen zu
benennen · sich der Ausdrücke Teneriffa- oder Aetna-
Trachyte für bestimmte Oligoklas- oder Labrador-For-
mationen zu bedienen. So lange man geneigt war unter den

sehr verschiedenen Feldspath=Arten, welche den Trachyten der
Andeskette eigen sind, überall Albit zu erkennen; wurde jedes
Gestein, in dem man Albit vermuthete, Andesit genannt.
Ich finde den Namen der Gebirgsart, mit der festen Bestim=
mung: „Andesit werde durch vorwaltenden Albit und
wenig Hornblende gebildet", zuerst in der wichtigen Ab=
handlung meines Freundes Leopold von Buch vom Anfang des
Jahres 1835 über Erhebungscratere und Vulcane.[85]
Diese Neigung überall Albit zu sehen hat sich fünf bis sechs
Jahre erhalten, bis man bei unpartheiisch erneuerten und gründ=
licheren Untersuchungen die trachytischen Albite als Oligoklase
erkannte.[86] Gustav Rose ist zu dem Resultate gelangt über=
haupt zu bezweifeln, daß Albit in den Gebirgsarten als ein
wirklicher, wesentlicher Gemengtheil vorkomme; danach würde zu=
folge der älteren Ansicht vom Andesit dieser in der Andes=
kette selbst fehlen.

Die mineralogische Beschaffenheit der Trachyte wird auf
unvollkommnere Weise erkannt, wenn die porphyrartig einge=
wachsenen Krystalle aus der Grundmasse nicht abgesondert, nicht
einzeln untersucht und gemessen werden können: und man zu
den numerischen Verhältnissen der Erdarten, Alkalien und Me=
tall=Oxyde, welche das Resultat der Analyse ergiebt, wie zu
dem specifischen Gewichte der zu analysirenden, scheinbar amor=
phen Masse seine Zuflucht nehmen muß. Auf eine überzeugendere
und mehr sichere Weise ergiebt sich das Resultat, wenn die
Grundmasse sowohl als die Haupt=Elemente des Gemenges ein=
zeln, oryctognostisch und chemisch, untersucht werden können.
Letzteres ist z. B. der Fall bei den Trachyten des Pics von
Teneriffa und denen des Aetna. Die Voraussetzung, daß die
Grundmasse aus denselben kleinen, ununterscheidbaren Bestand=

theilen bestehe, welche wir in den großen Krystallen erkennen, scheint keineswegs fest begründet zu sein, weil, wie wir schon oben gesehen, in Charles Deville's scharfsinniger Arbeit die amorph scheinende Grundmasse meist mehr Kieselsäure darbietet, als man nach der Gattung des Feldspaths und der anderen sichtbaren Gemengtheile erwarten sollte. Bei den Leucitophyren zeigt sich, wie Gustav Rose bemerkt, selbst in dem specifischen Unterschiede der vorwaltenden Alkalien (der eingewobenen kalihaltigen Leucite) und der, fast nur natronhaltigen Grundmasse ein auffallender Contrast. [87]

Aber neben diesen Associationen von Augit mit Oligoklas, Augit mit Labrador, Hornblende mit Oligoklas, welche in der von uns angenommenen Classification der Trachyte aufgeführt worden sind und diese besonders charakterisiren, finden sich in jedem Vulkane noch andere, leicht erkennbare, unwesentliche Gemengtheile, deren Frequenz oder stete Abwesenheit in verschiedenen, oft sehr nahen Vulkanen auffallend ist. Ein häufiges oder durch lange Zeitepochen getrenntes Auftreten hängt in einer und derselben Werkstatt wahrscheinlich von mannigfaltigen Bedingungen der Tiefe des Ursprungs der Stoffe, der Temperatur, des Drucks, der Leicht- und Dünnflüssigkeit, des schnelleren oder langsameren Erkaltens ab. Die specifische Association oder der Mangel gewisser Gemengtheile steht gewissen Theorien, z. B. über die Entstehung des Bimssteines aus glasigem Feldspath oder aus Obsidian, entgegen. Diese Betrachtungen, welche gar nicht der neueren Zeit allein angehören, sondern schon am Ende des 18ten Jahrhunderts durch Vergleichung der Trachyte von Ungarn und von Teneriffa angeregt waren, haben mich, wie meine Tagebücher bezeugen, in Mexico und den Cordilleren der Andes mehrere Jahre lang lebhaft beschäftigt. Bei den neueren, unverkennbaren Fortschritten der Lithologie haben die unvollkommneren Bestimmungen der Mineral=Species, die ich während der Reise machte, durch Gustav Rose's jahrelang fortgesetzte oryctognostische Bearbeitung meiner Sammlungen verbessert und gründlich gesichert werden können.

Glimmer.

Sehr häufig ist schwarzer oder dunkelgrüner Magnesia=Glimmer in den Trachyten des Cotopari, in der Höhe von 2263 Toisen zwischen Suniguaicu und Quelenbaña, wie auch in den unterirdischen Bimsstein=Lagern von Guapulo und Zumbalica am Fuß des Cotopari [88], doch 4 deutsche Meilen von demselben entfernt. Auch die Trachyte des Vulkans von Toluca sind reich an Magnesia=Glimmer, der am Chimborazo fehlt [89]. In unserem Continent haben sich Glimmer häufig gezeigt: am Vesuv (z. B. in den Ausbrüchen von 1821—1823 nach Monticelli und Covelli); in der Eifel in den alt=vulkanischen Bomben des Lacher Sees; [90] im Basalt von Meronitz, des mergelreichen Kausawer=Berges und vorzüglich der Gamayer Kuppe [91] des böhmischen Mittelgebirges; seltener im Phonolith [92], wie im Dolerit des Kaiserstuhles bei Freiburg. Merkwürdig ist, daß nicht bloß in den Trachyten und Laven beider Continente kein weißer (meist zwei=achsiger) Kali=Glimmer, sondern nur dunkel gefärbter (meist ein=achsiger) Magnesia=Glimmer erzeugt wird; und daß dieses ausschließliche Vorkommen des Magnesia=Glimmers sich auf viele andere Eruptions= und plutonische Gesteine: Basalt, Phonolithe, Syenit, Syenit=Schiefer, ja selbst auf Granitite erstreckt: während der eigentliche Granit gleichzeitig weißen Kali=Glimmer und schwarzen oder braunen Magnesia=Glimmer enthält. [93]

Glasiger Feldspath.

Diese Feldspath=Gattung, welche eine so wichtige Rolle in der Thätigkeit europäischer Vulkane spielt: in den Trachyten erster und zweiter Abtheilung (z. B. auf Ischia, in den phle= gräischen Feldern oder dem Siebengebirge bei Bonn); fehlt in dem Neuen Continent, in den Trachyten thätiger Vulkane, wahrscheinlich ganz: was um so auffallender ist, als Sani= din (glasiger Feldspath) wesentlich den silberreichen, quarzlosen mericanischen Porphyren von Moran, Pachuca, Villalpando und Acaguisotla angehört, von denen die ersteren mit den Ob= sidianen vom Jacal zusammenhangen. [94]

Hornblende und Augit.

Bei der Charakteristik von 6 verschiedenen Abtheilungen der Trachyte ist schon bemerkt worden, wie dieselben Mineral= Species, welche (z. B. Hornblende in der 3ten Abtheilung oder dem Toluca=Gestein) als wesentliche Gemengtheile auf= treten, in anderen Abtheilungen (z. B. in der 4ten und 5ten Abtheilung, im Pichincha= und Aetna=Gestein) vereinzelt oder sporadisch erscheinen. Hornblende habe ich, wenn auch nicht häufig, in den Trachyten der Vulkane von Cotopari, Rucu= Pichincha, Tungurahua und Antisana neben Augit und Oligo= klas; aber fast gar nicht neben den beiden eben genannten Mineralien am Abhange des Chimborazo bis über 18000 Fuß Höhe gefunden. Unter den vielen vom Chimborazo mitgebrachten Stücken ist Hornblende nur in zweien und in geringer Menge er= kannt. Bei den Ausbrüchen des Vesuvs in den Jahren 1822 und 1850 haben sich Augite und Hornblend=Krystalle (diese bis zu einer Länge von fast 9 Pariser Linien) durch Dampf=Erhala= tionen auf Spalten gleichzeitig gebildet. [95] Am Aetna gehört, wie Sartorius von Waltershausen bemerkt, die Hornblende vorzugsweise den älteren Laven zu. Da das merkwürdige, im westlichen Asien und an mehreren Punkten von Europa weit verbreitete Mineral, welches Gustav Rose Uralit genannt hat, durch Structur und Krystallform mit der Hornblende und dem Augit nahe verwandt ist; [96] so mache ich gern hier von neuem auf das erste Vorkommen von Uralit-Krystallen im Neuen Continent aufmerksam; es wurden dieselben von Rose in einem Trachytstück erkannt, das ich am Abhange des Tungurahua 3000 Pariser Fuß unter dem Gipfel abgeschlagen habe.

Leucit.

Leucite, welche in Europa dem Vesuv, der Rocca Monfina, dem Albaner Gebirge bei Rom, dem Kaiserstuhl im Breisgau, der Eifel (in der westlichen Umgebung des Lacher Sees in Blöcken, nicht im anstehenden Gestein wie am Burgberge bei Rieden) ausschließlich angehören, sind bisher noch nirgends in vulkanischen Gebirgen des Neuen und dem asiatischen Theile des Alten Continents aufgefunden worden. Daß sie sich oft um einen Augit-Krystall bilden, hat schon Leopold von Buch im Jahr 1798 aufgefunden und in einer vortrefflichen Abhandlung [97] beschrieben. Der Augit-Krystall, um welchen nach der Bemerkung dieses großen Geologen der Leucit sich bildet, fehlt selten, scheint mir aber bisweilen durch einen kleinen Kern oder Brocken von Trachyt ersetzt zu sein. Die ungleichen Grade der Schmelzbarkeit zwischen den Kernen und der umgebenden Leucit-Masse setzen der Erklärung der Bildungsweise in der Umhüllung einige chemische Schwierigkeiten entgegen. Leucite waren theils lose nach Scacchi, theils mit Lava gemengt in neuen Ausbrüchen des Vesuvs von 1822, 1828, 1832, 1845 und 1847 überaus häufig.

Olivin.

Da Olivin in den alten Laven des Vesuvs [98] (besonders in den Leucitophyren der Somma); in dem Arso von Ischia, dem Ausbruch von 1301, gemengt mit glasigem Feldspath, braunem Glimmer, grünem Augit und Magneteisen; in den Lavaströme entsendenden Vulkanen der Eifel (z. B. im Mosenberge westlich von Manderscheid [99]), und im südöstlichen Theile von Teneriffa in dem Lava=Anbruch von Guimar im Jahre 1704, sehr häufig ist: so habe ich in den Trachyten der Vulkane von Merico, Neu=Granada und Quito sehr eifrig, aber vergebens danach gesucht. Unsere Berliner Sammlungen enthalten allein von den vier Vulkanen Tungurahua, Antisana, Chimborazo und Pichincha 68 Trachytstücke, deren 48 von mir und 20 von Boussingault mitgebracht sind. [100] In den Basalt=Formationen der Neuen Welt ist Olivin neben Augit eben so häufig als in Europa; aber die schwarzen, basaltartigen Trachyte vom Yana=Urcu bei Calpi am Fuß des Chimborazo [1], so wie die räthselhaften, welche man la reventazon del volcan de Ansango [2] nennt, enthalten keinen Olivin. Nun in dem großen, braunschwarzen Lavastrom mit krauser, schlackiger, blumenkohlartig aufgeschwollener Oberfläche, dem folgend, wir in den Krater des Vulkans von Jorullo gelangten, fanden wir kleine Olivinkörner eingewachsen. [3] Die so allgemeine Seltenheit des Olivins in den neueren Laven und dem größten Theil der Trachyte erscheint minder auffallend, wenn man sich erinnert, daß, so wesentlich auch Olivin für die Basaltmasse zu sein scheint, doch (nach Krug von Nidda und Sartorius von Waltershausen) in Island und im deutschen Rhöngebirge der olivinfreie Basalt nicht von dem olivinreichen zu unterscheiden ist. Den ersteren ist man gewohnt von alter Zeit her Trapp und Wacke,

seit neuerer Zeit Anemasit [4] zu nennen. Olivine, bisweilen
kopfgroß in den Basalten von Rentières in der Auvergne, erlangen auch in den Unkler Steinbrüchen, welche der Gegenstand meiner ersten Jugendarbeiten gewesen sind, bis 6 Zoll
Durchmesser. Der schöne, oft verschliffene Hypersthenfels von
Elfdalen in Schweden, ein körniges Gemenge von Hypersthen
und Labrador, das Berzelius als Syenit beschrieben hat, enthält auch Olivin [5], wie (noch seltener) im Cantal der Phonolith des Pic de Griou [6]. Wenn nach Stromeyer Nickel ein
sehr constanter Begleiter des Olivins ist, so hat Rumler darin
Arsenik entdeckt [7]: ein Metall, das in der neuesten Zeit weit
verbreitet in so vielen Mineralquellen und selbst im Meerwasser
gefunden worden ist. Des Vorkommens der Olivine in Meteor-
steinen [8] und künstlichen, von Sefström untersuchten Schlacken [9]
habe ich schon früher gedacht.

Obsidian.

Schon als ich mich im Frühjahr und Sommer 1799 in
Spanien zu der Reise nach den canarischen Inseln rüstete,
herrschte bei den Mineralogen in Madrid: Hergen, Don José
Clavijo und anderen, allgemein die Meinung von der alleinigen
Bildung des Bimssteins aus Obsidian. Das Studium herr-
licher geognostischer Sammlungen von dem Pic von Teneriffa
wie die Vergleichung mit den Erscheinungen, welche Ungarn
darbietet, hatten diese Meinung begründet: obgleich die letzteren
damals meist nach den neptunistischen Ansichten aus der Freiberger Schule gedeutet vorgetragen worden waren. Die Zweifel
über die große Einseitigkeit dieser Bildungs-Theorie, welche sehr
früh meine eigenen Beobachtungen auf den canarischen Inseln,
in den Cordilleren von Quito und in der Reihe mericanischer
Vulkane in mir erregten [10], trieben mich an, meine ernsteste

Aufmerksamkeit auf zwei Gruppen von Thatsachen zu richten: auf die Verschiedenartigkeit der Einschlüsse der Obsidiane und Bimssteine im allgemeinen, und auf die Häufigkeit der Association oder gänzliche Trennung derselben in wohl unter= suchten, thätigen Vulkan=Gerüsten. Meine Tagebücher sind mit Angaben über diesen Gegenstand angefüllt; und die specifische Bestimmung der eingewachsenen Mineralien ist durch die viel= fachsten und neuesten Untersuchungen meines, immer bereitwilligen und wohlwollenden Freundes (Gustav Rose) gesichert worden.

In Obsidian wie in Bimsstein kommen sowohl glasiger Feldspath als Oligoklas, oft beide zugleich vor. Als Beispiele sind anzuführen die mexicanischen Obsidiane, von dem Cerro de las Navajas am östlichen Abfall des Jacal von mir ge= sammelt; die von Chico mit vielen Glimmer=Krystallen; die von Zimapan im SW der Hauptstadt Mexico, mit deutlichen kleinen Quarzkrystallen gemengt; die Bimssteine vom Rio Mayo (auf dem Gebirgswege von Popayan nach Pasto), wie vom aus= gebrannten Vulkan von Sorata bei Popayan. Die unter= irdischen Bimsstein=Brüche unfern Llactacunga [11] enthalten vielen Glimmer, Oligoklas und, was in Bimsstein und Obsidian sehr selten ist, auch Hornblende; doch ist die letzte auch im Bimsstein des Vulkans von Arequixa gesehen worden. Gemeiner Feld= spath (Orthoklas) kommt im Bimsstein nie neben dem Sanidin vor, eben so fehlen darin die Augite. Die Somma, nicht der Kegel des Vesuvs selbst, enthält Bimsstein, welcher erdige Massen kohlensauren Kalkes einschließt. Von derselben merk= würdigen Abänderung eines kalkartigen Bimssteins ist Pompeji überschüttet. [12] Obsidiane in wirklichen lavaartigen Strömen sind selten; sie gehören fast allein dem Pic von Teneriffa, Li= pari und Volcano an.

Gehen wir nun zu der Association von Obsidian und Bimsstein in einem und demselben Vulkan über, so ergeben sich folgende Thatsachen: Pichincha hat große Bimsstein-Felder und keinen Obsidian. Der Chimborazo zeigt, wie der Aetna, dessen Trachyte doch eine ganz andere Zusammensetzung haben (sie enthalten Labrador statt Oligoklas), weder Obsidian noch Bims= stein; eben diesen Mangel habe ich bei der Besteigung des Tungurahua bemerkt. Der Vulkan Puracé bei Popayan hat viel Obsidian in seinen Trachyten eingemengt und nie Bims= stein hervorgebracht. Ungeheure Flächen, aus denen der Iliniffa, Carguairazo und Altar aufsteigen, sind mit Bimsstein bedeckt. Die unterirdischen Bimsstein=Brüche bei Llactacunga wie die von Huichapa südöstlich von Queretaro, wie die Bimsstein= Anhäufungen am Rio Mayo [13], die bei Tschegem im Cau= casus [14] und bei Tollo [15] in Chile, fern von thätigen Vulkan= Gerüsten: scheinen mir zu den Ausbruch-Phänomenen in der vielfach gespaltenen ebenen Erdfläche zu gehören. Auch ein andrer chilenischer Vulkan, der von Antuco [16], von welchem Pöppig eine, so wissenschaftlich wichtige als sprachlich anmuthige Beschreibung gegeben hat, bringt wohl, wie der Vesuv, Asche, klein geriebene Rapilli (Sand) hervor; aber keinen Bimsstein, kein verglastes oder obsidianartiges Gestein. Wir sehen ohne Anwesenheit von Obsidian oder glasigem Feldspath bei sehr verschiedenartiger Zusammensetzung der Trachyte Bimsstein entstehen und nicht entstehen. Bimsstein, wie der geistreiche Darwin bemerkt, fehlt dazu ganz im Archipel der Galapagos. Wir haben schon an einem anderen Orte bemerkt, daß dem mächtigen Vulkan Mauna Loa in den Sandwich=Inseln wie den einst Lavaströme ergießenden Vulkanen der Eifel [17] die Aschenkegel fehlen. Obgleich die Insel Java eine Reihe von mehr als 40 Vulkanen zählt, von denen an

23 jetzt thätig sind, so hat Junghuhn doch nur zwei Punkte in dem Vulkan Gunung Guntur, unfern Bandong und dem großen Tengger-Gebirge [19], auffinden können, wo Obsidian-Massen sich gebildet haben. Es scheinen dieselben nicht Veranlassung zur Bims= stein=Bildung geworden zu sein. Die Sandmeere (Dasar), welche auf 6500 Fuß mittlerer Meereshöhe liegen, sind nicht mit Bimsstein, sondern mit einer Rapilli=Schicht bedeckt, die als obsidianartige, halb verglaste Basaltstücke beschrieben werden. Der, nie Bimsstein ausstoßende Vesuv=Kegel hat vom 24ten bis 28ten October 1822 eine 18 Zoll dicke Schicht sandartiger Aschen, zerriebener Trachyt=Rapilli gegeben, welche nie mit Bimsstein verwechselt worden ist.

Die Höhlungen und Blasenräume des Obsidians, in denen, wahrscheinlich aus Dämpfen niedergeschlagen, sich, z. B. am mericanischen Cerro del Jacal, Olivin=Krystalle gebildet haben, enthalten in beiden Hemisphären bisweilen eine andere Art von Einschlüssen, welche auf die Weise ihres Ursprungs und ihrer Bildung zu führen scheinen. Es liegen in den brei= teren Theilen dieser langgedehnten, meist sehr regelmäßig paral= lelen Höhlungen Brocken halb zersetzten, erdigen Trachyts. Ver= engt setzt sich die Leere schweifartig fort, als hätte sich durch vulkanische Wärme eine gasartige elastische Flüssigkeit in der noch weichen Masse entwickelt. Diese Erscheinung hatte beson= ders im Jahr 1805, als Leopold von Buch, Gay=Lussac und ich die Thomson'sche Mineraliensammlung in Neapel besuchten, des Ersten Aufmerksamkeit auf sich gezogen. [19] Das Aufblähen der Obsidiane durch Feuer, welches schon im griechischen Alter= thum der Beobachtung nicht entgangen war [20], hat gewiß eine ähnliche Gas=Entwickelung zur Ursach. Obsidiane gehen nach Abich um so leichter durch Schmelzen in zellige, nicht

parallel=fasrige Bimssteine über, je ärmer sie an Kieselsäure
und je reicher sie an Alkalien sind. Ob aber das An=
schwellen allein der Verflüchtigung von Kali oder Chlor=Wasser=
stoff=Säure zuzuschreiben sei, bleibt nach Rammelsberg's Ar=
beiten[21] sehr ungewiß. Scheinbar ähnliche Phänomene des
Aufblähens mögen in obsidian= und sanidin=reichen Trachyten,
in porösen Basalten und Mandelsteinen, im Pechstein, Tur=
malin und dem sich entfärbenden dunkelbraunen Feuerstein stoff=
artig sehr verschiedene Ursachen haben; und eine auf eigene,
genaue Versuche gegründete, so lange und vergebens erwartete
Forschung ausschließlich über die entweichenden gasartigen Flüs=
sigkeiten würde zu einer unschätzbaren Erweiterung der chemischen
Geologie der Vulkane führen, wenn zugleich auf die Einwirkung
des Meerwassers in unterseeischen Bildungen und auf die Menge
des gekohlten Wasserstoffs der beigemengten organischen Sub=
stanzen Rücksicht genommen würde.

Die Thatsachen, welche ich am Ende dieses Abschnittes
zusammengestellt habe: die Aufzählung der Vulkane, welche
Bimssteine ohne Obsidian, und bei vielem Obsidian keinen Bims=
stein hervorbringen; die merkwürdige, nicht constante, aber sehr
verschiedenartige Association des Obsidians und Bimssteins mit
gewissen anderen Mineralien; haben mich früh schon, während des
Aufenthalts in den Cordilleren von Quito, zu der Ueberzeugung
geführt, daß die Bimsstein=Bildung Folge eines chemischen Pro=
cesses ist, der in Trachyten sehr heterogener Zusammensetzung,
ohne nothwendig vorhergehende Vermittelung des Obsidians (d. h.
ohne Präeristenz desselben in großen Massen), verwirklicht werden
kann. Die Bedingungen, unter denen ein solcher Proceß groß=
artig gelingt, sind (ich wiederhole es hier!) vielleicht minder
in der Stoff=Verschiedenheit des Materials als in der

Graduation der Wärme, des durch die Tiefe bestimmten Druckes, der Dünnflüssigkeit und der Dauer der Erstarrung gegründet. Die denkwürdigen, wenn gleich seltenen Erscheinungen, welche die Isolirtheit riesenhaft großer unterirdischer Bimsstein-Brüche, fern von allen vulkanischen Gerüsten (Kegel-Jund Glocken-bergen), darbietet, leiten mich zugleich zu der Vermuthung [22], daß ein nicht unbeträchtlicher, ja vielleicht dem Volum nach der größere Theil der vulkanischen Gebirgsarten nicht aus aufge-stiegenen vulkanischen Gerüsten, sondern aus Spalten-Netzen der Erdoberfläche ausgebrochen ist und oft viele Quadratmeilen schichtenweise bedeckt hat. Zu diesen gehören wohl auch die alten Trappmassen der unter-silurischen Formation des südwest-lichen Englands, durch deren genaue chronometrische Bestimmung mein edler Freund, Sir Roderick Murchison, unsere Kenntniß von der geologischen Construction des Erdkörpers auf eine so umfassende Weise erweitert und erhöht hat.

Anmerkungen.

[1] (S. 212.) Kosmos Bd. III. S. 44.

[2] (S. 212.) Bd. I. S. 208—210.

[3] (S. 214.) Bd. III. S. 48, 431, 503 und 508—510.

[4] (S. 214.) Bd. I. S. 220.

[5] (S. 214.) Bd. I. S. 233. Vergl. Bertrand=Geslin sur les roches lancées par le Volcan de boue du Monte Zibio près du bourg de Sassuolo in Humboldt, Voyage aux Régions équinoxiales du Nouveau Continent (Relation historique) T. III. p. 566.

[6] (S. 215.) Robert Mallet in den Transactions of the Royal Irish Academy Vol. XXI. (1848) p. 51—113; desselben First Report on the facts of Earthquake Phaenomena im Report of the meeting of the British Association for the advancement of Science, held in 1850, p. 1—89; derselbe im Manual of Scientific Enquiry for the use of the British Navy 1849 p. 196—223; William Hopkins on the geological theories of Elevation and Earthquakes im Rep. of the British Assoc. for 1847 p. 33—92. Die strenge Kritik, welcher Herr Mallet meine frühere Arbeit in seinen sehr schätzbaren Abhandlungen (Irish Transact. p. 99—101 und Meeting of the Brit. Assoc. held at Edinb. p. 209) unterworfen hat, ist von mir mehrfach benutzt worden.

[7] (S. 215.) Thomas Young, Lectures on Natural Philosophy 1807 Vol. I. p. 717.

[8] (S. 216.) Ich folge der statistischen Angabe, die mir der Corregidor von Tacunga 1802 mittheilte. Sie erhob sich zu einem Verlust von 30000 zu 34000 Menschen, aber einige 20 Jahre später wurde die Zahl der unmittelbar getödteten um $\frac{1}{3}$ vermindert.

[9] (S. 216.) Kosmos Bd. I. S. 221.

[10] (S. 218) Zweifel über die Wirkung auf das geschmolzene »subjacent fluid confined into internal *lakes*« hat Hopkins geäußert im Meeting of the British Assoc. in 1847 p. 57; wie über the subterraneous lava tidal wave, moving the solid crust above it, Mallet im Meeting in 1850 p. 20. Auch Poisson, mit dem ich mehrmals über die Hypothese der unterirdischen Ebbe und Fluth durch Mond und Sonne gesprochen, hielt den Impuls, den er nicht läugnete, für unbedeutend, „da im freien Meere die Wirkung ja kaum 14 Zoll betrage". Dagegen sagte Ampère: Ceux qui admettent la liquidité du noyau intérieur de la terre, paraissent ne pas avoir songé assez à l'action qu'exercerait la lune sur cette énorme masse liquide. action d'où resulteraient des marees analogues à celles de nos mers, mais bien autrement terribles, tant par leur étendue que par la densité du liquide. Il est difficile de concevoir, comment l'enveloppe de la terre pourrait résister, étant incessamment battue par une espèce de bélier hydraulique (?) de 1400 lieues de longueur. (Ampère, Théorie de la Terre in der Revue des deux Mondes juillet 1833 p. 148.) Ist das Erdinnere flüssig, wie im allgemeinen nicht zu bezweifeln ist, da trotz des ungeheuren Druckes die Theilchen doch verschiebbar bleiben; so sind in dem Erdinneren dieselben Bedingungen enthalten, welche an der Erdoberfläche die Fluth des Weltmeeres erzeugen: und es wird die fluth=erregende Kraft in größerer Nähe beim Mittelpunkte immer schwächer werden, da der Unterschied der Entfernungen von je zwei entgegengesetzt liegenden Punkten, in ihrer Relation zu den anziehenden Gestirnen betrachtet, in größerer Tiefe unter der Oberfläche immer kleiner wird, die Kraft aber allein von dem Unterschiede der Entfernungen abhängt. Wenn die feste Erdrinde diesem Bestreben einen Widerstand entgegensetzt, so wird das Erdinnere an diesen Stellen nur einen Druck gegen die Erdrinde ausüben: es wird (wie mein astronomischer Freund Dr. Brünnow sich ausdrückt) so wenig Fluth entstehen, als wenn das Weltmeer eine unzersprengbare Eisdecke hätte. Die Dicke der festen, ungeschmolzenen Erdrinde wird berechnet nach dem Schmelzpunkt der Gebirgsarten und dem Gesetze der Wärme=Zunahme von der Oberfläche der Erde in die Tiefe. Ich habe bereits oben (Kosmos Bd. I. S. 27 und 48) die Vermuthung gerechtfertigt, daß etwas über fünf geogr. Meilen ($5\frac{4}{10}$)

unter der Oberfläche eine Granit schmelzende Glühhitze herrsche.
Fast dieselbe Zahl (45000 Meter = 6 geogr. Meilen, zu 7419ᵐ)
nannte Élie de Beaumont (Geologie, herausgegeben von Vogt 1846,
Bd. I. S. 32) für die Dicke der starren Erdrinde. Auch nach
den sinnreichen, für die Fortschritte der Geologie so wichtigen
Schmelzversuchen verschiedener Mineralien von Bischof fällt die
Dicke der ungeschmolzenen Erdschichten zwischen 115000 und 128000
Fuß, im Mittel zu 5⅓ geogr Meilen; s. Bischof, Wärmelehre
des Innern unsers Erdkörpers S. 286 u 271. Um so auf=
fallender ist es mir zu finden, daß bei der Annahme einer bestimmten
Grenze zwischen dem Festen und Geschmolzenen, nicht eines allmäli=
gen Ueberganges, Herr Hopkins, nach Grundsätzen seiner specula=
tiven Geologie, das Resultat aufstellt: the thickness of the
solid shell cannot be less than about one fourth or one fifth (?)
of the radius of its external surface (Meeting of the Brit.
Assoc. held at Oxford in 1847 p. 51). Cordier's früheste
Annahme war doch nur 14 geogr. Meilen ohne Correction: welche
von dem, mit der großen Tiefe zunehmenden Druck der Schichten
und der hypsometrischen Gestalt der Oberfläche abhängig ist. Die
Dicke des starren Theils der Erdrinde ist wahrscheinlich sehr un=
gleich.

¹¹ (S. 218.) Gay=Lussac, Réflexions sur les Volcans in
den Annales de Chimie et de Physique T. XXII. 1823
p. 418 und 426. — Der Verfasser, welcher mit Leopold von Buch und
mir den großen Lava=Ausbruch des Vesuvs im Sept. 1805 beobachtete,
hat das Verdienst gehabt die chemischen Hypothesen einer strengen
Kritik zu unterwerfen Er sucht die Ursach der vulkanischen
Erscheinungen in einer affinité très energique et non encore
satisfaite entre les substances, à laquelle un contact fortuit
leur permettait d'obéir; er begünstigt im ganzen die aufgegebene
Davy'sche und Ampère'sche Hypothese: en supposant que les ra=
dicaux de la silice, de l'alumine, de la chaux et du fer soient
unis au chlore dans l'intérieur de la terre; auch das Eindringen
des Meerwassers ist ihm nicht unwahrscheinlich unter gewissen Be=
dingungen: p. 419, 420, 423 und 426 Vergl. über die Schwierig=
keit einer Theorie, die sich auf das Eindringen des Wassers gründet,
Hopkins im Meeting of 1847 p. 38.

¹² (S. 218.) In den südamerikanischen Vulkanen fehlt unter

den ausgeſtoßenen Dämpfen, nach den ſchönen Analyſen von Bouſſin=
gault an 5 Kraterrändern (Tolima, Purace, Paſto, Tuqueras und
Cumbal), Chlor=Waſſerſtoff=Säure gänzlich: nicht aber an den italiä=
niſchen Vulkanen; Annales de Chimie T. LII. 1833 p. 7 und 23.

[13] (S. 218.) Kosmos Bd. I. S. 247. Indem Davy auf das
beſtimmteſte die Meinung aufgab, daß die vulkaniſchen Ausbrüche
eine Folge der Berührung der metalloidiſchen Baſen durch Luft und
Waſſer ſeien; erklärte er doch, es könne das Daſein von oxydir=
baren Metalloiden im Inneren der Erde eine mitwirkende Urſach
in den ſchon begonnenen vulkaniſchen Proceſſen ſein.

[14] (S. 219.) J'attribue, ſagt Bouſſingault, la plupart des
tremblemens de terre dans la Cordillère des Andes à des ébou-
lemens qui ont lieu dans l'intérieur de ces montagnes par le
tassement qui s'opère et qui est une conséquence de leur soulèvement. Le massif qui constitue ces cimes gigantesques, n'a
pas été soulevé à l'état pâteux; le soulèvement n'a eu lieu
qu'après la solidification des roches. J'admets par conséquent
que le relief des Andes se compose de fragmens de toutes dimensions, entassés les uns sur les autres. La consolidation des
fragmens n'a pu être tellement stable dès le principe qu'il n'y
ait des tassemens après le soulèvement, qu'il n'y ait des
mouvemens intérieurs dans les masses fragmentaires. Bouſ=
ſingault sur les tremblemens de terre des Andes,
in den Annales de Chimie et de Physique T. LVIII. 1835
p. 84—86. In der Beſchreibung ſeiner denkwürdigen Beſteigung
des Chimborazo (Ascension au Chimborazo le 16 déc. 1831,
a. a. O. p. 176) heißt es wieder: Comme le Cotopaxi, l'Antisana,
le Tunguragua et en général les volcans qui hérissent les plateaux des Andes, la masse du Chimborazo est formée par l'ac-
cumulation de débris trachytiques, amoncelés sans aucun ordre.
Ces fragmens, d'un volume souvent énorme, ont été soulevés
à l'état solide par des fluides élastiques qui se sont fait jour
sur les points de moindre résistance; leurs angles sont toujours
tranchans. Die hier bezeichnete Urſach der Erdbeben iſt die, welche
Hopkins in ſeiner „analytiſchen Theorie der vulkaniſchen Erſcheinun=
gen" a shock produced by the falling of the roof of a subterranean
cavity nennt (Meeting of the Brit. Assoc. at Oxford 1847 p. 82).

[15] (S. 219.) Mallet, Dynamics of Earthquakes p. 74,

80 und 82; Hopkins (Meet. at Oxford) p. 74—82. Alles, was
wir von den Erschütterungswellen und Schwingungen in festen Kör=
pern wissen, zeigt das Unhaltbare älterer Theorien über die durch
eine Reihung von Höhlen erleichterte Fortpflanzung der Bewegung.
Höhlen können nur auf secundäre Weise bei dem Erdbeben wirken,
als Räume für Anhäufung von Dämpfen und verdichteten Gas=
Arten. La terre, vieille de tant de siècles, sagt Gay=Lussac
sehr schön (Ann. de Chimie et de Phys T. XXII. 1823 p. 428),
conserve encore une force intestine, qui élève des montagnes
(dans la croûte oxydée), renverse des cités et agite la masse
entière. La plupart des montagnes, en sortant du sein de la
terre, ont dû y laisser de vastes cavités, qui sont restées vides,
à moins qu'elles n'aient été remplies par l'eau (et des fluides
gazeux). C'est bien à tort que Deluc et beaucoup de Géologues
se servent de ces vides, qu'ils s'imaginent se prolonger en lon-
gues galeries, pour propager au loin les tremblements de terre.
Ces phénomènes si grands et si terribles sont de très fortes
ondes sonores, excitées dans la masse solide de la terre par une
commotion quelconque. qui s'y propage avec la même vitesse
que le son s'y propagerait. Le mouvement d'une voiture sur
le pavé ébranle les plus vastes édifices, et se communique à
travers des masses considérables, comme dans les carrières pro-
fondes au-dessous de Paris.

[16] (S. 219) Ueber Interferenz=Phänomene in den Erd=
wellen, denen der Schallwellen analog, f. Kosmos Bd. I.
S. 211 und Humboldt, Kleinere Schriften Bd. I. S. 379.

[17] (S. 219) Mallet on vorticose shocks and cases of
twisting, im Meet. of the Brit. Assoc. in 1850 p. 33 und 49,
im Admiralty Manual 1849 p. 213. (Vergl. Kosmos Bd. I.
S. 212.)

[18] (S. 220.) Die Moya=Kegel sind 19 Jahre nach mir noch
von Boussingault gesehen worden. »Des éruptions boueuses, suites du tremblement de terre, comme les éruptions de la *Moya*
de Pelileo, qui ont enseveli des villages entiers.« (Ann. de
Chim. et de Phys. T. LVIII. p. 81.)

[19] (S. 221.) Ueber Versetzung von Gebäuden und Pflanzungen
bei dem Erdbeben von Calabrien f. Lyell, Principles of Geology Vol. I. p. 484—491. Ueber Rettung in Spalten bei dem

großen Erdbeben von Riobamba f. meine Relat. hist. T. II. p 642. Als ein merkwürdiges Beispiel von der Schließung einer Spalte ist anzuführen, daß bei dem berühmten Erdbeben (Sommer 1851) in der neapolitanischen Provinz Basilicata in Barile bei Melfi eine Henne mit beiden Füßen im Straßenpflaster eingeklemmt gefunden wurde, nach dem Berichte von Scacchi.

²⁰ (S. 222.) Kosmos Bd. I. S. 112. Daß die durch Erd= beben entstehenden Spalten sehr lehrreich für die Gangbildung und das Phänomen des Verwerfens sind, indem der neuere Gang den älterer Formation verschiebt, hat Hopkins sehr richtig theoretisch entwickelt. Lange aber vor dem verdienstvollen Phillips hat Werner die Altersverhältnisse des verwerfenden, durchsetzen= den Ganges zu dem verworfenen, durchsetzten, in seiner Theorie der Gänge (1791) gezeigt. Vergl. Report of the meeting of the Brit. Assoc at Oxford 1847 p 62

²¹ (S. 223.) Vergl. über gleichzeitige Erschütterung des Ter= tiär=Kalkes von Cumana und Maniquarez, seit dem großen Erd= beben von Cumana am 14 December 1796, Humboldt, Rel. hist. T. I. p. 314, Kosmos Bd. I. S. 220; und Mallet, Meeting of the Brit. Assoc. in 1850 p. 28.

²² (S. 224.) Abich über Daghestan, Schagdagh und Ghilan in Poggendorff's Annalen Bd. 76. 1849 S. 157. Auch in einem Bohrloche bei Saffendorf in Westphalen (Regier. Bezirk Arnsberg) nahm, in Folge des sich weit erstreckenden Erdbebens vom 29 Juli 1846, dessen Erschütterungs=Centrum man nach St. Goar am Rhein verlegt, die Salzsole, sehr genau geprüft, um 1½ Procent an Gehalt zu: wahrscheinlich, weil sich andere Zu= leitungsklüfte geöffnet hatten (Nöggerath, das Erdbeben im Rheingebiete vom 29 Juli 1846 S. 14). Bei dem schweizer Erdbeben vom 25 August 1851 stieg nach Charpentier's Bemerkung die Temperatur der Schwefelquelle von Lavey (oberhalb St. Maurice am Rhone=Ufer) von 31° auf 36°,3.

²³ (S. 224.) Zu Schemacha (Höhe 2245 Fuß), einer der vielen meteorologischen Stationen, die unter Abich's Leitung der Fürst Woronzow im Caucasus hat gründen lassen, wurden 1848 allein 18 Erdbeben von dem Beobachter in dem Journale verzeichnet.

²⁴ (S. 224.) S. Asie centrale T. I. p 324—329 und T. II. p. 108—120; und besonders meine Carte des Montagnes et Volcans

de l'Asie, verglichen mit den geognostischen Karten des Caucasus und Hochlandes von Armenien von Abich, wie mit der Karte von Kleinasien (Argaus) von Peter Tschichatschef, 1853 (Rose, Reise nach dem Ural, Altai und kasp. Meere Bd. II. S. 576 und 597). »Du Tourfan, situé sur la pente méridionale du Thianchan, jusqu'à l'Archipel des Azores (heißt es in der Asie centrale) il y a 120° de longitude. C'est vraisemblablement la *bande de réactions volcaniques* la plus longue et la plus régulière, oscillant faiblement entre 38° et 40° de latitude, qui existe sur la terre; elle surpasse de beaucoup en étendue la bande volcanique de la Cordillère des Andes dans l'Amérique méridionale. J'insiste d'autant plus sur ce singulier *alignement* d'arêtes, de soulèvements, de crevasses et de propagations de commotions, qui comprend un tiers de la circonférence d'un *parallèle à l'équateur*, que de petits accidents de la surface, l'inégale hauteur et la largeur des rides ou soulèvements linéaires, comme l'interruption causée par les bassins des mers (concavité Aralo-Caspienne, Méditerranée et Atlantique) tendent à masquer les grands traits de la constitution géologique du globe. (Cet aperçu hazardé d'une ligne de commotion régulièrement prolongée n'exclut aucunement d'autres lignes selon lesquelles les mouvements peuvent se propager egalement.)« Da die Stadt Khotan und die Gegend südlich vom Thian-schan die berühmtesten und ältesten Sitze des Buddhismus gewesen sind, so hat sich die buddhistische Litteratur auch schon früh und ernst mit den Ursachen der Erdbeben beschäftigt (f. Foe-koue-ki ou Relation des Royaumes Bouddiques, trad. par Mr. Abel Rémusat, p. 217). Es werden von den Anhängern des Sâkhyamuni 8 dieser Ursachen angegeben: unter welchen ein gedrehtes stählernes, mit Reliquien (śarîra; im Sanskrit Leib bedeutend) behangenes Rad eine Hauptrolle spielt; — die mechanische Erklärung einer dynamischen Erscheinung, kaum alberner als manche unserer spät veralteten geologischen und magnetischen Mythen! Geistliche, besonders Bettelmönche (Bhikchous), haben nach einem Zusatze von Klaproth auch die Macht die Erde erzittern zu machen und das unterirdische Rad in Bewegung zu setzen Die Reisen des Fahian, des Verfassers des Foe-koue-ki, sind aus dem Anfang des fünften Jahrhunderts.

[25] (S. 226) Acosta, Viajes cientificos á los Andes ecuatoriales 1849 p. 56.

[26] (S. 226.) Kosmos Bd. I. S. 214—217 und 444; Humboldt, Rel. hist. T. IV. chap. 14 p. 31—38 Scharfsinnige theoretische Betrachtungen von Mallet über Schallwellen durch die Erde und Schallwellen durch die Luft finden sich im Meeting of the British Assoc. in 1850 p 41—46 und im Admiralty Manual 1849 p. 201 und 217. Die Thiere, welche in der Tropengegend nach meiner Erfahrung früher als der Mensch von den leisesten Erderschütterungen beunruhigt werden, sind: Hühner, Schweine, Hunde, Esel und Crocodile (Caymanes), welche letztere plötzlich den Boden der Flüsse verlassen.

[27] (S. 227.) Julius Schmidt in Nöggerath über das Erdbeben vom 29 Juli 1846 S. 28—37. Mit der Geschwindigkeit des Lissaboner Erdbebens, wie sie im Text angegeben ist, würde der Aequatorial-Umfang der Erde in ohngefähr 45 Stunden umgangen werden. Michell (Phil. Transact. Vol. LI. Part II. p. 572) fand für dasselbe Erdbeben vom 1 Nov. 1755 nur 50 englische miles in der Minute: d. i., statt 7464, nur 4170 Pariser Fuß in der Secunde. Ungenauigkeit der älteren Beobachtungen und Verschiedenheit der Fortpflanzungswege mögen hier zugleich wirken. — Ueber den Zusammenhang des Neptun mit dem Erdbeben, auf welchen ich im Texte (S. 229) angespielt habe, wirft eine Stelle des Proclus im Commentar zu Plato's Cratylus ein merkwürdiges Licht. „Der mittlere unter den drei Göttern, Poseidon, ist für alles, selbst für das Unbewegliche, Ursache der Bewegung. Als Urheber der Bewegung heißt er Εννοσίγαιος, und ihm ist unter denen, welche um das Kronische Reich geloost, das mittlere Loos, und zwar das leicht bewegliche Meer, zugefallen. (Creuzer, Symbolik und Mythologie Th. III. 1842 S. 260.) Da die Atlantis des Solon und das ihr nach meiner Vermuthung verwandte Lyctonien geologische Mythen sind, so werden beide durch Erdbeben zertrümmerte Länder als unter der Herrschaft des Neptun stehend betrachtet und den Saturnischen Continenten entgegengesetzt. Neptun war nach Herodot (lib. II c 43 et 50) eine libysche Gottheit, und in Aegypten unbekannt. Ueber diese Verhältnisse, das Verschwinden des libyschen Triton-Sees durch Erdbeben und die Meinung von der großen Seltenheit der Erderschütterungen im Nilthal,

vergl. mein Examen crit. de la Géographie T. I. p. 171 und 179.

²⁸ (S. 230.) Die Explosionen des Sangai oder Volcan de Macas erfolgten im Mittel alle 13″,4; f. Wiffe in den Comptes-rendus de l'Acad. des Sciences T. XXXVI. 1853 p. 720. Als Beispiel von Erschütterungen, welche auf den kleinsten Raum eingeschränkt sind, hätte ich auch noch den Bericht des Grafen Larderel über die Lagoni in Toscana anführen können. Die Vor oder Vorsäure enthaltenden Dämpfe verkündigen ihr Dasein und ihren nahen Ausbruch auf Spalten dadurch, daß sie das Gestein umher erschüttern. (Larderel sur les établissements industriels de la production d'acide boracique en Toscane 1852 p. 15.)

²⁹ (S. 230.) Ich freue mich, zur Bestätigung dessen, was ich im Terte zu entwickeln versucht habe, eine wichtige Autorität an-führen zu können. »Dans les Andes, l'oscillation du sol, due a une éruption de Volcans, est pour ainsi dire locale, tandis qu'un tremblement de terre, qui en apparence du moins n'est lié à aucune éruption volcanique, se propage à des distances incroya-bles. Dans ce cas on a remarqué que les secousses suivaient de préférence la direction des chaînes de montagnes, et se sont principalement ressenties dans les terrains alpins. La fré-quence des mouvemens dans le sol des Andes, et le peu de coincidence que l'on remarque entre ces mouvemens et les éruptions volcaniques, doivent nécessairement faire présumer qu'ils sont, *dans le plus grand nombre de cas*, occasionnés par une cause *indépendante des volcans* « Bouffingault, Anna-les de Chimie et de Physique T. LVIII. 1835 p. 83.

³⁰ (S. 232.) Die Folge der großen Naturbegebenheiten 1796 bis 1797, 1811 und 1812 war diese:

27 Sept. 1796 Ausbruch des Vulkans der Insel Guadalupe in den Kleinen Antillen, nach vieljähriger Ruhe;

Nov. 1796 Der Vulkan auf der Hochebene Pasto zwischen den kleinen Flüssen Guaytara und Juanambu entzündet sich und fängt an bleibend zu rauchen;

14 Dec. 1796 Erdbeben und Zerstörung der Stadt Cumana;

4 Febr. 1797 Erdbeben und Zerstörung von Riobamba. An demselben Morgen verschwand plötzlich, ohne wieder zu erscheinen,

in wenigstens 48 geogr. Meilen Entfernung von Riobamba, die Rauchsäule des Vulkans von Pasto, um welchen umher keine Erderschütterung gefühlt wurde.

---

30 Januar 1811 Erste Erscheinung der Insel Sabrina in der Gruppe der Azoren, bei der Insel San Miguel. Die Hebung ging, wie bei der der Kleinen Kameni (Santorin) und der des Vulkans von Jorullo, dem Feuerausbruch voraus. Nach einer 6tägigen Schlacken=Eruption stieg die Insel bis zu 300 Fuß über den Spiegel des Meeres empor. Es war das 3te Erscheinen und Wieder=Versinken der Insel nach Zwischenräumen von 91 und 92 Jahren, nahe an demselben Punkte.

Mai 1811 Ueber 200 Erdstöße auf der Insel St. Vincent bis April 1812.

Dec. 1811 Zahllose Erdstöße in den Flußthälern des Ohio, Mississippi und Arkansas bis 1813. Zwischen Neu=Madrid, Little Prairie und La Saline nördlich von Cincinnati treten mehrere Monate lang die Erdbeben fast zu jeder Stunde ein

Dec. 1811 Ein einzelner Erdstoß in Caracas.

26 März 1812 Erdbeben und Zerstörung der Stadt Caracas. Der Erschütterungskreis erstreckte sich über Santa Marta, die Stadt Honda und das hohe Plateau von Bogota in 135 Meilen Entfernung von Caracas. Die Bewegung dauerte fort bis zur Mitte des Jahres 1813.

30 April 1812 Ausbruch des Vulkans von St. Vincent; und desselben Tages um 2 Uhr Morgens wurde ein furchtbares unter=irdisches Geräusch wie Kanonendonner in gleicher Stärke an den Küsten von Caracas, in den Llanos von Calabozo und des Rio Apure, ohne von einer Erderschütterung begleitet zu sein, zugleich vernommen (s. oben S. 226). Das unterirdische Getöse wurde auch auf der Insel St. Vincent gehört; aber, was sehr merkwürdig ist, stärker in einiger Entfernung auf dem Meere.

[31] (S. 233.) Humboldt, Voyage aux Regions équin. l. II. p. 376.

[32] (S. 234.) Um zwischen den Wendekreisen die Temperatur der Quellen, wo sie unmittelbar aus den Erdschichten hervorbrechen,

mit der Temperatur großer, in offenen Canälen strömender Flüsse vergleichen zu können, stelle ich hier aus meinen Tagebüchern folgende Mittelzahlen zusammen:

Rio Apure, Br. 7°¾: Temp. 27°,2;

Orinoco zwischen 4° und 8° Breite: 27°,5—29°,6;

Quellen im Walde bei der Cataracte von Maypures, aus Granit ausbrechend: 27°,8;

Cassiquiare: der Arm des Oberen Orinoco, welcher die Verbindung mit dem Amazonenstrom bildet: nur 24°,3;

Rio Negro oberhalb San Carlos (kaum 1° 53' nördlich vom Aequator): nur 23°,8;

Rio Atabapo: 26°,2 (Br. 3° 50');

Orinoco nahe bei dem Eintritt des Atabapo: 27°,8;

Rio grande de la Magdalena (Br. 5° 12' bis 9° 56'): Temp. 26°,6;

Amazonenfluß: südl. Br. 5° 31', dem Pongo von Rentema gegenüber (Provincia Jaen de Bracamoros), kaum 1200 Fuß über der Südsee: nur 22°,5.

Die große Wassermasse des Orinoco nähert sich also der mittleren Luft-Temperatur der Umgegend. Bei großen Ueberschwemmungen der Savanen erwärmen sich die gelbbraunen, nach Schwefel-Wasserstoff riechenden Wasser bis 33°,8; so habe ich die Temperatur in dem mit Crocodilen angefüllten Lagartero östlich von Guayaquil gefunden. Der Boden erhitzt sich dort, wie in seichten Flüssen, durch die in ihm von den einfallenden Sonnenstrahlen erzeugte Wärme. Ueber die mannigfaltigen Ursachen der geringeren Temperatur des im Licht-Reflex caffeebraunen Wassers des Rio Negro, wie der weißen Wasser des Cassiquiare (stets bedeckter Himmel, Regenmenge, Ausdünstung der dichten Waldungen, Mangel heißer Sandstrecken an den Ufern) s. meine Fluß-Schifffahrt in der Relat. hist. T. II. p. 463 und 509. Im Rio Guancabamba oder Chamaya, welcher nahe bei dem Pongo de Rentema in den Amazonenfluß fällt, habe ich die Temperatur gar nur 19°,8 gefunden, da seine Wasser mit ungeheurer Schnelligkeit aus dem hohen See Simicocha von der Cordillere herabkommen. Auf meiner 52 Tage langen Flußfahrt aufwärts den Magdalenenstrom von Mahates bis Honda habe ich durch mehrfache Beobachtungen deutlichst erkannt, daß ein Steigen des Wasserspiegels

Stunden lang durch eine Erniedrigung der Fluß=Temperatur sich
vorherverkündigt. Die Erkältung des Stromes tritt früher ein, als
die kalten Bergwasser aus den der Quelle nahen Paramos herab=
kommen. Wärme und Wasser bewegen sich, so zu sagen, in ent=
gegengesetzter Richtung und mit sehr ungleicher Geschwindigkeit.
Als bei Badillas die Wasser plötzlich stiegen, sank lange vorher die
Temperatur von 27° auf 23°,5. Da bei Nacht, wenn man auf
einer niedrigen Sandinsel oder am Ufer mit allem Gepäck gelagert
ist, ein schnelles Wachsen des Flusses Gefahr bringen kann, so ist das
Auffinden eines Vorzeichens des nahen Flußsteigens (der avenida)
von einiger Wichtigkeit. — Ich glaube in diesem Abschnitte von
den Thermalquellen auf's neue daran erinnern zu müssen, daß in
diesem Werke vom Kosmos, wo nicht das Gegentheil bestimmt
ausgedruckt ist, die Thermometer=Grade immer auf die hundert=
theilige Scale zu beziehen sind.

[33] (S. 234.) Leopold von Buch, physicalische Beschrei=
bung der canarischen Inseln S 8; Poggendorff's
Annalen Bd. XII. S. 403; Bibliothèque britannique,
Sciences et Arts T. XIX. 1802 p 263; Wahlenberg de Veget.
et Clim in Helvetia septentrionali observatis p. LXXVIII
und LXXXIV, derselbe, Flora Carpathica p. XCIV und in
Gilbert's Annalen Bd. XLI. S. 115; Humboldt in den
Mem. de la Soc. d'Arcueil T. III (1817) p. 599.

[34] (S. 234.) De Gasparin in der Bibliothèque univ.,
Sciences et Arts T. XXXVIII 1828 p. 54, 113 und 264; Mém.
de la Société centrale d'Agriculture 1826 p. 178; Schouw,
Tableau du Climat et de la Vegetation de l'Italie
Vol I. 1839 p. 133—195; Thurmann sur la température des
sources de la chaîne du Jura, comparée a celle des sources
de la plaine suisse, des Alpes et des Vosges, im Annuaire
météorologique de la France pour 1850 p. 258—268. —
De Gasparin theilt Europa in Rücksicht auf die Frequenz der
Sommer= und Herbst=Regen in zwei sehr contrastirende Regionen.
Ein reiches Material ist enthalten in Kämtz, Lehrbuch der
Meteorologie Bd. I. S. 448—506. Nach Dove (in Poggend.
Ann. Bd. XXXV. S. 376) fallen in Italien „an Orten, denen
nördlich eine Gebirgskette liegt, die Maxima der Curven der monat=
lichen Regenmengen auf März und November; und da, wo das

Gebirge südlich liegt, auf April und October." Die Gesammtheit der Regen=Verhältnisse der gemäßigten Zone kann unter folgenden allgemeinen Gesichtspunkt zusammengefaßt werden: „die Winter= Regenzeit in den Grenzen der Tropen tritt, je weiter wir uns von diesen entfernen, immer mehr in zwei, durch schwächere Nieder= schläge verbundene Marima aus einander, welche in Deutschland in einem Sommer = Marimum wieder zusammenfallen: wo also temporäre Regenlosigkeit vollkommen aufhört." Vergl. den Abschnitt Geothermik in dem vortrefflichen Lehrbuche der Geognosie von Naumann Bd. I. (1850) S. 41—73.

[35] (S. 235.) Vergl. Kosmos Bd IV. S. 45.

[36] (S. 237.) Vergl. Kosmos Bd I. S. 182 und 427 (Anm. 9), Bd. IV. S. 40 und 166 (Anm. 41).

[37] (S. 238.) Kosmos Bd. IV. S. 37.

[38] (S. 238.) Mina de Guadalupe, eine der Minas de Chota, a. a. O. S. 41.

[39] (S. 238.) Humboldt, Ansichten der Natur Bd. II. S. 323.

[40] (S. 238.) Bergwerk auf der großen Fleuß im Moll=Thale der Tauern; s. Hermann und Adolph Schlagintweit, Untersuch. über die physicalische Geographie der Alpen 1850 S. 242—273.

[41] (S. 240.) Dieselben Verfasser in ihrer Schrift: Monte Rosa 1853 Cap. VI S. 212—225.

[42] (S. 241.) Humboldt, Kleinere Schriften Bd. I. S. 139 und 147.

[43] (S. 241.) A. a. O. S. 140 und 203.

[44] (S. 244.) Ich weiche hier von der Meinung eines mir sehr befreundeten und um die tellurische Wärme=Vertheilung höchst verdienten Physikers ab. S. über die Ursach der warmen Quel= len von Leuk und Warmbrunn Bischof, Lehrbuch der chemi= schen und physikalischen Geologie Bd. I. S. 127—133.

[45] (S. 244.) S. über diese, von Dureau de la Malle aufge= fundene Stelle Kosmos Bd. I. S. 231—232 und 448 (Anm. 79). »Est autem«, sagt der heil. Patricius, »et supra firmamentum caeli, et *subter* terram ignis atque aqua; et quae supra ter- ram est aqua, coacta in unum, appellationem marium quae vero infra, abyssorum suscepit, ex quibus ad generis humani

usus in terram velut siphones quidam emittuntur et scaturiunt.
Ex iisdem quoque et thermae exsistunt: quarum quae ab igne
absunt longius, provida boni Dei erga nos mente, *frigidiores*,
quae vero *propius* admodum, *ferientes* fluunt. In quibusdam
etiam locis et tepidae aquae reperiuntur, prout majore ab igne
intervallo sunt disjunctae.« So lauten die Worte in der Samm=
lung: Acta primorum Martyrum, opera et studio Theodo-
rici R u i n a r t, ed. 2. Amstelaedami 1713 fol. p. 555. Nach
einem anderen Berichte (A. S. M a z o c h i i in vetus mar-
moreum sanctae Neapolitanae Ecclesiae Kalendarium
commentarius Vol. II. Neap 1744. 4° p 385) entwickelte der
heil. Patricius vor dem Julius Consularis ohngefähr dieselbe
Theorie der Erdwärme; aber an dem Ende der Rede ist die kalte
Hölle deutlicher bezeichnet: Nam quae longius ab igne sub-
terraneo absunt, Dei optimi providentia, frigidiores erumpunt.
At quae propiores igni sunt, ab eo servefactae, intolerabili calore
praeditae promuntur foras. Sunt et alicubi tepidae, quippe non
parum sed longiuscule ab eo igne remotae. Atqui ille infernus
ignis impiarum est animarum carnificina; non secus ac sub-
terraneus frigidissimus gurges, in glaciei glebas concretus, qui
Tartarus nuncupatur.« — Der arabische Name hammâm el-enf
bedeutet: Nasenbäder; und ist, wie schon Temple bemerkt hat, von
der Gestalt eines benachbarten Vorgebirges hergenommen: nicht
von einer günstigen Einwirkung, welche dieses Thermalwasser auf
Krankheiten der Nase ausübte. Der arabische Name ist von den
Berichterstattern mannigfach gewandelt worden: hammam l'Enf
oder Lif, Emmamelif (Peyssonel), la Mamelif (Desfontaines).
Vergl. G u m p r e c h t, die Mineralquellen auf dem Fest=
lande von Africa (1851) S. 140—144

⁴⁶ (S. 245.) H u m b o l d t, Essai polit. sur la Nouv. Espagne, 2ᵐᵉ éd. T. III (1827) p. 190.

⁴⁷ (S. 246.) Relat. hist. du Voyage aux Regions
equinoxiales T. II. p. 98, Kosmos Bd. I. S. 230. Die heißen
Quellen von Carlsbad verdanken ihren Ursprung auch dem Granit;
Leop. von Buch in Poggend. Ann. Bd. XII. S. 416: ganz wie
die von Joseph Hooker besuchten heißen Quellen von Momay in Tibet,
die 15000 Fuß hoch über dem Meere mit 46° Wärme ausbrechen,
nahe bei Changothang (Himalayan Journals Vol. II. p. 133).

[48] (S. 246.) Bouffingault, Considérations sur les eaux thermales des Cordillères, in den Annales de Chimie et de Physique T. LII. 1833 p. 188—190.

[49] (S. 247.) Captain Newbold on the temperature of the wells and rivers in India and Egypt (in den Philos. Transact. for 1845 P. J. p 127)

[50] (S. 248.) Sartorius von Waltershausen, phyfifch=geographifche Skizze von Island, mit befonderer Rückficht auf vulfanifche Erfcheinungen, 1847 S. 128—132; Bunfen und Descloifeaur in den Comptes rendus des séances de l'Acad. des Sciences T. XXIII. 1846 p 935; Bunfen in den Annalen der Chemie und Pharmacie Bd. LXII. 1847 S. 27—45. Schon Lottin und Robert hatten ergründet, daß die Temperatur des Wafferftrahls im Geyfir von unten nach oben abnehme. Unter den 40 fiefelhaltigen Sprudelquellen, welche dem Großen Geyfir und Stroffr nahe liegen, führt eine den Namen des Kleinen Geyfirs. Ihr Wafferftrahl erhebt fich nur zu 20 bis 30 Fuß. Das Wort Kochbrunnen ift dem Worte Geyfir nachgebildet, das mit dem isländifchen giosa (kochen) zufammenhangen foll Auch auf dem Hochlande von Tibet findet fich nach dem Bericht von Csoma de Korös bei dem Alpenfee Mapham ein Geyfer, welcher 12 Fuß hoch fpeit.

[51] (S. 248.) In 1000 Theilen findet in den Quellen von Gaftein Trommsdorf nur 0,303; Löwig in Pfeffers 0,291; Longchamp in Lurtuil nur 0,236 fire Beftandtheile: wenn dagegen in 1000 Theilen des gemeinen Brunnenwaffers in Bern 0,478; im Carlsbader Sprudel 5,459; in Wiesbaden gar 7,454 gefunden werden. Studer, phyfifal. Geogr. und Geologie, 2te Ausg. 1847, Cap. I. S. 92.

[52] (S. 243.) »Les eaux chaudes qui sourdent du *granite* de la Cordillère du littoral (de Venezuela), sont *presque pures*, elles ne renferment qu'une petite quantité de *silice* en dissolution, et du gaz acide hydrosulfurique mêlé d'un peu de *gaz azote*. Leur composition est identique avec celle qui résulterait de l'action de l'eau sur le sulfure de silicium.« (Annales de Chimie et de Phys. T. LII. 1833 p. 189.) Ueber die große Menge von Stickftoff, die der warmen Quelle von Dienfe (68°) beigemifcht ift, f. Maria Rubio, Tratado de las Fuentes minerales de España 1853 p. 331

[53] (S. 248.) Sartorius von Waltershausen, Skizze von Island S. 125.

[54] (S. 249.) Der ausgezeichnete Chemiker Morechini zu Rom hatte den Sauerstoff, welcher in der Quelle von Nocera (2100 Fuß über dem Meere liegend) enthalten ist, zu 0,40 angegeben; Gay-Lussac fand die Sauerstoff-Menge (26 Sept. 1805) genau nur 0,299. In den Meteorwassern (Regen) hatten wir früher 0,31 Sauerstoff gefunden. — Vergl. über das den Säuerlingen von Neris und Bourbon l'Archambault beigemischte Stickstoffgas die älteren Arbeiten von Anglade und Longchamp (1834), und über Kohlen-säure-Exhalationen im allgemeinen Bischof's vortreffliche Unter-suchungen in seiner chem. Geologie Bd. I S 243—350

[55] (S. 249.) Bunsen in Poggendorff's Annalen Bd. 83. S. 257; Bischof, Geologie Bd. I. S. 271.

[56] (S. 250.) Liebig und Bunsen, Untersuchung der Aachener Schwefelquellen, in den Annalen der Chemie und Pharma-cie Bd. 79. (1851) S. 101. In den chemischen Analysen von Mineral-quellen, die Schwefel-Natrium enthalten, werden oft kohlensaures Natron und Schwefel-Wasserstoff aufgeführt, indem in denselben Wassern überschüssige Kohlensäure vorhanden ist.

[57] (S. 250.) Eine dieser Cascaden ist abgebildet in meinen Vues des Cordillères Pl XXX. Ueber die Analyse der Wasser des Rio Vinagre s. Boussingault in den Annales de Chimie et de Phys. 2e Série T. LII. 1833 p. 397, und eben daselbst Dumas; 3me Série T. XVIII. 1846 p. 503; über die Quelle im Paramo de Ruiz Joaquin Acosta, Viajes cientificos á los Andes ecuatoriales 1849 p. 89.

[58] (S 251.) Die Beispiele veränderter Temperatur in den Thermen von Mariara und las Trincheras leiten auf die Frage: ob das Styx-Wasser, dessen so schwer zugängliche Quelle in dem wilden aroanischen Alpengebirge Arkadiens bei Nonakris, im Stadtgebiete von Pheneos, liegt, durch Veränderung in den unterirdischen Zu-leitungs-Spalten seine schädliche Eigenschaft eingebüßt hat? oder ob die Wasser der Styx nur bisweilen dem Wanderer durch ihre eisige Kälte schädlich gewesen sind? Vielleicht verdanken sie ihren, noch auf die jetzigen Bewohner Arkadiens übergegangenen, bösen Ruf nur der schauerlichen Wildheit und Oede der Gegend, wie der Mythe des Ursprungs aus dem Tartarus. Einem jungen kenntniß-

vollen Philologen, Theodor Schwab, ist vor wenigen Jahren ge=
lungen, mit vieler Anstrengung bis an die Felswand vorzudringen,
wo die Quelle herabträufelt: ganz wie Homer, Hesiodus und
Herodot sie bezeichnen. Er hat von dem, überaus kalten und dem
Geschmack nach sehr reinen, Gebirgswasser getrunken, ohne irgend
eine nachtheilige Wirkung zu verspuren. (Schwab, Arkadien,
seine Natur und Geschichte, 1852 S. 15—20.) Im Alterthum
wurde behauptet, die Kälte der Styr=Wasser zersprenge alle Gefäße,
nur den Huf des Esels nicht. Die Styr=Sagen sind gewiß uralt,
aber die Nachricht von der giftigen Eigenschaft der Styr=Quelle
scheint sich erst zu den Zeiten des Aristoteles recht verbreitet zu
haben. Nach einem Zeugniß des Antigonus aus Carystus (Hist.
Mirab. § 174) soll sie besonders umständlich in einem für uns
verloren gegangenen Buche des Theophrastus enthalten gewesen sein.
Die verläumberische Fabel von der Vergiftung Alexanders durch
das Styr=Wasser, welches Aristoteles dem Cassander durch Anti=
pater habe zukommen lassen, ist von Plutarch und Arrian wider=
legt; von Vitruvius, Justin und Quintus Curtius, doch ohne den
Stagiriten zu nennen, verbreitet worden. (Stahr, Aristotelia
Th. I. 1830 S. 137—140.) Plinius (XXX, 53) sagt etwas zwei=
deutig: magna Aristotelis infamia excogitatum. Vergl. Ernst
Curtius, Peloponnesus (1851) Bd. I. S. 194—196 und
212; St. Croix, Examen crit. des anciens historiens
d'Alexandre p. 496. Eine Abbildung des Styr=Falles, aus
der Ferne gezeichnet, enthält Fiedler's Reise durch
Griechenland Th. I. S. 400.

[55] (S 252.) »Des gîtes métallifères très importans, les
plus nombreux peut-être, paraissent s'être formés par voie de
dissolution, et les filons conciétionnés n'être autre chose que
d'immenses canaux plus ou moins obstrués, parcourus autrefois
par des eaux thermales incrustantes. La formation d'un grand
nombre de minéraux qu'on rencontre dans ces gîtes, ne suppose
pas toujours des conditions ou des agens très éloignés des *causes
actuelles*. Les deux élémens principaux des sources thermales
les plus répandues, les sulfures et les carbonates alcalins, m'ont
suffi pour reproduire artificiellement, par des moyens de syn=
thèse très simples, 29 espèces minérales distinctes, presque toutes
cristallisées, appartenant aux métaux natifs (argent, cuivre et

arsenic natifs); au quartz, au fer oligiste, au fer, nickel, zinc
et manganese carbonatés; au sulfate de baryte, à la pyrite, ma-
lachite, pyrite cuivreuse; au cuivre sulfuré, à l'argent rouge, ar-
senical et antimonial .... On se rapproche le plus possible des
procédés de la nature, si l'on arrive à reproduire les minéraux
dans leurs conditions d'association possible, au moyen des agens
chimiques naturels les plus répandus, et en imitant les phénomènes que nous voyons encore se réaliser dans les foyers où
la création minérale a concentré les restes de cette activité qu'elle
déployait autrefois avec une toute autre énergie.« $\mathfrak{H}$. de Senarmont sur la formation des minéraux par la voie
humide, in den Annales de Chimie et de Physique, 3me
Série T. XXXII. 1851 p. 234. (Vergl. auch Élie de Beaumont
sur les émanations volcaniques et métallifères, im Bulletin de
la Société géologique de France, 2de Série T. XV. p. 129.)

[60] (S. 252.) „Um die Abweichungs-Größe der mittleren Quellen-
Temperatur von dem Luftmittel zu ergründen, hat Herr Dr. Eduard
Hallmann an seinem früheren Wohnorte Marienberg bei Bop-
pard am Rhein die Luftwärme, die Regenmengen und die Wärme
von 7 Quellen 5 Jahre lang, vom 1 December 1845 bis 30 November 1850, beobachtet, und auf diese Beobachtungen eine neue
Bearbeitung der Temperatur-Verhältnisse der Quellen
gegründet. In dieser Untersuchung sind die Quellen von völlig be-
ständiger Temperatur (die rein geologischen) ausgeschlossen. Gegenstand der Untersuchung sind dagegen alle die Quellen gewesen, die
eine Veränderung ihrer Temperatur in der Jahresperiode erleiden.
„Die veränderlichen Quellen zerfallen in zwei natürliche Gruppen:
1) rein meteorologische Quellen: d. h. solche, deren Mittel erweislich nicht durch die Erdwärme erhöht ist. Bei diesen
Quellen ist die Abweichungs-Größe des Mittels vom Luftmittel abhängig von der Vertheilung der Jahres-Regenmenge auf die 12 Monate. Diese Quellen sind im Mittel kälter als die Luft, wenn
der Regen-Antheil der vier kalten Monate December bis März mehr
als 33⅓ Procent beträgt; sie sind im Mittel wärmer als die Luft,
wenn der Regen-Antheil der vier warmen Monate Juli bis October
mehr als 33⅓ Procent beträgt. Die negative oder positive Abweichung des Quellmittels vom Luftmittel ist desto größer, je größer
der Regen-Ueberschuß des genannten kalten oder warmen Jahres-

drittels ist. Diejenigen Quellen, bei welchen die Abweichung
des Mittels vom Luftmittel die gesetzliche, d. h. die größte, kraft
der Regen-Vertheilung des Jahres mögliche, ist, werden rein me=
teorologische Quellen von unentstelltem Mittel genannt; die=
jenigen aber, bei welchen die Abweichungs-Größe des Mittels vom
Luftmittel durch störende Einwirkung der Luftwärme in den regen=
freien Zeiten verkleinert ist, heißen rein meteorologische Quellen
von angenähertem Mittel. Die Annäherung des Mittels an
das Luftmittel entsteht entweder in Folge der Fassung: besonders
einer Leitung, an deren unterem Ende die Wärme der Quelle
beobachtet wurde; oder sie ist die Folge eines oberflächlichen Ver=
laufs und der Magerkeit der Quell-Adern. In jedem der einzelnen
Jahre ist die Abweichungs-Größe des Mittels vom Luftmittel bei
allen rein meteorologischen Quellen gleichnamig; sie ist aber bei
den angenäherten Quellen kleiner als bei den unentstellten: und
zwar desto kleiner, je größer die störende Einwirkung der Luft=
wärme ist. Von den Marienberger Quellen gehören 4 der
Gruppe der rein meteorologischen an; von diesen 4 ist eine in
ihrem Mittel unentstellt, die drei übrigen sind in verschiedenen
Graden angenähert. Im ersten Beobachtungsjahre herrschte der
Regen-Antheil des kalten Drittels vor, und alle vier Quellen waren
in ihrem Mittel kalter als die Luft. In den folgenden vier
Beobachtungsjahren herrschte der Regen-Antheil des warmen Drit=
tels vor, und in jedem derselben waren alle vier Quellen in ihrem
Mittel wärmer als die Luft; und zwar war die positive Abweichung
des Quellmittels vom Luftmittel desto größer, je größer in einem
der vier Jahre der Regen-Ueberschuß des warmen Drittels war."

„Die von Leopold von Buch im Jahre 1825 aufgestellte An=
sicht, daß die Abweichungs-Größe des Quellmittels vom Luftmittel
von der Regen-Vertheilung in der Jahresperiode abhangen müsse,
ist durch Hallmann wenigstens für seinen Beobachtungsort Marien=
berg, im rheinischen Grauwacken-Gebirge, als vollständig richtig er=
wiesen worden. Nur die rein meteorologischen Quellen von unent=
stelltem Mittel haben Werth für die wissenschaftliche Climatologie;
diese Quellen werden überall aufzusuchen, und einerseits von den
rein meteorologischen mit angenähertem Mittel, andrerseits von
den meteorologisch-geologischen Quellen zu unterscheiden sein.
   2) Meteorologisch-geologische Quellen: d. h. solche, deren

Mittel erweislich durch die Erdwärme erhöht ist. Diese Quellen sind Jahr aus Jahr ein, die Regen-Vertheilung mag sein, wie sie wolle, in ihrem Mittel wärmer als die Luft (die Wärme-Veränderungen, welche sie im Laufe des Jahres zeigen, werden ihnen durch den Boden, durch den sie fließen, mitgetheilt). Die Größe, um welche das Mittel einer meteorologisch-geologischen Quelle das Luftmittel übertrifft, hängt von der Tiefe ab, bis zu welcher die Meteorwasser in das beständig temperirte Erd-Innere hinabgesunken sind, ehe sie als Quelle wieder zum Vorschein kommen; diese Größe hat folglich gar kein climatologisches Interesse. Der Climatologe muß aber diese Quellen kennen, damit er sie nicht fälschlich für rein meteorologische nehme. Auch die meteorologisch-geologischen Quellen können durch eine Fassung oder Leitung dem Luftmittel angenähert sein. — Die Quellen wurden an bestimmten, festen Tagen beobachtet, monatlich 4- bis 5mal. Die Meereshöhe, sowohl des Beobachtungsortes der Luftwärme, als die der einzelnen Quellen, ist sorgfältig berücksichtigt worden."

Dr Hallmann hat nach Beendigung der Bearbeitung seiner Marienberger Beobachtungen den Winter von 1852 bis 1853 in Italien zugebracht, und in den Apenninen neben gewöhnlichen Quellen auch abnorm kalte gefunden. So nennt er „diejenigen Quellen, welche erweislich Kälte aus der Höhe herabbringen. Diese Quellen sind für unterirdische Abflüsse hoch gelegener offener Seen oder unterirdischer Wasser-Ansammlungen zu halten, aus denen das Wasser in Masse sehr rasch in Spalten und Klüften herabstürzt, um am Fuße des Berges oder Gebirgszuges als Quelle hervorzubrechen. Der Begriff der abnorm kalten Quellen ist also dieser: sie sind für die Höhe, in welcher sie hervorkommen, zu kalt; oder, was das Sachverhältniß besser bezeichnet: sie kommen für ihre niedrige Temperatur an einer zu tiefen Stelle des Gebirges hervor." Diese Ansichten, welche in dem 1ten Bande von Hallmann's „Temperaturverhältnissen der Quellen" entwickelt sind, hat der Verfasser im 2ten Bande S. 181—183 modificirt: weil in jeder meteorologischen Quelle, möge sie auch noch so oberflächlich sein, ein Antheil der Erdwärme enthalten ist.

[61] (S. 253.) Humboldt, Asie centr. T. II. p. 58. Ueber die Gründe, welche es mehr als wahrscheinlich machen, daß der Caucasus, der zu $\frac{5}{7}$ seiner Länge zwischen dem Kasbegk und Elburuz OSO—WNW im mittleren Parallel von 42° 50' streicht,

die Fortſetzung der vulkaniſchen Spalte des Asferah (Altagh) und
Thian=ſchan ſei; ſ. a. a. O. p. 54—61. Beide, Asferah und Thian=
ſchan, osciliren zwiſchen den Parallelen von 40°½ und 43°. Die
große aralo=caſpiſche Senkung, deren Flächeninhalt durch
Struve nach genauen Meſſungen das Areal von ganz Frankreich
um faſt 1680 geographiſche Quadratmeilen überſteigt (a. a. O.
p. 309—312), halte ich für älter als die Hebungen des Altai und
Thian=ſchan. Die Hebungsſpalte der letztgenannten Gebirgs=
kette hat ſich durch die große Niederung nicht fortgepflanzt. Erſt
weſtlich von dem caſpiſchen Meere findet man ſie wieder, mit
einiger Abänderung in der Richtung, als Caucaſus=Kette:
aber mit allen trachytiſchen und vulkaniſchen Erſcheinungen. Dieſer
geognoſtiſche Zuſammenhang iſt auch von Abich anerkannt und
durch wichtige Beobachtungen beſtätigt worden. In einem Auf=
ſatze über den Zuſammenhang des Thian=ſchan mit dem Caucaſus,
welchen ich von dieſem großen Geognoſten beſitze, heißt es aus=
drücklich: „Die Häufigkeit und das entſcheidende Vorherrſchen eines
über das ganze Gebiet (zwiſchen dem Pontus und caſpiſchen Meere)
verbreiteten Syſtems von parallelen Dislocations= und
Erhebungs=Linien (nahe von Oſt in Weſt) führt die mittlere
Achſenrichtung der großen latitudinalen central=aſiatiſchen
Maſſen=Erhebungen auf das beſtimmteſte weſtlich vom Kospurt=
und Bolor=Syſteme zum caucaſiſchen Iſthmus hinüber. Die mitt=
lere Streichungs=Richtung des Caucaſus SO—NW iſt in dem
centralen Theile des Gebirges OSO—WNW, ja bisweilen völlig
O—W wie der Thian=ſchan. Die Erhebungs=Linien, welche
den Ararat mit den trachytiſchen Gebirgen Dzerlydagh und Karga=
baſſar bei Erzerum verbinden, und in deren ſüdlicher Parallele
der Argaus, Sepandagh und Sabalan ſich an einander reihen;
ſind die entſchiedenſten Ausdrücke einer mittleren vulkaniſchen
Achſenrichtung, d. h. des durch den Caucaſus weſtlich ver=
längerten Thian=ſchan. Viele andere Gebirgsrichtungen von
Central=Aſien kehren aber auch auf dieſem merkwürdigen Raume
wieder, und ſtehen, wie überall, in Wechſelwirkung zu einander,
ſo daß ſie mächtige Bergknoten und Marima der Berg=Anſchwel=
lung bilden.“ — Plinius (VI, 17) ſagt: Persac appellavere Cau-
casum montem Graucasim (var. Graucasum, Groucasim, Groca-
sum), hoc est nive candidum; worin Bohlen die Sanskritwörter

kås glänzen und gravan Fels zu erkennen glaubte. (Vergl. meine
Asie centrale T I. p. 109.) Wenn etwa der Name Grauca-
sus in Caucasus verstümmelt wurde, so konnte allerdings, wie
Klausen in seinen Untersuchungen über die Wanderungen der Jo
sagt (Rheinisches Museum für Philologie Jahrg. III. 1845
S. 298), ein Name, „in welchem jede seiner ersten Sylben den
Griechen den Gedanken des Brennens erregte, einen Brand=
berg bezeichnen, an den sich die Geschichte des Feuerbrenners
(Feuerzünders, πυρσαεύς) leicht poetisch wie von selbst anknüpfte."
Es ist nicht zu läugnen, daß Mythen bisweilen durch Namen ver=
anlaßt werden; aber die Entstehung eines so großen und wichtigen
Mythos, wie der typhonisch=caucasische, kann doch wohl nicht aus
der zufälligen Klangähnlichkeit in einem mißverstandenen Gebirgs=
namen herzuleiten sein. Es giebt bessere Argumente, deren auch
Klausen eines erwähnt. Aus der sachlichen Zusammenstellung von
Typhon und Caucasus, und durch das ausdrückliche Zeugniß
des Pherecydes von Syros (zur Zeit der 58ten Olympiade)
erhellt, daß das östliche Weltende für ein vulkanisches
Gebirge galt. Nach einer der Scholien zum Apollonius (Scho-
lia in Apoll. Rhod. ed. Schaefferi 1813 v. 1210 p. 524)
sagt Pherecydes in der Theogonie: „daß Typhon, verfolgt, zum
Caucasus floh und daß dort der Berg brannte (oder in Brand ge=
rieth); daß Typhon von da nach Italien flüchtete, wo die Insel Pithe=
cusa um ihn herumgeworfen (gleichsam herumgegossen) wurde." Die
Insel Pithecusa ist aber die Insel Aenaria (jetzt Ischia), auf welcher
der Epomeus (Epopon) nach Julius Obsequens 95 Jahre vor unsrer
Zeitrechnung, dann unter Titus, unter Diocletian und zuletzt, nach
der genauen Nachricht des Tolomeo Fiadoni von Lucca, zu derselben
Zeit Priors von Santa Maria Novella, im Jahr 1302 Feuer und
Laven auswarf. „Es ist seltsam", schreibt mir der tiefe Kenner
des Alterthums, Böckh, „daß Pherecydes den Typhon vom Cau=
casus fliehen läßt, weil er brannte, da er selbst der Urheber der
Erdbrande ist; daß aber sein Aufenthalt im Caucasus auf der
Vorstellung vulkanischer Eruptionen daselbst beruht, scheint auch
mir unläugbar." Apollonius der Rhodier, wo er (Apollon.
Rhod. Argon. lib. II v. 1212—1217 ed Beck) von der Geburt
des colchischen Drachen spricht, versetzt ebenfalls in den Caucasus
den Fels des Typhon, an welchem dieser von dem Blitze des

Kroniden Zeus getroffen wurde. — Mögen immer die Lavaströme und Kraterseen des Hochlandes Kelp, die Eruptionen des Ararat und Elburuz, oder die Obsidian= und Bimsstein=Ströme aus den alten Kratern des Riotandagh in eine vor=historische Zeit fallen; so können doch die vielen hundert Flammen, welche noch heute im Caucasus auf Bergen von sieben= bis achttausend Fuß Höhe wie auf weiten Ebenen in Erdspalten ausbrechen, Grund genug gewesen sein, um das ganze caucasische Gebirgsland für einen typhonischen Sitz des Feuers zu halten.

[62] (S. 255.) Humboldt, Asie centrale T. II. p. 511 und 513. Ich habe schon darauf aufmerksam gemacht (T. II p. 201), daß Edrisi der Feuer von Baku nicht erwähnt: da sie doch schon 200 Jahre früher, im 10ten Jahrhundert, Massudi Cothbeddin weitläuftig als ein Nefala=Land beschreibt, d. h. reich an bren= nenden Naphtha=Brunnen. (Vergl. Frähn, Ibn Fozlan p. 245, und über die Etymologie des medischen Wortes Naphtha Asiat Journal Vol. XIII. p 124)

[63] (S. 256.) Vergl. Moritz von Engelhardt und Fried. Parrot, Reise in die Krym und den Kaukasus 1815 Th. I. S. 71 mit Göbel, Reise in die Steppen des süd= lichen Rußlands 1838 Th. I. S. 249—253, Th. II S. 138—144.

[64] (S. 256.) Payen de l'Acide borique des Suffioni de la Toscane, in den Annales de Chimie et de Physique, 3me Série T. I. 1841 p. 247—255; Bischof, chem. und physik. Geologie Bd. I. S. 669—691; Établissements industriels de l'acide boracique en Toscane par le Comte de Larderel p 8.

[65] (S. 256.) Sir Roderick Impey Murchison on the vents of hot Vapour in Tuscany 1850 p. 7. (Vergl. auch die früheren geognostischen Beobachtungen von Hoffmann in Karsten's und Dechen's Archiv für Mineral. Bd. XIII. 1839 S. 19.) Targioni Tozzetti behauptet nach älteren, aber glaubwürdigen Traditionen, daß einige dieser den Ausbruchsort immerdar ver= ändernden Vorsäure=Quellen einst bei Nacht seien leuchtend (ent= zündet) gesehen worden. Um das geognostische Interesse für die Betrachtungen von Murchison und Pareto über die vulkanischen Beziehungen der Serpentin=Formation in Italien zu erhöhen, erinnere ich hier daran, daß die seit mehreren tausend Jahren

brennende Flamme der kleinasiatischen Chimära (bei der Stadt Deliktasch, dem alten Phaselis, in Lycien, an der Westküste des Golfs von Adalia) ebenfalls aus einem Hügel am Abhange des Solimandagh aufsteigt, in welchem man anstehenden Serpentin und Blöcke von Kalkstein gefunden hat. Etwas südlicher, auf der kleinen Insel Grambusa, sieht man den Kalkstein auf dunkelfarbigen Serpentin aufgelagert. S. die inhaltreiche Schrift des Admiral Beaufort, Survey of the coasts of Karamania 1818 p 40 und 48. deren Angaben durch die so eben (Mai 1854) von einem sehr begabten Künstler, Albrecht Berg, heimgebrachten Gebirgsarten vollkommen bestätigt werden. (Pierre de Tchihatcheff, Asie mineure 1853 T. I. p. 407)

 ⁶⁶ (S. 257.) Bischof a. a. O. S. 682.

⁶⁷ (S. 257.) Sartorius von Waltershausen, physisch-geographische Skizze von Island 1847 S. 123; Bunsen „über die Processe der vulkanischen Gesteinsbildungen Islands" in Poggend. Annalen Bd. 83. S. 257.

⁶⁸ (S. 257.) Waltershausen a. a. O. S. 118.

⁶⁹ (S. 259.) Humboldt et Gay-Lussac, Mém. sur l'analyse de l'air atmosphérique im Journal de Physique, par Lamétherie T. LX. an 13 p. 151 (vergl. meine Kleineren Schriften Bd. I. S. 346).

⁷⁰ (S. 259.) »C'est avec émotion que je viens de visiter un lieu que vous avez fait connaître il y a cinquante ans. L'aspect des petits Volcans de Turbaco est tel que vous l'avez décrit. c'est le même luxe de la végétation, le même nombre et la même forme des cônes d'argile, la même éjection de matière liquide et boueuse; rien n'est changé, si ce n'est la nature du gaz qui se dégage. J'avais avec moi, d'après les conseils de notre ami commun, Mr. Boussingault, tout ce qu'il fallait pour l'analyse chimique des emanations gazeuses, même pour faire un mélange frigorifique dans le but de condenser la vapeur d'eau, puisqu'on m'avait exprimé le doute, qu'avec cette vapeur on avait pu confondre l'azote. Mais cet appareil n'a été aucunement nécessaire. Dès mon arrivée aux *Volcancitos* l'odeur prononcée de bitume m'a mis sur la voie, et j'ai commencé par allumer le gaz sur l'orifice même de chaque petit cratère. On aperçoit même aujourd'hui a la surface du liquide qui s'élève

par intermittence, une mince pellicule de pétrole. Le gaz re-
cueilli *brûle tout entier*, sans résidu d'azote (?) et sans déposer
du *soufre* (au contact de l'atmosphère). Ainsi la *nature du
phénomène a complètement changé depuis votre voyage, à moins
d'admettre une erreur d'observation*, justifiée par l'état moins
avancé de la chimie expérimentale a cette époque. Je ne doute
plus maintenant que la grande éruption de *Galera Zamba*, qui
a éclairé le pays dans un rayon de cent kilomètres, ne soit un
phénomène de Salses, développé sur une grande échelle, puisqu'il y existe des centaines de petits cônes, vomissant de l'argile salée, sur une surface de plus de 400 lieues carrées. — Je
me propose d'examiner les produits gazeux des cônes de Tu-
barà, qui sont les Salses les plus éloignées de vos *Volcancitos*
de Turbaco. D'après les manifestations si puissantes qui ont
fait disparaître une partie de la péninsule de Galera Zamba, de-
venue une île, et après l'apparition d'une nouvelle île, soulevée
du fond de la mer voisine en 1848 et disparue de nouveau, je
suis porté à croire que c'est près de Galera Zamba, a l'ouest
du Delta du Rio Magdalena, que se trouve le principal foyer du
phénomène des Salses de la Province de Carthagène « (Aus
einem Briefe des Obersten Acosta an A. v. H., Turbaco b. 21 Dec.
1850.) — Vergl. auch Mosquera, Memoria politica sobre
la Nueva Granada 1852 p. 73; und Lionel Gisborne, the
Isthmus of Darien p 48.

[71] (S. 260.) Ich habe auf meiner ganzen amerikanischen Expedition streng den Rath Vauquelin's befolgt, unter dem ich einige
Zeit vor meinen Reisen gearbeitet: das Detail jedes Versuchs an
demselben Tage niederzuschreiben, und aufzubewahren. Aus meinen
Tagebüchern vom 17 und 18 April 1801 schreibe ich hier folgendes
ab: „Da demnach das Gas nach Versuchen mit Phosphor und ni-
trösem Gas kaum 0,01 Sauerstoff, mit Kalkwasser nicht 0,02 Kohlensäure zeigte; so frage ich mich, was die übrigen 97 Hundert-
theile sind. Ich vermuthete zuerst, Kohlen- und Schwefel-Wasserstoff; aber im Contact mit der Atmosphäre setzt sich an die kleinen
Kraterränder kein Schwefel ab, auch war kein Geruch von geschwefeltem Wasserstoffgas zu spüren. Der problematische Theil könnte
scheinen reiner Stickstoff zu sein, da, wie oben erwähnt, eine
brennende Kerze nichts entzündete; aber ich weiß aus der

Zeit meiner Analysen der Grubenwetter, daß ein von aller Kohlensäure freies, leichtes Wasserstoffgas, welches bloß an der Firste
eines Stollens stand, sich auch nicht entzündete, sondern das
Grubenlicht verlöschte: während letzteres an tiefen Punkten hell
brannte, wo die Luft beträchtlich mit Stickgas gemengt war. Der
Rückstand von dem Gas der Volcancitos ist also wohl Stickgas mit
einem Antheil von Wasserstoffgas zu nennen: einem Antheil,
den wir bis jetzt nicht quantitativ anzugeben wissen. Sollte unter
den Volcancitos derselbe Kohlenschiefer liegen, den ich westlicher am
Rio Sinu gesehen, oder Mergel und Alaunerde? Sollte atmosphä-
rische Luft in, durch Wasser gebildete Höhlungen auf engen Klüften
eindringen und sich im Contact mit schwarzgrauem Letten zersetzen,
wie in den Sinkwerken im Salzthon von Hallein und Berch-
tholdsgaden, wo die Weitungen sich mit lichtverlöschenden Gasen
füllen? oder verhindern die gespannt, elastisch ausströmenden
Gas-Arten das Eindringen der atmosphärischen Luft?" Diese Fragen
schrieb ich nieder in Turbaco vor 53 Jahren. Nach den neuesten Beobachtungen von Herrn Bauvert de Méan (1854) hat sich die Entzündlichkeit der ausströmenden Luftart vollkommen erhalten. Der Reisende
hat Proben des Wassers mitgebracht, welches die kleine Krater-Oeffnung der Volcancitos erfüllt. In demselben hat Vouffingalut Kochsalz 6gr,59 auf ein Litre; kohlensaures Natron 0,31; schwefelsaures
Natron 0,20; auch Spuren von borsaurem Natron und Jod gefunden.
In dem niedergefallenen Schlamme erkannte Ehrenberg in genauer
microscopischer Untersuchung keine Kalktheile, nichts Verschlacktes;
aber Quarzkörner, mit Glimmer-Blättchen gemengt, und viele kleine
Krystall-Prismen schwarzen Augits, wie er oft in vulkanischem Tuff
vorkommt: keine Spur von Spongiolithen oder polygastrischen Infusorien, nichts, was die Nähe des Meeres andeutete; dagegen aber
viele Reste von Dicotyledonen, von Gräsern und Sporangien der
Lichenen, an die Bestandtheile der Moya von Pelileo erinnernd.
Während Ch. Sainte-Claire Deville und Georg Bornemann in ihren
schönen Analysen der Macalube di Terrapilata in dem ausgestoßenen
Gas 0,99 gekohltes Wasserstoffgas fanden; gab ihnen das Gas, welches
in der Agua Santa di Limosina bei Catanea aufsteigt, wie einst
Turbaco, 0,98 Stickgas, ohne Spur von Sauerstoff. (Comptes
rendus de l'Acad. des Sc. T. 43. 1856 p 361 und 366.)

[72] (S. 261.) Humboldt, Vues des Cordillères et

Monumens des peuples indigènes de l'Amérique Pl. XLI p. 239. Die ſchöne Zeichnung der Volcancitos de Turbaco, nach welcher die Kupfertafel geſtochen wurde, iſt von der Hand meines damaligen jungen Reiſegefährten, Louis de Rieur. — Ueber das alte Taruaco in der erſten Zeit der ſpaniſchen Conquiſta ſ. Herrera, Dec. I. p 251.

⁷³ (S. 262.) Lettre de Mr. Joaquin Acosta à Mr Élie de Beaumont in den Comptes rendus de l'Acad. des Sc. T XXIX. 1849 p. 530—534.

⁷⁴ (S. 263.) Humboldt, Asie centrale T. II. p. 519 bis 540: meiſt nach Auszügen aus chineſiſchen Werken von Klaproth und Stanislas Julien. Das alte chineſiſche Seilbohren, welches in den Jahren 1830 bis 1842 mehrfach und bisweilen mit Vortheil in Steinkohlen=Gruben in Belgien und Deutſchland angewandt worden iſt, war (wie Jobard aufgefunden) ſchon im 17ten Jahr=hundert in der Relation de l'Ambassadeur hollandais van Hoorn beſchrieben worden; aber die genaueſte Nachricht von dieſer Bohr=Methode der Feuerbrunnen (Ho-tsing) hat der franzöſiſche Miſſionar Imbert gegeben, der ſo viele Jahre in Kia=ting=fu reſidirt hat (ſ. Annales de l'Association de la Propa-gation de la Foy 1829 p 369—381)

⁷⁵ (S. 264.) Nach Diard, Asie centr T II p. 515. Außer den Schlamm=Vulkanen bei Damak und Surabaya giebt es auf anderen Inſeln des indiſchen Archipels noch die Schlamm-Vulkane von Pulu=Semao, Pulu=Kambing und Pulu=Rotti; ſ. Junghuhn, Java, ſeine Geſtalt und Pflanzendecke, 1852 Abth. III. S 830.

⁷⁶ (S. 264.) Junghuhn a. a. O. Abth. I S. 201, Abth. III. S. 854—859. Die ſchwächeren Hundsgrotten auf Java ſind Gua=Upas und Gua=Galan (das erſtere Wort iſt das Sans-kritwort guhâ Höhle). Da es wohl keinem Zweifel unterworfen ſein kann, daß die Grotta del Cane in der Nähe des Lago di Ag-nano dieſelbe iſt, welche Plinius (II cap. 93) vor faſt 18 Jahr=hunderten »in agro Puteolano« als »Charonea scrobis mortiferum spiritum exhalans« beſchrieben hat; ſo muß man allerdings mit Scacchi (Memorie geol. sulla Campania 1849 p. 48) verwundert ſein, daß in einem von dem Erdbeben ſo oft bewegten, lockeren Boden ein ſo kleinliches Phänomen (die Zuleitung einer geringen Menge von kohlenſaurem Gas) hat unverändert und ungeſtört bleiben können.

[77] (S. 264.) Blume, Rumphia sive Commentationes botanicae T. I. (1835) p. 47—59.

[78] (S. 265.) Humboldt, Essai géognostique sur le gisement des Roches dans les deux Hémisphères 1823 p. 76; Bouffingault in den Annales de Chimie et de Physique T. LII. 1833 p. 11.

[79] (S. 266.) S. über die Höhe von Alaufi (bei Ticsan) am Cerro Cuello das Nivellement barométr. No. 206 in meinen Observ. astron. Vol 1. p. 311.

[80] (S. 266.) »L'existence d'une *source de naphte*, sortant au fond de la mer d'un micaschiste grenatifère, et répandant, selon l'expression d'un historien de la *Conquista*, Oviedo, une »liqueur résineuse, aromatique et médicinale«, est un fait extremement remarquable. Toutes celles que l'on connaît jusqu'ici, appartiennent aux montagnes secondaires; et ce mode de gisement semblait favoriser l'idée que tous les bitumes minéraux (Hatchett dans les *Transact. of the Linnaean Society* 1798 p. 129) étaient dus a la destruction des matières végétales et animales ou a l'embrasement des houilles. Le phénomène du Golfe de Cariaco acquiert une nouvelle importance, si l'on se rappelle que le même terrain dit primitif renferme des feux souterrains, qu'au bord des cratères enflammés *l'odeur de pétrole* se fait sentir de tems en tems (p. e. dans l'éruption du Vésuve 1805, lorsque le Volcan lançait des scories), et que la plupart des sources très chaudes de l'Amérique du Sud sortent du granite (las Trincheras près de Portocabello), du gneis et du schiste micace. — Plus à l'est du méridien de Cumana, en descendant de la Sierra de Meapire, on rencontre d'abord le terrain creux (*tierra hueca*) qui, pendant les grands tremblemens de terre de 1766 a jeté de l'asphalte enveloppé dans du pétrole visqueux; et puis au-delà de ce terrain une infinité de sources chaudes hydrosulfureuses.« (Humboldt, Relat. hist. du Voyage aux Régions équin. T. 1. p. 136, 344, 347 und 447.)

[81] (S. 269.) Kosmos Bd. 1. S. 244.

[82] (S. 270.) Strabo I pag 58 Casaub. Das Beiwort διάπυρος beweist, daß hier nicht von Schlamm-Vulkanen die Rede ist. Wo auf diese Plato in seinen geognostischen Phantasien anspielt, Mythisches mit Beobachtetem vermischend, sagt er bestimmt

(im Gegensatz der Erscheinung, welche Strabo beschreibt) ὑγροῦ πηλοῦ ποταμοί Ueber die Benennungen πηλός und ῥύαξ als vulkanische Ergießungen habe ich schon bei einer früheren Gelegenheit (Kosmos Bd. I. S. 450—452 Anm. 95) gehandelt; und erinnere hier nur noch an eine andere Stelle des Strabo (VI p. 269), in der die sich erhartende Lava, πηλός μέλας genannt, auf das deutlichste charakterisirt ist. In der Beschreibung des Aetna heißt es: „Der in Verhärtung übergehende Gluhstrom (ῥύαξ) versteinert die Erdoberfläche auf eine beträchtliche Tiefe, so daß, wer sie aufdecken will, eine Steinbruch-Arbeit unternehmen muß. Denn da in den Krateren das Gestein geschmolzen und sodann emporgehoben wird, so ist die dem Gipfel entströmende Flüssigkeit eine schwarze, den Berg herabfließende Kothmasse (πηλός), welche, nachher verhärtend, zum Mühlstein wird, und dieselbe Farbe behält, die sie früher hatte."

[53] (S. 270.) Kosmos Bd. I. S. 452 (Anm. 98).

[54] (S. 271.) Leop. von Buch über basaltische Inseln und Erhebungskrater in den Abhandl. der Kön. Akademie der Wiss. zu Berlin auf das J. 1818 und 1819 S. 51; desselben physicalische Beschreibung der canarischen Inseln 1825 S. 213, 262, 284, 313, 323 und 341. Diese, für die gründliche Kenntniß vulkanischer Erscheinungen Epoche machende Schrift ist die Frucht der Reise nach Madera und Teneriffa von Anfang April bis Ende October 1815; aber Naumann erinnert mit vielem Rechte in seinem Lehrbuch der Geognosie, daß schon in den von Leopold von Buch 1802 aus der Auvergne geschriebenen Briefen (geognostische Beob. auf Reisen durch Deutschland und Italien Bd. II. S. 282) bei Gelegenheit der Beschreibung des Mont d'Or die Theorie der Erhebungs-Krater und ihr wesentlicher Unterschied von den eigentlichen Vulkanen ausgesprochen wurde. Ein lehrreiches Gegenstück zu den 3 Erhebungs-Krateren der canarischen Inseln (auf Gran Canaria, Teneriffa und Palma) liefern die Azoren. Die vortrefflichen Karten des Capitän Vidal, deren Bekanntmachung wir der englischen Admiralität verdanken, erläutern die wundersame geognostische Construction dieser Inseln. Auf S. Miguel liegt die ungeheuer große, im J. 1444 fast unter Cabral's Augen gebildete Caldeira das sete Cidades: ein Erhebungs-Krater, welcher 2 Seen, die Lagoa grande

und die Lagoa azul, in 812 F. Höhe einschließt. An Umfang ist fast gleich groß die Caldeira de Corvo, deren trockner Theil des Bodens 1200 F. Höhe hat. Fast dreimal höher liegen die Erhebungs-Kratere von Fayal und Terceira. Zu derselben Art der Ausbruch-Erscheinungen gehören die zahllosen, aber vergänglichen Gerüste, welche 1691 in dem Meere um die Insel S. Jorge und 1757 um die Insel S. Miguel nur auf Tage sichtbar wurden. Das periodische Anschwellen des Meeresgrundes kaum eine geographische Meile westlich von der Caldeira das sete Cidades, eine größere und etwas länger dauernde Insel (Sabrina) erzeugend, ist bereits früher erwähnt (Kosmos Bd. I. S. 252). Ueber den Erhebungs-Krater der Astruni in den phlegräischen Feldern und die in seinem Centrum emporgetriebene Trachytmasse als ungeöffneten glockenförmigen Hügel s. Leop. von Buch in Poggendorff's Annalen Bd. XXXVII. S. 171 und 182. Ein schöner Erhebungs-Krater ist Rocca Monfina: gemessen und abgebildet in Abich, geol. Beob. über die vulkan. Erscheinungen in Unter- und Mittel-Italien 1841 Bd. I. S. 113 Tafel II.

⁸⁵ (S. 272.) Sartorius von Waltershausen, physisch-geographische Skizze von Island 1847 S. 107.

⁸⁶ (S. 274.) Es ist viel gestritten worden, an welche bestimmte Localität der Ebene von Trözen oder der Halbinsel Methana sich die Beschreibung des römischen Dichters anknüpfen lasse. Mein Freund, der große, durch viele Reisen begünstigte, griechische Alterthumsforscher und Chorograph, Ludwig Roß, glaubt, daß die nächste Umgegend von Trözen keine Oertlichkeit darbietet, die man auf den blasenförmigen Hügel deuten könne, und daß, in poetischer Freiheit, Ovid das mit Naturwahrheit geschilderte Phänomen auf die Ebene verlegt habe. „Südwärts von der Halbinsel Methana und ostwärts von der trözenischen Ebene", schreibt Roß, „liegt die Insel Kalauria, bekannt als der Ort, wo Demosthenes, von den Macedoniern gedrängt, im Tempel des Poseidon das Gift nahm. Ein schmaler Meeresarm scheidet das Kalkgebirge Kalauria's von der Küste: von welchem Meeresarm (Durchfahrt, πόρος) Stadt und Insel ihren heutigen Namen haben. In der Mitte des Sundes liegt, durch einen niedrigen, vielleicht ursprünglich künstlichen Damm mit Kalauria verbunden, ein kleines conisches Eiland, in seiner Gestalt einem der Länge nach durchgeschnittenen Ei zu

vergleichen. Es ist durchaus vulkanisch, und besteht aus graugelbem und gelbröthlichem Trachyt, mit Lava-Ausbruchen und Schlacken gemengt, fast ganz ohne Vegetation. Auf diesem Eilande steht die heutige Stadt Poros, an der Stelle der alten Kalauria. Die Bildung des Eilandes ist der der jüngeren vulkanischen Inseln im Busen von Thera (Santorin) ganz ähnlich. Ovidius ist in seiner begeisterten Schilderung wahrscheinlich einem griechischen Vorbilde oder einer alten Sage gefolgt." (Ludw. Roß in einem Briefe an mich vom November 1845.) Virlet hatte als Mitglied der französischen wissenschaftlichen Expedition die Meinung aufgestellt, daß jene vulkanische Erhebung nur ein späterer Zuwachs der Trachytmasse der Halbinsel Methana gewesen sei. Dieser Zuwachs finde sich in dem Nordwest-Ende der Halbinsel, wo das schwarze verbrannte Gestein, Kammeni-petra genannt, den Kammeni bei Santorin ähnlich, einen jüngeren Ursprung verrathe. Pausanias theilt die Sage der Einwohner von Methana mit: daß an der Nordküste, ehe die, noch jetzt berühmten Schwefel-Thermien ausbrachen, Feuer aus der Erde aufgestiegen sei. (S. Curtius, Peloponnesos Bd. I. S. 42 und 56.) Ueber den „unbeschreiblichen Wohlgeruch", welcher bei Santorin (Sept. 1650) auf den stinkenden Schwefelgeruch folgte, s. Roß, Reisen auf den griech. Inseln des ägäischen Meeres Bd. I. S. 196. Ueber den Naphtha-Geruch in den Dämpfen der Lava der 1796 erschienenen aleutischen Insel Umnack s. Kotzebues Entdeckungs-Reise Bd. II S. 166 und Léop. de Buch, Description phys. des Iles Canaries p. 458.

[57] (S. 274.) Der höchste Gipfel der Pyrenäen, d. i. der Pic de Nethou (der östliche und höhere Gipfel der Maladetta- oder Malahita-Gruppe), ist zweimal trigonometrisch gemessen worden; und hat nach Reboul 10737 Fuß (3481 ⁿ), nach Coraboeuf 10478 Fuß (3404 ⁿ). Er ist also an 1600 F. niedriger als der Mont Pelvoux in den französischen Alpen bei Briançon. Dem Pic de Nethou sind in den Pyrenäen am nächsten an Höhe der Pic Posets oder Crist, und aus der Gruppe des Marboré der Montperdu und der Cylindre.

[58] (S. 274.) Memoire pour servir à la Description géologique de la France T. II p. 339. Vergl. über Valleys of elevation und encircling Ridges in der silurischen Formation die vortrefflichen Schilderungen von Sir Roderick Murchison in the Silurian System P. I p. 427—442.

[89] (S. 275.) Bravais und Martins, Observ. faites au Sommet et au Grand Plateau du Mont-Blanc, im Annuaire météorol. de la France pour 1850 p. 131.

[90] (S. 275.) Kosmos Bd. IV. S. 221. Ich habe die Eifeler Vulkane zweimal, bei sehr verschiedenen Zuständen der Entwickelung der Geognosie: im Herbste 1794 und im August 1845, besucht: das erste Mal in der Umgegend des Laacher Sees und der, damals dort noch von Geistlichen bewohnten Abtei; das zweite Mal in der Umgegend von Bertrich, dem Mosenberge und den nahen Maaren: immer nur auf wenige Tage. Da ich bei der letzten Excursion das Glück genoß meinen innigen Freund, den Berghauptmann von Dechen, begleiten zu können; so habe ich, durch einen vieljährigen Briefwechsel und durch Mittheilung wichtiger handschriftlicher Aufsätze, die Beobachtungen dieses scharfsinnigen Geognosten frei benutzen dürfen. Oft habe ich, wie es meine Art ist, durch Anführungszeichen das unterschieden, was ich wörtlich dem Mitgetheilten entlehnte.

[91] (S. 276.) H. von Dechen, geogn. Uebersicht der Umgegend von Bad Bertrich 1847 S. 11—51.

[92] (S. 276.) Stengel in Nöggerath, das Gebirge von Rheinland und Westphalen Bd. I. S. 79 Tafel III. Vergl. auch die vortrefflichen, die Eifel und das Neuwieder Becken umfassenden Erläuterungen C. von Oeynhausen's zu seiner geogn. Karte des Laacher Sees 1847 S. 34, 39 und 42. Ueber die Maare s. Steininger, geognostische Beschreibung der Eifel 1853 S. 113. Seine früheste verdienstliche Arbeit, „die erloschenen Vulkane in der Eifel und am Nieder-Rhein", ist von 1820.

[93] (S. 279.) Der Leucit (gleichartig vom Vesuv, von Rocca di Papa im Albaner Gebirge, von Viterbo, von der Rocca Monfina: nach Pilla bisweilen von mehr als 3 Zoll Durchmesser, und aus dem Dolerit des Kaiserstuhls im Breisgau) findet sich auch „anstehend als Leucit-Gestein in der Eifel am Burgberge bei Rieden. Der Tuff schließt in der Eifel große Blöcke von Leucitophyr ein bei Voll und Weibern." — Ich kann der Versuchung nicht widerstehen, einem von Mitscherlich vor wenigen Wochen in der Berliner Akademie gehaltenen, chemisch-geognostischen Vortrage folgende wichtige Bemerkung aus einer Handschrift zu entnehmen: „Nur

Wasserdämpfe können die Auswurfe der Eifel bewirkt haben; sie
würden aber den Olivin und Augit zu den feinsten Tropfen zertheilt
und zerstäubt haben, wenn sie diese noch flüssig getroffen hätten.
Der Grundmasse in den Auswurflingen sind auf's innigste,
z. B. am Dreiser Weiher, Bruchstücke des zertrümmerten alten
Gebirges eingemengt, welche häufig zusammengesintert sind. Die
großen Olivin= und die Augitmassen finden sich sogar in der Regel
mit einer dicken Kruste dieses Gemenges umgeben; nie kommt
im Olivin oder Augit ein Bruchstück des älteren Gebirges
vor: beide waren also schon fertig gebildet, ehe sie an die Stelle
gelangten, wo die Zertrümmerung statt fand. Olivin und Augit
hatten sich also aus der flüssigen Basaltmasse schon ausgesondert,
ehe diese eine Wasser=Ansammlung oder eine Quelle traf, die das
Herauswerfen bewirkte." Vergl. über die Bomben auch einen älteren
Aufsatz von Leonhard Horner in den Transactions of the
Geological Soc. 2ᵈ Ser. Vol. IV. Part 2 1836 p. 467.

⁹⁴ (S. 279.) Leop. von Buch in Poggendorff's Annalen
Bd. XXXVII. S. 179. Nach Scacchi gehören die Auswurflinge
zu dem ersten Ausbruch des Vesuvs im Jahr 79; Leonhard's
neues Jahrbuch für Mineral. Jahrg. 1853 S. 259.

⁹⁵ (S. 282.) Ueber Bildungsalter des Rheinthals s. H. von
Dechen, geogn. Beschr. des Siebengebirges in den Ver=
handl. des naturhist. Vereins der Preuß. Rheinlande
und Westphalens 1852 S. 556—559. — Von den Infusorien der
Eifel handelt Ehrenberg in den Monatsberichten der Akad.
der Wiss. zu Berlin 1844 S. 337, 1845 S. 133 und 148, 1846
S. 161—171. Der mit infusorien=haltigen Bimsstein=Brocken er=
füllte Traß von Brohl bildet Hügel bis zu 800 F. Höhe.

⁹⁶ (S. 282.) Vergl. Rozet in den Mémoires de la Société géologique, 2ᵐᵉ Série T. I. p. 119. Auch auf der In=
sel Java, dieser wunderbaren Stätte vielfacher vulkanischer Thä=
tigkeit, findet man „Krater ohne Kegel, gleichsam flache Vulkane"
(Junghuhn, Java, seine Gestalt und Pflanzendecke
Lief. VII S. 640), zwischen Gunung Salak und Perwakti, „als
Explosions=Kratere" den Maaren analog. Ohne alle Rand=Er=
höhung, liegen sie zum Theil in ganz flachen Gegenden der Ge=
birge, haben eckige Bruchstücke der gesprengten Gesteinschichten um
sich her zerstreut, und stoßen jetzt nur Dämpfe und Gas=Arten aus.

[97] (S. 283.) Humboldt, Umrisse von Vulkanen der Cordilleren von Quito und Merico, ein Beitrag zur Physiognomik der Natur, Tafel IV (Kleinere Schriften Bd. I. S. 133—205).

[98] (S. 283.) Umrisse von Vulkanen Tafel VI.

[99] (S. 283.) A. a. O. Taf. VIII (Kleinere Schriften Bd. I. S. 463—467). Ueber die topographische Lage des Popocatepetl (rauchender Berg in aztekischer Sprache) neben der (liegenden) weißen Frau, Iztaccihuatl, und sein geographisches Verhältniß zu dem westlichen See von Tezcuco und der östlich gelegenen Pyramide von Cholula s. meinen Atlas geogr. et phys. de la Nouvelle-Espagne Pl. 3

[100] (S. 283.) Umrisse von Vulkanen Tafel IX; der Sternberg, in aztekischer Sprache Citlaltepetl· Kleinere Schriften Bd. I. S. 467—470 und mein Atlas géogr et phys. de la Nouv. Espagne Pl. 17.

[1] (S. 283.) Umrisse von Vulk Tafel II.

[2] (S. 283.) Humboldt, Vues des Cordillères et Monumens des peuples indigènes de l'Amérique (fol) Pl. LXII.

[3] (S. 283.) Umrisse von Vulk. Taf. I und X (Kleinere Schriften Bd. I. S. 1—99).

[4] (S. 284.) Umrisse von Vulk. Taf. IV.

[5] (S. 284.) A. a. O. Taf. III und VII.

[6] (S. 284.) Lange vor der Ankunft von Bouguer und La Condamine (1736) in der Hochebene von Quito, lange vor den Bergmessungen der Astronomen wußten dort die Eingeborenen, daß der Chimborazo höher als alle anderen Nevados (Schneeberge) der Gegend sei. Sie hatten zwei, sich fast im ganzen Jahre überall gleich bleibende Niveau-Linien erkannt: die der unteren Grenze des ewigen Schnees; und die Linie der Höhe, bis zu welcher ein einzelner, zufälliger Schneefall herabreicht. Da in der Aequatorial-Gegend von Quito, wie ich durch Messungen an einem anderen Orte (Asie centrale T. III. p. 255) erwiesen habe, die Schneelinie nur um 180 Fuß Höhe an dem Abhange von sechs der höchsten Colosse variirt; und da diese Variation, wie noch kleinere, welche Localverhältnisse erzeugen, in einer großen Entfernung gesehen (die Höhe des Gipfels vom Montblanc ist der Höhe der unteren Aequa-

torial=Schneegrenze gleich), dem bloßen Auge unbemerkbar wird:
so entsteht durch diesen Umstand für die Tropenwelt eine scheinbar
ununterbrochene Regelmäßigkeit der Schneebedeckung, d. h. der Form
der Schneelinie. Die landschaftliche Darstellung dieser Horizontalität
setzt die Physiker in Erstaunen, welche nur an die Unregelmäßigkeit
der Schneebedeckung in der veränderlichen, sogenannten gemä=
ßigten Zone gewöhnt sind. Die Gleichheit der Schneehöhe um Quito
und die Kenntniß von dem Maximum ihrer Oscillation bietet senk=
rechte Basen von 14800 Fuß über der Meeresfläche, von 6000
Fuß über der Hochebene dar, in welcher die Städte Quito, Ham=
bato und Nuevo Riobamba liegen: Basen, die, mit sehr genauen
Messungen von Höhenwinkeln verbunden, zu Distanz=Bestimmungen
und mannigfaltigen topographischen, schnell auszuführenden Arbeiten
benutzt werden können. Die zweite der hier bezeichneten Niveau=
Linien: die Horizontale, welche den unteren Theil eines einzelnen,
zufälligen Schneefalles begrenzt; entscheidet über die relative Höhe
der Bergkuppen, welche in die Region des ewigen Schnees nicht
hineinreichen. Von einer langen Kette solcher Bergkuppen, die
man irrigerweise für gleich hoch gehalten hat, bleiben viele unter=
halb der temporären Schneelinie; und der Schneefall entscheidet
so über das relative Höhenverhältniß. Solche Betrachtungen über
perpetuirliche und zufällige Schneegrenzen habe ich in dem
Hochgebirge von Quito, wo die Sierras nevadas oft einander ge=
nähert sind ohne Zusammenhang ihrer ewigen Schneedecken, aus
dem Munde roher Landleute und Hirten vernommen. Eine groß=
artige Natur schärft anregend die Empfänglichkeit bei einzelnen
Individuen unter den farbigen Eingeborenen selbst da, wo sie auf
der tiefsten Stufe der Cultur stehen.

[7] (S. 285.) Abich in dem Bulletin de la Société de
Géographie, 4me Serie T. 1. (1851) p. 517, mit einer sehr
schönen Darstellung der Gestalt des alten Vulkans.

[8] (S. 285.) Humboldt, Vues des Cord. p. 295 Pl. LXI
und Atlas de la Relat. hist. du Voyage Pl. 27.

[9] (S. 286.) Kleinere Schriften Bd. I. S. 61, 81, 83 und 88.

[10] (S. 286.) Junghuhn, Reise durch Java 1845 S.
215 Tafel XX.

[11] (S. 287.) S. Adolf Erman's, auch in geognostischer Hin=
sicht so wichtige Reise um die Erde Bd. III. S. 271 und 207.

¹² (S. 287.) Sartorius von Waltershausen, phy=
sisch=geographische Skizze von Island 1847 S. 107;
desselben geognostischer Atlas von Island 1853 Tafel XV
und XVI

¹³ (S. 287.) Otto von Kotzebue, Entdeckungs=Reise
in die Südsee und in die Berings=Straße 1815 — 1818
Bd. III. S. 68; Reise=Atlas von Choris 1820 Tafel 5; Vicomte
d'Archiac, Hist. des Progrès de la Géologie 1847 T. I.
p 544, und Buzeta, Diccionario geogr estad historico
de las islas Filipinas T II. (Madr. 1851) p 436 und 470 — 471·
wo aber der zwiefachen Umzingelung, welche Delamare so
wissenschaftlich genau als umständlich in seinem Briefe an Arago
(Nov. 1842; Comptes rendus de l'Acad. des Sc. T. XVI.
p. 756) erwähnt, eines zweiten Kraters im Kratersee, nicht gedacht
wird. Der große Ausbruch im Dec 1754 (ein früherer, heftiger
geschah am 24 Sept. 1716) zerstörte das alte, am südwestlichen
Ufer des Sees gelegene Dorf Taal, welches später weiter vom
Vulkan wiedererbaut wurde. Die kleine Insel des Sees, auf
welcher der Vulkan emporsteigt, heißt Isla del Volcan (Buzeta
a. a. O.). Die absolute Höhe des Vulkans von Taal ist kaum 840 F.
Er gehört also nebst dem von Kosima zu den allerniedrigsten.
Zur Zeit der amerikanischen Expedition des Cap. Wilkes (1842)
war er in voller Thätigkeit; s. United States Explor. Exped. Vol. V. p. 317.

¹⁴ (S. 287.) Humboldt, Examen crit. de l'hist. de
la Géogr. T. III. p. 135; Hannonis Periplus in Hudson's
Geogr. Graeci min. T. I. p. 45.

¹⁵ (S. 288.) Kosmos Bd. I. S. 238.

¹⁶ (S. 289.) Ueber die Lage dieses Vulkanes, dessen Kleinheit
nur von dem Vulkan von Tanna und von dem des Mendaña über=
troffen wird, s. die schöne Karte des Japanischen Reichs von
F. von Siebold 1840.

¹⁷ (S. 289.) Ich nenne hier neben dem Pic von Teneriffa
unter den Insel=Vulkanen nicht den Mauna=roa, dessen kegel=
förmige Gestalt seinem Namen nicht entspricht. In der Sandwich=
Sprache bedeutet nämlich mauna Berg, und roa zugleich lang
und sehr. Ich nenne auch nicht den Hawaii, über dessen Höhe so
lange gestritten worden ist und der lange als ein am Gipfel

ungeöffneter trachytischer Dom beschrieben wurde. Der berühmte Krater Kiraueah (ein See geschmolzener aufwallender Lava) liegt östlich, nach Wilkes in 3724 F. Höhe, dem Fuße des Mauna=roa nahe; vergl. die vortreffliche Beschreibung in Charles Wilkes, Exploring Expedition Vol. IV. p. 165—196.

[18] (S. 290.) Brief von Fr. Hoffmann an Leop. von Buch über die geognostische Constitution der Liparischen Inseln, in Poggend. Annalen Bd. XXVI 1832 S. 59. Volcano, nach der neueren Messung von Ch. Sainte=Claire Deville 1190 Fuß, hat starke Eruptionen von Schlacken und Asche gehabt in den Jahren 1444, am Ende des 16ten Jahrhunderts, 1731, 1739 und 1771. Seine Fumarolen enthalten Ammoniak, borarsaures Selen, geschwefelten Arsenik, Phosphor und nach Vornemann Spuren von Jod. Die drei letzten Substanzen treten hier zum ersten Male unter den vulkanischen Producten auf. (Comptes rendus de l'Acad. des Sc. T. XLIII. 1856 p. 683.)

[19] (S. 290.) Squier in der American Association (tenth annual meeting, at New-Haven 1850).

[20] (S. 290.) S. Franz Junghuhn's überaus lehrreiches Werk: Java, seine Gestalt und Pflanzendecke 1852 Bd. I S. 99. Der Ringgit ist jetzt fast erloschen, nachdem seine furchtbaren Ausbrüche im Jahr 1586 vielen tausend Menschen das Leben gekostet hatten.

[21] (S. 290.) Der Gipfel des Vesuvs ist also nur 242 Fuß höher als der Brocken.

[22] (S. 290.) Humboldt, Vues des Cordillères Pl. XLIII und Atlas géogr et physique Pl 29.

[23] (S. 291.) Junghuhn a. a. O. Bd. I. S. 68 und 98.

[24] (S. 291.) Vergl. meine Relation hist. T. I. p. 93 besonders wegen der Entfernung, in welcher der Gipfel des Vulkans der Insel Pico bisweilen gesehen worden ist. Die ältere Messung Ferrer's gab 7428 Fuß: also 285 F. mehr als die, gewiß sorgfältigere Aufnahme des Cap. Vidal von 1843.

[25] (S. 291.) Erman in seiner interessanten geognostischen Beschreibung der Vulkane der Halbinsel Kamtschatka giebt der Awatschinskaja oder Gorelaja Sopka 8360 F., und der Strjeloschnaja Sopka, die auch Korjazkaja Sopka genannt wird, 11090 F. (Reise Bd. III. S. 494 und 540). Vergl. über beide Vulkane, von denen der erste der thätigste ist, L. de Buch, Descr.

phys. des Iles Canaries p. 447—450 Die Erman'sche Meſſung des Vulkans von Awatscha ſtimmt am meiſten mit der früheſten Meſſung von Monges 1787 auf der Expedition von La Pérouse (8198 F.) und mit der neueren des Cap. Beechey (8497 F.) überein. Hofmann auf der Kotzebue'ſchen und Lenz auf der Lütke'ſchen Reiſe fanden nur 7664 und 7705 Fuß; vergl. Lütke, Voy. autour du Monde T. III. p. 67—84. Des Admirals Meſſung von der Strjeloſchnaja Sopka gab 10518 F.

²⁶ (S. 291.) Vergl Pentland's Höhentafel in Mary Somer= ville's Phys. Geogr. Vol. II. p. 452; Sir Woodbine Pariſh, Buenos-Ayres and the Prov. of the Rio de la Plata 1852 p. 343; Pöppig, Reiſe in Chile und Peru Bd. I. S. 411—434.

²⁷ (S. 291.) Sollte der Gipfel dieſes merkwürdigen Vulkans im Abnehmen der Höhe begriffen ſein? Eine barometriſche Meſſung von Baldey, Vidal und Mudge im Jahr 1819 gab noch 2975 Meter oder 9156 Fuß: während ein ſehr genauer und geübter Beobachter, welcher der Geognoſie der Vulkane ſo wichtige Dienſte geleiſtet hat, Sainte=Claire Deville (Voyage aux Iles Antilles et à l'Ile de Fogo p 155), im Jahr 1842 nur 2790 Meter oder 8587 Fuß fand Cap. King hatte kurz vorher die Höhe des Vulkans von Fogo gar nur zu 2686 Metern oder 8267 F. beſtimmt.

⁸ (S. 291.) Erman, Reiſe Bd. III. S. 271, 275 und 297. Der Vulkan Schiwelutſch hat, wie der Pichincha, die bei thätigen Vulkanen ſeltene Form eines langen Rückens (chrebei), auf dem ſich einzelne Kuppen und Kämme (grebni) erheben. Glocken = und Kegelberge werden in dem vulkaniſchen Gebiete der Halbinſel immer durch den Namen sopki bezeichnet.

⁴⁹ (S. 291.) Wegen der merkwürdigen Uebereinſtimmung der trigonometriſchen Meſſung mit der barometriſchen von Sir John Herſchel ſ. Kosmos Bd. I. S. 41 Anm. 2.

⁵⁰ (S. 291.) Die barometriſche Meſſung von Sainte= Claire Deville (Voy. aux Antilles p. 102—118) im Jahr 1842 gab 3706 Meter oder 11408 Fuß: nahe übereinſtimmend mit dem Reſultate (11430 Fuß) der zweiten trigonometriſchen Meſſung Borda's vom Jahre 1776, welche ich aus dem Manuscrit du Dépôt de la Marine habe zuerſt veröffentlichen können (Humboldt, Voy. aux Régions équinox. T. I p 116 und 275—287).

Borda's erste, mit Pingre gemeinschaftlich unternommene, trigo=
nometrische Messung vom Jahre 1771 gab, statt 11430 Fuß, nur
10452 F. Die Ursach des Irrthums war die falsche Notirung
eines Winkels (33′ statt 53′): wie mir Borda, dessen großem per=
sönlichen Wohlwollen ich vor meiner Orinoco=Reise so viele nütz=
liche Rathschläge verdanke, selbst erzählte.

^{31} (S. 291.) Ich folge der Angabe von Pentland, 12367 engl.
Fuß: um so mehr, als in Sir James Roß, Voy. of discovery
in the antarctic Regions Vol. I. p. 216, die Höhe des Vulkans,
dessen Rauch und Flammen=Ausbrüche selbst bei Tage sichtbar waren,
im allgemeinen zu 12400 engl. Fußen (11634 Par. Fuß) angegeben wird.

^{32} (S. 291.) Ueber den Argäus, den Hamilton zuerst bestiegen und barometrisch gemessen (zu 11921 Pariser Fuß oder
3905^m), s. Peter von Tchihatcheff, Asie mineure (1853) T. I.
p. 441—449 und 571. William Hamilton in seinem vortreff=
lichen Werke (Researches in Asia Minor) erhält als Mittel
von einer Barometer=Messung und einigen Höhenwinkeln 13000 feet
(12196 Par. F.); wenn aber nach Ainsworth die Höhe von Kaisarieh
1000 feet (938 Par. F.) niedriger ist, als er sie annimmt: nur
11258 Par. F. Vergl. Hamilton in den Transact. of the
Geolog Soc. Vol V. Part 3 1840 p. 596. Vom Argäus (Erd=
schisch Dagh) gegen Südost, in der großen Ebene von Eregli, erheben
sich südlich von dem Dorfe Karabunar und von der Berggruppe
Karabscha=Dagh viele, sehr kleine Ausbruch=Kegel. Einer der=
selben, mit einem Krater versehen, hat eine wunderbare Schiffsge=
stalt, an dem Vordertheil wie in einen Schnabel auslaufend. Es
liegt dieser Krater in einem Salzsee, an dem Wege von Karabunar
nach Eregli, eine starke Meile von dem erstern Orte entfernt. Der
Hügel führt denselben Namen. (Tchihatcheff T I. p. 455, William
Hamilton, Researches in Asia Minor Vol. II. p. 217.)

^{33} (S. 292.) Die angegebene Höhe ist eigentlich die des gras=
grünen Bergsees Laguna verde, an dessen Rande sich die, von
Boussingault untersuchte Solfatare befindet (Acosta, Viajes
cientificos á los Andes ecuatoriales 1849 p. 75).

^{34} (S. 292.) Boussingault ist bis zum Krater gelangt und
hat die Höhe barometrisch gemessen; sie stimmt sehr nahe mit der
überein, die ich 23 Jahre früher, auf der Reise von Popayan nach
Quito, schätzungsweise bekannt gemacht.

³⁵ (S. 292.) Die Höhe weniger Vulkane ist so überschätzt worden als die Höhe des Colosses der Sandwich-Inseln. Wir sehen dieselbe nach und nach von 17270 Fuß (einer Angabe aus der dritten Reise von Cook) zu 15465 F. in King's, zu 15588 F. in Marchand's Messung, zu 12909 F. durch Cap. Wilkes, und zu 12693 F. durch Horner auf der Reise von Kotzebue herabsinken. Die Grundlagen des letztgenannten Resultates hat Leopold von Buch zuerst bekannt gemacht in der Descr. phys. des Iles Canaries p. 379. Vergl. Wilkes, Explor. Exped. Vol. IV. p. 111—162. Der östliche Kraterrand hat nur 12609 F. Die Annahme größerer Höhe bei der behaupteten Schneelosigkeit des Mauna Roa (Br. 19° 28') würde dazu dem Resultat widersprechen, daß nach meinen Messungen im mexicanischen Continent in derselben Breite die Grenze des ewigen Schnees schon 13860 Fuß hoch gefunden worden ist (Humboldt, Voy. aux Régions equinox. T. I. p. 97, Asie centr. T. III. p. 269 und 359).

³⁶ (S. 292.) Der Vulkan erhebt sich westlich von dem Dorfe Cumbal, das selbst 9911 Fuß über dem Meere liegt (Acosta p. 76).

³⁷ (S. 292.) Ich gebe das Resultat von Erman's mehrfachen Messungen im Sept. 1829. Die Höhe der Kraterränder soll Veränderungen durch häufige Eruptionen ausgesetzt sein; denn es hatten im Aug. 1828 Messungen, die dasselbe Vertrauen einflößen konnten, eine Höhe von 15040 F. gegeben. Vergl. Erman's physikalische Beobachtungen auf einer Reise um die Erde Bd. I. S. 400 und 419 mit dem historischen Bericht der Reise Bd. III. S. 358—360.

³⁸ (S. 292.) Bouguer und La Condamine geben in der Inschrift zu Quito für den Tungurahua vor dem großen Ausbruch von 1772 und vor dem Erdbeben von Riobamba (1797), welches große Bergstürze veranlaßte, 15738 F. Ich fand trigonometrisch im Jahr 1802 für den Gipfel des Vulkans nur 15473 F.

³⁹ (S. 292.) Die barometrische Messung des höchsten Gipfels vom Volcan de Purace durch Francisco José Caldas, der, wie mein theurer Freund und Reisebegleiter, Carlos Montufar, als ein blutiges Opfer seiner Liebe für die Unabhängigkeit und Freiheit des Vaterlandes fiel, giebt Acosta (Viajes cientificos p. 70) zu 5184 Metern (15957 F.) an. Die Höhe des kleinen, Schwefeldampf mit heftigem Geräusch ausstoßenden Kraters (Azufral del Boqueron) habe

ich 13524 F. gefunden; Humboldt, Recueil d'Observ. astronomiques et d'opérations trigonom. Vol. I. p. 304.

⁴⁰ (S. 292.) Der Sangay ist durch seine ununterbrochene Tha-
tigkeit und seine Lage überaus merkwürdig: noch etwas östlich entfernt von der östlichen Cordillere von Quito, südlich vom Rio Pastaza, in 26 Meilen Abstandes von der nächsten Küste der Südsee:
eine Lage, welche (wie die Vulkane des Himmelsgebirges in Asien)
eben nicht die Theorie unterstützt, nach der die östlichen Cordilleren
in Chili wegen Meeresferne frei von vulkanischen Ausbrüchen sein
sollen. Der geistreiche Darwin hat nicht verfehlt dieser alten und
weit verbreiteten vulkanischen Littoral-Theorie in den Geological
Observations on South America 1846 p 185 umständlich
zu gedenken.

⁴¹ (S. 292.) Ich habe den Popocatepetl, welcher auch der Volcan grande de Mexico genannt wird, in der Ebene von Tetimba
bei dem Indianer-Dorfe San Nicolas de los Ranchos gemessen.
Es scheint mir noch immer ungewiß, welcher von beiden Vulkanen,
der Popocatepetl oder der Pic von Orizaba, der höhere sei. Vergl.
Humboldt, Recueil d'Observ. astron. Vol II. p. 543.

⁴² (S. 292.) Der mit ewigem Schnee bedeckte Pic von Orizaba,
dessen geographische Ortsbestimmung vor meiner Reise überaus irrig
auf allen Karten angegeben war, so wichtig auch dieser Punkt für die
Schifffahrt bei der Landung in Veracruz ist, wurde zuerst im
Jahr 1796 vom Encero aus trigonometrisch durch Ferrer gemessen.
Die Messung gab 16776 Fuß. Eine ähnliche Operation habe ich in
einer kleinen Ebene bei Xalapa versucht. Ich fand nur 16302 F.;
aber die Höhenwinkel waren sehr klein und die Grundlinie schwierig
zu nivelliren. Vergl. Humboldt, Essai politique sur la
Nouv. Espagne, 2ᵐᵉ éd. T I. 1825 p. 166; meinen Atlas
du Mexique (Carte des fausses positions) Pl. X, und Kleinere Schriften Bd. I. S. 468.

⁴³ (S. 292.) Humboldt, Essai sur la Géogr. des
Plantes 1807 p. 153. Die Höhe ist unsicher, vielleicht mehr als
$\frac{1}{15}$ zu groß

⁴⁴ (S. 292.) Ich habe den abgestumpften Kegel des Vulkans
von Tolima, der am nördlichen Ende des Paramo de Quindiu
liegt, im Valle del Carvajal bei dem Städtchen Ibague gemessen
im Jahr 1802. Man sieht den Berg ebenfalls, in großer Entfernung,

auf der Hochebene von Bogota. In dieser Ferne hat Caldas durch eine etwas verwickelte Combination im Jahr 1806 ein ziemlich angenähertes Resultat (17292 F.) gefunden; Semanario de la Nueva Granada, nueva Edicion, aumentada por J. Acosta 1849, p 349.

⁴⁵ (S. 292.) Die absolute Höhe des Vulkans von Arequipa ist so verschieden angegeben worden, daß es schwer wird zwischen bloßen Schatzungen und wirklichen Messungen zu unterscheiden. Der ausgezeichnete Botaniker der Malaspina'schen Weltumseglung, Dr. Thaddäus Hänke, gebürtig aus Prag, erstieg den Vulkan von Are-quipa im Jahr 1796, und fand auf dem Gipfel ein Kreuz, welches be-reits 12 Jahre früher aufgerichtet war. Durch eine trigonometrische Operation soll Hänke den Vulkan 3180 Toisen (19080 F.) über dem Meere gefunden haben. Diese, viel zu große Höhen-Angabe ent-stand wahrscheinlich aus einer irrigen Annahme der absoluten Höhe der Stadt Arequipa, in deren Umgebung die Operation vorgenom-men wurde. Wäre damals Hänke mit einem Barometer versehen gewesen, so würde wohl, nachdem er auf den Gipfel gelangt war, ein in trigonometrischen Messungen ganz ungeübter Botaniker nicht zu einer solchen geschritten sein Nach Hänke erstieg den Vulkan zuerst wieder Samuel Curzon aus den Vereinigten Staaten von Nord-amerika (Boston Philosophical Journal 1823 Nov. p. 168). Im Jahr 1830 schätzte Pentland die Höhe zu 5600 Metern (17240 F.), und diese Zahl (Annuaire du Bureau des Lon-gitudes pour l'an 1830 p. 325) habe ich für meine Carte hyp-sométrique de la Cordillère des Andes 1831 benußt. Mit derselben stimmt befriedigend (bis fast $\frac{1}{47}$) die trigonometrische Messung eines französischen See-Officiers, Herrn Dollev, überein, die ich 1826 der wohlwollenden Mittheilung des Cap. Alphonse de Moges in Paris verdankte. Dollev fand trigonometrisch den Gipfel des Vulkans von Arequipa 10348 Fuß, den Gipfel des Charcani 11126 F. über der Hochebene, in welcher die Stadt Arequipa liegt. Setzt man nun nach barometrischen Messungen von Pentland und Rivero die Stadt Arequipa 7366 F. (Pentland 7852 leet in der Höhen-Tabelle zur Physical Geography von Mary Somer-ville, 3te Aufl. Vol. II. p. 454, Rivero im Memorial de ciencias naturales T. II Lima 1828 p 65, Meyen, Reise um die Erde Th. II 1835 S. 5), so giebt mir Dollev's trigono-

metrische Operation für den Vulkan von Arequipa 17742 Fuß (2952 Toisen), für den Vulkan Charcani 18492 Fuß (3082 Toisen). Die oben citirte Höhen=Tabelle von Pentland giebt aber für den Vulkan von Arequipa 20320 engl. Fuß, 6190 Meter (19065 Par. Fuß): d. i. 1825 Par. Fuß mehr als die Bestimmung von 1830, und nur zu identisch mit Hänke's trigonometrischer Messung des Jahres 1796! Im Widerspruch mit diesem Resultat wird in den **Anales de la Universidad de Chile** 1852 p. 221 der Vulkan nur zu 5600 Metern oder 17240 Par. Fuß: also um 590 Meter niedriger, angegeben! Ein trauriger Zustand der Hypsometrie!

[46] (S. 292.) Boussingault, begleitet von dem kenntnißvollen Obristen Hall, hat fast den Gipfel des Cotopaxi erreicht. Er gelangte nach barometrischer Messung bis zu der Höhe von 5746 Metern oder 17698 F. Es fehlte nur ein kleiner Raum bis zum Rande des Kraters, aber die zu große Lockerheit des Schnees verhinderte das Weitersteigen. Vielleicht ist Bouguer's Höhen=Angabe etwas zu klein, da seine complicirte trigonometrische Berechnung von der Hypothese über die Höhe der Stadt Quito abhängt.

[47] (S. 292.) Der Sahama, welchen Pentland (**Annuaire du Bureau des Long.** pour 1830 p. 321) bestimmt einen noch thätigen Vulkan nennt, liegt nach dessen neuer Karte des Thals von Titicaca (1848) östlich von Arica in der westlichen Cordillere. Er ist 871 Fuß höher als der Chimborazo, und das Höhen=Verhältniß des niedrigsten japanischen Vulkans Kosima zum Sahama ist wie 1 zu 30. Ich habe angestanden den chilenischen Aconcagua, der, 1835 von Fitzroy zu 21767 Par. Fuß angegeben, nach Pentland's Correction 22431 Par. Fuß, nach der neuesten Messung (1845) des Capitäns Kellet auf der Fregatte Herald 23004 feet oder 21584 Par. Fuß hoch ist; in die fünfte Gruppe zu setzen, weil es nach den einander entgegengesetzten Meinungen von Miers (**Voyage to Chili** Vol I. p. 283) und Charles Darwin (**Journal of Researches into the Geology and Natural History of the various countries visited by the Beagle,** 2ᵈ ed. p. 291) etwas zweifelhaft bleibt, ob dieser colossale Berg ein noch entzündeter Vulkan ist. Mary Somerville, Pentland und Gilliß (**Naval Astr. Exped.** Vol. I. p. 126) läugnen auch die Entzündung. Darwin sagt: »I was surprised at hearing that the

Aconcagua was in action the same night (15 Jan. 1835), because this mountain most rarely shows any sign of action.«

⁴⁸ (S. 293.) Diese durchbrechenden Porphyrmassen zeigen sich besonders in großer Mächtigkeit nahe am Illimani in Centpampa (14962 F.) und Totorapampa (12860 F.); auch bildet ein glimmer= haltiger Quarzporphyr, Granaten, und zugleich eckige Frag= mente von Kieselschiefer einschließend, die obere Kuppe des berühmten silberreichen Cerro de Potosi (Pentland in Handschriften von 1832). Der Illimani, welchen Pentland erst zu 7315 und nachher zu 6445 Metern angab, ist seit dem Jahr 1847 auch der Gegenstand einer sorgfältigen Messung des Ingenieurs Pissis geworden, der bei Gele= genheit seiner großen trigonometrischen Aufnahme der Llanura de Bolivia den Illimani durch drei Triangel zwischen Calamarca und La Paz im Mittel 6509 Meter hoch fand: was von der letzten Pent= land'schen Bestimmung nur um 64ᵐ abweicht. S. Investigacio- nes sobre la altitud de los Andes, in den Anales de Chile 1852 p. 217 und 221.

⁴⁹ (S. 295.) Sartorius v. Waltershausen, geogn. Skizze von Island S. 103 und 107.

⁵⁰ (S. 296.) Strabo lib. VI p. 276 Casaub.; Plin. Hist. nat. III, 9 »Strongyle, quae a Lipara liquidiore flamma tantum differt; e cujus fumo quinam flaturi sint venti, in triduo praedicere incolae traduntur.« Vergl. auch Urlichs, Vindiciae Plinianae 1853 Fasc. I p. 39. Der, einst so thätige Vulkan von Lipara (im Nordosten der Insel) scheint mir entweder der Monte Campo bianco oder der Monte di Capo Castagno gewesen zu sein. (Vergl. Hoff= mann in Poggendorff's Annalen Bd. XXVI. S. 49—54.)

⁵¹ (S. 297.) Kosmos Bd. I. S. 231 und 448 (Anm. 77), Bd. IV S. 24 (Anm. 65). Herr Albert Berg, der früher ein malerisches Werk: Physiognomie der Tropischen Vegeta= tion von Südamerika, herausgegeben, hat 1853 von Rhodos und der Bucht von Myra (Andriace) aus die Chimära in Lycien bei Deliktasch und Yanartasch besucht. (Das türkische Wort täsch bedeutet Stein, wie dägh und tägh Berg; Deliktasch bedeutet: durchlöcherter Stein, vom türf. delik, Loch.) Der Reisende sah das Serpentinstein=Gebirge zuerst bei Adrasan, während Beaufort schon bei der Insel Garabusa (nicht Grambusa), südlich vom Cap Chelidonia, den dunkelfarbigen Serpentin auf Kalkstein angelagert,

vielleicht ihm eingelagert, fand. „Nahe bei den Ueberbleib=
seln des alten Vulkans=Tempels erheben sich die Reste einer christ=
lichen Kirche im spaten byzantinischen Style: Reste des Haupt=
schiffs und zweier Seiten=Capellen. In einem gegen Osten gele=
genen Vorhofe bricht die Flamme in dem Serpentin=Ge=
stein aus einer etwa 2 Fuß breiten und 1 Fuß hohen, camin=
artigen Oeffnung hervor. Sie schlägt 3 bis 4 Fuß in die Höhe,
und verbreitet (als Naphtha=Quelle?) einen Wohlgeruch, der sich
bis in die Entfernung von 40 Schritten bemerkbar macht. Neben
dieser großen Flamme und außerhalb der caminartigen Oeffnung
erscheinen auch auf Nebenspalten mehrere sehr kleine, immer ent=
zündete, zungelnde Flammen. Das Gestein, von der Flamme be=
rührt, ist stark geschwärzt; und der abgesetzte Ruß wird gesammelt,
zur Linderung der Schmerzen in den Augenliedern und besonders
zur Färbung der Augenbraunen. In drei Schritt Entfernung von
der Chimära=Flamme ist die Wärme, die sie verbreitet, schwer zu
ertragen. Ein Stück durres Holz entzündet sich, wenn man es in
die Oeffnung hält und der Flamme nähert, ohne sie zu berühren.
Da, wo das alte Gemäuer an den Felsen angelehnt ist, dringt auch
aus den Zwischenräumen der Steine des Gemäuers Gas aus, das,
wahrscheinlich von niederer Temperatur oder anders gemengt, sich
nicht von selbst entzündet, wohl aber durch ein genähertes Licht.
Acht Fuß unter der großen Flamme, im Inneren der Ruine, findet
sich eine runde, 6 Fuß tiefe, aber nur 3 Fuß weite Oeffnung, welche
wahrscheinlich einst überwölbt war, weil ein Wasserquell dort in
der feuchten Jahreszeit ausbricht, neben einer Spalte, uber der ein
Flämmchen spielt.“ (Aus der Handschrift des Reisenden.) — Auf
einem Situationsplan zeigt Berg die geographischen Verhältnisse
der Alluvialschichten, des (Tertiär=?) Kalksteins und des Serpen=
tin=Gebirges.

⁵¹ (S. 297.) Die älteste und wichtigste Notiz über den Vul=
kan von Masaya ist in einem erst vor 14 Jahren von dem verdienst=
vollen historischen Sammler Ternaur=Compans edirten Manuscripte
Oviedo's: Historia de Nicaragua (cap. V bis X) enthalten;
s. p. 115—197. Die französische Uebersetzung bildet einen Band
der Voyages, Relations et Mémoires originaux pour
servir à l'histoire et à la decouverte de l'Amérique.
Vergl. auch Lopez de Gomara, Historia general de las Indias

(Zaragoza 1553) fol. CX, b; und unter den neuesten Schriften Squier, Nicaragua, its people, scenery and monuments 1853 Vol. I. p. 211—223 und Vol. II. p 17. So weit berufen war der unausgesetzt speiende Berg, daß sich in der königlichen Bibliothek zu Madrid eine eigene Monographie von dem Vulkan Masaya, unter dem Titel vorfindet: Entrada y descubrimiento del Volcan de Masaya, que está en la Prov. de Nicaragua, fecha por Juan Sanchez del Portero. Der Verfasser war Einer von denen, welche sich in den wunderbaren Expeditionen des Do= minicaner=Mönchs Fray Blas de Iñesta in den Krater herabließen. (Oviedo, Hist. de Nicaragua p. 141.)

⁵³ (S. 298.) In der von Ternaux=Compans gegebenen fran= zösischen Uebersetzung (das spanische Original ist nicht erschienen) heißt es p. 123 und 132. »On ne peut cependant dire qu'il sorte précisément une flamme du cratère, mais bien une fumée aussi ardente que du feu, on ne la voit pas de loin pendant le jour, mais bien de nuit. Le Volcan éclaire autant que le fait la lune quelques jours avant d'être dans son plein.« Diese so alte Be= merkung über die problematische Art der Erleuchtung eines Kraters und der darüber stehenden Luftschichten ist nicht ohne Be= deutung, wegen der so oft in neuester Zeit angeregten Zweifel über die Entbindung von Wasserstoffgas aus den Krateren der Vul= kane. Wenn auch in dem gewöhnlichen hier bezeichneten Zustande die Hölle von Masaya nicht Schlacken oder Asche auswarf (Gomara setzt hinzu: cosa que hazen otros volcanes), so hat sie doch bisweilen wirkliche Lava=Ausbrüche gehabt: und zwar wahr= scheinlich den letzten im Jahr 1670. Seitdem ist der Vulkan ganz erloschen, nachdem ein perpetuirliches Leuchten 140 Jahre lang beobachtet worden war. Stephens, der ihn 1840 bestieg, fand keine bemerkbare Spur der Entzündung. Ueber die Chorotega=Sprache, die Bedeutung des Wortes Masaya und die Maribios s. Busch= mann's scharfsinnige ethnographische Untersuchungen über die aztekischen Ortsnamen S. 130, 140 und 171.

⁵⁴ (S. 299.) »Les trois compagnons convinrent de dire qu'ils avaient trouvé de grandes richesses; et Fray Blas, que j'ai connu comme un homme ambitieux, rapporte dans sa rela= tion le serment que lui et les associés firent sur l'évangile, de persister à jamais dans leur opinion que le volcan contient de

l'or mêlé d'argent en fusion'« Oviedo, Descr. de Nicaragua cap. X p 186 und 196. Der Cronista de las Indias ist übrigens sehr darüber erzürnt (cap. 5), daß Fray Blas erzählt habe, „Oviedo habe sich die Hölle von Masaya vom Kaiser zum Wappen erbeten". Gegen heraldische Gewohnheiten der Zeit wäre solche geognostische Erinnerung übrigens nicht gewesen; denn der tapfere Diego de Ordaz, der sich rühmte, als Cortez zuerst in das Thal von Mexico eindrang, bis an den Krater des Popocatepetl gelangt zu sein, erhielt diesen Vulkan, wie Oviedo das Gestirn des südlichen Kreuzes, und am frühesten Columbus (Exam. crit T. IV. p. 235—240) ein Fragment von einer Landkarte der Antillen, als einen heraldischen Schmuck.

[55] (S. 300.) Humboldt, Ansichten der Natur Bd. II. S. 276.

[56] (S. 300.) Squier, Nicaragua, its people and monuments Vol. II. p. 104 (John Bailey, Central America 1850 p. 75).

[57] (S. 300.) Memorie geologiche sulla Campania 1849 p. 61. Die Höhe des Vulkans von Jorullo habe ich über der Ebene, in welcher er aufgestiegen, 1578 Fuß, uber der Meeresfläche 4002 Fuß gefunden.

[58] (S. 301.) La Condamine, Journal du Voyage a l'Équateur p. 163; derselbe in der Mesure de trois Degrés de la Méridienne de l'Hémisphère austral p. 56

[59] (S. 302.) In dem Landhause des Marques de Selvalegre, des Vaters meines unglücklichen Begleiters und Freundes Don Carlos Montufar, war man oft geneigt die bramidos, welche dem Abfeuern einer fernen Batterie schweren Geschützes glichen und in ihrer Intensität, bei gleichem Winde, gleicher Heiterkeit der Luft und gleicher Temperatur, so überaus ungleich waren, nicht dem Sangay, sondern dem Guacamayo, einem 10 geographische Meilen näheren Berge, zuzuschreiben, an dessen Fuße ein Weg von Quito über die Hacienda de Antisana nach den Ebenen von Archidona und des Rio Napo führt. (S. meine Special-Karte der Provinz Quixos, No. 23 meines Atlas géogr. et phys. de l'Amér. 1814—1834.) Don Jorge Juan, welcher den Sangay in größerer Nähe als ich hat donnern hören, sagt bestimmt, daß die bramidos, die er ronquidos del Volcan (Relacion del Viage á la

America meridional Parte I. Tomo 2. p. 569) nennt und in
Pintac, wenige Meilen von der Hacienda de Chillo, vernahm, dem
Sangay oder Volcan de Macas zugehören, dessen Stimme, wenn
ich mich des Ausdrucks bedienen darf, sehr charakteristisch sei. Dem
spanischen Astronomen schien diese Stimme besonders rauh, daher er sie
lieber ein Schnarchen (un ronquido) als ein Gebrüll (bramido) nennt.
Das sehr unheimliche Geräusch des Vulkans Pichincha, das ich mehrmals ohne darauf erfolgende Erdstöße bei Nacht, in der Stadt Quito,
gehört, hat etwas hell klirrendes, als wurde mit Ketten gerasselt und
als stürzten glasartige Massen auf einander. Am Sangay beschreibt
Wisse das Geräusch bald wie rollenden Donner, bald abgesetzt und
trocken, als befände man sich in nahem Peloton-Feuer. Bis Payta
und San Buenaventura (im Choco), wo die bramidos des Sangay,
d. i. sein Krachen, gehört wurden, sind vom Gipfel des Vulkans
in südwestlicher Richtung 63 und 87 geographische Meilen.
(Vergl. Carte de la Prov du Choco und Carte hypsométrique des
Cordillères, No. 23 und 3 von meinem Atlas géogr et physique.) So sind in dieser mächtigen Natur, den Tungurahua und
den, Quito näheren Cotopaxi, dessen Krachen ich im Februar 1803
(Kleinere Schriften Bd. I. S. 384) in der Südsee gehört habe,
mit eingerechnet, an nahen Punkten die Stimmen von vier Vulkanen
vernommen worden. Die Alten erwähnen auch „des Unterschiedes
des Getöses", welches auf den Aeolischen Inseln zu verschiedenen
Zeiten derselbe Feuerschlund gebe (Strabo lib VI p 276). Bei
dem großen Ausbruch (23 Januar 1835) des Vulkans von Conseguina, welcher an der Südsee-Küste am Eingange des Golfs von
Fonseca in Central-Amerika liegt, war die unterirdische Fortpflanzung des Schalles so groß, daß man letzteren auf der Hochebene
von Bogota deutlichst vernahm: eine Entfernung wie die vom
Aetna bis Hamburg. (Acosta in den Viajes cientificos de
Mr. Boussingault á los Andes 1849 p 56.)

⁶⁰ (S. 302.) Kosmos Bd. IV. S. 230.

⁶¹ (S. 304.) Vergl. Strabo lib. V p. 248 Casaub.: ἔχει
οἰκίας τινάς, und lib. VI p 276 — Ueber eine zwiefache Ent-
stehungsart der Inseln äußert sich der Geograph von Amasia (VI p. 258)
mit vielem geologischen Scharfsinn. Einige Inseln, sagt er (und
er nennt sie), „sind Bruchstücke des festen Landes; andere sind aus
dem Meere, wie noch jetzt sich zuträgt, hervorgegangen. Denn die

Hochsee-Inseln (die weit hinaus im Meere liegenden) wurden wahrscheinlich aus der Tiefe emporgehoben, hingegen die an Vorgebirgen
liegenden und durch eine Meerenge getrennten ist es vernunftgemäßer
als vom Festlande abgerissen zu betrachten." (Nach Verdeutschung
von Groskurd.) — Die kleine Gruppe der Pithekusen bestand aus
Ischia, wohl ursprünglich Aenaria genannt, und Procida (Prochyta).
Warum man sich diese Gruppe als einen alten Affensitz dachte,
warum die Griechen und die italischen Tyrrhener, also Etrusker,
ihn als solchen benannten (Affen hießen tyrrhenisch ἀρίμοι, Strabo
lib. XIII p. 626); bleibt sehr dunkel, und hängt vielleicht mit dem
Mythus zusammen, nach welchem die alten Bewohner von Jupiter
in Affen verwandelt wurden. Der Affen-Name ἀρίμοι erinnerte an
Arima oder die Arimer des Homer Il. II, 783 und des Hesiodus,
Theog. v. 301. Die Worte εἰν Ἀρίμοις des Homer werden in einigen
Codd. in eins zusammengezogen, und in dieser Zusammenziehung
finden wir den Namen bei den römischen Schriftstellern (Virg.
Aen. IX, 716; Ovid. Metam. XIV, 88). Plinius (Hist. nat.
III. 5) sagt sogar bestimmt: »Aenaria, Homero Inarime dicta,
Graecis Pithecusa ....« Das homerische Land der Arimer, Ty-
phons Lagerstätte, hat man im Alterthume selbst gesucht in Cilicien,
Mysien, Lydien, in den vulkanischen Pithekusen, an dem Crater
Puteolanus und in dem phrygischen Brandland, unter welchem
Typhon einst lag, ja in der Katakekaumene. Daß in historischen
Zeiten Affen auf Ischia gelebt haben, so fern von der afrikanischen
Küste, ist um so unwahrscheinlicher, als, wie ich schon an einem
anderen Orte bemerkt, selbst am Felsen von Gibraltar das alte
Dasein der Affen nicht erwiesen scheint, weil Edrisi (im 12ten
Jahrhundert) und andere, die Hercules-Straße so umständlich
beschreibende, arabische Geographen ihrer nicht erwähnen. Plinius läugnet auch die Affen von Aenaria, leitet aber den Namen
der Pithekusen auf die unwahrscheinlichste Weise von πίθος, do-
lium (a figlinis doliorum), her. „Die Hauptsache in dieser Untersuchung scheint mir", sagt Böckh, „daß Inarima ein durch
gelehrte Deutung und Fiction entstandener Name der Pithekusen
ist, wie Corcyra auf diese Weise zu Scheria wurde; und daß
Aeneas mit den Pithekusen (Aeneae insulae) wohl erst durch die
Römer in Verbindung gesetzt worden ist, welche überall in diesen
Gegenden ihren Stammvater finden. Für den Zusammenhang mit

Aeneas soll auch Nävius zeugen im ersten Buche vom punischen Kriege."

⁶² (S. 304.) Pind. Pyth. I, 31. Vergl. Strabo V p. 245 und 248, XIII p. 627. Wir haben bereits oben (Kosmos Bd. IV. S. 253 Anm. 61) bemerkt, daß Typhon vom Caucasus nach Unter-Italien floh: als deute die Mythe an, daß die vulkanischen Aus-brüche im letzteren Lande minder alt seien wie die auf dem cauca-sischen Isthmus. Von der Geographie der Vulkane wie von ihrer Geschichte ist die Betrachtung mythischer Ansichten im Volksglauben nicht zu trennen. Beide erläutern sich oft gegenseitig. Was auf der Oberfläche der Erde für die mächtigste der bewegenden Kräfte gehalten wurde (Aristot. Meteorol. II 8, 3): der Wind, das eingeschlossene Pneuma; wurde als die allgemeine Ursach der Vul-canicität (der feuerspeienden Berge und der Erdbeben) erkannt. Die Naturbetrachtung des Aristoteles war auf die Wechselwirkung der äußeren und der inneren, unterirdischen Luft, auf eine Aus-dünstungs-Theorie, auf Unterschiede von warm und kalt, von feucht und trocken, gegründet (Aristot. Meteor. II. 8, 1. 25. 31. und II. 9, 2). Je größer die Masse des „in unterirdischen und unterseeischen Hohlgängen" eingeschlossenen Windes ist, je mehr sie gehindert sind, in ihrer natürlichen, wesentlichen Eigenschaft, sich weithin und schnell zu bewegen; desto heftiger werden die Aus-brüche. »Vis fera ventorum, caecis inclusa cavernis« (Ovid. Metam XV, 299). Zwischen dem Pneuma und dem Feuer ist ein eigener Verkehr. (Τὸ πῦρ ὅταν μετὰ πνεύματος ᾖ, γίνεται φλὸξ καὶ φέρεται ταχέως, Aristot. Meteor. II. 8, 3. — ὡὶ γὰρ τὸ πῦρ οἷον πνεύματός τις φύσις, Theophrast. de igne § 30 p. 715.) Auch aus den Wolken sendet das plötzlich frei gewordene Pneuma den zündenden und weitleuchtenden Wetterstrahl (πρηστήρ). „In dem Brandlande, der Katakekaumene von Lydien", sagt Strabo (lib. XIII p 628), „werden noch drei, volle vierzig Stadien von ein-ander entfernte Schlunde gezeigt, welche die Blasebälge heißen; darüber liegen rauhe Hügel, welche wahrscheinlich von den emporge-blasenen Glühmassen aufgeschichtet wurden." Schon früher hatte der Amaser angeführt (lib. I p. 57): „daß zwischen den Cycladen (Thera und Therasia) vier Tage lang Feuerflammen aus dem Meere hervorbrachen, so daß die ganze See siedete und brannte; und es wurde wie durch Hebel allmälig emporgehoben eine aus Glühmassen

zufammengefetzte Infel." Alle diefe fo wohl befchriebenen Erfchei=
nungen werden dem zufammengepreßten Winde beigemeffen, der
wie elaftifche Dämpfe wirken foll. Die alte Phyfik kümmert fich
wenig um die einzelnen Wefenheiten des Stoffartigen; fie ift
dynamifch, und hängt an dem Maaße der bewegenden Kraft. Die
Anficht von der mit der Tiefe zunehmenden Wärme des Planeten
als Urfach von Vulkanen und Erdbeben finden wir erft gegen das
Ende des dritten Jahrhunderts ganz vereinzelt unter Diocletian von
einem chriftlichen Bifchof in Afrika ausgefprochen (Kosmos Bd.
IV. S. 244). Der Pyriphlegethon des Plato nährt als Feuerftrom, der
im Erd=Inneren kreift, alle lavagebende Vulkane: wie wir fchon
oben (S. 305) im Terte erwähnt haben. In den früheften Ahn=
dungen der Menfchheit, in einem engen Ideenkreife, liegen die
Keime von dem, was wir jetzt unter der Form anderer Symbole
erklären zu können glauben.

[63] (S. 306.) Mount Edgecombe oder der St. Lazarus=Berg,
auf der kleinen Infel (Croze's Island bei Lifiansky), welche weft=
lich neben der Nordhälfte der größeren Infel Sitka oder Baranow
im Norfolk=Sunde liegt; fchon von Cook gefehen: ein Hügel theils
von olivinreichem Bafalt, theils aus Feldfpath=Trachyt zufammen=
gefetzt; von nur 2600 Fuß Höhe. Seine letzte große Eruption, viel
Bimsftein zu Tage fördernd, war vom Jahr 1796 (Lutké, Voyage
autour du Monde 1836 T. III. p. 15). Acht Jahre darauf ge=
langte Cap. Lifiansky an den Gipfel, der einen Kraterfee enthält.
Er fand damals an dem ganzen Berge keine Spuren der Thätigkeit.

[64] (S. 308.) Schon unter der fpanifchen Oberherrfchaft hatte
1781 der fpanifche Ingenieur, Don Jofé Galifteo, eine nur 6 Fuß
größere Höhe des Spiegels der Laguna von Nicaragua gefunden
als Baily in feinen verfchiedenen Nivellements von 1838 (Hum=
boldt, Rel. hist. T. III. p. 321).

[65] (S. 309.) Vergl. Sir Edward Belcher, Voyage round
the World Vol. I. p. 185. Ich befand mich im Paragayo=Sturm
nach meiner chronometrifchen Länge 19° 11' weftlich vom Meridian
von Guayaquil: alfo 101° 29' weftlich von Paris, 220 geogr. Mei=
len weftlich von dem Littoral von Cofta Rica.

[66] (S. 309.) Meine frühefte Arbeit über 17 gereihete Vul=
kane von Guatemala und Nicaragua ift in der geographifchen
Zeitfchrift von Berghaus (Hertha Bd. VI 1826 S. 131—161)

enthalten. Ich konnte damals außer dem alten Chronista Fuentes (lib. IX cap. 9) nur benutzen die wichtige Schrift von Domingo Juarros: Compendio de la Historia de la ciudad de Guatemala; wie die drei Karten von Galisteo (auf Befehl des mericanischen Vicekönigs Matias de Galvez 1781 aufgenommen), von José Rossi y Rubi (Alcalde mayor de Guatemala, 1800), und von Joaquin Ysasi und Antonio de la Cerda (Alcalde de Granada): die ich großentheils handschriftlich besaß. Leopold von Buch hat in der französischen Uebersetzung seines Werkes über die canarischen Inseln meinen ersten Entwurf meisterhaft erweitert (Descr. physique des Iles Canaries 1836 p. 500—514); aber die Unge= wißheit der geographischen Synonymie und die dadurch veranlaßten Namenverwechselungen haben viele Zweifel erregt: welche durch die schöne Karte von Baily und Saunders; durch Molina, Bos= quejo de la Republica de Costa Rica; und durch das große, sehr verdienstliche Werk von Squier (Nicaragua, its People and Monuments, with Tables of the comparative Heights of the Mountains in Central America, 1852; f Vol. I. p. 418 und Vol II. p. 102) großentheils gelöst worden sind. Das wichtige Reisewerk, welches uns sehr bald Dr. Oersted unter dem Titel: Schilderung der Naturverhältnisse von Nicaragua und Costa Rica zu geben verspricht, wird neben ausgezeichneten botanischen und zoologischen Forschungen, welche der Hauptzweck der Unternehmung waren, auch Licht auf die geognostische Be= schaffenheit von Central=Amerika werfen. Herr Oersted hat von 1846 bis 1848 dasselbe mannigfach durchstrichen und eine Samm= lung von Gebirgsarten nach Kopenhagen zurückgebracht. Seinen freundschaftlichen Mittheilungen verdanke ich interessante Berich= tigungen meiner fragmentarischen Arbeit. Nach den mir bekannt gewordenen, mit vieler Sorgfalt verglichenen Materialien, denen auch die sehr schätzbaren des preußischen General=Consuls in Central= Amerika, Herrn Hesse, beizuzählen sind, stelle ich die Vulkane von Central=Amerika, von Süden gegen Norden fortschreitend, folgendermaßen zusammen:

Ueber der Central=Hochebene von Cartago (4360 F.) in der Republik Costa Rica (Br. 10° 9') erheben sich die drei Vulkane Turrialva, Jrasu und Reventado: von denen die ersten bei= den noch entzündet sind.

Volcan de Turrialva* (Höhe ohngefähr 10300 F.); ist nach Oersted vom Irasu nur durch eine tiefe, schmale Kluft getrennt. Sein Gipfel, aus welchem Rauchsäulen aufsteigen, ist noch unbestiegen.

Vulkan Irasu*, auch der Vulkan von Cartago genannt (10412 F.), in Nordost vom Vulkan Reventado; ist die Haupt-Esse der vulkanischen Thätigkeit auf Costa Rica: doch sonderbar zugänglich, und gegen Süden dergestalt in Terrassen getheilt, daß man den hohen Gipfel, von welchem beide Meere, das der Antillen - und die Südsee, gesehen werden, fast ganz zu Pferde erreichen kann. Der etwa tausend Fuß hohe Aschen- und Rapilli-Kegel steigt aus einer Umwallungsmauer (einem Erhebungs-Krater) auf. In dem flacheren nordöstlichen Theil des Gipfels liegt der eigentliche Krater, von 7000 Fuß im Umfang, der nie Lavaströme ausgesendet hat. Seine Schlacken-Auswurfe sind oft (1723, 1726, 1821, 1847) von städte-zerstörenden Erdbeben begleitet gewesen; diese haben gewirkt von Nicaragua oder Rivas bis Panama. (Oersted.) Bei einer neuesten Besteigung des Irasu durch Dr. Carl Hoffmann im Anfang Mai 1855 sind der Gipfel-Krater und seine Auswurfs-Oeffnungen genauer erforscht worden. Die Höhe des Vulkans wird nach einer trigonometrischen Messung von Galindo zu 12000 span. Fuß angegeben oder, die vara cast. = 0^l,43 angesetzt, zu 10320 Pariser Fuß (Bonplandia Jahrgang 1856 No. 3).

El Reventado (8900 F.): mit einem tiefen Krater, dessen südlicher Rand eingestürzt ist und der vormals mit Wasser gefüllt war.

Vulkan Barba (über 7900 F.): nördlich von San José, der Hauptstadt von Costa Rica; mit einem Krater, der mehrere kleine Seen einschließt.

Zwischen den Vulkanen Barba und Orosi folgt eine Reihe von Vulkanen, welche die in Costa Rica und Nicaragua SO—NW streichende Hauptkette in fast entgegengesetzter Richtung, ost-westlich, durchschneidet. Auf einer solchen Spalte stehen: am östlichsten Miravalles und Tenorio (jeder dieser Vulkane ohngefähr 4400 F.); in der Mitte, südöstlich von Orosi, der Vulkan Rincon, auch Rincon de la Vieja* genannt (Squier Vol. II. p. 102), welcher jedes Frühjahr beim Beginn der Regenzeit kleine Aschen-Auswurfe zeigt; am westlichsten, bei der kleinen Stadt Alajuela, der schwefelreiche Vulkan Potos* (7050 F.). Dr. Oersted vergleicht dieses Phänomen der Richtung vulkanischer Thätigkeit auf einer Queerspalte mit der oft-westlichen Richtung, die ich bei den mericanischen Vulkanen von Meer zu Meer aufgefunden.

Orosi*, noch jetzt entzündet: im südlichsten Theile des Staates von Nicaragua (4900 F.); wahrscheinlich der Volcan del Papagayo auf der Seekarte des Deposito hidrografico.

Die zwei Vulkane Mandeira und Ometepec* (3900 und 4900 F.): auf einer kleinen, von den aztekischen Bewohnern der Gegend nach diesen zwei Bergen benannten Insel (ome tepell bedeutet: zwei Berge; vgl. Buschmann, aztekische Ortsnamen S. 178 und 171) in dem westlichen Theile der Laguna de Nicaragua. Der Insel-Vulkan Ometepec, fälschlich von Juarros Ometep genannt (Hist. de Guatem. T. I. p. 51), ist noch thätig. Er findet sich abgebildet bei Squier Vol. II. p. 235.

Der ausgebrannte Krater der Insel Zapatera, wenig erhaben über dem Seespiegel. Die Zeit der alten Ausbrüche ist völlig unbekannt.

Der Vulkan von Momobacho: am westlichen Ufer der Laguna de Nicaragua, etwas in Süden von der Stadt Granada. Da diese Stadt zwischen den Vulkanen von Momobacho (der Ort wird auch Mombacho genannt; Oviedo, Nicaragua ed. Ternaur p. 245) und Masaya liegt, so bezeichnen die Piloten bald den einen, bald den anderen dieser Kegelberge mit dem unbestimmten Namen des Vulkans von Granada.

Vulkan Massaya (Masaya), von dem bereits oben (S.297—300) umständlicher gehandelt worden ist: einst ein Stromboli, aber seit dem großen Lava-Ausbruch von 1670 erloschen. Nach den interessanten Berichten von Dr. Scherzer (Sitzungsberichte der philos. hist. Classe der Akad. der Wiss. zu Wien Bd. XX. S. 58) wurden im April 1853 aus einem neu eröffneten Krater wieder starke Dampfwolken ausgestoßen. Der Vulkan von Massaya liegt zwischen den beiden Seen von Nicaragua und Managua, im Westen der Stadt Granada. Massaya ist nicht synonym mit dem Nindiri; sondern Massaya und Nindiri* bilden, wie Dr. Oersted sich ausdrückt, einen Zwillings-Vulkan, mit zwei Gipfeln und zwei verschiedenen Kratern, die beide Lavaströme gegeben haben. Der Lavastrom des Nindiri von 1775 hat den See von Managua erreicht. Die gleiche Höhe beider so nahen Vulkane wird nur zu 2300 Fuß angegeben.

Volcan de Momotombo* (6600 F.), entzündet, auch oft donnernd, ohne zu rauchen: in Br. 12° 28'; an dem nördlichen Ende der Laguna de Managua, der kleinen, sculpturreichen Insel Momotombito gegenüber (s. die Abbildung des Momotombo in Squier Vol. I. p. 233 und 302—312). Die Laguna de Managua liegt 26 Fuß höher als die, mehr als doppelt größere Laguna de Nicaragua, und hat keinen Insel-Vulkan.

Von hier an bis zu dem Golf von Fonseca oder Conchagua zieht sich, in 5 Meilen Entfernung von der Südsee-Kuste, von SO nach NW eine Reihe von 6 Vulkanen hin, welche dicht an einander gedrängt sind und den gemeinsamen Namen los Maribios führen (Squier Vol. I. p. 419, Vol. II. p. 123).

El Nuevo*: fälschlich Volcan de las Pilas genannt, weil der Ausbruch vom 12 April 1850 am Fuß dieses Berges statt fand; ein starker Lava-Ausbruch fast in der Ebene selbst! (Squier Vol. II. p. 105—110.)

Volcan de Telica*: schon im 16ten Jahrhundert (gegen 1529) während seiner Thätigkeit von Oviedo besucht; östlich von Chinendaga, nahe bei Leon de Nicaragua: also etwas außerhalb der vorher angegebenen Richtung. Dieser wichtige Vulkan, welcher viele Schwefeldampfe aus einem 300 Fuß tiefen Krater ausstößt, ist vor wenigen Jahren von dem, mir befreundeten, naturwissenschaftlich sehr unterrichteten Prof. Julius Fröbel bestiegen worden. Er fand die Lava aus glasigem Feldspath und Augit zusammengesetzt (Squier Vol. II. p. 115—117). Auf dem Gipfel, in 3300 Fuß Höhe, liegt ein Krater, in welchem die Dampfe große Massen Schwefels absetzen. Am Fuß des Vulkans ist eine Schlammquelle (Salse?).

Vulkan el Viejo*: der nördlichste der gedrängten Reihe von sechs Vulkanen. Er ist vom Capitän Sir Edward Belcher im Jahr 1838 bestiegen und gemessen worden. Das Resultat der Messung war 5216 F. Eine neuere Messung von Squier gab 5630 F. Dieser, schon zu Dampier's Zeiten sehr thätige Vulkan ist noch entzündet. Die feurigen Schlacken-Auswürfe werden häufig in der Stadt Leon gesehen.

Vulkan Guanacaure: etwas nördlich außerhalb der Reihe

von el Nuevo zum Viejo, nur 3 Meilen von der Küste des Golfs von Fonseca entfernt.

Vulkan Conseguina*: auf dem Vorgebirge, welches an dem südlichen Ende des großen Golfs von Fonseca vortritt (Br. 12° 50'); berühmt durch den furchtbaren, durch Erdbeben verkündigten Ausbruch vom 23 Januar 1835. Die große Verfinsterung bei dem Aschenfall, der ähnlich, welche bisweilen der Vulkan Pichincha verursacht hat, dauerte 43 Stunden lang. In der Entfernung weniger Fuße waren Feuerbrände nicht zu erkennen. Die Respiration war gehindert; und unterirdisches Getöse, gleich dem Abfeuern schweren Geschützes, wurde nicht nur in Balize auf der Halbinsel Yucatan, sondern auch auf dem Littoral von Jamaica und auf der Hochebene von Bogota, in letzterer auf mehr als 8000 Fuß Höhe über dem Meere wie in fast hundert und vierzig geographischen Meilen Entfernung, gehört. (Juan Galindo in Silliman's American Journal Vol. XXVIII. 1835 p. 332—336; Acosta, Viajes á los Andes 1849 p. 56, und Squier Vol. II. p. 110—113; Abbildung p. 163 und 165.) Darwin (Journal of researches during the voyage of the Beagle 1845 chapt. 14 p. 291) macht auf ein sonderbares Zusammentreffen von Erscheinungen aufmerksam: nach langem Schlummer brachen an Einem Tage (zufällig?) Conseguina in Central-Amerika, Aconcagua und Corcovado (südl. Br. 32°3/4 und 43°1/2) in Chili aus.

Vulkan von Conchagua oder von Amalapa: an dem nördlichen Eingange des Golfs von Fonseca, dem Vulkan Conseguina gegenüber; bei dem schönen Puerto de la Union, dem Hafen der nahen Stadt San Miguel.

Von dem Staat von Costa Rica an bis zu dem Vulkan Conchagua folgt demnach die gedrängte Reihe von 20 Vulkanen der Richtung SO—NW; bei Conchagua aber in den Staat von San Salvador eintretend, welcher in der geringen Länge von 40 geogr. Meilen 5 jetzt mehr oder weniger thätige Vulkane zählt, wendet sich die Reihung, wie die Südsee-Küste selbst, mehr OSO—WNW, ja fast O—W: während das Land gegen die östliche, antillische Küste (gegen das Vorgebirge Gracias á Dios) hin in Honduras und los Mosquitos plötzlich auffallend anschwillt (vergl. oben S. 307). Erst von den hohen Vulkanen von Alt-Guatemala an in Norden tritt, wie schon (S. 307) bemerkt wurde, gegen die Laguna von Atitlan hin, die ältere, allgemeine Richtung N 45° W wiederum ein: bis endlich in Chiapa und auf

dem Isthmus von Tehuantepec sich noch einmal, doch in unvulka=
nischen Gebirgsketten, die abnorme Richtung O—W offenbart.
Der Vulkane des Staats San Salvador sind außer dem von Con=
chagua noch folgende vier:

Vulkan von San Miguel Bosotlan* (Br. 13° 35′), bei der
Stadt gleiches Namens: der schönste und regelmäßigste Trachyt=
kegel nächst dem Insel=Vulkan Ometepec im See von Nicaragua
(Squier Vol. II. p. 196). Die vulkanischen Kräfte sind im Bo=
sotlan sehr thätig; derselbe hatte einen großen Lava=Erguß am
20 Juli 1844.

Vulkan von San Vicente*: westlich vom Rio de Lempa, zwi=
schen den Städten Sacatecoluca und Sacatelepe. Ein großer
Aschen=Auswurf geschah nach Juarros 1643, und im Januar 1835
war bei vielem zerstörenden Erdbeben eine langdauernde Eruption.

Vulkan von San Salvador (Br. 13° 47′), nahe bei der
Stadt dieses Namens. Der letzte Ausbruch ist der von 1656 ge=
wesen. Die ganze Umgegend ist heftigen Erdstößen ausgesetzt; der
vom 16 April 1854, dem kein Getöse voranging, hat fast alle Ge=
bäude in San Salvador umgestürzt.

Vulkan von Izalco*, bei dem Dorfe gleiches Namens; oft
Ammoniak erzeugend. Der erste historisch bekannte Ausbruch ge=
schah am 23 Februar 1770; die letzten, weitleuchtenden Aus=
bruche waren im April 1798, 1805 bis 1807 und 1825 (s. oben
S. 300, und Thompson, Official Visit to Guatemala 1829
p. 512).

Volcan de Pacaya* (Br. 14° 23′): ohngefähr 3 Meilen in
Südosten von der Stadt Neu=Guatemala, am kleinen Alpensee
Amatitlan; ein sehr thätiger, oft flammender Vulkan; ein gedehn=
ter Rucken mit 3 Kuppen. Man kennt die großen Ausbruche von
1565, 1651, 1671, 1677 und 1775; der letzte, viel Lava gebende,
ist von Juarros als Augenzeugen beschrieben.

Es folgen nun die beiden Vulkane von Alt=Guatemala, mit
den sonderbaren Benennungen de Agua und de Fuego; in der
Breite von 14° 12′, der Küste nahe:

Volcan de Agua: ein Trachytkegel bei Escuintla, höher als
der Pic von Teneriffa; von Obsidian=Massen (Zeugen alter Erup=
tionen?) umgeben. Der Vulkan, welcher in die ewige Schneeregion
reicht, hat seinen Namen davon erhalten, daß ihm im Sept. 1541

eine (durch Erdbeben und Schneeschmelzen veranlaßte?) große Ueber=
schwemmung zugeschrieben wurde, welche die am frühesten gegrun=
dete Stadt Guatemala zerstörte und die Erbauung der zweiten,
nord=nord=westlicher gelegenen und jetzt Antigua Guatemala ge=
nannten Stadt veranlaßte.

Volcan de Fuego*: bei Acatenango, fünf Meilen in WNW
vom sogenannten Waffer=Vulkan. Ueber die gegenseitige Lage s
die in Guatemala gestochene und mir von da aus geschenkte, seltene
Karte des Alcalde mayor, Don José Rossi y Rubi: Bosquejo
del espacio que media entre los estremos de la Provincia de Suchitepeques y la Capital de Guatemala,
1800. Der Volcan de Fuego ist immer entzündet, doch jetzt viel we=
niger als ehemals. Die älteren großen Eruptionen waren von 1581,
1586, 1623, 1705, 1710, 1717, 1732, 1737 und 1799; aber nicht
sowohl diese Eruptionen, sondern die zerstörenden Erdbeben, welche
sie begleiteten, haben in der zweiten Hälfte des vorigen Jahrhun=
derts die spanische Regierung bewogen den zweiten Sitz der Stadt
(wo jetzt die Ruinen von la Antigua Guatemala stehen) zu verlaffen,
und die Einwohner zu zwingen sich nördlicher, in der neuen Stadt
Santiago de Guatemala, anzusiedeln. Hier, wie bei der Verle=
gung von Riobamba und mehrerer anderer den Vulkanen der An=
deskette naher Städte, ist dogmatisch und leidenschaftlich ein
Streit geführt worden über die problematische Auswahl einer Loca=
lität, „von der man nach den bisherigen Erfahrungen vermuthen
dürfte, daß sie den Einwirkungen naher Vulkane (Lavaströmen,
Schlacken=Auswurfen und Erdbeben!) wenig ausgesetzt wäre".
Der Volcan de Fuego hat 1852 in einem großen Ausbruch einen
Lavastrom gegen das Littoral der Südsee ergoffen. Capitän Basil
Hall maß unter Segel beide Vulkane von Alt=Guatemala, und
fand für den Volcan de Fuego 13760, für den Volcan de Agua
13983 Parifer Fuß. Die Fundamente dieser Meffung hat Poggendorff
geprüft. Er hat die mittlere Höhe beider Berge geringer gefunden
und auf ohngefähr 12300 Fuß reducirt.

Volcan de Quesaltenango* (Br. 15° 10′), entzündet seit
1821 und rauchend: neben der Stadt gleichen Namens; eben so
sollen entzündet sein die drei Kegelberge, welche südlich den Alpensee
Atitlan (im Gebirgsstock Solola) begrenzen. Der von Juarros
benannte Vulkan von Tajamulco kann wohl nicht mit dem

Vulkan von Quesaltenango identisch sein, da dieser von dem Dörfchen Tajamulco, südlich von Tejutla, 10 geogr. Meilen in NW entfernt ist.

Was sind die zwei von Funel genannten Vulkane von Saca=tepeques und Sapotitlan, oder Brue's Vo'can de Amilpas?

Der große Vulkan von Soconusco: liegend an der Grenze von Chiapa, 7 Meilen südlich von Ciudad Real, in Br. 16° 2′.

Ich glaube am Schluß dieser langen Note abermals erinnern zu müssen, daß die hier angegebenen barometrischen Höhen=Bestim=mungen theils von Espinache herrühren, theils den Schriften und Karten von Baily, Squier und Molina entlehnt, und in Pariser Fußen ausgedrückt sind.

[67] (S. 309.) Als gegenwärtig mehr oder weniger thätige Vulkane sind mit Wahrscheinlichkeit folgende 18 zu betrachten, also fast die Hälfte aller von mir aufgeführten, in der Vor= und Jetztzeit thätigen Vulkane: Irasu und Turrialva bei Cartago, el Rin=con de la'Vieja, Votos (?) und Orosi; der Insel=Vulkan Ome=tepec, Nindiri, Momotombo, el Nuevo am Fuß des Trachyt=Gebirges las Pilas, Telica, el Viejo, Conseguina, San Miguel Bosotlan, San Vicente, Izalco, Pacaya, Volcan de Fuego (de Guatemala) und Quesaltenango. Die neuesten Ausbrüche sind gewesen: die von el Nuevo bei las Pilas 18 April 1850, San Miguel Bosotlan 1848, Conseguina und San Vi=cente 1835, Izalco 1825, Volcan de Fuego bei Neu=Guate=mala 1799 und 1852, Pacaya 1775.

[68] (S. 310.) Vergl. Squier, Nicaragua Vol. II. p. 103 mit p. 106 und 111, wie auch seine frühere kleine Schrift On the Volcanos of Central America 1850 p. 7; L. de Buch, Iles Canaries p 506. wo der aus dem Vulkan Nindiri 1775 aus=gebrochene, ganz neuerdings von einem sehr wissenschaftlichen Beo=bachter, Dr. Oersted, wieder gesehene Lavastrom erwähnt ist.

[69] (S. 312.) S. alle Fundamente dieser mericanischen Ortsbe=stimmungen und ihre Vergleichung mit den Beobachtungen von Don Joaquin Ferrer in meinem Recueil d'Observ. astron Vol. II. p. 521, 529 und 536—550, und Essai pol. sur la Nou=velle-Espagne T. I p. 53—59 und 176, T. II. p. 173. Ueber die astronomische Ortsbestimmung des Vulkans von Colima, nahe der Südsee=Küste, habe ich selbst früh Zweifel erregt (Essai pol.

T. 1. p. 68, T. II. p. 180). Nach Höhenwinkeln, die Cap. Basil
Hall unter Segel genommen, läge der Vulkan in Br. 19° 36′: also
einen halben Grad nördlicher, als ich seine Lage aus Itinerarien
geschlossen; freilich ohne absolute Bestimmungen für Selagua und
Petatlan, auf die ich mich stützte. Die Breite 19° 25′, welche ich
im Text angegeben habe, ist, wie die Höhen=Bestimmung (11266 F.),
vom Cap. Beechey (Voyage Part II. p. 587). Die neueste
Karte von Laurie (The Mexican and Central States of America
1853) giebt 19° 20′ für die Breite an. Auch kann die Breite
vom Jorullo um 2—3 Minuten falsch sein, da ich dort ganz
mit geologischen und topographischen Arbeiten beschäftigt war, und
weder die Sonne noch Sterne zur Breiten = Bestimmung sichtbar
wurden. Vergl. Basil Hall, Journal written on the Coast
of Chili, Peru and Mexico 1824 Vol. II. p 379; Beechey,
Voyage Part II. p. 587; und Humboldt, Essai pol. T. I.
p. 68, T. II. p 180. Nach den treuen, so überaus malerischen An=
sichten, welche Moritz Rugendas von dem Vulkan von Colima ent=
worfen und die in dem Berliner Museum aufbewahrt werden, unter=
scheidet man zwei einander nahe Berge: den eigentlichen, immer Rauch
ausstoßenden Vulkan, der sich mit wenig Schnee bedeckt; und die höhere
Nevada, welche tief in die Region des ewigen Schnees aufsteigt.

[70] (S. 316.) Folgendes ist das Resultat der Längen= und Höhen=
Bestimmung von den fünf Gruppen der Reihen = Vulkane in der
Andeskette, wie auch die Angabe der Entfernung der Gruppen von
einander: eine Angabe, welche die Verhältnisse des Areals erläutert,
das vulkanisch oder unvulkanisch ist:

I. Gruppe der mexicanischen Vulkane. Die Spalte, auf
der die Vulkane ausgebrochen sind, ist von Ost nach West gerich=
tet, vom Orizaba bis zum Colima, in einer Erstreckung von 98
geogr. Meilen; zwischen Br. 19° und 19° 20′. Der Vulkan von
Turtla liegt isolirt 32 Meilen östlicher als Orizaba, der Küste
des mexicanischen Golfes nahe, und in einem Parallelkreise
(18° 28′), der einen halben Grad südlicher ist.

II. Entfernung der mexicanischen Gruppe von der nächst=
folgenden Gruppe Central=Amerika's (Abstand vom Vulkan von
Orizaba zum Vulkan von Soconusco in der Richtung OSO —
WNW): 75 Meilen.

III. Gruppe der Vulkane von Central=Amerika: ihre

Länge von SO nach NW, vom Vulkan von Soconusco bis Turri=
alva in Costa Rica, über 170 Meilen.

IV. Entfernung der Gruppe Central=Amerika's von der
Vulkan=Reihe von Neu=Granada und Quito: 157 Meilen.

V. Gruppe der Vulkane von Neu=Granada und Quito;
ihre Länge vom Ausbruch in dem Paramo de Ruiz nördlich vom
Volcan de Tolima bis zum Vulkan von Sangay: 118 Meilen.
Der Theil der Andeskette zwischen dem Vulkan von Puracé bei
Popayan und dem südlichen Theile des vulkanischen Bergknotens
von Pasto ist NNO — SSW gerichtet. Weit östlich von den
Vulkanen von Popayan, an den Quellen des Rio Fragua, liegt
ein sehr isolirter Vulkan, welchen ich nach der mir von Missio=
naren von Timana mitgetheilten Angabe auf meine General=Karte
der Bergknoten der südamerikanischen Cordilleren eingetragen
habe; Entfernung vom Meeresufer 38 Meilen.

VI. Entfernung der Vulkan=Gruppe Neu=Granada's
und Quito's von der Gruppe von Peru und Bolivia: 240 Meilen;
die größte Länge einer vulkanfreien Kette.

VII. Gruppe der Vulkan=Reihe von Peru und Bolivia:
vom Volcan de Chacani und Arequipa bis zum Vulkan von
Atacama (16° 1/4 — 21° 1/2) 105 Meilen.

VIII. Entfernung der Gruppe Peru's und Bolivia's von
der Vulkan=Gruppe Chili's: 135 Meilen. Von dem Theil der
Wüste von Atacama, an dessen Rand sich der Vulkan von San
Pedro erhebt, bis weit über Copiapo hinaus, ja bis zum Vulkan
von Coquimbo (30° 5') in der langen Cordillere westlich von den
beiden Provinzen Catamarca und Rioja, steht kein vulkanischer Kegel.

IX. Gruppe von Chili: vom Vulkan von Coquimbo bis
zum Vulkan San Clemente 242 Meilen.

Diese Schätzungen der Länge der Cordilleren mit der Krüm=
mung, welche aus der Veränderung der Achsenrichtung entsteht,
von dem Parallel der mericanischen Vulkane in 19° 1/4 nördlicher Breite
bis zum Vulkan von San Clemente in Chili (46° 8' südl. Breite);
geben für einen Abstand von 1242 Meilen einen Raum von 635
Meilen, der mit fünf Gruppen gereihter Vulkane (Merico, Cen=
tral=Amerika, Neu=Granada mit Quito, Peru mit Bo=
livia, und Chili) bedeckt ist; und einen wahrscheinlich ganz vul=
kanfreien Raum von 607 Meilen. Beide Räume sind sich ohngefähr

gleich. Ich habe sehr bestimmte numerische Verhältnisse an=
gegeben, wie sie sorgfältige Discussion eigener und fremder Karten
dargeboten, damit man mehr angeregt werde dieselben zu verbessern.
Der längste vulkanfreie Theil der Cordilleren ist der zwischen den
Gruppen Neu=Granada=Quito und Peru=Bolivia. Er ist zufällig
dem gleich, welchen die Vulkane von Chili bedecken.

[71] (S. 317.) Die Gruppe der Vulkane von Mexico umfaßt
die Vulkane von Orizaba*, Popocatepetl*, Toluca (oder
Cerro de San Miguel de Tutucuitlapilco), Jorullo*, Colima*
und Turtla*. Die noch entzündeten Vulkane sind hier, wie in
ähnlichen Listen, mit einem Sternchen bezeichnet.

[72] (S. 317.) Die Vulkan=Reihe von Central=Amerika
ist in den Anmerkungen 66 und 67 aufgezählt.

[73] (S. 317.) Die Gruppe von Neu=Granada und
Quito umfaßt den Paramo y Volcan de Ruiz*, die Vulkane
von Tolima, Puracé* und Sotará bei Popayan; den Volcan
del Rio Fragua, eines Zuflusses des Caqueta; die Vulkane von
Pasto, el Azufral*, Cumbal*, Tuquerres*, Chiles, Im=
baburu, Cotocachi, Rucu=Pichincha, Antisana (?), Co=
topaxi*, Tungurahua*, Capac=Urcu oder Altar de los
Collanes (?), Sangay*.

[74] (S. 317.) Die Gruppe des südlichen Peru und Boli=
via's enthält von Norden nach Süden folgende 14 Vulkane:

Vulkan von Chacani (nach Curzon und Meyen auch Char=
cani genannt): zur Gruppe von Arequipa gehörig und von der
Stadt aus sichtbar; er liegt am rechten Ufer des Rio Quilca: nach
Pentland, dem genauesten geologischen Forscher dieser Gegend,
in Br. 16° 11'; acht Meilen südlich von dem Nevado de Chu-
quibamba, der über 18000 Fuß Höhe geschätzt wird. Handschrift=
liche Nachrichten, die ich besitze, geben dem Vulkan von Chacani
18391 Fuß. Im südöstlichen Theil des Gipfels sah Curzon einen
großen Krater.

Vulkan von Arequipa*: Br. 16° 20'; drei Meilen in
NO von der Stadt. Ueber seine Höhe (17714 F.?) vergleiche
Kosmos Bd. IV. S. 292 und Anm. 45. Thaddäus Hänke,
der Botaniker der Expedition von Malaspina (1796), Sa=
muel Curzon aus den Vereinigten Staaten von Nordamerika
(1811) und Dr. Weddell (1847) haben den Gipfel erstiegen.

Meyen sah im August 1831 große Rauchsäulen aufsteigen; ein Jahr früher hatte der Vulkan Schlacken, aber nie Lavaströme ausgestoßen (Meyen's Reise um die Erde Th. II. S. 33).

Volcan de Omato· Br. 16° 50'; er hatte einen heftigen Auswurf im Jahre 1667.

Vo'can de Uvillas oder Uvinas südlich von Apo; seine letzten Ausbrüche waren aus dem 16ten Jahrhundert.

Volcan de Pichu-Pichu: vier Meilen in Osten von der Stadt Arequipa (Br. 16° 25'); unfern dem Passe von Cangallo 9076 F. über dem Meere.

Volcan Viejo Br. 16° 55'; ein ungeheurer Krater mit Lavaströmen und viel Bimsstein.

Die eben genannten 6 Vulkane bilden die Gruppe von Arequipa.

Volcan de Tacora oder Chipicani, nach Pentland's schöner Karte des Sees von Titicaca; Br. 17° 45', Höhe 18520 Fuß.

Volcan de Sahama* 20970 Fuß Höhe, Br. 18° 7'; ein abgestumpfter Kegel von der regelmäßigsten Form; vergl. Kosmos Bd. IV. S. 276 Anm. 47. Der Vulkan Sahama ist (nach Pentland) 870 franz. Fuß höher als der Chimborazo, aber 6240 F. niedriger als der Mount Everest des Himalaya, welcher jetzt für den höchsten Gipfel Asiens gehalten wird. Nach dem letzten officiellen Berichte des Colonel Waugh vom 1 März 1856 sind die vier höchsten Berge der Himalaya=Kette: der Mount Everest (Gaurischankar) in NO von Katmandu 27210 Par. Fuß, der Kuntschinjinga nördlich von Darjiling 26417 F., der Dhaulagiri (Dhavalagiri) 25170 F. und Tschumalari (Chamalari) 22468 F.

Vulkan Pomarape: 20360 Fuß, Br. 18° 8'; fast ein Zwillingsberg mit dem zunächst folgenden Vulkane.

Vulkan Parinacota: 20670 Fuß, Br. 18° 12'. Die Gruppe der vier Trachytkegel Sahama, Pomarape, Parinacota und Gualatieri, welche zwischen den Parallelkreisen von 18° 7' und 18° 25' liegt, ist nach Pentland's trigonometrischer Bestimmung höher als der Chimborazo, höher als 20100 Fuß.

Vulkan Gualatieri*: 20604 Fuß, Br. 18° 25'; in der bolivischen Provinz Carangas; nach Pentland sehr entzündet (Hertha Bd. XIII. 1829 S. 21).

Unfern der Sahama=Gruppe, 18° 7' bis 18° 25', verän=

dert plötzlich die Vulkan=Reihe und die ganze Andeskette, der sie westlich vorliegt, ihr Streichen, und geht von der Richtung Süd= ost gen Nordwest in die bis zur Magellanischen Meerenge allgemein werdende von Norden nach Süden plötzlich über. Von diesem wichtigen Wendepunkt, dem Littoral=Einschnitt bei Arica (18° 28′), welcher eine Analogie an der west=afrikanischen Küste im Golf von Biafra hat, habe ich gehandelt im Bd. 1. des Kosmos S. 310 und 472 Anm. 17.

Vulkan Isluga: Br. 19° 20′, in der Provinz Tarapaca, westlich von Carangas.

Volcan de San Pedro de Atacama am nordöstlichen Rande des Desierto gleiches Namens, nach der neuen Special=Karte der wasserleeren Sandwüste (Desierto) von Atacama vom Dr. Philippi in Br. 22° 16′, vier geogr. Meilen nordöstlich von dem Städtchen San Pedro, unweit des großen Nevado de Cho-rolque.

Es giebt keinen Vulkan von 21° ½ bis 30°; und nach einer so langen Unterbrechung, von mehr als 142 Meilen, zeigt sich zuerst wieder die vulkanische Thätigkeit im Vulkan von Coquimbo. Denn die Existenz eines Vulkans von Copiapo (Br. 27° 28′) wird von Meyen geläugnet, während sie der des Landes sehr kundige Philippi bestätigt.

[7⁰] (S. 317.) Die geographische und geologische Kenntniß der Gruppe von Vulkanen, welche wir unter dem gemeinsamen Namen der gereihten Vulkane von Chili begreifen, verdankt den ersten Anstoß zu ihrer Vervollkommnung, ja die Vervollkommnung selbst, den scharfsinnigen Untersuchungen des Capitäns Fitz=Roy in der denkwürdigen Expedition der Schiffe Adventure und Beagle, wie den geistreichen und ausführlicheren Arbeiten von Charles Darwin. Der Letztere hat mit dem ihm eigenen verallgemeinern-den Blicke den Zusammenhang der Erscheinungen von Erdbeben und Ausbruchen der Vulkane unter Einen Gesichtspunkt zusammenge-faßt. Das große Naturphänomen, welches am 22 Nov. 1822 die Stadt Copiapo zerstörte, war von der Erhebung einer beträchtlichen Landstrecke der Küste begleitet; und während des ganz gleichen Phäno-mens vom 20 Febr. 1835, das der Stadt Concepcion so verderblich wurde, brach nahe dem Littoral der Insel Chiloe bei Vacalao Head ein unterseeischer Vulkan aus, welcher anderthalb Tage feurig wüthete. Dies alles, von ähnlichen Bedingungen abhängig, ist auch früher vorgekommen, und bekräftigt den Glauben: daß die Reihe von Felsinseln, welche südlich von Valdivia und von dem Fuerte Maullin den Fjörden des Festlandes gegenüberliegt: und Chiloe, den Archipel der Chonos und Huaptecas, la Peninsula de Tres Montes, und las Islas de la Campana, de la Madre de Dios, de Santa Lucia und los Lobos von 39° 53′ bis zum Eingang der Magellanischen Meerenge (52° 16′) begreift; der zerrissene, über dem Meere hervorragende Kamm einer versunkenen westlichsten Cordillere sei. Allerdings gehört kein geöffneter trachytischer Kegelberg, kein Vulkan diesen fractis ex aequore terris an; aber einzelne unterseeische Eruptionen, welche bisweilen den mächtigen Erdstößen gefolgt oder denselben vorhergegangen sind, scheinen auf das Dasein dieser westlichen Spalte zu deuten. (Darwin on the connexion of volcanic phaenomena, the formation of mountain chains, and the effect of the same powers, by which continents are elevated· in den Transactions of the Geological Society, Second Series Vol. V. Part 3. 1840 p. 606—615 und 629—631; Humboldt, Essai pol. sur la Nouv. Espagne T. I. p. 190 und T. IV. p. 287.)

Die Reihenfolge der 24 Vulkane, welche die Gruppe von Chili umfaßt, ist folgende, von Norden nach Süden, von dem Parallel von Coquimbo bis zu 46° südlicher Breite gerechnet:

a) Zwischen den Parallelen von Coquimbo und Valparaiso:

Volcan de Coquimbo (Br. 30° 5′); Meyen Th. I. S. 385

Vulkan Limari

Vulkan Chuapri

Vulkan Aconcagua *: WNW von Mendoza, Br. 32° 39′; Höhe 21584 Fuß nach Kellet (f. Kosmos Bd. IV. S. 292 Anm. 47); aber nach der neuesten trigonometrischen Messung des Ingenieurs Amado Pissis (1854) nur 22301 englische oder 20924 Pariser Fuß: also etwas niedriger als die Sahama, den Pentland jetzt zu 22350 engl. oder 20970 Pariser Fuß annimmt; Gilliß, U. S. Naval Astr. Exp. to Chili Vol. I. p. 13. Die geodätischen Fundamente seiner Messung des Aconcagua zu 6797 Metern hat Herr Pissis, da sie acht Dreiecke erforderte, in den Anales de la Universidad de Chile 1852 p. 219 entwickelt.

Der Peak Tupungato wird von Gilliß zu 22450 feet oder 21363 Par. Fuß Höhe und in 33° 22′ Breite angegeben; aber auf der Karte der Prov. Santiago von Pissis (Gilliß p. 45) steht 22016 feet oder 20655 Par. Fuß. Die letztere Zahl ist beibehalten (als 6710 Meter) von Pissis in den Anales de Chile 1850 p. 12.

b) Zwischen den Parallelen von Valparaiso und Concepcion:

Vulkan Maypu *: nach Gilliß (Vol. I. p. 13) Br. 34° 17′ (aber auf seiner General-Karte von Chili 33° 47′, gewiß irrthümlich) und Höhe 16572 Par. Fuß; von Meyen bestiegen. Das Trachyt-Gestein des Gipfels hat obere Juraschichten durchbrochen, in denen Leopold von Buch Exogyra Couloni, Trigonia costata und Ammonites biplex aus Höhen von 9000 Fuß erkannt hat (Description physique des Iles Canaries 1836 p. 471). Keine Lavaströme, aber Flammen- und Schlacken-Auswurfe aus dem Krater.

Vulkan Peteroa *: östlich von Talca, Br. 34° 53′; ein Vulkan, der oft entzündet ist und am 3 Dec. 1762 nach Molina's Beschreibung eine große Eruption gehabt hat; der vielbegabte Naturforscher Gay hat ihn 1831 besucht.

Volcan de Chillan Br. 36° 2′; eine Gegend, welche der Missionar Havestadt aus Münster beschrieben hat. In ihrer Nähe liegt der Nevado Descabezado (35° 1′), welchen Domeyko bestiegen und Molina (irrthümlich) für den höchsten Berg von Chili erklärt hat. Von Gilliß ist seine Höhe 13100 engl. oder 12290 Par. Fuß geschätzt worden (U. St. Naval Astr. Expedition 1855 Vol. I. p. 16 und 371).

Vulkan Tucapel: westlich von der Stadt Concepcion; auch Silla veluda genannt; vielleicht ein ungeöffneter Trachytberg, der mit dem entzündeten Vulkan von Antuco zusammenhängt.

c) Zwischen den Parallelen von Concepcion und Valdivia:

Vulkan Antuco *: Br. 37° 7′; von Pöppig umständlich geognostisch beschrieben: ein basaltischer Erhebungs-Krater, aus dessen Innerem der Trachytkegel aufsteigt; Lavaströme, die an dem Fuß des Kegels, seltener aus dem Gipfel-Krater, ausbrechen (Pöppig, Reise in Chile und Peru Bd. I. S. 364). Einer dieser Ströme floß noch im Jahr 1828. Der fleißige Domeyko fand 1845 den Vulkan in voller Thätigkeit, und seine

Höhe nur 8368 Fuß (Pentland in Mary Somerville's Phys. Geography Vol. I. p. 186). Gilliß giebt für die Höhe 8672 F. an, und erwähnt neuer Ausbrüche im J. 1853. Zwischen Antuco und dem Descabezado ist nach einer Nachricht, die mir der ausgezeichnete amerikanische Astronom, Hr. Gilliß, mitgetheilt, im Inneren der Cordillere am 25 Nov. 1847 ein neuer Vulkan aus der Tiefe erstiegen, zu einem Hügel * von 300 Fuß. Die schwefligen und feurigen Ausbrüche sind von Domeyko über ein Jahr lang gesehen worden. Weit östlich vom Vulkan Antuco, in einer Parallelkette der Andes, giebt Pöppig auch noch zwei thätige Vulkane: Punhamuidda * und Unalavquen *, an.

Vulkan Callaqui

Volcan de Villarica *: Br. 39° 14'

Vulkan Chiñal: Br. 39° 35'

Volcan de Panguipulli *: nach Major Philippi Br. 40° $\frac{3}{4}$

d) Zwischen den Parallelen von Valdivia und dem südlichsten Cap der Insel Chiloe:

Vulkan Ranco

Vulkan Osorno oder Llanquihue: Br. 41° 9', Höhe 6984 F.

Volcan de Calbuco *: Br. 41° 12'

Vulkan Guanahuca (Guanegue?)

Vulkan Minchinmadom: Br. 42° 48', Höhe 7500 F.

Volcan del Corcovado *: Br. 43° 12', Höhe 7046 F.

Vulkan Yanteles (Yntales): Br. 43° 29', Höhe 7534 F. Ueber die vier letzten Höhen s. Cap. Fitz-Roy (Exped. of the Beagle Vol. III. p. 275) und Gilliß Vol I. p. 13.

Vulkan San Clemente: der, nach Darwin aus Granit bestehenden Peninsula de tres Montes gegenüber; Br. 46° 8'. Auf der großen Karte Südamerika's von La Cruz ist ein südlicherer Vulkan de los Gigantes, gegenüber dem Archipel de la Madre de Dios, in Br. 51° 4', angegeben. Seine Existenz ist sehr zweifelhaft.

Die Breiten in der vorstehenden Tafel der Vulkane sind meist der Karte von Pissis, Allan Campbell und Claude Gay in dem vortrefflichen Werke von Gilliß (1855) entlehnt.

⁷⁶ (S. 318.) Humboldt, Kleinere Schriften Bd. I. S 90.

⁷⁷ (S. 318.) Den 24 Januar 1804. S. mein Essai pol. sur la Nouv. Espagne T. I. p. 166.

⁷⁸ (S. 321.) Der Glimmerschiefer-Bergknoten de los Robles

(Br. 2° 2′) und des Paramo de las Papas (Br. 2° 20′) enthält die, nicht 1½ Meilen von einander getrennten Alpenseen, Laguna de S. Iago und del Buey, aus deren ersterer die Cauca und zweiter der Magdalenenfluß entspringt, um, bald durch eine Central-Gebirgskette getrennt, sich erst in dem Parallel von 9° 27′ in den Ebenen von Mompox und Tenerife mit einander zu verbinden. Für die geologische Frage: ob die vulkanreiche Andeskette von Chili, Peru, Bolivia, Quito und Neu-Granada mit der Gebirgskette des Isthmus von Panama, und auf diese Weise mit der von Veragua und den Vulkan-Reihen von Costa Rica und ganz Central-Amerika, verzweigt sei? ist der genannte Bergknoten zwischen Popayan, Almaguer und Timana von großer Wichtigkeit. Auf meinen Karten von 1816, 1827 und 1831, deren Bergsysteme durch Brué in Joaquin Acosta's schöne Karte von Neu-Granada (1847) und andere Karten verbreitet worden sind, habe ich gezeigt, wie unter dem nördlichen Parallel von 2° 10′ die Andeskette eine Dreitheilung erleidet; die westliche Cordillere läuft zwischen dem Thal des Rio Cauca und dem Rio Atrato, die mittlere zwischen dem Cauca und dem Rio Magdalena, die östliche zwischen dem Magdalenen-Thale und den Llanos (Ebenen), welche die Zuflüsse des Marañon und Orinoco bewässern. Die specielle Richtung dieser drei Cordilleren habe ich nach einer großen Anzahl von Punkten bezeichnen können, welche in die Reihe der astronomischen Ortsbestimmungen fallen, von denen ich in Südamerika allein 152 durch Stern-Culminationen erlangt habe.

Die westliche Cordillere läuft östlich vom Rio Dagua, westlich von Cazeres, Roldanilla, Toro und Anserma bei Cartago, von SSW in NNO, bis zum Salto de San Antonio im Rio Cauca (Br. 5° 14′), welcher südwestlich von der Vega de Supia liegt. Von da und bis zu dem neuntausend Fuß hohen Alto del Viento (Cordillera de Abibe oder Avidi, Br. 7° 12′) nimmt die Kette an Höhe und Umfang beträchtlich zu, und verschmelzt sich in der Provinz Antioquia mit der mittleren oder Central-Cordillere. Weiter in Norden, gegen die Quellen der Rios Lucio und Guacuba, verläuft sich die Kette, in Hügelreihen vertheilt. Die Cordillera occidental, welche bei der Mündung des Dagua in die Bahia de San Buenaventura kaum 8 Meilen von der Südsee-Küste entfernt ist (Br. 3° 50′), hat die doppelte Entfernung im Parallel von Quibbo im Choco (Br. 5° 48′). Diese Bemerkung ist deshalb von einiger

Wichtigkeit, weil mit der westlichen Andeskette nicht das hochhüg=
lige Land und die Hügelkette verwechselt werden muß, welche in
dieser, an Waschgold reichen Provinz sich von Novita und Tado an
längs dem rechten Ufer des Rio San Juan und dem linken Ufer
des großen Rio Atrato von Süden nach Norden hinzieht. Diese
unbedeutende Hügelreihe ist es, welche in der Quebrada de la
Raspadura von dem, zwei Flüsse (den Rio San Juan oder Noa=
nama und den Rio Quibdo, einen Zustrom des Atrato), und durch
diese zwei Oceane verbindenden Canal des Mönches durchschnitten
wird (Humboldt, Essai pol. T I. p. 235); sie ist es auch,
welche zwischen der von mir so lange vergeblich gerühmten Bahia
de Cupica (Br. 6° 42') und den Quellen des Napipi, der in den
Atrato fällt, auf der lehrreichen Expedition des Cap. Kellet gesehen
worden ist. (Vergl. a. a. O. T. I. p. 231; und Robert Fiß=Roy,
Considerations on the great Isthmus of Central America, im
Journal of the Royal Geogr. Soc. Vol. XX. 1851 p 178,
180 und 186.)

Die mittlere Andeskette (Cordillera central), anhaltend die
höchste, bis in die ewige Schneegrenze reichend, und in ihrer ganzen
Erstreckung wie die westliche Kette fast von Süden nach Norden
gerichtet, beginnt 8 bis 9 Meilen in Nordost von Popayan mit den
Paramos von Guanacos, Huila, Iraca und Chinche. Weiter hin er=
heben sich von S gegen N zwischen Buga und Chaparral der langge=
streckte Rücken des Nevado de Baraguan (Br. 4° 11'), la Montaña de
Quindio, der schneebedeckte, abgestumpfte Kegel von Tolima, der Vul=
kan und Paramo de Ruizu nd die Mesa de Herveo. Diese hohen und
rauhen Berg=Einöden, die man im Spanischen mit dem Namen
Paramos belegt, sind durch ihre Temperatur und einen eigenthümli=
chen Vegetations=Charakter bezeichnet, und liegen in dem Theil der
Tropengegend, welchen ich hier beschreibe, nach dem Mittel vieler
meiner Messungen von 9500 bis 11000 Fuß über dem Meeres=
spiegel. In dem Parallel von Mariquita, des Herveo und des
Salto de San Antonio des Cauca=Thals beginnt eine massenhafte
Vereinigung der westlichen und der Central=Kette, deren oben Er=
wähnung geschehen ist. Diese Verschmelzung wird am auffallendsten
zwischen jenem Salto und der Angostura und Cascada de Caramanta
bei Supia. Dort liegt das Hochland der schwer zugänglichen Pro=
vinz Antioquia, welche nach Manuel Restrepo sich von 5°¼ bis

8° 34' erstreckt, und in welcher wir in der Richtung von Süden nach Norden nennen als Höhenpunkte: Arma, Sonson; nördlich von den Quellen des Rio Samana: Marinilla, Rio Negro (6420 F.) und Medellin (4548 F.); das Plateau von Santa Rosa (7944 F.) und Valle de Osos. Weiter hin über Cazeres und Zaragoza hinaus, gegen den Zusammenfluß des Cauca und Nechi, verschwindet die eigentliche Gebirgskette; und der östliche Abfall der Cerros de San Lucar, welchen ich bei der Beschiffung und Aufnahme des Magdalena-Stromes von Badillas (Br. 8° 1') und Paturia (Br. 7° 36') aus gesehen, macht sich nur bemerkbar wegen des Contrastes der weiten Flußebene.

Die östliche Cordillere bietet das geologische Interesse dar, daß sie nicht nur das ganze nördliche Bergsystem Neu-Granada's von dem Tieflande absondert, aus welchem die Wasser theils durch den Caguan und Caqueta dem Amazonenfluß, theils durch den Guaviare, Meta und Apure dem Orinoco zufließen; sondern auch deutlichst mit der Küstenkette von Caracas in Verbindung tritt. Es findet nämlich dort statt, was man bei Gangsystemen ein Anscharen nennt: eine Verbindung von Gebirgsjöchern, die auf zwei Spalten von sehr verschiedener Richtung und wahrscheinlich auch zu sehr verschiedenen Zeiten sich erhoben haben. Die östliche Cordillere entfernt sich weit mehr als die beiden anderen von der Meridian-Richtung, abweichend gegen Nordosten, so daß sie in den Schneebergen von Merida (Br. 8° 10') schon 5 Längengrade östlicher liegt als bei ihrem Ausgang aus dem Bergknoten de los Robles unfern der Ceja und Timana. Nördlich von dem Paramo de la Suma Paz, östlich von der Purificacion, an dem westlichen Abhange des Paramo von Chingaza, in nur 8220 Fuß Höhe, erhebt sich über einem Eichenwald die schöne, aber baumlose und ernste Hochebene von Bogota (Br. 4° 36'). Sie hat ohngefähr 18 geographische Quadratmeilen, und ihre Lage bietet eine auffallende Aehnlichkeit mit der des Beckens von Kaschmir, das aber am Wuller-See, nach Victor Jacquemont, um 3200 Fuß minder hoch ist und dem südwestlichen Abhange der Himalaya-Kette angehört. Von dem Plateau von Bogota und dem Paramo de Chingaza ab folgen in der östlichen Cordillere der Andes gegen Nordost die Paramos von Guachaneque über Tunja, von Zoraca über Sogamoso; von Chita (15000 F.?), nahe den Quellen des Rio Casanare, eines Zuflusses des Meta; vom Almorzadero

(12060 F.) bei Socorro, von Cacota (10308 F.) bei Pamplona, von Laura und Porquera bei la Grita. Hier zwischen Pamplona, Salazar und Rosario (zwischen Br. 7° 8′ und 7° 50′) liegt der kleine Gebirgsknoten, von dem aus sich ein Kamm von Süden nach Norden gegen Ocaña und Valle de Upar westlich von der Laguna de Maracaibo vorstreckt und mit den Vorbergen der Sierra Nevada de Santa Marta (18000 Fuß?) verbindet. Der höhere und mächtigere Kamm fährt in der ursprünglichen Richtung nach Nordosten gegen Merida, Trurillo und Barquisimeto fort, um sich dort östlich von der Laguna de Maracaibo der Granit=Küstenkette von Venezuela, in Westen von Puerto Cabello, anzuschließen. Von der Grita und dem Paramo de Porquera an erhebt sich die östliche Cordillere auf einmal wieder zu einer außerordentlichen Höhe. Es folgen zwischen den Parallelen von 8° 5′ und 9° 7′ die Sierra Nevada de Merida (Mucuchies), von Boussingault untersucht und von Codazzi trigono=metrisch zu 14136 Fuß Höhe bestimmt; und die vier Paramos de Timotes, Niquitao, Boconó und de las Rosas, voll der herrlichsten Alpenpflanzen. (Vergl. Codazzi, Resúmen de la Geografia de Venezuela 1841 p 12 und 495; auch meine Asie centrale über die Höhe des ewigen Schnees in dieser Zone, T. III. p. 258—262.) Vulkanische Thätigkeit fehlt der westlichen Cordillere ganz; der mitt=leren ist sie eigen bis zum Tolima und Paramo de Ruiz, die aber vom Vulkan von Puracé fast um drei Breitengrade getrennt sind. Die östliche Cordillere hat nahe an ihrem östlichen Abfall, an dem Ursprung des Rio Fragua, nordöstlich von Mocoa, südöstlich von Timana, einen rauchenden Hügel: entfernter vom Littoral der Südsee als irgend ein anderer noch thätiger Vulkan im Neuen Continent. Eine genaue Kenntniß der örtlichen Verhältnisse der Vulkane zu der Gliederung der Gebirgszüge ist für die Vervoll=kommnung der Geologie der Vulkane von höchster Wichtigkeit. Alle älteren Karten, das einzige Hochland von Quito abgerechnet, konn=ten nur irre leiten.

[79] (S. 321.) Pentland in Mary Somerville's Phys. Geography (1851) Vol. I. p. 185. Der Pic von Vilcanoto (15970 F.), liegend in Br. 14° 28′, ein Theil des mächtigen Ge=birgsstockes dieses Namens, ost=westlich gerichtet, schließt das Nord=ende der Hochebene, in welcher der 22 geogr. Meilen lange See von Titicaca, ein kleines Binnenmeer, liegt.

[10] (S. 322.) Vergl. Darwin, Journal of researches into the Natural History and Geology during the Voyage of the Beagle 1845 p. 275, 291 und 310.

[81] (S. 324.) Junghuhn, Java Bd. I. S. 79.

[82] (S. 324.) A. a. O. Bd. III S 155 und Göppert, die Tertiärflora auf der Insel Java nach den Ent-deckungen von Fr. Junghuhn (1854) S. 17. Die Abwesen-heit der Monocotyledonen ist aber nur eigenthümlich den zerstreut auf der Oberfläche und besonders in den Bächen der Regentschaft Bantam liegenden verkieselten Baumstämmen; in den unter-irdischen Kohlenschichten finden sich dagegen Reste von Palmenholz, die zwei Geschlechtern (Flabellaria und Amesoneuron) angehören. S. Göppert S. 31 und 35.

[83] (S. 325.) Ueber die Bedeutung des Wortes Mêru und die Vermuthungen, welche mir Burnouf über seinen Zusammenhang mit mira (einem Sanskrit-Worte für Meer) mitgetheilt, f meine Asie centrale T. I p. 114—116 und Lassen's Indische Al-terthumskunde Bd. I. S. 847, der geneigt ist den Namen für nicht sanskritischen Ursprungs zu halten.

[84] (S. 325.) S. Kosmos Bd. IV. S. 284 und Anm. 6

[85] (S. 326.) Gunung ist das javanische Wort für Berg, im Malayischen gúnong, das merkwürdigerweise nicht weiter über den ungeheuren Bereich des malayischen Sprachstammes verbrei-tet ist; s. die vergleichende Worttafel in meines Bruders Werke über die Kawi-Sprache Bd. II S. 249 No. 62. Da es die Gewohnheit ist dieses Wort gunung den Namen der Berge auf Java vorzusetzen, so ist es im Texte durch ein einfaches G. angedeutet.

[86] (S. 326.) Léop. de Buch, Description physique des Iles Canaries 1836 p. 419. Aber nicht bloß Java (Jung-huhn Th. I. S. 61 und Th. II S. 547) hat einen Coloß, den Semeru von 11480 F., welcher also den Pic von Teneriffa um ein Geringes an Höhe übersteigt; dem, ebenfalls noch thätigen, aber, wie es scheint, minder genau gemessenen Pic von Indrapura auf Sumatra werden auch 11500 Fuß zugeschrieben (Th. I. S. 78 und Profil-Karte No. 1). Diesem stehen auf Sumatra am nächsten die Kuppe Telaman, welche einer der Gipfel des Ophir (nicht 12980, sondern nur 9010 F. hoch) ist; und der Merapi (nach Dr Horner 8980 F.), der thätigste

unter den 13 Vulkanen von Sumatra, der aber (Th. II. S. 294 und Junghuhn's Battaländer 1847 Th. I. S. 25), bei der Gleichheit des Namens, nicht zu verwechseln ist mit zwei Vulkanen auf Java: dem berühmten Merapi bei Jogiakerta (8640 F.) und dem Merapi als östlichem Gipfeltheile des Vulkans Idjen (8065 F.). Man glaubt in dem Merapi wieder den heiligen Namen Meru, mit dem malayischen und javanischen Werte api, Feuer, verbunden, zu erkennen.

[17] (S. 326.) Junghuhn, Java Bd. I. S. 80.

[18] (S. 327.) Vergl. Jos. Hooker, Sketch-Map of Si-khim 1850, und in seinen Himalaya Journals Vol. I. 1854 Map of part of Bengal; wie auch Strachey, Map of West-Nari in seiner Physical Geography of Western Tibet 1853

[19] (S. 328.) Junghuhn, Java Bd. II. fig. IX S. 572, 596 und 601—604. Von 1829 bis 1848 hat der kleine Auswurfs=Krater des Bromo 8 feurige Eruptionen gehabt. Der Kratersee, welcher 1842 verschwunden war, hatte sich 1848 wieder gebildet, aber nach den Beobachtungen von B. van Herwerden soll die Anwesenheit des Wassers im Kesselschlunde gar nicht den Ausbruch glühender, weit geschleuderter Schlacken gehindert haben.

[20] (S. 328.) Junghuhn Bd. II. S. 624—641.

[21] (S. 328) Der G. Pepandajan ist 1819 von Reinwardt, 1837 von Junghuhn erstiegen worden. Der Letztere, welcher die Umgebung des Berges, ein mit vielen eckigen ausgeworfenen Lava=blöcken bedecktes Trümmerfeld, genau untersucht und mit den frühesten Berichten verglichen hat, hält die durch so viele schätz=bare Werke verbreitete Nachricht, daß ein Theil des eingestürzten Berges und ein Areal von mehreren Quadratmeilen während des Ausbruchs von 1772 versunken sei, für sehr übertrieben; Jung=huhn Bd. II. S. 98 und 100.

[22] (S. 328.) Kosmos Bd. IV. S. 9, Anm. 30 zu S. 232; und Voyage aux Régions équinox. I. II. p. 16.

[23] (S. 330.) Junghuhn Bd. II S. 241—246.

[24] (S. 330.) A. a. O. S. 566, 590 und 607—609.

[25] (S. 330.) Leop. von Buch, phys. Beschr. der canari=schen Inseln S. 206, 218, 248 und 289.

[26] (S. 331.) Barranco und barranca, beide gleichbedeutend und beide genugsam im spanischen Amerika gebraucht, bezeichnen

allerdings eigentlich eine Wasserfurche, einen Wasserriß: la quiebra que hacen en la tierra las corrientes de las aguas; — »una torrente que hace barrancas«; weiter bezeichnen sie auch jegliche Schlucht. Daß aber das Wort barranca mit barro, Thon, weicher, feuchter Letten, auch Wegkoth, zusammenhange: ist zu bezweifeln.

⁹⁷ (S. 331.) Lyell, Manual of elementary Geology 1855 chapt. XXIX p. 497. Die auffallendste Analogie mit dem Phänomen regelmäßiger Geripptheit auf Java bietet die Oberfläche des Somma=Mantels am Vesuv dar, über dessen 70 Faltungen ein scharfsinniger und genau messender Beobachter, der Astronom Julius Schmidt, viel Licht verbreitet hat (die Eruption des Vesuvs im Mai 1855 S. 101—109). Diese Thalfurchen sind nach Leop. von Buch ihrem primitiven Ursprunge nach nicht Regenrisse (fiumare), sondern Folgen der Zersprengtheit (Faltung, étoilement) bei erster Erhebung der Vulkane. Auch die meist radiale Stellung der Seiten= Ausbrüche gegen die Achse der Vulkane scheint damit zusammenzu= hangen (S. 129).

⁹⁸ (S. 331.) »L'obsidienne et par conséquent les pierres- ponces sont aussi rares à Java que le trachyte lui-même. Un autre fait très curieux c'est l'absence de toute coulée de lave dans cette île volcanique. Mr. Reinwardt, qui lui-même a observé un grand nombre d'éruptions, dit expressément qu'on n'a jamais eu d'exemples que l'éruption la plus violente et la plus dévastatrice ait été accompagnée de laves.« Léop. de Buch, Description des Iles Canaries p. 419. In den vulkanischen Gebirgsarten von Java, welche das Mineralien=Cabinet zu Berlin dem Dr. Junghuhn verdankt, sind Diorit=Trachyte, aus Oligoklas und Hornblende zusammengesetzt, deutlichst zu erkennen zu Burung= agung S. 255 des Leidner Catalogs, zu Tjinas S. 232 und im Gunung Parang, der im District Batu=gangi liegt. Das ist also identisch die Formation von dioritischem Trachyte der Vulkane Orizaba und Toluca von Mexico, bei Insel Panaria in den Liparen und Aegina im ägäischen Meer!

⁹⁹ (S. 332.) Junghuhn Bd. II. S. 309 und 314. Die feu= rigen Streifen, welche man am Vulkan G. Merapi sah, waren gebildet durch nahe zusammengedrängte Schlackenströme (traînées de fragmens), durch unzusammenhangende Massen, die beim Ausbruch nach derselben Seite hin herabrollten und bei sehr ver=

ſchiedenem Gewicht am jähen Abfall auf einander ſtoßen. Bei dem
Ausbruch des G. Lamongan am 26 März 1847 hat ſich, einige
hundert Fuß unterhalb des Ortes ihres Urſprungs, eine ſolche
bewegte Schlackenreihe in zwei Arme getheilt. „Der feurige
Streifen", heißt es ausdrücklich (Bd. II. S. 767), „beſtand nicht
aus wirklich geſchmolzener Lava, ſondern aus dicht hinter einander
rollenden Lava=Trümmern." Der G. Lamongan und der G. Semeru
ſind gerade die beiden Vulkane der Inſel Java, welche durch ihre
Thätigkeit in langen Perioden dem kaum 2800 Fuß hohen Strom=
boli am ähnlichſten gefunden werden, da ſie, wenn gleich in Höhe
ſo auffallend verſchieden (der Lamongan 5010 und der Semeru
11480 Fuß hoch), der erſtere nach Pauſen von 15 bis 20 Minuten
(Eruption vom Juli 1838 und März 1847), der andere von 1½
bis 3 Stunden (Eruption vom Auguſt 1836 und September 1844),
Schlacken=Auswurfe zeigten (Bd. II. S. 554 und 765—769). Auf
Stromboli ſelbſt kommen neben vielen Schlacken=Auswürfen auch
kleine, aber ſeltene Lava=Ergießungen vor, welche, durch Hinder=
niſſe aufgehalten, bisweilen am Abhange des Kegels erſtarren. Ich
lege eine große Wichtigkeit auf die verſchiedenen Formen der
Continuität oder Sonderung, unter denen ganz oder halb ge=
ſchmolzene Materien ausgeſtoßen oder ergoſſen werden, ſei es aus
denſelben oder aus verſchiedenen Vulkanen. Analoge Forſchungen,
unter verſchiedenen Zonen und nach leitenden Ideen unternommen,
ſind ſehr zu wünſchen bei der Armuth und großen Einſeitigkeit der An=
ſichten, zu welcher die vier thätigen europäiſchen Vulkane führen.
Die von mir 1802, von meinem Freunde Bouſſingault 1831 aufge=
worfene Frage: ob in den Cordilleren von Quito der Antiſana Lava=
ſtröme gegeben habe? die wir weiter unten berühren, findet vielleicht in
den Ideen der Sonderung des Flüſſigen ihre Löſung. Der weſent=
liche Charakter eines Lavaſtroms iſt der einer gleichmäßigen, zu=
ſammenhangenden Flüſſigkeit, eines bandartigen Stromes, aus wel=
chem beim Erkalten und Verhärten ſich an der Oberfläche Schalen
ablöſen. Dieſe Schalen, unter denen die, faſt homogene Lava lange
fortfließt, richten ſich theilweiſe durch Ungleichheit der inneren Be=
wegung und Entwickelung heißer Gas=Arten ſchief oder ſenkrecht auf;
und wenn ſo mehrere Lavaſtröme zuſammenfließend einen Lavaſee,
wie in Island, bilden, ſo entſteht nach der Erkaltung ein Trüm=
merfeld. Die Spanier, beſonders in Mexico, nennen eine ſolche,

zum Durchstreifen sehr unbequeme Gegend ein malpais. Es erin=
nern solche Lavafelder, die man oft in der Ebene am Fuß eines
Vulkans findet, an die gefrorene Oberfläche eines Sees mit auf=
gethürmten kurzen Eisschollen.

[100] (S. 332.) Den Namen G. Idjen kann man nach Busch=
mann durch das javanische Wort hidjèn einzeln, allein, besonders,
deuten: eine Ableitung von dem Subst. hidji oder widji, Korn,
Saamenkorn, welches mit sa das Zahlwort eins ausdrückt. Ueber
die Etymologie von G. Tengger siehe die inhaltreiche Schrift
meines Bruders über die Verbindungen zwischen Java
und Indien (Kawi=Sprache Bd. I. S. 188), wo auf die histo=
rische Wichtigkeit des Tengger=Gebirges hingewiesen wird, das
von einem kleinen Volksstamm bewohnt wird, welcher, feindlich
gegen den jetzt allgemeinen Mohammedanismus auf der Insel, sei=
nen alten indisch=javanischen Glauben bewahrt hat. Junghuhn, der
sehr fleißig Bergnamen aus der Kawi-Sprache erklärt, sagt (Th. II.
S. 554), tengger bedeute im Kawi Hügel; eine solche Deutung
erfährt das Wort auch in Gericke's javanischem Wörterbuch
(javaansch-nederduitsch Woordenboek, Amst. 1847).
Slamat, der Name des hohen Vulkans von Tegal, ist das be=
kannte arabische Wort selamat, welches Wohlfahrt, Glück und Heil
bedeutet.

[1] (S. 332.) Junghuhn Bd. II. Slamat S. 153 u. 163, Idjen
S. 698, Tengger S. 773.

[2] (S. 332.) Bd. II. S. 760—762.

[3] (S. 334.) Atlas géographique et physique, der
die Rel. hist begleitet (1814), Pl 28 und 29.

[4] (S. 334.) Kosmos Bd. IV S. 311—313.

[5] (S. 334.) Kosmos Bd. I. S. 216 und 444, Bd. IV. S. 226.

[6] (S. 336.) In meinem Essai politique sur la Nouvelle-Espagne habe ich in den zwei Auflagen von 1811 und
1827 (in der letzteren T. II. p. 165—175), wie es die Natur jenes
Werkes erheischte, nur einen gedrängten Auszug aus meinem Tage=
buche gegeben, ohne den topographischen Plan der Umgegend und
die Höhenkarte liefern zu können. Bei der Wichtigkeit, welche man
auf eine so große Erscheinung aus der Mitte des vorigen Jahr=
hunderts gelegt hat, glaubte ich jenen Auszug hier vervollständigen
zu müssen. Einzelheiten über den neuen Vulkan von Jorullo ver=

danke ich einem erst im Jahre 1830 durch einen sehr wissenschaftlich gebildeten mexicanischen Geistlichen, Don Juan José Pastor Morales, aufgefundenen officiellen Document, das drei Wochen nach dem Tage des ersten Ausbruchs verfaßt worden ist; wie auch mündlichen Mittheilungen meines Begleiters, des Biscainers Don Ramon Espelde, der noch lebende Augenzeugen des ersten Ausbruchs hatte vernehmen können. Morales hat in den Archiven des Bischofs von Michuacan einen Bericht entdeckt, welchen Joaquin de Ansogorri, Priester in dem indischen Dorfe la Guacana, am 19 October 1759 an seinen Bischof richtete. Der Oberbergrath Burkart hat in seiner lehrreichen Schrift (Aufenthalt und Reisen in Mexico, 1836) ebenfalls schon einen kurzen Auszug daraus (Bd. I. S. 230) gegeben. Don Ramon Espelde bewohnte zur Zeit meiner Reise die Ebene von Jorullo und hat das Verdienst zuerst den Gipfel des Vulkans bestiegen zu haben. Er schloß sich einige Jahre nachher der Expedition an, welche der Intendente Corregidor Don Juan Antonio de Riaño am 10 März 1789 machte. Zu derselben Expedition gehörte ein wohl unterrichteter, in spanische Dienste als Berg=Commissar getretener Deutscher, Franz Fischer. Durch den Letzten ist der Name des Jorullo zuerst nach Deutschland gekommen, da er desselben in den Schriften der Gesellschaft der Bergbaukunde Bd. II. S. 441 in einem Briefe erwähnte. Aber früher schon war in Italien des Ausbruchs des neuen Vulkans gedacht worden: in Clavigero's Storia antica del Messico (Cesena 1780, T. I. p. 42) und in dem poetischen Werke Rusticatio mexicana des Pater Raphael Landivar (ed. altera, Bologna 1782, p. 17). Clavigero setzt in seinem schätzbaren Werke die Entstehung des Vulkans, den er Jurupo schreibt, fälschlich in das Jahr 1760, und erweitert die Beschreibung des Ausbruchs durch Nachrichten über den sich bis Queretaro erstreckenden Aschenregen, welche ihm 1766 Don Juan Manuel de Bustamante, Gouverneur der Provinz Valladolid de Michuacan, als Augenzeuge des Phänomens mitgetheilt hatte. Landivar, der unserer Hebungs=Theorie enthusiastisch, wie Ovidius, zugethane Dichter, läßt in wohlklingenden Hexametern den Coloß bis zur vollen Höhe von 3 milliaria aufsteigen, und findet (nach Art der Alten) die Thermalquellen bei Tage kalt und bei Nacht warm. Ich sah aber um Mittag das hunderttheilige Thermometer im Wasser des Rio de Cuitimba bis $52°^{1/2}$ steigen.

Antonio de Alcedo gab in dem 5ten Theile seines großen und nützlichen Diccionario geográfico-histórico de las Indias occidentales ó América, 1789, also in demselben Jahre als des Gouverneurs Riaño und Verg-Commissars Franz Fischer Bericht in der Gazeta de Mexico erschien, in dem Artikel Xurullo (p. 374—375), die interessante Notiz: daß, als die Erdbeben in den Playas anfingen (29 Juni 1759), der im Ausbruch begriffene westlichste Vulkan von Colima sich plötzlich beruhigte: ob er gleich »70 leguas« (wie Alcedo sagt; nach meiner Karte nur 28 geogr. Meilen[1]) von den Playas entfernt ist. „Man meint", setzt er hinzu, „die Materie sei in den Eingeweiden der Erde dort auf Hindernisse gestoßen, um ihrem alten Laufe zu folgen; und da sie geeignete Höhlungen (in Osten) gefunden habe, sei sie im Jorullo ausgebrochen (para reventar en Xurullo)." Genaue topographische Angaben über die Umgegend des Vulkans finden sich auch in des Juan José Martinez de Lejarza geographischem Abriß des alten Tarasker-Landes: Análisis estadístico de la provincia de Michuacan, en 1822 (Mexico 1824), p 125, 129, 130 und 131. Das Zeugniß des zu Valladolid in der Nähe des Jorullo wohnenden Verfassers, daß seit meinem Aufenthalte in Mexico keine Spur einer vermehrten vulkanischen Thätigkeit sich an dem Berge gezeigt hat, hat am frühesten das Gerücht von einem neuen Ausbruche im Jahr 1819 (Lyell, Principles of Geology 1855 p. 430) widerlegt. Da die Position des Jorullo in der Breite nicht ohne Wichtigkeit ist, so bin ich darauf aufmerksam geworden, daß Lejarza, der sonst immer meinen astronomischen Ortsbestimmungen folgt, auch die Länge des Jorullo ganz wie ich 2° 25′ westlich vom Meridian von Mexico (103° 50′ westlich von Paris) nach Zeit-Uebertragung angiebt, in der Breite von mir abweicht. Sollte die von ihm dem Jorullo beigelegte Breite von 18° 53′ 30″, welche der des Vulkans Popocatepetl (18° 59′ 47″) am nächsten kommt, sich auf neuere, mir unbekannte Beobachtungen gründen? Ich habe in meinem Recueil d'Observ. astronomiques Vol. II. p. 521 ausdrücklich gesagt: »latitude *supposée* 19° 8′: geschlossen aus guten Sternbeobachtungen zu Valladolid, welche 19° 52′ 8″ gaben, und aus der Wegrichtung." Die Wichtigkeit der Breite von Jorullo habe ich erst erkannt, als ich später die große Karte des Landes Mexico in der Hauptstadt zeichnete und die ost-westliche Vulkan-Reihe eintrug.

Da ich in diesen Betrachtungen über den Ursprung des Jorullo mehrfach der Sagen gedacht habe, welche noch heute in der Umgegend herrschen, so will ich am Schluß dieser langen Anmerkung noch einer sehr volksthümlichen Sage Erwähnung thun, welche ich schon in einem anderen Werke (Essai pol. sur la Nouv. Espagne T. II. 1827 p. 172) berührt habe: »Selon la crédulité des indigènes, ces changemens extraordinaires que nous venons de décrire, sont l'ouvrage des moines, le plus grand peut-être qu'ils aient produit dans les deux hémisphères Aux *Playas de Jorullo,* dans la chaumière que nous habitions, notre hôte indien nous raconta qu'en 1759 des Capucins en mission prêchèrent a l'habitation de San Pedro; mais que, n'ayant pas trouvé un accueil favorable, ils chargèrent cette plaine, alors si belle et si fertile, des imprécations les plus horribles et les plus compliquées: ils prophétisèrent que d'abord l'habitation serait engloutie par des flammes qui sortiraient de la terre, et que plus tard l'air ambiant se refroidirait à tel point que les montagnes voisines resteraient éternellement couvertes de neige et de glace. La première de ces malédictions ayant eu des suites si funestes, le bas peuple indien voit déjà dans le refroidissement progressif du Volcan le présage d'un hiver perpétuel «

Neben dem Dichter, Pater Landivar, ist wohl die erste gedruckte Erwähnung der Catastrophe die schon vorhin genannte in der Gazeta de Mexico de 5 de Mayo 1789 (T. III. Núm 30 pag. 293—297) gewesen; sie führt die bescheidene Ueberschrift: Superficial y nada facultativa Descripcion del estado en que se hallaba el Volcán de *Jorullo* la mañana del dia 10 de Marzo de 1789, und wurde veranlaßt durch die Expedition von Riaño, Franz Fischer und Espelde. Später (1791) haben auf der nautisch=astronomischen Expedition von Malaspina die Botaniker Mociño und Don Martin Sesse, ebenfalls von der Südsee=Küste aus, den Jorullo besucht.

[7] (S. 339.) Meine Barometer=Messungen geben für Mexico 1168 Toisen, Valladolid 1002', Pazcuaro 1130', Ario 994', Aguasarco 780', für die alte Ebene der Playas de Jorullo 404'; Humb. Observ. astron. Vol. I. p. 327 (Nivellement barométrique No. 367—370).

[8] (S. 340.) Ueber der Oberfläche des Meeres finde ich, wenn die alte Ebene der Playas 404 Toisen ist, für das Maximum der

Converität des Malpais 487', für den Rücken des großen Lava=
stromes 600', für den höchsten Kraterrand 667'; für den tiefsten
Punkt des Kraters, an welchem wir das Barometer aufstellen
konnten, 644'. Demnach ergaben sich für die Höhe des Gipfels
vom Jorullo über der alten Ebene 263 Toisen oder 1578 Fuß.

⁹ (S. 340) Burkart, Aufenthalt und Reisen in
Merico in den Jahren 1825—1834 Bd. I. (1836) S. 227.

¹⁰ (S. 340.) A. a. O. Bd. I. S. 227 und 230.

¹¹ (S. 340.) Poulet Scrope, Considerations on Vol-
canos p 267; Sir Charles Lyell, Principles of Geology
1853 p. 429, Manual of Geology 1855 p. 580; Daubeny on
Volcanos p. 337. Vergl. auch on the elevation-hypothesis Dana,
Geology in der United States Exploring Expedition
Vol. X. p 369. Constant Prevost in den Comptes rendus
T. 41. (1855) p. 866—876 und 918—923. sur les éruptions et le
drapeau de l'infaillibilité. — Vergl. auch über den Jorullo Carl
Pieschel's lehrreiche Beschreibung der Vulkane von Merico, mit
Erläuterungen von Dr. Gumprecht, in der Zeitschrift für Allg.
Erdkunde der geogr. Gesellschaft zu Berlin Bd. VI. S. 490—517;
und die eben erschienenen pittoresken Ansichten in Pieschel's Atlas
der Vulkane der Republik Merico 1856 tab. 13, 14 und 15.
Das königliche Museum zu Berlin besitzt in der Abtheilung der
Kupferstiche und Handzeichnungen eine herrliche und zahlreiche Samm=
lung von Abbildungen der mericanischen Vulkane (mehr als 40
Blätter), nach der Natur dargestellt von Moritz Rugendas. Von
dem westlichsten aller mericanischen Vulkane, dem von Colima, hat
dieser große Meister allein 15 farbige Abbildungen geliefert.

¹² (S. 345.) »Nous avons été, Mr. Bonpland et moi, étonnes
surtout de trouver enchâssés dans les laves basaltiques, lithoides
et scorifiées du Volcan de Jorullo des fragmens anguleux blancs
ou blancs-verdâtres de *Syénite*, composés de peu d'amphibole
et de beaucoup de feldspath lamelleux. La où ces masses ont
été crevassees par la chaleur, le feldspath est devenu filandreux,
de sorte que les bords de la fente sont reunis dans quelques
endroits par des fibres alongées de la masse. Dans les Cordillères de l'Amérique du Sud, entre Popayan et Almaguer, au
pied du *Cerro Broncoso*, j'ai trouvé de véritables fragmens de
gneis enchâssés dans un trachyte abondant en pyroxène. Ces

phénomènes prouvent que les formations trachytiques sont sorties au-dessous de la croûte granitique du globe. Des phénomènes analogues présentent les trachytes du *Siebengebirge* sur les bords du Rhin et les couches inférieures du Phonolithe *(Porphyr-schiefer)* du *Bilner Stein* en Bohême.« Humboldt, Essai géognostique sur le Gisement des Roches 1823 p. 133 und 339. Auch Burkart (Aufenthalt und Reisen in Merico Bd. I. S. 230) erkannte in der schwarzen, olivinreichen Lava des Jorullo umschlossen: „Blöcke eines umgeänderten Syenits. Horn-blende ist nur selten deutlich zu erkennen. Die Syenit-Blöcke dürf-ten wohl den unumstößlichen Beweis liefern, daß der Sitz des Feuerheerdes des Vulkans von Jorullo sich in oder unter dem Sye-nit befinde, welcher wenige Meilen (leguas) südlicher auf dem linken Ufer des der Südsee zufließenden Rio de las Balsas sich in bedeu-tender Ausdehnung zeigt." Auf Lipari bei Caneto haben Dolomieu und 1832 der vortreffliche Geognost Friedrich Hoffmann sogar in derben Obsidian-Massen eingeschlossene Fragmente von Granit gefunden, der aus blaßrothem Feldspath, schwarzem Glimmer und wenig hellgrauem Quarz gebildet war (Poggendorff's An-nalen der Physik Bd. XXVI. S. 49).

[13] (S. 347.) Strabo lib. XIII p. 579 und 628; Hamilton, Researches in Asia minor Vol. II. chapt. 39. Der west-lichste der 3 Kegel, jetzt Kara Devlit genannt, ist 500 Fuß über der Ebene erhaben und hat einen großen Lavastrom gegen Koula hin ergossen. Ueber 30 kleine Kegel zählte Hamilton in der Nähe. Die 3 Schlünde (βόθροι und φύσαι des Strabo) sind Krater, welche auf conischen, aus Schlacken und Laven zusammengesetzten Bergen liegen.

[14] (S. 347.) Erman, Reise um die Erde Bd. III. S. 538; Kosmos Bd. IV. S. 291 und Anm. 25 dazu. Postels (Voyage autour du monde par le Cap Lutké, partie hist. T. III. p. 76) und Leopold von Buch (Description physique des Iles Canaries p. 448) erwähnen der Aehnlichkeit mit den Hornitos von Jorullo. Erman beschreibt in einem mir gütigst mit-getheilten Manuscripte eine große Zahl abgestumpfter Schlacken-kegel in dem ungeheuren Lavafelde östlich von den Baidaren-Ber-gen auf der Halbinsel Kamtschatka.

[15] (S. 348.) Porzio, Opera omnia, med., phil. et

mathem., in unum collecta 1736: nach Dufrénoy, Mémoires pour servir à une description géologique de la France T. IV. p. 274. Sehr vollständig und mit lobenswerther Unpartheilichkeit sind alle genetischen Fragen behandelt in der 9ten Auflage von Sir Charles Lyell's Principles of Geology 1853 p. 369 Schon Bouguer (Figure de la Terre 1749 p. LXVI) war der Idee der Erhebung des Vulkans von Pichincha nicht abgeneigt: »il n'est pas impossible que le rocher, qui est brûlé et noir, ait été soulevé par l'action du feu souterrain«; vergl. auch p XCI.

¹⁶ (S. 348.) Zeitschrift für Allgemeine Erdkunde Bd. IV. S. 398.

¹⁷ (S. 348.) Zu der sicheren Bestimmung der Mineralien, aus welchen die mexicanischen Vulkane zusammengesetzt sind, haben ältere und neuere Sammlungen von mir und Pieschel verglichen werden können.

¹⁸ (S. 349.) Der schöne Marmor von la Puebla kommt aus den Brüchen von Tecali, Totomehuacan und Portachuelo: südlich von dem hohen Trachyt-Gebirge el Pizarro. Auch nahe bei der Treppen-Pyramide von Cholula, an dem Wege nach la Puebla, habe ich Kalkstein zu Tage kommen sehen.

¹⁹ (S. 351.) Der Cofre de Perote steht, in Südost des Fuerte oder Castillo de Perote, nahe dem östlichen Abfall der großen Hochebene von Mexico, fast isolirt da; seiner großen Masse nach ist er aber doch einem wichtigen Höhenzug angehörig, welcher sich, den Rand des Abfalls bildend, schon von Cruz blanca und Rio frio gegen las Vigas (lat. 19° 37′ 37″), über den Coffer von Perote (lat. 19° 28′ 57″, long. 99° 28′ 39″), westlich von Xicochimalco und Achilchotla, nach dem Pic von Orizaba (lat. 19° 2′ 17″, long. 99° 35′ 15″) in der Richtung von Norden nach Süden erstreckt: parallel der Kette (Popocatepetl — Iztaccihuatl), welche das Kesselthal der mexicanischen Seen von der Ebene von la Puebla trennt. (Für die Fundamente dieser Bestimmungen s. mein Recueil d'Observ. astron. Vol. II. p. 529—532 und 547, sowie Analyse de l'Atlas du Mexique oder Essai politique sur la Nouv. Espagne T. I. p. 55—60.) Da der Cofre sich in einem viele Meilen breiten Bimsstein-Felde schroff erhoben hat, so hat es mir bei der winterlichen Besteigung (das Thermometer sank auf dem Gipfel, den 7 Febr. 1804, bis 2° unter den Gefrierpunkt) überaus interessant geschienen,

daß die Bimsstein=Bedeckung, deren Dicke und Höhe ich an mehreren
Punkten barometrisch beim Hinauf= und Herabsteigen maß, sich
über 732 Fuß erhebt. Die untere Grenze des Bimssteins in der
Ebene zwischen Perote und Rio Frio ist 1187 Toisen über dem
Meeresspiegel, die obere Grenze am nördlichen Abhange des Cofre
1309 Toisen; von da an durch den Pinahuast, das Alto de los Caxones
(1954'), wo ich die Breite durch Culmination der Sonne bestim=
men konnte, bis zum Gipfel selbst war keine Spur von Bims=
stein zu sehen. Bei Erhebung des Berges ist ein Theil der Bims=
stein=Decke des großen Arenal, das vielleicht durch Wasser schicht=
weise geebnet worden ist, mit emporgerissen worden. Ich habe an
Ort und Stelle in mein Journal (Febr. 1804) eine Zeichnung dieses
Bimsstein=Gürtels eingetragen. Es ist dieselbe wichtige Erscheinung,
welche im Jahr 1834 am Vesuv von Leopold v. Buch beschrieben
wurde: wo söhlige Bimssteintuff=Schichten durch das Aufsteigen des
Vulkans, freilich zu größerer Höhe, achtzehn= bis neunzehn=
hundert Fuß gegen die Einsiedelei des Salvatore hin gelangten
(Poggendorff's Annalen Bd. 37. S. 175 bis 179). Die
Oberfläche des diorit-artigen Trachyt=Gesteins am Cofre war da,
wo ich den höchsten Bimsstein fand, nicht durch Schnee der Be=
obachtung entzogen. Die Grenze des ewigen Schnees liegt in
Merico unter der Breite von 19° und 19° 1/4 erst in der mittleren
Höhe von 2310'; und der Gipfel des Cofre erreicht bis zum Fuß
des kleinen haus=artigen Würfelfelsens, wo ich die Instrumente
aufstellte, 2098' oder 12588 Fuß über dem Meere. Nach Höhen=
winkeln ist der Würfelfels 21' oder 126 Fuß hoch; also ist die
Total=Höhe, zu der man wegen der senkrechten Felswand nicht
gelangen kann, 12714 Fuß über dem Meere. Ich fand nur einzelne
Flecke sporadisch gefallenen Schnees, deren untere Grenze 11400 Fuß
war: ohngefähr sieben= bis achthundert Fuß früher als die obere
Waldgrenze in schönen Tannenbäumen: Pinus occidentalis, ge=
mengt mit Cupressus sabinoides und Arbutus Madroño. Die
Eiche, Quercus xalapensis, hatte uns nur bis 9700 Fuß absoluter
Höhe begleitet. (Humb. Nivellement barométr. des Cor-
dilleres No. 414 — 429.) Der Name Nauhcampatepetl,
welchen der Berg in der mericanischen Sprache führt, ist von
seiner eigenthümlichen Gestalt hergenommen, die auch die Spanier
veranlaßte ihm den Namen Cofre zu geben. Er bedeutet: vier=

eckiger Berg; denn nauhcampa, von dem Zahlwort nahui 4 ge=
bildet, heißt zwar als Adv. von vier Seiten, aber als Adj.
(obgleich die Wörterbücher dies nicht angeben) wohl ohne Zweifel
viereckig oder vierseitig, wie diese Bedeutung der Verbindung
nauhcampa ixquich beigelegt wird. Ein des Landes sehr kundiger
Beobachter, Herr Pieschel, vermuthet das Dasein einer alten Krater=
Oeffnung am östlichen Abhange des Coffers von Perote (Zeitschr.
für Allg. Erdkunde, herausg. von Gumprecht, Bd. V.
S. 125). Die Ansicht des Cofre, welche ich in meinen Vues
des Cordillères auf Pl. XXXIV gegeben, habe ich in der Nähe
des Castells San Carlos de Perote, in einer Entfernung von ohn=
gefähr zwei Meilen, entworfen. — Der alt=aztekische Name von
Perote war Pinahuizapan, und bedeutet (nach Buschmann): an
dem Wasser der (für ein böses Wahrzeichen gehaltenen und zu aber=
gläubischer Zeichendeutung gebrauchten) Käferart pinahuiztli (vgl.
Sahagun, historia gen. de las cosas de Nueva España
T II. 1829 p. 10—11): ein Name, welcher von pinahua, sich schä=
men, abgeleitet wird. Von demselben Verbum stammt der obige
Ortsname Pinahuast (pinahuaztli) aus dieser Gegend; so wie der
Name einer Staude (Mimosacee?) pinahuihuiztli, von Hernandez
herba verecunda übersetzt, deren Blätter bei der Berührung her=
abfallen.

²⁰ (S. 352.) Strabo lib. I p. 58, lib. VI p. 269 Casaub.;
Kosmos Bd. I S. 451 und Bd. IV. S. 270, und über die Be=
nennung der Lava bei den Griechen Anm. 82 dazu.

²¹ (S. 353.) Kosmos Bd. IV. S. 310 und Anm. 68 dazu.

²² (S. 353.) „Je n'ai point connu“, sagt La Condamine,
„la matière de la lave en Amérique, quoique nous ayons, Mr.
Bouguer et moi, campé des semaines et des mois entiers sur
les volcans, et nommément sur ceux de Pichincha, de Cotopaxi
et de Chimborazo Je n'ai vu sur ces montagnes que des ves-
tiges de calcination sans liquéfaction. Cependant l'espèce de
crystal noirâtre appelé vulgairement au Pérou Piedra de Gal-
linaço (Obsidienne), dont j'ai rapporté plusieurs morceaux et
dont on voit une lentille polie de sept à huit pouces de diamè-
tre au Cabinet du Jardin du Roi, n'est autre chose qu'un verre
formé par les volcans. La matière du torrent de feu qui dé-
coule continuellement de celui de Sangai dans la province de

Macas, au sud-est de Quito, est sans doute une lave; mais nous n'avons vu cette montagne que de loin, et je n'étois plus à Quito dans le tems des dernières éruptions du volcan de Coto-paxi, lorsque sur ses flancs il s'ouvrit des espèces de soupiraux, d'où l'on vit sortir a flots des matières enflammées et liquides qui devoient être d'une nature semblable à la lave du Vésuve." (La Condamine, Journal de Voyage en Italie in den Mémoires de l'Académie des Sciences, Année 1757 p.357; Histoire p. 12.) Beide Beispiele, besonders das erstere, sind nicht glücklich gewählt. Der Sangay ist erst im December des Jahres 1849 von Sebastian Wisse wissenschaftlich untersucht worden; was La Condamine in einer Entfernung von 27 geographischen Meilen für herabfließende leuchtende Lava, ja für „einen Erguß brennenden Schwefels und Erdpechs" hielt, sind glühende Steine und Schlacken-massen, welche bisweilen, nahe an einander gedrängt, an dem stei-len Abhange des Aschenkegels herabgleiten (Kosmos Bd. IV. S. 303). Am Cotopaxi habe ich nicht mehr als am Tungurahua, Chimborazo, Pichincha, oder an dem Puracé und Sotara bei Popayan etwas gesehen, was für schmale Lavaströme, diesen Bergcolossen entflossen, gelten könnte. Die unzusammenhangenden glühenden, oft obsidian-haltigen Massen von 5—6 Fuß Durchmesser, welche bei seinen Ausbrüchen der Cotopaxi hervorgeschleudert hat, sind, von Fluthen geschmolzenen Schnees und Eises gestoßen, bis weit in die Ebene gelangt, und bilden dort theilweise strahlenförmig divergi-rende Reihen. Auch sagt La Condamine an einem anderen Orte (Journal du Voyage à l'Équateur p. 160) sehr wahr: „Ces éclats de rocher, gros comme une chaumière d'Indien, forment des traînées de rayons qui partent du Volcan comme d'un centre commun."

[23] (S. 353.) Guettard's Abhandlung über die ausgebrannten Vulkane wurde 1752, also drei Jahre vor La Condamine's Reise nach Italien, in der Akademie verlesen; aber erst 1756, also wäh-rend der italiänischen Reise des Astronomen, gedruckt (s. p. 380).

[24] (S. 358.) „Il y a peu de volcans dans la chaîne des Andes (sagt Leopold von Buch) qui aient offert des courants de laves, et jamais on n'en a vu autour des volcans de Quito. L' Antisana, sur la chaîne orientale des Andes, est le seul volcan de Quito, sur lequel Mr. de Humboldt ait vu près du sommet

quelque chose d'analogue à un courant de laves; cette coulée était tout à fait semblable à de l'Obsidienne." Descr des Iles Canaries 1836 p. 468 und 488.

[24] (S. 359.) Humboldt, Kleinere Schriften Bd. I. S. 161.

[26] (S. 360.) „Nous différons entièrement sur la prétendue coulée d'Antisana vers Pinantura Je considère cette coulée comme un soulèvement récent analogue a ceux de Calpi (Yana uicu), Pisque et Jorullo. Les fragments trachytiques ont pris une épaisseur plus considérable vers le milieu de la coulée. Leur couche est plus épaisse vers Pinantura que sur des points plus rapprochés d'Antisana. L'état fragmentaire est un effet du soulèvement local, et souvent dans la Cordillère des Andes les tremblements de terre peuvent être produits par des tassements." (Lettre de Mr. Boussingault, en Août 1834.) Vergl. Kosmos Bd. IV. S. 219. In der Beschreibung seiner Besteigung des Chimborazo (December 1831) sagt Boussingault: „Die Masse des Berges besteht nach meiner Ansicht aus einem Haufwerk ganz ohne alle Ordnung über einander gethürmter Trachyt-Trümmer. Diese oft ungeheuren Trachytstücke eines Vulkans sind in starrem Zustande gehoben; ihre Ränder sind scharf; nichts deutet darauf, daß sie in Schmelzung oder nur einmal im Zustand der Erweichung gewesen wären. Nirgends beobachtet man an irgend einem der Aequatorial-Vulkane etwas, was auf einen Lava-strom schließen lassen könnte. Niemals ist aus diesen Kratern etwas anderes ausgeworfen worden als Schlamm-Massen, elastische Flüssigkeiten und glühende, mehr oder weniger verschlackte Trachyt-blöcke, welche oft in beträchtliche Entfernungen geschleudert wurden." (Humboldt, Kleinere Schriften Bd. I. S. 200.) Ueber die erste Entstehung der Meinung von dem Gehoben-sein starrer Massen als aufgehäufter Blöcke f. Acosta in den Viajes á los Andes ecuatoriales por Mr. Boussingault 1849 p. 222 und 223. Die durch Erdstöße und andere Ursachen veranlaßte Bewegung der aufgehäuften Bruchstücke und die allmälige Ausfüllung der Zwischenräume soll nach des berühmten Reisenden Vermuthung eine allmälige Senkung vulkanischer Berggipfel hervorbringen.

[27] (S. 361.) Humb. Asie centrale T. II. p. 296—301

(Gustav Rose, mineral. geognostische Reise nach dem Ural, dem Altai und dem Kasp. Meere Bd. I. S. 599). Schmale, langgedehnte Granitmauern können bei den frühesten Faltungen der Erdrinde über Spalten aufgestiegen sein, den merkwürdigen, noch offen gebliebenen, analog, welche man am Fuß des Vulkans von Pichincha findet: als Guaycos der Stadt Quito, von 30—40 Fuß Breite (s. meine Kl. Schr. Bd. I. S. 24).

[28] (S. 361.) La Condamine, Mesure des trois premiers Degres du Méridien dans l'Hémisphère austral 1751 p. 56.

[29] (S. 362.) Passuchoa, durch die Meierei el Tambillo vom Atacazo getrennt, erreicht so wenig als der letztere die Region des ewigen Schnees. Der hohe Rand des Kraters, la Peila, ist gegen Westen eingestürzt, tritt aber gegen Osten amphitheatralisch hervor. Die Sage geht, daß am Ende des sechzehnten Jahrhunderts der vormals thätige Passuchoa bei Gelegenheit einer Eruption des Pichincha für immer zu speien aufgehört habe: was die Communication zwischen den Essen der einander gegenüberstehenden östlichen und westlichen Cordilleren bestätigt. Das eigentliche Bassin von Quito, dammartig geschlossen: im Norden durch einen Bergknoten zwischen Cotocachi und Imbaburo, gegen Süden durch die Altos de Chisinche (zwischen 0° 20′ N und 0° 40′ S); ist großentheils der Länge nach getheilt durch den Bergrücken von Ichimbio und Poingasi. Oestlich liegt das Thal von Puembo und Chillo, westlich die Ebene von Iñaquito und Turubamba. In der östlichen Cordillere folgen von Norden gegen Süden Imbaburo, die Faldas de Guamani und Antisana, Sinchulahua und die senkrechte, mit thurmartigen Zacken gekrönte, schwarze Mauer von Rumiñaui (Stein-Auge); in der westlichen Cordillere folgen Cotocachi, Casitagua, Pichincha, Atacazo, Corazon: auf dessen Abhang die prachtvolle Alpenpflanze, der rothe Ranunculus Gusmani, blüht. Es schien mir hier der Ort, von einem für die vulkanische Geologie so wichtigen, classischen Boden mit wenigen Zügen eine, aus eigener Ansicht geschöpfte, morphologische Darstellung der Reliefform zu geben.

[30] (S. 364.) Besonders auffallend ist es, daß der mächtige Vulkan Cotopaxi, welcher, freilich meist nur nach langen Perioden, eine ungeheure Thätigkeit offenbart und besonders durch die von ihm erzeugten Ueberschwemmungen verheerend auf die Umgegend

wirkt, zwischen den periodischen Ausbrüchen keine, sei es in der
Hochebene von Lactacunga, sei es von dem Paramo de Pansache
aus, sichtbaren Dämpfe zeigt. Aus seiner Höhe von fast 18000 Fuß
und der dieser Höhe entsprechenden großen Dünnigkeit von Luft=
und Dampfschichten ist eine solche Erscheinung, wegen mehrerer
Vergleichungen mit anderen Vulkan=Colossen, wohl nicht zu er=
klären. Auch zeigt sich kein anderer Nevado der Aequatorial=Cor=
dilleren so oft wolkenfrei und in so großer Schönheit als der abge=
stumpfte Kegel des Cotopaxi: d. h. der Theil, welcher sich über die
Grenze des ewigen Schnees erhebt. Die ununterbrochene Regel=
mäßigkeit dieses Aschenkegels ist um vieles größer als die des
Aschenkegels des Pics von Teneriffa, an dem eine schmale hervor=
stehende Obsidian=Rippe mauerartig herabläuft. Nur der obere
Theil des Tungurahua soll ehemals durch Regelmäßigkeit der Ge=
staltung sich fast in gleichem Grade ausgezeichnet haben; aber das
furchtbare Erdbeben vom 4 Februar 1797, die Catastrophe von
Riobamba genannt, hat durch Spaltungen, Bergsturze und Herab=
gleiten losgerissener bewaldeter Trümmerflächen, wie durch Anhäufung
von Schutthalden den Kegelberg des Tungurahua verunstaltet. Am
Cotopaxi ist, wie schon Bouguer bemerkt, der Schnee an einzelnen
Punkten mit Bimsstein=Brocken gemengt, und bildet dann fast
eine feste Masse. Eine kleine Unebenheit in dem Schneemantel
wird gegen Nordwesten sichtbar, wo zwei kluftartige Thäler herab=
gehen. Zum Gipfel aufsteigende schwarze Felsgrate sieht
man von weitem nirgends, obgleich bei der Eruption vom 24 Juni
und 9 December 1742 auf halber Höhe des mit Schnee bedeckten
Aschenkegels eine Seiten=Oeffnung sich zeigte. „Il s'étoit ouvert“,
sagt Bouguer (Figure de la Terre p. LXVIII; vgl. auch La
Condamine, Journal du Voy. à l'Équateur p. 159), „une
nouvelle bouche vers le milieu de la partie continuellement
neigée, pendant que la flamme sortoit toujours par le haut du
cône tronqué.“ Bloß ganz oben, nahe dem Gipfel, erkennt man
einige horizontale, einander parallele, aber unterbrochene, schwarze
Streifen. Durch das Fernrohr bei verschiedener Beleuchtung be=
trachtet, schienen sie mir Felsgrate zu sein. Dieser ganze obere
Theil ist steiler, und bildet fast nahe an der Abstumpfung des
Kegels einen mauerartigen, doch nicht in großer Ferne mit bloßen
Augen sichtbaren Ring von ungleicher Höhe. Meine Beschreibung

dieſer, faſt ſenkrechten, oberſten Umwallung hat ſchon lebhaft die
Aufmerkſamkeit zweier ausgezeichneten Geologen, Darwin (Volcanic Islands 1844 p. 83) und Dana (Geology of the U. St.
Explor. Exped. 1849 p. 356), auf ſich gezogen. Die Vulkane
der Galapagos=Inſeln, Diana Peak auf St. Helena, Teneriffa
und Cotopari zeigen analoge Bildungen. Der höchſte Punkt,
deſſen Höhenwinkel ich bei der trigonometriſchen Meſſung am Cotopari beſtimmte, lag in einer ſchwarzen Convexität. Vielleicht iſt
es die innere Wand des höheren, entfernteren Kraterrandes; oder
wird die Schneeloſigkeit des hervortretenden Geſteins zugleich durch
Steilheit und Krater=Wärme veranlaßt? Im Herbſt des Jahres
1800 ſah man in einer Nacht den ganzen oberen Theil des Aſchen-
kegels leuchten, ohne daß eine Eruption oder auch nur ein Aus-
ſtoßen von ſichtbaren Dämpfen darauf folgten. Dagegen hatte bei
dem heftigen Ausbruch des Cotopari vom 4ten Januar 1803, wo
während meines Aufenthalts an der Südſee=Küſte das Donner-
getöſe des Vulkans die Fenſterſcheiben im Hafen von Guayaquil
(in 37 geogr. Meilen Entfernung) erſchütterte, der Aſchenkegel
ganz ſeinen Schnee verloren, und bot einen Unglück verheißen-
den Anblick dar. War ſolche Durchwärmung je vorher bemerkt
worden? Auch in der neueſten Zeit, wie uns die vortreffliche,
kühne, erdumwandernde Frau Ida Pfeiffer lehrt (Meine zweite
Weltreiſe Bd. III. S. 170), hat Anfang Aprils 1854 der Cotopari einen heftigen Ausbruch von dicken Rauchſäulen gehabt, „durch
die ſich das Feuer gleich blitzenden Flammen ſchlängelte‟. Sollte
das Lichtphänomen Folge des durch Verdampfung erregten vulkaniſchen Gewitters geweſen ſein? Die Ausbrüche ſind häufig ſeit 1851.

Je regelmäßiger die Figur des ſchneebedeckten, abgeſtumpften
Kegels ſelbſt iſt, deſto auffallender iſt an der unteren Grenze der
ewigen Schneeregion, da, wo die Kegelform beginnt, im Südweſten
des Gipfels, die Erſcheinung einer grotesk=zackigen, drei= bis vier-
ſpitzigen, kleinen Geſteinmaſſe. Der Schnee bleibt wahrſcheinlich wegen ihrer Steilheit nur fleckenweiſe auf derſelben liegen. Ein Blick
auf meine Abbildung (Atlas pittoresque du Voyage Pl. 10)
ſtellt das Verhältniß zum Aſchenkegel am deutlichſten dar. Ich
habe mich dieſer ſchwarzgrauen, wahrſcheinlich baſaltiſchen Geſteinmaſſe am meiſten in der Quebrada und Reventazon de Minas
genähert. Obgleich in der ganzen Provinz ſeit Jahrhunderten dieſer

weit sichtbare Hügel, sehr fremdartigen Anblicks, allgemein la
Cabeza del Inga genannt wird, so herrschen doch über seinen Ur=
sprung unter den farbigen Eingeborenen (Indios) zwei sehr ver=
schiedene Hypothesen: nach der einen wird bloß behauptet, ohne
Angabe der Zeit, in der die Begebenheit vorgefallen sei, daß der
Fels der herabgestürzte Gipfel des, einst in eine Spitze endigenden
Vulkans sei; nach einer anderen Hypothese wird die Begebenheit
in das Jahr (1533) verlegt, in welchem der Inca Atahuallpa in
Caramarca erdrosselt wurde: und so mit dem, in demselben Jahre
erfolgten, von Herrera beschriebenen, furchtbaren Feuerausbruche
des Cotopaxi, wie auch mit der dunklen Prophezeiung von Ata=
huallpa's Vater, Huayna Capac, über den nahen Untergang des
peruanischen Reichs in Beziehung gesetzt. Sollte das, was beiden
Hypothesen gemeinsam ist: die Ansicht, daß jenes Felsenstück vor=
mals die Endspitze des Kegels bildete, der traditionelle Nachklang
oder die dunkle Erinnerung einer wirklichen Begebenheit sein?
Die Eingeborenen, sagt man, würden bei ihrer Uncultur wohl
Thatsachen auffassen und im Gedächtniß bewahren, aber sich nicht
zu geognostischen Combinationen erheben können. Ich bezweifle die
Richtigkeit dieses Einwurfs. Die Idee, daß ein abgestumpfter
Kegel „seine Spitze verloren", sie unzertrümmert weggeschleudert
habe, wie bei späteren Ausbrüchen große Blöcke ausgeworfen wurden:
kann sich auch bei großer Uncultur darbieten. Die Treppen=Pyramide
von Cholula, ein Bauwerk der Tolteken, ist abgestumpft. Es war
den Eingeborenen ein Bedürfniß sich die Pyramide als ursprüng=
lich vollendet zu denken. Es wurde die Mythe ersonnen, ein Aero=
lith, vom Himmel gefallen, habe die Spitze zerstört; ja Theile des
Aeroliths wurden den spanischen Conquistadoren gezeigt. Wie kann
man dazu den ersten Ausbruch des Vulkans Cotopaxi in eine Zeit
versetzen, wo der Aschenkegel (Resultat einer Reihe von Eruptionen)
schon vorhanden gewesen sein soll? Mir ist es wahrscheinlich,
daß die Cabeza del Inga an der Stelle, welche sie jetzt einnimmt,
entstanden ist; daß sie dort erhoben wurde: wie am Fuß des Chim=
borazo der Yana=Urcu, wie am Cotopaxi selbst der Morro südlich
von Suniguaicu und nordwestlich von der kleinen Lagune Yurak=
cocha (im Quechhua: weißer See).

Ueber den Namen des Cotopaxi habe ich im 1ten Bande
meiner Kleineren Schriften (S. 463) gesagt, daß nur der

erſte Theil deſſelben ſich durch die Qquechhua-Sprache deuten laſſe, indem er das Wort ccotto, Haufe, ſei; daß aber pacſi unbekannt ſei. La Condamine deutet (p. 53) den ganzen Namen des Berges, indem er ſagt: »le nom ſignifie en langue des Incas *masse brillante.*« Buſchmann bemerkt aber, daß dabei an die Stelle von pacſi das, davon gewiß ganz verſchiedene Wort pacſa geſetzt worden ſei, welches: Glanz, Schein, beſonders den ſanften des Mondes, bedeutet; um glänzende Maſſe auszudrücken, müßte dazu nach dem Geiſte der Qquechhua-Sprache die Stellung beider Wörter die umgekehrte ſein: pacſaccotto.

[31] (S. 364.) **Friedrich Hoffmann in Poggendorff's Annalen Bd. XXVI. 1832 S. 48.**

[32] (S. 364.) **Bouguer, Figure de la Terre p. LXVIII.** Wie oft iſt ſeit dem Erdbeben vom 19 Juli 1698 das Städtchen Lactacunga zerſtört und von Bimsſtein-Quadern aus den unterirdiſchen Steinbrüchen von Zumbalica wieder aufgebaut worden! Nach hiſtoriſchen Documenten, welche mir bei meiner Anweſenheit aus alten Abſchriften oder aus neueren, theilweiſe geretteten Documenten des Stadt-Archives mitgetheilt wurden, traten die Zerſtörungen ein: in den Jahren 1703, 1736, 9 December 1742, 30 November 1744, 22 Februar 1757, 10 Februar 1766 und 4 April 1768: alſo ſiebenmal in 65 Jahren! Im Jahr 1802 fand ich noch $\frac{4}{5}$ der Stadt in Trümmern, in Folge des großen Erdbebens von Riobamba am 4 Februar 1797.

[33] (S. 365.) Dieſe Verſchiedenheit iſt auch ſchon von dem ſcharfſinnigen Abich (**über Natur und Zuſammenhang vulkaniſcher Bildungen 1841 S. 83**) erkannt worden.

[34] (S. 366.) Das Geſtein des Cotopari hat weſentlich dieſelbe mineralogiſche Zuſammenſetzung als die ihm nächſten Vulkane, der Antiſana und Tungurahua. Es iſt ein Trachyt, aus Oligoklas und Augit zuſammengeſetzt, alſo ein Chimborazo-Geſtein: ein Beweis der Identität derſelben vulkaniſchen Gebirgsart in Maſſen der einander gegenüberſtehenden Cordilleren. In den Stücken, welche ich 1802 und Bouſſingault 1831 geſammelt, iſt die Grundmaſſe theils licht oder grünlich grau, pechſteinartig glänzend, und an den Kanten durchſcheinend; theils ſchwarz, faſt baſaltartig, mit großen und kleinen Poren, welche glänzende Wandungen haben. Der eingeſchloſſene Oligoklas liegt darin ſcharf begrenzt: bald in ſtark glänzenden,

sehr deutlich auf den Spaltungsflächen gestreiften Krystallen; bald ist er klein und mühsam zu erkennen. Die wesentlich eingemengten Augite sind bräunlich und schwärzlich=grün, und von sehr verschie=dener Größe. Selten und wohl nur zufällig eingesprengt sind dunkle Glimmer=Blättchen und schwarze, metallisch glänzende Körner von Magneteisen. In den Poren einer oligoklasreichen Masse lagert etwas gediegener Schwefel, wohl abgesetzt von den alles durchdrin=genden Schwefeldämpfen.

[85] (367.) »Le Volcan de Maypo (lat. austr. 34° 15′), qui n'a jamais rejeté de ponces, est encore éloigné de deux journées de la colline de Tollo, de 300 pieds de hauteur et toute composée de ponces qui renferment du feldspath vitreux, des cristaux bruns de mica et de petits fragments d'obsidienne. C'est donc une éruption (indépendente) isolée tout au pied des Andes et près de la plaine.« Léop. de B u c h, D e s c r i p t i o n p h y s. d e s I l e s C a n a r i e s 1836 p. 470.

[36] (S. 367.) Federico de G e r o l t, C a r t a s g e o g n o s t i c a s d e l o s p r i n c i p a l e s d i s t r i t o s m i n e r a l e s d e M e x i c o 1827 p. 5.

[37] (S. 367.) Vergl. über Erstarrung und Bildung der Erd=kruste Kosmos Bd. 1. S. 178—180 und Anm. 7 auf S. 425. Die V e r s u c h e v o n B i s c h o f, C h a r l e s D e v i l l e u n d D e l e s s e haben über die Faltung des Erdkörpers ein neues Licht verbreitet. Vergl. auch die älteren sinnreichen Betrachtungen von B a b b a g e bei Ge=legenheit seiner thermischen Erklärung des Problems, welches der Serapis=Tempel nördlich von Puzzuoli darbietet, im Q u a r t e r l y J o u r n a l o f t h e G e o l o g i c a l S o c. o f L o n d o n Vol. III. 1847 p. 186; C h a r l e s D e v i l l e sur la diminution de densité dans les roches en passant de l'état cristallin à l'état vitreux, in den C o m p t e s r e n d u s d e l'A c a d. d e s S c i e n c e s T. XX. 1845 p. 1453; D e l e s s e sur les effets de la fusion, T. XXV. 1847 p. 545. L o u i s F r a p o l l i sur le caractère géologique, im B u l l e-t i n d e l a S o c. g é o l. d e F r a n c e, 2me Série T. IV. 1847 p. 627; und vor allem É l i e d e B e a u m o n t in seinem wichtigen Werke N o t i c e s u r l e s s y s t è m e s d e M o n t a g n e s 1852 T. III. Folgende drei Abschnitte verdienen eine besondere Aufmerksamkeit der Geologen: Considérations sur les sou evements dûs a une di-minution lente et progressive du volume de la terre p. 1330; sur l'écrasement transversal, nommé refoulement par Saussure, comme

une des causes de l'élévation des chaînes de montagnes, p. 1317,
1333 und 1346; sur la contraction que les roches fondues éprou-
vent en cristallisant, tendant dès le commencement du refroidissement du globe à rendre sa masse interne plus petite que
la capacité de son enveloppe extérieure, p. 1235.

[38] (S. 368.) »Les eaux chaudes de Saragyn à la hauteur
de 5260 pieds sont remarquables par le rôle que joue le gaz
acide carbonique qui les traverse à l'époque des tremblements
de terre. Le gaz à cette époque, comme l'hydrogène carboné
de la presqu'île d'Apchéron, augmente de volume et s'échauffe
avant et pendant les tremblements de terre dans la plaine d'Ar-
débil. Dans la presqu'île d'Apchéron la température s'élève de
20° jusqu'à l'inflammation spontanée au moment et à l'endroit
d'une éruption ignée, pronostiquée toujours par des tremblements de terre dans les provinces de Chémakhi et d'Apchéron.«
Abich in den Mélanges physiques et chimiques T. II.
1855 p. 364 und 365. (Vergl. Kosmos Bd. IV. S. 223.)

[39] (S. 369.) W. Hopkins, Researches on physical
Geology in den Philos. Transact. for 1839 P. II. p. 311,
for 1840 P. I. p. 193, for 1842 P. I. p. 43; auch über die erfor=
derlichen Verhältnisse der Stabilität der äußeren Erdoberfläche:
Theory of Volcanos im Report of the 17th meeting of
the British Association 1847 p. 45—49.

[40] (S. 369.) Kosmos Bd. IV. S. 35—38 Anm. 33—36;
Naumann, Geognosie Bd. I. S. 66—76; Bischof, Wärme=
lehre S. 382; Lyell, Principles of Geology 1853 p. 536 bis
547 und 562. — In der sehr lehrreichen und angenehmen Schrift
Souvenirs d'un Naturaliste par A. de Quatrefages
1854 T. II. p. 464 wird die obere Grenze der flüssigen geschmolzenen
Schichten bis auf die geringe Tiefe von 20 Kilometern heraufgerückt:
»puisque la plupart des Silicates fondent déjà à 666° cent.«
„Diese niedrige Angabe", bemerkt Gustav Rose, „beruht auf einem
Irrthum. Die Temperatur von 1300°, welche Mitscherlich als
Schmelzpunkt des Granits angegeben (Kosmos Bd. I. S. 48), ist
gewiß das Minimum, was man annehmen kann. Ich habe mehr=
mals Granit auf die heißesten Stellen des Porzellan=Ofens setzen
lassen, und immer schmolz derselbe unvollständig. Nur der Glimmer
schmilzt dann mit dem Feldspath zu einem blasigen Glase zusammen;

der Quarz wird undurchsichtig, schmilzt aber nicht. So ist es mit allen Gebirgsarten, die Quarz enthalten; und man kann sogar dieses Mittel anwenden, um Quarz in Gebirgsarten zu entdecken, wo seine Menge so gering ist, daß man ihn mit bloßen Augen nicht erkennen kann: z. B. bei dem Syenit des Plauenschen Grundes, und im Diorit, den wir gemeinschaftlich 1829 von Alapajewsk im Ural gebracht haben. Alle Gesteine, welche keinen Quarz und überhaupt keine so kieselsäure=reichen Mineralien enthalten als der Granit: z. B. der Basalt, schmelzen leichter als Granit im Porzellanfeuer zu einem vollkommenen Glase; aber nicht über der Spiritus=Lampe mit doppeltem Luftzuge, die doch gewiß eine Temperatur von 666° hervorzubringen im Stande ist." In Bischof's merkwürdigen Versuchen, bei dem Gießen einer Basaltkugel, schien selbst der Basalt nach einigen hypothetischen Voraussetzungen eine 165° R. höhere Temperatur als der Schmelzpunkt des Kupfers zu erfordern (Wärmelehre des Innern unsers Erdkörpers S. 473).

⁴¹ (S. 370.) Kosmos Bd. IV. S. 218. Vergl. auch über die ungleiche Verbreitung des Eisbodens und die Tiefe, in der er beginnt, unabhängig von der geographischen Breite, die merkwürdigen Beobachtungen von Capt. Franklin, Erman, Kupffer und vorzüglich von Middendorff a. a. O. S. 42, 47 und 167.

⁴² (S. 370.) Leibnitz in der Protogaea § 4.

⁴³ (S. 372.) Ueber Vivarais und Velay s. die neuesten, sehr genauen Untersuchungen von Girard in seinen geologischen Wanderungen Bd. I. (1856) S. 161, 173 und 214. Die alten Vulkane von Olot sind aufgefunden von dem amerikanischen Geologen Maclure 1808, besucht von Lyell 1830, und schön beschrieben und abgebildet von demselben in seinem Manual of Geology 1855 p. 535—542.

⁴⁴ (S. 373.) Sir Rob. Murchison, Siluria p. 20 und 55—58 (Lyell, Manual p. 563).

⁴⁵ (S. 373.) Scoresby, Account of the arctic regions Vol. I. p. 155—169, tab. V und VI.

⁴⁶ (S. 373.) Leop. von Buch, Descr. des Iles Canaries p. 357—369 und Landgrebe, Naturgeschichte der Vulkane 1855 Bd. I. S. 121—136; und über die Umwallungen der Erhebungs=Krater (Calderas) auf den Inseln San Miguel, Fayal und Terceira (nach den Karten von Cap. Vidal) Kosmos Bd. IV.

Anm. 84 zu S. 271. Die Ausbrüche von Fayal (1672) und S. Jorge (1580 und 1808) scheinen von dem Hauptvulkan, dem Pico, abzuhangen.

[47] (S. 373.) Kosmos Bd. IV. S. 291 (Anm. 27) und 301.

[48] (S. 374.) Resultate der Beobachtungen über Madera von Sir Charles Lyell und Hartung im Manual of Geology 1855 p. 515—525.

[49] (S. 374.) Darwin, Volcanic Islands 1844 p. 23 und Lieut. Lee, Cruise of the U. S. Brig Dolphin 1854 p. 80.

[50] (S. 375.) S. die vortreffliche Beschreibung von Ascension in Darwin, Volcanic Islands p 40 und 41.

[51] (S. 375.) Darwin p. 84 und 92. über the great hollow space or valley southward of the central curved ridge, across which the half of the crater must once have extended. It is interesting to trace the steps, by which the structure of a volcanic district becomes obscured and finally obliterated. (Vergl. auch Seale, Geognosy of the Island of St. Helena p. 28.)

[52] (S. 376.) St. Paul's Rocks. S. Darwin p 31—33 und 125.

[53] (S. 376.) Dauffy sur l'existence probable d'un volcan sous-marin dans l'Atlantique, in den Comptes rendus de l'Acad. des Sciences T. VI. 1838 p. 512; Darwin, Volcanic Islands p. 92; Lee, Cruise of the U. St. Brig Dolphin p. 2, 55 und 61.

[54] (S. 377.) Gumprecht, die vulkanische Thätigkeit auf dem Festlande von Afrika, in Arabien und auf den Inseln des rothen Meeres 1849 S. 18.

[55] (S. 378.) Kosmos Bd. I. S. 456 Anm. 7. Ueber die gesammten bisher bekannt gewordenen Erscheinungen in Afrika s. Landgrebe, Naturgeschichte der Vulkane Bd. I. S. 195—219.

[56] (S. 379.) Die Höhe des Demavend über dem Meere wurde von Ainsworth zu 2298 Toisen angegeben; aber nach Berichtigung einer, wahrscheinlich auf einem Schreibfehler beruhenden Barometer-Höhe (Asie centr. T. III. p. 327) beträgt sie, zufolge der Tafeln von Oltmanns, volle 2914 Toisen. Eine noch etwas größere Höhe, 3141', geben die, gewiß sehr sicheren Höhenwinkel meines Freundes,

des kaif. ruffifchen Capitäns Lemm, im Jahre 1839; aber die Ent=
fernung ift nicht trigonometrifch begründet, fondern beruht auf der
Vorausfetzung, daß der Vulkan Demavend 66 Werfte (1 Aequatorial=
Grad = 104³/₁₀ Werft) von Teheran entfernt fei. Es fcheint demnach,
daß der perfifche, dem füdlichen Ufer des cafpifchen Meeres fo
nahe, aber von der colchifchen Küfte des fchwarzen Meeres an 150
geographifche Meilen entfernte, mit ewigem Schnee bedeckte Vulkan
Demavend den Großen Ararat um 2800 Fuß, den caucafi=
fchen Elburuz um vielleicht 1500 Fuß Höhe übertrifft. Ueber den
Vulkan Demavend f. Ritter, Erdkunde von Afien Bd. VI.
Abth. 1. S. 551—571; und über den Zufammenhang des Namens
Albordj aus der mythifchen und darum fo unbeftimmten Geogra=
phie des Zendvolkes mit den modernen Namen Elburz (Koh Alburz
des Kazwini) und Elburuz S. 43—49, 424, 552 und 555.

⁵⁷ (S. 382.) Asie centrale T. II p. 9 und 54—58. (Kos=
mos Bd. IV. S. 253 Anm. 61.)

⁵⁸ (S. 382.) Elburuz, Kasbegk und Ararat nach Mitthei=
lungen von Struve Asie centr. T. II. p. 57. Die im Text
angegebene Höhe von dem ausgebrannten Vulkan Savalan weftlich
von Ardebil (15760 engl. Fuß) ift auf eine Meffung von Chanykow
gegründet. S. Abich in den Mélanges phys. et chim. T. II.
p. 361. Um bei Anführung der Quellen, aus denen ich gefchöpft,
eine ermüdende Wiederholung zu vermeiden, erkläre ich hier, daß
alles, was im geologifchen Abfchnitt des Kosmos fich auf den wich=
tigen caucafifchen Ifthmus bezieht, handfchriftlichen, mir auf die
edelfte und freundfchaftlichfte Weife zu freier Benutzung mitgetheil=
ten Auffätzen von Abich aus den Jahren 1852 bis 1855 entlehnt ift.

⁵⁹ (S. 383.) Abich, Notice explicative d'une vue de l'Ararat, im Bulletin de la Soc. de Géographie de France,
4ᵉᵐᵉ Série T. I. p. 516.

⁶⁰ (S. 392.) Vergl. Dana's fcharffinnige Bemerkungen on
the Curvatures of Ranges of Islands, deren Convexität in der
Südfee faft allgemein gegen Süden oder Südoft gerichtet ift, in der
United States' Explor. Exped. by Wilkes Vol. X.
(Geology by James Dana) 1849 p. 419.

⁶¹ (S. 393.) Die Infel Saghalin, Tfchoka oder Tarakai
wird von den japanifchen Seeleuten Krafto genannt (gefchrieben
Karafuto). Sie liegt der Mündung des Amur (des Schwarzen

Flusses, Saghalian Ula) gegenüber; ist von gutmüthigen, dunkelfarbigen, bisweilen etwas behaarten Ainos bewohnt. Der Admiral Krusenstern glaubte, wie auch früher die Begleiter von La Pérouse (1787) und Broughton (1797), daß Saghalin durch einen schmalen, sandigen Isthmus (Br. 52° 5′) mit dem asiatischen Continent zusammenhange; aber zufolge der wichtigen von Franz von Siebold mitgetheilten japanischen Nachrichten ist nach einer von Mamia Rinsö, dem Chef einer kaiserlich japanischen Commission, im Jahr 1808 aufgenommenen Karte Krafto keine Halbinsel, sondern ein auf allen Seiten vom Meer umflossenes Land (Ritter, Erdkunde von Asien Bd. III. S. 488). Das Resultat des verdienstlichen Mamia Rinsö ist neuerlichst im Jahre 1855, als die russische Flotte in der Baie de Castries (Br. 51° 29′) bei Alexandrowst, also im Süden des vermeintlichen Isthmus, vor Anker lag und sich doch in die Amur-Mündung (Br. 52° 54′) zurückziehen konnte, vollkommen, wie Siebold meldet, bestätigt worden. In der Meerenge, in welcher man ehemals den Isthmus vermuthete, sind bei der Durchfahrt an einigen Stellen nur 5 Faden Tiefe gefunden. Die Insel fängt an wegen der Nähe des großen Amur- oder Saghalin-Stromes politisch wichtig zu werden. Ihr Name, ausgesprochen Karafto oder Krafto, ist die Zusammenziehung von Kara-fu-to, d. i. nach Siebold „die an Kara grenzende Insel": da in japanisch-chinesischer Mundart Kara das nördlichste China (die Tartarei) bezeichnet, und fu nach dem zuletzt genannten scharfsinnigen Gelehrten hier „daneben liegend" bedeutet. Tschoka ist eine Verstümmelung von Tsjokai, und Tarakai aus Mißverständniß von dem Namen eines einzelnen Dorfes Taraika hergenommen. Nach Klaproth (Asia polyglotta p. 301) ist Taraikai oder Tarakai der heimische Aino-Name der ganzen Insel. Vergl. Leopold Schrenk's und Cap. Bernards Wittingham's Bemerkungen in Petermann's geogr. Mittheilungen 1856 S. 176 und 184; auch Perry, Exped to Japan Vol. I. p. 468.

[62] (S. 394.) Dana, Geology of the Pacific Ocean p. 16. In den Meridianstreifen der südost-asiatischen Inselwelt sind auch die Küsten von Cochinchina seit dem Meerbusen von Tonkin, die von Malacca seit dem Meerbusen von Siam, ja selbst die von Neu-Holland südlich vom 25ten Parallelgrad meist nord-südlich abgeschnitten.

[63] (S. 402.) Vergl. die Ueberſetzungen von Stanislas Julien aus der japaniſchen Encyclopädie in meiner Asie centr. T. II. p. 551.

[64] (S. 403.) Vergl. Kaart van den Zuid- en Zuidwest-Kust van Japan door F. von Siebold 1851.

[65] (S. 404.) Vergl. meine Fragmens de Géologie et de Climatologie asiatiques T. I. p. 82, die gleich nach meiner Rückkehr von der ſibiriſchen Expedition erſchienen ſind; und die Asie centrale: in welcher ich die von Klaproth geäußerte Meinung, der ich früher ſelbſt anhing und die den Zuſammenhang der Schneeberge des Himalaya mit der chineſiſchen Provinz Yun-nan und als Nanling nordweſtlich von Canton wahrſcheinlich machte, widerlegt habe. Die über 11000 Fuß hohen Gebirge von Formoſa gehören, wie der, Fu-kian weſtlich begrenzende Ta-yu-ling, zu dem Syſtem der Meridian-Spalten am Oberen Aſſam im Lande der Birmanen und in der Gruppe der Philippinen.

[66] (S. 405.) Dana, Geology in der Explor. Exped. Vol. X. p. 540—545; Ernſt Hofmann, geogn. Beob. auf der Reiſe von Otto v. Kotzebue S. 70; Léop. de Buch, Description physique des Iles Canaries p. 435—439. Vergl. des Piloten Don Antonio Morati große, vortreffliche Karte der Islas Filipinas (Madrid 1852) in zwei Blättern.

[67] (S. 405.) Marco Polo unterſcheidet (Parte III cap. 5 und 8) Giava minore (Sumatra), wo er ſich 5 Monate aufhielt und den, in Java fehlenden Elephanten beſchreibt (Humboldt, Examen crit. de l'hist. de la Géogr. T. II. p. 218), von der früher beſchriebenen Giava (maggiore), la quale, secondo dicono i marinai, che bene lo sanno, è l'isola più grande che sia al mondo. Dieſe Behauptung iſt heute noch wahr. Nach den Umriſſen der Karte von Borneo und Celebes von James Brooke und Cap. Rodney Mundy finde ich das Areal von Borneo 12920 geographiſche Quadratmeilen, nahe gleich dem von der Inſel Neu-Guinea, aber nur $\frac{1}{10}$ des Continents von Neu-Holland. Marco Polo's Nachricht von dem „vielen Golde und den großen Reichthumern, welche die mercanti di Zaiton e del Mangi" von dort ausführen, beweiſt, daß er (wie auch noch Martin Behaim auf dem Nürnberger Globus von 1492 und Johann Ruyſch in der, für die Entdeckungsgeſchichte von Amerika ſo wichtigen, römiſchen Ausgabe des Ptolemäus von 1508 thun) unter Java major Borneo verſteht.

⁶⁸ (S. 406.) Cap. Mundy's Karte (Coast of Borneo proper 1847) giebt gar 14000 engl. Fuß (13135 Par. F.) an. Zweifel gegen diese Angabe s. in Junghuhn's Java Bd. II. S. 850. Der Coloß Kina Bailu ist kein Kegelberg; seiner Gestalt nach gleicht er vielmehr den, unter allen Breiten vorkommenden Basaltbergen, die einen langen Rucken mit zwei Endkuppen bilden.

⁶⁹ (S. 406.) Broole's Borneo and Celebes Vol. II. p. 382, 384 und 386.

⁷⁰ (S. 406.) Horner in den Verhandelingen van het Bataviaasch Genootschap van kunsten en wetenschappen Deel XVII. (1839) p. 284; Asie centr. T. III. p. 534—537.

⁷¹ (S. 406.) Junghuhn, Java Bd. II. S. 809 (Battaländer Bd. I. S. 39).

⁷² (S. 407.) Kosmos Bd. IV. Anm. 86 zu S. 326.

⁷³ (S. 407.) Java Bd. II. S. 818—828.

⁷⁴ (S. 408.) A. a. O. S. 840—842.

⁷⁵ (S. 408.) A. a. O. S. 853.

⁷⁶ (S. 410.) Leop. von Buch in den Abhandl. der Akad. der Wiss. zu Berlin auf das J. 1818 und 1819 S. 62; Lyell, Princ. of Geology (1853) p. 447, wo eine schöne Abbildung und Projection des Vulkans gegeben ist.

⁷⁷ (S. 410.) Bory de St. Vincent, Voy. aux quatre Iles d'Afrique T. II. p. 429.

⁷⁸ (S. 412.) Valentyn, Beschryving van Oud en Nieuw Oost-Indien Deel III. (1726) p. 70: Het Eyland St. Paulo. (Vergl. Lyell, Princ. p. 446.)

⁷⁹ (S. 412.) »Nous n'avons pu former«, sagt d'Entrecasteaux, »aucune conjecture sur la cause de l'incendie de l'Ile d'Amsterdam. L'Ile étoit embrasée dans toute son étendue, et nous avons bien distinctement reconnu l'odeur de bois et de terre brûlés. Nous n'avons rien senti qui pût faire présumer que l'embrasement fût l'effet d'un volcan« (T. I. p. 45). »Cependant«, heißt es einmal früher (p. 43), »l'on a remarqué le long de la côte que nous avons suivie, et d'où la flamme étoit assez éloignée, de petites bouffées de fumée qui sembloient sortir de la terre comme par jets; on n'a pu néanmoins distinguer la moindre trace de feu tout autour, quoique nous fussions très-

près de la terre. Ces jets de fumée se montrant par intervalles ont paru à MM. les naturalistes être des indices presque assurés de feux souterrains.« Soll man hier auf Erdbrände; auf Entzündung von Ligniten schließen, deren Schichten, von Basalt und Tuff bedeckt, auf vulkanischen Inseln (Bourbon, Kerguelen-Land und Island) so häufig vorkommen? Der *Surtarbrand* auf der letztgenannten Insel hat seinen Namen nach scandinavischen Mythen von dem, den Weltbrand verursachenden Feuer-Riesen Surtr. Aber die Erdbrände selbst verursachen gewöhnlich keine Flammen. — Da in neuerer Zeit die Namen der Inseln Amsterdam und St. Paul leider auf Karten oft verwechselt worden sind; so ist, damit, bei ihrer sehr verschiedenen Gestaltung, nicht der einen zugeschrieben werde, was auf der anderen beobachtet wird, hier im allgemeinen zu bemerken, daß von den fast unter einem und demselben Meridian liegenden 2 Inseln ursprünglich (schon am Ende des 17ten Jahrhunderts) die südliche St. Paul, die nördliche Amsterdam benannt wurde. Der Entdecker Vlaming gab der ersteren die Breite von 38° 40', der zweiten 37° 48' im Süden des Aequators. Diese Benennung und Ortsbestimmungen kommen merkwürdig mit dem überein, was ein Jahrhundert später d'Entrecasteaur auf der Expedition zur Aufsuchung von La Pérouse gefunden hat (Voyage T. I. p. 43—45): nämlich für Amsterdam nach Beautemps-Beaupré 37° 47' 46'' (long. 75° 51'), für St. Paul 38° 38'. Eine so große Uebereinstimmung muß für Zufall gelten, da die Beobachtungsörter gewiß nicht ganz dieselben waren. Dagegen hat Capt. Blackwood auf seiner Admiralitäts-Karte von 1842 für St. Paul 38° 44' und long. 75° 17'. Auf den Karten, welche der Original-Ausgabe der Reisen des unsterblichen Weltumseglers Cook beigegeben worden sind: z. B. der der ersten und zweiten Expedition (Voyage to the South Pole and round the World, Lond. 1777 p. 1), wie der dritten und letzten Reise (Voyage to the Pacific Ocean, published by the Admiralty, Lond. 1784, in 2d ed. 1785), ja selbst aller drei Expeditionen (A general Chart, exhibiting the discoveries of Capt. Cook in this 3d and two preceeding voyages, by Lieut. Henry Roberts); ist die Insel St. Paul sehr richtig als die südlichere angegeben: aber in dem Texte der Reise von d'Entrecasteaur (T. I. p 44) wird tadelnd erwähnt (ob mit Recht, bleibt mir bei vielem Nachsuchen der Ausgaben auf den Bibliotheken von

Paris, Berlin und Göttingen mehr als zweifelhaft), „daß auf der
Specialkarte der letzten Cook'schen Expedition die Insel Amsterdam
südlicher als St. Paul gesetzt sei". Wenn eine eben solche Umkeh=
rung der Benennungen im ersten Drittel des jetzigen Jahrhunderts,
z. B. auf den älteren verdienstlichen Weltkarten von Arrowsmith
und Purdy (1833), ganz gegen den ursprünglichen Willen des Ent=
deckers, Willem de Vlaming, häufig ist; so haben wohl mehr noch als
eine Specialkarte von Cook's dritter Reise dazu gewirkt: 1) die Will=
kühr auf den Karten von Cor und Mortimer; 2) der Umstand, daß
in dem Atlas der Reise von Lord Macartney nach China die schön
und rauchend abgebildete vulkanische Insel zwar sehr richtig St. Paul,
unter lat. 38° 42′, genannt wird, aber mit dem bösen Beisatz:
»commonly called Amsterdam«; und daß, was noch schlimmer ist,
in der Reisebeschreibung selbst Staunton und Dr. Gillan dies »Island
still in a state of inflammation« immerfort Amsterdam nennen, ja
sogar p. 226 hinzusetzen (nachdem sie p. 219 die wahre Breite gege=
ben), »that St. Paul is lying to the northward of Amsterdam«;
3) die gleiche Verwechselung der Namen durch Barrow (Voyage
to Cochinchina in the years 1792 and 1793 p. 140—157), der
die Rauch und Flammen gebende, südlichere Insel, welcher er eben=
falls die Breite von 38° 42′ beilegt, auch Amsterdam nennt. Malte=
Brun (Précis de la Géographie universelle T. V. 1817
p. 146) beschuldigt Barrow mit Recht, aber sehr irrig Mr. de Rossel
und Beautemps=Beaupré. Die letzteren beiden geben der Insel Am=
sterdam, die sie allein abbilden, 37° 47′; der Insel St. Paul, weil
sie 50′ südlicher liegt, 38° 38′ (Voy. de Dentrecasteaux
1808 T. I. p. 40—46); und zum Beweise, daß die Abbildung die
wahre Insel Amsterdam von Willem de Vlaming vorstellt, fügt
Beautemps=Beaupré in seinem Atlas die Copie des viel bewaldeten
Amsterdam aus Valentyn hinzu. Weil der berühmte Seefahrer Abel
Tasman 1642 neben Middelburg, in der Tonga=Gruppe, die Insel
Tonga tabu Amsterdam genannt hat (Burney, chronological
history of the Voyages and Discoveries in the South-
Sea or Pacific Ocean Part III. p. 81 und 437), in lat. 21° 1/2;
so ist wieder aus Mißverständniß bisweilen Tasman als Entdecker
von Amsterdam und St. Paul im indischen Ocean aufgeführt wor=
den; s. Leidenfrost, histor. Handwörterbuch Bd. V.
S. 310.

⁸⁰ (S. 412.) Sir James Roß, Voyage in the southern and antarctic regions Vol. I. p. 46 und 50—56.

⁸¹ (S. 413.) A. a. O. p. 63—82.

⁸² (S. 414.) Resultat der Abwägungen vom Prof. Rigaud zu Orford nach Halley's altem Vorschlage; s. meine Asie centrale T. I p. 189.

⁸³ (S. 415.) D'Urville, Voy. de la Corvette l'Astrolabe 1826—1829 Atlas Pl I. 1) Die Polynésie soll enthalten den östlichen Theil der Südsee (die Sandwich-Inseln, Tahiti und den Tonga-Archipel; aber auch Neu-Seeland); 2) Micronésie und Melanésie bilden den westlichen Theil der Südsee; die erstere erstreckt sich von Kauai, der westlichsten Insel der Sandwich-Gruppe, bis nahe an Japan und die Philippinen', und reicht südlich bis an den Aequator: begreifend die Marianen (Ladronen), Carolinen und Pelew-Inseln; 3) Melanésie (wegen der dunkellockigen Menschenrace), in Nordwest an die Malaisie grenzend, umfaßt die kleinen Archipele von Witt oder Fidji, der Neuen Hebriden und Salomons-Inseln; ferner die größeren Inseln Neu-Caledonien, Neu-Britannien, Neu-Irland und Neu-Guinea. Die, oft geographisch so widersprechend angewandten Namen Océanie und Polynésie sind von Malte-Brun (1813) und von Lesson (1828) eingeführt.

⁸⁴ (S. 415.) »The epithet *scattered* as applied to the islands of the Ocean (in the arrangement of the groups) conveys a very incorrect idea of their positions There is a system in their arrangement as regular as in the mountain heights of a continent, and ranges of elevations are indicated, as grand and extensive, as any continent presents. Geology by J. Dana, or United States' Exploring Exped. under the command of Charles Wilkes Vol. X., (1849) p. 12. Dana zählt in der ganzen Südsee, kleine Klippen-Inseln abgerechnet, auf 350 basaltische oder trachytische und 290 Corallen-Inseln. Er theilt sie in 25 Gruppen, von denen 19 im Mittel die Achsenrichtung N 50°—60° W und 6 die Achsenrichtung N 20°—30° O haben. Ueberaus auffallend ist, daß diese Zahl von Inseln alle, wenige Ausnahmen (wie die Sandwich-Gruppe und Neu-Seeland) abgerechnet, zwischen 23° 28' nördlicher und südlicher Breite liegen, und daß ein so ungeheurer inselleerer Raum östlich von der Sandwich- und der Nukahiwa-Gruppe bis zu den amerikanischen Küsten von Mexico und Peru übrig bleibt. Dana

fügt zugleich die Betrachtung hinzu, welche mit der so unbedeutend=
kleinen Zahl jetzt thätiger Vulkane contrastirt: daß, wenn wahrschein=
licherweise die Corallen=Eilande da, wo sie zwischen ganz basaltischen
Inseln liegen, ebenfalls ein basaltisches Fundament haben, die Zahl
der unter= und überseeischen Vulkan=Oeffnungen (submariner und
subaërialer) auf mehr denn tausend angeschlagen werden kann
(p. 17 und 24).

[85] (S. 416.) Vergl. Kosmos Bd. IV. S. 292 und Anm. 35
dazu.

[86] (S. 417.) Dana, Geology of the U. St. Explor. Exped. p. 208 und 210.

[87] (S. 417.) Dana p. 193 und 201. Die Abwesenheit von
Aschenkegeln ist auch sehr merkwürdig in den Lavaströme ergießenden
Vulkanen der Eifel. Daß es aber aus dem Gipfel=Krater des Mauna
Loa auch Aschen=Ausbrüche geben kann, beweist die sichere Nachricht,
welche der Missionar Dibble aus dem Munde der Augenzeugen
geschöpft hat und nach welcher während des Krieges Kamehameha's
gegen die Aufrührer im Jahr 1789 ein mit Erdbeben begleiteter
Ausbruch heißer Asche eine nächtliche Finsterniß über die Umgegend
verbreitete (p. 183). Ueber die vulkanischen Glasfäden (Haar der Göt=
tinn Pele: die vor ihrer Uebersiedelung nach Hawaii den jetzt erlosche=
nen Vulkan Hale-a-Kala, das Sonnenhaus, der Insel Maui be=
wohnte) s. p. 179 und 199—200.

[88] (S. 417.) Dana p. 205. »The term *Solfatara* is wholly
misapplied. A Solfatara is an area with steaming fissures and
escaping sulphur vapours, and without proper lava ejections;
while *Kilauea* is a vast crater with extensive lava ejections and no
sulphur, except that of the sulphur banks, beyond what neces-
sarily accompanies, as at Vesuvius, violent volcanic action.« Das
Gerüste von Kilauea, die Masse des großen Lavabeckens, besteht auch
keinesweges aus Schichten von Asche oder fragmentarischem Gestein,
sondern aus horizontalen Lavaschichten, gelagert wie Kalkstein. Dana
p. 193. (Vgl. Strzelecki, phys. descr. of New South Wales
1845 p. 105—111.)

[89] (S. 418.) Dieses merkwürdige Sinken des Lavaspiegels be=
stätigen die Erfahrungen so vieler Reisenden, von Ellis, Stewart
und Douglas bis zu dem verdienstvollen Grafen Strzelecki, der Ex=
pedition von Wilkes und dem so aufmerksam beobachtenden Missionar

Coan. Bei dem großen Ausbruch im Juni 1840 ist der Zusammen=
hang der Anschwellung der Lava im Kilauea mit der plötzlichen Ent=
zündung des so viel tiefer gelegenen Kraters Arare am entscheidend=
sten gewesen. Das Verschwinden des aus Arare ergoffenen Lava=
stromes, sein abermals unterirdischer Lauf und endliches Wiederer=
scheinen in größerer Mächtigkeit läßt nicht gleich sicher auf Identität
schließen, da sich gleichzeitig am ganzen Abhange des Berges unter=
halb des Horizonts des Bodens vom Kilauea=Becken viele lavagebende
Längenspalten geöffnet haben. Sehr bemerkenswerth ist es auch für
die innere Constitution dieses sonderbaren Vulkans von Hawaii,
daß im Juni 1832 beide Krater, der des Gipfels und der von Ki=
lauea, Lavaströme ergoffen und veranlaßten, also gleichzeitig thätig
waren. (Vergl. D a n a p. 184, 188, 193 und 196.)

[90] (S. 419.) W i l k e s p. 114, 140 und 157; D a n a p. 221. We=
gen der ewigen Verwechselung von r und l wird für M a u n a L o a
oft M. R o a und für K i l a u e a : K i r a u e a geschrieben.

[91] (S. 419.) D a n a p. 25 und 138

[92] (S. 419) Dana, Geology of the U. St. Exploring
Exped. p. 138 (vergl. Darwin, structure of Coral Reefs
p. 60).

[93] (S. 421.) Léop. de Buch, Description phys. des
Iles Canaries 1836 p. 393 und 403—405.

[94] (S. 421.) S. D a n a a. a. O. p. 438—446 und über die fri=
schen Spuren alt=vulkanischer Thätigkeit auf Neu=Holland p. 453
und 457, wie über die vielen Säulen=Basalte in Neu=Süd=Wales
und Van Diemen's Land p. 495—510; und E. de Strzelecki,
phys. descr. of New South Wales p. 112.

[95] (S. 422.) Ernest Dieffenbach, Travels in New Zea-
land 1843 Vol. I. p. 337, 355 und 401. Dieffenbach nennt White
Island a *smoking* solfatara, but still in *volcanic* activity (p. 358 und
407), auf der Karte: in continual ignition.

[96] (S. 423.) D a n a p. 445—448; Dieffenbach Vol. I. p 331,
339—341 und 397. Ueber Mount Egmont s. Vol. I p. 131—157.

[97] (S. 424.) Darwin, Volcanic Islands p. 125; D a n a
p. 140.

[98] (S. 424.) L. de Buch, Descr des I. Can. p. 365.
Auf den hier genannten drei Inseln finden sich indeß neben plu=
tonischen und Sediment=Schichten auch Phonolithe und basaltisches

Geſtein; aber dieſe Gebirgsarten können ſchon bei der erſten vulkaniſchen Erhebung der Inſeln aus dem Meeresboden über den Meeresſpiegel erſchienen ſein. Von Feuerausbrüchen in hiſtoriſchen Zeiten
oder von ausgebrannten Krateren ſoll keine Spur gefunden werden.

" (S. 424.) Dana p. 343—350.

[100] (S. 424.) Dana p. 312, 318, 320 und 323.

[1] (S. 425.) L. von Buch p. 383; Darwin, Volc. Isl. p. 25;
Darwin, Coral Reefs p. 138; Dana p. 286—305 und 364.

[2] (S. 426.) Dana p. 137.

[3] (S. 427.) Darwin, Volc. Isl. p. 104, 110—112 und 114.
Wenn Darwin ſo beſtimmt ſagt, daß aller Trachyt auf den Galapagos fehle; ſo iſt es doch wohl nur, weil er die Benennung Trachyt
auf den eigentlichen gemeinen Feldſpath, d. i. den Orthoklas, oder
auf den Orthoklas und Sanidin (glaſigen Feldſpath) einſchränkt. Die
räthſelhaften eingebackenen Stücke in der Lava des kleinen, ganz baſaltiſchen Kraters von James Island enthalten keinen Quarz, wenn
ſie gleich auf einem plutoniſchen Gebirge zu ruhen ſcheinen. (Vergl.
oben Kosmos Bd. IV. S. 345 und 375.) Mehrere der vulkaniſchen
Kegelberge auf den Galapagos-Inſeln haben, an der Mündung,
ganz wie ich am Cotopaxi geſehen, einen ſchmalen cylindriſchen,
ringförmigen Aufſatz. »In some parts the ridge is surmounted by
a wall or parapet perpendicular on both sides.« Darwin, Volc.
Isl. p. 83.

[4] (S. 427.) L. von Buch p. 376.

[5] (S. 427.) Bunſen in Leonhard's Jahrb. für Mineralogie 1851 S. 856, wie auch in Poggend. Annalen der
Phyſik Bd 83. S. 223.

[6] (S. 428.) Kosmos Bd. IV. S. 311—313 und Anm. 70.

[7] (S. 428.) S. Pieſchel über die Vulkane von Mexico
in der Zeitſchrift für Allg. Erdkunde Bd. VI. 1856 S. 86
und 489—532. Die Behauptung (S. 86), „daß nie ein Sterblicher
die ſteile Spitze des Pico del Fraile", d. h. den höchſten Gipfel des
Vulkans von Toluca, „erſtiegen habe"; iſt durch meine auf dieſem,
freilich kaum 10 Fuß breiten Gipfel am 29 Sept. 1803 gemachte
und ſchon 1807 publicirte Barometer-Meſſung, und neuerlichſt durch
Dr. Gumprecht in demſelben Bande der obigen Zeitſchrift (S. 489)
widerlegt worden. Der erregte Zweifel war um ſo ſonderbarer, da
ich gerade von dieſer, allerdings nicht ohne Anſtrengung zu erreichen-

ben, thurmförmigen Spitze des Pico del Fraile, in einer Höhe, welche kaum 600 Fuß geringer als die des Montblanc ist, die Tra=chytmassen abgeschlagen habe, die vom Blitz durchlöchert und im Inneren wie Blitzröhren verglast sind. Ueber die von mir sowohl in der Berliner als in mehreren Pariser Sammlungen niedergelegten Stücke gab Gilbert schon 1819 einen Aufsatz im LXIten Bande seiner Annalen der Physik S. 261 (vergl. auch Annales de Chimie et de Physique T. XIX. 1822 p. 298). Wo der Blitz förmliche cylindrische Röhren zu 3 Zoll Länge so durchgeschlagen hat, daß man die obere und untere Oeffnung erkennen kann, ist eben=falls das die Oeffnungen umgebende Gestein verglast. Ich habe auch Trachytstücke in meinen Sammlungen mitgebracht, an denen, wie am Kleinen Ararat oder am Montblanc, ohne röhrenförmige Durchbohrung die ganze Oberfläche verglast ist. — Herr Pieschel hat den zweigipfligen Vulkan von Colima im October 1852 zuerst er=stiegen und ist bis zum Krater gelangt, aus dem er damals nur heiße Schwefel=Wasserstoff=Dämpfe wolkenartig aufsteigen sah. Aber Sonneschmid, der im Febr. 1796 die Ersteigung des Colima vergeblich versuchte, giebt Nachricht von einem mächtigen Aschen=Auswurf im Jahr 1770. Im Monat März 1795 wurden dagegen bei Nacht glü=hende Schlacken scheinbar in einer Feuersäule ausgestoßen. — „In Nordwesten vom Vulkan von Colima zieht sich längs der Südsee=Küste eine vulkanische Zweigspalte hin. Ausgebrannte Krater und alte Lavaströme erkennt man in den sogenannten Vulkanen von Ahua=catlan (auf dem Wege von Guadalarara nach San Blas) und von Tepic." (Pieschel a. a. O. S. 529.)

⁸ (S. 429.) Kosmos Bd. IV. S. 392—397.

⁹ (S. 430.) Der von dem gelehrten und mir befreundeten Geo=graphen, Contre=Admiral de Fleurieu, dem Verfasser der Intro-duction historique au Voyage de Marchand, eingeführte Name Grand Océan zur Bezeichnung des Beckens der Südsee ver=tauscht das Ganze mit einem Theile und verleitet daher zur Ver=wechselung.

¹⁰ (S. 432.) Ueber die Achse der größten Höhen und der Vulkane in der Tropenzone von Merico s. Kosmos Bd. IV. S. 312 und 343. Vergl. auch Essai pol. sur la Nouv. Esp. T. I. p. 257—268, T. II. p. 173, Ansichten der Natur Bd. I. S. 344—350.

[11] (S. 433.) Durch Juan de Oñate 1594. Memoir of a tour to Northern Mexico in 1846 and 1847 by Dr. Wislizenus. Ueber den Einfluß der Bodengestaltung (der wunderbaren Größe des Tafellandes) auf den inneren Handel und den Verkehr der Tropenzone mit dem Norden, wenn einst auch hier einmal bürgerliche Ordnung, gesetzliche Freiheit und Industrie erwachsen, vergl. Essai pol. T. IV. p. 38 und Dana p. 612.

[12] (S. 433.) In dieser Uebersicht der Höhen des Bodens zwischen Merico und Santa Fé del Nuevo Mexico, wie in der ähnlichen, aber unvollständigeren, welche ich in den Ansichten der Natur Bd. I. S. 349 gegeben, bedeuten die den Zahlen beigefugten Buchstaben Ws, Bt und Ht die Namen der Beobachter: namlich Ws den Dr. Wislizenus, Verfasser des sehr lehrreichen, wissenschaftlichen Memoir of a tour to Northern Mexico, connected with Col. Doniphan's Expedition, in 1846 and 1847 (Washington 1848); Bt den Oberbergrath Burkart und Ht meine eigenen Messungen. Als ich vom März 1803 bis zum Febr. 1804 mit astronomischen Ortsbestimmungen in dem tropischen Theile von Neuspanien beschäftigt war, und nach allen Materialien, die ich auffinden und biscutiren konnte, eine General-Karte von Neuspanien zu entwerfen wagte, von der mein hochverehrter Freund, Thomas Jefferson, der damalige Präsident der Vereinigten Staaten, während meines Aufenthalts in Washington eine, später oft gemißbrauchte Copie anfertigen ließ; gab es im Inneren des Landes auf dem Wege nach Santa Fé noch keine Breiten-Bestimmung nördlich von Durango (lat. 24° 25'). Nach den zwei von mir in den Archiven in Merico aufgefundenen handschriftlichen Reisejournalen der Ingenieure Rivera Lafora und Mascaró aus den Jahren 1724 und 1765, welche Compaß-Richtungen und geschätzte partielle Distanzen enthielten, ergab eine sorgfaltige Berechnung fur die wichtige Station Santa Fé nach Don Pedro de Rivera lat. 36° 12' und long. 108° 13' (s. meinen Atlas géogr. et phys. du Mexique Tab. 6 und Essai pol. T. I. p. 75, 82). Ich habe vorsichtig in der Analyse meiner Karte dieses Resultat als ein sehr ungewisses bekannt gemacht, da in den Schätzungen der Distanzen wie in der Compaß-Richtung ohne Correction der magnetischen Abweichung und bei dem Mangel von Objecten in baumlosen Ebenen ohne menschliche Wohnungen auf eine Erstreckung von mehr als 300 geogr. Meilen sich

nicht alle Fehler compensiren (T. I. p. 127—131). Durch Zufall ist das eben gegebene Resultat, mit dem der neuesten astronomischen Beobachtungen verglichen, in der Breite weit fehlerhafter als in der Länge ausgefallen: in der ersteren um 31, in der zweiten kaum um 23 Bogen-Minuten. Eben so ist es mir durch Combinationen geglückt annähernd richtig zu bestimmen die geographische Lage des Sees Timpanogos, welchen man jetzt gewöhnlich den Great Salt Lake nennt: indem man nur noch den Fluß, welcher in den kleinen Utah-See, einen Süßwasser-See, fällt, als Timpanogos River bezeichnet. In der Sprache der anwohnenden Utah-Indianer heißt Fluß og-wahbe, durch Verkürzung auch ogo allein; timpan heißt Fels: also bedeutet Timpan-ogo Felsfluß (Frémont, Expl. Exped. 1845 p. 273). Buschmann erklärt das Wort timpa für entstanden aus dem meri-canischen tetl Stein, indem er in pa eine einheimische Substantiv-Endung nord-mericanischer Sprachen aufgedeckt hat: ogo giebt er die allgemeine Bedeutung von Wasser; s. sein Werk: die Spuren der aztekischen Sprache im nördlichen Merico S. 354—356 und 351. Der Mormonen Great Salt Lake City liegt lat. 40° 46', long. 114° 26'. Vergl. Expedition to the Valley of the Great Salt Lake of Utah, by capt. Howard Stansbury, 1852 p. 300 und Humboldt, Ansichten der Natur Bd. 1. S. 346. Meine Karte giebt Montagnes de Sel gemme etwas östlich von der Laguna de Timpanogos. lat. 40° 7', long. 114° 9'; also weicht meine erste Ver-muthung ab in der Breite 39, in der Länge 17 Minuten. — Die neuesten mir bekannt gewordenen Ortsbestimmungen von Santa Fé, der Hauptstadt Neu-Merico's, sind a) nach vielen Sternhöhen bestimmt vom Lieut. Emory (1846), lat. 35° 44' 6''; b) nach Gregg und Dr. Wislizenus (1848), vielleicht in einer anderen Localität, 35° 41' 6''. Die Länge ist für Emory 7ʰ 4' 18'' in Zeit von Greenwich, also im Bogen 108° 50' von Paris; für Wislizenus 108° 22'. (New Mexico and California by Emory, Docum. No. 41 p. 36; Wisl. p. 29.) Der Fehler der meisten Karten ist, in der Gegend von Santa Fé die Orte in der Breite zu nördlich zu setzen. Die Höhe der Stadt Santa Fé über dem Meere ist nach Emory 6422, nach Wislizenus volle 6611 Par. Fuß (Mittel 6516 F): also gleich den Splügen- und Gotthards-Pässen der schweizer Alpen.

¹³ (S. 433.) Die Breite von Albuquerque ist genommen aus der schönen Specialkarte: Map of the Territory of New Mexico by

Kern 1851. Die Höhe ist nach Emory (p. 166) 4457 Fuß, nach Wislizenus (p. 122) aber 4559 Fuß.

¹⁴ (S. 433.) Für die Breite des Paso del Norte vergl. Wis= lizenus p. 125 Met. Tables 8—12 Aug. 1846.

¹⁵ (S. 435.) Vergl. Frémont, Report of the Exploring Exped. in 1842 p. 60; Dana, Geology of the U. St. Expl. Exped. p. 611—613; und für Südamerika Alcide d'Orbigny, Voy. dans l'Amérique mérid. Atlas Pl. VIII de Géologie spéciale, fig. 1.

¹⁶ (S. 435.) Ueber diese Bifurcation und die richtige Benennung der östlichen und westlichen Kette vergl. die große Specialkarte des Territory of New Mexico von Parke und Kern 1851, Edwin Johnson's Map of Railroads 1854, John Bartlett's Map of the Boundary Commission 1854, Explorations and Surveys from the Mississippi to the Pacific in 1853 and 1854 Vol. I. p. 15; und vor allem die vielumfassende, vortreffliche Arbeit von Jules Marcou, Geologist of the southern Pacific R. R. Survey under the Command of Lieut. Whipple: als Résumé expli- catif d'une Carte géologique des États Unis et d'un Profil géologique allant de la vallée du Mississippi aux côtes de l'Océan Pacifique, p. 113—116; auch im Bulle- tin de la Société géologique de France, 2e Série T. XII. p 813. In dem von der Sierra Madre oder den Rocky Mountains eingeschlossenen Längenthale lat. 35°—38°½ haben die einzelnen Grup- pen, aus welchen die westliche Kette der Sierra Madre und die öst= liche Kette der Rocky Mountains (Sierra de Sandia) bestehen, be= sondere Namen. Zu der ersteren Kette gehören von Süden nach Norden: die Sierra de las Grullas, die S. de los Mimbres (Wis= lizenus p 22 und 54), Mount Taylor (lat. 35° 15′), Sierra de Jemez und S. de San Juan; in der östlichen Kette unterscheidet man die Moro Pics, Sierra de la Sangre de Christo mit den östlichen Spanish Peaks (lat. 37° 32′) und die, sich nordwestlich wendenden, das Längenthal von Taos und S. Fé schließenden White Mountains. Professor Julius Fröbel, dessen Untersuchung der Vulkane von Central=Amerika ich schon oben (Kosmos Bd. IV. S. 541) erwähnt habe, hat mit vielem Scharfsinn die Unbestimmtheit der geographischen Benennung Sierra Madre auf den älteren Karten ent= wickelt, aber zugleich in einer Abhandlung: remarks contributing

to the physical Geography of the North American Continent (9th annual Report of the Smithsonian Insti-
tution 1855 p 272—281) die Behauptung aufgestellt, der ich nach
Discussion so vieler jetzt vorhandener Materialien keinesweges bei-
pflichten kann: daß die Rocky Mountains gar nicht als eine Fortsetzung des mericanischen Hochgebirges in der Tropenzone von Anahuac zu betrachten seien. Ununterbrochene Gebirgsketten: wie in
den Apenninen, dem schweizer Jura, in den Pyrenäen und einem
großen Theile unserer Alpenkette, giebt es allerdings vom 19ten bis
zum 44ten Breitengrade, vom Popocatepetl in Anahuac bis nördlich
von Frémont's Peak in den Rocky Mountains, in der Richtung
von Süd-Süd-Ost gen Nord-Nord-West nicht: aber die ungeheure,
gegen Nord und Nordwest in der Breite immer mehr zunehmende Anschwellung des Bodens ist vom tropischen Merico bis Oregon conti-
nuirlich; und auf dieser Anschwellung (Hochebene), welche das geognostische Hauptphänomen ist, erheben sich auf spät und zu sehr
ungleicher Zeit entstandenen Spalten in oft abweichender Richtung einzelne Gebirgsgruppen. Diese aufgesetzten Berggruppen, in den
Rocky Mountains aber zu der Ausdehnung von 8 Breitengraden
fast wallartig zusammenhangend und durch meist trachytische, zehn-
bis zwölftausend Fuß hohe Kegelberge weit sichtbar gemacht, lassen
um so mehr einen tiefen sinnlichen Eindruck, als dem Auge des
Reisenden das umgebende hohe Plateau sich teuschend wie eine
Ebene des Flachlandes darstellt. Wenn in den Cordilleren von
Südamerika, von denen ich einen beträchtlichen Theil aus eigener
Anschauung kenne, seit La Condamine's Zeiten von Zwei- und
Drei-Reihung die Rede ist (der spanische Ausdruck las Cordilleras de los Andes bezieht sich ja auf solche Reihung und Theilung
der Kette); so darf man nicht vergessen, daß auch hier die Richtungen der einzelnen gereihten Berggruppen, als lange Rücken oder
gereihte Dome, keinesweges unter einander oder der Richtung der
ganzen Anschwellung parallel sind.

[17] (S. 436.) Frémont, Explor. Exped. p. 281—288. Pike's
Peak lat 38° 50', abgebildet p 114; Long's Peak 40° 15'; Erstei-
gung von Frémont's Peak (13570 feet) p. 70. Die Wind River
Mountains haben ihren Namen von den Quellen eines Zuflusses des
Big Horn River, dessen Wasser sich mit denen des Yellow Stone
River vereinigen, welcher selbst in den Ober-Missouri (Br. 47° 58',

Lg. 105° 27′) fällt. S. die Abbildungen des Alpengebirges, reich
an Glimmerschiefer und Granit, p. 66 und 70. Ich habe überall
die englischen Benennungen der nordamerikanischen Geographen bei=
behalten, weil deren Uebersetzung in eine rein deutsche Nomenclatur
oft eine reiche Quelle der Verwirrung geworden ist. Um in Rich=
tung und Länge die, nach meines Freundes und Reisebegleiters,
des Obristen Ernst Hofmann, mühevollen Erforschungen am Nord=
Ende östlich gekrümmte und vom truchmenischen Berge Airuct=Tagh
(48°¾) bis zum Sablja=Gebirge (65°) volle 255 geogr. Meilen
lange Meridiankette des Ural mit den Rocky Mountains vergleichen
zu können; erinnere ich hier daran, daß die letztere Kette zwischen
den Parallelen von Pike's Peak und Lewis und Clarke's Paß von
107°½ in 114°½ Länge übergeht. Der Ural, welcher in dem eben
genannten Abstande von 17 Breitengraden wenig von dem Pariser
Meridian von 56° 40′ abweicht, verändert ebenfalls seine Richtung
unter dem Parallel von 65°, und erlangt unter lat. 67°½ den Me=
ridian von 63°¾. Vergl. Ernst Hofmann, der nördliche
Ural und das Küstengebirge Pac=Choi 1856 S. 191 und
297—305 mit Humboldt, Asie centrale (1843) T I.p. 447.

¹⁸ (S. 437.) Kosmos Bd. IV. S. 321.

¹⁹ (S. 437.) Der Raton=Paß hat nach der Wegkarte von 1855,
welche zu dem allgemeinen Berichte des Staatssecretärs Jefferson
Davis gehört, noch eine Höhe von 6737 Fuß über dem Meere.
Vergl. auch Marcou, Résumé explicatif d'une Carte
géol. 1855 p. 113.

²⁰ (S. 438.) Es sind zu unterscheiden von Osten nach Westen
der Gebirgsrücken von Zuñi, wo der Paso de Zuñi noch 7454 Fuß
erreicht; Zuñi viejo: das alte, zerstörte Pueblo, von Möllhausen auf
Whipple's Expedition abgebildet; und das jetzt bewohnte Pueblo de
Zuni. Zehn geogr. Meilen nördlich von letzterem, bei dem Fort
Defiance, ist auch noch ein sehr kleines, isolirtes, vulkanisches
Gebiet. Zwischen dem Dorfe Zuñi und dem Abfall nach dem Rio
Colorado chiquito (little Colorado) liegt unbedeckt der versteinerte
Wald, welchen Möllhausen 1853 vortrefflich abgebildet und in
einer an die geographische Gesellschaft zu Berlin eingesandten Ab=
handlung beschrieben hat. Unter die vertieselten Coniferen sind nach
Marcou (Résumé explic. d'une Carte géol. p. 59) fossile
baumartige Farren gemengt.

[21] (S. 439.) Alles nach den Profilen von Marcou und der oben citirten Wegkarte von 1855.

[22] (S. 439.) Die französischen Benennungen, von canadischen Pelzjägern eingeführt, sind im Lande und auf englischen Karten allgemein gebräuchlich. Die relative Ortslage der ausgebrannten Vulkane ist nach den neuesten Bestimmungen folgende: Frémont's Peak Br. 43° 5', Lg. 112° 30'; Trois Tetons Br. 43° 38', Lg. 113° 10'; Three Buttes Br. 43° 20', Lg. 115° 2'; Fort Hall Br. 43° 0', Lg. 114° 45'.

[23] (S. 439.) Lieut. Mullan über die vulkanische Formation, in den Reports of Explor and Surveys Vol. I (1855) p. 330 und 348; s. auch Lambert's und Tinkham's Berichte über die Three Buttes daselbst p. 167 und 226—230, und Jules Marcou p. 115.

[24] (S. 440.) Dana p. 616—621: Blaue Berge, p. 649—651: Sacramento Butt, p 630—643: Shasty Mountains, p. 614: Cascade Range. — Ueber die durch vulkanisches Gestein durchbrochene Monte Diablo Range s. auch John Traff on the geology of the Coast Mountains and the Sierra Nevada 1854 p. 13—18.

[25] (S. 441.) Dana (p. 615 und 640) schätzte den Vulkan St. Helen's 15000 Par. Fuß und Mount Hood also unter dieser Höhe; dagegen soll nach Anderen Mt Hood die große Höhe von 18316 feet = 17176 Pariser Fuß: also 2370 Par. Fuß mehr als der Gipfel des Montblanc und 4438 Fuß mehr als Frémont's Peak in den Rocky Mountains, erreichen. Mt Hood wäre nach dieser Angabe (Landgrebe, Naturgeschichte der Vulkane Bd. I. S. 497) nur 536 Fuß niedriger als der Vulkan Cotopari; dagegen übertrafe nach Dana Mt Hood den höchsten Gipfel des Felsgebirges höchstens um 2300 Fuß. Ich mache immer gern aufmerksam auf solche variantes lectiones.

[26] (S. 441.) Dana, Geol of the U. St. Expl. Exp. p. 640 und 643—645.

[27] (S. 441.) Aeltere Varianten der Höhen sind nach Wilkes 9550, nach Simpson 12700 F.

[28] (S. 442.) Karsten's Archiv für Mineralogie Bd. I. 1829 S. 243.

[29] (S. 442.) Humboldt, Essai politique sur la Nouv. Esp. T. I p. 266, T. II. p 310.

[30] (S. 442.) Nach einem Manuscripte, das ich im Jahre 1803 in den Archiven von Mexico habe benutzen dürfen, ist in der Expedition von Juan Perez und Estevan José Martinez im Jahr 1774 die ganze Küste von Nutka bis zu dem später so genannten Cook's Inlet besucht worden (a. a. O. p. 296—298).

[31] (S. 446.) In den antillischen Inseln ist die vulkanische Thätigkeit auf die sogenannten Kleinen Antillen eingeschränkt: da drei oder vier noch thätige Vulkane auf einer etwas bogenförmigen Spalte von Süden nach Norden, den Vulkan-Spalten Central-Amerika's ziemlich parallel, ausgebrochen sind. Ich habe schon bei einer anderen Gelegenheit: bei den Betrachtungen, welche die Gleichzeitigkeit der Erdbeben in den Flußthälern des Ohio, Missisippi und Arkansas mit denen des Orinoco und des Littorals von Venezuela anregt; das kleine Meer der Antillen in seinem Zusammenhang mit dem Golf von Mexico und der großen Ebene der Luisiana zwischen den Alleghanys und Rocky Mountains, nach geognostischen Ansichten, als ein einiges altes Becken geschildert (Voyage aux Régions équinoxiales T. II. p. 5 und 19; Kosmos Bd. IV. S. 10). Dieses Becken wird in seiner Mitte, zwischen 18° und 22° Breite, durch eine plutonische Gebirgsreihe vom Cap Catoche der Halbinsel Yucatan an bis Tortola und Virgen gorda durchschnitten. Cuba, Haiti und Portorico bilden eine west-östliche Reihe, welche der Granit- und Gneiß-Kette von Caracas parallel läuft; dagegen verbinden die, meist vulkanischen, Kleinen Antillen die eben bezeichnete plutonische Kette (die der Großen Antillen) und die des Littorals von Venezuela mit einander; sie schließen den südlichen Theil des Beckens in Osten. Die jetzt noch thätigen Vulkane der Kleinen Antillen liegen zwischen den Parallelen von 13° bis 16°$\frac{1}{2}$. Es folgen von Süden nach Norden:

Der Vulkan der Insel St. Vincent, bald zu 3000, bald zu 4740 Fuß Höhe angegeben. Seit dem Ausbruch von 1718 herrschte Ruhe, bis ein ungeheurer Lava-Ausbruch am 27 April 1812 erfolgte. Die ersten Erschütterungen, dem Krater nahe, fingen bereits im Mai 1811 an: drei Monate nachdem die Insel Sabrina in den Azoren aus dem Meere aufgestiegen war. In dem Bergthal von Caracas, 3280 Fuß über dem Meeresspiegel, begannen sie schwach schon im December desselben Jahres. Die völlige Zerstörung der großen Stadt war am 26 März 1812. So wie mit Recht das Erdbeben, welches am 14 Dec. 1796 Cumana zerstörte, der Eruption des Vulkans von

Guadeloupe (Ende Septembers 1796) zugeschrieben wurde, so scheint der Untergang von Caracas eine Wirkung der Reaction eines südliche= ren Vulkans der Antillen, des von St. Vincent, gewesen zu sein. Das furchtbare, dem Kanonendonner gleiche, unterirdische Getöse, welches eine heftige Eruption des zuletzt genannten Vulkans am 30 April 1812 erregte, wurde in den weiten Gras=Ebenen (Llanos) von Calabozo und an den Ufern des Rio Apure, 48 geogr. Meilen west= licher als seine Vereinigung mit dem Orinoco, vernommen (Humb. Voy. T. II. p. 14). Der Vulkan von St. Vincent hatte keine Lava gegeben seit 1718; am 30 April entfloß ein Lavastrom dem Gipfel= Krater und gelangte nach 4 Stunden bis an das Meeresufer. Sehr auffallend ist es gewesen und mir von sehr verständigen Küstenfahrern bestätigt worden, daß das Getöse auf offnem Meere fern von der Insel weit stärker war als nahe am Littoral.

Der Vulkan der Insel S. Lucia, gewöhnlich nur eine Solfa= tare genannt, ist kaum zwölf= bis achtzehnhundert Fuß hoch. Im Krater liegen viele kleine, periodisch mit siedendem Wasser gefüllte Becken. Im Jahr 1766 soll ein Auswurf von Schlacken und Asche beobachtet worden sein, was freilich bei einer Solfatare ein unge= wöhnliches Phänomen ist; denn wenn auch (nach den gründlichen Untersuchungen von James Forbes und Poulett Scrope) an einer Eruption der Solfatare von Pozzuoli im Jahr 1198 wohl nicht zu zweifeln ist, so könnte man doch geneigt sein dies Ereigniß als eine Seitenwirkung des nahe gelegenen Hauptvulkans, des Vesuvs, zu betrachten. (S. Forbes im Edinb. Journal of Science Vol. I. p. 128 und Poulett Scrope in den Transact. of the Geol. Soc. 2ᵈ Ser. Vol. II. p. 346.) Lancerote, Hawaii und die Sunda= Inseln bieten uns analoge Beispiele von Ausbrüchen dar, welche von den Gipfel=Kratern, dem eigentlichen Sitze der Thätigkeit, überaus fern liegen. Freilich hat sich bei großen Vesuv=Eruptionen in den Jahren 1794, 1822, 1850 und 1855 die Solfatara von Pozzuoli nicht geregt (Julius Schmidt über die Eruption des Vesuv im Mai 1855 S. 156): wenn gleich Strabo (lib. V pag. 245), lange vor dem Ausbruch des Vesuvs, in dem Brandfelde von Dicä= archia bei Kymäa und Phlegra auch von Feuer, freilich unbestimmt, spricht. (Dicäarchia erhielt zu Hannibals Zeit von den Römern, die es da colonisirten, den Namen Puteoli. „Einige meinen", setzt Strabo hinzu, „daß wegen des üblen Geruches des Wassers die

ganze dortige Gegend bis Bajä und Kymäa so genannt sei, weil sie
voll Schwefels, Feuers und warmer Wasser ist. Einige glauben,
daß deshalb Kymäa, Cumanus ager, auch Phlegra genannt werde
. . . ."; und danach erwähnt Strabo noch dort „Ergüsse von Feuer
und Wasser, προχοαὶ τοῦ πυρὸς καὶ τοῦ ὕδατος".)

Die neue vulkanische Thätigkeit der Insel Martinique in der
Montagne Pelée (nach Dupuget 4416 F. hoch), dem Vauclin und
den Pitons du Carbet ist noch zweifelhafter. Der große Dampf=
Ausbruch vom 22 Januar 1792, welchen Chisholm beschreibt, und
der Aschenregen vom 5 August 1851 verdienen nähere Prüfung.

Die Soufrière de la Guadeloupe, nach den älteren Messungen
von Amic und le Boucher 5100 und 4794 Fuß, aber nach den neuesten
und sehr genauen von Charles Sainte=Claire Deville nur 4567 Fuß
hoch, hat sich am 28 Sept. 1797 (also 78 Tage vor dem großen
Erdbeben und der Zerstörung der Stadt Cumana) als ein Bimsstein
auswerfender Vulkan erwiesen (Rapport fait au Général Victor
Hugues par Amic et Hapel sur le Volcan de la Basse-Terre,
dans la nuit du 7 au 8 Vendimiaire an 6, pag. 46; Humb.
Voyage T. I. p. 316). Der untere Theil des Berges ist dioriti=
sches Gestein; der vulkanische Kegelberg, dessen Gipfel geöffnet ist,
labrador=haltiger Trachyt. Lava scheint dem Berge, welchen man
wegen seines gewöhnlichen Zustandes die Soufrière nennt, nie in
Strömen entflossen zu sein, weder aus dem Gipfel=Krater noch aus
Seitenspalten; aber die von dem vortrefflichen, so früh dahingeschie=
denen Dufrénoy, mit der ihm eigenen Genauigkeit, untersuchten
Aschen der Eruptionen vom Sept. 1797, Dec. 1836 und Febr. 1837
erwiesen sich als fein zermalmte Laven=Fragmente, in denen feld=
spathartige Mineralien (Labrador, Rhyakolith und Sanidin) neben
Pyroxen zu erkennen waren. (S. Lherminier, Daver, Elie de
Beaumont und Dufrénoy in den Comptes rendus de l'Acad.
des Sc. T. IV. 1837 p. 294, 651 und 743—749.) Auch kleine
Fragmente von Quarz hat neben den Labrador=Krystallen Deville in
den Trachyten der Soufrière (Comptes rendus T. XXXII.
p. 675) erkannt, wie Gustav Rose sogar Hexagon=Dodecaeder von
Quarz auch in den Trachyten des Vulkans von Arequipa (Meyen,
Reise um die Erde Bd. II. S. 23) fand.

Die hier geschilderten Erscheinungen, ein temporäres Ausstoßen
sehr verschiedenartiger mineralischer Gebilde aus den Spalten=

Oeffnungen einer Soufrière, erinnern recht lebhaft daran, daß, was man Solfatare, Soufrière oder Fumarole zu nennen pflegt, eigentlich nur gewiſſe Zuſtände vulkaniſcher Thätigkeit bezeichnet. Vulkane, die einſt Laven ergoſſen oder, wenn dieſe gefehlt, unzuſammenhangende Schlacken von beträchtlichem Volum, ja endlich dieſelben Schlacken, aber durch Reibung gepulvert, ausgeſtoßen haben; kommen bei verminderter Thätigkeit in ein Stadium, in dem ſie nur Schwefel= Sublimate, ſchweflige Säure und Waſſerdampf liefern. Wenn man ſie als ſolche Halbvulkane nennt, ſo wird man leicht Veranlaſſung zu der Meinung geben, ſie ſeien eine eigene Claſſe von Vulkanen. Bunſen: dem mit Bouſſingault, Senarmont, Charles Deville und Danbrée, durch ſcharfſinnige und glückliche Anwendung der Chemie auf Geologie und beſonders auf die vulkaniſchen Proceſſe, unſere Wiſſenſchaft ſo herrliche Fortſchritte verdankt; zeigt, „wie da, wo in Schwefel=Sublimationen, welche faſt alle vulkaniſchen Eruptionen begleiten, die Schwefelmaſſen in Dampfgeſtalt den glühenden Pyroxen=Geſteinen begegnen, die ſchweflige Säure ihren Urſprung nimmt durch partielle Zerſetzung des in jenen Geſteinen enthaltenen Eiſen=Oxydes. Sinkt darauf die vulkaniſche Thätigkeit zu niederen Temperaturen herab, ſo tritt die chemiſche Thätigkeit dieſer Zone in eine neue Phaſe. Die daſelbſt erzeugten Schwefel= Verbindungen des Eiſens und vielleicht der Erd= und Alkali=Metalle beginnen ihre Wirkung auf den Waſſerdampf; und als Reſultat der Wechſelwirkung entſtehen Schwefel=Waſſerſtoff und deſſen Zerſetzungs= Producte: freier Waſſerſtoff und Schwefeldampf.“ — Die Schwefel= Fumarolen überdauern die großen vulkaniſchen Ausbrüche Jahrhunderte lang. Die Salzſäuren=Fumarolen gehören einer anderen und ſpäteren Periode an. Sie können nur ſelten den Charakter permanenter Erſcheinungen annehmen. Der Urſprung der Salzſäure in den Krater=Gaſen ergiebt ſich daraus, daß das Kochſalz, welches ſo oft als Sublimations=Product bei Vulkanen, beſonders am Veſuv, auftritt, bei höheren Temperaturen unter Mitwirkung von Waſſerdampf durch Silicate in Salzſäure und Natron zerlegt wird, welches letztere ſich mit den vorhandenen Silicaten verbindet. Salzſäuren= Fumarolen, die bei italiäniſchen Vulkanen nicht ſelten in dem großartigſten Maaßſtabe, und dann gewöhnlich von mächtigen Kochſalz= Sublimationen begleitet zu ſein pflegen, erſcheinen für Island von ſehr geringer Bedeutung. Als die Endglieder in der chronologiſchen

Reihenfolge aller dieser Erscheinungen treten zuletzt nur die Ema=
nationen der Kohlensäure auf. Der Wasserstoff=Gehalt ist
bisher in den vulkanischen Gasen fast gänzlich übersehen worden.
Er ist vorhanden in der Dampfquelle der großen Solfatare von
Krisuvik und Reykialidh auf Island: und zwar an beiden
Orten mit Schwefel=Wasserstoff verbunden. Da sich der letztere in
Contact mit schwefliger Säure gegenseitig mit dieser unter Abschei=
dung von Schwefel zersetzt, so können beide niemals zugleich auf=
treten. Sie finden sich aber nicht selten auf einem und demselben
Fumarolen=Felde dicht neben einander. War das Schwefel=Was=
serstoff=Gas in den eben genannten isländischen Solfataren so unver=
kennbar, so fehlte es dagegen gänzlich in dem Solfataren=Zustand,
in welchem sich der Krater des Hekla kurz nach der Eruption vom
Jahre 1845 befand: also in der ersten Phase der vulkanischen Nach=
wirkungen. Es ließ sich daselbst weder durch den Geruch noch durch
Reagentien die geringste Spur von Schwefel=Wasserstoff nachweisen,
während die reichliche Schwefel=Sublimation die Gegenwart der
schwefligen Säure schon in weiter Entfernung durch den Geruch un=
zweifelhaft zu erkennen gab. Zwar zeigten sich über den Fumarolen
bei Annäherung einer brennenden Cigarre jene dicken Rauchwolken,
welche Melloni und Piria (Comptes rendus T. XI. 1840 p. 352
und Poggendorff's Annalen, Ergänzungsband 1842 S. 511)
als ein Kennzeichen der geringsten Spuren von Schwefel=Wasserstoff
nachgewiesen haben. Da man sich aber leicht durch Versuche über=
zeugen kann, daß auch Schwefel für sich, wenn er mit Wasserdämpfen
sublimirt wird, dasselbe Phänomen hervorbringt; so bleibt es zweifel=
haft, ob auch nur eine Spur von Schwefel=Wasserstoff die Krater=
Emanationen am Hekla 1845 und am Vesuv 1843 begleitet habe.
(Vergl. die treffliche, in geologischer Hinsicht so wichtige Abhandlung
von Robert Bunsen über die Prozesse der vulkanischen Gesteinsbil=
dungen Islands in Poggend. Ann. Bd. 83. 1851 S. 241,
244, 246, 248, 250, 254 und 256: als Erweiterung und Berichti=
gung der Abhandlungen von 1847 in Wöhler's und Liebig's
Annalen der Chemie und Pharmacie Bd. 62. S. 19.) Daß
die Emanationen der Solfatare von Pozzuoli nicht Schwefel=Wasser=
stoff seien und daß sich nicht aus diesem durch Contact mit der At=
mosphäre ein Schwefel absetze, wie Breislak in seiner Schrift
(Essai minéralogique sur la soufrière de Pozzuoli 1792

p. 128—130) behauptet hatte; bemerkte schon Gay-Lussac, als zur
Zeit des großen Lava-Ausbruchs im Jahr 1805 ich mit ihm die phle=
gräischen Felder besuchte. Sehr bestimmt läugnet auch der scharf=
sinnige Arcangelo Scacchi (Memorie geologiche sulla
Campania 1849 p. 49—121) die Existenz des Schwefel=Wasserstoffs,
weil ihm Piria's Prüfungsmittel nur die Anwesenheit des Wasser=
dampfs zu erweisen schienen: Son di avviso che lo solfo emane
mescolato ai vapori acquei senza essere in chimica combinazione
con altre sostanze. Eine wirkliche und von mir so lange erwartete
Analyse der Gas=Arten, welche die Solfatare von Pozzuoli ausstößt,
ist erst ganz neuerlich von Charles Sainte=Claire Deville und Le=
blanc geliefert worden, und hat die Abwesenheit des Schwefel=
Wasserstoffs vollkommen bestätigt (Comptes rendus de l'Acad.
des Sc. T. XLIII. 1856 p. 746). Dagegen bemerkte Sartorius
von Waltershausen (physisch=geographische Skizze von Is=
land 1847 S. 120) an Eruptions=Kegeln des Aetna 1811 den
starken Geruch von Schwefel=Wasserstoff, wo man in anderen Jahren
nur schweflige Säure verspürte. Ch. Deville hat auch nicht bei Gir=
genti und in den Macalube, sondern an dem östlichen Abhange
des Aetna, in der Quelle von Santa Venerina, einen kleinen An=
theil von Schwefel=Wasserstoff gefunden. Auffallend ist es, daß in
der wichtigen Reihe chemischer Analysen, welche Boussingault an Gas
aushauchenden Vulkanen der Andeskette (von Puracé und Tolima
bis zu den Hochebenen von los Pastos und Quito) gemacht hat, so=
wohl Salzsäure als hydrogène sulfureux fehlen.

[32] (S. 447.) Die älteren Arbeiten geben für noch entzündete
Vulkane folgende Zahlen: bei Werner 193, bei Cäsar von Leonhard
187, bei Arago 175 (Astronomie populaire T. III. p. 170):
Variationen in Vergleich mit meinem Resultate alle in minus oscil=
lirend in der unteren Grenze in Unterschieden von $\frac{1}{8}$ bis $\frac{1}{4,5}$, wor=
auf Verschiedenheit der Grundsätze in der Beurtheilung der noch
bestehenden Entzündung und Mangelhaftigkeit des eingesammelten
Materials gleichmäßig einwirken. Da, wie schon oben bemerkt ist und
historische Erfahrungen lehren, nach sehr langen Perioden für aus=
gebrannt gehaltene Vulkane wieder thätig werden; so ist das Resul=
tat, welches ich aufstelle, eher für zu niedrig als für zu hoch zu
erachten. Leopold von Buch in dem Anhange zu seiner meisterhaf=
ten Beschreibung der canarischen Inseln und Landgrebe in seiner

Geographie der Vulkane haben kein allgemeines Zahlen=Resultat zu geben gewagt.

[33] (S. 448.) Diese Beschreibung ist also ganz im Gegensatz der oft wiederholten Abbildung des Vesuvs nach Strabo in Poggen= dorff's Annalen der Physik Bd. XXXVII. S. 190 Tafel I. Erst ein sehr später Schriftsteller, Dio Cassius, unter Septimius Severus, spricht nicht (wie oft behauptet worden ist) von Entstehung mehrerer Gipfel, sondern bemüht sich zu erweisen, wie in dem Lauf der Zeiten die Gipfelform sich umgeändert hat. Er erinnert daran (also ganz zur Bestätigung des Strabo), daß der Berg ehemals einen überall ebenen Gipfel hatte. Seine Worte (lib. LXVI cap. 21, ed. Sturz Vol. IV. 1824 p. 240) lauten also: „Denn der Vesuv ist am Meere bei Neapel gelegen und hat reichliche Feuerquellen. Der ganze Berg war ehemals gleich hoch, und aus seiner Mitte erhob sich das Feuer: denn an dieser Stelle ist er allein in Brand. Das ganze Aeußere desselben ist aber noch bis auf unsere Zeiten feuerlos. Da nun das Aeußere stets ohne Brand ist, das Mittlere aber aus= getrocknet (erhitzt) und in Asche verwandelt wird, so haben die Spitzen umher bis jetzt die alte Höhe. Der ganze feurige Theil aber, durch die Länge der Zeit aufgezehrt, ist durch Senkung hohl gewor= den, so daß der ganze Berg (um Kleines mit Großem zu vergleichen) einem Amphitheater ähnlich ist." (Vergl. Sturz Vol. VI. Annot. II. p. 568.) Dies ist eine deutliche Beschreibung derjenigen Berg= massen, welche seit dem Jahre 79 Kraterränder geworden sind. Die Deutung auf das Atrio del Cavallo scheint mir unrichtig. — Nach der großen, vortrefflichen, hypsometrischen Arbeit des so thä= tigen und ausgezeichneten Olmützer Astronomen Julius Schmidt vom Jahr 1855 hat die Punta Nasone der Somma 590 Toisen, das Atrio del Cavallo am Fuß der Punta Nasone 417^t, Punta oder Rocca del Palo (der höchste nördliche Kraterrand des Vesuvs, S. 112—116) 624^t. Meine barometrischen Messungen von 1822 gaben (Ansichten der Natur Bd. II. S. 290—292) für dieselben drei Punkte die Höhen 586, 403 und 629^t (Unterschiede von 24, 84 und 30 Fuß). Der Boden des Atrio del Cavallo hat nach Julius Schmidt (Eruption des Vesuvs im Mai 1855 S. 95) seit dem Aus= bruche im Februar 1850 große Niveau=Veränderungen erlitten.

[34] (S. 448.) Vellejus Paterculus, der unter Tiberius starb, nennt (II, 30) allerdings den Vesuv als den Berg, welchen

Spartacus mit seinen Gladiatoren besetzte: während bei Plutarch in der Biographie des Crassus cap. 11 bloß von einer felsigen Gegend die Rede ist, die einen einzigen schmalen Zugang hatte. Der Sklaven= krieg des Spartacus war im Jahr 681 der Stadt Rom, also 152 Jahre vor dem Plinianischen Ausbruch des Vesuvs (24 August 79 n. Chr.). Daß Florus, ein Schriftsteller, der unter Trajan lebte und also, den eben bezeichneten Ausbruch kennend, wußte, was der Berg in seinem Inneren verbirgt, denselben cavus nennt; kann, wie schon von An= deren bemerkt worden ist, für die frühere Gestaltung nichts erweisen. (Florus lib. I cap. 16: Vesuvius mons, Aetnaei ignis imitator; lib III cap. 20: fauces cavi montis.)

³⁵ (S. 449.) Vitruvius hat auf jeden Fall früher als der ältere Plinius geschrieben: nicht bloß weil er in dem, von dem eng= lischen Ueberseßer Newton mit Unrecht angegriffenen, Plinianischen Quellen=Register dreimal (lib. XVI, XXXV und XXXVI) citirt ist; sondern weil eine Stelle im Buch XXXV cap. 14 § 170—172, wie Sillig (Vol. V. 1851 p. 277) und Brunn (Diss. de auctorum indicibus Plinianis, Bonnae 1856, p. 55—60) bestimmt er= wiesen haben, aus unserem Vitruvius von Plinius selbst excer= pirt worden ist. Vergl. auch Sillig's Ausgabe des Plinius Vol. V. p. 272. Hirt in seiner Schrift über das Pantheon seßt die Abfassung der Architectur des Vitruvius zwischen die Jahre 16 und 14 vor unserer Zeitrechnung.

³⁶ (S. 449.) Poggendorff's Annalen Bd. XXXVII. S. 175—180.

³⁷ (S. 449.) Carmine Lippi: Fu il fuoco o l'acqua che sotterrò Pompei ed Ercolano? (1816) p. 10.

³⁸ (S. 449.) Scacchi, Osservazioni critiche sulla ma= niera come fu seppellita l'Antica Pompei 1843 p. 8—10.

³⁹ (S. 451.) Sir James Roß, Voyage to the Antarctic Regions Vol. I. p. 217, 220 und 364.

⁴⁰ (S. 452.) Gay=Lussac, réflexions sur les Volcans, in den Annales de Chimie et de Physique T. XXII. 1823 p. 427; Kosmos Bd. IV. S. 218; Arago, Oeuvres complè= tes T. III. p. 47.

⁴¹ (S. 453.) Auf Timana reducirt, liegt der Volcan de la Fragua ohngefähr lat. bor. 1° 48′, long. 77° 50′. Vergl. in dem großen Atlas meiner Reise die Carte hypsométrique des noeuds

de montagnes dans les Cordillères 1831 Pl. 5 wie auch Pl. 22 und 24. Dieser so östlich und isolirt liegende Berg verdient von einem Geognosten, der astronomische Ortsbestimmungen zu machen fähig ist, aufgesucht zu werden.

[42] (S. 454.) In den drei Gruppen, welche nach alter geographischer Nomenclatur zur Auvergne, zum Vivarais und zum Velay gehören, sind in den Angaben des Textes immer die Abstände des nördlichsten Theiles jeglicher Gruppe vom mittelländischen Meere (zwischen dem Golfe d'Aigues mortes und Cette) genommen. In der ersten Gruppe, der des Puy de Dôme, wird als der nördlichste Punkt angegeben (Rozet in den Mém. de la Soc. géol. de France T. I. 1844 p. 119) ein im Granit bei Manzat ausgebrochener Krater, le Gour de Tazena. Noch südlicher als die Gruppe des Cantal und also dem Littoral am nächsten, in einer Meer-Entfernung von kaum 18 geogr. Meilen, liegt der kleine vulkanische Bezirk von la Guiolle bei den Monts d'Aubrac, nordwestlich von Chirac. Vergl. die Carte géologique de France 1841.

[43] (S. 454.) Humboldt, Asie centrale T. II. p. 7—61, 216 und 335—364; Kosmos Bd. I. S. 254. Den Alpensee Jssikul am nördlichen Abhange des Thian-schan, zu dem erst vor kurzem russische Reisende gelangt sind, habe ich schon auf der berühmten catalanischen Karte von 1374 aufgefunden, welche unter den Manuscripten der Pariser Bibliothek als ein Kleinod bewahrt wird. Strahlenberg in seinem Werke, betitelt der nördliche und östliche Theil von Europa und Asien (Stockholm 1730 S. 327), hat das Verdienst den Thian-schan als eine eigene unabhängige Kette zuerst abgebildet zu haben, ohne die vulkanische Thätigkeit in derselben zu kennen. Er giebt ihm den sehr unbestimmten Namen Mousart: der, weil der Bolor mit dem allgemeinen, nichts individualisirenden, nur Schnee andeutenden Namen Mustag belegt wurde, noch ein Jahrhundert lang zu einer irrigen Darstellung und albernen, sprachwidrigen Nomenclatur der Gebirgsreihen nördlich vom Himalaya Anlaß gegeben hat, Meridian- und Parallel-Ketten mit einander verwechselnd. Mousart ist eine Verstümmlung des tatarischen Wortes Muztag: gleichbedeutend mit unserer Bezeichnung Schneekette, Sierra Nevada der Spanier; Himalaya in den Gesetzen des Manu: Wohnsitz (àlaya) des Schnees (bima); der Siue-schan der Chinesen. Schon 1100 Jahre vor

Strahlenberg, unter der Dynastie der Sui, zu des Frankenkönigs
Dagobert's Zeiten, besaßen die Chinesen, auf Befehl der Regierung
construirt, Karten der Länder vom Gelben Flusse bis zum caspischen
Meere, auf welchen der Kuen-lun und der Thian-schan abgebildet
waren. Diese beiden Ketten, besonders die erstere, sind es ohnstrei-
tig gewesen, die, wie ich an einem anderen Orte glaube erwiesen
zu haben (Asie centr. T. I. p. 118—129, 194—203 und T. II.
p 413—425), als der Heerzug des Macedoniers die Hellenen in
nähere Bekanntschaft mit dem Inneren von Asien setzte, die Kenntniß von einem Berggürtel unter ihren Geographen verbreiteten, welche,
den ganzen Continent in zwei Hälften theilend, sich von Kleinasien
bis an das östliche Meer, von Indien und Scythien bis Thinä,
erstreckte (Strabo lib. I pag. 68, lib. XI p. 490). Dicäarchus
und nach ihm Eratosthenes belegten diese Kette mit dem Namen
des verlängerten Taurus. Die Himalaya-Kette wird mit unter
diese Benennung begriffen. „Was Indien gegen Norden begrenzt",
sagt ausdrücklich Strabo (lib. XV pag. 689), „von Ariane bis zum
östlichen Meere, sind die äußersten Theile des Taurus, welche die
Eingeborenen einzeln Paropamisos, Emodon, Imaon und noch anders benamen; der Macedonier aber Caucasus." Früher, in der
Beschreibung von Bactriana und Sogdiana (lib. XI pag. 519), heißt
es: „des Taurus letzter Theil, welcher Imaon genannt wird, berührt das indische (östliche?) Meer." Auf eine einig geglaubte,
west-östliche, d. h. Parallelkette, bezogen sich die Namen dießseits
und jenseits des Taurus. Diese kannte Strabo, indem er sagt:
„die Hellenen nennen die gegen Norden neigende Hälfte des Welt-
theils Asia dießseits des Taurus, die gegen Süden jenseits" (lib. II
p. 129). Zu den späteren Zeiten des Ptolemäus aber, wo der
Handel überhaupt und insbesondere der Seidenhandel Lebhaftigkeit
gewann, wurde die Benennung Imaus auf eine Meridiankette, auf
den Bolor, übertragen: wie viele Stellen des 6ten Buches bezeugen
(Asie centr. T. I. p. 146—162). Die Linie, in welcher dem
Aequator parallel das Taurus-Gebirge nach hellenischen Ansichten
den ganzen Welttheil durchschneidet, wurde zuerst von Dicäarchus,
dem Schüler des Stagiriten, ein Diaphragma (eine Scheidewand)
genannt, weil durch senkrechte Linien, auf dasselbe gerichtet, die
geographische Breite anderer Punkte gemessen werden konnte. Das
Diaphragma war der Parallel von Rhodos, verlängert gegen Westen

bis zu den Säulen des Hercules, gegen Osten bis zum Littoral von
Thinä (Agathemeros in Hudson's Geogr. gr. min. Vol. II.
p. 4). Der Theiler des Dicäarchus, gleich interessant in geognostischer als in orographischer Hinsicht, ging in das Werk des Eratosthenes über: wo er desselben im 3ten Buche seiner Erdbeschreibung, zur Erläuterung seiner Tafel der bewohnten Welt, erwähnt.
Strabo legt solche Wichtigkeit auf diese Richtungs- und Scheidelinie
des Eratosthenes, daß er (lib. I p. 65) „auf ihrer östlichen Verlängerung, welche bei Thinä durch das atlantische Meer gezogen
wird, die Lage einer anderen bewohnten Welt, wohl auch mehrerer Welten", für möglich hält: doch ohne eigentlich solche zu pro-
phezeien. Das Wort atlantisches Meer kann auffallend scheinen,
statt östliches Meer, wie gewöhnlich die Südsee (das Stille Meer)
genannt wird; aber da unser indisches Meer südlich von Bengalen
bei Strabo die atlantische Südsee heißt, so werden im Südosten
von Indien beide Meere als zusammenfließend gedacht, und mehrmals verwechselt. So heißt es lib. II p. 130: „Indien, das größte
und gesegnetste Land, welches am östlichen Meer und an der atlantischen Südsee endet"; und lib. XV p. 689: „die südliche und
östliche Seite Indiens, welche viel größer als die andere Seite sind,
laufen ins atlantische Meer vor": in welcher Stelle, wie in der
oben angeführten von Thinä (lib. I p. 65), der Ausdruck östliches
Meer sogar vermieden ist. Ununterbrochen seit dem Jahre 1792
mit dem Streichen und Fallen der Gebirgsschichten und ihrer
Beziehung auf die Richtung (Orientirung) der Gebirgszüge beschäftigt, habe ich geglaubt darauf aufmerksam machen zu müssen, daß
im Mittel der Aequatorial-Abstand des Kuen-lün, in seiner ganzen
Erstreckung wie in seiner westlichen Verlängerung durch den Hindu-
Kho, auf das Becken des Mittelmeers und die Straße von Gibraltar
hinweist (Asie centr. T. I. p. 118—127 und T. II. p. 115—118);
und daß die Senkung des Meeresbodens in einem großen,
vorzüglich am nördlichen Rande vulkanischen Becken wohl mit jener
Erhebung und Faltung zusammenhangen könne. Mein theurer,
vieljähriger und aller geologischen Richtungs-Verhältnisse so tief kundiger Freund, Elie de Beaumont, ist aus Gründen des Loro-
dromismus diesen Ansichten entgegen (notice sur les Syste-
mes de Montagnes 1852 T. II. p. 667).

⁴⁴ (S. 455.) Kosmos Bd. IV. S. 382.

⁴⁵ (S. 455.) Vergl. **Arago** sur la cause de la dépression d'une grande partie de l'Asie et sur le phénomène que les pentes les plus rapides des chaînes de montagnes sont (généralement) tournées vers la mer la plus voisine, in feiner **Astronomie populaire** T. III. p. 1266—1274.

⁴⁶ (S. 456.) **Klaproth, Asia polyglotta** p. 232 und **Mémoires relatifs à l'Asie** (nach der auf Befehl des Kaifers Kanghi 1711 publicirten chinefifchen Encyclopädie) T. II. p. 342; **Humboldt, Asie centrale** T. II. p. 125 und 135—143.

⁴⁷ (S. 456.) **Pallas,** Zoographia Rosso-Asiatica 1811 p. 113.

⁴⁸ (S. 457.) Statt der meernäheren Himalaya-Kette (einige Theile derfelben zwifchen den Coloffen Kuntfchindjinga und Schamalari nähern fich dem Littoral des bengalifchen Meerbufens bis auf 107 und 94 geogr. Meilen) ift die vulkanifche Thätigkeit erft in der dritten, inneren Parallelkette, dem Thian-fchan, von dem eben genannten Littoral in faft viermal größerer Entfernung ausgebrochen unter fehr fpeciellen Verhältniffen, Schichten verwerfenden und Klüfte erregenden nahen Bodenfenkungen. Aus dem, von mir angeregten und freundfchaftlich von Herrn Stanislas Julien fortgefetzten Studium geographifcher Werke der Chinefen wiffen wir, daß auch der Kuen-lün, das nördliche Grenzgebirge von Tibet, der Tfifchi-fchan der Mongolen, in dem Hügel Schin-thieu eine ununterbrochen Flammen ausftoßende Höhle befitzt (Asie centrale T. II. p. 427—467 und 483). Das Phänomen fcheint ganz analog zu fein der mehrere taufend Jahre fchon brennenden Chimära in Lycien (Kosmos Bd. IV. S. 296 und Anm. 51); es ift kein Vulkan, fondern ein weithin Wohlgeruch verbreitender (naphtha-haltiger?) Feuerbrunnen. Der Kuen-lün, welchen, ganz wie ich in der **Asie centrale** (T. I. p. 127 und T. II. p. 431), Dr. Thomas Thomfon, der gelehrte Botaniker des weftlichen Tibets, (Flora Indica 1855 p. 253) für eine Fortfetzung des Hindu-Kho erklärt, an welchen von Südoft her fich die Himalaya-Kette anfchart; nähert fich diefer Kette an ihrer weftlichen Extremität dermaßen, daß mein vortrefflicher Freund, Adolph Schlagintweit, „den Kuen-lün und Himalaya dort an der Weftfeite des Indus nicht als getrennte Ketten, fondern als Eine Bergmaffe bezeichnen will" (Report No. IX of the Magnetic Survey in India by Ad. **Schlagintweit** 1856

p. 61). Aber in der ganzen Erſtreckung nach Oſten bis 90° öſtl. Länge, gegen den Sternen-See hin, bildet der Kuen-lün, wie ſchon im 7ten Jahrhundert unſerer Zeitrechnung, unter der Dynaſtie der Sui entworfene, umſtändliche Beſchreibungen lehren (Klaproth, Tableaux historiques de l'Asie p. 204), eine vom Hima-laya um $7\frac{1}{2}$ Breitengrade Unterſchieds unabhängig fortlaufende, weſt-öſtliche Parallelkette. Den Brüdern Hermann und Robert Schlagint-weit iſt zuerſt die Kühnheit geglückt von Ladak aus die Kuen-lün-Kette zu überſchreiten und in das Gebiet von Khotan zu gelangen: in den Monaten Juli und September 1856. Nach ihren immer ſo ſorgfältigen Beobachtungen iſt an der nördlichen Grenze von Tibet die höchſte waſſerſcheidende Bergkette die, auf welcher der Karakorum-Paß (17170 Par. Fuß), von SO nach NW ſtreichend, alſo dem ſüdlich gegenüberſtehenden Theile des Himalaya (im Weſten vom Dhawalagiri) parallel, ſich befindet. Die Flüſſe von Yarkand und Karakaſch, welche das große Waſſerſyſtem des Tarim und Sees Lop theilweiſe bilden, haben ihren Urſprung an dem nordöſtlichen Abhange der Karakorum-Kette. Von dieſem Quellgebiete gelangten ſie über Kiſſilkorum und die heißen Quellen (49° C.) an dem kleinen Alpenſee Kiuk-tiul an die, oſt-weſtlich ſtreichende Kette des Kuen-lün. (Report No. VIII, Agra 1857, p. 6.)

[49] (S. 458.) Kosmos Bd. I. S. 27, 48, 181; Bd. IV. S. 34—47, 164—169 und 369 mit Anm. 39 und 40.

[50] (S. 458.) Arago (Astron. populaire T. III. p. 248) nimmt faſt dieſelbe Dicke der Erdkruſte: 40000 Meter, ohngefähr $5\frac{1}{4}$ Meile, an; Elie de Beaumont (Systèmes de Montagnes T. III. p. 1237) vermehrt die Dicke um $\frac{1}{4}$. Die älteſte Angabe iſt die von Cordier, im mittleren Werth 14 geogr. Meilen: eine Zahl, welche aber in der mathematiſchen Theorie der Stabilität von Hop-kins noch 14mal zu vergrößern wäre, und zwiſchen 172 und 215 geogr. Meilen fallen würde. Ich ſtimme aus geologiſchen Gründen ganz den Zweifeln bei, welche Naumann in ſeinem vortrefflichen Lehrbuche der Geognoſie Bd. I. S. 62—64, 73—76 und 289 gegen dieſe ungeheure Entfernung des flüſſigen Inneren von den Krateren der thätigen Vulkane erhoben hat.

[51] (S. 459.) Von der Art, wie in der Natur durch ſehr kleine, allmälige Anhäufung erkennbare Miſchungs-Veränderungen entſtehen, giebt die von Malaguti entdeckte, durch Field beſtätigte Gegenwart

[45] (S. 455.) Vergl. Arago sur la cause de la dépression d'une grande partie de l'Asie et sur le phénomène que les pentes les plus rapides des chaînes de montagnes sont (généralement) tournées vers la mer la plus voisine, in seiner Astronomie populaire T. III. p. 1266—1274.

[46] (S. 456.) Klaproth, Asia polyglotta p. 232 und Mémoires relatifs à l'Asie (nach der auf Befehl des Kaisers Kanghi 1711 publicirten chinesischen Encyclopädie) T. II. p. 342; Humboldt, Asie centrale T. II. p. 125 und 135—143.

[47] (S. 456.) Pallas, Zoographia Rosso-Asiatica 1811 p. 115.

[48] (S. 457.) Statt der meernäheren Himalaya-Kette (einige Theile derselben zwischen den Colossen Kuntschindjinga und Schamalari nähern sich dem Littoral des bengalischen Meerbusens bis auf 107 und 94 geogr. Meilen) ist die vulkanische Thätigkeit erst in der dritten, inneren Parallelkette, dem Thian-schan, von dem eben genannten Littoral in fast viermal größerer Entfernung ausgebrochen unter sehr speciellen Verhältnissen, Schichten verwerfenden und Klüfte erregenden nahen Bodensenkungen. Aus dem, von mir angeregten und freundschaftlich von Herrn Stanislas Julien fortgesetzten Studium geographischer Werke der Chinesen wissen wir, daß auch der Kuen-lün, das nördliche Grenzgebirge von Tibet, der Tsischi-schan der Mongolen, in dem Hügel Schin-thieu eine ununterbrochen Flammen ausstoßende Höhle besitzt (Asie centrale T II. p. 427—467 und 483). Das Phänomen scheint ganz analog zu sein der mehrere tausend Jahre schon brennenden Chimära in Lycien (Kosmos Bd. IV. S. 296 und Anm. 51); es ist kein Vulkan, sondern ein weithin Wohlgeruch verbreitender (naphtha-haltiger?) Feuerbrunnen. Der Kuen-lün, welchen, ganz wie ich in der Asie centrale (T. I. p. 127 und T. II. p. 431), Dr. Thomas Thomson, der gelehrte Botaniker des westlichen Tibets, (Flora Indica 1855 p. 253) für eine Fortsetzung des Hindu-Kho erklärt, an welchen von Südost her sich die Himalaya-Kette anschart; nähert sich dieser Kette an ihrer westlichen Extremität dermaßen, daß mein vortrefflicher Freund, Adolph Schlagintweit, „den Kuen-lün und Himalaya dort an der Westseite des Indus nicht als getrennte Ketten, sondern als Eine Bergmasse bezeichnen will" (Report No. IX of the Magnetic Survey in India by Ad. Schlagintweit 1856

p. 61) Aber in der ganzen Erstreckung nach Osten bis 90° östl. Länge, gegen den Sternen=See hin, bildet der Kuen=lün, wie schon im 7ten Jahrhundert unserer Zeitrechnung, unter der Dynastie der Sui entworfene, umständliche Beschreibungen lehren (Klaproth, Tableaux historiques de l'Asie p. 204), eine vom Himalaya um $7\frac{1}{2}$ Breitengrade Unterschieds unabhängig fortlaufende, west=östliche Parallelkette. Den Brüdern Hermann und Robert Schlagintweit ist zuerst die Kühnheit geglückt von Ladak aus die Kuen=lün=Kette zu überschreiten und in das Gebiet von Khotan zu gelangen: in den Monaten Juli und September 1856. Nach ihren immer so sorgfältigen Beobachtungen ist an der nördlichen Grenze von Tibet die höchste wasserscheidende Bergkette die, auf welcher der Karakorum=Paß (17170 Par. Fuß), von SO nach NW streichend, also dem südlich gegenüberstehenden Theile des Himalaya (im Westen vom Dhawalagiri) parallel, sich befindet. Die Flüsse von Yarkand und Karakasch, welche das große Wassersystem des Tarim und Sees Lop theilweise bilden, haben ihren Ursprung an dem nordöstlichen Abhange der Karakorum=Kette. Von diesem Quellgebiete gelangten sie über Kissilkorum und die heißen Quellen (49° C.) an dem kleinen Alpensee Kiuk=kiul an die, ost=westlich streichende Kette des Kuen=lün. (Report No. VIII, Agra 1857, p. 6.)

[49] (S. 458.) Kosmos Bd. I. S. 27, 48, 181; Bd. IV. S. 34—47, 164—169 und 369 mit Anm. 39 und 40.

[50] (S. 458.) Arago (Astron populaire T. III. p. 248) nimmt fast dieselbe Dicke der Erdkruste: 40000 Meter, ohngefähr $5\frac{1}{2}$ Meile, an; Elie de Beaumont (Systèmes de Montagnes T. III. p. 1237) vermehrt die Dicke um $\frac{1}{4}$. Die älteste Angabe ist die von Cordier, im mittleren Werth 14 geogr. Meilen: eine Zahl, welche aber in der mathematischen Theorie der Stabilität von Hopkins noch 14mal zu vergrößern wäre, und zwischen 172 und 215 geogr. Meilen fallen würde. Ich stimme aus geologischen Gründen ganz den Zweifeln bei, welche Naumann in seinem vortrefflichen Lehrbuche der Geognosie Bd. I. S. 62—64, 73—76 und 289 gegen diese ungeheure Entfernung des flüssigen Inneren von den Krateren der thätigen Vulkane erhoben hat.

[51] (S. 459.) Von der Art, wie in der Natur durch sehr kleine, allmälige Anhäufung erkennbare Mischungs=Veränderungen entstehen, giebt die von Malaguti entdeckte, durch Field bestätigte Gegenwart

von Silber im Meerwasser ein merkwürdiges Beispiel. Troz der ungeheuren Größe des Oceans und der so geringen Oberfläche, welche die den Ocean befahrenden Schiffe darbieten, ist doch in neuester Zeit die Silberspur im Seewasser an dem Kupferbeschlag der Schiffe bemerkbar geworden.

[52] (S. 459.) Bunsen über die chemischen Prozesse der vulkanischen Gesteinsbildungen in Poggend. Annalen Bd. 83. S. 242 und 246.

[53] (S. 459.) Comptes rendus de l'Acad. des Sciences T. XLIII. 1856 p. 366 und 689. Die erste genaue Analyse von dem Gas, welches mit Geräusch aus der großen Solfatare von Pozzuoli ausbricht und von Herrn Ch. Sainte-Claire Deville mit vieler Schwierigkeit gesammelt wurde, gab an schwefliger Säure (acide sulfureux) 24,5; an Sauerstoff 14,5 und an Stickstoff 61,4.

[54] (S. 459.) Kosmos Bd. IV. S. 255—261.

[55] (S. 460.) Boussingault, Économie rurale (1851) T. II. p. 724—726: »La permanence des orages dans le ein de l'atmosphère (sous les tropiques) est un fait capital, parce qu'il se rattache à une des questions les plus importantes de la Physique du Globe, celle de la fixation de l'azote de l'air dans les êtres organisés. Toutes les fois qu'une série d'étincelles électriques passe dans l'air humide, il y a production et combinaison d'acide nitrique et d'ammoniaque. Le nitrate d'ammoniaque accompagne constamment l'eau des pluies d'orage, et comme fixe par sa nature, il ne saurait se maintenir à l'état de vapeur; on signale dans l'air du carbonate ammoniacal, et l'ammoniaque du nitrate est amenée sur la terre par la pluie. Ainsi, en définitive, ce serait une action électrique, la foudre, qui disposerait le gaz azote de l'atmosphère à s'assimiler aux êtres organisés. Dans la zone équinoxiale pendant l'année entière, tous les jours, probablement même à tous les instans, il se fait dans l'air une continuité de décharges électriques. Un observateur placé a l'équateur, s'il était doué d'organes assez sensibles, y entendrait continuellement le bruit du tonnerre.« Salmiak wird aber auch so wie Kochsalz als Sublimations-Product der Vulkane von Zeit zu Zeit auf den Lavaströmen selbst gefunden: am Hekla, Vesuv und Aetna; in der Vulkan-Kette von Guatemala (Vulkan von Izalco), und vor allem in Asien in der vulkanischen Kette des Thian-schan. Die Bewohner

der Gegend zwischen Kutsche, Turfan und Hami bezahlen in gewissen Jahren ihren Tribut an den Kaiser von China in Salmiak (chinesisch: nao-scha, persisch nuschaden): welcher ein wichtiger Gegenstand des auswärtigen Handels ist (Asie centrale T. II. p. 33, 38, 45 und 428).

[56] (S. 460.) Viajes de Boussingault (1849) p. 78.

[57] (S. 460.) Kosmos Bd. I. S. 295 und 469.

[58] (S. 461.) Rozet, Mémoire sur les Volcans d'Auvergne in den Mémoires de la Soc. géol. de France, 2ème Série T. I. 1844 p. 64 und 120—130: »Les basaltes (comme les trachytes) ont percé le gneis, le granite, le terrain houiller, le terrain tertiaire et les plus anciens dépôts diluviens. On voit même les basaltes recouvrir souvent des masses de cailloux roulés basaltiques; ils sont sortis par une infinité d'ouvertures dont plusieurs sont encore parfaitement (?) reconnaissables. Beaucoup présentent des cônes de scories plus ou moins considérables, mais on n'y trouve jamais des cratères semblables à ceux qui ont donné des coulées de laves . . . . .«

[59] (S. 461.) Gleich den granitartigen Stücken, eingehüllt im Trachyt vom Jorullo, Kosmos Bd. IV. S. 345.

[60] (S. 462.) Auch in der Eifel, nach dem wichtigen Zeugniß des Berghauptmanns von Dechen (Kosmos Bd. IV. S. 281.)

[61] (S. 462.) Kosmos Bd. IV. S. 357. Der Rio de Guaillabamba fließt in den Rio de las Esmeraldas. Das Dorf Guaillabamba, bei welchem ich die isolirten, olivinhaltigen Basalte fand, hat nur 6482 Fuß Meereshöhe. In dem Thale herrscht eine unerträgliche Hitze, die aber noch größer ist im Valle de Chota, zwischen Tusa und der Villa de Ibarra, dessen Sohle bis 4962 Fuß herabsinkt und das, mehr eine Kluft als ein Thal, bei kaum 9000 Fuß Breite über 4500 Fuß tief ist. (Humboldt, Rec. d'Observ. astronomiques Vol. I. p. 307.) Der Trümmer-Ausbruch Volcan de Ansango an dem Abfall des Antisana gehört keinesweges zur Basalt-Formation, er ist ein basalt-ähnlicher Oligoklas-Trachyt. (Vergl. über räumlichen Abstand, antagonisme des basaltes et des trachytes, mein Essai géognostique sur le gisement des Roches 1823 p. 348 und 359, und im allgemeinen p. 327—336.)

[62] (S. 464.) Sebastien Wisse, exploration du Volcan de Sangay in den Comptes rendus de l'Acad. des Sciences

T. XXXVI. (1853) p. 721; vergl. auch Kosmos Bd. IV. S. 292
Anm. 40 und S. 301—303. Nach Boussingault haben die von Wisse
mitgebrachten ausgeworfenen Trachytstücke, am oberen Abfall des
Kegels gesammelt (der Reisende gelangte bis in eine Höhe von 900
Fuß unter dem Gipfel, welcher selbst 456 Fuß Durchmesser hat), eine
schwarze, pechsteinartige Grundmasse mit eingewachsenen Krystallen
von glasigem (?) Feldspath. Eine sehr merkwürdige, in Vulkan-
Auswürfen bisher wohl einzige Erscheinung ist, daß mit diesen großen,
schwarzen Trachytstücken zugleich kleine Stücke scharfkantigen reinen
Quarzes ausgestoßen werden. Diese Fragmente haben (nach einem
Briefe meines Freundes Boussingault vom Januar 1851) nicht mehr
als 4 Cubik-Centimeter Volum. In der Trachytmasse selbst ist kein
eingesprengter Quarz zu finden. Alle vulkanischen Trachyte, welche
ich in den Cordilleren von Südamerika und Mexico untersucht habe:
ja selbst die trachytartigen Porphyre, in denen die reichen Silber-
gänge von Real del Monte, Moran und Regla, nördlich vom Hochthal von Mexico, aufsetzen; sind völlig quarzfrei. Trotz dieses
scheinbaren Antagonismus von Quarz und Trachyt in entzündeten
Vulkanen, bin ich keinesweges geneigt den vulkanischen Ursprung der
trachytes et porphyres meulières (Mühlsteins-Trachyte), auf welche
Beudant zuerst recht aufmerksam gemacht hat, zu läugnen. Die Art
aber, wie diese auf Spalten ausgebrochen sind, ist, ihrer Entstehung
nach, gewiß ganz verschieden von der Bildung der kegel- und dom-
artigen Trachyt-Gerüste.

[63] (S. 465.) Kosmos Bd. IV. S. 276—280.

[64] (S. 465.) Das Vollständigste, was wir, auf wirkliche Messungen der Höhenverhältnisse, Neigungswinkel und Profil-Ansichten gegründet, von irgend einer vulkanischen Gegend besitzen, ist die schöne
Arbeit des Olmützer Astronomen Julius Schmidt über den Vesuv, die
Solfatara, Monte nuovo, die Astroni, Rocca Monfina und die alten
Vulkane des Kirchenstaats (im Albaner Gebirge, Lago Bracciano
und Lago di Bolsena); s. dessen hypsometrisches Werk: die Eruption des Vesuvs im Mai 1855, nebst Atlas Tafel III, IV
und IX

[65] (S. 465.) Bei der fortschreitenden Vervollkommnung unserer
Kenntnisse von der Gestaltung der Oberfläche des Mondes von To-
bias Mayer an bis Lohrmann, Mädler und Julius Schmidt ist im
ganzen der Glaube an die großen Analogien zwischen den vulkanischen

Gerüsten der Erde und des Mondes eher vermindert als vermehrt worden: nicht sowohl wegen der Dimensions=Verhältnisse und früh erkannten Anreihung so vieler Ringgebirgs = Formen als wegen der Natur der Rillen und der nicht schattenwerfenden Strahlen= Systeme (Licht=Radiationen) von mehr als hundert Meilen Länge und $\frac{1}{2}$ bis 4 Meilen Breite: wie am Tycho, Copernicus, Kepler und Aristarch. Auffallend ist es immer, daß schon Galilei, in seinem Briefe an den Pater Christoph Grienberger sulle Montuosità della Luna, Ringgebirge, deren Durchmesser er für größer hielt, als sie sind, glaubte mit dem umwallten Böhmen vergleichen zu dürfen; und daß der scharfsinnige Robert Hooke in seiner Micrographie den auf dem Mond fast überall herrschenden Typus kreisförmiger Ge= staltung schon der Reaction des Inneren des Mondkörpers auf das Aeußere zuschrieb (Kosmos Bd. II. S. 508 und Bd. III. S. 508 und 544). Bei den Ringgebirgen des Mondes haben in den neueren Zeiten das Verhältniß der Höhe der Centralberge zu der Höhe der Umwallung oder der Kraterränder, wie die Existenz parasitischer Krater auf der Umwallung selbst mich lebhaft interessirt. Das Er= gebniß aller sorgfältigen Beobachtungen von Julius Schmidt, welcher mit der Fortsetzung und Vollendung der Mond=Topographie von Lohr= mann beschäftigt ist, setzt fest: „daß kein einziger Centralberg die Wallhöhe seines Kraters erreicht, sondern daß derselbe mit seinem Gipfel wahrscheinlich in allen Fällen noch bedeutend unter derjenigen Oberfläche des Mondes liegt, aus welcher der Krater ausgebrochen ist. Während der Schlackenkegel im Krater des Vesuvs, der am 22 October 1822 aufgestiegen ist, nach Brioschi's trigonometrischer Messung die Punta del Palo, den höchsten nördlichen Kraterrand (von 618 Toisen über dem Meere), um 28 Fuß überragt und in Neapel sichtbar war; liegen auf dem Monde viele von Mädler und dem Olmützer Astronomen gemessene Centralberge volle 1000 Toisen tiefer als der mittlere Umwallungsrand: ja 100 Toisen unter dem, was man in derselben Mondgegend für das nähere mittlere Niveau halten kann (Mädler in Schumacher's Jahrbuch für 1841 S. 272 und 274, und Julius Schmidt: der Mond 1856 S. 62). Gewöhn= lich sind die Centralberge oder Central=Massengebirge des Mondes vielgipflig: wie im Theophilus, Petavius und Bulliald. Im Copernicus liegen 6 Centralberge, und einen eigentlichen centralen Pic mit scharfer Spitze zeigt allein der Alphons. Dies Verhältniß

erinnert an die Astroni in den phlegräischen Feldern, auf deren dom=
förmige Centralmaſſen Leopold von Buch mit Recht viel Wichtigkeit
legte. „Dieſe Maſſen brachen nicht auf (ſo wenig als die im Cen=
trum der Mond=Ringgebirge); es entſtand keine dauernde Verbindung
mit dem Inneren, kein Vulkan: ſondern vielmehr gleichſam ein Mo=
dell der großen, ſo vielfältig über die Erdrinde verbreiteten, trachyti=
ſchen, nicht geöffneten Dome, des Puy de Dôme und des Chimbo=
razo" (Poggendorff's Annalen Bd. 37. 1836 S. 183). Die
Umwallung der Astroni hat eine überall geſchloſſene elliptiſche Form,
welche nirgend mehr als 130 Toiſen über dem Meeresſpiegel erreicht.
Die Gipfel der centralen Kuppen liegen 103 Toiſen tiefer als das
Marimum des ſüdweſtlichen Kraterwalles. Die Kuppen bilden zwei
unter ſich parallele, mit dichtem Geſträuch bekleidete Rücken (Julius
Schmidt, Eruption des Veſuvs S. 147 und der Mond
S. 70 und 103). Zu den merkwürdigſten Gegenſtänden der ganzen
Mondfläche gehört aber das Ringgebirge Petavius, in welchem der
ganze innere Kraterboden convex, blaſen= oder kuppelförmig expan=
dirt, und doch mit einem Centralberge gekrönt iſt. Die Converität
iſt hier eine dauernde Form. In unſeren Erd=Vulkanen wird nur
bisweilen (temporär) die Bodenfläche des Kraters durch die Kraft
unterer Dämpfe faſt bis zur Höhe des Kraterrandes gehoben; aber
ſo wie die Dämpfe durchbrechen, ſinkt die Bodenfläche wieder herab.
Die größten Durchmeſſer der Krater auf der Erde ſind die Caldeira
de Fogo, nach Charles Deville zu 4100 Toiſen (1,08 geogr. Meile); die
Caldeira von Palma, nach Leop. von Buch zu 3100 T.: während
auf dem Monde Theophilus 50000 T. und Tycho 45000 Toiſen, leß=
tere beiden alſo 13 und 11,3 geographiſche Meilen, im Durchmeſſer
haben. Paraſitiſche Neben=Krater, auf einem Randwalle des großen
Kraters ausgebrochen, ſind auf dem Monde ſehr häufig. Der Krater=
boden dieſer Paraſiten iſt gewöhnlich leer, wie auf dem zerriſſenen
großen Rande des Maurolycus; ſeltener iſt ein kleiner Centralberg,
vielleicht ein Auswurfs=Kegel, darin zu ſehen: wie in Longomonta=
nus. Auf einer ſchönen Skizze des Aetna=Krater=Syſtems, welches
mir mein Freund, der Aſtronom Chriſtian Peters (jetzt in Albany
in Nordamerika), aus Flensburg im Auguſt 1854 ſchickte, erkennt
man deutlich den paraſitiſchen Rand=Krater (Pozzo di Fuoco ge=
nannt), der ſich im Januar 1833 an der Oſt=Süd=Oſt=Seite bildete
und bis 1843 mehrere ſtarke Lava=Ausbrüche hatte.

„ (S. 466.) Der wenig charakterisirende, unbestimmte Name Trachyt (Rauhstein), welcher jetzt so allgemein dem Gestein, in dem die Vulkane ausbrechen, gegeben wird, ist erst im Jahr 1822 von Hauy in der 2ten Auflage seines Traité de Minéralogie Vol. IV. p. 579 einem Gestein der Auvergne gegeben worden: bloß mit Erwähnung der Ableitung des Namens, und einer kurzen Beschreibung, in welcher der älteren Benennungen: Granite chauffé en place von Desmarets, Trapp=Porphyre und Domite, gar nicht Erwähnung geschah. Nur durch mündliche Mittheilung, welche die Vorlesungen Hauy's im Jardin des Plantes veranlaßten, ist der Name Trachyt schon vor 1822, z. B. in Leopolds von Buch im Jahr 1818 erschienener Abhandlung über basaltische Inseln und Erhebungscrater, durch Daubuisson's Traité de Minéralogie von 1819, durch Beudant's wichtiges Werk, Voyage en Hongrie; verbreitet worden. Aus freundschaftlichen Briefen, welche ich ganz neuerlich Herrn Élie de Beaumont verdanke, geht hervor, daß die Erinnerungen von Herrn Delafosse, Hauy's früherem Aide Naturaliste, jetzigem Mitgliede des Instituts, die Benennung von Trachyt zwischen die Jahre 1813 und 1816 setzen. Die Publication des Namens Domit durch Leopold von Buch scheint nach Ewald in das Jahr 1809 zu fallen. Es wird des Domits zuerst in dem 3ten Briefe an Karsten (geognostische Beobachtungen auf Reisen durch Deutschland und Italien Bd. II. 1809 S. 244) erwähnt. „Der Porphyr des Puy de Dôme", heißt es dort, „ist eine eigene, bis jetzt namenlose Gebirgsart, die aus Feldspath=Krystallen mit Glasglanz, Hornblende und schwarzen Glimmerblättchen besteht. In den Kluften dieser Gebirgsart, die ich vorläufig Domit nenne, finden sich schöne Drusen, deren Wände mit Krystallen von Eisenglimmer bedeckt sind. In der ganzen Länge des Puy's wechseln Kegel aus Domit mit Schlackenkegeln ab." Der 2te Band der Reisen, welcher die Briefe aus der Auvergne enthält, ist 1806 gedruckt, aber erst 1809 ausgegeben worden, so daß die Publication des Namens Domit eigentlich in dieses Jahr gehört. Sonderbar ist es, daß 4 Jahre später in Leopolds von Buch Abhandlung über den Trapp=Porphyr des Domits nicht mehr Erwähnung geschieht. — Wenn ich im Texte der Zeichnung eines Profils der Cordilleren gedenke, welche in meinem Reisejournal vom Monat Juli 1802 enthalten ist und vom 4ten Grad nördlicher bis 4° südlicher Breite unter der

Aufschrift affinité entre le feu volcanique et les porphyres sich findet; so ist es nur, um zu erinnern, daß dieses Profil, welches die drei Durchbrüche der Vulkan-Gruppen von Popayan, los Pastos und Quito, wie auch den Ausbruch der Trapp-Porphyre in dem Granit und Glimmerschiefer des Paramo de Assuay (auf der großen Straße von Cadlud, in 14568 Fuß Höhe) darstellt, Leopold von Buch angeregt hat mir nur zu bestimmt und zu wohlwollend die erste An- erkenntniß zuzuschreiben: „daß alle Vulkane der Andeskette in einem Porphyr ihren Sitz haben, der eine eigenthümliche Gebirgsart ist und den vulkanischen Formationen wesentlich zugehört" (Abhand- lungen der Akademie der Wiss. zu Berlin aus den Jahren 1812—1813 S. 131, 151 und 153). Am allgemeinsten mag ich allerdings das Phänomen ausgedrückt haben; aber schon 1789 hatte Nose, dessen Verdienste lange verkannt worden sind, in seinen oro- graphischen Briefen das vulkanische Gestein des Siebengebir- ges „als eine dem Basalt und Porphyrschiefer nahe verwandte, eigene rheinische Porphyr-Art" beschrieben. Er sagt: diese For- mation sei durch glasigen Feldspath, den er Sanidin zu nennen vorschlägt, besonders charakterisirt und gehöre dem Alter ihrer Bil- dung nach zu den Mittel-Flözgebirgen (Niederrheinische Reise Th. I. S. 26, 28 und 47; Th. II. S. 428). Daß Nose, wie Leop. von Buch behauptet, diese Porphyr-Formation, die er wenig glücklich Granit-Porphyr nennt, sogar mit den Basalten auch für jünger als die neuesten Flözgebirge erkannt habe; finde ich nicht begründet. „Nach den glasigen Feldspathen", sagt der große, so früh uns ent- rissene Geognost, „sollte die ganze Gebirgsart benannt sein (also Sanidin-Porphyr), hätte sie nicht schon den Namen Trapp- Porphyr" (Abh. der Berl Akad. aus den J. 1812—3 S. 134). Die Geschichte der systematischen Nomenclatur einer Wissenschaft hat in so fern einige Wichtigkeit, als die Reihenfolge der herrschenden Meinungen sich darin abspiegelt.

⁶⁷ (S. 467.) Humboldt, Kleinere Schriften Bd. I. Vor- rede S. III—V.

⁶⁸ (S. 467.) Leop von Buch in Poggendorff's Anna- len Bd. XXXVII. 1836 S. 188 und 190.

⁶⁹ (S. 467.) Gustav Rose in Gilbert's Annalen Bd. 73. 1823 S. 173 und Annales de Chimie et de Physique T. XXIV. 1823 p. 16. Oligoklas wurde zuerst von Breithaupt als

neue Mineral-Species aufgestellt (Poggendorff's Annalen
Bd. VIII. 1826 S. 238). Später zeigte es sich, daß Oligoklas identisch
sei mit einem Mineral, welches Berzelius in einem in Gneiß auf-
setzenden Granitgange bei Stockholm beobachtet und wegen der Aehnlichkeit in der chemischen Zusammensetzung Natron Spodumen genannt hatte (Poggendorff's Ann. Bd. IX. 1827 S. 281).

[70] (S. 468.) S. Gustav Rose über den Granit des Riesengebirges
in Poggendorff's Annalen Bd. LVI. 1842 S. 617. Berzelius
hatte den Oligoklas, sein Natron Spodumen, nur auf einem Granitgange gefunden; in der eben citirten Abhandlung wurde zuerst
das Vorkommen als Gemengtheils des Granits (der Gebirgsart
selbst) ausgesprochen. Gustav Rose bestimmte hier den Oligoklas
nach seinem specifischen Gewichte, seinem in Vergleich mit Albit
größeren Kalk-Gehalte, und seiner größeren Schmelzbarkeit. Dieselbe
Menge, mit welcher er das specifische Gewicht zu 2,682 gefunden
hatte, wurde von Rammelsberg analysirt (Handwörterbuch der
Mineral. Suppl. I. S. 104 und G. Rose über die zur
Granitgruppe gehörenden Gebirgsarten in der Zeitschr.
der Deutschen geol. Gesellschaft Bd. I. 1849 S. 364).

[71] (S. 469.) Rozet sur les Volcans de l'Auvergne in den
Mém. de la Soc. géologique de France 2me Série T I.
P. 1. 1844 p. 69.

[72] (S. 469.) Fragmente von Leucitophyr, von mir am Monte
nuovo gesammelt, sind von Gustav Rose beschrieben in Fried.
Hoffmann's geognostischen Beobachtungen 1839 S. 219.
Ueber die Trachyte des Monte di Procida der Insel desselben Namens
und der Klippe S. Martino s. Roth, Monographie des Vesuvs 1857 S. 519—522 Tab. VIII. Der Trachyt der Insel Ischia
enthält im Arso oder Strom von Cremate (1301) glasigen Feldspath,
braunen Glimmer, grünen Augit, Magneteisen und Olivin (S. 528);
keinen Leucit.

[73] (S. 469.) Die geognostisch-topographischen Verhältnisse des
Siebengebirges bei Bonn sind mit verallgemeinerndem Scharfsinne
und großer Genauigkeit entwickelt worden von meinem Freunde, dem
Berghauptmann H. von Dechen, im 9ten Jahrgange der Verhand-
lungen des naturhistorischen Vereines der preuß. Rheinlande und Westphalens 1852 S. 289—567. Alle bisher erschienenen chemischen Analysen der Trachyte des Siebengebirges sind darin

(S. 323—356) zusammengestellt: wobei auch der Trachyte vom Dra=
chenfels und Röttchen gedacht wird, in denen außer den großen Sa=
nidin=Krystallen sich viele kleine krystallinische Theile in der Grund=
masse unterscheiden lassen. „Diese Theile hat Dr. Bothe in dem
Mitscherlich'schen Laboratorium durch chemische Zerlegung für Oli=
goklas erkannt, ganz mit dem, von Berzelius aufgeführten Oligo=
klas von Danviksznoll (bei Stockholm) übereinstimmend" (Dechen
S. 340—346). Die Wolkenburg und der Stenzelberg sind ohne gla=
sigen Feldspath (S. 357 und 363), und gehören nicht zur zweiten
Abtheilung, sondern zur dritten; sie haben ein Toluca=Gestein. Viele
neue Ansichten enthält der Abschnitt der geognostischen Be=
schreibung des Siebengebirges, welcher von dem relativen
Alter der Trachyt= und Basalt=Conglomerate handelt (S. 405—461).
„Zu den selteneren Trachytgängen in den Trachyt=Conglomeraten,
welche beweisen, daß nach der Ablagerung des Conglomerats die
Trachytbildung noch fortgedauert hat (S. 413), gesellen sich häufige
Basaltgänge (S. 416). Die Basaltbildung reicht bestimmt bis in
eine jüngere Zeit hinein als die Trachytbildung, und die Hauptmasse
des Basalts ist hier jünger als der Trachyt. Dagegen ist nur ein
Theil dieses Basalts, nicht aller Basalt (S. 323), jünger als die
große Masse des Braunkohlen=Gebirges. Die beiden Bildungen:
Basalt und Braunkohlen=Gebirge greifen im Siebengebirge wie an so
vielen anderen Orten in einander, und sind in ihrer Gesammtheit
als gleichzeitig zu betrachten." Wo sehr kleine Quarzkrystalle als
Seltenheit in den Trachyten des Siebengebirges, wie (nach Nögge=
rath und Bischof) im Drachenfels und im Rhöndorfer Thale, auf=
treten, erfüllen sie Höhlungen und scheinen späterer Bildung (S. 361
und 370): vielleicht durch Verwitterung des Sanidins entstanden.
Am Chimborazo habe ich ein einziges Mal ähnliche, aber sehr dünne
Quarz=Ablagerungen an den Wänden der Höhlungen einiger ziegel=
rother, sehr poröser Trachytmassen in etwa 16000 Fuß Höhe gesehen
(Humboldt, Gisement des Roches 1823 p. 336). Diese, in
meinem Reisejournal mehrmals erwähnte Stücke liegen nicht in den
Berliner Sammlungen. Auch Verwitterung von Oligoklas oder der
ganzen Grundmasse des Gesteins kann solche Spuren freier Kiesel=
säure hergeben. Einige Punkte des Siebengebirges verdienen noch
neue und anhaltende Untersuchung. Der höchste Gipfel, die Löwen=
burg, als Basalt aufgeführt, scheint nach der Analyse von Bischof

und Kjerulf ein dolerit-artiges Gestein zu sein (H. v. Dechen S. 383, 386 und 393). Das Gestein der Kleinen Rosenau, das man bisweilen Sanidophyr genannt hat, gehört nach G. Rose zur ersten Abtheilung seiner Trachyte, und steht manchen Trachyten der Ponza-Inseln sehr nahe. Der Trachyt vom Drachenfels, mit großen Krystallen von glasigem Feldspath, soll nach Abich's, leider noch nicht veröffentlichten Beobachtungen am ähnlichsten sein dem, 8000 Fuß hohe Dsyndserly-dagh, welcher, nördlich vom Großen Ararat, aus einer von devonischen Bildungen unterteuften Nummuliten-Formation aufsteigt.

[74] (S. 470.) Wegen der großen Nähe des Caps Perdica der Insel Aegina an die braunrothen, altberühmten Trözen-Trachyte (Kosmos Bd. IV. S. 273 Anm. 86) der Halbinsel Methana und wegen der Schwefelquellen von Bromolimni ist es wahrscheinlich, daß die Trachyte von Methana wie die der Insel Kalauria bei dem Städtchen Poros zu derselben dritten Abtheilung von Gustav Rose (Oligoklas mit Hornblende und Glimmer) gehören (Curtius, Peloponnesos Bd. II. S. 439 und 446 Tab XIV).

[75] (S. 470.) S. die vortreffliche geologische Karte der Gegend von Schemnitz von dem Bergrath Johann von Peltko 1852 und die Abhandlungen der k. k. geologischen Reichsanstalt Bd. II. 1855 Abth 1. S. 3.

[76] (S. 470.) Kosmos Bd. IV. S. 427 Anm. 7.

[77] (S. 470.) Die basaltartigen Säulen von Pisoje, deren feldspathartigen Gemengtheil Francis zerlegt hat (Poggend. Annalen Bd. LII. 1841 S. 471): nahe am Cauca-Ufer, in den Ebenen von Amolanga (unfern der Pueblos de Sta. Barbara und Marmato); bestehen aus etwas verändertem Oligoklas in großen schönen Krystallen, und kleinen Krystallen von Hornblende. Diesem Gemenge sind nahe verwandt: der quarzhaltige Diorit-Porphyr von Marmato, den Degenhardt mitbrachte und in dem Abich den feldspathartigen Bestandtheil Andesin nannte; das quarzfreie Gestein von Cucurusape, nahe bei Marmato, aus der Sammlung von Bouffingault (Charles Ste. Claire Deville, Études de Lithologie p. 29); das Gestein, welches ich 3 geogr. Meilen östlich vom Chimborazo unter den Trümmern von Alt-Riobamba anstehend fand (Humboldt, Kleinere Schriften Bd. I. S. 161); und endlich das Gestein vom Esterel-Gebirge im Depart. du Var (Élie de Beaumont, Explic. de la Carte géol. de France T. I. pag 473).

[78] (S. 471.) Der Feldspath in den Trachyten von Teneriffa ist zuerst 1842 von Charles Deville, der im Herbst jenes Jahres die canarischen Inseln besuchte, erkannt worden; f. dieses ausgezeich= neten Geognosten Voyage géologique aux Antilles et aux Iles de Ténérife et de Fogo 1848 p. 14, 74 und 169, und Analyse du feldspath de Ténérife in den Comptes rendus de l'Acad. des Sc. T. XIX. 1844 p. 46. »Les travaux de Mrs. Gustave Rose et H. Abich«, sagt er, »n'ont pas peu contribué, sous le double point de vue crystallographique et chimique, à répandre du jour sur les nombreuses variétés de minéraux qui étaient comprises sous la vague dénomination de feldspath. J'ai pu soumettre à l'analyse des cristaux *isolés avec soin* et dont la densité en divers échantillons était très uniformément 2,593; 2,594 et 2,586 C'est la première fois que le feldspath oligo- clase a été indiqué dans les terrains volcaniques, à l'exception peut-être de quelques-unes des grandes masses de la Cordillère des Andes. Il n'avait été signalé, au moins d'une manière cer- taine, que dans les roches éruptives anciennes (plutoniques, granites, Syénites, Porphyres syénitiques....), mais dans les trachytes du Pic de Ténérife il joue un rôle analogue à celui du labrador dans les masses doléritiques de l'Etna.« Vergl. auch Rammelsberg in der Zeitschrift der deutschen geolo= gischen Gesellschaft Bd. V. 1853 S. 691 und das 4te Suppl. seines Handwörterbuchs der chemischen Mineralogie S. 245.

[79] (S. 471.) Die erste Höhen=Bestimmung des großen Vulkans von Merico, des Popocatepetl, ist, so viel ich weiß, die oben (Kos= mos Bd. IV. S. 41 Anm. 42) erwähnte, von mir am 24 Januar 1804 im Llano de Tetimba ausgeführte trigonometrische Messung. Der Gipfel wurde 1536 Toisen hoch über dem Llano gefunden; und da dies barometrisch 1234 Toisen über der Küste von Veracruz liegt, so ergiebt sie als absolute Höhe des Vulkans 2770 Toisen oder 16620 Par. Fuß. Die meiner trigonometrischen Bestimmung folgen= den barometrischen Messungen ließen vermuthen, daß der Vulkan noch höher sei, als ich ihn im Essai sur la Géographie des Plantes 1807 p. 148 und im Essai politique sur la Nouv. Espagne T. I 1825 p 185 angegeben. William Glennie, der zuerst am 20 April 1827 an den Rand des Kraters gelangte, fand nach seiner eigenen Berechnung (Gazeta del Sol, publ. en

Mexico, No. 1432) 17884 engl. Fuß = 2796 t; nach einer Correction
des um die amerikanische Hypsometrie so hoch verdienten Oberbergraths
Burkart, mit fast gleichzeitiger Barometer=Höhe in Veracruz ver=
glichen, gar 16900 Par. Fuß. Eine barometrische Messung von Sa=
muel Birbeck (10 Nov. 1827), nach den Tafeln von Oltmanns berechnet,
gab jedoch wiederum nur 16753 Par. Fuß; die Messung von Alexandre
Doignon (Gumprecht, Zeitschrift für Allg. Erdkunde
Bd. IV. 1855 S. 390), fast zu höflich mit der trigonometrischen
Messung von Tetimba übereinstimmend, 5403 Meter = 16632 Par.
Fuß. Der kenntnißvolle jetzige preußische Gesandte in Washington,
Herr von Gerolt, ist, begleitet vom Baron Gros, (28 Mai 1833)
ebenfalls auf dem Gipfel des Popocatepetl gewesen, und hat nach
einer genauen barometrischen Messung die Roca del Fraile unter=
halb des Kraters 15850 Par. Fuß über dem Meere gefunden. Mit
den hier in chronologischer Ordnung angegebenen hypsometrischen Resul=
taten contrastirt sonderbar eine, wie es scheint, mit vieler Sorgfalt an=
gestellte Barometer=Messung des Herrn Craveri, welche Petermann in
seinen so gehaltvollen Mittheilungen über wichtige neue Er=
forschungen der Geographie 1856 (Heft X) S. 358—361 be=
kannt gemacht hat. Der Reisende fand im Sept. 1855 die Höhe
des höchsten, d. i. nordwestlichen Kraterrandes, mit dem verglichen,
was er für die mittlere Höhe des Luftdruckes in Veracruz hielt, nur
zu 5230 Metern = 16099 Par. Fuß: also 521 Par. Fuß ($\frac{1}{32}$ der gan=
zen gemessenen Höhe) weniger als ich bei der trigonometrischen
Messung ein halbes Jahrhundert früher. Auch die Höhe der Stadt
Mexico über dem Meere hält Craveri für 184 Par. Fuß geringer,
als Burkart und ich sie zu sehr verschiedenen Zeiten gefunden haben;
er schätzt sie (statt 2277 Meter = 1168 Toisen) nur zu 2217 m. Ich
habe mich über diese Schwankungen in plus und minus um das Re=
sultat meiner trigonometrischen Messung, der leider noch immer keine
zweite gefolgt ist, in der vorbenannten Zeitschrift des Dr. Petermann
S. 479—481 umständlicher erklärt. Die 453 Höhen=Bestimmungen,
welche ich vom Sept. 1799 bis Febr. 1804 in Venezuela, an den
waldigen Ufern des Orinoco, Rio de la Magdalena und Amazonen=
flusses; in den Cordilleren von Neu=Granada, Quito und Peru, und
in der Tropengegend von Mexico gemacht habe: und welche alle, von
neuem vom Prof. Oltmanns gleichmäßig nach der Formel von Laplace
mit dem Coefficienten von Ramond berechnet, in meinem Nivelle=

ment barométrique et géologique 1810 publicirt worden sind (Recueil d'Observ. Astronomiques Vol. I. p. 295—334);
wurden ohne Ausnahme mit Ramsden'schen Gefäß=Barometern à
niveau constant: und keinesweges mit Apparaten, in welche man
nach einander mehrere frisch gefüllte Torricelli'sche Röhren einsetzen
kann, noch mit dem von mir selbst angegebenen, in Lamétherie's
Journal de Physique T. IV. p. 468 beschriebenen und bloß in
den Jahren 1796 und 1797 in Deutschland und Frankreich bisweilen
gebrauchten Instrumente, gemacht. Ganz gleich construirter Rams=
den'scher tragbarer Gefäß=Barometer habe ich mich auch 1805 auf
einer Reise durch Italien und die Schweiz mit Gay=Lussac zu unsrer
beiderseitigen Befriedigung bedient. Die vortrefflichen Arbeiten des
Olmützer Astronomen Julius Schmidt an den Kraterrändern des
Vesuvs (Beschreibung der Eruption im Mai 1855 S. 114
bis 116) bieten durch Vergleichung neue Motive zu dieser Befriedi=
gung dar. Da ich nie den Gipfel des Popocatepetl bestiegen habe,
sondern ihn trigonometrisch maß, so ist kein Grund vorhanden zu
dem wundersamen Vorwurfe (Craveri in Petermann's geogr.
Mittheilungen Heft X S. 359): „die von mir dem Berge zu=
geschriebene Höhe sei darum ungenügend, weil ich mich, wie ich
selbst berichte, der Aufstellung frisch gefüllter Torricelli'scher Röhren
bedient hätte." Der Apparat mit mehreren Röhren ist gar nicht in
freier Luft zu gebrauchen, am wenigsten auf dem Gipfel eines Ber=
ges. Er gehört zu den Mitteln, die man bei den Bequemlichkeiten,
welche Städte darbieten, in langen Zwischenzeiten anwenden kann,
wenn man über den Zustand seiner Barometer unruhig wird. Ich
habe dieses Beruhigungsmittel nur in sehr seltenen Fällen ange=
wandt, würde es aber auch jetzt noch den Reisenden neben der Ver=
gleichung mit dem Siedepunkte eben so warm empfehlen als in mei=
nen Observ. Astron. (Vol. I. p. 363—373): »Comme il vaut
mieux ne pas observer du tout que de faire de mauvaises observations, on doit moins craindre de briser le baromètre que
de le voir dérangé. Comme nous avons, Mr. Bonpland et moi,
traversé quatre fois les Cordillères des Andes, les mesures qui
nous intéressoient le plus, ont été répétées à différentes repri-
ses. on est retourné aux endroits qui paroissoient douteux. On
s'est servi de temps en temps de *l'appareil de Mutis*, dans lequel on fait l'expérience primitive de Torricelli. en appliquant

successivement trois ou quatre tubes fortement chauffés, remplis
de mercure récemment bouilli dans un creuset de grès Lors-
qu'on est sûr de ne pas pouvoir remplacer les tubes, il est peut-
être prudent de ne pas faire bouillir le mercure dans ces tubes
mêmes. C'est ainsi que j'ai trouvé dans des expériences faites
conjointement avec Mr. Lindner, professeur de chimie à l'école
des mines du Mexique, la hauteur de la colonne de mercure à
Mexico, dans six tubes, de

259,7 lignes (ancien pied de Paris)
259,5
259,9
259,9
260,0
259,9

Les deux derniers tubes seuls avoient été purgés d'air au feu,
par Mr. Bellardoni, ingénieur d'instrumens à Mexico. Comme
l'exactitude de l'expérience dépend en partie de la propreté in-
térieure des tubes vides, si faciles à transporter, il est utile de
les fermer hermétiquement à la lampe.« Da in Gebirgsgegenden
die Höhenwinkel nicht vom Meeresufer aus unternommen werden
können, und die trigonometrischen Messungen gemischter Natur und
zu einem beträchtlichen Theile (oft zu $\frac{1}{2}$ oder $\frac{1}{2,7}$ der ganzen Höhe)
barometrisch sind; so ist die Höhen-Bestimmung der Hochebene, in
welcher die Standlinie (base) gemessen wurde, von großer Wichtigkeit. Weil correspondirende Barometer-Beobachtungen am Meere
selten oder meist nur in allzu großer Entfernung erlangt werden, so
sind Reisende nur zu oft geneigt, was sie aus Beobachtungen weniger Tage geschlossen, die zu verschiedenen Jahreszeiten von ihnen
angestellt wurden, für die mittlere Höhe des Luftdruckes der Hochebene und an dem Meeresufer zu halten. »Dans la question de
savoir, si une mesure faite au moyen du baromètre peut at-
teindre l'exactitude des opérations trigonométriques, il ne s'agit
que d'examiner, si dans un cas donné les deux genres de mesures ont été faites dans des circonstances également favorables,
c'est-à-dire en remplissant les conditions que la théorie et une
longue expérience ont prescrites. Le géomètre redoute le jeu
de réfractions terrestres, le physicien doit craindre la distribution si inégale et peu simultanée de la température dans la

colonne d'air aux extrémités de laquelle se trouvent placés les deux baromètres. Il est assez probable que près de la surface de la terre le décroissement du calorique est plus lent qu'à de plus grandes élévations; et pour connoître avec précision la densité moyenne de toute la colonne d'air, il faudroit, en s'élévant dans un ballon, pouvoir examiner la température de chaque tranche ou couche d'air superposée. (Humboldt, Recueil d'Observ. Astron. Vol. I p. 138 und S. 371 in der Abh. über die Refraction und die Barometer-Messungen.) Wenn die barometrische Messung der Herren Truqui und Craveri dem Gipfel des Popocatepetl nur 16100 Par. Fuß giebt, dagegen Glennie 16780 Fuß; so stimmt dagegen die neu bekannt gemachte eines Reisenden, welcher die Umgegend von Mexico wie die Landschaften Yucatan und Chiapa durchforscht hat, des Gymnasial-Professors Carl Heller zu Olmütz, bis auf 30 Fuß mit der meinigen überein. (Vergl. meinen Aufsatz über die Höhe des mexicanischen Vulkans Popocatepetl in Dr Petermann's Mittheilungen aus Justus Perthes geographischer Anstalt 1856 S. 479—481.)

[50] (S. 471.) Bei dem Chimborazo-Gestein ist es nicht möglich, wie das Aetna-Gestein es gestattet, die feldspathartigen Krystalle aus der Grundmasse, worin sie liegen, mechanisch zu sondern; aber der verhältnißmäßig hohe Gehalt von Kieselsäure, verbunden mit dem damit in Zusammenhang stehenden, geringeren specifischen Gewichte des Gesteins, lassen erkennen, daß der feldspathartige Gemengtheil Oligoklas sei. Kieselsäure-Gehalt und specifisches Gewicht stehen meist in umgekehrtem Verhältniß; der erstere ist bei Oligoklas und Labrador 64 und 53 p. C., während das letztere 2,66 und 2,71 ist. Anorthit hat bei nur 44 p. C. Kieselsäure-Gehalts das große specifische Gewicht von 2,76. Dieses umgekehrte Verhältniß zwischen Kieselsäure-Gehalt und specifischem Gewichte trifft, wie Gustav Rose bemerkt, bei den feldspathartigen Mineralien, die auch isomorph sind, bei verschiedener Krystallform, nicht ein. So haben z. B. Feldspath und Leucit dieselben Bestandtheile: Kali, Thonerde und Kieselsäure; der Feldspath aber 65 und der Leucit nur 56 p. C. Kieselsäure: und ersterer hat doch ein höheres specifisches Gewicht (nämlich 2,56) als letzterer, dessen specifisches Gewicht nur 2,48 beträgt.

Da ich im Frühjahr 1854 eine neue Analyse des Trachyts vom Chimborazo erwünschte, so hatte Prof. Rammelsberg die Freundschaft fie mit der ihm eigenen Genauigkeit vorzunehmen. Ich laffe hier die Refultate diefer Arbeit folgen, wie fie mir von Guftav Rofe in einem Briefe im Monat Juni 1854 mitgetheilt wurden: „Das Chimborazo= Geftein, das der Prof Rammelsberg einer forgfältigen Analyfe un= terworfen hat, war aus einem Stück Ihrer Sammlung abgefchlagen, das Sie von dem fchmalen Felskamm auf der Höhe von 2986 Toifen über dem Meere mitgebracht."

Analyfe von Rammelsberg

(Höhe 17916 Par Fuß, fpec. Gewicht 2,806)

			Sauerftoff		
Kiefelfäure	59,12		30,70	2,33	
Thonerde	13,48		6,30		
Eifen=Orydul . .	7,27	1,61			
Kalkerde	6,50	1,85			1
Talkerde	5,41	2,13	6,93		
Natron	3,46	0,89			
Kali	2,64	0,45			
	97,88				

Analyfe von Abich

(Höhe 15180 Par. Fuß, fpec. Gewicht 2,685)

			Sauerftoff	
Kiefelfäure	65,09	. .	33,81	2,68
Thonerde . . .	15,58	. .	7,27	
Eifen=Oryd . . .	3,83	. .	1,16	
Eifen=Orydul . . .	1,73	. .	0,39	
Kalkerde	2,61	. .	0,73	1
Talkerde	4,10	. .	1,58	
Natron	4,46	. .	1,14	
Kali	1,99	. .	0,33	
Glüh=Verluft und Chlor	0,41			
	99,80			

Zur Erklärung diefer Zahlen ift zu bemerken daß die erfte Reihe die Beftand= theile in Procenten angiebt, die 2te und 3te den Sauerftoff=Gehalt derfelben Die 2te Spalte bezeichnet nur den Sauerftoff der ftärkeren Oryde (die 4 Atom Sauerftoffs enthalten). In der 3ten Reihe ift derfelbe zufammengefaßt, um ihn mit dem der Thonerde (die ein fchwaches Oryd ift) und der Kiefelfäure vergleichen zu können Die 4te Spalte giebt das Verhältniß des Sauerftoffs der Kiefelfäure zum Sauerftoff der fämmtlichen Bafen· diefen = 1 gefetzt Bei dem Trachyt des Chimborazo ift diefes Verhältniß = 2,33 . 1

„Die Unterschiede in den Analysen von Rammelsberg und Abich sind allerdings bedeutend. Beide analysirten Gesteine des Chimborazo aus 17916 und 15180 Pariser Fuß Höhe; sie sind von Ihnen abgeschlagen worden und stammen aus Ihrer geognostischen Sammlung im königlichen Mineralien-Cabinete zu Berlin her. Das Gestein aus der geringeren Höhe (kaum 375 Fuß höher als der Gipfel des Montblanc), welches Abich analysirt hat, hat ein geringeres specifisches Gewicht, und in Uebereinstimmung damit eine größere Menge Kieselsäure als das Gestein, welches Rammelsberg von einem 2736 Fuß höheren Punkte zerlegt hat. Nimmt man an, daß die Thonerde allein dem feldspathartigen Gemengtheile angehört, so kann man in der Rammelsberg'schen Analyse berechnen:

Oligoklas   58,66

Augit   34,14

Kieselsäure   4,08

Da also hier bei der Annahme von Oligoklas noch freie Kieselsäure übrig bleibt, so wird es wahrscheinlich, daß der feldspathartige Gemengtheil Oligoklas und nicht Labrador sei. Dieser kommt mit freier Kieselsäure nicht vor, und bei der Annahme von Labrador in dem Gestein würde ja noch mehr Kieselsäure übrig bleiben."

Eine sorgfältige Vergleichung vieler Analysen, welche ich der belehrenden Freundschaft des Herrn Charles Sainte-Claire Deville verdanke, dem die reichen geognostischen Sammlungen unseres gemeinschaftlichen Freundes Boussingault zur chemischen Benutzung offen standen, beweist, daß der Gehalt an Kieselsäure in der Grundmasse des trachytischen Gesteins meist größer ist als in den Feldspathen, welche sie enthalten. Die Tabelle, die mir mit großem Wohlwollen von dem Verfasser selbst mitgetheilt worden ist (im Monat Juni 1857), enthält allein fünf der großen Vulkane der Andeskette:

Namen der Vulkane	Structur und Farbe der Masse	Kieselsäure in der ganzen Masse	Kieselsäure im Feldspath allein
Chimborazo	halb verglast, bräunlich grau	65,09 Abich	58,26
	halb glasig und schwarz	63,19 Deville	
	krystallinisch dicht grau	62,66 Deville	
Antisana	grau-schwarz	64,26 Abich	58,26
	. . . . . .	63,23 Abich	
Cotopaxi	glasig und bräunlich	69,28 Abich	
	körnig	63,98 Abich	
Pichincha	schwarz, glasig	67,07 Abich	
Puracé	fast bouteillen-grün	60,80 Deville	55,40
Guadeloupe	grau, körnig und zöllig	57,95 Deville	54,25
Bourbon	krystallinisch grau, porös	50,90 Deville	49,06

»Ces différences, quant à la richesse en silice entre la pâte et le feldspath«, setzt Charles Deville hinzu, »paraîtront plus frappantes encore, si l'on fait attention qu'en analysant une roche en masse, on analyse, avec la pâte proprement dite, non seulement des fragments de feldspath semblables à ceux que l'on en a extraits, mais encore des minéraux qui, comme l'amphibole, la pyroxène et surtout le péridot, sont moins riches en silice que le feldspath. Cet excès de silice se manifeste *quelquefois* par des grains isolés de quarz, comme Mr. Abich les a signalés dans les trachytes du Drachenfels (*Siebengebirge* de Bonn), et comme moi-même j'ai eu l'occasion de les observer avec quelque étonnement dans le dolérite trachytique de la Guadeloupe.«

„Setzt man", sagt Gustav Rose, „der merkwürdigen Tabelle des Kieselsäure-Gehalts des Chimborazo noch das Resultat der neuesten Analyse, der von Rammelsberg (Mai 1854), hinzu; so steht das Deville'sche Resultat gerade in der Mitte zwischen denen von Abich und Rammelsberg. Wir erhalten

Chimborazo-Gestein

Kieselsäure 65,09 Abich (spec. Gewicht 2,685)

63,19 Deville

62,66 derselbe

59,12 Rammelsberg (spec. Gew. 2,806)"

In der zu San Francisco in Californien erscheinenden Zeitung l'Écho du Pacifique vom 5 Januar 1857 wird von einem französischen Reisenden, Herrn Jules Remy, berichtet, daß es ihm in Begleitung des Engländers Hrn. Brenchlay geglückt sei am 3 Nov. 1856 den Gipfel des Chimborazo zu ersteigen: „zwar in Nebel gehüllt und ohne es selbst während der Ersteigung zu merken (sans nous en douter)". Er beobachtete nämlich den Siedepunkt des Wassers zu 77°,5 Cent. bei + 1°,7 Luft-Temperatur; als er hieraus „nach einer auf wiederholten Reisen im Hawaii-Archipel erprobten hypsometrischen Regel die von ihm erreichte Höhe berechnete, ward er von dem erhaltenen Resultate überrascht. Er fand nämlich, daß er 6543 Meter hoch gewesen war:" also in einer Höhe, die nur 40 Fuß abweicht von der Höhe (6530 Meter), welche meine trigonometrische Messung bei Riobamba nuevo in der Hochebene von Tapia im Juni 1803 für den Gipfel des Chimborazo ergeben hatte. Diese Uebereinstimmung einer trigonometrischen Messung des Gipfels mit einer auf den Siedepunkt gegründeten wäre um so wunderbarer, als meine trigonometrische Messung, wie bei allen Bergmessungen in den Cordilleren, einen barometrischen Theil involvirt, und durch Mangel correspondirender Beobachtungen am Meeresufer der Südsee meine barometrische Bestimmung der Höhe des Llano de Tapia (2891 Meter oder 8-99 Par. Fuß) nicht alle erwünschte Genauigkeit haben kann. (Ueber das Detail meiner trigonometrischen Messung s. mein Recueil d'Observ. Astron. Vol. I. p. LXXII und LXXIV). Professor Poggendorff hat sich freundschaftlichst der Mühe unterzogen zu prüfen, welches Resultat unter den wahrscheinlichsten Voraussetzungen eine rationellere Berechnungsweise geben würde. Er hat gefunden, daß, unter den beiden Hypothesen berechnet: daß am Meere die Luft-Temperatur 27°,5 C. oder 26°,5 C. geherrscht habe und der Barometerstand 760mm,0 auf den Gefrierpunkt reducirt gewesen sei, man nach Regnault's Tafel folgendes Resultat erhalte: der Siedepunkt 77°,5 C. auf dem Gipfel entspricht einem Barometerstand von 320mm,20 bei 0° Temperatur, die Luft-Temperatur war + 1°,7 C.: wofür hier 1°,5 genommen sein mag. Nach diesen Daten geben Oltmanns Tafeln für die angeblich erstiegene Höhe, in der ersten Hypothese (27°,5 C.) = 7328m,2 und in der zweiten (26°,5 C.) = 7314m,5: also im Mittel 777m oder 2390 Pariser Fuß mehr als meine trigonometrische Messung. Wenn mit dieser der Versuch des Siedepunkts hätte übereinstimmen sollen, so hätte man, wäre wirklich der Gipfel des Chimborazo erstiegen worden, den Siedepunkt um 2°,25 C. höher finden müssen. (Poggendorff's Annalen Bd. 100. 1857 S. 479.)

[81] (S. 472.) Daß die Trachyt=Gesteine des Aetna Labrador enthalten, davon überzeugte sich und seine Freunde schon Gustav Rose im Jahr 1833, als er die reichen sicilianischen Sammlungen von Friedrich Hoffmann im Berliner Mineralien=Cabinet aufstellte. In der Abhandlung über die Gebirgsarten, welche mit den Namen Grünstein und Grünsteinporphyr bezeichnet werden (Poggendorff's Ann. Bd. 34. 1835 S. 29), erwähnt Gustav Rose der Laven des Aetna, welche Augit und Labrador enthalten. (Vergl. auch Abich in der schönen Abhandlung über die gesammte Feldspath=Familie vom Jahr 1840 in Poggend. Ann. Bd 50. S. 347.) Leopold von Buch nennt das Aetna=Gestein dem Dolerit der Basalt=Formation analog (Poggend. Bd. 37. 1836 S. 188).

[82] (S. 472.) Ein vieljähriger und fleißiger Erforscher der Aetna= Trachyte, Sartorius von Waltershausen, macht die wichtige Bemer= kung: „daß die Hornblende dort vorzugsweise den älteren Massen angehört: den Grünstein=Gängen im Val del Bove, wie den weißen und röthlichen Trachyten, welche das Fundament des Aetna in der Serra Giannicola bilden. Dort werden schwarze Hornblende und hell=lauchgrüne Augite neben einander gefunden. Die neueren Lava= ströme schon von 1669 an (besonders von 1787, 1809, 1811, 1819, 1832, 1838 und 1842) zeigen Augite, aber nicht Hornblende. Diese scheint unter einer langsameren Abkühlung zu entstehen." (Wal= tershausen über die vulkanischen Gesteine von Sici= lien und Island 1853 S. 111—114.) In den augithaltigen Trachyten der vierten Abtheilung in der Andeskette habe ich, neben den häufigen Augiten, theils gar keine, theils, wie am Cotopaxi (auf einer Höhe von 13200 Fuß) und am Rucu=Pichincha bei 14360 Fuß, sparsam, deutliche schwarze Hornblende=Krystalle gefunden.

[83] (S. 472.) Vergl. Pilla in den Comptes rendus de l'Acad des Sc. T. XX. 1845 p. 324. In den Leucit=Krystallen der Rocca Monfina hat Pilla die Oberfläche mit Wurmröhren (Ser= puleae) bedeckt gefunden: was auf eine unterseeische vulkanische Bil= dung deutet. Ueber das Leucit=Gestein der Eifel im Trachyt des Burgberges bei Rieden; das von Albano, Lago Bracciano und Bor= ghetto nördlich von Rom f. Kosmos Bd IV. S. 32 Anm. 93. Im

Centrum großer Leucit-Kryſtalle hat Leop. von Buch meiſt das Bruchſtück
eines Augit-Kryſtalls gefunden, um welches ſich die Leucit-Kryſtalliſation
gebildet hat: „was, wie ſchon früher bemerkt, bei der leichten Schmelzbarkeit des Augits und der Unſchmelzbarkeit des Leucits ſonderbar genug iſt. Häufiger noch ſind Stücke der Grundmaſſe ſelbſt des Leucit-
Porphyrs als Kern eingeſchloſſen.“ Olivin findet ſich zugleich in Laven:
wie in den Höhlungen der Obſidiane, deren ich aus Mexico vom Cerro
del Jacal mitgebracht habe (Kosmos Bd. I. S. 464 Anm. 60); und
doch zugleich auch im Hyperſthen-Fels von Elfdalen (Berzelius
6ter Jahresbericht, 1827, S. 302), den man lange für Syenit
gehalten. Einen ähnlichen Contraſt in der Natur der Fundörter bietet
der Oligoklas dar, welcher in den Trachyten noch entzündeter Vulkane
(Pic von Teneriffa und Cotopaxi), und doch zugleich auch im Granit und Granitit von Schreiberau und Warmbrunn im ſchleſiſchen
Rieſengebirge vorkommt (Guſtav Roſe über die zur Granitgruppe
gehörigen Gebirgsarten in der Zeitſchrift der deutſchen geol.
Geſellſch. zu Berlin Bd. I. S. 364); nicht ſo der Leucit in plu-
toniſchem Geſteine: denn die Angabe, daß Leucit im Glimmerſchiefer
und Gneiß der Pyrenäen bei Gavarnie eingeſprengt gefunden werde
(eine Angabe, die ſelbſt Hauy wiederholt hat), iſt durch mehrjährige
locale Unterſuchungen von Dufrénoy (Traité de Minéralogie
T. III. p. 399) als irrig befunden worden.

[84] (S. 474.) Ich hatte mich auf einer geognoſtiſchen Reiſe, die
ich 1795 durch das ſüdliche Franken, die weſtliche Schweiz und Ober-
Italien machte, davon überzeugt, daß der Jura-Kalkſtein, welchen
Werner zu ſeinem Muſchelkalk rechnete, eine eigne Formation bildete.
In meiner Schrift über die unterirdiſchen Gasarten, welche mein
Bruder Wilhelm von Humboldt 1799 während meines Aufenthalts
in Südamerika herausgab, wird der Formation, die ich vorläufig
mit dem Namen Jura-Kalkſtein bezeichnete, zuerſt (S. 39) gedacht.
Dieſe Aufſtellung der neuen Formation ging ſogleich in des Oberbergraths Karſten damals vielgeleſene mineralogiſche Tabellen
(1800 S. 64 und Vorrede S. VII) über. Ich nannte keine von den
Verſteinerungen, welche die Jura-Formation charakteriſiren und um
die Leopold von Buch (1839) ſich unvergeßliche Verdienſte erworben
hat; irrte auch in dem Alter, das ich der Jura-Formation zuſchrieb:
da ich wegen der Nähe der Alpen, die man älter als Zechſtein glaubte,
ſie für älter als Muſchelkalk hielt. In den früheſten Tabellen

Buckland's über die Superposition of Strata in the British Islands wird Jura Limestone of Humboldt zu Upper Oolite gerechnet. Vergl. mein Essai géogn. sur le Gisement des Roches 1823 p. 281.

[85] (S. 475.) Der Name Andesit kommt zuerst gedruckt vor in der am 26 März 1835 in der Berliner Akademie gelesenen Abhandlung Leopolds von Buch. Da dieser große Geognost die Benennung Trachyt auf den Gehalt von glasigem Feldspath beschränkt, so sagt er in seiner im März 1835 gelesenen, aber erst 1836 gedruckten akademischen Abhandlung (Poggend. Ann Bd. XXXVII S. 183—190): „Die Entdeckungen von Gustav Rose über den Feldspath haben über die Vulkane und die ganze Geognosie ein neues Licht verbreitet, und die Gebirgsarten der Vulkane haben dadurch eine neue, ganz unerwartete Ansicht gewonnen. Nach vielen sorgfältigen Untersuchungen in der Gegend von Catanea und am Aetna haben wir, Élie de Beaumont und ich, uns überzeugt, daß Feldspath durchaus gar nicht am Aetna vorkomme, somit auch gar kein Trachyt. Alle Lavaströme so wie alle Schichten im Inneren des Berges bestehn aus einem Gemenge von Augit und Labrador. Ein anderer wichtiger Unterschied in der Gebirgsart der Vulkane offenbart sich, wenn die Stelle des Feldspaths Albit vertritt; es entsteht dann eine neue Gebirgsart, welche nicht mehr Trachyt genannt werden darf. Nach G. Rose's (dermaligen) Untersuchungen kann man ziemlich bestimmt versichern, daß kein einziger der fast zahllosen Vulkane der Andes aus Trachyt besteht, sondern daß alle in der sie bildenden Masse Albit enthalten. Eine solche Behauptung scheint sehr kühn; allein sie verliert diesen Schein, wenn wir bedenken, daß wir schon allein durch die Humboldt'sche Reise fast die Hälfte dieser Vulkane und ihre Producte in den beiden Hemisphären kennen gelernt haben. Durch Meyen kennen wir diese albitreiche Gebirgsart in Bolivia und dem nördlichen Chili, durch Pöppig bis zu der südlichsten Grenze desselben Landes, durch Erman in den Vulkanen von Kamtschatka. Ein so weit verbreitetes und so ausgezeichnetes Vorkommen scheint hinreichend den Namen des Andesits zu rechtfertigen, unter welchem diese, aus vorwaltendem Albit und wenig Hornblende gemengte Gebirgsart schon einigemal aufgeführt worden ist." Fast zu derselben Zeit, in den Zusätzen, mit denen er 1836 die französische Ausgabe seines Werkes über die

canarischen Inseln so ansehnlich bereicherte, geht Leopold von Buch
noch mehr in das Einzelne ein. Die Vulkane Pichincha, Cotopari,
Tungurahua, Chimborazo sollen alle aus Andesit bestehen: dagegen
die mericanischen Vulkane wahre (sanidinhaltige) Trachyte genannt
werden! (Description physique des Iles Canaries 1836
p 486, 487, 490 und 515.) Die oben gegebene lithologische Classification der mericanischen und Andes-Vulkane zeigt, daß von einer
solchen Gleichmäßigkeit mineralogischer Constitution und der Möglichkeit
einer allgemeinen, von einem großen Erdstrich hergenommenen Benennung wissenschaftlich keine Rede sein kann. Ein Jahr später, als Leop.
von Buch zuerst in Poggendorff's Annalen des viel Verwirrung erregenden Namens Andesit Erwähnung that, habe auch ich das Unrecht begangen mich desselben zweimal zu bedienen: einmal 1836 in
der Beschreibung meines Versuches den Chimborazo zu besteigen in
Schumacher's Jahrbuch für 1837 S. 204 und 205 (wiederum
abgedruckt in meinen Kleineren Schriften Bd. I S. 160 und
161), das zweite Mal 1837 in der Abhandlung über das Hochland
von Quito (in Poggend. Ann. Bd. XL S. 165). „Die neueste
Zeit hat gelehrt", sagte ich, indem ich mich schon damals der Behauptung meines vieljährigen Freundes von einer gleichartigen Constitution aller Andes-Vulkane streng widersetzte, „daß die verschiedenen
Zonen nicht immer dieselbe (mineralogische) Zusammensetzung, dieselben Gemengtheile darbieten. Es sind bald eigentliche Trachyte,
welche der glasige Feldspath charakterisirt, wie am Pic von Teneriffa
und im Siebengebirge bei Bonn, wo sich etwas Albit dem Feldspath
beigesellt: Feldspath-Trachyte, die als thätige Vulkane häufig Obsidian und Bimsstein erzeugen; bald sind es Melaphyre und dolerit-
artige Gemenge von Labrador und Augit, der Basalt-Formation
näher stehend: wie am Aetna, Stromboli und Chimborazo; bald ist
Albit mit Hornblende vorherrschend, wie in den neuerlich so genannten Andesiten von Chili und den prächtigen, als Diorit-Porphyr
beschriebenen Säulen von Pisoje bei Popayan, am Fuß des Vulkans
von Puracé oder im mericanischen Vulkan von Jorullo; bald sind es
endlich Leucitophyre, Gemenge von Leucit und Augit: wie in der
Somma, der alten Wand des Erhebungs-Kraters des Vesuvs."
Durch eine zufällige Mißdeutung dieser Stelle, welche viele Spuren
von dem damaligen unvollkommenen Zustande des Wissens an sich
trägt (statt Oligoklas wird dem Pic von Teneriffa noch Feld-

ſpath, dem Chimborazo noch Labrador, dem Vulkan von Toluca noch Albit zugewieſen), hat der geiſtreiche Forſcher Abich, Chemiker und Geognoſt zugleich, (Poggend. Ann. Bd. LI. 1840 S. 523) irrigerweiſe mir ſelbſt die Erfindung des Namens Andeſit als einer trachytiſchen, weitverbreiteten, albitreichen Gebirgsart zugeſchrieben; und einer von ihm zuerſt analyſirten, noch etwas räthſelhaften, neuen Feldſpath-Art hat er, „mit Berückſichtigung der Gebirgsart (von Marmato bei Popayan), in der ſie zuerſt erkannt wurde", Andeſin genannt. Der Andeſin (Pſeudo-Albit aus dem Andeſit) ſoll zwiſchen Labrador und Oligoklas in der Mitte ſtehn: bei 15° R. Temperatur iſt ſein ſpecifiſches Gewicht 2,733; das des Andeſits, in welchem der Andeſin vorkam, iſt 3,593. Guſtav Roſe bezweifelt, wie ſpäter Charles Deville (Études de Lithologie p. 30), die Selbſtſtändigkeit des Andeſins, da ſie nur auf einer einmaligen Analyſe Abich's beruht, und weil die von Francis (Poggend. Bd. LII 1841 S. 472) in dem Laboratorium von Heinrich Roſe ausgeführte Analyſe des feldſpathartigen Gemengtheils in dem von mir aus Südamerika mitgebrachten ſchönen Diorit-Porphyr von Piſoje bei Popayan mit dem von Abich analyſirten Andeſin von Marmato zwar große Aehnlichkeit andeutet, aber doch anders zuſammengeſetzt iſt. Noch viel unſicherer iſt der ſogenannte Andeſin aus dem Syenit der Vogeſen (von dem Ballon de Servance und von Coravillers, den Deleſſe zerlegt hat). Vergl. G. Roſe in der ſchon oben citirten Zeitſchrift der deutſchen geologiſchen Geſellſchaft Bd. I. für das Jahr 1849 S. 369. Es iſt nicht unwichtig hier darauf aufmerkſam zu machen, daß der Name Andeſin, von Abich als der eines einfachen Minerals aufgeführt, zuerſt in deſſen reichhaltiger Abhandlung: Beitrag zur Kenntniß des Feldſpaths erſcheint (in Poggend. Ann. Bd. L. S. 125 und 341, Bd. LI S. 519): alſo im Jahre 1840, wenigſtens fünf Jahre nach der Benennung der Gebirgsart Andeſit; und keinesweges umgekehrt älter iſt als der der Gebirgsart, wie bisweilen irrig behauptet wird. In den Formationen von Chili, welche Darwin ſo oft albitreichen andesitic granite und andesitic porphyre nennt (Geological observations on South America 1846 p. 174), mögen auch wohl Oligoklaſe enthalten ſein. Guſtav Roſe, deſſen Abhandlung über die Nomenclatur der mit dem Grünſteine und Grünſteinporphyr verwandten Gebirgsarten (in Poggendorff's

Annalen Bd. XXXIV. S. 1—30) in demselben Jahre 1835 erschien, in welchem Leopold von Buch den Namen Andesit gebrauchte, hat sich weder in der eben genannten Abhandlung noch je später dieses Namens bedient: dessen Definition nach der jetzt erkannten Natur der Gemengtheile nicht Albit mit Hornblende, sondern in den Cordilleren von Südamerika Oligoklas mit Augit heißen müßte. Die nun schon veraltete Mythe des Andesits, welche ich hier nur zu umständlich behandelt habe, lehrt auf's neue, wie viele andere Beispiele aus der Entwicklungsgeschichte unseres physikalischen Wissens, daß irrige oder nicht genugsam begründete Behauptungen (z. B. der Hang Varietäten als Arten aufzuzählen) den beschreiben= den Wissenschaften oft dadurch förderlich werden, daß sie zu genaueren Beobachtungen anregen.

[66] (S. 475.) Schon 1840 beschrieb Abich (über die Natur und die Zusammensetzung der Vulkan=Bildungen S. 46) Oligoklas=Trachyte aus dem Gipfel=Gestein des Kasbegk und einem Theile des Ararats; auch 1835 äußerte Gustav Rose mit Vorsicht (Poggend. Ann. Bd. 34. S. 30), „daß er bis dahin bei seinen Bestimmungen nicht auf den Oligoklas und Periklin Rücksicht genom= men habe, die doch wahrscheinlich ebenfalls als Gemengtheil vor= kommen". Der ehemals viel verbreitete Glaube, daß ein bestimmtes Vorherrschen des Augits oder der Hornblende auch auf eine bestimmte Species aus der Feldspath=Reihe: auf glasigen Orthoklas (Sanidin), auf Labrador oder Oligoklas, schließen lasse; scheint sehr erschüttert durch Vergleichung der des Chimborazo= und Toluca=Gesteins, von Tra= chyten der 4ten und 3ten Abtheilung. In der Basalt=Formation kommen oft Hornblende und Augit gleich häufig vor; das ist keines= weges der Fall bei den Trachyten: aber sehr vereinzelt habe ich Au= git=Krystalle in Toluca=Gestein; einige Hornblende=Krystalle in Thei= len des Chimborazo=, Pichincha=, Puracé= und Teneriffa=Gesteins ge= funden. Olivine, die so überselten in den Basalten fehlen, sind in Trachyten eben so eine große Seltenheit, als sie es in den Phono= lithen sind: und doch sehen wir bisweilen in einzelnen Lavaströmen sich Olivine neben Augiten in Menge bilden. Glimmer ist im gan= zen sehr ungewöhnlich im Basalt: und doch enthalten einzelne Ba= saltkuppen des, von Reuß, Freiesleben und mir zuerst beschriebenen, böhmischen Mittelgebirges sie in Menge. Die ungewöhnliche Ver= einzelung gewisser Mineralkörper und die Gründe ihrer gesetzlichen

specifischen Geselligkeit hangen wahrscheinlich von vielen noch nicht ergründeten Ursachen des Drucks, der Temperatur, der Dünnflüssigkeit, der Schnelligkeit der Erkaltung zugleich ab. Die specifischen Unterschiede der Association sind aber in den gemengten Gebirgsarten wie in den Gangmassen von großer Wichtigkeit; und in geognostischen Beschreibungen, welche in der freien Natur, im Angesicht des Gegenstandes, haben entworfen werden können, muß man nicht verwechseln: was ein vorherrschendes oder wenigstens ein sehr selten fehlendes, was ein sich nur sparsam wie zufällig zeigendes Glied der Association ist. Die Verschiedenheit, die in den Elementen eines Gemenges, z. B. in den Trachyten, herrscht, wiederholt sich, wie ich bereits oben erinnert habe, auch in den Gebirgsarten selbst. Es giebt in beiden Continenten große Länder, in denen Trachyt- und Basalt-Formationen sich gleichsam abstoßen, wie Basalte und Phonolithe; andere Länder, in welchen Trachyte und Basalte in beträchtlicher Nähe mit einander abwechseln. (Vergl. Gustav Jenzsch, Monographie der böhmischen Phonolithe 1856 S. 1—7.)

[87] (S. 476) Vergl. Bischof, chemische und physikalische Geologie Bd. II. 1851 S. 2288 verglichen mit 2297; Roth, Monographie des Vesuvs 1857 S. 305.

[88] (S. 477.) Kosmos Bd. IV. S. 365.

[89] (S. 477.) Es ist die Erinnerung wohl fast überflüssig, daß der Ausdruck fehlen nur andeutet, daß bei der Durchforschung eines, freilich nicht unbeträchtlichen Theiles von Vulkanen großen Umfangs eine Mineral-Species vergeblich gesucht worden ist. Ich unterscheide zwischen fehlen (nicht gefunden sein), sehr seltener Einmengung, und häufiger, aber doch nicht normal charakterisirender.

[90] (S. 477.) Carl von Oeynhausen, Erkl. der geogn. Karte des Lacher Sees 1847 S. 38.

[91] (S. 477.) S. bergmännisches Journal von Köhler und Hofmann, 5ter Jahrgang Bd. I. (1792) S. 244, 251 und 265. Glimmerreicher Basalt, wie an der Gamauer Kuppe im böhmischen Mittelgebirge, ist eine Seltenheit. Ich habe diesen Theil des böhmischen Mittelgebirges im Sommer 1792 gemeinschaftlich mit Carl Frieesleben, meinem nachmaligen schweizer Reisebegleiter, der einen so wesentlichen Einfluß auf meine geognostische und bergmännische Ausbildung gehabt hat, besucht. Bischof bezweifelt jede

Entstehung des Glimmers auf pyrogenem Wege, und hält ihn
für ein Umwandlungs-Product auf nassem Wege; s. sein Lehrbuch der chem. und physikal. Geologie Bd. II. S. 1426
und 1439.

⁹² (S. 477.) Jenzsch, Beiträge zur Kenntniß der
Phonolithe in der Zeitschrift der Deutschen geologischen
Gesellschaft Bd. VIII. 1856 S. 36.

⁹³ (S. 477.) Gustav Rose über die zur Granitgruppe
gehörigen Gebirgsarten in derselben Zeitschrift Bd. I. 1849
S. 359.

⁹⁴ (S. 478.) Die Porphyre von Moran, Real del Monte und
Regla (letztere berühmt durch den ungeheuren Silberreichthum der
Veta Biscayna, und die Nähe der Obsidiane und Perlsteine des
Cerro del Jacal und Messerberges, Cerro de las Navajas) sind, wie
fast alle metallreiche Porphyre von Amerika, ganz quarzfrei (über
diese Erscheinungen und ganz analoge in Ungarn s. Humboldt, Essai
géognostique sur le Gisement des Roches p. 179—188
und 190—193); aber die Porphyre von Acaguisotla, auf dem Wege
von Acapulco nach Chilpanzingo, wie die von Villalpando nördlich
von Guanaxuato, welche von goldführenden Gängen durchsetzt werden, enthalten neben dem Sanidin auch Körner von bräunlichem
Quarze. — Da am Cerro de las Navajas und in dem basalt- und
perlsteinreichen Valle de Santiago, das man durchstreicht, um von
Valladolid nach dem Vulkan von Jorullo zu gelangen, die kleinen
Einschlüsse von Obsidian-Körnern und glasigem Feldspath in den vulkanischen Gebirgsarten im ganzen selten sind; so war ich um so mehr
verwundert, als ich zwischen Capula und Pazcuaro, vorzüglich bei
Yurisapundaro, alle Ameisenhaufen mit schön glänzenden Körnern von
Obsidian und Sanidin erfüllt fand. Es war im Monat September
1803 (Nivellement barométr. p. 327 No. 366 und Essai
géognost. sur le Gisement des Roches p. 356). Ich war
verwundert, wie so kleine Insecten solche Mineral-Species aus weiter Ferne forttragen konnten. Mit lebhafter Freude habe ich gesehen, daß ein rastloser Forscher, Herr Jules Marcou, etwas ganz
ähnliches aufgefunden hat. "Il existe", sagt dieser, "sur les hauts
plateaux des Montagnes Rocheuses, surtout aux environs du
fort *Defiance* (à l'ouest du Mont Taylor), une espèce de fourmis
qui, au lieu de se servir de fragmens de bois et de débris de

végétaux pour élever son édifice, n'emploie que de petites pierres de la grosseur d'un grain de maïs Son instinct la porte à choisir les fragmens de pierres les plus brillants, aussi la fourmilière est-elle souvent remplie de grenats transparents magnifiques et de grains de quarz très limpides." (Jules Marcou, Résumé explicatif d'une Carte géogn. des États-Unis 1855 p. 3.)

In den jetzigen Vesuv-Laven ist glasiger Feldspath sehr selten; nicht so in den alten Laven, z. B. in denen des Ausbruchs von 1631, neben Leucit-Kryſtallen. Sehr häufig iſt auch Sanidin zu finden im Arſo-Strom von Cremate auf Ischia vom Jahr 1301, ohne allen Leucit: nicht mit dem älteren, von Strabo beschriebenen (bei Montagnone und Rotaro) zu verwechseln (Kosmos Bd. IV. S. 304 Anm. 61 und S. 447). So wenig glasiger Feldspath in den Trachyten des Cotopaxi oder anderer Vulkane der Cordilleren überhaupt zu finden iſt, eben so wenig erscheint er in den unterirdischen Bimsstein-Brüchen am Fuß des Cotopaxi. Was man darin ehemals als Sanidin beschrieben hat, sind Kryſtalle von Oligoklas.

⁹⁵ (S. 478.) Roth, Monographie des Vesuvs S. 267 und 382.

⁹⁶ (S. 479.) S. oben Anm. 82; Rose, Reise nach dem Ural Bd. II. S. 369; Bischof, chem. und physik. Geologie Bd. II. S. 528—571.

⁹⁷ (S. 479.) Gilbert's Annalen der Physik Bd. VI. 1800 S. 53; Bischof, Geologie Bd. II. S. 2265—2303.

⁹⁸ (S. 480.) Die neueren Vesuv-Laven enthalten keinen Olivin, eben so wenig glasigen Feldspath; Roth, Mon. des Vesuvs S. 139. Der Lavaſtrom des Pic von Teneriffa von 1704, den Viera und Glas beschrieben haben, iſt nach Leopold von Buch (Descr. des Iles Canaries p. 207) der einzige, welcher Olivin enthält. Die Behauptung aber, als sei der Ausbruch von 1704 der erſte, welcher seit der Zeit der Eroberung (Conquista) der canarischen Inseln am Ende des 15ten Jahrhunderts ſtatt gefunden habe, iſt von mir an einem anderen Orte (Examen critique de l'histoire de la Géographie T. III p. 143—146) als irrig erwiesen worden. Columbus sah auf seiner erſten Entdeckungsreise in den Nächten vom 21 bis 25 August, als er Doña Beatriz de Bobadilla auf der Gran Canaria aufsuchen wollte, den Feuerausbruch

auf Teneriffa. Es heißt im Tagebuche des Admirals unter der Rubrik Jueves 9 de Agosto, welche Nachrichten bis 2 September enthält: Vieron salir gran luego de la Sierra de la Isla de Tenerife, que es muy alta en gran manera"; Navarrete, Col. de los Viages de los Españoles T. I. p. 5. Die eben genannte Dame ist nicht zu verwechseln mit Doña Beatriz Henriquez aus Cordova: der unehelichen Mutter des gelehrten Don Fernando Colon, des Geschichtsschreibers des Vaters, deren Schwangerschaft im Jahr 1488 so wesentlich dazu beitrug den Columbus in Spanien zurückzuhalten, und zu veranlassen, daß die Neue Welt für Castilien und Leon (und nicht für Portugal, Frankreich oder England) entdeckt wurde. (Vergl. mein Examen critique T III. p. 350 und 367.)

[99] (S. 480.) Kosmos Bd. IV. S. 276.

[100] (S. 480.) Ein wichtiger Theil der während meiner amerikanischen Expedition gesammelten Gebirgsarten ist an das spanische Mineralien-Cabinet, an den König von Hetrurien, nach England und Frankreich gesandt worden. Ich erwähne nicht der geologischen und botanischen Sammlungen, die mein edler Freund und Mitarbeiter Bonpland besitzt, mit dem zwiefach geheiligten Rechte des Selbstsammelns und Selbst-Entdeckens. Eine so weite Verbreitung des Gesammelten, welche durch sehr genaue Angabe der Geburtsörter das Zusammenhalten der Gruppen in geographischer Beziehung nicht ausschließt, gewährt den Vortheil, daß sie die vielseitigste und strenge Bestimmung der Mineral-Species erleichtert, deren wesentliche und habituelle Association die Gebirgsarten charakterisirt.

[1] (S. 480.) Humboldt, Kleinere Schriften Bd. I. S. 139.

[2] (S. 480.) A. a. O. S. 202 und Kosmos Bd. IV. S. 357.

[3] (S. 480.) Humboldt, Kl. Schr. Bd. I. S. 344. Auch im Tezontle (zelliger Lava oder basaltischem Mandelstein? — mexicanisch tetzontli, d. h. Steinhaar: von tetl Stein und tzontli Haar) des cerro de Axusco in Mexico habe ich viel Olivin gefunden.

[4] (S. 481.) Sartorius von Waltershausen, physisch-geographische Skizze von Island S. 64.

[5] (S. 481.) Berzelius 6ter Jahresbericht 1827 S. 392; Gustav Rose in Poggend. Ann. Bd. XXXIV. 1835 S. 14 (Kosmos Bd. I. S. 464).

[6] (S. 481.) Jenzsch, Phonolithe 1856 S. 37 und Senft

in seiner wichtigen Classification der Felsarten 1857 S. 187. Auch in den Kalkblöcken der Somma kommt nach Scacchi Olivin neben Glimmer und Augit vor. Ich nenne diese merkwürdigen Massen ausgestoßene Blöcke, nicht Laven: welche letztere die Somma wohl nie selbst ergossen hat.

[7] (S. 481.) Poggend. Ann. Bd. XLIX. 1840 S. 591 und Bd. LXXXIV. S. 302; Daubrée in den Annales des Mines 4eme Série T. XIX. 1851 p. 669.

[8] (S. 481.) Kosmos Bd. I. S. 136 und Bd. III S. 615.

[9] (S. 481.) A. a. O. Bd. I. S. 465.

[10] (S. 481.) Humboldt, Voyage aux Régions équinox. T. I. p. 156—165 (Ed. in 4°).

[11] (S. 482.) Vergl. Kosmos Bd IV S. 365.

[12] (S. 482.) Scacchi, Osservazioni critiche sulla maniera come fu sepellita l'antica Pompei 1843 p 10 gegen die von Carmine Lippi aufgestellte, später von Tondi, Tenore, Pilla und Dufrénoy vertheidigte Ansicht, daß Pompeji und Herculanum nicht durch die direct von der Somma ausgeworfenen Rapilli und Aschen, sondern durch Wasserströmungen verdeckt worden seien. Roth, Monogr. des Vesuvs 1857 S 458 (Kosmos Bd. IV. S. 449).

[13] (S. 483.) Nivellement barométr. in Humboldt, Observ. Astron. Vol I. p 305 No 149.

[14] (S. 483.) Kosmos Bd. IV. S. 367.

[15] (S. 483) Ueber den Bimsstein-Hügel von Tollo, der noch zwei Tagereisen vom thätigen Vulkan Mayptu entfernt ist, welcher selbst nie einen Brocken solchen Bimssteins ausgeworfen hat, s. Meyen, Reise um die Erde Th. I. S. 338 und 358.

[16] (S. 483.) Pöppig, Reise in Chile und Peru Bd I. S. 426.

[17] (S. 483.) Vergl. Kosmos Bd. IV. S. 417 und 567 Anm. 47.

[18] (S. 484.) Franz Junghuhn, Java Bd. II S. 358 und 592.

[19] (S. 484) Leopold von Buch in den Abhandl. der Akademie der Wiss. zu Berlin aus den J. 1812—1813 (Berlin 1816) S 128.

[20] (S. 484.) Theophrastus de lapidibus § 14 und 15

(opera ed. Schneider T. I. 1818 p. 689, T. II. p. 426 und T. IV. p. 551) sagt dies vom „liparischen Stein (Λιπαραῖος)".

[21] (S. 485.) Rammelsberg in Poggend. Annalen Bd. 80. 1850 S. 464 und 4tes Suppl. zu seinem chemischen Hand= wörterbuche S. 169; vergl. auch Bischof, Geologie Bd. II S 2224, 2232 und 2280.

[22] (S. 486) Kosmos Bd. IV. S. 333, 354, 357—360, 366—368 und 377. Ueber Einzelheiten in der geographischen Ver= breitung der Bimssteine und Obsidiane in der Tropenzone des Neuen Continents vergl. Humboldt, Essai géognostique sur le Gisement des Roches dans les deux hémisphères 1823 p 340—342 und 344—347.

Inhalts-Uebersicht

des vierten Bandes des Kosmos.

———

S 468—473; Benennungen Andesit und Andesin S 467, 475 und 633—636 Neben den charakteristischen Gemengtheilen der Trachyt-Formationen giebt es auch unwesentliche, deren Frequenz oder stete Abwesenheit in oft sich sehr nahen Vulkanen große Aufmerksamkeit verdient, S 476 Glimmer S. 477, glasiger Feldspath S 478, Hornblende und Augit S 478—479, Leucit S 479, Olivin S 480—481, Obsidian sammt dem Streite über die Bimsstein-Bildung S. 481—484; unterirdische Bimsstein-Brüche, entfernt von Vulkanen, bei Zumbalica in den Cordilleren von Quito, bei Huichapa im mexicanischen Hochlande und bei Tschegem im Caucasus S 364—367 Verschiedenheit der Bedingungen, unter welchen die chemischen Processe der Vulcanität bei Bildung der einfachen Mineralien und ihrer Association zu Trachyten vorgehn, S 476, 485—486

Berichtigungen und Zusätze.

S. 32 Z. 19.

Ein noch weit größeres Resultat für die Dichte der Erde, als Baily (1842) und Reich (1847—1850) erhalten haben, ergeben Airy's mit so musterhafter Vorsicht in den Bergwerken von Harton angestellte Pendel-Versuche im Jahre 1854. Nach diesen Pendel-Versuchen ist die Dichte 6,566: mit dem wahrscheinlichen Fehler 0,182 (Airy in den Philos. Transact for 1856 p. 342). Eine kleine Modification dieses numerischen Werthes, vom Professor Stockes hinzugefugt wegen des Effects der Rotation und Ellipticität der Erde, verändert die Dichtigkeit für Harton, das in 54° 48' nördlicher Breite liegt, in 6,565; für den Äquator in 6,489.

S. 75 Z. 3.

Arago hat einen Schatz magnetischer Beobachtungen (über 52600 an Zahl) aus den Jahren 1818 bis 1835 hinterlassen, welche nach der mühevollen Redaction von Herrn Fedor Thoman publicirt worden sind in den Oeuvres complètes de François Arago (Tome IV. p. 498) In diesen Beobachtungen hat General Sabine (Meteorological Essays, London 1855, p. 350) für die Jahresfolge von 1821 bis 1830 die vollständigste Bestätigung der zehnjährigen magnetischen Declinations-Periode und ihres Zusammenhanges mit der gleichen Periode in der Häufigkeit und Seltenheit der Sonnenflecken entdeckt. Schon in demselben Jahre 1850, als Schwabe in Dessau seine Periode der Sonnenflecken veröffentlichte (Kosmos Bd. III. S. 402), ja zwei Jahre früher als Sabine zuerst (im März 1852, Phil. Tr. for 1852 P. I p. 116—121; Kosmos Bd IV. S. 174) die zehnjährige magnetische Declinations-Periode für von den Sonnenflecken abhängig erklärte; hatte Letzterer selbst schon das wichtige

Resultat aufgefunden, daß die Sonne durch die ihrer Masse eigene magnetische Kraft auf den Erd-Magnetismus wirkt. Er hatte entdeckt (Phil. Tr. for 1850 P. I. p. 216, Kosmos Bd. IV. S. 132), daß die magnetische Intensität am größten ist und daß die Nadel sich am meisten der verticalen Richtung nähert, wenn die Erde der Sonne am nächsten steht. Die Kenntniß von einer solchen magnetischen Einwirkung des Centralkörpers unseres Planetensystems, nicht als wärmeerzeugend, sondern durch seine eigene magnetische Kraft, wie durch Veränderungen in der Photosphäre (Größe und Frequenz trichterformiger Oeffnungen), giebt dem Studium des Erd-Magnetismus und dem Netze magnetischer Warten, mit denen (Kosmos Bd. I. S. 436, Bd IV. S. 72) Rußland und Nord-Asien seit den Beschlüssen von 1829, die großbritannischen Colonien seit 1840—1850 bedeckt sind, ein höheres kosmisches Interesse. (Sabine in den Proceedings of the Royal Soc Vol. VIII. No. 25 p. 400, wie in den Phil. Tr. for 1856 p. 362.)

S. 82 Z. 13.

Wenn auch die Nähe des Mondes im Vergleich mit der Sonne die Kleinheit seiner Masse nicht zu compensiren scheint, so regt doch die schon als sicher ergründete Veränderung der magnetischen Declination im Verlauf eines Mondtages, lunar-diurnal magnetic variation (Sabine im Report to the Brit. Association at Liverpool 1854 p 11 und für Hobarton in den Phil. Tr. for 1857 Art. I. p. 6), dazu an die magnetischen Einflüsse des Erd-Satelliten anhaltend zu erspähen Kreil hat das große Verdienst gehabt diese Beschäftigung von 1839 bis 1852 mit vieler Sorgfalt fortzusetzen (s. dessen Abhandlung über den Einfluß des Mondes auf die horizontale Componente der magnetischen Erdkraft, in den Denkschriften der Wiener Akademie der Wiss., mathem. naturwiss Classe Bd. V. 1853 S 45 und Phil. Tr. for 1856 Art. XXII). Da seine mehrjährigen, zu Mailand und Prag angestellten Beobachtungen die Behauptung unterstützten, daß beide der Mond wie die Sonnenflecken eine zehnjährige Declinations-Periode verursache, so veranlaßte diese wichtige Behauptung den General Sabine zu einer großen Arbeit. Er fand, daß der schon für Toronto in Canada bei Anwendung einer eigenthümlichen, sehr genauen Rechnungsform ergründete alleinige Einfluß der Sonne auf eine zehnjährige Periode sich in allen drei Elementen des Erd-Magnetismus (Phil. Tr. for 1856 p. 361) durch den Reichthum von achtjährigen stündlichen Beobachtungen, zu Hobarton vom Januar 1841 bis December 1848 angestellt, wiedererkennen lasse. Beide Hemisphären gaben so dasselbe Resultat für die Wirkung der Sonne, so wie zugleich aber auch die Gewißheit: „that the lunar-diurnal variation corresponding to different years shows no conformity to the inequality manifested in those of the solar-diurnal variation. The earth's inductive action, reflected from the moon, must be of a very little amount." (Sabine in den Phil. Tr. for 1857 Art. I. p 7 und in den Proceedings of the Royal Soc. Vol. VIII. No. 20 p. 404.) Da der magnetische Theil dieses Bandes vor fast drei Jahren gedruckt worden ist, so schien es für diesen, mir so lange befreundeten Gegenstand besonders nothwendig ihn durch einige Nachträge zu ergänzen.

Druckfehler.

S. 37 Z. 6 lies: Monk Wearmouth statt Mont Wearmont.

S. 75 Z. 5 lies: Reslhuber statt Relshuber.

S. 116 Z. 13 setze hinzu nach hinweist: da, wo die Abweichung westlich ist.

S. 136 Z. 6 lies: östlicher statt westlicher.

S. 137 Z. 6 lies: südwestlich statt südöstlich.

S. 199 Z. 32 lies: Reslhuber statt Relshuber.

S. 230 Z 10 lies: 16068 statt 1712 Fuß.

S. 231 Z. 11 lies: 1808 statt 1805.

S. 292 Z. 14 lies: süd-süd-östlich statt südwestlich.

UNIVERSITY OF CALIFORNIA LIBRARY

Los Angeles

This book is DUE on the last date stamped below.

Form L9–Series 4939

UC SOUTHERN REGIONAL LIBRARY FACILITY

A 000 156 275 0

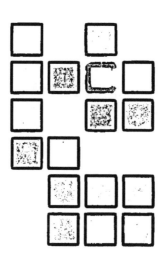

Lightning Source UK Ltd.
Milton Keynes UK
UKHW022009130223
416920UK00007B/1330